考古民俗叢書

現代供養論考

ヒト・モノ・動植物の慰霊

松崎憲三著

慶友社

目　次

序章　研究の視点と本書の構成……1
第一章　モノ（道具）の供養
第一節　モノ（道具）の妖怪化と供養……16
第二節　モノ（道具）の供養の諸相——筆・鉛筆の供養を中心に——……38
第三節　理容業者の信仰と道具観——職祖の祭祀と道具——……58
第二章　動植物の供養
第一節　草木鳥魚の供養……82
第二節　鯨鯢供養の地域的展開Ⅰ——寄り鯨地域を中心に——……107
第三節　鯨鯢供養の地域的展開Ⅱ——捕鯨地域を中心に——……144
第四節　馬の供養をめぐって——馬頭観音信仰の変遷——……179
第五節　ペットの供養——犬・猫を中心に——……206
第六節　英霊および軍馬・軍犬・軍鳩祭祀——靖國神社を事例として——……235

第三章　ヒトの供養
第一節　沖縄のグソー・ヌ・ニービチ――東アジアの死霊結婚――……254
第二節　東北地方の死霊結婚Ⅰ――山形県村山地方を中心に――……264
第三節　東北地方の死霊結婚Ⅱ――霊山および新宗教教団の儀礼――……312
第四節　間引き絵についての一考察――「家族葛藤図」をめぐって――……336
第五節　堕胎（中絶）・間引きに見る生命観と倫理観……356
第六節　死者供養とその変化――葬送儀礼と墓制の分析を中心に――……400
第四章　塚をめぐるフォークロア
第一節　行人塚再考――修行者の死と供養・祭祀――……434
第二節　将門塚・道灌塚をめぐって――御霊の供養・祭祀――……466
終章　まとめと今後の課題……497
初出一覧
あとがき
索　引

表・図・写真一覧

表一覧

1　寛永寺弁天堂境内の諸碑一覧（一―1）
2　昔話「化物寺」に見る器物の供養（一―1）
3　全国人形供養一覧（一―2）
4　山口県北浦地方の鯨供養碑（二―1）
5　豊後水道沿岸地域の鯨供養碑（二―2）
6　新潟県下の鯨鯢供養碑（二―2）
7　西海捕鯨地域の鯨鯢供養碑（二―3）
8　土佐捕鯨の変遷（二―3）
9　太平洋沿岸地域の鯨鯢供養碑（二―3）
10　東松山市域における石仏など信仰関係石造物の基数年代別一覧（二―4）
11　上岡観音堂境内「馬頭観音碑」一覧（二―4）
12　絵馬講の絵柄の変化（二―4）
13　東京競馬場正面前供養碑（二―4）
14　一九九一・一九九二年のペット関連記事（二―5）
15　一九九九・二〇〇〇年のペット関連記事（二―5）
16　両国回向院の近世期の過去帳における犬・猫の供養例（二―5）
17　首都圏のペット霊園一覧（二―5）
18　靖國神社の平成九年の主な祭典および行事（二―6）
19　死霊結婚一覧（三―1）
20　ホトケの呼称と類型（三―2）
21　ムカサリ絵馬所在一覧（三―2）
22　若松寺所蔵絵馬の図柄別奉納件数（三―2）
23　若松寺所蔵「ムカサリ絵馬」の地域別奉納件数（三―2）
24　東北地方の「間引き絵」所在地（三―4）
25　全国墓地の推移（三―6）
26　都営霊園申込者の遺骨の状態（三―6）
27　行人塚伝説の類型（四―1）

28 安房地方の入定塚（四―1）

図一覧

1 広義の歴史学概念図（序章）
2 弁天堂境内の諸碑配置図（一―1）
3 玉姫稲荷靴のめぐみ祭り市境内配置図（一―1）
4 古靴・諸道具供養式場図（一―1）
5 鮭供養塔婆（二―1）
6 鯨の墓の分布（二―1）
7 山口県における「鯨墓」・「鯨供養碑」の分布（二―1）
8 西海捕鯨魚場概略図（二―3）
9 龍昌院における鯨鯢供養（二―3）
10 三昧場ラントウ略図（二―5）
11 三昧場永井家の場合の石塔と埋葬地の様子（二―5）
12 死霊結婚関連調査地（三―2）
13 山形県地区別市町村図（三―2）
14 東日本の間引き絵分布図（三―4）
15 東日本の間引き絵分布図（三―4）
16 東北地方の間引き絵分布図（三―4）
17 井原西鶴『好色一代女』「孕女の図」（三―5）
18 『女重宝記』「胎内十月の図」（三―5）
19 中絶と避妊の変化（三―5）
20 共同参拝墓地（三―6）
21 新形式の墓地の利用希望（三―6）
22 伝光明海上人入定墳（四―1）
23 入定塚墳丘測量図・主体部板碑出土状態（四―1）
24 安房地方における入定塚の分布（四―1）
25 将門を祀る寺社の分布（四―2）
26 将門塚関連伝説の分布（四―2）
27 明治期の将門塚（四―2）
28 将門塚付近略図（一九九四年九月当時）
29 太田道灌の墓（四―2）

写真一覧

1 琵琶塚（一―1）
2 めがねの碑（一―1）

3　「靴のめぐみ祭り」の祭壇（一—1）
4　祭壇の傍に設けられた修理コーナー（一—1）
5　床屋発祥の地記念碑（一—3）
6　業祖采女霊神碑（一—3）
7　「仙台理容まつり」に用いられた采女介像（一—3）
8　祭壇に供えられた理容具（一—3）
9　鮟鱇塚（二—1）
10　鯨塚（二—1）
11　新・旧の鯨の位牌（二—1）
12　大鯨魚宝塔（二—2）
13　鯨の過去帳（二—2）
14　瀞ノ手鯨供養碑（二—2）
15　鯨の位牌（二—2）
16　鯨骨と鯨塚（二—2）
17　鯨の位牌（二—3）
18　鯨供養塔（二—3）
19　くじら供養碑（二—3）
20　弁天祠と鯨墓（二—3）
21　ペットの墓（二—5）
22　ロッカー式仏壇（二—5）
23　戦没馬慰霊像（二—6）
24　鳩魂塔（二—6）
25　軍犬慰霊像（二—6）
26　未婚の夭死者供養（三—2）
27　川倉地蔵堂と地蔵尊（三—2）
28　花嫁・花婿人形（三—2）
29　角巻人形（三—2）
30　昭和三十年代前半に流行った絵馬（三—2）
31　ムカサリ絵馬　昭和五年奉納（三—2）
32　ムカサリ絵馬（三—2）
33　ムカサリ絵馬（三—2）
34　ムカサリ絵馬奉納希望者とそれに対応する若松寺里見等順住職（三—2）
35　霊前結婚のシーン（若松寺如法堂）（三—2）
36　若松寺如法堂の近年の「ムカサリ絵馬」（三—2）
37　若松寺元三大師堂の「社寺参詣図絵馬」（三—2）
38　絵馬師的存在の伊藤千賀子氏（三—2）

39　出羽三山神社霊祭殿と奉納された花嫁人形（三―3）
40　間引き絵「家族葛藤図」の諸相（三―4）
41　水子塚（三―5）
42　水子灯籠（三―5）
43　高野山大霊園の企業墓（三―6）
44　増上寺のロッカー式納骨仏壇と上部位牌部（三―6）
45　壁式墓地（三―6）
46　西春法師入定塚（四―1）
47　入定市（四―1）
48　将門塚（四―2）
49　将門祭における巫女舞（四―2）
50　道灌の胴塚（四―2）
51　道灌の首塚（四―2）

序章　研究の視点と本書の構成

一　民俗学の特徴

尊厳死や少子化時代における先祖祭祀、墓地不足問題等と関連させながら、現在死者供養のあり方がさまざまに取り沙汰されている。また、昨今の宗教回帰現象を反映してか、ペットをはじめとする動物の供養や植物の供養、さらにはモノ（道具）の供養が各地で盛んに行われており、まさに現代は「供養ブーム」とさえいえるほどである。筆者は現代におけるヒト・モノ・動植物の供養のあり方に関心を抱いており、本書はその歴史的変遷を踏まえて現在の供養の諸相を把握し、その持つ現代的意義を明らかにする一方で、こうした習俗を担ってきた人びとの霊魂観や自然観および道具観を明らかにしようとするものである。

ちなみに「供養」本来の仏教的意味は「三宝（仏法僧）や死者の霊などに対して供物を捧げることにほかならないが、供養の対象は人間から動物、さらには無生物へ拡大されてきたもの」という。(1)供養といえば追善供養、餓鬼供養、開眼供養、針供養等々が想起されるが、各霊の成仏を願い、その霊が災いをもたらさないようにと「供養」を実施したのである。問題はモノにかかわる行事・儀礼であるが、「○○の供養（祭）」、「××のめぐみ感謝祭」、「△△まつり」とその名称は種々であり、寺院のみならず神社が主催したり会場となることもある。神道式の「清め」、「祓い」も、ケガレや邪悪な霊を除去し鎮魂を目的とするものと考えられ、神道と仏教といった相違があるにしろ、「供養」も「清め」・「祓い」もその目的は異なるものではない。しかも、神道式の祓いの行事も民俗レベルでは区別せずに「供養」と称することもままあることから、ここでは一括して「供養」なる用語を用いることにした。

本書は、「現代供養論考――ヒト・モノ・動植物の慰霊――」と銘打っているが、テーマが多岐にわたっているため、研究史は各章で扱うこととし、ここでは民俗学を取り巻く環境を押さえた上で、筆者なりの研究視点を明らかにし、最後に本書の構成について説明を加えたい。

周知のように、一頃社会史が一世を風靡《ふうび》し、大きな書店には必ずといって良いほど社会史のコーナーが設けられていた。今日でも、社会史のコーナーが広いスペースを占めている本屋が見受けられる。日本において社会史がブームとなるきっかけとなったのは、フランスのアナール学派の重鎮、ジャック・ルゴフが「歴史学と民族学の現在――歴史学はどこへ行くのか――」なるテーマの講演を岩波ホールで行い、それが『思想』六三〇号に掲載された一九七六年以降である。ジャック・ルゴフは、

(1)　歴史を長期波動においてとらえる

(2)　日常的物質文化に重点をおいて歴史を考える

(3)　歴史を深層においてとらえる

以上の三点を社会史研究の視点として示した。[2] この論文が公表されて以降社会史ブームとなり、あれよあれよという間に日本の研究者に受け入れられていった。しかし同様の主張は、民俗学の研究姿勢として柳田国男が早くから繰り返し唱えていた。

一九二二年の「郷土誌編纂者の用意」なる論稿は、柳田が開拓しつつあった学問の方法について最初に明示したものである。[3] その要点を挙げると、

(1)　年代の数字に大きな苦労をせぬこと

(2)　固有名詞の論議に重きを置かぬこと

(3)　材料採択の主たる方面を違えること

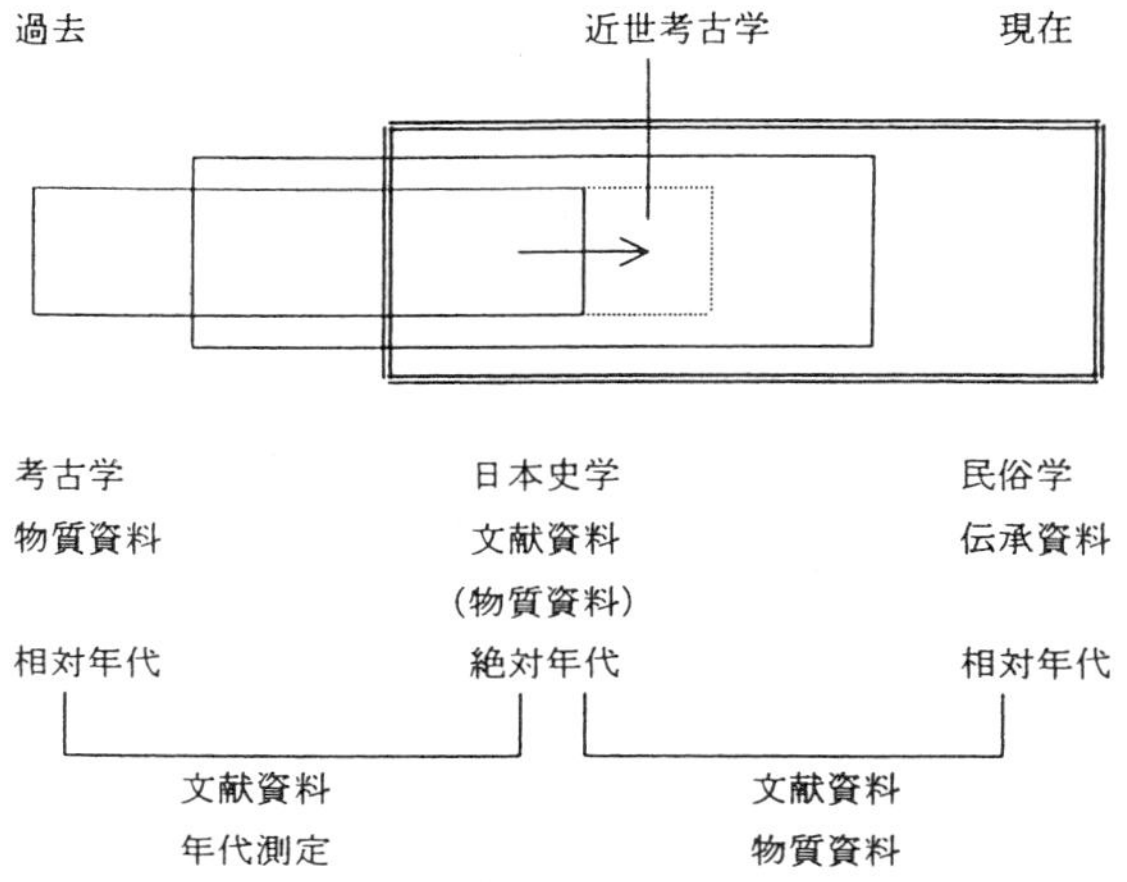

図１　広義の歴史学概念図

(4)　比較研究に最も大なる力を用いること

以上四点になろう。ここでいう(1)がジャック・ルゴフが主張する(1)に対応し、(2)と(3)が前者の(2)に対応するといえる。すなわち(2)は民俗の担い手としての「常民」に焦点を当て、(3)は文献資料にこだわらず、採集記録を用いて彼らの日常生活を明らかにしようとするものである。(4)は、やがて重出立証法や周圏論となって実を結ぶものであり、限定された比較研究法を指す。ジャック・ルゴフの(3)と重なるのが『郷土生活の研究法』に示された、民俗資料の三部分類とその位置づけである。

第一部・有形文化……目を通して捉えることのできる現象

第二部・言語芸術……耳によって捉えることのできる現象

第三部・心意現象……以心伝心というように心の動きによってしか捉えることのできない現象

この柳田の分類案は、民俗の調査を行うに際しての捉えやすさと、収集された資料の整理のしやすさを考慮して作成されたものである。(4)なお、一部、二部も形や言語で捉えることができたとしても、その形や言語を生み出している心を捉えることによって真の理解が得られるとして、心意現象は民俗のすべてに当てはまり、民俗理解の究極と位置づけられた。この点で、ジャック・ルゴフが主張する(3)と対応するものである。一九六〇年代以降、柳田ブーム、民俗ブームが再三起こったものの、民俗学そのものが注目、評価されることはなかった。社会史に通ずる学問が地道に営まれ、それ相応の蓄積があったにも関わらずである。社会史が脚光を浴びたのは一九七六年のジャック・ルゴフの講演以降であり、政治、学問の世界を問わず、海外からの発言に弱い、近代以降の日本の姿が垣間見られる。いずれにしても筆者は、図1に示したように民俗学を、文献資料を主たる分析対象とする日本史学、遺跡・遺物等物質資料を主たる研究対象とする考古学とともに、広義の歴史学の一翼を担う学問と考えている。すなわち、民俗を担う人びとの生活変遷史を踏まえて、彼らの心の動きとその力学を解明するのが民俗学にほかならない。

ちなみに民俗学には、歴史的関心に基づくアプローチの方法と、現在的関心に基づくアプローチの方法との二つがある。そうして前者は、歴史的世界を認識するために現代の民俗を調査・研究対象とし、後者は現在を理解する前提として、歴史的世界の把握を不可欠なものとしている。すなわち、どちらも過去と現在との対話を前提としており、それが民俗学の特徴といえるのであり、(5)この点では社会史とも異なろう。いずれにしてもこの二つのアプローチの方法双方が必要なことはいうまでもない。しかしながら筆者はどちらかといえば後者に関心を抱いており、社会の変化を見据えながら民俗の行方を見定めていくことの必要性を痛感している。

二　民俗学を取り巻く環境と研究の視点

日常の生活文化に焦点を当て、「歴史を長期波動においてとらえる」のが民俗学というと、民俗学は過去の固定した観念や静的な構造を扱う学問とみなされがちであるが、必ずしもそうではない。たとえば倉石忠彦はつぎのように指摘している。(6)

「民間伝承の会」から「日本民俗学会」に名称を改めて半世紀。この間に日本の社会は大きく変貌した。もともと日本民俗学はその出発点から社会変動と深くかかわっている。明治期以降、いわゆる文明開化と呼ばれ、あるいは西欧化、近代化と呼ばれ、社会や生活が大きく変化するなかから出発し、伝承文化・民俗文化に注目しつつその学的体系を整えて来た。

念のため近代以降の社会の変化についてみると、明治維新の西欧化、近代化、明治後期の殖産興業政策に伴う変化、第二次世界大戦後のアメリカ化、昭和三十年代後半から四十年代にかけての高度経済成長に伴う変化、これらが生活構造の有様に大きな影響を与えた。とりわけ高度経済成長に伴う変化はドラスティックであり、生活革命とさえ呼ばれた。すなわち、生産・流通・消費システムの大規模な変動によって社会関係や個々人の価値観・行動様式に著しい変化をきたし、一方情報化の進行とともに過疎化・過密化、あるいは国際化・多文化社会化が進み、生活様式も大幅な変更を余儀なくされた。こうした状況にどのように対応するのか、現代の民俗学に託された課題は大きいが、倉石が指摘するように、柳田国男、桜田勝徳、宮本常一、竹田聴州といった先学は、民俗の変貌を見据えつつ多くの業績をあげてきた。(7)

たとえば柳田は、緩慢にしか変化しない事象を対象とする一方で、変わりやすい事象をも研究対象とし、後者を「世相を解説する史学」と呼んだ。(8)『明治大正史世相篇』（昭和六年）、『現代日本文明史一八巻　世相史』（編著　昭和十八年）、『日本人』（編著　昭和二十九年）、『明治文化史一三巻　風俗』（編著　昭和二十九年）などがその成果である。世相とは、ある時代の共時的文化の全体像をさし、風俗がその物象的反映にほかならない。(9)そうして、考現学の創始者今和次郎が「現世相」を対象に庶民生活の現代性を追跡しようとしたのに対して、柳田は過去と連なる「現世相」に対象を限定して民俗文化の変遷史を綴ろうとした。ちなみに柳田は、既に消滅した事象についても現に存在する事象同様に注目し、歴史的視点からアプローチするという点で、考現学とは異なることを繰り返し主張している。(10)また、柳田は、『明治文化史十三巻　風俗』において近世まで風俗とは民意を含めた生活の意であり、近世末以降「みなり」等をさす狭い概念の語に変わってしまった、との論を展開している。そうして「実際の国民生活の世相というような面を現すとすれば、やはり古くから使われてきた風俗の方が妥当だろう。私が一九三一年（昭和六年）に朝日新聞社から出版した『明治大正史世相篇』は、そういう立場から世の移りかわりすなわち風俗の書として書いたものであった」と述べている。さらに『明治文化史一三巻　風俗』自身にも言及して、「今度の『風俗篇』の仕事も、新旧入りまじり、変動の激しかった明治時代の風俗を調べ、それを精密にいい現し、世に公にすることに成功するならば、それはそう意義の小さいものではないと思う。風俗を調べることが民俗研究であると、少なくとも自分だけは考えてい

るからである」と結んでいる。(11)

近世までの風俗の用語は、柳田によれば民俗と同義だったという。そして近世天保期の柳亭種彦の日記に言及しながら「当時に於ては生活誌は風俗の書であったのである。それが江戸末期の作家、為永春水などになると、『みなり』のことが風俗のことになり、風俗の範囲が狭くなっている。近時はことにこの言葉が、流行や趣味などに偏よって、主として衣の移りかわりに終始してしまった形である」と指摘している。(12)

柳田は、風俗の意味が変化して衣（みなり）を示す用語になってしまったとして、『明治大正史世相篇』、あるいは『明治文化史十三巻　風俗』は、あくまで原義に基づく「風俗の書」であることを力説しているように思われる。

柳田以降風俗と民俗については、両者を分離して論ずる傾向が見られる。まず和歌森太郎は、(1)担い手、(2)広がり方、(3)機能、(4)ハレとケとの関連、この四つを指標として両者の相違を論じている。(13)(1)の担い手については、民俗学は常民の生活文化を問題にするが、風俗史学はエリートの生活も同時に取り扱うことがある。公家の風俗、武家の風俗というように、各階層ごとに生活文化の特徴があり、それを明らかにするのを目的としている。また(2)の広がり方については、民俗は通常三世代以上にわたる生活文化のタテの（時間的）伝承をいうが、風俗は時代ごとに特殊な表現形態をとり、一つの時代における生活文化のヨコの（空間的）伝承のことをいい、さらに(3)の機能については、民俗は風俗を規制し、統制する機能を持つところから、民俗と風俗はしばしば対立関係があるとみている。そうして、概して民俗は保守的な姿勢を持ち、歴史の文化的進展を押さえようとする傾向を持っていると指摘している。最後に、民俗と風俗ともにハレとケの現象の区別が認められるが、風俗史の研究は、とくにハレの儀式を取り上げる。それは各時代の風俗が、ケの時よりもハレの時に多く現れるからであるとの見解を示している。これに加えて和歌森は、歴史過程のなかには民俗と風俗との交関という現象もあり得たのだろう、とすこぶる興味深い指摘を行っている。

一方桜井徳太郎も「風俗と民俗――風俗の名の復権をめざして――」なる論稿の中で、一〇の指標を挙げながら両者の相違点について言及している[14]。すなわち一〇の指標とは1現代性、2流行性、3射幸性、4個別的独創性、5可変性、6担い手、7外来文化、8開放性、9表象性、10都市性である。このうち6の担い手について民俗を集団、風俗を個人としている点を除けば、端的に言うと指標に示された傾向性の強いのが風俗で、弱いのが民俗ということになる。たとえば1の現代性では風俗が時代性を追跡するのに対して、民俗は過去を引きずっていると指摘しており、2の流行性では、風俗は流行り廃りが激しいのに対して、民俗はゆるやかに変化するものである、としている。櫻井の場合、両者の相違点を挙げながらも、風俗を対象とする風俗（史）学と、民俗を扱う民俗学が双方の領域に踏み込んで研究すべきことを主張しており、その点で評価される。

以上柳田、和歌森、桜井等先学の研究を踏まえ、筆者自身は以下のように考えている。変貌著しい今日の社会状況のなかで、民俗がどのような形で息づいており、またいかなる経緯で消滅し、どのようなものに置き換えられているのか。あるいは新しい民俗がどのような形で生成しようとしているのか。こうした現代的視点から民俗にアプローチしようとする場合、風俗を視野に入れなければ不可能だろう。なお風俗と民俗との関係については、その示す範囲は言語・行為・観念・事物と共通するものの、風俗は（空間的）伝播に、一方民俗は[15]（時間的）伝承にウエイトを置いた用語として一応区別しておきたい。その上で禁欲的に過去に連なる現世相に焦点を当てながら、民俗が持つ現代的意味を明らかにしたい。「過去に連なる現世相」に限定するのは、鈴木正崇の「同時代の世相解説は寿命が短いので問題意識の立て方を慎重に考えるべき」との指摘を踏まえてのことである[16]。さらには、変遷史を踏まえればこそ、民俗と風俗との交関や、民俗の持つ現代的意義が明らかになると考えるからにほかならない。赤田光男にならって言えば、史心を持ちつつ現代的課題に取り組むということである[17]。

三　アプローチの方法と本書の構成

民俗学の基本的な調査方法は、いうまでもなく聞き書きと参与観察である。前者は、生活経験の豊富な老人や、今、現在第一線で民俗を担っている方がたを相手として、ある民俗事象を中心に彼らの記憶や解釈、思いを聞き取り、メモを執るというもので、それを基にわれわれ研究者個人個人のフィルターを通して翻訳し、分析し、第三者に伝達する基礎的作業である。しかし、従来筆者も含めて民俗学徒たちは、この聞き書きにウェイトを置きすぎた嫌いは否めない。関一敏はつぎのように述べている(18)。

なぜフィールドワークをするのかといえば、民俗という生きる方法が生活世界に埋め込まれている以上、その場でしか学ぶことができないからである。と同時に聞き書きには限界がある。やっている当人たちも現場の知を説明できないのだから。いや、だからこそ現場に「参入」し「観察」するのではないかと。道具を作る技術や道具を使いこなす技、祭り・行事の儀礼内容と人々の動き等々、当人たちは簡単には説明しにくいし、またわれわれ調査者が理解するのも容易ではない。にもかかわらず、スケジュール調査による聞き取りで済ませてしまうケースが多かった。そうした点への反省として、実際の生活場面をつぶさに観察し、行為・態度のみならず、生活人の心の奥に秘められている意識・感覚の把握が不可欠と考え、聞き取りと参与観察双方を有効に活用すべく努めた。

しかしながら、フィールドワークに基づくデータが民俗学の基礎的な資料だとしても、それだけを分析対象としていれば良いというものでもない。古くは、聞き取りに基づく採集資料＝民俗資料とみなされてきたが、今日では民具・碑塔類、絵馬・絵巻物や日記類、文書といった物質資料、文献資料をも駆使し、民俗的世界が豊かに描かれるようになった。宮本袈裟雄は、先学諸氏の見解を整理した上で、狭義の民俗資料と広義の民俗資料との二つに分類している。それによれば、後者のそれは伝承資料、物質資料、文献資料から成り、このうち狭義の民俗資料が伝承資料で、行為伝承資料、（物質資料）、言語伝承資料の三つによって構成されているとしている。(19) 狭義の民俗資料のうち（物質資料）が括弧つきなのは、柳田の三部分類の有形文化を視野に入れたからであり、広義の民俗資料に包まれる物質資料と内容的に異なることによるものと推測される。いずれにしても、民俗学は現在を出発点に据えているとはいえ、過去との対話が（変遷史を踏まえることが）前提であり、広義の民俗資料を駆使すべきであることはいうまでもない。本書では伝承資料のほか、碑塔類や絵馬・絵巻物といった物質資料に加え、書承化された昔話・伝説の類を多用した。そうした資料にこそ、民俗を担う人びとの行為や心意が凝集されているはずと考えたからにほかならない。また近代以降の新聞記事も活用した。確かに突出した事象を追った記事も目立つものの、記者が関心を抱いた出来事を淡々と報じている記事も少なくないからである。さらに、不特定多数の人びとの心意の把握に際しては、アンケート調査によるデータを援用した。

ちなみに『現代供養論考――ヒト・モノ・動植物の慰霊――』と題する本書（序章、終章は別として）は、第一章「モノ（道具）の供養」、第二章「動植物の供養」、第三章「ヒトの供養」、第四章「塚をめぐるフォークロア」、以上の四章から成る。第一章の「モノ（道具）の供養」を冒頭に置いたのは、第二章、三章、四章のつながりを配慮した結果であり、他意はない。強いていえば、変遷史を辿るにあたってもっとも古い中世まで遡っている、という点である。再三述べているように、現在をよりよく理解するためには過去を再認識することが必要であり、その際どの時代まで遡るのかは課題によって異なる。戦後までで間に合うこともあれば、明治期、近世、あるいは中世にまで辿る必要性あるものもあり、その点は柔軟に対応すべきかと考えている。

なお、第一章「モノ（道具）の供養」第一節「モノ（道具）の妖怪化と供養」では古くなって打ち捨てられた器物

（モノ）に霊が宿り、発動するといった中世の「付喪神」以来の発想がその後どのような展開を遂げたのかを、絵画や昔話の分析で明らかにしたものである。第二節「モノ（道具）の供養」との関わりで、靴の供養にも言及した。第二節は針と並んで近世来行われてきた筆供養に焦点を当て、さらに「筆の近代版」というべき鉛筆の供養が行われるに至った経緯を明らかにしたものである。第三節「理容業者の信仰と道具観」では、「髪結職分由緒書」に沿った徳川家康や北小路采女亮に対する信仰と行事の分析から、理容業者達の道具の供養のあり方、道具観にメスを入れた。

第二章「動植物の供養」では、第一節「草木鳥魚の供養」において、天台本覚思想の影響を受けた草木供養及び放生会と関わる鳥魚供養の歴史的展開と現状を明らかにし、合わせて、山口県下の鯨鯢供養にも分析を加えている。それを受ける形で、第二節、第三節は「鯨鯢供養の地域的展開Ⅰ・Ⅱ」として、寄り鯨地域と捕鯨地域を対比しながら供養のあり方、祟り認識の相違等について分析を試みた。第四節「馬の供養をめぐって――馬頭観音信仰の変遷――」では、かつて東日本や南九州で農耕馬・駄馬として飼育されていた馬が、今日競走馬としてしか存在しなくなり、そうした変化の中で馬の供養、馬頭観音信仰がどう推移したのか、といった課題に取り組んだものである。第五節「ペットの供養」は、犬・猫を中心として、人と動物との関係のあり方、現代家族の有様を、供養の実態に基づいて描き出したものである。最後の第六節「英霊及び軍馬・軍犬・軍鳩祭祀」では、今日ようやく盛んに行われるようになった戦争をめぐるフォークロアの影響を受けて、靖國神社に祀られている軍用動物の供養碑を中心に分析を試みた。

第三章「ヒトの供養」は、どちらかといえば異常死者の供養を中心に論じたもので、第六節「死者供養とその変化――葬送儀礼と墓制の分析を中心に――」が唯一通常死者の供養を取り扱ったものである。遺族が死者をして結婚せしむる習俗を死霊結婚というが、沖縄と東北地方では、家族観・霊魂観の相違によって儀礼内容が異なる。さらに近年新宗教教団が死霊結婚を、自教団の儀礼として取り込む傾向があることから、そうした現代の動向に留意しつつまとめたのが、第一節「沖縄のグソー・ヌ・ニービチ」、第二節、第三節の「東北地方の死霊結婚Ⅰ・Ⅱ」である。また

第四節「間引き絵についての一考察」、第五節「堕胎（中絶）・間引きにみる生命観と倫理観」においては、今日の水子供養を理解する前提として、近世以降現代までというやや長いタイムスパンをとってその変化をトレースすべく努めた。

さて最後になるが、富士塚、十三塚、赤子塚等、塚をめぐるフォークロアには事欠かないが、第四章「塚をめぐるフォークロア」は、出羽三山信仰と関わる行人塚や、千代田区大手町といった都市のど真ん中にある将門塚、神奈川県伊勢原市にある道灌塚を対象に、主として祟り信仰といった側面から分析を試みたものである。

以上テーマが多様で、内容的には一見拡散しているかのようにも見えるが、分析対象は「供養」という行為ただ一点である。ちなみに、供養なる用語については先に簡単に説明した。しかしながら今日の供養儀礼は、その内容・目的ともに多岐にわたっており、慰霊がその根底にあるものと予想されるものの、供養そのものに託された意味も多様である。いずれにしても、さまざまな民俗を取捨選択してきた人々が、いかなる理由で今日なお、ヒト・モノ・動植物の供養に固執しているのだろうか。彼らを取り巻く社会環境を視野に入れながら、その点を明らかに出来得れば、と考えている。

註

（1）岩本　裕「供養」『日本佛教辞典』平凡社　一九八八年　二一七頁
（2）ジャック・ルゴフ「歴史学と民族学の現在——歴史学はどこへ行くのか——」『思想』六三〇号　岩波書店　一九七六年　一〜一七頁
（3）柳田国男「郷土誌編纂者の用意」『定本柳田國男集』二五巻　筑摩書房　一九六三年（一九六五年）五〜一三頁
（4）柳田国男『郷土生活の研究法』刀江書院　一九三五年　五一〜三三三頁
（5）福田アジオ・古家信平「民俗学の現在と未来」『本郷』六号　吉川弘文館　二〇〇〇年　二〜四頁
（6）倉石忠彦「民俗学の現状」『日本民俗学』二一三号　日本民俗学会　一九九八年　一〜一三頁

（7）柳田の業績については、以下の本文を参照されたい。桜田勝徳「近代化と民俗学」『日本民俗学講座五・民俗学の方法』朝倉書店　一九七六年、竹田聴州「都市化の中の世相解説史学」『季刊柳田国男研究』八号　白鯨社　一九七五年、宮本常一『忘れられた日本人』未来社　一九六〇年等

（8）柳田国男「国史と民俗学」『定本柳田國男集』二四巻　筑摩書房　一九四四年（一九七〇年）　一〇七～一二五頁

（9）井上忠司『風俗の文化心理』世界思想社　一九九五年　一～六頁

（10）柳田国男「女性生活史」『定本柳田國男集』三〇巻　筑摩書房　一九四一年（一九六五年）　三～六二頁

（11）柳田国男『明治文化史一三巻・風俗』原書房・新装版　一九七九年　一～四頁

（12）同右　三頁

（13）和歌森太郎『日本風俗史考』潮新書　一九七一年　一二～五〇頁

（14）桜井徳太郎「風俗と民俗――風俗の名の復権をめざして――」『風俗』三一巻一号　日本風俗史学会　一九九二年　一～一二頁

（15）民俗とは、一定の時間幅を持って伝承されてきた言語・行為・観念・事物であり、地域社会なり同業者、同信者その他の集団、あるいは不特定多数の人々が共有する、一定の約束事の上に成り立つ生活文化、とゆるやかな形で定義しておきたい。また、風俗と民俗については、今流行りの生活文化とある程度定着した生活文化といった対比も可能と考えている。

（16）鈴木正崇「日本民俗学の現在」『日本民俗学』二一六号　日本民俗学会　一九九八年　一二頁

（17）赤田光男「総説・神と霊魂の民俗」『講座日本の民俗学七』雄山閣　一九九七年　一一頁

（18）関一敏「民俗」『新しい民俗学へ』せりか書房　二〇〇二年　四八～四九頁

（19）宮本袈裟雄「民俗と民俗資料」『講座日本の民俗一・民俗学の方法』雄山閣　一九九八年　三六～五一頁

第一章　モノ（道具）の供養

第一節　モノ（道具）の妖怪化と供養

はじめに

昭和五十年代から六十年代にかけては「おまじないブーム」と称されるほど、子供たち（とくに少女たち）の間で占い・まじないが流行した。子供たちには、自分の将来への不安から、何らかの指針を占いに求める傾向があるが、たまたま雑誌やマスコミがおまじないの特集を組んだことを契機に、ブームとして騒がれるに至ったのである。いずれにせよそのおまじないの際呪具として用いられたのは、大塚英志によれば、①文房具、②生活雑貨、③アクセサリー、④化粧品、⑤衣類、⑥食べ物、⑦植物、⑧自然物、⑨身体の部所、⑩コイン、⑪人形・絵、⑫その他であり、「民間信仰的な呪術を連想させる呪具としては、髪の毛やローソクが見られる程度である」という。子供たちが主として用いたのは、ファンシーグッズといわれる文具・小物にほかならないが、大塚は、「既存の宗教からの絶縁という原則は呪具において徹底されている」としながらも、「そこには少女達のモノに対するアニミズム的思考が見出せる」と指摘し、中世来の付喪神信仰と関連づけてその意味を解いている(1)。大塚が主張するように身の回りの生活道具（器物）に精霊の存在を認める思考は、昔も今もそう変わりはないかもしれない。ただし、そうした思考に基づく信仰の発現形態は、世相を投影してかなり異なるものと予想される。本節では、器物の妖怪に関する研究史を整理した上で、昔話や世間話に登場する妖怪とその供養のあり方に分析を加え、最後に現代における器物の供養の一つとして、台東区清川玉姫稲荷の「靴のめぐみ祭り市」を取り上げることにしたい。

一　モノの供養研究小史

石臼、針、筆といった今日では民具の範疇に入るものから時計、メガネ、カード、半導体といった器具、ハイテク関連機器に至るまで、ほとんどといって良いほどのモノが供養の対象となっている。たとえば東京都台東区上野寛永寺・弁天堂の境内には、図2・表1に示したように二四基の碑塔が立ち、しかも何らかの形で祭祀が行われているという。(2) 弁天は芸能の神仏とされているだけに、芸能関係者の顕彰碑が目立ち、また琵琶や扇といった芸能集団のシンボルの道具を供養したものが多い。少くとも①〜⑨に至る古いものは、すべてその類のものにほかならなかった。ところが昭和三十年代半ば以降、⑩包丁塚、⑯めがねの碑、㉓暦塚など道具の供養、⑪鳥塚、⑫ふぐ供養碑、⑬スッポン感謝之塔などが建立され、芸能関係以外の団体がモノ・動植物に感謝の意味を込め、また供養を目的に祭祀を執行しているのである。もちろん、芸能関係のそれも引き続いて建立されているが、現代はむしろ他のものに押され気味となっている。昭和三十年代が一つの転機であり、供養の対象が拡散する時期と見てよいだろう。

ちなみに、こうしたモノの供養に関する先駆的業績は、いうまでもなく田中宣一の「道具の供養」なる論文である。田中は、臼や箸といった所謂民具から時計・眼鏡といった現代的な器具に至る諸道具、さらには井戸や便所、家屋、寺社といった諸施設まで含め、それらの処分法から人びとの道具観に分析を加えている。その上で、田中は、「道具の供養とは、道具に対する単なる感謝ではなく、道具の正気抜き・性格抜き・魂抜きのため、即ち籠もる霊を抜き取って、その発動を未然に防ごうとして行われるのだと言うことができる」と結論づけている。(3) 田中論文が、道具の供養に関する全国的な動向の概括的な把握を試みているのに対して、時計の供養にテーマをしぼって報告したのが小

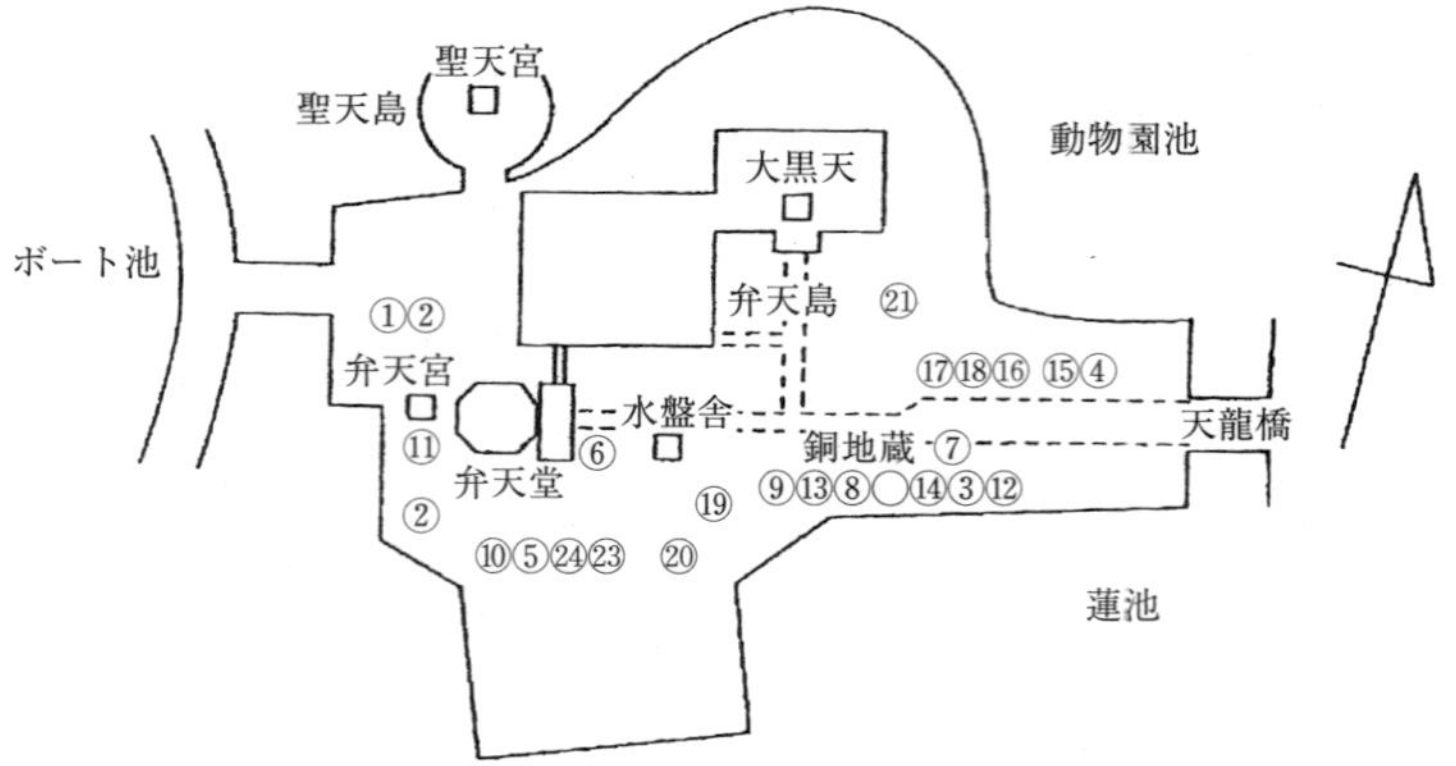

①櫛淵虚沖軒之碑
②蓮花の歌碑
③初代杵屋六翁の碑
④中根半僊の碑
⑤高久靄崖の碑
⑥琵琶碑
⑦初代杵屋六翁の碑
⑧扇　塚
⑨いと塚
⑩包丁塚
⑪鳥　塚
⑫ふぐ供養碑
⑬スッポン感謝之塔
⑭八橋検校顕彰碑
⑮不忍池由来碑
⑯めがね之碑
⑰利行碑
⑱長谷川利行歌碑
⑲東京自動車三十年会記念碑
⑳真友の碑
㉑魚　塚
㉒櫛淵虚沖軒之碑
㉓暦　塚
㉔芭蕉翁碑

図2　弁天堂境内の諸碑配置図　数字は表1に対応〈大崎智子（註2）による〉

林稔の「時計の供養」である。(4) この行事は、東京時計宝石眼鏡小売共同組合が主催するもので、時計の記念日に合わせて行われているが、昭和三十六年（一九六一）に開催されるに至った経緯と、その後の展開を丹念に追っている。第一回は上野忍池・弁天堂を会場として行われ、以後芝増上寺、大塚護国寺などPRのため各寺社を巡回しながら開催してきたようで、昭和五十九年（一九八四）以降台東区湯島天神社に固定し、今日に至っている。小林によれば、ここでもお焚き上げを主とする行事だったようだが、最近ではお焚き上げはほとんど行われていない。祭祀場を取り巻く環境が異なって来たからであり、他の地域も条件は同じようである。一九九八年六月十一日付朝日新聞朝刊「青鉛筆」欄につぎのような記事がある。

「時の記念日」の一〇日、北海道函館市の亀田八幡宮で行なわれた時計の供養祭で、例年ならおはらいの後で燃やされていた古い時計が解体され、分別ごみに出された。最近の柱時計や置き時計は外枠が木製のものはほとんどなく、大半がプラスチック製。燃やすとダイオキシンなどの有害物質を発生するため、付近の住民に配慮し

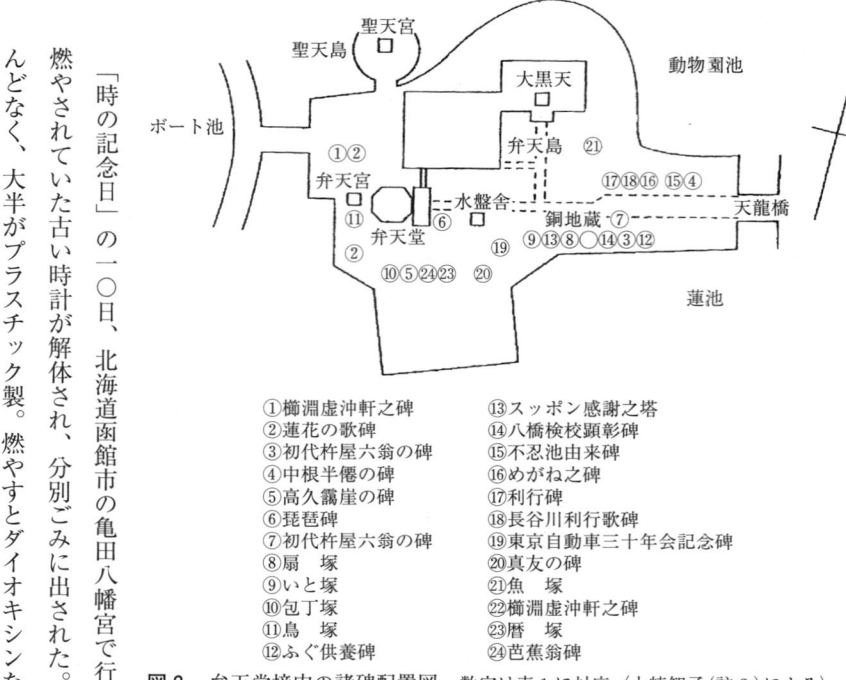

表1　弁天堂境内の諸碑一覧〈大崎智子（註2）による〉

	名　称	建立年月日	願　主
1	櫛淵虚沖軒之碑	文政2年9月（1819）	不詳
2	蓮花の歌碑	文政11年12月（1828）	「能勢掃部（欠落）六十二当（欠落）」
3	初代杵屋六翁の碑	天保15年4月（1844）	初代杵屋六郎
4	中根半僊の碑	嘉永3年夏5月（1850）	不詳
5	高久靄崖の碑	嘉永3年秋（1850）	不詳
6	琵琶碑	明治19年9月（1886）	琴三講社
7	初代杵屋六翁の碑	明治28年（1895）	九世杵屋六三郎
8	扇　塚	昭和24年2月8日（1949）	二世花柳寿美
9	いと塚	昭和26年12月（1951）	荻江露章門弟一同
10	包丁塚	昭和36年7月（1961）	上豊調理師会
11	鳥　塚	昭和37年3月24日（1962）	東京食鳥鶏卵商業共同組合・東京都食鳥販売業環境衛生同業組合
12	ふぐ供養碑	昭和40年9月（1965）	東京ふぐ料理連盟
13	スッポン感謝之塔	昭和40年9月（1965）	村上本家第十八代当主村上友次郎
14	八橋検校顕彰碑	昭和41年4月（1966）	日本三曲協会
15	不忍池由来碑	昭和41年4月（1966）	上野観光連盟
16	めがね之碑	昭和43年11月（1968）	東京眼鏡小売協同組合・東京眼鏡卸協同組合・東京眼鏡工業協同組合・東京レンズ工業協同組合
17	利行碑	昭和44年10月15日（1969）	画商羽黒洞木村東介
18	長谷川利行歌碑	昭和44年10月15日（1969）	画商羽黒洞木村東介
19	東京自動車三十年会記念	昭和50年5月（1975）	三十年余
20	真友の碑	昭和51年7月4日（1976）	ボーン賞運営委員会
21	魚　塚	昭和51年9月（1976）	東京魚商業協同組合
22	櫛淵虚沖軒之碑	昭和53年（1978）	群馬県月夜野町
23	暦　塚	昭和58年5月25日（1983）	全国団扇扇子カレンダー協議会・全国カレンダー出版協同組合連合会
24	芭蕉翁碑	不詳	「草馬道口」

写真1　琵琶塚（東京都台東区不忍池弁天堂）

写真2　めがねの碑（東京都台東区不忍池弁天堂）

て風習を改めた。正月飾りを燃やす小正月行事の「どんどん焼き」も中止される時代。主催の時計商組合の役員らは、古時計を枠やガラス・金属部分などに仕分けしながら「これも、時の流れか」。

一年に一回程度の焚き火が、環境にどれほど影響を与えるものだろうか、と考えるのは筆者だけではないだろうが、大勢はそうでもなさそうである。さて本題の研究史に戻るが、江戸・東京の針供養をテーマとして、小林同様な分析を行い、その歴史的変遷をトレースしたのが、長沢利明の「針供養と奪衣婆」「浅草の針供養」である。[5]前者は東京都新宿区の正受院の針供養を分析対象としたもので、近世来の奪衣婆信仰が近代に至って衰退し、それが昭和三十年代になると和裁関係業者による針供養祭を契機に復活したというように、奪衣婆信仰と針供養という、本来的にはおよそ関係のない信仰が結びついていった経緯を明らかにした。一方後者は、台東区浅草寺淡嶋堂の針供養が、近世来の一般家庭・職人の家ごとの行事から、寺社の行事の一環に取り込まれ、さらに昭和に入って関係業者の参加によって現代的な形態の行事に至るプロセスを把握したものである。

これら二つの針供養の変遷は、長沢が指摘するように、民俗宗教が持つ豊かな創造性、柔軟な可変性を示す好例といえるが、大崎智子の報告する「上野寛永寺清水観音堂の人形供養」も例に漏れない。[6]清水観音堂の信仰も子宝の授かり祈願、安産や成育祈願の身代わり人形に端を発し、昭和三十年代に人形供養へと変質したものに他ならない。人形供養に関していえば、名古屋市の真福寺（通称、大須観音）の人形供養を扱った水口千里の「現代供養事情」もあり[7]、針供養ともども研究蓄積はある方である。筆供養に関しては、近世教育史の分野で先行研究はあるものの[8]、民俗学関係のものは管見の及ぶ限り、ほとんどないと言っても良い。

ところで日本人は、豊かな森林資源を利用して家をはじめとする諸施設や多くのモノを作り出して生活に活用してきた。神野善治は『木霊論――家・船・橋の民俗――』の中で、用材となる樹木の精霊（木霊）に対する畏怖と鎮魂を基底とした信仰や儀礼、説話が多く存在するとみなした上で、建築儀礼、造船儀礼、御柱祭や橋・琴・太鼓の井筒等の霊威を示す説話の分析を試みている[9]。神野の『木霊論』は、次章の動植物の供養を考える上でも多くの示唆を与えてくれる。また、以下で取り上げる付喪神出現やモノの供養の契機を、宮田登は「祀り上げ」「祀り捨て」理論によって説明を試みている[10]。

モノに憑いた霊魂を新しい道具にのり移らせる一方、古道具を不要なものとして捨ててしまう。すなわち、人間が関与すると、そこには「祀り上げ」と「祀り捨て」という二つの側面が出てくるのである。それはツクモガミのような妖怪を生み出す一つの契機になると同時に、道具そのものをカミとして神聖視するという行為になってくる。この問題は中世だけの問題ではない。現代の使い捨て文化論においても、同じような図式が現れている。

宮田は日本のカミを考えるうえでタマ（霊・魂）の性格に注目している。タマは人間のみならず樹木、動物、石などに宿って生命力を与えるとともに、宿ったものから遊離して、憑依するものを求めて浮遊するという性格を持ち、祀り上げられることによってカミに移行する、これが宮田の考えであり、田中説と通ずる面もある。ただ、現代盛んに行われている諸々の道具の供養をも視野に入れて発言している所に、宮田説の特徴を見い出すことが出来る。

なお、信仰民具の処分については、徳丸亜木が分析を試みていることを付記しておく[11]。また、付喪神に関する研究については、次項で別途触れることにしたい。

二　絵画にみるモノ（器物）の妖怪

風俗史学研究の第一人者である江馬務は、「日本妖怪変化史」なる論稿において、「妖怪」は得体の知れない不思議なもの、「変化」はあるものが外観的にその正体を変えたものと定義したうえで、変化の正体を⑴人、⑵動物、⑶植物、⑷器物、⑸自然物の五種に分け、それらの歴史的変遷の概括的把握を試みている(12)。器物の変化に関しては、江馬によると神代には、伊奘諾尊が投げた櫛が一転して筍に化した例があるが、奈良時代は器物の怪異は例証に乏しく、平安・鎌倉時代になると生霊と器物や自然物の精霊が活動するようになってきたとして、『今昔物語』巻二七の「東三条銅精成人形被掘出語第六」を紹介している(13)。この話は、東三条殿に式部卿宮が住んでいたころ、南の山を三尺ばかりの丈の五位の宮人姿となって往来するので、陰陽師に占わしめると物怪で銅のなせる業だという。宮の辰巳の角の土中に埋もれているというので発掘してみると、はたして五斗納の銅の提があった、というものである。ちなみに『今昔物語』巻二七には、「鬼現油瓶形殺人語第十九」なる話が記載されているが、前者は銅器が人に化ける話であるのに対して、後者は鬼が油瓶に化ける話で発想がまったく逆である。これについて小松和彦は、

この二つの物語にみられる妖怪は、古代の妖怪観と中世の妖怪観の相違を端的に語り示している。つまり、古代的な妖怪は、不可視的な霊が事物に変じたり、示現したりするという形でその存在を示すのに対して、中世的な妖怪は、可視的な事物が霊的なものを獲得したり、それに内在する精霊が異様なものに変じたりしてその存在を語り示そうとするからである。

との見解を示している(14)。すなわち、小松は後者の鬼が油瓶という物に化けるのが古代的妖怪で、銅の精が人間の姿で現われるのが中世的妖怪と見なしているのである。これに対して田中貴子は、古代的妖怪観がなぜ中世になるとこの

ように変化する必然性があるのかが説明されておらず、さらに具体的な要因を追求する必要がある、と小松説に批判的である[15]。

話題がそれてしまったが、再び江馬の「妖怪変化史」に話を戻すことにしたい。江馬は「道具が化けるという思想は、康保の頃からあるという伝説であるが、室町時代に発達したらしい」として『付喪神記』に言及し、さらに、戦国時代から江戸時代末期に至る約四〇〇年間は妖怪変化の跳梁の時代と位置付けた上で、様々な文献や絵画を繙きながら、箒、団扇、笛、碁石、木像羅漢、仁王、面、絵馬等の妖怪変化を紹介している[16]。その上で、妖怪変化出現の原因について、(1)遺執的原因、(2)他律的原因、(3)時効的原因を上げている。江馬は、人間のみならず動植物・無生物が化ける原因も執念によることが多く、また年所を多く経過すれば化けるものであると指摘し、(1)、(3)との関連で『付喪神記』に言及している[17]。

器物の妖怪を考える上で、『付喪神記』が重要な意味を持つことは言うまでもない[18]。同絵巻は、室町時代中期における庶民絵巻として注目されているが、詞書の冒頭に「陰陽雑記云、器物百年を経て化して精霊を得て、よく人の心を誑かす、是を付喪神と号といへり」とあるように、付喪神とは古くなった器物の化した妖怪に他ならない。『付喪神記』のおよその内容は、康保のころ、暮の煤払いによって捨てられた古い器物が集まり、妖怪となって恨みを果たそうと企てる。古文先生の指導の下、節分の夜に造化身に随って妖怪に変じ、京洛に出没して人畜に害を及ぼす。しかし、参内途中の関白一行を襲って、かえって尊勝陀羅尼の法により調伏され、悔悟した妖怪たちは、先に一味に加わらずに出家した数珠の一蓮入道の弟子となって修行し、そろって仏果を得た、というものである。天台宗や真言宗でいう「有情非情悉皆成仏」の趣旨を説いた作品と位置づけられている[19]。

この『付喪神記』が著わされるに至る社会的背景について小松は、古来からのアニミズム信仰を前提に、(1)室町時代の職人層の台頭によって商品としての器物が出回ったこと、(2)職人に宗教的・呪術的な力が託されたことで彼らの作る器物自体にも霊的な威力があると考えられたこと、以上の二点を上げている。[20]一方田中（貴）は、南北朝時代の『土蜘蛛草紙』や『融通念仏縁起絵巻』といった絵巻物に、箱や鉄輪、桶などの化物がはっきりと描かれているので、器物の化物が室町時代に突如として出現したユニークなものと考えるには無理がある、と指摘している。そうして、平安末期から室町時代にかけて作られた『伊勢物語』の註釈には、老人の髪を意味する「つくも髪」が妖怪の名前に援用されてゆく過程が如実に窺えるとして、「おそらく、『付喪神』は『つくも髪』に化け物らしい用字を宛てて作り出されたと見て良い」との結論を導き出した。[21]

ところで、京都市東寺の宝輪院に伝わる「付喪神絵巻」は十六世紀のものとされているが、当時盛行した小絵と呼ばれる小型の絵巻に描かれており、やや稚拙味のあるタッチで描かれた妖怪たちの放埓な姿は何とも可愛らしく憎めない。その分ややあどけなさすぎて迫力に欠けることも否めず、同じ器物の妖怪を描いたものでも絵画という点では「百鬼夜行絵巻」（京都の真珠庵蔵、室町後期の宮廷絵所預・土佐光信筆と伝える）は秀逸である。こちらは、およそ五〇種類の有象無象のガラクタが、鬼やけだもの、あるいは人間の身体を借りて夜の闇に紛れて大集合し、野放図に騒ぎ回るというものである。なお、百鬼夜行という言葉は中世の文献に散見されるが、その実態についてのとらえ方はまちまちで、こうした実態の明確でない百鬼夜行という無気味なものを視覚化した絵巻物として注目に値するという。[22]中世の十一世紀ころに成立を見たとされる『宇治拾遺物語』巻一七に「修行者逢百鬼夜行事」という話がある。百鬼夜行の姿は、一目や角のあるもので「頭もえもいはずおそろしげなる者ども也」と形容され、「人にもあらず、あさましき物どももなりけり」であった。それら一〇〇人ばかりが手に火をともして声をあらげながら集まって来て、やがて「暁になりぬ」と言って「ののしり」帰ったという。[23]声高に話しながら陽気に登場し、人間に危害を加えることもなく夜明けとともに去っていく妖怪たちは、『百鬼夜行絵巻』に登場する騒々しい妖怪どものイメージに近いといった指摘がなされている。[24]

このように中世の絵巻物に描かれた器物の妖怪のイメージは、近世以降も受け継がれていく。鳥山石燕の『今昔百鬼拾遺』『百器徒然袋』、河鍋暁斉の『百鬼夜行図屏風』や稲生武太夫の武男伝ともいうべき『稲生物怪録絵巻』などがその代表だろう。また、幕末の動乱期には、歌川国芳、浮田一恵らが器物の妖怪といった異形をパロディーに仕立て、政治的風刺を試みている。ここでは、石燕の『百器徒然袋』と暁斉の『稲生物怪録絵巻』、この二つを取りあげることにしたい。

鳥山石燕（一七一二〜一七八八）は江戸の浮世絵師であり、喜多川歌麿の師匠とされているが、美人画のみならず錦絵関係の作品も見出せず、ほとんどの作品は妖怪絵本である。石燕は従来の絵巻系の妖怪を研究し再現したばかりではなく、『和漢三才図絵』のような図彙集をも参照し、独特の作品に仕立てあげた。そうして『画図百鬼夜行』『百器徒然袋』などが一つの規範的存在となって、後の挿絵などに大きな影響を及ぼしたと言われている。[25]『百器徒然袋』は天明三年（一七八三）の作品で、九割方が器物の妖怪で占められている。箒神、鳴釜、五徳猫等日用道具の妖怪の他、長冠、化皮衣といった衣類の妖怪、鐙口、古空穂等武具の妖怪、琴古主、琵琶牧牧、三味長老など楽器の妖怪も少なくないが、木魚達磨、如意自在、払子守等々仏具の妖怪が案外多い。このうち払子守について見ると、「趙州無の則に、狗子にさえ仏性ありけり、まして伝灯をかかぐる座禅の床に、九年が間うちふつたる払子精は、結跏趺坐の相をもあらはすべしと、夢のうちにおもひぬ」と解説が施されている。[26]犬に仏性があれば、禅寺で使い古されたはたきに仏性がないはずはない、との主張である。『百鬼夜行絵巻』には、鰐口の妖怪の前を踊りながら進む払子の妖怪が描かれており、『百器徒然袋』は、表題から察せられるように、吉田兼好の『徒然草』と『百鬼夜行絵巻』との双方からヒントを得て描かれたものである。

一方『稲生物怪録絵巻』は柏正甫筆のもので、三次市の吉祥寺に所蔵されている。他に広島市の稲生武太夫家子孫が所蔵する『三次実録物語』があるがここでは前者をもとに分析を進めたい。

主人公の稲生武太夫家は、備後の国三次藩（広島藩浅野家支藩五万石）藩士の家筋で御徒組頭、一二石四人扶持。稲生家の系図では武太夫は同家七年代目で、平太郎（武太夫の幼名）は享保二十年（一七三五）生まれ。その彼が化物に出会った寛延二年（一七五〇）は数えで一六歳、その年齢の時に怪異に出会うというこの物語は、元服を前にした平太郎の武勇物語と位置づけられる。さて一カ月にわたって平太郎を襲う化物は、大男、女の逆さ首、老婆、赤子といった人間の化物、蝶、巨大蜂の巣等動物の化物、ためいき、笑い声など奇抜な趣向のものもあるが、多くは日用雑器の妖怪である。妖怪化して現れ日用雑器は、行灯、ひょうたん、違い棚の紙、大石、石臼、塩俵、摺鉢、摺粉木、タライ、葛籠、額、漬物桶、机、菓子箱、錫杖、シュロ箒など多岐にわたる。これらありふれた器物もなみならぬ怪異を見せ、恐怖をさそうという趣向である(27)。『稲生物怪録絵巻』の妖怪も『百鬼夜行絵巻』のそれと同様、出現の仕方はおおらかで、ただ相手を驚かすことを趣味として出現するだけである。

『稲生物怪録絵巻』は、近世の国学者平田篤胤の他、明治以降の文人にも愛されたという。すなわち泉鏡花は『草迷宮』の中にそれらしき魔物を描き、巌谷小波は『平太郎化物日記』なる作品でお伽噺風に仕立てたのである(28)。また今日、この絵巻物の一番の心酔者は谷川健一であり、谷川編『江戸妖怪図録・稲生物怪絵巻』として一九九四年に小学館から刊行され、少なからぬ人々の関心を呼んだ。

三　昔話・世間話に見るモノ（器物）の妖怪

古くなった器物の霊が化け物となって現われ、人を脅すというモチーフを持つ本格昔話「化物寺」は、北は青森県から南は鹿児島県に至るまで、広い地域にわたって分布する。一例だけ宮崎県西都市で採話されたものを紹介しよう(29)（表2—30）。

男が嬶に先立たれて信仰に入り、諸国回りをする。釈迦堂に泊まると、夜中に「米や薪のそろった大きな寺が空き家になっているので、行って休むときは軒先三尺下がって休め」という声がする。男は寺に行く。夜中になると、音がして壊れた杵、すりこ木、搗き臼が廊下を歩いている。夜が明けてから、男はそれを釜屋の中から出して庭に埋めて線香をたてる。化け物は出なくなり、男は寺の和尚になる。

この話の登場人物は「信仰に入った男」となっているが、多くは托鉢の僧、六部、雲水等々の僧である。まれに、ほいと、村の暴れ者、親不幸者、侍、婆さんなどが主人公となったものもある。彼らが化物寺に泊まると、夜になって化物が現われ、化物自らの正体を述べながら踊り狂い去って行く。翌朝あたりを捜してみると古い器物の類が発見される。化物は古い器物の霊に他ならなかった。以上のモチーフを持つ昔話が「化物寺」であるが、財宝発見の結末を有するものも多く、「宝化物」の話型との融合が指摘されている(30)。また、化物と問答したり、化物の正体が杵・馬・鶏である場合も見られ、「化物問答」と融合した話も少なくない。ところで「化物寺」における化物の正体であるが、表2による限り、東北地方と中部地方あたりまでの東日本では古簑、古傘、古下駄、古太鼓など一定の傾向性がうかがえるが、西日本の場合、臼、杵、すりこ木が目立つとはいえバリエーションに富んでおり、傾向性は見出せない。また、結末は「金銀を掘り出す」というように「宝化物」に類似したものの他、その寺の住職になるというものが三〇話中九話ある。そのうち二話が器物の霊の供養を行った後にその寺の住職となって定住するというものだが、供養の後に化け物寺を立ち去るというものも二話見出せる。定住するに至るか立ち去るかは別として、翌朝捜し出した器物を供養する、そうすると化物が出なくなったとする話はこのほかに五話あり、都合九話が器物の供養を実施していることになる。島根県太田市で採話された話（表2—19）につぎのようなものがある(31)。

無住の荒れ寺に侍が泊まる。化物が出るというので見張っていると、いろいろの怪物が現われる。刀を抜いて斬るとその中の頭分が、この家の者は品物を粗末にするばかりで皿、茶碗、箸、杓子などがどぶ溜めにすてられ

表2　昔話「化物寺」に見る器物の供養（関敬吾編『日本昔話大成　巻七・本格昔話』より作成）

番号	採集地	登場人物	化け物の正体	舞台	結末	備考
1	青森県津軽郡	ある男	隠れ簑・隠れ笠	化け物寺	金銀を見つける	「宝化物」に類似
2	岩手県盛岡地方	ほいと	下駄・草履など、がらくた	山寺		
3	岩手県紫波郡	旅僧	下駄	化け物寺		
4	岩手県東磐井郡	托鉢の僧	足長の蜘蛛	古寺	化け物が出なくなる	
5	宮城県仙台市	托鉢の和尚	こわれ傘・七輪・欠き皿・柄なし柄杓・蓋なし茶釜・鼻緒の切れた下駄	荒れ寺	押入れの中のがらくたの霊を弔って去る	
6	宮城県本吉郡(A)	旅の僧	杵・馬・鶏の化け物	化け物寺	弔って立ち去る	「化物問答」に類似
7	同　(B)	六部	一つ目の小僧・渡し金・まないた・かびのはえた味噌	荒れ寺		
8	宮城県登米郡(A)	怠け者	下駄・鶏	化け物寺	村の人に頼まれ寺の和尚になる	
9	同　(B)	旅の僧	笛・太鼓・撥・古狸	荒れ寺		
10	同　(C)	六部	梅の位牌・楠の木の土台・古鶏・古狸・鯉	化け物寺	寺の和尚になる	
11	新潟県見附市(A)	雲水	臼・杵	化け物寺	金をさがし出す	「宝化物」に類似
12	同　(B)	六部	金・銀・鉄の棒	化け物屋敷	寺を建て安楽に暮らす	「宝化物」に類似
13	新潟県長岡市(A)	村の暴れ者	瓢・日傘・朱塗りの槍の柄と盆・白黒の灰の魂	化け物屋敷	小判を掘りあてる。供養し、その家の主人となる	「宝化物」に類似
14	同　(B)	六部	古簑・古太鼓・古下駄・古わっぱ	山寺		
15	長野県小県郡	六部	二分金・一分銀・銭の化け物	怪物の出る寺	金を掘り出す。住持になる	「宝化物」に類似
16	岐阜県吉城郡	旅僧	古い簑・木魚・太鼓	荒れ寺	供養すると化け物出なくなる	
17	京都府竹野郡	風来の坊さん	椿の盆・大きな鳥・鯉	山寺	その寺の住持になる	
18	鳥取県西伯郡	法印	横槌・大蟹・金魚・古狸	化け物寺	寺の和尚になる	
19	島根県太田市	侍	皿・茶碗・箸・杓子	荒れ寺	捨てられた器物を焼く（供養をする）	
20	岡山県岡山市(A)	親不孝者	一朱銀・小判・小遣銭	荒れ屋敷	銭を掘り出す	「宝化物」に類似
21	同　(B)	侍	椿の槌・茶かす・馬・鶏・人魚女	お寺	供養し、化け物出なくなる	「化物問答」に類似
22	岡山県後月郡	いたずら小僧	手杵・一分銀・銭・椿の床柱	化け物寺	一分銀・銭を掘り出す	「宝化物」に類似
23	岡山県某地	主人	折れた箸	自宅(?)		
24	岡山県阿哲郡	旅人	搗き臼、赤・白の銭が入った瓶	化け物屋敷	その家にとどまり分限者となる	「宝化物」に類似
25	広島県神石郡	六部	槌(?)	化け物屋敷	金を掘り出し金持となる	「宝化物」に類似
26	広島県比婆郡	旅僧	臼・皿・杵	宿屋		
27	香川県大川郡	旅僧	椿の小槌・白狐・三鶏・鯉	化け物寺	弔ってやると出没しなくなった	「化物問答」に類似
28	高知県香川郡	婆	目一つ、口二つの化け物	自宅	大判・小判を掘り出す	「宝化物」に類似
29	大分県臼杵市	旅僧	小皿・椀・鍋	化け物宿		
30	宮崎県西都市	信仰に入った男	壊れた杵・すり子木・搗き臼	釈迦堂	供養の後、寺の和尚となる	

て苦しんでいるから引き揚げて焼き捨ててくれと頼む

この話は、家人が道具を粗末にした結果、器物（の霊）が浮かばれずに苦しんでいる、是非とも焼却（供養）して（成仏させて）欲しい、そう訴えてようやく願いがかなった、そんな内容のものと読み取れる。家人が道具を粗末にしたせいで化物となって現われるに至ったと説く例は、このほか岡山市某地で採集された話にもある（表2―23）。いずれにせよ、使い古され放置されたままの器物は、江馬の指摘するように遺執的原因と時効的原因によって妖怪化し人を脅す、しかし供養することによって器物の霊も発動しなくなる、といった信仰を基盤にこうした昔話が語り継がれてきたものと考えることができる。

さて、昔話に対して世間話においては、器物の妖怪はどのように語られているのだろうか。使い古された器物の宝庫といえば何といっても博物館であるが、博物館では様々な怪異現象が発動している模様で、近藤雅樹が『魔女の伝言板』の中で興味深い話を報告している。その一つは「ポルダーガイスト（1）怪異を招く霊感少女」で、つぎのような内容である[32]。

これは、はっきり覚えてます。二階（積層棚の二層階）で、資料の一点ごとに収蔵番号を記入するマーキングの作業をしていたら、どこからともなく、ガタガタという音がしてきたんです。音はだんだん近づいてきて、見ると、固定式の棚だけが揺れていて、棚の中の資料も揺れている。でも、移動式の棚の方は、何も異常がなかったんです。こうした現象は、先輩のTさんと二人だけで仕事をしているときに何度か経験しました。やっぱり先輩のIさんと一緒に仕事をしているときにも、よく似たようなことがありました。このお姉さんたちは、もう、すっかり慣れっこになっていました。

収蔵庫の扉がガタガタと揺れる、という世間話も含め類話はいくつか掲載されているが、宮田によれば「ポルダーガイストは、一定の空間内に特別な霊力が集中して、それが器物を移動させるということになっており、心霊科学で解説がされている」という。(33)筆者には何とも判断しかねるが、近藤の報告の中でより興味深い話は、「足音」と題するつぎのようなものである。(34)

つい最近のできごと。収蔵庫の中で仕事をしていると、ヒタヒタと歩いてくる足音が聞こえた。姿は見えなかったけど、その足音から「あ、Yさんだ」と思った。でも、すぐに、その日、同僚のYさんは休んでいたことに気づいた。あたりを見わたしても収蔵庫のなかにはだれもいなかった。「じゃあ、あれは、いったい、だれだったんだろう?」。そう思うと、ぞっとした。数日後にその話をしたら、Yさんは、こんなふうに言った。「私、古くなった上履き（庫内作業用に履いていたチャイナシューズ）をそのまま収蔵庫のダストカート（ワゴン式の大型ゴミ入れ）に捨てたことがあったから、ひょっとしたら、その上履きが……」。

この話の中でY氏は、履き捨てた上履きのなせる怪異現象と理解しており、状況設定こそ異なるが付喪神信仰の発想と相通ずるところがある。この他近藤は、収蔵した資料についてきた霊の話（タイや韓国の花嫁衣裳の前で写真を撮ったら心霊写真となったという「花嫁衣裳」あるいはボリビヤの大地震で死んだ赤ん坊の乳母車を納めた収蔵庫に赤ん坊の泣き声が響くという「赤ちゃんの泣き声」など）や、四谷怪談の舞台装置が作動せず、お岩さんにお参りした結果ようやく作動した話、絵馬展開催中に警報器がたびたび鳴るのでお祓いをしたらやんだ話等々を報告している。さらに、収蔵庫の入口に盛り塩をしたり小豆を供えておく博物館もあるとのことで、おそらく目的はお祓いや魔除けだろうが、今日でも収蔵資料に対してお祓いや魔除けといった供養類似の行為がなされていることが知られる。(35)

四　靴の供養

各業界が主催する形で、針・下駄・傘・人形からカード・半導体に至るまで様々なモノの供養が現在各地で行われている。昔話や世間話に履物の妖怪、怪異現象が登場し、かつての生活におけるモノとして重要な位置を占めていたのみならず、現代の生活用具としても欠かせないのが履物（靴）である。そこでつぎに、東京都台東区清川二丁目に鎮座する玉姫稲荷境内を会場として行われる「靴のめぐみ祭り市」（靴の供養）を取りあげてみることにしたい。

玉姫稲荷の祭神は宇迦之御魂命でご神徳は五穀豊穣、商売繁盛だという。氏子地域は清川町会、東清町会、東清南町会、清川自治町会、東浅草二丁目町会、中央町会、日本堤二丁目西町会、日本堤二丁目東町会の八町会五、〇〇〇戸余りで、靴製造販売関連業者もこれら町会の有力なメンバーである。文政十年（一八二七）に竿斎道人が著した『江戸名所花暦』に、

　標茅原《しめじがはら》　玉姫稲荷の辺り。この社は山城国稲荷山のいなりをうつししなり、王子村岸稲荷と神縁ありと云ひ伝ふ。御玉姫いなりといふもゆゑある事なり。正慶二年新田義貞朝臣、鎌倉の高時を追討のみぎり、弘法大師直筆の像を襟掛にしたまひしを、瑠璃の玉塔にこめて当所にをさめたまふゆゑに、御玉ひめ稲荷と称するよし

と記されている(36)。このように玉姫稲荷は、近世標茅原の近く、吉原田圃の真中にお宮がポツンとあるような状態だった。天保九年（一八三八）の斉藤月岑の著書『東都歳時記』六月の条にも、

　十五日　山谷玉姫稲荷祭（不動院持、産子の場所神輿獅子頭を渡す、境内僅かなれども田園の眺望ありて佳景の地なり）

と記されている通りである(37)。しかし、現在この地域はビルがひしめき、また、地場産業としての靴の製造が盛んな所として知られている。履物の製造は近世末から行なわれていたらしく、明治、大正期までは藁で編んだ草履や下駄が主な製品であり、一時花川戸一帯に下駄屋さんが一〇〇軒以上も軒を並べていたという。現在は言うまでもなく靴の製造が中心で、全国の七〇パーセントのシェアを占めている。「靴のめぐみ祭り市」は、昭和五十年から始められたものだが、当時の新聞につぎのように報道されている(38)。

　メーカーたちの間では、あたかもその年の新米を神に供え、報恩の神事をする〝新嘗祭〟に対する農民と同じ

写真3　「靴のめぐみ祭り」の祭壇

写真4　祭壇の傍に設けられた修理コーナー

ように、〝勤労感謝の日〟に古靴の供養などして、その恵みに感謝しようとかねてより計画が立てられてきた。第一回目の今年は各メーカーからおよそ三万足の紳士靴、婦人靴、ベビー靴、サンダル、スリッパ、靴アクセサリーなどが提供された。まず、本殿において古靴の供養が行なわれたあと、早速、境内で〝靴のめぐみ市〟。両日あわせて約一万人の人たちが〝格安品〟を求めて駆けつけ、大盛況ぶりを見せていた。

このように、第一回から一九回の平成五年までは十一月二十三・二十四日に行われていたが、平成六年、第二〇回目から十一月の最終土・日曜に行うようになった。客足も当初一万人余だったがじょじょに増え、五、六回目からはほぼ安定し、四、五万人の人出が見込まれるようになった。靴のめぐみ祭り市にやって来る人びとは北関東は少ないものの、ほぼ関東一円に及ぶという。参加業者数も当初一一社にすぎなかったが、平成六年現在三五社が参加するに至った（図3参照）。

現在六月の第一土、日曜に行われる祭りが神社の例大祭と位置づけられているのに対して、靴のめぐみ祭りはあくまで私祭とされている。この行事は、靴のめぐみ祭り実行委員会（会長・藤原富子氏）が主催し、台東区の浅草観光連盟が後援、玉姫稲荷氏子総代会、アサヒ商店街が協賛という形で実施されている。

平成六年度における靴のめぐみ祭りの式典は、十一月二十六日（土）正午から午後一時にかけて⑴切麻行事、⑵焚き上げ行事の順で行われた。拝殿に一同参列し、式次第にそって祝詞の奏上が始まると、靴業者有志一〇名が、古靴木型、木槌、刷毛、包

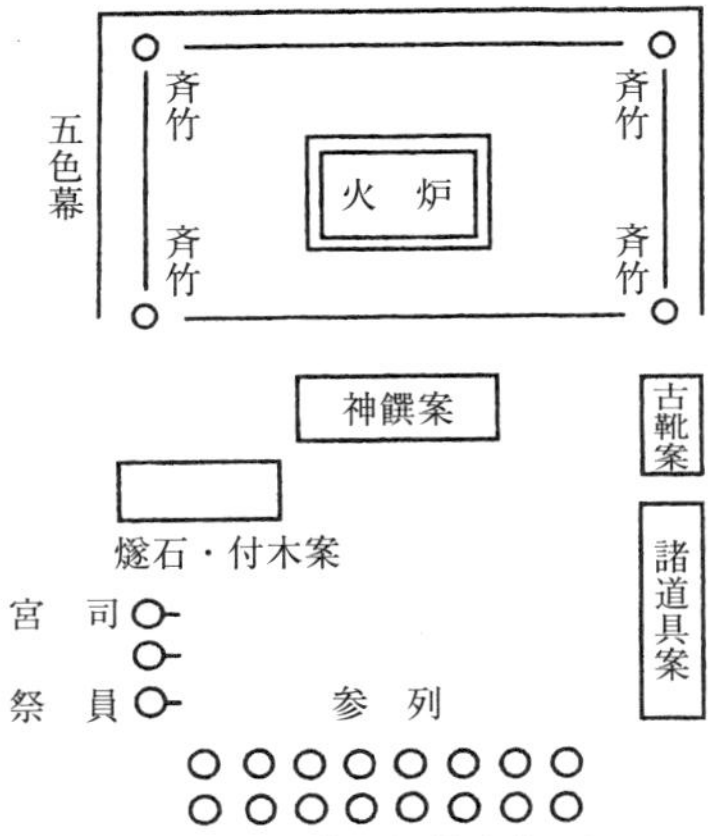

図４　古靴・諸道具供養式場図

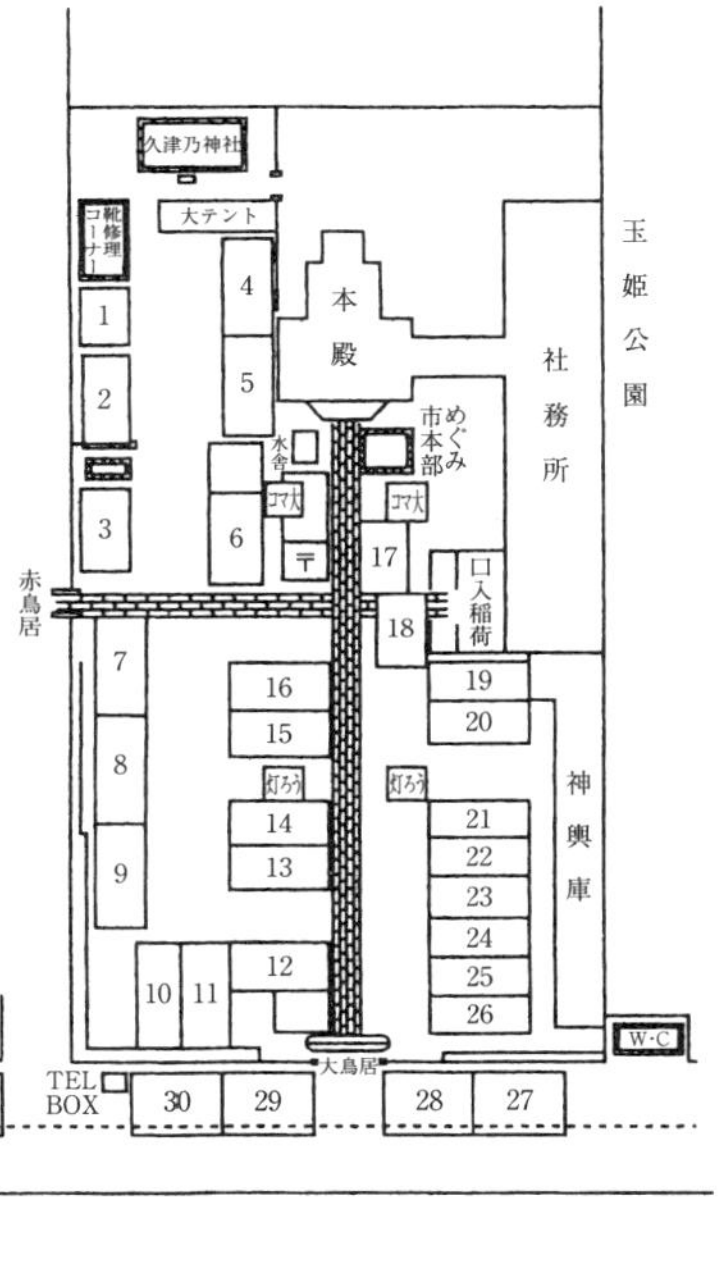

図３　玉姫稲荷靴のめぐみ祭り市境内配置図（１～35は出店〈平成４年度〉）

丁、鏝を安置した三宝を五台と履き古した紳士靴、婦人靴、子ども靴、スリッパなどを安置した三宝五台を奉持して、境内に設けられた案上に安置する（図４参照）。そうしてまず古靴を五色の切麻で祓い清め、つぎに古い工具を奉持して火炉に移し、宮司が火燧石にて浄火を付木に点火して火炉の諸工具を焚き上げ供養する。それが終わると、古靴感謝祭が行われて直会となる。式典に一般の人が参加することはないが、古靴感謝祭では、一般の参詣者が持参した古靴を宮司がお祓いをするのである。ちなみに、実行委員会の靴のめぐみ祭り市のパンフレット、「靴のめぐみ感謝祭」には「古靴供養祭」、「足難厄除開運火焚串」、「足難厄除開運御札」、「靴の修理コーナー」、「大当たりめぐみくじ」の五項目が掲げられ、解説が施されている。「古靴供養祭」は、感謝の意を込めて自ら供養するとともに一般消費者にもそれを薦める行事にほかならず、靴の修理コーナーは、靴を大事に最後まではき通させるための、いわばモノの寿命を全うさせるためのデモンストレーションということができ、この両者に行事の目的が凝集されている。それに加えて、足の健康祈願を目的とする護摩焚きを実施したり、守り札を配付しているのである。

なお、秋の行事に対応する形で四月の最終土、日曜日には「コンコン靴市」を実施している。平成八年で一三回目を数えた。この時は、靴のめぐみ祭り市のほぼ半数の業者が参加するにすぎないが、行事内容も類似するという。

ところで、図4に示したように、第一回の靴のめぐみ祭りの時から、社殿左横に祭壇（久津乃神社）を設けて祭りを執行してきた。五年程前に祠を（足守神社）建てようという話が持ち上がり、必要軽費も集められた。神社本庁の許可を経て、第二〇回目の平成六年には完成するはずだったが、平成十四年現在創建に至っていない。しかし、同年四月の第一九回「コンコン靴市」には重さ六〇キロの「靴みこし」が新調され、靴業界の人びとによって担がれるようになった。

結びにかえて

モノの妖怪・供養に関する研究史をふまえ、絵画、昔話・世間話に見られる器物の妖怪について検討を加えた。ついで、業界が主催するモノの供養の一つとして、靴の供養の実態を報告した。靴や工具の供養をはじめとする様々な供養の存在、あるいは子供たちがまじないに用いる呪具への対応等々から、現代人もモノに何らかの霊の存在を認めていることは明らかである。その際、世間話として語られる博物館のモノにまつわる怪異現象から、モノの霊そのものが怪異や災いをひきおこすものと、そのモノに憑いた使用者の霊がひきおこすものと二様存在する点に留意したい。すなわち、前者は「足音」と題する世間話、後者は「呪われた花嫁衣装」、「赤ちゃんの泣き声」等の世間話に示されていた。前者は、モノが江馬のいう(1)遺執的原因と、(3)時効的原因によって祟りをなすもので、後者はモノの使用者の遺執のなせる技（あるいはモノから見れば(2)の他律的原因によるもの）と解することができる。いずれにせよ、利用者が使い古したモノを通して遺執が発現する訳であり、江馬の類型(1)と(3)は不即不離の関係にあると見るべきだろう。

ちなみに、各業界が主催するモノの供養は、宮田が指摘するように、大量生産・大量消費・使い捨て時代の世相を前提とした行事であることは間違いない。たとえば、古靴への感謝の気持ちを持つように、また修繕して最後まで履きつぶすべく薦める靴のめぐみ祭り市の主催者の、一般消費者へのアピールからもそのことがうかがえる。靴のめぐみ祭り市は、業界の一般消費へのサービスとともに上記のアピールが重要な位置を占めている。一方対内的には、靴の生産によって生計を維持し生活を全う出来ることから生産品としての靴そのものに感謝し、靴の生産にかかわった古い工具を供養し、合わせて同業者集団の結集をはかる、これがこの行事の目的にほかならない。一般消費者や業界の人びとがどの程度意識しているかは別として、結果的には履き尽くした靴や使い古した工具の付喪神化を未然に防いでいると見ることができよう。なお、業界の人びとについていえば、今日における地縁・血縁による人間関係から社縁・約縁による人間関係への移行が、同業者集団の結集をはからせる方向へと作用しているのかもしれない。その結果、結集の象徴としての記念碑・神社（小祠）・神輿の建立に至らしめるものと思われる。

註

（1）大塚英志「おまじないと少女まんがの位相」『都市民俗学へのいざないⅡ・情念と宇宙』雄山閣　一九八九年　二一九～二二九頁

（2）大崎智子「上野寛永寺・弁天堂の諸碑をめぐって」『常民文化』一八号　一九九五年　五九～八〇頁

（3）田中宣一「道具の供養――不要道具の処分法にみる民具観――」『民具マンスリー』第二〇巻五号　一九八七年　一～九頁

（4）小林稔「時計供養」『民俗』一二六号　一九八七年　三～四頁

（5）長沢利明「針供養と奪衣婆」『西郊民俗』一二四号　一九八八年　九～一一頁、同「浅草の針供養」『日本民俗学』一七八号　一九八九年　一一七～一二九頁

(6) 大崎智子「上野寛永寺清水観音堂の人形供養」『日本民俗学』二〇一号　一九九五年　一〇九〜一一九頁
(7) 水口千里「現代供養事情」『近畿民具』二二号　一九九八年　五〜一七頁
(8) 高橋敏・川崎喜久男「千葉県の筆子塚」『筆子塚資料集成――千葉県・群馬県・神奈川県――』国立歴史民俗博物館　二〇〇一年　二四六〜二六三頁など。『国定忠治の時代』平凡社　一九九一年　一〇七〜一四二頁
(9) 神野善治『木霊論――家・船・橋の民俗――』白水社　二〇〇〇年　一〜三五七頁
(10) 宮田登「モノとタマ」『民俗文化史』放送大学教育復興会　一九九五年　一五八頁
(11) 徳丸亜木「『信仰民具』と神祭りの場」『日本民俗学』一九一号　一九九二年　六九〜九八頁
(12) 江馬務「日本妖怪変化史」『江馬務著作集』第六巻　中央公論社　一九七七年　二七一〜四五二頁
江馬は妖怪と変化を区別しているが、今日では双方を合わせて妖怪と称している。江馬の業績に言及する部分では一応分けて記述するが、そうでない場合は一括して妖怪として扱うことにする。ちなみに妖怪とは「不安や恐怖をかりたてる不可解な出来事や不思議な現象、またはそうした現象をもたらす超自然的な存在」にほかならない（常光徹「妖怪」『日本民俗大辞典』下　吉川弘文館　二〇〇〇年　七六九頁）。
(13) 江馬務前掲註（12）三七一〜三七四頁
(14) 小松和彦『憑霊信仰論』ありな書房　一九八四年　二四七〜二五一頁
(15) 田中貴子『百鬼夜行の見える都市』新曜社　一九九四年　一六八〜一六九頁
(16) 江馬務前掲註（12）三八〇〜三九四頁
(17) 同右　三九六〜四〇一頁
(18) 『付喪神記』には『付喪神絵巻』や『付喪神絵詞』と言った題名を持つ伝本もあるが、ここでは田中（貴）にならって、『付喪神記』と統一して表記することにしたい。
(19) 『国史大辞典』吉川弘文館　一九八八年　七五一頁
(20) 小松和彦前掲註（14）二五三〜二五五頁
(21) 田中貴子前掲註（15）一六九〜一七一頁
(22) 安村年信「百鬼夜行絵巻」『別冊太陽57・日本の妖怪』平凡社　一九八七年　四一頁
(23) 渡辺綱也他校訂『宇治拾遺物語』岩波古典文学大系二七巻　一九六六年　七六〜七七頁

(24) 安村年信前掲註(22)　四一頁
(25) 平凡社太陽編集部「百鬼夜行」『別冊太陽57・日本の妖怪』平凡社　一九八七年　一一四頁
(26) 高田衛監修『鳥山石燕　画図百鬼夜行』国書刊行会　一九九二年　二七七頁
(27) 谷川健一『江戸妖怪図録・稲生物怪録絵巻』平凡社　一九九四年　一〜一一〇頁
(28) 谷川健一「妖怪の棲む屋敷」『別冊太陽五七・日本の妖怪』前掲書　八三〜八七頁
(29) 関敬吾編『日本昔話大成巻七・本格昔話六』角川書店　一九七九年　七七頁
(30) 田中美和「化物寺」『日本昔話辞典』弘文堂　一九七七年　七三四頁
(31) 関敬吾編前掲註(29)　一九七九年　七七頁
(32) 近藤雅樹他『魔女の伝言板』白水社　一九九五年　一九三〜一九四頁
(33) 宮田登『民俗神道論』春秋社　一九九六年　二一三頁
(34) 近藤雅樹他前掲註(32)　一九七〜一九八頁
(35) 同右　二〇九〜二一〇頁
(36) 朝倉治彦編『日本名所風俗図会』巻一八―二　角川書店　一九七九年　九〇頁
(37) 同右　一四二頁
(38) 昭和五十年十一月付『台東区民新聞』「『靴の恵み祭り市』盛況」による。

第二節　モノ（道具）の供養の諸相

――筆・鉛筆の供養を中心に――

はじめに

戦後生まれで都会育ちの筆者の知る限り、特異な道具の処分方法と言えば、神札や縁起物の類を神社に納めることであり、誰に教わるともなく身についてしまった。また、母親のする針供養の様子をおぼろげながら記憶しているとともに、食後必ず割箸を折って始末する人を時々見かける程度にすぎなかった。後者については、今でもそうする人が身近にいたりするが、一度使用した箸にはその人の霊が宿るとされ、そのまま使い捨ててしまうと災いが及ぶ。だから折って霊を戻すための処置だという。(1) いずれにしても、筆者が見てきたもの、経験したことのあるものはそのぐらいであった。

ところで大量生産・大量消費・使い捨て時代の今日、ゴミが溢れる一方で、ただ捨てることに抵抗感を持つ人も少なくない。そうした人々の要請に基づく形で、現在各地でモノ（道具）の供養が行われているのである。

本節では、モノ（道具）の供養の中で、もっともポピュラーな人形の供養を視野に入れつつ、針供養同様に古くから存在する筆供養に焦点を当てることにしたい。また、筆供養の現代版ともいうべき鉛筆供養についても分析を試みる。そして、筆供養といった伝統的な行事がどのように変質し、また新しい行事がどのような形で誕生しているのか、その一端を明らかにできればと考えている。

一　モノ（道具）の供養の諸相

現在、供養の対象となっている道具を、管見の及ぶ範囲で列挙すれば以下の通りである。針、釘、包丁、鋏、筆、鉛筆、人形、こけし、陶器、瓦、臼、茶筅、箸、扇子、櫛、傘、下駄、靴、松葉杖、ふとん、時計、眼鏡、カメラ、カード、パソコン、ボーリング、パチンコ台等々、いわゆる民具と称するものから近代的な器具機器に至るまで、ありとあらゆるものが含まれている。いずれも戦後始められたものが多く、近年誕生したものも少なくない。したがって研究者個人がすべてを把握することは難しく、組織的な調査の必要性を痛感している。

なお、幸いにも、人形供養については、社団法人日本ひな人形協会（平成五年に社団法人日本人形協会に改称）がアンケート調査を実施し、全国の状況が明らかにされている。(2)同協会は、機関誌『にんぎょう日本』購読者のうち、同協会加盟の全会員五五〇社にアンケート調査を実施した。その結果、平成四年段階で全国六一カ所で人形供養が実施されていることが判明した。大崎によれば、これに自身の調査データーを加え、少なくとも全国六七カ所で行われていることになるという。(3)その内訳は、（A）人形組合が主催するもの二四、（B）人形製造・販売各社が主催するもの二九、（C）寺院が主催するもの一〇、（D）神社が主催するもの五である（ただし、台東区上野清水観音堂の場合は（A）と（C）に重複して数えられている）。

これらの資料によりながら、人形供養の開始時期およびその契機、塚や碑の有無、儀礼内容等を概観することにしたい。まず開始時期について見ると、昭和三十年代、四十年代に始められたものがちらほら目につくものの、圧倒的に昭和五十年以降開始されたものが多く、平成以降のものも少なくない。とくに（B）の人形製造・販売各社が主催するものは、相対的に歴史は浅いが、これは（A）の人形組合が実施していない地域で、各社の単独行事として小規

表3　全国人形供養一覧（大崎智子 1995年作成：松崎憲三加筆修正）

(A)　**人形組合が主催する人形供養**

記号	地域	名称	主催団体	開始年	建立物	開催場所	開催日
A－1	茨城県水戸市	人形供養祭	水戸人形供養実行委員会	S55	計画中	桂岸寺	11月3日
A－2	栃木県佐野市	人形供養祭	佐野人形協会ほか	S61	なし	佐野文化会館広場	5月5日
A－3	埼玉県所沢市	人形供養	所沢人形協会ほか	S60	あり S60	所沢神明神社	6月第1日曜
A－4	埼玉県越谷市	人形供養会	越谷雛人形組合	H2		天嶽寺	10月29日
A－5	埼玉県岩槻市	人形供養祭	岩槻人形協同組合	S39	あり	岩槻城跡公園塚前	11月3日
A－6	埼玉県鴻巣市	人形感謝祭	鴻巣ひな人形協会	S52	なし	勝願寺	11月14日
A－7	千葉県木更津市	人形感謝祭	木更津ひな会	S62	計画中	福寿寺	5月最終日曜
A－8	東京都渋谷区	人形感謝祭	人形に感謝する会	H1	なし	明治神宮	10月15日前後の日曜
A－9	東京都台東区	人形供養会	東京玩具人形小売協同組合	S33	あり S44	清水観音堂	9月25日
A－10	富山県射水郡	人形供養会	富山県人形供養の会	H7	なし	蓮王寺	10月15日
A－11	岐阜県岐阜市	人形供養祭	岐阜節句人形会	S49	あり S59	美江寺観音	10月20日
A－12	静岡県静岡市	人形感謝祭・人形供養	静岡県人形組合、静岡県節句人形製造協同組合、静岡ひなのれん会	S35	あり S36	清水市の人形塚前・安倍川河川敷	5月第2日曜
A－13	愛知県名古屋市	人形供養祭	中部人形節句品工業協同組合、愛知県人形玩具工業協同組合、名古屋雛人形卸商業協同組合	S40	あり S54	大須観音	9月17日
A－14	愛知県岡崎市	人形供養	岡崎人形組合	S52	あり S52	大樹寺	5月第3日曜

記号	地域	名称	主催団体	開始年	建立物	開催場所	開催日
A－15	愛知県知立市	人形・仏像供養会	人形・仏像供養会	H 5		知立弘法山遍照院	11月2日
A－16	愛知県蒲郡市	人形供養	蒲郡人形組合	S 23	なし	薬証寺、大徳寺、光明院、安国寺	3月4日
A－17	京都府京都市	人形供養祭	京人形商工業協同組合	S 34	あり S 34	宝鏡寺	10月14日
A－18	大阪府大阪市	人形供養祭	大阪府人形問屋協同組合ほか	S 45	なし	四天王寺	11月11日
A－19	島根県平田市	人形供養	平田市内の2店舗	S 53	なし	一畑薬師	4月8日
A－20	広島県広島市	人形供養会	広島人形専門店会	S 58	なし	多聞院	10月20日
A－21	愛媛県松山市	人形感謝祭	㈳日本ひな人形協会四国支部の愛媛県内の会員	S 57	計画中	成願寺	6月10日
A－22	福岡県福岡市	人形供養	博多人形商工業協同組合	S 54	なし	祥勝院	12月第2土曜
A－23	福岡県大牟田市	人形感謝祭	筑後ひな供養の会（大牟田人形供養実行委員会）	S 62	なし	法霊院寺	3月3日
A－24	熊本市熊本市	人形感謝祭	㈳日本人形協会九州支部、九州節句人形組合	S 62	なし	本妙寺	11月3日

(B)　人形製造・販売各社が主催する人形供養

記号	地域	会社名	開始年	建立物	開催場所	開催日
B－1	北海道網走市	㈲ぐんじ	S 54	なし	自社敷地（神主を招く）	特に定めず 4年に1度
B－2	北海道釧路市	㈱今井	S 57	なし	定光寺	5月5日
B－3	福島県会津若松市	㈲ベビーランドさがら	H 1	なし	宝積寺	6月第2週ごろの良い日
B－4	茨城県勝田市	㈲秀玉桜井人形店	S 63	なし	自社敷地（僧侶を招く）	11月23日
B－5	栃木県鹿沼市	カヤノ人形	H 4	なし	自社敷地	10月第4日曜

記号	地域	会社名	開始年	建立物	開催場所	開催日
B－6	群馬県 桐生市	㈱やまねや	S 60	なし	鳳仙寺	10月10日
B－7	群馬県 高崎市	㈱恵人形	S 63	あり H 5・6 ごろ	玉田寺	6月15日
B－8	千葉県 流山市	㈱山田人形店	S 57	なし	本行寺	9月最終日曜
B－9	石川県 小松市	人形のキタセ	S 56	なし	日吉神社	7月7日
B－10	山梨県 甲府市	㈱春木屋	S 52	計画中	遠光寺	5月中旬 4年に1度
B－11	長野県 長野市	人形の山川	S 60	なし	自社敷地 （僧侶を呼ぶ）	11月23日
B－12	長野県 長野市	人形の村田	H 2	計画中	恵明寺	11月3日
B－13	長野県 上田市	八幡屋人形センター	S 55	なし	常楽寺	11月23日
B－14	長野県 上田市	松葉弥	S 59	あり H 1	海禅寺	11月23日
B－15	長野県 佐久市	㈱サンキュー	S 60	なし	大立庵	不定
B－16	静岡県 富士市	㈱雛ふじ	S 58	なし	自社敷地 （僧侶を呼ぶ）	5月5日
B－17	静岡県 清水市	㈲岩城人形	S 52	なし	前の海岸 （神主を呼ぶ）	6月～7月の大安の日
B－18	静岡県 掛川市	高木人形店	S 47	なし	不動院	5月15日
B－19	静岡県 浜松市	㈱菅野人形	S 50	あり S 53	自社敷地 （僧侶を呼ぶ）	6月
B－20	静岡県 浜松市	㈱祭すみたや	S 54	なし	市営プールの駐車場（僧侶を呼ぶ）	10月第1水曜か第2水曜
B－21	愛知県 高浜市	吉浜人形	S 35	あり S 35	自社敷地 （僧侶を呼ぶ）	5月8日
B－22	大阪府 大阪市	㈱太鼓正	S 50	なし	浪速神社	不定
B－23	奈良県 生駒市	㈱モリシゲ	H 3	なし	自社敷地 （僧侶を呼ぶ）	12月8日

記号	地域	会社名	開始年	建立物	開催場所	開催日
B－24	奈良県 北葛城郡	やました香芝店	S 62	あり S 62	自社敷地 （僧侶を呼ぶ）	8月第4日曜
B－25	鳥取県 鳥取市	㈱人形のはなふさ	S 52	なし	玄忠寺	10月20日前後
B－26	岡山県 高梁市	日本貿易産業㈱	H 1	計画中	薬師院	4月第1日曜か第2日曜
B－27	岡山県 邑久郡	いろは堂玩具㈱	S 63	あり	地蔵院	3月末日曜
B－28	徳島県 徳島市	㈱岡田屋	S 60	なし	安住寺	6月末～7月初
B－29	香川県 丸亀市	讃岐商事㈱	S 59	あり S 59	自社敷地 （神主を招く）	5月第2日曜

(C)　寺院が主催する人形供養

記号	地　　域	寺　院　名	開始年	建立物	開　催　日
C－1	青森県弘前市	貞昌寺	S 49	あり	5月21日
C－2	千葉県夷隅郡	宝勝院	H 5	なし	随時
C－3	東京都台東区	寛永寺清水観音堂	S 33	あり	9月25日および随時
C－4	東京都府中市	慈恵院	不明	あり	11月3日
C－5	神奈川県鎌倉市	本覚寺	15年程前	あり	10月第1日曜
C－6	石川県金沢市	真成寺	S 39	あり	4月29日
C－7	静岡県清水市	一乗寺	S 36	なし	4月第2日曜
C－8	愛知県高浜市	柳池院	S 57	なし	5月12日
C－9	奈良県奈良市	正暦寺	H 1	なし	3月9日
C－10	福岡県粕屋郡	南蔵院	数十年前	なし	随時

(D)　神社が主催する人形供養

記号	地　　域	神　社　名	開始年	建立物	開　催　日
D－1	山形県西村山郡	秋葉神社	15年程前	あり	4月2・3日
D－2	静岡県清水市	宗像神社	15年程前	なし	4月第1又は第2日曜
D－3	静岡県島田市	大井神社	25年程前	なし	4月7日ころ
D－4	奈良県大和郡山市	郡山八幡神社	S 60	なし	2月3日
D－5	和歌山県和歌山市	淡嶋神社	不明	なし	3月3日

模ながら行うに至った後続の行事だからである。（A）の場合塚や碑を建立し、寺社境内で実施するのが目立つ中で、（B）の場合は自社の敷地内でお焚き上げをし、塚や碑も持ち合わせていない、というケースが多い。そうしてどちらも行事は雛節供や五月節供といった商戦が一段落した時期以降に集中しており、翌年の商売繁昌を願う機会ともなっている。また人形供養開始の契機は、消費者に人形の処分方法を尋ねられたことがきっかけとなったものや、「ただ売るだけでなくアフターサービスもする」という形で誠意を示し、それによってさらに需要を増やすねらいもあって始められたものがある。

寺社における供養開始時期も（A）、（B）とほぼ同様である。またその契機は、寺社に祀られている神仏と人形、子供とのかかわりに由来するものがある一方、やはり古くなった人形の処分に困っている地域の人びとの声に耳を傾けたとするものもある。儀礼はやはりお焚き上げを主体とするもので、祭日は（A）、（B）と異なって三月、五月の節供の時期と重なる形で実施されている。随時行うという寺社もある。

道具の供養の中でも、人形のそれが現在もっとも盛んに行われていると見られるが、平成五年（一九九三）に日本人形協会が業界団体の主催する全国九供養会場五七〇人に対して行った調査では、つぎのような結果が出ている(4)。すなわち、参加者を世代別に見ると、祖父母層三一パーセント、父母層四九パーセント、若年層二〇パーセントとなっており、納めた人形は、ぬいぐるみ三一パーセント、日本人形二九パーセント、お土産品一七パーセント、節供人形一六パーセント、その他九パーセントというものだった。また供養に訪れた理由は、古くなったから二六パーセント、大事にしていたから五三パーセント、不要になったから二七パーセント、ゴミと一緒にするのはいやだったから二六パーセントとなっているが、これは全年齢層平均であり、一〇代から二〇代の若年層に限って見ると、大事にしていたから六四パーセント、ゴミと一緒にするのはイヤだったから三五パーセントとその数値が高くなる。

本人が親しんでいたものを、自らの思いで持参したということがその主たる理由といえるが、オカルトや占いに関心が強い年代ということも左右しているかもしれない。なお、自由記述の欄には「故人の供養のため」「災難があったから」「目のついているものを粗末にすると目が悪くなるから」等々、それぞれが供養を行うに至った理由を書いている人もいる。長らく生活を共にしてきたことによる愛情や、人という生命体を型取った人形に対する特異な心情が、人形供養に走らせるのだろう。

様々な道具の供養のうち、全国的規模で展開する人形供養をかいつまんで紹介した。これによってその他の供養の様相もおよそ推測がつくものと思われる。次項以降では、これらの供養に留意しながら筆供養の分析を行うことにしたい。

二　筆供養

筆塚は近世来各地に見られ、おそらく何らかの形の行事が至る所で行われていると思われるが、ここでは京都市東山区・東福寺内正覚庵および東京都江東区・亀戸天満宮および、鎌倉市・荏柄天神社のそれを取りあげることにしたい。

東福寺（臨済宗）内正覚庵の筆供養については田中（宣）が言及していることから、まずその報告内容を見ることにしよう。(5)

正覚庵には近世以来の筆塚があり、これを中心に昭和二十二年（一九四七）から筆供養が行われている。すなわち毎年十一月二十三日の勤労感謝の日に、筆塚の前で護摩が焚かれ、筆神輿が練り歩き、僧侶や行者が読経する中、各地から奉納された古筆数千本が火に投ぜられ、この時奉仕したお稚児さん達が動物園へ出かけて筆毛の提供者であるウサギやタヌキにご馳走を与えて感謝の意を表している。

稚児が毛筆の素材の提供者（タヌキやウサギ）に感謝の意を表する、という形はおそらく他に類例を見ないだろう。また、ここに記されているように、正覚庵には文化二年（一八〇五）、昭和二十三年（一九四八）、昭和四十二年（一九六七）、平成三年（一九九一）建立にかかる都合四基の筆塚がある。このうち、昭和四十二年のものに刻まれた「筆塚由来記」の内容はつぎのようなものである。

今次大戦後の人心混迷の際当山内の建造物樹木等心なき者たちにより荒らされ折られた時平住温洲師は玉筆で制止の文を墨書して張紙したところ、いつしか犯すものがなくなったのにより毛筆の功徳を痛感し筆供養を思い立つにいたり、ここに諸画工芸の諸家文筆事業等に関係ある人々に呼びかけ多くの賛同をえ正覚庵の渡宋天神祠側の古い筆塚前にて毎年十一月二十三日勤労感謝の日に筆供養を厳修してまいりました。今年その二〇周年にあたり改めて新筆塚を建立し多数篤志家の協力によりめでたく建立をみ筆霊を慰め労を謝しあわせて技芸上達とわが国文化の発展を希うものであります。

昭和四十二年十一月廿三日

正覚庵には、書家や画家が廃筆を供養して建立した筆塚があったものの、ほとんど忘れさられていた。ところが戦後、「筆塚由来記」に記されているように、ひょんなことから思い付いて筆供養を始め、今日では同庵は「筆の寺」として知られるに至っている。なお、同庵の『筆供養趣旨』なるパンフレットには「毛筆、ペン、鉛筆、クレヨン、廃墨などあらゆる物事を書き現わすすべてのものを、随時寺内渡宋天満宮宝前へ奉納と共に、住所氏名を御届け下されば、筆供養当日御参拝の御案内を申し上げます。筆供養大護摩を焚いて霊をなぐさめ、諸祈願成就を祈祷して筆塚に埋納します」とうたわれている。今や筆のみならず、鉛筆、ペン、クレヨンに至るまであらゆる書き物道具が供養の対象になっているのである。ちなみに筆供養当日までに、画家（西山英雄）、書道家（綾村担園）の弟子筋の他、近辺の学校の書道部や書道塾から（遠くは青森県から）筆を中心におよそ一万本以上が寄せられるという。

一方、亀戸天満宮であるが、境内には縁起碑、奉納碑、修庭碑、植樹碑、歌碑・句碑の類が六〇基余り、所狭しとばかりに林立している。その約一割が筆塚であり、文化十一年（一八一四）、文化十二年（一八一五）、天保十年（一八三九）、嘉永元年（一八四八）、明治二十九年（一八九六）銘のものに、平成二年（一九九〇）建立にかかる「文房至宝の碑」を加えて都合六基である。このうちもっとも古い文化十一年の「（帰春翁）筆塚」の銘を見ることにしたい。

（帰春翁）筆塚

帰春先生諱五英、字清友、帰春其号也、姓田中氏、俗称甚左衛門、先生夙有善書之名、門人一日多於一日、先生常謂門人曰、余累年所用之筆禿者積至若干瓶、吾欲瘞之為塚以報其労、其言不果、文化九年十一月十七日棄世、乃葬深川霊厳寺、今年門人等継志戮力瘞其筆於亀戸菅神廟側、建之石以垂不朽云、

文化十有一甲戌年春三月中瀚日

ここには門人たちが書いた帰春の略歴、書家としての生前の活動内容、教育方針が刻まれ、恩師の意思を継ぐ形で筆塚が建立された旨が記されている。

ちなみに、現在七月二十五日に行われている筆供養祭（別名書道上達祈願祭）は、大鳥居を入って右側の天保十年に建立された「（薫斎）筆塚」の前で行われている。この日参詣者たちは書道の書き綴ったもの、あるいは筆を持参するので、受け取った神社側はこれを一括してお祓いをした上で焼納式を行っている。参詣者は両国から錦糸町に至る総武線沿線の氏子地域を中心とした書道塾のメンバーで、この日およそ一五〇～二〇〇人ほどが訪れるという。参詣者には絵馬を渡し、願いを書いてもらい、筆塚の前に掲げてもらうそうである。ただし近年は子供たちが遊びに興じてあまり来たがらず、塾の先生の代参という形も目立つようになったと言われる。また筆などの焼納式についても、その臭い等で周辺住民からクレームがつき、数年前から社務の合い間をぬって別の日に少しずつお焚き上げする形に変更を余儀なくされてしまった。

ところで、京都の正覚庵とは異なり、亀戸天満宮の筆供養祭はあくまで毛筆にこだわっているようである。しかしながら、毛筆にこだわる供養祭は供養祭としても、学問の神として知られ、しかも筆塚が数多くあり、それにちなむ行事を行っている神社を関連業界が見すごす訳がなく、平成二年に全国紙文具事務用品業界が一体となって、「文房至宝の碑」なるものを建立した。その由来についてはつぎのように書かれている。

中国より渡来した紙筆墨硯は文具四宝と称せられ、読み書き算盤の寺子屋時代から明治の学制発布により高い文化を育てる文具として大きく貢献してきた。今や文房具はO・A機器にいたる迄その範疇を広げ四宝から至宝に至って戦後の日本国を世界の大国に復興せしめた教育の原動力となった十一月三日（文化の日）を文具の日と定め平成二年十一月十二日天皇陛下御即位を記念して全国業者相寄り東宰府亀戸天満宮の境内に文房至宝の碑を建立する

平成二年十一月吉日
文具資料館

この文具資料館は、全国文具メーカー、卸売店、小売店など関連団体が結集して運営するもので、昭和六十年の九月にオープンした。この運営委員会が学問の神であり、しかも文具に関連する天神社、天満宮に注目し、平成元年に「文房至宝の碑」を湯島天神社に建立し、翌年亀戸天満宮にも建立した。両社とも一般の人が持参した古い文具を、お焚き上げしたこともあるという。しかし、今では文具資料館の儀礼は、湯島天神社だけに限られている。いずれにしても、亀戸天満宮における道具の供養は、「文房至宝の碑」の建立を契機に、筆のみならず文具一般へ、O・A機器へと一時的にせよ広がりを見せたことになる。筆供養も、時代状況に対応した行事への転換を求められているのかもしれない。

さて、最後は鎌倉市・荏柄天神社の筆供養であるが、一九九八年二月十九日付朝日新聞夕刊に「供養さまざま、感

謝と慈しみ」と題する記事があり、つぎのように報じられている。

お焚き上げの炎が、快晴の冬至の空に立ちのぼる。初天神の一月二十五日、鎌倉荏柄天神社で恒例の「筆供養」が開かれた。手を合わせる人、恐る恐る火に寄って筆を放り上達を願う小学生、薄氷の張った水屋で筆を清め、「永々とありがとう」と声をかける夫妻。何百本もの筆が、たちまち炭になり灰になる。炉に祈る人は、一時間以上も途切れない。市内の俳句の結社に参加する男性は「健康で文章が書き続けられるように」と、使った鉛筆一〇本を供養した。プラスチックの筆ペンを使う無粋な私（新聞記者――筆者註）は当然見学のみ。金属のシャープペンなど燃せない筆記用具は受け付けられない。荏柄天神社で筆供養を始めたのは昭和三十年代半ば。「世話になった筆を捨ててはかわいそうという方々から預かった物が両手に余るほどになりまして」と、代々四〇〇年余り氏子総代を務める山田一雄さん（八二）。境内には、漫画家清水昆さんの「かっぱ筆塚」もあり、十月には日本漫画家協会が絵筆などの筆供養を行う

同記事は、この他江東区・富岡八幡宮の針供養、中央区・波除不動の諸食材塚を取り上げたものだが、「筆供養など、道具に感謝し、霊を弔う同種の行事は、各地の寺社で今でも盛んだ」と結んでいる。

荏柄天神社が筆供養を始めたきっかけは、氏子や信徒が古くなった筆類を捨てきれずに神社に持ち込み、それがたまりにたまった挙句、神社側の発案で始められたものである。日本漫画家協会は、その後こうした行事に着目し、同神社を会場として独自の供養祭を始めたものと推測される。文具資料館が亀戸天満宮の行事に注目したケースに類似する。しかも両者は、神社の恒例祭とはやや距離を置き、いわば私祭として実施している、という点でも共通している。寺社主催のものであれ、同業者集団主催のものであれ、氏子・檀家（あるいは地域住民）や消費者の要請に対応すべく筆供養が行われるもので、筆類の労をねぎらい感謝するとともに慰霊につとめ、合わせて氏子や同業者集団の結集をはかるべく実施されるものである。ちなみに、同業者集団のそれについて言えば、景気が低迷している昨今、不

景気から一刻も早く脱出したいという願いが託されているようにも見受けられる。

三　鉛筆の供養

荏柄天神社の筆供養は、燃えるものとの限定つきで鉛筆までは許容されていた。正覚庵の場合は、より幅の広い筆記用具がその対象とされていた。文具の変化、生活様式の変化に伴う必然的な流れといえるが、ともに筆供養（毛筆供養）の延長線上にあるものだった。ところが、近代の産物である鉛筆そのものを供養の対象とする行事も新たに生まれているのである。

奈良県大和郡山市・西方寺（浄土宗）の鉛筆供養は、昭和二十五年（一九五〇）に始められたもので、モノ（道具）の供養としては、それなりの歴史を持つものである。住職の西岡信孝氏が教師を務めていたこともあって、「子供たちに物の命の大切さを知ってほしい」との思いから始められた。行事は現在五月の第三土曜日の午後行われている。四月八日の花祭りもこの日に一緒に行うようにしたそうである。供養には近所の幼稚園や小学校の園児・生徒が、一年の間に使った鉛筆を持ち寄って来る。全員一〇本から二〇本持参してくるが、毎年一〇〇人から一五〇人位集まるという。これらの鉛筆を三宝にのせて焼香し、住職が読経する。子供たちはそれに合わせて「字がうまくなりますように」「学校の成績が良くなりますように」などと願いを込めて手を合わす。平成二年に鉛筆供養塔が完成し、鉛筆はそこに納めるようになったが、それ以前は八月二十三日の地蔵盆の折に筆供養を行い、その時にお焚き上げをしていたとのことである。

西方寺の鉛筆供養は、花祭りを抱き合わせにすることによって子供たちを惹きつけているようであるが、少子化が進む現代にあって、割と子供たちが集まる方だという。あるいは地域の活性化に一役買っているのかもしれない。

ついで取りあげる宮城県伊具郡丸森町筆甫地区の「筆まつり」は、地域の活性化を目的として筆神社を建立し、その上で実施したという全国的に見て珍しいケースである。地域の概要をふまえた上で、やや詳しく報告することにしたい。

筆甫地区は、明治二十二年（一八八九）に藩政期のまま筆甫村となり、昭和二十九年（一九五四）に二五町村が合併して丸森町となった。筆甫地区には、川沿いの平坦地に中区、上区、川平区、裏の沢区、古田区、北山区、鷲の山区、砂川・東山区の八地区が点在する。広大な共有地を有し、木炭業と養蚕業が主であったが、高度経済成長を境とするエネルギー革命により、産業の質的変化を生むとともに人口の減少を招いた。今日、およそ三〇〇世帯中専業農家約一割、第二種兼業農家六割である。一軒当たり平均水田四八アール、畑九一アール（飼料用トウモロコシ、桑が主）で、酪農家五三世帯、養蚕農家七〇世帯あり、多角経営も見られる。また、自治および互助組織としての契約講があり、多少形を変えながらも機能している。氏神は中区に鎮座する旧村社八雲神社であり、この他各地区ごと、地区内の各組ごとに地区氏神、組氏神を持っている。(6)

ところで、旧村社八雲神社の祭りは七月十五日である。専任の神主がいないため、福島県霊山町・三吉神社から太夫を招き、氏子総代が参加して祝詞をあげる。また酪農農家の青年たちによって組織された酪農青年会の手によって、砂川・東山地区を除く七地区のうち毎年交代で、一地区を神輿が巡行する。そうしてその年の当番地区が神輿への供物や、担ぎ手への酒肴のもてなしをするのであり、それぞれの地区は毎年交替で七年に一度のみ、旧村社の祭りに参加することになる。一方、地区氏神や組氏神は、単にそれぞれの祭りの時のみならず、正月や小正月の参拝、収穫時のオツツアゲ、病気平癒祈願等多様な信仰に支えられ、日々の生活と密着している。このように、地区氏神や組氏神に比べて旧村社八雲神社への関心はきわめて低かった。ところが近年、旧村社の祭りを盛大にしようとするさまざまな動きが見られるようになった。

昭和六十一年に成城大学民俗学研究所がまとめた『山村生活五〇年、その文化変化の研究』「契約の残る阿武隈山地の村」には、「八雲大社は、明治四年に太政官符をもって村社に列せられ、第二次大戦前には大いに信仰を集め、祭礼も各地区や村の諸団体の参与のもと、華やかに行われていた。しかし敗戦や昭和二十九年の丸森町への合併を機に、村社に対する信仰は次第に薄れ、現在は各地区から選出された氏子総代によって支えられた神社であると言って良い」と報告されている。(7)「氏子総代によって支えられた神社」と言えば聞こえは良いが、要するに（先に触れたように当番地区を除いて）氏子総代以外は祭りに参加しないということであり、何とも淋しい限りである。

ところが平成元年には祭り実行委員会が組織され、多くの人びとの参詣を仰ぎ、祭りを盛大なものにしようとする動きが出てきた。それに先立って行われたのが、神社の参道の付替えである。周知の通り、たいてい神社は小丘の頂や山腹に鎮座するケースが多く、筆甫も例外ではなかった。そうして神社に辿りつくには長い階段を上らなければならず、そのため年寄りを始めとする多くの参詣者を仰げない、神輿の渡御がしにくい、等々の理由から、昭和六十年（一九八五）に寄附金二〇〇万余を募り、迂回道路を敷設した。こうして諸々の問題の解消がはかられると同時に、前夜祭にはカラオケ大会、踊りなどのアトラクションも導入された。その結果、以前に比べて幾分かは活況を呈するようになった。

もう一つ際立った動きは、旧村社の祭りに昭和六十二年から神楽が奉納されるようになったことである。元々この神楽は上区が伝えるもので、明治十六年に疫病が流行した折、「大内村（現丸森町大内）の青葉神楽を舞うと止む」との御神託があり、それ以来始まったとされるものである。昭和四十四年ころから神楽の丸森町文化財化が徐々に進み、それに伴って各地区に保存会が結成され、上区も昭和五十二年に結成した。しかし後継者難は否めず、そこでメンバーを筆甫地区全体に広げ、それによって存続も可能になった。現在丸森町には、筆甫のそれを含めて六つの神楽保存会があり、町の芸能大会に参加したり、お互いを意識しながら切磋琢磨し、現在一種の神楽ブームの観を呈している。

こうした動きの中で、旧村社の祭りにおけるアトラクションの目玉として、取り込まれるに至ったのである(8)。

旧村社の夏祭りは、こうしてやや生気を取り戻した。さらに平成九年には境内に筆神社が建立され、筆まつりが行われるに及んで、旧村社八雲神社の氏子地域のみならず、より広く知られるようになり、筆甫全体が活況を呈するようになった。それについては、武田朱美の「生き返ったムラ――宮城県丸森町筆甫地区と筆まつり――」なるレポートによりながら報告することにしたい(9)。

一時期二、〇〇〇人ほどいた人口も減り続け、平成五年には筆甫の人口は一、一五〇〇人となり、出生数はゼロとなった。そうして「平成十一年には小学校の入学式はなくなる」という危機感を皆が抱き、こうした状況に対応すべく当時の生涯学習課長補佐の佐藤一郎氏が、筆甫の小・中学校校長とＰＴＡ会長とで、勤務時間以外に会合を持ったのが筆まつりを始めるきっかけだったという。彼らは「今の筆甫は人間でいえば五〇歳位、七〇、八〇になり老衰で倒れてしまう前に、まだ体力が残っている今のうちに、何とか治療しよう」という思いを込め、「ひっぽくりにっくさぁくる」と名付けて討論を重ねた。それが地区の若者をも巻き込むようになり、色々な案が出された。そして、(1)地区の独自性を出す、(2)町の補助金は受けない、(3)できる範囲で、(4)楽しんで取り組める、という条件を考えながら決めたのが筆に関する神社を造り、祭りを開くというアイディアであった。

平成八年（一九九六）四月に三〇人で実行委員会を組織した。メンバーは三〇～五〇歳代働き盛りの男女で、仕事終了後の夜、あるいは週末に計画を煮詰め、準備を進めた。また寄附金を募ったり、各イベントに出店し、山菜を販売するなどして一九〇万円ばかりを捻出し、それを神社建立費と祭りの経費にあてた。筆神社は旧村社境内に杉を組み合わせて造ったログハウス風のもので、ご神体はケヤキの根にした。その理由は、筆甫が伊達藩と相馬藩との境界に当たっており、そこにケヤキが植えられていたとの言い伝えによったという。しかも神社はただの神社ではないことをアピールするため、色々と創意が凝らされている。ご利益を筆上達と合格祈願とにしぼり、「合格」にかけて神社の床部分が五角形になるように設定し、合格絵馬やこけしも作成した。鳥居代わりに立てた柱も筆の形に似せた。ちびた「縁筆」（縁が出来るようにとここでは鉛筆をこう記す）を供養する一方、新しい鉛筆を海外へ送るシステムを整え、ブータン王国との交流も実現した。マスコミで広く全国に報道され、各地から届いた鉛筆は約八、〇〇〇本、うち六、〇〇〇本をブータンに送付した。なお、特異な形の筆神社は、平成八年十一月に地鎮祭をし、二月に上棟式を終え、三月二十二日に御霊遷しの儀が行われた。そして翌三月二十三日が第一回「筆まつり」であった。

地元住民のみならず、県内外から人が集まり、また報道陣も押しかけ、狭い境内はごった返したという。儀式はお祓い、祝詞奏上、鉛筆の供養祭等々が繰り広げられ、筆神社の参道には、地場産業製品を並べた店八軒が出店した。また境内には仮設の郵便局も登場した。「筆イコール書く」ということにこだわった結果の取り合わせだという。合格と筆上達の絵馬もかなり売れたそうであるが、この祭りの参加者の主役はあくまで子供たちで、地元小中学全生徒の三割程度にあたる三〇人が訪れた計算になる。子供たちの中には「勉強が良くできるようにお参りした」という子もいれば、「何もお願い事などしなかった」とあっさりした子もおり、「おもしろかった」「人がいっぱい集まった」という感想の子が目立ったという。一方大人たちであるが、「筆甫が広く知れわたって良かった」「昔の華やかだった頃の八雲神社の祭りが思い出された」「こんなに人が集まったの見たことない」等々一様に満足気だったという。「筆まつり」はマスコミの宣伝もあって成功裏に終わったが、「今後も大きな課題が山積みしている。限られた人材やアイディアを発掘し、まつりを一発花火にしてしまわないようにしなければ……」と謙虚に受け止め、また静かな闘志を燃やす人も少なくない、と。

武田のレポートが、地域の人びとの心情や活動姿勢、行動の軌跡、祭りの様子をいきいきと伝えているため、つい要約も長くなってしまった。武田のレポートに見るように、筆甫地区の人びとは人口の減少、過疎化の進行に危機感を抱き、筆甫に寄せる思いを結集し、地域へのこだわりを持ち続けながら、自らの力で活性化の道を見出した。それが「筆まつり」にほかならないのである。しかし、この「筆まつり」にしろ、旧八雲神社の夏祭りの復活にせよ、旧来の神社信仰が再び甦ったとか、あるいは筆（霊）に対する明確な信仰があって祭りが生まれたという訳ではない。むしろ、地域の人びとが楽しみつつ地域の活性化をはかる手だてとして祭りが活用され、神社がそれを媒介する装置としての役割を果たしている、そう見ることができる。

結びにかえて

物余り、使い捨て時代の今日、針・筆・臼・箸、人形といった伝統的な道具から、時計・眼鏡、パチンコ台、カードといった近代的な器具・機器に至るまで、各地でさまざまなモノ（道具）の供養が行われている。中でも人形供養は全国的な広がりを見せるもので、使い捨て時代だからこそ物の大切さを痛感し、感謝の意を込めて供養するものと思われる。だが一方では、生命体と非生命体との中間に位置する人形への複雑な心情から、捨てかねて供養に至るケースも少なくない。

大和郡山市郡山八幡神社の人形供養は昭和六十年に始められたものだが、「人形には可愛がった人の魂が入っているのでうかつに捨てると障りがあることと、最近は物が粗末にされているので物を大切にして欲しい」という宮司の意向で始められたものという[10]。使った人の魂が憑り移り、うかつに捨てると災いが及ぶとする考えは、使い終わった割箸を折る心意に通底する。しかもこうした考えは、単に宗教者としての宮司の発想に留まらず、一般の人びとも持ち合わせていることは、日本人形協会のアンケートに対する「目のついているものを捨てると目が悪くなる」といった答えなどからもわかる[11]。

人形供養には、同業者集団や業者の営業戦略といった側面も伺えるが、消費者の要請に応える形で始められたものも少なくない。筆供養の場合も（他の道具の供養全般についても）同様であるが、やはり宗教者の働きかけで始められたものも見受けられる。京都市正覚庵の筆供養、大和郡山市西方寺の鉛筆供養がそうした例の一つである。正覚庵の場合、住職が筆の功徳を痛感して文筆家に呼びかけて始められたものだが、子供たちを始めとする地域の人びとを巻き込み、盛大なものとなった。また昭和四十二年建立の筆塚に「筆霊を慰め労を感謝しあわせて技芸上達とわが国文化の発展を希う云々」とうたっていることは注目に値する。西方寺の場合も、筆ではなく近代に登場した鉛筆が対象であるが、住職の「子供たちにモノの命の大切さを学んで欲しい」との思いから始められたものである。ともに戦後新たに始められた行事であるが、これらの行事には筆供養本来の趣旨は受け継がれているといえる。[12]

筆塚は、書道家や、画家、寺子屋の師弟によって建立されるもので、廃筆を埋納し、廃筆に感謝し、筆霊を慰めるとともに技芸の上達を祈るものだった。それが時代とともに書道塾や学校の書道部、関連業者主体のものとなり、供養対象も毛筆のみならず鉛筆その他の文具へと拡大した。それとともに少なくとも表面的には、筆への感謝と技芸上達にウェイトを置いたものへと変化していった。そうした中で生まれたのが筆甫地区の「筆まつり」である。確かにイベント的発想から始められた行事であるが、筆神社を建立しようと思い立ち、またそれが受け容れられた。しかも鉛筆の供養が伴なう「筆まつり」を実施するいった背景を考えた時、筆（道具）に精霊が宿るといった潜在的思考がなかったとは言えないだろう。

註

（1）一色八郎『箸の文化史』お茶の水書房　一九九八年　一五〜一六頁
（2）にんぎょう日本編さん室『にんぎょう日本』二〇七号　日本ひな人形協会　一九九二年　八〜一一頁、同『にんぎょう日本』二〇八号　同会　一九九二年　二〜六頁
（3）大崎智子「現代における人形供養」成城大学大学院文学研究科　一九九五年度修士論文　未発表
（4）にんぎょう日本編さん室「にんぎょう日本」二三三号　日本人形協会　一九九四年　二一〜二三頁

（5）　田中宣一「道具の供養――不要道具の処分法にみる民具観――」『民具マンスリー』二〇巻五号　神奈川大学日本常民文化研究所　一九八七年　二頁
（6）　我妻建治・大本憲夫・大野一郎「契約の残る阿武隈山地の村――宮城県伊具郡丸森町筆甫地区――」『山村生活五〇年・その文化変化の研究』成城大学民俗学研究所　一九八六年　三五～六三頁
（7）　同右　五五～五六頁
（8）　松崎憲三・大本憲夫「山村生活の再編」『西郊民俗』一二八号　西郊民俗談話会　一九八七年　一～七頁
（9）　武田朱美「生き返ったムラ――宮城県丸森町の筆甫（ひっぽ）地区と筆まつり――」『女性と経験』二二号　女性民俗学研究会　一九九七年　七七～八〇頁
（10）　大崎智子前掲註（3）
（11）　道具に宿る霊には、道具そのものの霊とそれを愛用していた人の霊、この二種がある（松崎憲三「器物の供養研究序説」『西郊民俗』一二八号　一九八七年　三一頁）。道具の供養は、どちらかといえば前者を対象としたものが多いように思われる。
（12）　ここでいう本来の主旨とは、正覚庵の昭和四十二年の筆塚に記されている「筆霊を慰め感謝しあわせて技術上達を希う」ことをさす。亀戸天神の近世来の筆塚にも、同様の主旨が記されている。

第三節　理容業者の信仰と道具観
——職祖の祭祀と道具——

はじめに

東京都港区芝の増上寺（浄土宗）では、毎年八月三日（ハサミの日）に「ハサミ供養」が催される。この行事は、美容師として国際的に名をはせた山野愛子氏の提唱によるもので、美容業界の発展祈願と、ハサミへの感謝及び供養を目的として、一九七七年に始められたものである。これについては、すでに大崎智子の詳細な報告がある。(1)一方京都市でも美容師らによって「櫛供養」が行われており、一九九五年九月二十六日付朝日新聞「青鉛筆」欄によれば、それは以下のような行事内容のものであった。

平安時代は垂髪、江戸時代は丸髪（まるまげ）などと、各時代の髪形と衣装の素人モデルが参加して、京都市東山区の安井金比羅宮で二十五日「櫛（くし）供養」があった。昔の髪の結い方や装束の着付けを研究している美容師らでつくる「京都美容クラブ」が開いた「第三十五回櫛まつり」の催しの一つ（以下略）。

寺院と神社、鋏と櫛といった相違はあれ、同業者集団が東西で競うように道具の供養を行っているのである。昨今は同業者集団が業務にかかわる道具の供養を実施しているケースが目立つが、本節では、これら美容師と親縁関係にある理容業者に焦点をあて、彼らの信仰と道具観について若干の考察を試みようとするものである。

室町時代後期（十六世紀）に起源を持つとされる髪結職は、近世都市域を中心に活動し、明治初期の断髪令以降は理髪（師）業者、戦後は理容（師）業者となって今日に及んでいる。中世末から近世にかけて描かれた絵画、すなわち「洛中洛外図屏風」や、「近江名所図会」などから、橋詰めや町の木戸番小屋の空地を利用して床場とした出床と、借家で営業する内床との二種あったことが知られる。しかし出床・内床を問わず職人達は、油・元結・鋏・三ツ櫛をビンダライ（関西では台箱と称していた）に入れて持参し、得意先の帳場を回って稼ぐことも少なくなかったと言われる(2)。一方では渡り職人もいて、近代まで存続した。そうしてこれら髪結職の間では、木地屋・マタギ・鋳物師といった漂泊的職業者集団同様に、由緒書きが伝えられていた。「壹銭職分由緒之事」あるいは「髪結職分由緒書」なるものがそれで、これは他の職人の由緒書を模して享保期に、集団の団結と統制の機能を負って作成されたものという(3)。ここでは由緒書きに沿った形の家康および職祖信仰に留意しつつ、彼らが持つ道具観について分析を加えることにしたい。

一　由緒書と家康および職祖信仰

1　由緒書の概要

所謂「髪結職分由緒書」の存在についてはすでに近世来、喜多村信節の『嬉遊笑覧』（文政年間）や宮川蓬生の『俗事百工起源』（慶応年間）などで知られていたが、研究レベルでは、坂口茂樹、野本高美らが歴史的視点から分析を行っている(4)。坂口のそれは分析は必ずしも十分とは言えないものの、由緒書の成立を推しはかることができ、その史料的価値は大きい。一方、野本の論稿は、髪結職の歴史をトレースしつつ、八種の由緒書の写本について比較分析したものであり、これも多くの由緒書を例示してくれたという点で貴重なものである。一方、民俗学的視点から逸早く取りあげたのは雑賀貞次郎であり、雑賀は紀州田辺における近世から近代の「由緒書」の持つ社会的意味について報告している。[5] また近年は、生形加寿子、佐々木（榎）美佳らが精力的に取り組んでおり、多くの史料を発掘するとともに、緻密な分析を試みている。[6]

千葉県下の由緒書について比較分析した佐々木によれば、各由緒書にはバリエーションが認められるものの、その内容はおおむね以下の三部分から構成されているという。[7]

①藤原基晴とその子三兄弟の職業に関する由来

a　時代……亀山院の御宇一二五七

b　場所……京都～下関〔鎌倉〕

②北小路采女亮の子孫が徳川家康を助け、髪結職に「壱銭職」の名と諸国往来の自由が認められたこと

a　時代……元亀～天正年間一五七〇～一五九一

b　場所……遠江国天竜川見附宿付近

③家康を助けた功により、髪結職が冥加を免除され、代わりに出火の際の駆付役を仰せつかったこと

a　時代……享保年中一七一六～一七三五

b　場所……江戸

さらに佐々木は、千葉県佐倉市新町の高石理髪店の四代目当主（明治四十一年生）に聞き書きを行っており、それによれば千葉県で昭和六年（一九三一）に試験制度が導入されるまで、由緒書は営業許可証、特許状としての役割を果たし、戦前までその写しをほしがる同業者、ヤクザの類が多かった、とすこぶる興味深い報告をしている。[8] ちなみに、八種の由緒書の写本を比較した野本も、由緒書の構成についてほぼ佐々木と同様の見解を示し、また時代は近世初期に遡るものの、諸国の浪人たちが髪結職および虚無僧の中にまぎれ込んでいたことがうかがえるとしている。[9] 近世から近代に至るまで時代を越えてお墨付きとしての由緒書が、いかに大きな力を持っていたかをこれらの事実から知る

ことができる。

さて、佐倉市の高石理髪店四代目に対する佐々木の聞き書きで、とくに筆者が関心をそそられたのはつぎの事項に関してである。明治時代は床屋の休日は正月と盆の十六、十七日だけであり、大正時代は十七日が休みであったこと。一般の商人が一日と十五日が休みにもかかわらず、床屋だけが十七日なのは、家康の命日が四月十七日なのでそれを弔うために休みになったと説明していること。さらに組合の代表が十七日に日光東照宮へお詣りに行くこともあり、代表が貰って来たお札は神棚に飾り、また組合の慰安会を兼ねて皆でお詣りすることもあったこと、等々である。[10] すなわち、由緒書に基づく家康信仰が垣間見られる、という点で注目されるのであるが、十七日を床屋の休日とするのは近年までの全国的な慣例であり、さらに家康の命日と関連づけて説明することもかなり一般的だったようである（ただし、采女亮の命日とする例も少なくない）。

2　家康および職祖信仰

明治三十年（一八九七）十一月十九日東京朝日新聞「理髪職祖先の秋季大祭」と題する記事はつぎのように報じている。

理髪職の祖先采女輔の大祭ハ先頃上野東照宮内にて執行せられしが一昨十六日ハ其秋季大祭を行なへり　されバ府下各区よりハ同日種々の供物を奉りて雨天なりしにも拘はらず無慮十余名の同職参詣者あり　社内にハ大神楽馬鹿囃子等の催しあり　非常の盛典なりしが采女輔の祖先たる北小路俊岳男等の参詣もありしと

この記事に登場する北小路何某がいかなる素性の主であるか不明であるが、由緒に沿って考えれば采女輔の子孫ということであり、彼の列席のもと、家康ゆかりの上野東照宮において職祖祭が行われたというのである。祭日が十六日と家康の命日と一日ズレている点は何らかの理由があってのことだろう。日程といい場所といい、確かに家康にちなんで選定されているものの、あくまでも祭祀対象は采女亮であり、職祖に対する信仰にほかならないのである。その点に留意しておく必要があるだろう。しかし、十七日という家康の命日を、理髪業者の休日とするのは戦前まで広く見られた。この十七日の休日についてみると、たとえば埼玉県新座市『大和田の民俗』につぎのような報告例がある[11]。

　床屋は十七日が休みでね。組合（の寄合）も十七日を多く使っていました。十七日ってのは、詳しいことは聞いていませんけど、床屋の神様の何か縁日なんでしょ。床屋の神様ってのは采女様、日本で初めて床屋を開いたって言う人。ウチでも祀っています。ウチの神棚は真ん中が大神宮様、その右側に采女霊神と摩利支天と恵比寿さん、左っ側は太子様に金比羅さんが祀ってあります。摩利支天ってのも、何か丁髪の神様っていって、やっぱり床屋の神様でしょ。恵比寿さんと金比羅は商売繁盛、太子様は板金時代の名残りだね。床屋になってからもちょっと太子講やってました。大工さんと一緒にね、大和田岳でやってました。大和田には榛名講・大山講ってのもありますが、これは農家の人の講だよ。別に床屋の組合で采女講ってのはなかったな。それぞれで祀ってるんで、毎月十七日には灯明あげるだけでね。それも今じゃもういい加減になっちゃったね。

摩利支天は一般に武神として崇められていたが、髪結職とどうかかわるのかが不明である。いずれにしても職祖神として采女亮を祀っていたことが知られる。ただし、同業者集団で祀るという訳ではなく個別に祀るもので、十七日の持つ意味については家康の命日としてよりも、職祖としての采女亮ゆかりの日としてしか記憶されていない。その一方で組合の寄合は十七日とされており、かつてはそれなりの日と認識されていたのかもしれない。

ところが生形によれば、群馬県の前橋市では戦前まで床屋の休日は毎月十七日で、この日は家康の命日と伝えられ、神棚に供え物をしたという。さらに岩手県盛岡市では、現在の休日は毎週月曜日と組合で決められているものの、戦前までは家康の命日にちなむ十七日であったという。そして興味深いことに、盛岡の理容学校では采女亮が理容業之始祖であることを教えているらしく、比較的よく知られていると報告している。[12]

以上の事例から、ともかく十七日を理髪店の休日とすることは戦前まで広く見られ、家康の命日に因む日と認識されていた地域があることは確かといえよう。また、この日に職祖としての采女亮が祀られたが、個々人で祀るケースと同業者集団が祀るケースがあり、後者の場合、代参や慰安旅行で日光東照宮へ出向いたり、上野東照宮で采女祭を行う例もあったことがわかる。

二　采女亮の石塔と采女講

近世初頭、壱銭職の存在を保障したとされる家康に対する報恩感謝の気持ちはこのように休日を家康の命日を認識していることからも察せられるが、一方この日を采女亮の命日と見る向きもあり、職組采女亮に対する采女亮信仰も篤い。つぎに理容業者の執行する祭りを通して、その点を確認することにしたい。

報知新聞昭和九年六月二十五日付「『散髪令』布かれて六十五年け――ふ――毛――髪――祭　床屋さんが集まって」なる記事は、そのようすをつぎのように伝えている。

針供養、帽子祭と供養祭流行時代に新に毛髪祭がけふ二十五日挙行される。明治四年八月九日太政官令で、散髪制服略服脱刀共可為勝手事、但禮服ノ節ハ帯刀可致事という断髪命が発布されてから今年は六十五年を迎へる。ちょんまげは一轉してオールバック、ハンバック、七三、角丸、中刈、いが栗と文明開化、ハイカラ、モダーンと各時世を経て進化したものだ。名称も徳川時代の一銭職、江戸時代の式亭三馬による時代の浮世床、下って散髪床から現在の理髪店に至るまで時代色を現している。毛髪祭は六十五年記念として盛大に行ふべしと理髪業者の営業政策研究会の関口由蔵、大内市蔵、大内吉治、長谷川元次郎諸氏が協議して、各区代表者約百五十名が午前七時明治神宮に参拝して顧客名簿の祓ひを受け、午前十一時大塚上町西心寺（西信寺の誤り――筆者註）に理髪業者の祖北小路采女亮政之の墓に纒拝して顧客の毛髪を焼いて供養する異色の毛髪祭をするのである。采女亮政之は従五位下禁裏北面武士佐兵衛尉藤原基晴の三男でお宝紛失の猜疑から髪結職となり、家康から銀一銭御脇差一腰を賜はり、一銭職といふ名称を許されたものである。

これによっても毛髪祭のおよそのようすを知ることができる。顧客名簿のお祓いを明治神宮で行い、その後職祖の墓前に赴き、顧客の髪の毛を燃すというものである。これによって顧客の健康を祈願するとともに、感謝し、さらには職業の繁栄を祈念し、合わせて同業者の親睦をはかろうとするものである。ちなみに顧客の髪を燃す例は、今日でも下関理容環境衛生同業者組合の毛髪供養祭（毎年十一月の第四日曜日に実施、平成十年で一九回目を迎える）などに見られる[13]。また、ここに登場する西信寺（浄土宗）は、古くからペットの供養を実施している寺院として知られているが[14]、同寺には大正二年十一月十七日に采女講が建立した石塔（墓）があり、また同寺が保管する回向帳には、

日本理髪開祖也

清髪院暮月開代居士　北小路采女助大江元重

永禄十丁亥年三月

と記されている。またその上に墨書きの注で、「換算すると四月十七日」とあるが、奇しくもこの日は徳川家康の命日に当たっており、やや話が出来すぎなきらいもなきにしもあらずである。ちなみに理容業界では由緒書に沿って七月十七日を命日としている[15]。そのため、かつて毎月十七日を休日としていた点についても家康の命日と関連づけて説明する一方、職祖の命日との関連で見る向きもあるようである。ところで、回向帳とは、祥月命日に住職が供養のために用いるもので、過去帳とは異なる。この回向帳については、かつて近くにあり廃寺となった大慈寺のものを引き継いだと伝えている[16]。

西信寺に采女亮の石塔を建立した采女講は現存しないが、幸い関連資料は全国理容環境衛生組合連合会に保管されており、その主なものはつぎのとおりである。

A　采女亮（大正二年十一月十七日）式辞　一通
B　采女講中各家内安全如意吉祥祈處（御札）版木一点
C　采女霊尊守護符（采女講本部）二通
D　采女講世話人名簿（昭和九年六月二十四日付け）　一通
E　采女講印鑑（采女講印二、赤坂、四谷、麻布、本郷、神田、麴町、小石川、京橋、日本橋、牛込、浅草、本所、深川、芝各支部印各一個）
F　日本尚道会　児玉林三郎述「日本髪結始祖　藤原采女之亮政之公に就いて」二通、写一通
G　日本理髪業祖北小路采女助大江元重法義表白（昭和二十九年八月九日、西信寺住職　采女講作成）写二通
H　一銭職由緒（署名「享保十二丁未九月　北小路宗四郎」・昭和十二年六月理容業采女講本部　栗本夜道）　一通

このうちDの昭和九年六月二十四日付「采女講世話人名簿」が、先の新聞記事にかかわるものである。関口由蔵以下二三人連名で采女講再建の主旨を述べ、協力方依頼を西信寺住職に仰いでいる。大正期から昭和半ば頃の采女講は、どうやら恒常的に活動していたというよりは、記念祭執行などのイベント気運が盛り上がった時に再編され、それが終わると活動も立ち消えになっていたようである。

また、資料Aは大正二年十一月十七日、西信寺で行われた采女亮御遠忌法要の際の式辞である。その一部のみ引用しよう。

（前略）夫人トシテ報恩ノ志無ラン者有ヘカラス五十人仝業者有志　報恩ノ萬一ニ資セント欲シ業祖歴代ニ因縁アル当院ニ墓碑及講社ヲ再建セント之レヲ現住職中村廣道師ニ商議スルニ師モ又所感ヲ同シ共ニ其企画ニ参シ墓

碑采女講ヲ再興シ　業者諸君ノ賛助ヲ得テ永ク業祖ノ法要ヲ営ミ　業者諸君ノ家運繁栄ヲ懇祈切願セント偶業祖ノ遠裔タル北小路俊岳氏ノ不遇ニシテ当院ニ奇窟スルアリ氏又此挙ニ賛歎シ有志者ト計ルニ多大ノ賛成ヲ得テ續々講員加盟セラレ本日此法貧ノ式ヲ執行スルニ至ル（後略）。

職祖「采女霊尊」を讃えた部分が前略の個所であり、それに続いて「業祖歴代ニ因縁アル当院ニ墓碑及講社ヲ再建セント云々」とあるように、立ち消えになっていた采女講をこの時再興したことが知られる。おそらくこの采女講への加入範囲は、資料Eに示された地域と対応するものと思われる。しかし、資料Dとつき合わせて見ると、大正二年に再興した講も、昭和九年の断髪令発布後六五年祭に際して、再び結成し直さなければならない状態だったのである。なお、大正二年に石塔も再建されたようだが、それ以前のものがいつ建立されたかは不明である。

大正二年、昭和九年の行事に引き続いて、昭和二十九年八月二十九日に断髪令発布八五年記念祭を行ったことが、資料G「日本理髪業祖北小路采女助大江元重法義表白」の存在によってわかる。ただしこの時は采女講を再興するという形ではなく、理髪報恩会なるものを結成して実施したようである。この記念祭の様相について、いくつかの新聞が報じている。八月八日付THE　BUNKYO　TIMES「断髪令施行八十五年記念　床屋さんの墓前祭開く」なる記事は、理髪報恩会（代表加川茂平氏）主催で翌九日に墓前祭が開かれる予定であると記している。一方、毎日新聞南部中央版八月十日付「チョンマゲ廃して八十五年　床屋の元祖采女助の墓前で供養」は、祭の翌日のものでつぎのように報じている。

暑さにうだった九日午後、文京区大塚西信寺境内に理容業組合の代表百名が集まり珍しい理容供養が行われた。明治四年八月九日太政官令で男子のチョンマゲ断髪令が発布されてからちょうど八十五年目にあたるので、かみ床の伝統を守る理髪報恩会が、四百年前徳川家康公の官許を得て赤羽でかみ床〝一銭職〟開業の元祖北小路采女助の墓前で記念の髪供養を行ったもの。一同墓前に香をたき花を供え、大先輩である監事の加川茂平さん（七五）＝豊島区池袋二丁目＝、同高谷錦次郎さん（五〇）＝北区稲付町＝らから、〃わが国の床屋は世界的に歴史が古いんでして……〃と床屋談議に花を咲かせた。

六五年記念祭のように、明治神宮に参拝することはなかった模様であるが、西信寺の石塔の前で毛髪供養が行われたようである。また加川、高谷両氏の床屋談議から、職祖の由緒が明確で、またその事実を実証するかのような石塔の存在が、彼等のアイデンティティの維持に大きくかかわっていることが察せられる。しかし、残念ながら昭和二十九年以降、記念祭が行われた痕跡はない。ところが、平成七年に下関市亀山八幡宮に理容業発祥の地なる記念碑が建立され、「全国理容環境衛生組合ニュース」などで職祖采女亮のことが知れわたると、西信寺の采女亮の墓も再び脚光を浴び、都内の組合の支部によっては、参拝に訪れる所もちらほら見られるようになったという(17)。

三　采女亮碑について

写真5　床屋発祥の地記念碑（下関市）

さて、理容業発祥の記念碑は平成七年七月十七日に完成し、当日除幕式が行われた。その記念碑は、理容業を象徴する道具、クシとカミソリをあしらったもので、中国青島産六方石を素材とし、前者は高さ三・三メートル、幅一・二メートル、厚さ〇・九メートル、後者は高さ四メートル、幅、厚さとも〇・九メートルといった巨大なモニュメントである（写真5参照）。平成六年四月に下関理容環境衛生同業組合によって「床屋発祥の地記念碑建立推進委員会」が設置され、山口県理容環境衛生同業組合、全国理容環境衛生同業組合連合会の全国的な支援を得て建立されたが、建立までに至る経緯はつぎのとおりである。(18)

昭和五十九年　八月　下関市内理容店古老より下関が床屋の発祥地という伝承を聞く。
昭和　六十年　二月　市内　南部町専念寺に藤原基晴の墓石　現地調査。
平成　三年　五月　市内組合員より古文書二通の寄贈を受ける。
平成　四年　一月　下関理容組合機関誌に床屋発祥の歴史の連載を始める。
　　　　　　五月　啓蒙用　ポスター印刷。
平成　五年　六月　日本テレビ系「ズームイン朝」で中継全国生放送。
　　　　　　八月　京都・奈良・鎌倉・東京（全理連資料館）現地調査。
　　　　　　　　　NHKラジオ　サンデートピックスで全国放送。
　　　　　　　　　群馬県　岡部弘氏、古文書提供。
　　　　　　九月　北九州市　河村敦子氏、古文書原本持参。
　　　　　十二月　亀山八幡宮に記念碑建立用地提供の陳情。
平成　六年　四月　下関理容組合総会で記念碑建立を満場一致で決議。
　　　　　　　　　床屋発祥の地記念碑建立推進委員会発足。
　　　　　　六月　山口県理容組合総会で記念碑建立の全面支援を決議。
　　　　　　八月　記念碑素材決定　山東省青島市産「六方石」を使用。
　　　　　　九月　第五回全理連理事会で記念碑建立資金の助成決定。
　　　　　十一月　采女亮の菩提寺　東京都大塚西信寺に墓参。

行橋市組合員より古文書の提供を受ける。
平成　七年　二月　山口県並びに下関市より助成決定。
五月　記念碑ミニチュア作成。
六月　記念碑制作にかかる。地鎮祭。
七月十七日　記念碑建立除幕式・祝賀会式典挙行。

ここにしばしば登場する古文書とは、所謂「髪結職分由緒書」にほかならず、下関理容美容専修学校の小野孝策氏が由緒書を追跡調査し、下関の亀山八幡宮に建立することにしたのだという。平成七年七月十七日付山口新聞「床屋さんは下関に発祥した　ロマンのモニュメント完成」なる記事は、つぎのように報じている。

理容の発祥地は下関——。同地の言い伝えを、下関理容美容専修学校の小野孝策校長（七七）＝下関本町＝が十年間かけて立証した。同説は昨年来、全国理容環境衛生同業組合（岩崎国治理事長）も承認。理容の祖・采女之亮（うねめのすけ）の命日にあたる七月十七日、下関中之町に「床屋発祥の地の記念碑が完成する。県理容環境衛生同業組合（武居恒夫理事長）は「下関の新しい観光名所となるだけでなく、〝理容の歴史〟として全国に広めたい」と意欲的だ。

再三言うように、記念碑の建立は「髪結職分由緒書」に基づくものであるが、小野氏の熱意と長年の努力の賜物といっても過言ではない。さらに翌八年十一月十七日には、記念碑の建立一周年を祝う記念祭が執行され、この時は記念碑建立の記録を未来に残すべく、タイムカプセルの埋設が行われた。ちなみに、タイムカプセルへの収納品は、所謂「髪結職分由緒書」そして、床屋発祥の地記念碑制作誕生から除幕式までのビデオテープ、記念碑建立寄付者名簿、記念碑に関する和歌短冊の類、「下関は床屋の発祥地」のお話パンフレットおよびポスターに至るまでであり、地元のフィーバーぶりがうかがえる。この記念碑の建立を契機に、再び職祖采女亮への関心が高まり、西信寺の石塔が多少なりとも賑やかさを取り戻しつつあることは先に触れたが、こうした事実や建立時の全理連の全面的支持などから「床屋発祥の地の記念碑」が、たんに地元下関の理容業者のみならず、全国の理容業者のシンボル的存在となっているものと考えることができる。

采女亮関連の石碑は、この他三基あると言われており、これらのものの方が下関に建立されたものより古い。三基の中でもっとも古いものが長野市の善光寺東側にあるもので、明治三十年に建立されたものである。敷地一〇平方メートル、石垣・玉垣をめぐらし、一枚岩の上幅一メートル、高さ三メートルの石碑で、

表に「藤原采女亮碑」
裏に「藤原采女亮者全国理髪業者之所宗祖也今茲明治三十年同業者協議一致卜地長野公園地為建碑以表記念意云
芙蓉中村六部誌」

と建碑の現出が刻まれている。さらに関口柳太郎以下四名の発起人と、二〇名の賛成人・世話人の名が刻まれている。(19)

二基目は、八王子の内名暁町名綱神社境内にある、明治四十一年建立にかかわるものである。名綱神社については『新編武蔵国風土記稿巻百六』につぎのよう記されている。(20)

蓍権現神社　見捨地、凡百二十坪許、村の東の方にあり、小社にて南向なり、祭神詳ならず、今按に村内に蓍ノ池と云あり、蓍字を或は名綱とも書けり、語り傳へに昔名綱三郎某なる者任せし地なりと、もし然らばこの権現は、かの三郎某を祀りしなるべし、社地に古碑一枚あり、長二尺五寸、幅八寸許、厚さ一寸ほど、上に梵字ありて、貞和二年七月日と彫りてあり

名綱神社は地域の人びとに「なずなさま」として親しまれているが、ここに記されているように、丘陵開発以前は境内から沸き出る湧水が生活用水として使われ、またかつて池があり、その水は婦人の乳を出すのに効があったという。石碑を名綱神社に建立した理由は不明であるが、石碑の本体は高さ二・九メートル、幅〇・九七メートル、厚さ〇・

写真6　業祖采女霊神碑（八王子市）

三メートル、台座は高さ〇・四二メートル、幅一・三六メートル、厚さ〇・六四メートルで、正面に「業祖采女霊神」と、また台座に「八王子町理髪組合」なる銘か刻まれている（写真6）。本体裏面の碑文には、明治三十年に上野の東照宮で行われた采女祭の主催者、大國教社長権大教正山崎尭の名が見え、その影響を受けて建立したことがわかる（後述）。さらにその近くに「采女霊神祭祀五十周年記念」碑があり、「遠世より　つたへしわざを　まつる　秋桜子　東京都八南理容師会　昭和三十二年十一月十一日建立」と刻まれている。この石碑の存在によって推しはかられるように、現在でも三年ごとに大祭が執行されており、八王子市・日野市・多摩の三支部（東京都衛生同業組合の支部）合同の行事となっている。ちなみに日野市、多摩地区の支部は、もともと八王子町の組合に所属していたもので、分派独立後も協力して祭祀に参加しているというものである。三年に一度二月から三月までの適当な日を選び、元横山町八幡社の神主に依頼して采女祭を行っており、近年では平成十四年が大祭に当たっていた。この大祭とは別に、八王子支部の役員が中心となり、毎年年度末には石碑周辺の大掃除をし、御神酒をあげているそうである。

八王子支部には現在二三〇軒余りが加入しており、その内に采女亮の掛け軸を所持する店があり、そのうち大きな掛け軸は大祭に際して石碑の隣に飾るという。一方小さな掛け軸の方は、数年前に写真を撮って印刷し支部加入者に配ったが、店の大鏡の脇に飾る者もいれば、神棚をこしらえて中に祀る人もおり、その一方でまったく無視する人もいるとのことである。なお、現在横山町にある大野理容室（支部長宅）では、言うまでもなく采女亮の写真を飾っているが、大晦日に仕事が終わった後、その前の床棚にハサミやクシといった諸道具を置き、お供え餅や御神酒、ミカン等をあげ、感謝の意を込めて祀るという。親の代から引き継いだということで、所謂「道具の年取り」に類する行事が今なお行われているのであり、かつては広く実施されていたものと見ることができる。

最後の一基については実は未確認である。明治十八年三月十日付朝日新聞「三業祖先の建碑」と題する記事はつぎのような内容である。

　天文年中の事なりとか北小路左衛門尉藤原春公と云ふハ天児家禰尊の後裔の由にて世に稀なる家柄なりしに故有りて長州下ノ関に蟄居し男子三人在りて嫡子大内蔵ハ太物商次男兵庫之介ハ染物商三男采女之助ハ髪結職を営めり是れ三業の元祖にて今度群馬縣上野國北甘楽郡富岡町呉服商岡本惣七、染物商田島新八、髪結職多胡金八等申合せ祖先の由緒を不朽に傳へむと建碑の企をなしたるに續々賛成者ありて義捐金も已に千圓程集りたれバ生田某に依頼し同人を出京せしめ此図面等を添へ其筋へ出願せしといふ。

その後の顛末については未調査故何ともいえないが、もしスムーズに建立されていたとすれば、当然長野市のそれより古い記念碑ということになる。それはともかく、職業を異にする三者が「髪結職分由緒書」を知るに及んで意気投合し、記念碑の建立話がまとまったのであり、この記事は庶民がいかにルーツなり由緒なりに強い関心を持っているかを雄弁に物語っている。実際今回の采女亮の石塔・石碑の調査に際して、多くの理容業者の方々から様々な情報の提供をいただいた。そのことも、彼らが自分たちの職業の発生と職祖にどれほどの関心を抱いているかの証左となろう。そんな彼らに教えられたもう一つの情報は、東京都理容環境衛生同業組合目黒支部が祀る采女亮像についてである。目黒支部では采女亮像を安置した厨子を祭壇に祀り、掛軸を掲げた上で、毎年九月の第二月曜日に采女祭を行っている（タイシンホテルを会場）。祭壇は昭和四十八年に造ったもので、毎年例祭を執行しているほか、平成九年には百年祭を盛大に行った。九十年祭、百年祭とは、采女亮像が造られ入霊式が行われてから九〇年記念、一〇〇年記念の祭典を行ったとの意味であり、厨子の内壁に「奉祀明治三十年斎主権大教正山崎」と記されているのに対応する。

ちなみに厨子は観音開きのものでその大きさは幅二〇センチ、高さ三二・五センチ、奥行一六・五センチ、神像は木像の立像で右手にカミソリを持ち、左手に紙をささげたもので、幅六・五センチ、高さ一六・五センチ、奥行五センチである。尚、明治三十年といえば先に紹介した十一月十九日付朝日新聞「理髪職祖先の秋季大祭」が想起されるが、実はこの神像は、この時の上野東照宮における祭祀と密接にかかわりを持つことが判明した。この記事に先だって明治三十年十一月一日付東京朝日新聞に「理髪の祖先大祭」なる記事が掲載されており、そこには「府下理髪職ハ此程上野東照宮内に於て理髪の鼻祖たる采女の祭典并木像の入霊式を行ひ夫より尊体を護して芝区愛宕町の大國教本部内に安置せし云々」と記されている。大國教社長は山崎堯なる人物で、この采女祭の実施に際して大きな役割を果たした。実はここに記されているように、この日入霊式が行われた木像が、どうやら目黒支部が祀る采女像のようなのである。この神像は、目黒区内で理容業を営んでいた浅野某氏が二代にわたって家の神として祀ってきたもので、その入手の経緯は浅野氏によれば以下の通りである。

　今から数年前ですから、大正十年頃でしょうか。私の父鶴太郎が或る道具屋の店頭でこの像を発見し、驚いて家に持ち帰りました。そしてこれを神棚に置いて朝晩おまいりしていたんですが、それを私が受けつぎ、父子二代に亘ってお守りしている訳です。どうしてこれが古道具屋に出たかというかと種々調べましたが徳川時代に上野東照宮に奉納されたものが、明治三十年頃、どうした事情か判かりませんが、渋谷のある御堂に分離されました。そこの山崎権大僧正という人によって采女講が開かれ、業者間で経費が集められて、これをおまつりして来ました。それが時代が移ると共にすたれて了い、この御堂もつぶれる、権大僧正は病気にたおれ、この像も売払って了ったというのが事実らしいです。

浅野氏のいう「渋谷のある御堂」というのは、多分芝愛宕山の大國教とかかわりのあるものである。また浅野氏によれば、この神像は「元慶作」の銘の入った元禄時代のものという。しかし、筆者が確認しえたのは、厨子の内壁に墨書きされた「奉祀明治三十年　権大教正山崎」なる銘だけである。いずれにしても、この神像を入手した浅野家では、これをお店の神棚に祀って朝夕水を供え、手を合わせて伏し拝んできたという。そうして毎年正月、五月、九月の十七日には赤飯を炊いて祀るのが習わしで、この時に理容組合のメンバーも集まって供養をしていたそうである。何らかの理由からこの神像が浅野家の手を離れ、目黒支部が管理し、祀るようになったのは祭壇が造られるまでの昭和三十年代後半かと思われる。

四　仙台市理容まつり

1　まつりの由来

職組采女亮に対する信仰との関連で、続いて仙台理容まつりを取り上げることにしたい。仙台市内の理容店も、昭和五十年前後までは七のつく日が休みであり、この仙台理容まつりも昭和二十五年（一九五〇）以来十月十七日に行われてきた。ただし、十月十七日に祭日が固定したのが昭和二十五年以降ということであり、まつり自体は昭和二十二年に始まった。元仙台理容師会中央支部長であった江戸春吉氏は、子供のころ（大正時代）連坊の名賀理髪店で見習生として修業した。当時店主の名賀儀左衛門氏（元南支部長）は、毎年正月元旦に前の年に使った理容器具の数々とお客様の髪の毛を祖先の仏前にささげて、営業の発展と一家の安泰を祈願することを習いとしていた。この話を終戦直後、仙台理容師会長であった大野武治郎氏が聞いて大いに感激し、支部の行事として理容師会全会員参加のもとに始められたのが昭和二十二年で、これが仙台理容まつりのおこりである。

当初は終戦後間もない物資難のころだったため、役員はその準備に苦労したといわれるが、せめて職祖（業祖）の

写真7　「仙台理容まつり」に用いられた采女介像

北小路采女亮の肖像だけでも飾りたいと県下の同業者に呼びかけた。幸いにも田町の宮崎正一氏（元南支部長）が所有していたものがあり、それを表装して飾り、当初は理容店主のみが集まって開いていた。なお、掛軸の肖像画に「理髪業元祖、元北面武士従五位下左兵衛尉藤原朝臣基晴第三子、北小路采女介君肖像　五十嵐写」と記されている（写真7参照）。また裏面には、明治三十年初代山田善作から、昭和五十五年三七代千葉昇に至る歴代組合長、支部長の名が記されている。

仙台理容まつりは、先に触れたように昭和二十五年から祭日が十月十七日に固定されるようになったが、これをもって第一回仙台理容まつりと称している。そうして平成三年の第四二回まで実施されてきたが、その目的は職祖采女亮ならびに道具、そしてお客様への感謝と、従業員・役員に対する表彰を兼ねて、理容師会全体の親睦・団結・協力をはかるところにあった(21)。ちなみに第一回当時の仙台の理容業界の組織は、仙台理容師会（現中央支部と東支部）と仙台南理容師会（現南支部）の二理容師会で構成されており、この二理容師会が運営主体であった。ところが、昭和三十四年に環境衛生法が施行され、保健所単位の支部結成となり、三つの支部組織となって間もなく南支部が抜けていった。そうして昭和四十四年の第二〇回のまつりから、仙台中央支部会単独のまつりとなり、第四二回大会まで実施されてきた。しかし経済情況の悪化から、経費削減・活動簡素化のため、支部通常総会においてやむなく中止が決定された。ただし、前役員、優良従業員の表彰とスポーツ大会だけは継続して行われている。

2　まつりの変遷

仙台理容まつりは、式典とアトラクションとによって構成されていた。式典内容は第一回からほとんど変わりはな

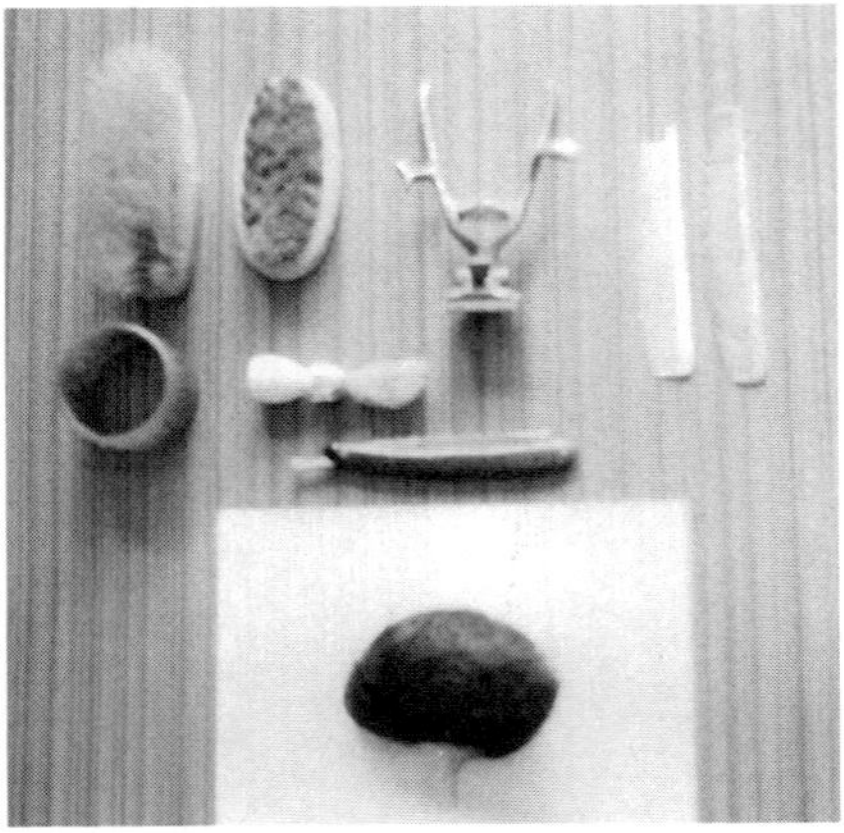

写真8　祭壇に供えられた理容具

く、公会堂やスポーツセンター、ブライダルセンターを会場として行われた。日ごろ春日神社に預けてある小祠（祭神は采女介）を安置し、北小路采女亮の肖像を飾り、鯛の尾頭つき、お神酒、果物などを供える。さらにゴムマル（丸串）・ケハライ・カルカヤ・ヒゲブラシ・カミソリ・バリカン・クシ（二本）・カモジといった諸道具に対し感謝の意を表し、その後の恵みを祈念するために供えた（写真8参照）。その上で春日神社の神主に祝詞を上げてもらったという。万一神主が不都合な場合は、年長者が代理を務めたそうである。その後で支部功労者、長年勤続優良従業員の表彰が行われた。

一方のアトラクションでは、のど自慢や舞踊などが行われたが、第一九回以後はテニス・バレー・卓球といったスポーツを中心としたものに変わり、最近ではゴルフ・釣りなども加えられているという。[22] こうした変化について、ある支部員はつぎのように述懐している。[23]

第一回より十回位までは、組合員や従業員ののど自慢や舞踊を中心として、民謡歌手のアトラクションを加えたもので、会場は前の仙台商工会議所であった。そのあと十五、六回までは県民労働会館や市公会堂で、東北放送の「民謡勝抜き歌合戦」や「素人歌のチャンピオン」の公開録音を中心として行い、仙台の三つの支部が一丸となって合同によって一年交代で開催したが、その後は二支部だけとなり、ミス理容師コンクールや支部対抗団体コンクール、P・T・Aや青年学級の出演、業者の音楽バンドの競演、お楽しみ抽選会とバラエティに富んだ内容となっていた。が、昨年の第十九回と今年度は全く趣向を変えて、健全なスポーツを中心とした文字通り若人の祭典となって、会場もレジャーセンターと大型会場に移り変わった。参加者も数百名を数え、支部員総ぐるみ参加になっている。（以下略）。

芸能コンクールを中心とした小規模なものから、スポーツを中心とした大規模な行事へと変わったのが、第一九回であり昭和四十三年のことである。つまり高度経済成長とともに、アトラクション部門の変質と肥大化が進行したのであり、同氏は、理容まつりは元来お客様と道具に対する感謝から始まったものであり、その内容、予算のあり方に検討を加えるべきだとすでにその当時から警鐘を鳴らしていた。いずれにしても仙台中央支部の力によって、平成三年第四二回まで続けられてきたが、経費削減と簡素化から、理容まつりの中核をなしていた祭典が先ずもって中止のやむなきに至ったのである。

結びにかえて

所謂「髪結職分由緒書」について簡単に整理した後、近代以降の理髪業者（理容業者）の信仰について触れ、最後に仙台理容まつりを取りあげてその実態と、まつりの変化について分析を加えた。「髪結職分由緒書」に記された家康と采女亮との関係は、「木地屋文書」の惟喬親王と藤原（小椋）実秀、日光派マタギの「山達根本巻」における日光権現と磐司磐三郎とに対応しよう。後者は職祖であり、前者は職を授け、その活動を保証した神霊や貴種、権威的存在にほかならない。このどちらにウェイトを置いて信仰するかは、各職業集団によって異なるようである。髪結職（理髪業者、理容業者）は職祖としての采女亮を祀ることを、その信仰行為の中心に据えてきた。しかし一方では、家康の命日である十七日を祭日や休日とすることにより、権威的存在とのつながりをさりげなくほのめかしているのであり、由緒書に沿って職の正当性を主張しようとする髪結職の思惑をそこから嗅ぎとることができる。

明治初期の断髪令の発布は理容業者にとって一大転機となったが、動揺と混乱が一段落し、また業界の組織化が計られた明治三十年から四十年にかけて職祖の神像を祀る石碑を建立するなどの動きが見られた。その後継続して祭祀を執行する所もあれば、途絶えつつ再三復活した所もある。また、たまたま神像を入手したことから祀るに至ったケースもある。目黒支部の采女祭は、そうして個人が祀っていた行事を組合全体の祭へと発展させたもので、仙台理容まつりと相通ずる側面があった。さらに近年、由緒書に沿って理容業の発祥の地とされる下関に記念碑が建立され、地元の理容業者ばかりでなく全国の理容業者のシンボル的存在として機能し、各地の理容業者の活性化にも一役買っているようである。

戦後創出された仙台理容まつりも、幕を閉じる四二回までの間に大きく変貌をとげたものの、当初はやはり職祖采女亮信仰を核に出発したものであった。戦後の復興期に理容業界の統合・発展のため、忘れ去られようとしていた職祖がにわかに表舞台に引き出されたが、半ばごろまでは十分その役割を果たしてきたように思われる。また、理髪道具に対して感謝の意を表し、またその後の恵みを祈念するといった儀礼は、第四二回の最後まで続けられた。これも、あるいは伝統的な儀礼だったかもしれないが、篤信者によって細々と行われてきたものが、急にクローズアップされたものであり、さながら民俗と風俗とのシーソーゲームを見る思いがしてならない。なお、仙台理容まつりについていえば、毎年同じ道具を祭壇に供えるのであり、先に紹介した美容師のように使い古した道具を供養するといった儀礼は確認できず、またそうした意識もうかがうことができなかった。ただし、大正期名賀氏が毎年元旦に、前年用いた器物・器具の数々を仏前にささげたといった行為を、「道具の年取り」と照らしてみれば、道具の類にも何らかの精霊の存在を認めていたと解することもできる。また、実際八王子の事例から大晦日から正月にかけてハサミ、カミソリなどを祀る道具の年取同様の行事が、かつて広く行われていた可能性のあることも確認された。

註

（1）　大崎智子「ハサミ供養をめぐって——東京都港区芝・増上寺——」『民具マンスリー』三〇一　神奈川大学常民文化研究所　一

九九七年　一四〜二〇頁
(2) 坂口茂樹『日本理髪風俗』雄山閣　一九七二年　一〇九頁
(3) 享保十二年（一七二七）、髪結職は幕府の政策に応じて「髪結職分由緒書」を差し出しており（西山松之助他編『江戸学事典』弘文堂　一九九四年）、香具師などの動きと対応させてみると、このように考えることができる。
(4) 坂口茂樹前掲註（2）六八〜七三頁、野本高美「髪結職の成立と髪結職由緒書」『風俗』一二六号　日本風俗史学会　一九九六年　四八〜六三頁
(5) 雑賀貞次郎「髪結職の浮浪性と由緒書」『民俗学』三　一九三一年　一五〇〜一五三頁
(6) 生形加寿子「職祖信仰の研究——壱銭職由来書之事をめぐって——」一九八九年度成城大学文芸学部卒業論文　未発表、佐々木（榎）美佳「一銭職の由緒書と床屋の信仰」『千葉県立房総のむら年報』五　一九九一年　一五九〜一七二頁、同「髪結いの業祖伝承と由緒書」『民具マンスリー』二四—七　一九九一年　六〜一八頁
(7) 佐々木（榎）美佳同右「髪結いの業祖伝承と由緒書」一五頁
(8) 佐々木（榎）美佳「一銭職の由緒書と床屋の信仰」前掲註（6）一六三〜一六五頁
(9) 野本高美前掲註（4）六一〜六二頁
(10) 佐々木（榎）美佳前掲註（8）一六四頁
(11) 新座市教育委員会市史編さん室『大和田の民俗』新座市　一九八五年　二四八〜二四九頁
(12) 生形加寿子前掲註（6）
(13) 下関理容環境衛生同業組合利光義通氏ご教示による。
(14) 松崎憲三「ペットの供養——犬・猫を中心に——」『信濃』第四五巻一号　信濃史学会　一九九三年　一〜一一頁
(15)『山口新聞』平成七年七月十七日付「床屋さんは下関に発祥した」などの記事に、理容業者の人達の伝える話として報じられている。
(16) 西信寺御住職ご教示による。
(17) 同右
(18) 床屋発祥の地記念碑建立推進委員会編刊パンフレットによる。
(19) 長野県理容環境衛生同業組合長野支部編纂委員会編刊『組合史』一九八二年　九〜一〇頁

(20) 蘆田伊人編集校訂『大日本地誌大系（二）　新編武蔵国風土記稿』第五巻　雄山閣　一九八一年　三三二頁
(21)『仙台理容師会誌』一九六八年十月十七日付「仙台まつりの由来」による。
(22) 仙台市立歴史民俗資料館編刊『御譜代町の生業』下巻　一九八七年　六一～六二頁
(23)『仙台理容師会誌』一九六九年十一月一日付「仙台理容まつりの変遷」による。

第二章　動植物の供養

第一節　草木鳥魚の供養

はじめに

牛馬供養、犬猫供養、熊・鹿・猪供養、鯨・海豚供養、鳥魚供養、草木供養等々あらゆる動植物全般の供養について、簡単な整理・把握を試みたのは木村博であり、この問題を解く上で多くの示唆を与えてくれる。なかでも近世から近・現代にかけての銘のある草木供養塔が、山形県置賜地方に集中しているという指摘はすこぶる興味深い[1]。木村によれば、山形県置賜地方以外では、山形県上山市、西村山郡大江町、福島県耶麻郡熱塩加納村の例が知られるのみで、他の地方ではほとんど報告例がないという。また草木供養塔の建立年代では、江戸中期のものが確認できるが、明治以降の例も多く、昭和期に入ってからのものも見られるとしている。その後の調査で、平成期の建立にかかるものもあり、山形県の置賜地方に集中することには変わりないがより広い地域に散見されることが確認されている[2]。その点については後ほど触れるが、このテーマに先鞭をつけた木村は、「山形の草木供養にも『草木国土悉皆成仏』といった銘文を有するものが数例ある。したがって草木供養の建立にも僧侶たちが関与していたことは間違いなく、仏教思想の介在は否定しえないが、さらにはその底流として、日本人のもつアニミズム（精霊崇拝）の存在を認めざるをえないのである」との見解を示した[3]。

この木村の見解と関連して、前節で取りあげた『付喪神絵巻』巻末について分析を加えた、小松和彦は、

『絵巻』の巻末に、「余宗には、ただ草木成仏といへるを、吾宗には草木非情、発心修行成仏、と題せり、所謂、十界の依正は、悉、阿字第一命の徳を、具足せずといふ事はなし、有情もし発心成仏せば、非情何ぞ、しからず」と説かれており、また付喪神たちが真言密教とくに東寺の仏門をくぐっているところをみると、この物語をつくったのは東寺にゆかりのある者であって、彼らは当時の人々の間に広く浸透していた付喪神についての考え方に着目し、そうした付喪神を生み出す器物を成仏させることができる宗派は自派以外にないと説くために、この物語を利用し、勢力の拡張をはかったとも考えられる。

と、『絵巻』成立の歴史的背景に言及している。(4) ここでいう吾宗とは真言宗を指し、余宗とは天台宗その他の宗派を指すものと推測される。『付喪神絵巻』は非情のモノでも成仏が可能、といった点を強調したものだが、「草木成仏」を前提としたこの巻末の記述は、草木供養を念頭に置いた時注目に値するものといえる。『付喪神絵巻』は、庶民のアニミズム信仰や付喪神信仰を巧みに汲み取りつつ、宗教者側が自宗の布教につとめるべく、つくりあげたものである。置賜地方を中心とする草木供養塔には、導師名が刻まれたものも少なからず認められ、宗教者が布教の一手段として建立を推進していった可能性が推測でき、その意味で木村の指摘は的を射たものといえよう。

なお、動植物供養のうち大型野獣のそれについては、狩猟伝承研究の進展と相まって早くから研究がなされてきた。この分野の研究の第一人者である千葉徳爾は、狩の儀礼把握の一環として大型野獣の供養に着目し、分析を試みている。狩猟者達の間に伝えられてきた巻物を丹念に分析する他、とくに千匹塚について全国的な調査を行い、その発生時期と造塚理由、および千匹塚分析の地域的特徴に考察を加えている。(5) 千葉の業績については、本節のみならず、次節以下でも再三引用することになるが、もう一点だけ言及しておきたいことがある。千葉は、西日本の狩猟者の伝承にはほとんど認められない鳥類に対する引導文が、東日本の西山狩師の系統を引くマタギ達の間に多少残っていると指摘し、つぎのように述べている。(6)

たとえば岩手県久慈市の「山神狩人秘法の大事」では鷹・鷲・烏・鴨・雉子についてのオクソ、すなわち引導のための呪文が記されている。また、青森県三戸郡田子町の北村氏所蔵文書の「覚」の中でも、わし・熊たか・鶴・白鳥・烏の引導文が見出されるのである。これらは大型の鳥類に限られており、野獣の引導文がやはりアオ、クマ、シカなど大型の哺乳類のみに限られていることと軌を一にする。

狩猟者たちが大型野獣（の霊）と小型野獣（の霊）の扱いを区別していたようだ、という千葉の指摘は、動物の供養について考える際の一つのヒントを与えてくれる。ここではその点に留意しておくにとどめたい。

鳥類あるいは魚類の供養といえば、まず放生会が想起されよう。放生会は仏教行事の一つで、八幡信仰と結びついて各地に広められた。近世以降の江戸・東京における放生会の歴史的変遷とその実態については長沢利明が分析を試みている。長沢の「八幡宮と放生会」なる論稿は、とくに新宿区高田放生寺（穴八幡）の放生会に焦点を当て、その

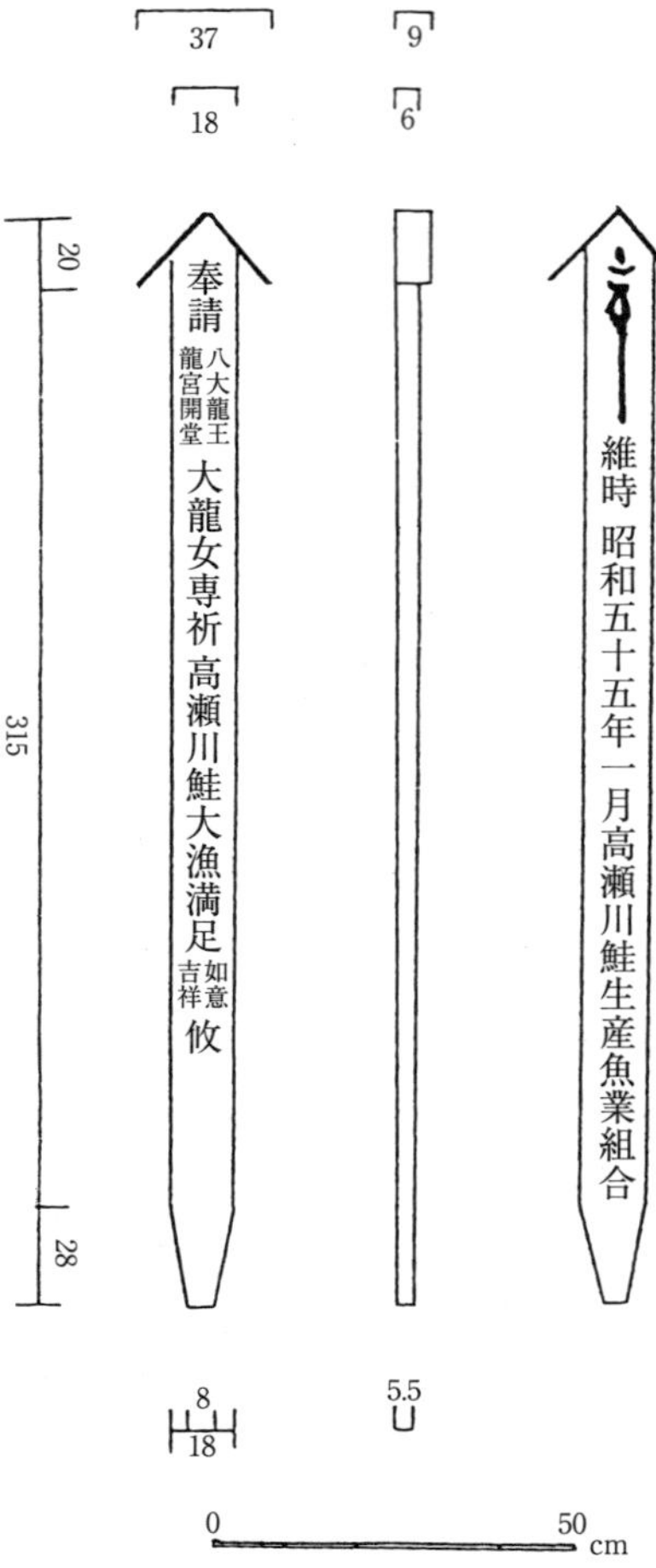

図5　鮭供養塔婆（山形県致道博物館提供）

変遷をトレースした興味深いものである。(7)一方魚の供養については矢野憲一が三重県の事例を報告しており、(8)また秋田県八郎潟周辺地域の鰡・公魚・海老・鮭・鱒などの供養については鎌田幸男が報告している。(9)なお日本海沿岸地域では、新潟県岩船郡や山形県庄内地方を中心に、北は北海道西海岸部まで千本供養塔が存在することが知られている(図5)。鮭・鱒を漁期に一、〇〇〇匹以上収穫した時、つまり大漁に恵まれた時に建立するという。現在は曹洞宗その他の寺院の僧侶が祈禱を勤め、供養の司祭者となるのが通例であるが、かつては修験の徒が関与していたとの指摘もある。(10)

以下、草木、鳥、魚の順で供養の歴史と現状を見ていくが、次節以降との関連で海豚、そして一部鯨の供養についても触れるつもりである。

一　草木供養

梅津幸保の成果によりながら、まず草木供養塔の分布と、建立の歴史的経緯について概観することにしたい。梅津によれば、平成十四年二月現在全国で一二〇基確認されている、という。その分布をみると山形県置賜地方に集中しており、その数は八五基に及び、県内他地域二五基とを合わせて山形県内で一一〇基を数え、県外は一〇基のみだという。建立年代は置賜地方米沢市の安永九年（一七八〇）のものがもっとも古く、江戸時代八五年間で三四基、明治・大正約六〇年間で二一基、昭和・平成七七年間で六五基となっている。昭和・平成期のそれについて詳細に見ると、平成二年（一九九〇）に「大阪国際花と緑の博覧会」に飯豊町大字小屋の草木塔を出展して以降建立されたものが多く、四一基に達している。また銘は、江戸期の物では「草木供養塔」二〇基、「草木塔」一四基で、明治大正期になると「草木供養塔」六基、「草木塔」一五基という数字である。これについて梅津は「建立当初は草木を供養するという心が大きく表われているが、時代とともに草木に感謝するという気持ちが大きく表われてきているのではないかと考えられる」としている。[11] たとえば東置賜郡川西町大字西大塚の昭和四十七年建立にかかる「草木供養塔」には、供養塔であるにもかかわらず「草木を愛してそのめぐみに感謝し青い地球を守ろう」と刻まれており、[12] 一般的な傾向は梅津が指摘した通りだろう。しかし一方では、米沢市中央五丁目西蓮寺墓地内にある昭和五十五年建立の「草木塔」は、寺院の移転構築に際して、杉の古木を多数伐採したので、その霊を慰めるために建立したとされており、[13] 一概に銘だけで判断しかねる場合もある。その点を注意しておく必要があろう。

最後に建立者であるが、建立当初は講集団や集落単位だったものが、時代が下がるに連れて、同業者集団・企業や個人へと変化していった模様である。[14]

草木供養塔が山形県内に集中することは再三述べたところであるが、県外の実態を少し見ることにしたい。まず福島県下では熱塩加納村赤崎と柳津町虚空蔵さんの境内に各一基あることが確認されている。前者のそれは安政六年（一八五九）建立にかかるもので、山形県置賜地方との関連が予想される。一方、柳津の通称虚空蔵さん（円蔵寺）境内にある「桐樹供養塔」は相対的に新しいもので、昭和六十一年に、五〇数年前、すなわち昭和十年ころ建立したものを再建したものである。銘文には「（前略）特用樹活用による地域振興や生活工芸運動による地場産業が全国的規模で普及拡大する時　特産会津桐増植と安定生産は我々に業界の重大なる責務となる　想うに生ある桐樹の念　禁じ難きものあり　ここに全国有志のご協讃を得て供養塔を再建し以て桐樹永遠の繁栄を祈念するものなり」とある。これによって、長年にわたって生活の糧となった桐に感謝し、伐採した桐の霊を慰めるとともに、さらなる繁栄を祈念する意味から建立されたことが知られている。

ちなみに昭和四十年代から五十年代に建立された東京都世田谷区等々力不動の草木供養、あるいは調布市深大寺の草木供養塔等々、いずれも造園業者という同業者集団によって建立されたものである。草木供養塔のみならず、包丁塚、メガネ塚など道具の供養塔も、同業者集団がその結衆の象徴として、また当該動植物や道具に感謝と慰霊の意を込めて石塔を建立し、儀礼を執行する、というケースが近年目立つ。柳津虚空蔵さんの「桐樹供養塔」は、同業者によるこの種の石碑建立の、いわば先駆け的存在といえそうである。

山形県置賜地方には平成期に入って建立された草木供養塔が二三基もあり、山形県下の地域にも一四基あってその数の多さに驚かされる。一方山形県以外で、平成期に入って新たに建立された草木供養塔は四基でありそのうちの一基が京都にある。京都市左京区大原来迎院町の三千院にあるのがそれで、石碑にはつぎのように刻まれている。(15)

草木供養塔

比叡山を開かれた傳教大師は「おのずからすめば持戒の此の山はまことなるかな依身より依所」と修行し生活をするためには環境が大切である、比叡山こそ最も環境のすぐれた場所であるといわれております。比叡山の環境によく似たところが大原三千院なのであります。今日地球規模で自然環境の破壊や汚染が進み、その保護が叫ばれております。仏様の教えには「山川草木悉皆成仏」といって、人間だけでなく一本一草地球に存在するあらゆるものが仏になると説かれています。「自然の美しさ草木のお蔭で」生かされていることに感謝し、仏様を信仰される心で一木一草にまで慈悲行を実践されることが自然を守ることにつながると考え建立を発願いたしました。

平成五年三月吉日

第六十一世三千院門跡門主大僧正光詮

この碑文は、おそらく天台本覚思想に基づいて記されたものと思われる。天台本覚思想は、生死即涅槃・煩悩即菩提・凡聖不二・生仏一如などの相即不二論を極みにまで追求したもので、「仏教哲理としてはクライマックスのもの」と評する論者も存在する。(16)また、「天台宗があり、その中心の底流に本覚思想がひとすじ流れつづけ、そこからさまざまな新宗派が派生した」とされているのみならず、[17]本覚思想は修験道にも大きな影響を与え、さらに日本の芸術はすべて本覚思想に根ざすとさえいわれている。[18]たとえば能や謡曲の詞章にしばしば用いられる「草木国土悉皆成仏」という成句は、この世のすべてのものは皆成仏するという本覚思想に基づくものである。[19]それと関連して、草木に精霊が宿るとする発想は謡曲や狂言の世界ではごく自然なものとされ、芭蕉や松脂の精が人間に何かを訴えるという趣向も珍しくない。「阿古屋松」・「芭蕉」などがその代表的なものといえよう。鳥山石燕は『百鬼夜行拾遺下之巻』において「芭蕉の精」を取りあげ、「もろこしにて芭蕉の精人と化して物語せしことあり。今の謡曲はこれより作れるとぞ」との見解を示している。[20]「もろこし云々」という石燕の説は、すべての典拠を中国に求める当時の学風を反映しているものと思われる。このほか石燕は『画図百鬼夜行』のなかで「木魅《こだま》」について、「百年の樹には神ありてかたちをあらわすといふ」との解説も加えており、また『今昔続百鬼巻之上』のなかで「ふる山茶《つばき》の精怪しき形と化して人をたぶらかす事ありとぞ。すべて古木は妖をなす事多し」と記し「古山茶の霊」に言及している。[21]「木魅」の解説にある「百年の樹云々」からは器物も一〇〇年経れば霊が宿るという付喪神がただちに想起され、器物・樹木の差を問わず、ある年数が経過すると、それらに霊が宿るとの信仰が底流にあることが判明する。いずれにせよ木村や小松が説くように、アニミズム信仰を前提としてはいるものの、一定の年数（一〇〇年）を経過した事物・樹木などに限って精霊が宿るといった観念が強調されている点に留意しておく必要がある。なお、山形県置賜地方を中心とする草木供養塔の建立に関しては、安永元年（一七七二）二月の米沢藩江戸屋敷の類焼、同じく安永九年（一七八〇）四月の米沢城下大火の復興の折、大量の用材が必要となり、それに伴って植林や森林の保護が取り沙汰されるようになったというのが発生の根拠とされている。それと関連して、木村が宗教者の関与を想定したように、佐野賢治もまた修験者が関与したとみなしている。米沢市田沢の上中原では現在も毎年五月二十日早朝に草木塔の供養を行っており、また「草木塔供養の札」が配られているが、この行事の中心的役割を果たしているのは大荒山田沢寺（真言宗醍醐派）の法印にほかならず、佐野説の根拠となっている。[22]

なお、木こりの伐採儀礼としてのトブサタテについては、石上堅の『日本民俗語大辞典』に詳しく記されており、また木村も言及していることから、[23]ここでは省略したい。

二　鳥類・魚類の供養

鳥類・魚類の供養といえば、まず放生会を取りあげなければならないであろう。放生会とは、仏教の殺生戒に基づいて鳥類を放ち、魚類を放流し供養する行事であるが、八幡信仰と結びついて各地に広められたものである。文献では養老四年（七二〇）の宇佐八幡宮における放生会が初出で、以後は京都石清水八幡宮の行事ともなり、やがて鎌倉はじめ全国に八幡信仰が広まるとともに各地で行われるようになった。[24]教典では「金光明経」や「梵網経」に放生の功徳が説かれている。明治の神仏分離以降は放生会を廃して中秋祭と称するようになり、放生会の儀礼のうち流鏑馬などは神社に引き継がれ、放生会は寺院側に引き継がれるケースが多かった。今日、日本を代表する放生会としては、奈良県斑鳩町吉田寺（浄土宗）のそれが挙げられよう。

俗に「鳩逃がし」とも称され、吉田寺境内社としての八幡神社の行事として行われている。一方、長沢が報告した東京都新宿区高田放生寺（真言宗）の放生会は、神仏分離によって穴八幡神社と袂を分かち、寺側が放生会を受け継いだものである。ここの放生会は寛永十九年（一六四二）に始まり、一九二〇年代の放生池の埋め立てによって一時行事が中断した。しかし昭和四十四年に復活させ、皇居の濠に魚を放流したところ、東京都から注意を受け再び中断のやむなきに至った。これを昭和五十一年に小規模な放生池を再築して再開し、最終的には魚を秋川渓谷に放流する形になって今日に至っている。しかし、長沢によれば、現代の放生会は人間の食糧となった生き物に対してその恵みを感謝し供養するというよりは、各家庭において家族の一員として扱われたペットを供養する行事といった色彩が濃いという[25]。高田放生寺には現在ペットの名を記した卒塔婆が林立しており、長沢の指摘も首肯できる。おそらくはペット全盛期の今日の世相を投影しているものと思われる。

ペットの供養に関しては第五節で改めて触れるつもりであるが、各地にペット霊園が存在し、いずれも盛況をきわめている。東京都墨田区両国の回向院（浄土宗）もその一つで、動物供養堂、百万頭供養堂といった施設さえある。回向院は明暦の大火の犠牲者を弔うべく建立された寺院で、「無縁寺」との寺号からも明らかなように、爾来、焼死者・水死者・刑死者・夭折者など無縁仏の供養に主眼を置いて活動してきた。犬・猫などの埋葬、供養もその一環として行われてきたのである。境内には動物慰霊之碑（昭和三年銘）や犬猫供養塔が数基あるほか、飼育獣商協同組合が昭和三十九年に建立した小鳥供養塔もある。残念ながらその祭祀内容については未調査である。たぶん、この類ものは他所にも数多くあるものと予想される。またその一方で、近年目立っているのは養鶏業者による鶏霊供養である。一九九五年三月、鯨の供養を調査目的として山口県長門市仙崎の極楽寺（浄土宗）を訪れた際に、鯨の供養は捕鯨が行われなくなった現在も毎年行っているが、そのほか養鶏業者や魚の養殖業者に依頼されて供養に赴くことが多いという話が聞かれた。仙崎では供養塔は確認できなかったが、鶏霊供養を目的とする塔の建立も全国には少なくないはずである。

鶏霊の供養や供養塔の建立は、生計を営むためにやむをえず殺生することへの悔過と、食用のために犠牲となった鶏の霊に対する感謝と慰撫を目的として行われるものである。建立の趣旨は、猪鹿供養塔や千本供養塔等々の造立のそれと共通しており、伝統的な習俗の延長線上にあるものとはいえ、生産形態の変化、あるいは昨今のグルメブームに呼応するかたちで現代的装いを付加されて出現した習俗といえよう。上野不忍池弁財天堂境内には様々な道具類の

写真9　鮟鱇塚（東京都中央区波除稲荷神社境内）

供養塔に混ざって「鳥塚」が一基ある。これは昭和三十七年（一九六二）に東京食鳥組合によって建立されたもので、毎年四月十日に供養祭を執行している。(26)

そして、食鳥の供養以上に盛んなのが魚の供養である。同じく不忍池弁財天堂境内でも魚類関連の塔が四基を数えている。昭和三十六年（一九六一）建立の「包丁塚」は、東京・千葉・茨城各都県の料理店でつくる団体、上豊調理師会を施主とするもので、同会は昭和二十二年ころから供養祭として放生会を行ってきた。石塔建立以後、今日では年に一度追善供養を行うのみとなっている。「ふぐ供養碑」は昭和四十年（一九六五）に中央卸売市場内東京ふぐ料理連盟の建立にかかるもので、「スッポン感謝之塔」もやはり同年に建立されている。残る「魚塚」は、昭和五十一年（一九七六）に中央卸売市場内東京魚商業協同組合によって組合創設五十周年事業の一環として建立されたものである。いうまでもなく、建立の目的は水産資源への感謝と供養にある。毎年、塚前で追善供養を行っていたが、近年は隔年で行うよう簡略化されてきているという。(27)

魚類関係の供養塔といえば、東京では中央区築地六丁目に鎮座する波除稲荷神社境内のそれらを見逃すことはできない。同神社は築地魚市場北口にあって、魚市場に出入りする卸売業者、仲卸業者、関連業者たちの信仰対象となっており、魚供養の拠点の一つにほかならないからである。境内北側には一列に東から「蛤塚」「活魚塚」「鮟鱇塚」「海老塚」「すし塚」「玉子塚」の順に、都合六基が立ち並んでいる。

1　『蛤塚』は高さ五〇センチ弱のおむすび形の自然石で、銘はなく傍らに「奉納網弁」と書いた木札が据えられている。その筋の業者か個人で祀っているものと思われる。

2　「活魚塚」は「昭和五十八年五月吉日建立」「東京築地魚市場活物組合」と刻まれている。この組合は八〇ほどの仲介店舗で組織されているが、昭和三十年ころから同神社で活魚供養を行ってきた。五月の都合の良い日を選んで、神官のお祓いを受けた後、鯛・平目・鰈・スズキ・カンパチ・鰹などの活魚の供養をし、一部を船上から放流していた。しかし、この供養碑の建立を契機に放流の行事は取りやめになったという[28]。

3　「鮟鱇塚」の高さは一二三センチ余で、碑の正面には「昭和四十八年七月父之意を承け建立尾邦三浦啓雄」と刻まれている。先代をはじめ関係者の幾人かが、鮟鱇と同じく腹を切られて亡くなった（開腹手術をしたことを指す）ことから、鮟鱇霊の供養を思い立ったという。毎年、鮟鱇の捕れ始める時期や漁期が終了するころに、従業員参加のもとで供養祭を執行している。

4　「海老塚」の高さは二二三センチで、五六店舗が加入する東京てんぷら料理協同組合によって、昭和四十八年に建立され、毎年七月二十二日に供養祭を行っている。

5　「すし塚」は昭和四十七年に東京鮨商環境衛生同業組合の創立二〇周年を記念して建立されたものである。毎年「全国すしの日（十一月一日）」の前日を期して、すし塚祭が行われており[29]、「すし塚」の横にはすし塚建立に至る経緯を書き記した石碑が併せ建ち、

〝すし〟　日本風土に育ち　日本の誰もがこよなく愛し自慢している食物　それが〝すし〟　長い伝統の中にある。〝すし〟　しかし　その歴史の蔭にいくたの魚介が身を提してくれただろうか　世人の味覚を楽しましそしてまたわたし達のつきの基（月々の給金の意か――筆者註）になってくれたさかなたち　それらあまた魚介の霊を慰め　とわに鎮まれかしと祈り　而して永遠の食物としてのすしを表徴するため　ここゆかりの地にすし塚を建てたゆえんである

との銘が記されている。魚類にとっては確かに迷惑このうえない話であるが、魚類が身を挺して自分たちの生活の糧

となってくれている、しかも、日本の伝統的な料理すしという形となって、世の人びとの味覚を楽しませてくれる、それ故に感謝の意を込め、また魚霊を慰めるべく碑を建立し供養祭を執り行うという主旨の内容であるが、他の石碑の建立目的もほぼ類似しているといってよい。また、建立の契機は、組合や業界、会社等の創設（創業）何十周年かの記念事業として、各業種のPRと親睦、同時に業界の繁栄を祈念して建てられたものがほとんどである。

6　「玉子塚」は、高さ一二五センチ、径七六センチほどの球形のモニュメントで、平成五年に東京鶏卵加工業組合創立三〇周年記念に建立された。鶏卵供養がなぜ魚類の供養塔の傍に立てられているのかと奇妙に思われる向きがあるかもしれないが、銘の文中に発起人の名前として「すし玉何某」などと記されていることから、鶏卵関連業者といっても、寿司屋の符丁で玉（ぎょく）、と呼ばれる鶏卵の加工品を扱う業者が、境内の魚類供養塔の建立に触発された恰好で建立したと思われ、一連の流れのなかに位置づけられるものと考えられるのである。

そのほか、供養塚の造立こそないものの、同神社において魚霊祭、魚霊供養を行っている水産関係の団体はいくつもある。たとえば、紀文魚霊祭（九月一日）、マルキ・マルナガイ魚霊祭（九月三日）、江戸銀魚霊祭（九月二十二日）、穴子を隅田川に放流するなぎさ会によるあなご供養（九月〜十月）、歌舞伎座魚霊祭（十二月一日）等々がそれである。(30)

放生会、魚霊祭、魚霊供養と名称はまちまちであるが、以上に紹介した魚の供養行事には魚の放流を伴うものがいくつかあった。上野不忍池弁財天堂では「包丁塚」の儀礼がそうであったが、石塔建立後はパッタリと途絶えてしまっている。波除稲荷神社の場合もすし塚祭、あなご供養の二つに魚の放流行事が伴っていたが、前者では弁財天堂の「包丁塚」と同じ運命を辿って消滅した。魚鳥を河川や山野へ放つことで供養の趣旨を達するという伝統的な放生会の色彩をいく分帯びていた儀礼は、意志を銘文化する（石碑を建立する）ことで落着とする現代的な感覚の習俗に再編されつつあるというのが実状のように思われる。そうして、東京における鳥類・魚類の供養の多くは、昭和三十年代以降に各種業者によって始められた新しいものがほとんどである。しかし、秋田県八郎潟周辺の魚霊供養塔は文政年間から昭和二十年代に至るまで長期間にわたる建立がみられる。さらに、三重県下のそれは文政年間から昭和六十年代のものまである。(31)ただし、これらの供養碑に伴った行事のうちにどの程度魚の放流が組み込まれているのか、いないのか、あるいは行っていたのかは不明である。

三　海豚・鯨の供養

海豚や鯨は哺乳類であって魚類ではないが、魚と同様海に生棲していることからあえてここで取りあげることにした。

海豚や鯨は神あるいは神の使いとして崇拝されてきたため、これらに関する信仰や儀礼は各地に伝承されている。両者は群れをなして回遊することから、それを伊勢神宮その他へ参詣するためと見る信仰もあり、参詣前のものは捕ってはならないと伝える地域も多い。しかし、両者とも捕獲の対象であることには変わりがない。北見俊夫は長崎県対馬の海豚漁について、つぎのように報告している。(32)

対馬浅茅湾のあたりには、処々に海豚廻游を追込むのに好適な湾入があって、旧十月から三月にかけて大群をものすることがよくあり、「海豚とり」として名物行事となっている。(中略)海豚漁が一しきり終ると、そのうち適当なもの(一番もりでとったものとは限らぬし、また、一番大きなものでもない)を一匹料理して「チマツリ」を行う。酒が出て即席料理をするのである。湾内に追い込んだ海豚は、一匹も残さず捕獲するのは不可能であろうが、必ず意識的に一匹逃がしてやる。すると、この一匹が仲間を連れて、命日に供養にやって来るという。湾の一番奥まった浦底の浜という処に「シホウトーバ」を一本立ててあるが、これは海豚の供養の為のものである。

この報告で興味深いのは、海豚の捕獲に際して、①「チマツリ(血祭)」を行うこと、②必ず一匹逃がすこと、③塔婆を立てること、以上三点である。

狩猟儀礼には山の神に感謝の意を示すための儀礼と野獣の憤懣を鎮める慰霊の儀礼とがあり、前者が「チマツリ」と称するもので、後者は「フクマル祭」と呼ばれている。千葉は鹿児島県大隅半島の北部に位置する輝北町百引で、昭和の初期まで行われていた儀礼について報告している。それによれば、猪狩の後すぐ、捕れた猪の頭をその日のアキの方角に向けて伏せさせ、その頭上に山刀と猪の血をつけた柴の枝とをのせ、矢を射た者が猪の前で頭を拝した後、その柴でお祓いをする。これが「チバライ」または「チマツリ」と呼ばれるものという。また、「チマツリ」の後で、野獣の霊を鎮めるための祭をする。これを「フクマル祭」といって猪のフク（内臓）を煮た上で、全員で塩・米・神酒などとともに供え、「奥山の山の神のびざいてん様云々、末はにんになして下され云々」と唱えるという。こうした儀礼について千葉は、「山の神が『びざいてん』と呼ばれるのは、山の神様は美しい女性の姿だと信じられているので、弁才天と混同しているらしい。末は『にん』つまり人間にして下されというのは、（諏訪明神の願いと同じく）野獣の霊を将来は人間と同じく成仏させて欲しいという祈りであろう」との見解を示している[33]。北見の報告は「海豚漁が一しきり終ると一匹料理して『チマツリ』を行う。酒が出て即席料理をするのである」と、きわめて簡単にしか記述されていないので「チマツリ」の実態は不明であるが、海豚漁におけるチマツリと塔婆の建立は、狩猟儀礼の「チマツリ」「フクマル祭」に対応する儀礼と考えることができる。

②の必ず一匹逃がすという行為は、草本に対する「木守り」、「残し木」に通じる発想といえる。果実を収穫するときは、一本の樹木に必ず実を一つ残す。そうしないと翌年は実らなくなるという。この実を「木守り」と呼び、広い地域にわたって伝承されている[34]。また、樹木を伐採するときも必ず目立って大きい木を一、二本残す。これを「残し木」と称しており[35]、奈良県吉野郡天川村その他に見られる。このように一個、一本を必ず残す、あるいは必ず一匹は逃がすという行為は、資源を根絶やしにせず、次回もまた恩恵に与かりたいと願う生業者の心意が発展したものと見

1：	北海道	函館	19：	山　口	青海島
2：	岩　手	広田	20：	山　口	見島
3：	宮　城	唐桑・尾崎	21：	大　分	上浦
4：	宮　城	鮎川	22：	大　分	臼杵
5：	宮　城	網地島	23：	大　分	豊後高田
6：	東　京	品川	24：	福　岡	行橋
7：	神奈川	三崎	25：	福　岡	福岡
8：	千　葉	勝山	26：	佐　賀	小川島
9：	千　葉	白浜	27：	佐　賀	呼子
10：	三　重	白浦	28：	長　崎	壱岐
11：	三　重	二木島	29：	長　崎	的山大島
12：	和歌山	太地	30：	長　崎	平戸
13：	和歌山	串本	31：	長　崎	青方・奈磨
14：	京　都	伊根	32：	長　崎	魚目・丸尾
15：	愛　媛	西海	33：	長　崎	有川
16：	愛　媛	美和島	34：	長　崎	富江
17：	愛　媛	明浜	35：	長　崎	黒瀬
18：	愛　媛	瀬戸	36：	宮　崎	油津

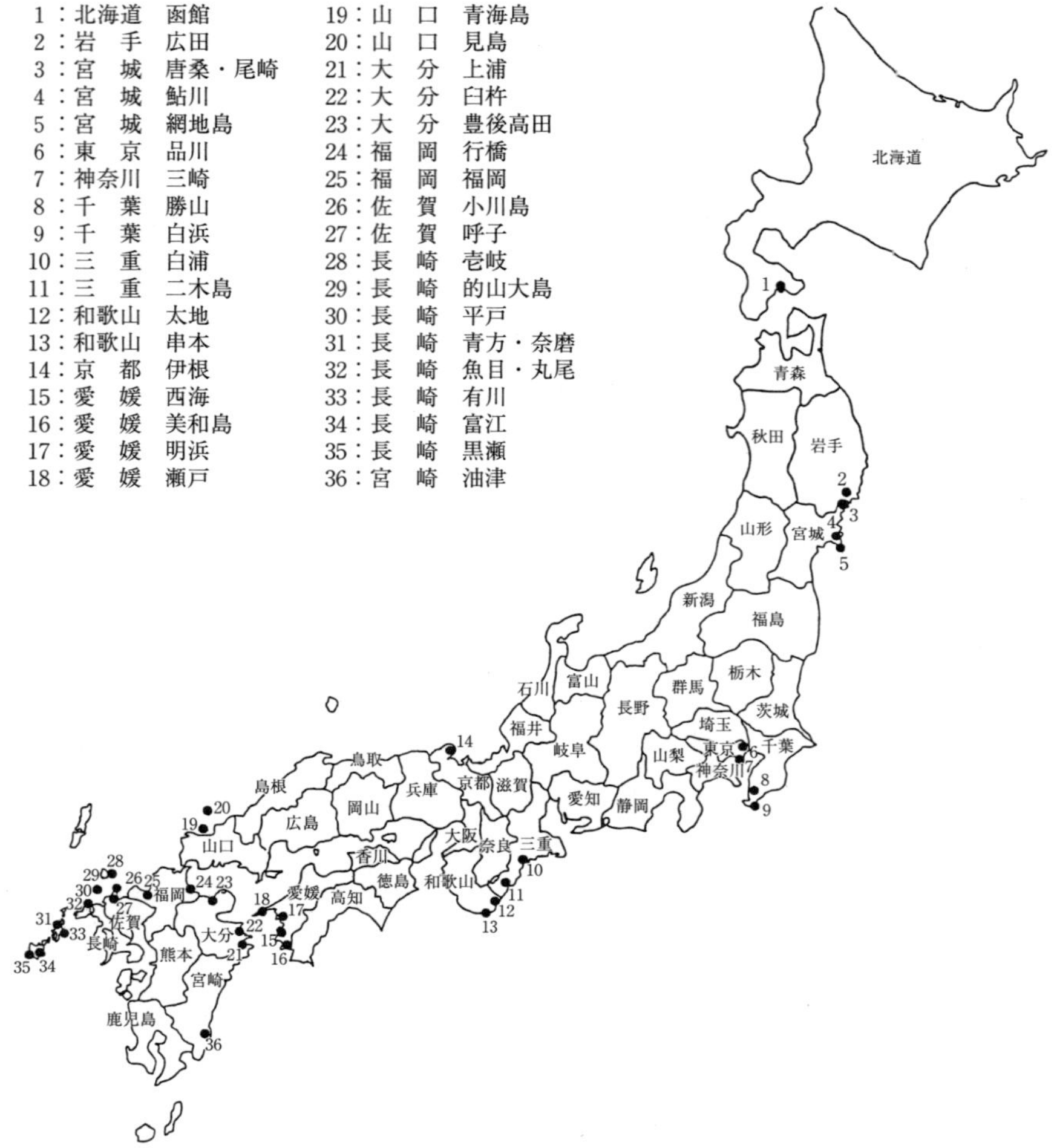

図6　鯨の墓の分布（『海の狩人』による）

ることができる。そして、狩猟における千匹供養塔の「捕り止め」、あるいは参詣前の鯨・海豚は捕獲しないといった漁獲制限のルールからは、経験から生まれた資源管理の思想を読み取ることができる。

一方鯨の供養についてはかなりのデータが蓄積されており、とくに鯨の墓、供養塔については吉原友吉によって全国的調査がなされている。[36] 吉原によれば、鯨の墓の分布は北海道函館市から長崎県の壱岐や北松浦郡の島々に至るまで広い地域に及んでいる（図6）。吉原のデータは日本全国を視野に入れた先駆的業績として評価されようが、詳細に見てゆけば調査漏れも少なくない。筆者は吉原の成果によりながら再調査を進めてきたが、ここでは一九九五年三月に調査を実施した山口県下の事例を報告することにしたい。

吉原の報告では山口県下の鯨墓は二カ所となっている。すなわち萩市見島の鯨塚（石塔数基あり、無銘）と長門市通浦にある元禄五年（一六九二）銘の鯨胎墓一基である。しかし、筆者の調査と収集した文献からは、近年建立されたものまで含めるとあと三基あり、また、鯨塚跡と伝えられるものも一カ所存在する。以下に順を追って見てゆくが、長門市通浦のそれについては便宜上最後に検討したい。

1　鯨　塚——萩市見島高見山山麓

吉原によれば、「高見山見嶋与五郎様之九拾五本之鯨塚有之候申候事」（『中野文書』安政四年〈一八五七〉〜）などの記録があり、現在は高見山の麓にこれに該当する石塔が二〇基余りも荒れ放題に放置されている。年代などはわからないが、入漁した宝永（一七〇四〜一〇）から正徳（一七一一〜一五）のころに建てられたものであろうという[37]

2　鯨　塚　跡——阿武郡阿武町宇田郷浦

「大敷網で捕られた鯨が浜に引き上げられると、真先に眼の玉を抜き取って、龍頭山興昌寺の墓地に手厚く埋葬して、その上に附近の手頃の小石を載せて、住職に読経を頼んで懇ろに弔ってもらった。現在、その目標の塚石は見付け出すことはできないが、漁夫の供養の跡を伝えるかのように大きな孟宗竹が静かに覆い茂って並んでいた。このほか黄波戸浦では鯨の墓、供養塔は探し出すことはできなかったが、その当時（明治期か――筆者註）は海岸の本堂の前の広場で、子鯨を真中にして、組主を初め乗組漁夫、仲買人等が多数集って、僧侶が読経を上げて盛大に弔い供養していた。その後どこに埋葬したか知らない」という。(38)

3　捕鯨供養塔――大津郡油谷町川尻

高さ約二メートル余りの自然石に「鯨鱗之霊」と刻まれ、その下に「弥陀観音大勢至大願ノフネニ乗ジテゾ生死ノウミニウカミツツ有情ヲヨバフテノセタマウア、捕獲鯨鯢貳千八百余頭」とあり、石碑裏面には「建立発起川尻漁業協同組合」との銘に続いて世話人数人の氏名が刻まれ、「昭和三十六年三月十一日建立」と記されている。川尻地区では元禄年間から明治末まで捕鯨が行われていたが、『川尻捕鯨組調書』には、

毎年組立春三月ニ至リ、其捕獲セシ鯨鯢供養ノタメ、僧侶数十人ヲシテ読経セシム、三日間、会社カラ供養料若干金、其ノ他親仁、刀劙、友押、舸子、仲買人等、捕鯨業ニ関スル者ハ皆応分ノ経料、其ノ後ノ捕獲ハ組揚后附ク、子魚ハ子持葬式ト称シ、大ナル子魚ナレバ、鼻皮ヲ少シ剥キ之ヲ葬ル。腹子ナレバ子袋ナルモノヲ（通常千斤余リ）沖切ニ与エ、子持餅ト称シ各船ヘ給与ス、而シテ、鯨児ハ全体ノママ菰ニ包ミ埋葬ス、其時供養物米一升、苧数本、食塩一升ヲ供ス、僧侶ノ読経慣行ナリ。

と記されているという。(39) 明治期の鯨供養の様相を表わしたものであろうが、子鯨の場合は鼻皮の一部を、胎児の場合は莚に包んでそのまま埋葬し、鯨組のメンバーを中心に関係者立ち会いのもと、僧侶によって供養が行われていたことがわかる。この供養塔はその埋葬地の傍らに昭和三十六年に建立されたもので、長い期間にわたって捕獲してきた

数多の鯨の霊を慰めるという意図があった。現在でも漁協が中心となって一月から二月のよい日を選んで、他の魚類の供養も含めた諸魚供養を行っている。川尻地区にある二カ寺、常念寺と法泉寺（ともに浄土真宗）が隔年交替で当番となり、寺院での読経をした後、さらに供養碑の前に移って読経し、餅撒きの行事をしている。

4　鯨供養塔――豊浦郡豊北町粟野浦・誓願寺

昭和四十九年に重水徳介氏が個人で建立した。重水氏はニッスイ（日本水産株式会社）の捕鯨船に乗り込み、昭和二十年ころにはすでに五〇〇頭は捕獲したという人物で、その当時、粟野浦説教所に塔婆を立てて鯨の供養を行った。そうして退職と同時に改めて鯨の霊を鎮めるために、この供養塔を建立した。(40)

5　捕鯨供養塔――豊浦郡豊北町二見浦

明治二十五年（一八九二）ごろ、「岩戸沖大敷網網代に、七尋物の大きな鯨が迷い込んで、村中総出で捕獲した。解体は二見川川口で行ったが、附近一面は紅の海となって、大漁の喜びの中にも一抹の哀れを感じたのは、素朴な地下人ばかりではなく網主も同じであった。二見浦では、大きな魚を捕ると『身代の登りつめ』という俗信もあって、網主は鯨の末路の哀れさを強く感じたのだろう。鯨の回遊する饗膳を眼下に眺望できる山腹に、自然石の塚を立て、鯨の末路を懇ろに弔い供養したのだろう」と報告されている(41)

6　鯨　墓――長門市通浦・清月庵＝観音堂

観音堂は港の見える小高い丘の上にあって、その境内に元禄五年（一六九二）に建立された鯨墓がある。墓は花崗岩製の角塔で、高さ二メートル余ある。石塔の正面と側面には以下のような文字が刻まれている。正面下段のそれは

表4　山口県北浦地方の鯨供養碑

名　　称	所在地・建立年	備　　考
1 鯨　塚	萩市見島・高見山山麓　20基余 宝永から正徳年間（18世紀初）にかけて建立されたものか？	
2 鯨塚跡	阿武郡阿武町宇田郷浦	目玉を埋葬し、小石を設置。
3 捕鯨供養塔	大津郡油谷町川尻 昭和36年３月11日、川尻漁業協同組合が建立	明治期は親鯨の鼻皮を埋葬して供養していた。
4 鯨供養塔	豊浦郡豊北町粟野浦・誓願寺 昭和49年	元日水の捕鯨船に乗り込んでいた重水徳介氏が建立。
5 捕鯨供養塔	豊浦郡豊北町二見浦	明治25年ころ、捕らえた寄り鯨を供養したもの。自然石。
6 鯨　墓	長門市通浦・清月庵 元禄５年（1692）建立	「南無阿弥陀仏」の下に四句の偈文が記されている。

写真10　鯨塚（長門市通浦）

図７　山口県における「鯨墓」・「鯨供養塔」の分布
数字は表４に対応

言うまでもなく諏訪明神の四句の偈と称されるもので、狩猟者達が大型野獣の捕獲儀礼に際して唱えた呪文でもある。

〈正面〉南無阿弥陀仏　業尽有情　雖放不生
　　　　　　　　　　　故宿人天　同証仏果

〈側面〉元禄五年壬申五月
　　　　　　　　　　設楽孫兵衛
　　　　　　願主　池永藤右エ門
　　　　　　　　　早川源右エ門

この角塔の立つ背後は広い空き地となっているが、ここは捕獲された母鯨の解体時に摘出された胎児を埋葬した場所と伝えている。西福寺住職の綿野徳定氏（大正四年生）によれば、七七、八頭ほどの胎児が埋葬されているはずという。また、同氏が向岸寺（西福寺は向岸寺の隠居寺）の住職を務めていた昭和十八年から五十七年の四十年間に、胎児の埋葬を大敷網組合から頼まれて回向したことも二度あったという。観音堂では現在も、六月二十九日から七月二日にかけて鯨回向法要が営まれている。[42] なお、鯨回向法要は向岸寺（浄土宗）でも四月の中旬に行われている。ちなみに、向岸寺はもと禅林であったが、天文七年（一五三八）に開山忠誉上人が再興した浄土宗の寺で、第五世讃誉上人が延宝七年（一六七九）に観音堂を建てて鯨の回向を手向け、村人にもこれをすすめた。漁で生計を立てていた村人もこれに応じ、鯨や魚に感謝の意を込めて回向法要を行うようになったとされている。[43]『長門市史民俗編』には、「四月十四日に向岸寺に通しゅうの漁師が集まり、住職のお経、説教を受ける。またこのときに鯨唄保存会により、通鯨唄の奉納演奏がされる」とあるが、[44] 近年では鯨唄を歌える老人が少なくなり、したがって奉納演奏もないという。

また、向岸寺は鯨の位牌や鯨鯢過去帳を保存している寺としても知られている。全国にこれらを所持する寺院は数

写真11　新(左)・旧(右)の鯨の位牌
(長門市仙崎極楽寺蔵)

カ寺ある。長門市仙崎の浄土宗系寺院二カ寺も位牌を待ち、かつ鯨回向法要の行事も行っている。仙崎も通浦同様に近世来の捕鯨基地で、宗派を問わず各寺院で春の法座が催されており、それがほかならぬ鯨の供養なのである。浄土宗の寺院には円究寺と極楽寺とがあり、隔年の当番制で四月二十三日～二十五日に鯨回向法要を行っている。浄土真宗寺院は西覚寺、常岸寺、遍照寺の三カ寺があり、四月二十六日～二十八日にかけて持ち回りで鯨法要を営んでいる。日蓮宗寺院の普門寺もまた、毎年鯨の供養を行っているという。浄土宗の極楽寺住職からお話をうかがったため、他宗派については位牌の有無を確認できていないが、浄土真宗寺院には存在していないようである。なお、仙崎には漁協を中心とするイベントとしての「魚霊祭」があり、一九九五年で二一回目を迎えた。

以上、六カ所の鯨墓、供養塔をみてきたが、元禄期のものから昭和四十九年のものまで、建立の年代は幅広い期間にわたっていた。昭和期建立の二基については鯨の埋葬は伴っていない。しかし、油谷町川尻の捕鯨供養塔（昭和三十六年建立）については、かつての埋葬地の傍らに建てられたものであった。明治期以前のものについては、詳細不明の見島のものを除き、残りはすべて埋葬地に隣接して立てられていることが判明した。親鯨の場合は眼や鼻皮など体の一部を、胎児の場合はそのままを莚などに包んで埋葬していたのである。埋葬した上で鯨組が中心となって供養が執り行われ、同時に各寺院では鯨回向（鯨法会）が定期的に実施されていた。これらの寺院行事は、鯨のみならず魚霊全般の供養というように敷衍されながらも、今日まで継承され盛大に行われている。こうした伝統が、近年は養鶏業者や養殖業者に刺激を与え、彼らもまた新たに鳥類・魚類の供養を実施するようになった。

結びにかえて

全国の至る所にさまざまな石碑（石塔）をみることができる。日本人ほど石碑を建立することの好きな民族はいないのではないかと思えるほどである。寺院や神社の境内、自治会館、学校の校庭その他、地域社会の精神的結集の場には必ずといってよいほど何か石碑が立っている。個人の顕彰碑・忠魂碑の類から、道路整備・耕地整理事業に関する記念碑、歌碑・句碑、巡礼記念碑や動植物供養碑等々、その地域と時代に応じて多種多様なものが建立されてきた。これらの石碑は、地域社会の人びとの共同意志に基づいて建立されたものであり、そこには、その時々の人びとの心の在処が刻み込まれている。したがって、石碑は生活文化の変遷史を綴る際に多くの示唆を与えてくれるものといえよう。本節はこのうちの動植物供養時に焦点をあてながら、日本人の動物観・植物観、ひいては霊魂観とその変遷について若干の考察を加えたものである。草木、鳥類、魚類、海豚、鯨と供養対象が多岐にわたったため、分析が散漫になってしまったことは否めない。しかしながらおおまかには、つぎのことが言えよう。

(1)　草木供養塔は、安永年間建立のものから平成期に建立されたものに至るまで、全国におよそ一二〇基存在する。置賜地方を中心とする山形県下に集中するものの、近年各地に広がりつつある。その建立目的は、供養から感謝へとウェイトの置き方が変わってきた、というのが一般的傾向と言える。しかし、近年建立されたものの中にも、その銘文に供養をうたったものがしばしば散見される。また建立は講集団や地域社会の人びとによるものから、しだいに個人によるもの、さらには同業者によるものへと変化が見られ、草木以外の供養碑（塔）についても同じことが言える。

(2)　鳥の供養といえば放生会を執り行っている寺社はそう多くはない。しかしながらペットブームの中で、寺社がそれらの供養を受け持ったり、関連業者が供養碑建立するケースが近年目立つ。養鶏業者による建立も少なくない。

（3）魚類については野獣と異なり、大型・小型を問わず供養の対象とされていたようである。その理由ははっきりとしないが、ともかく大量の魚類を一網打尽にするのが漁業であり、どうやら殺生の数量が問題視されているように思われる。

なお、海豚や鯨の供養には、狩猟者たちのそれと共通するものがあると思われるが、この点については次節以下で改めて検討するつもりである。

註

（1）木村博「動植物供養の民俗」『仏教民俗学大系4・先祖祭祀と葬墓』名著出版　一九八八年　三七五〜三九〇頁
（2）船橋順一『山形県の草木塔』私家版　一九九〇年
（3）木村博前掲註（1）三八八〜三八九頁
（4）小松和彦「器物の妖怪――付喪神をめぐって――」『憑霊信仰論』ありな書房　一九八四年　二五二頁
（5）千葉徳爾『狩猟伝承』法政大学出版局　一九七五年　二三〇〜二七〇頁
（6）千葉徳爾『狩猟伝承研究後篇』風間書房　一九七七年　四三五〜四四一頁
（7）長沢利明「八幡宮と放生会」『西郊民俗』一二〇号　一九九〇年　一〜九頁
（8）矢野憲一『魚の民俗』雄山閣　一九七九年　四三〜四六頁
（9）鎌田幸雄「鰡漁と供養塚」『民具マンスリー』第二〇巻九号　一九八七年　八〜一八頁
（10）菅豊「サケをめぐる宗教的世界――民間宗教者の儀礼生成に果たした役割についての一考察――」『国立歴史民俗博物館研究報告』第四〇集　一九九二年　一三七〜二一四頁
（11）梅津幸保「草木塔に刻まれたもの」『川西町文化財保護会講演資料』同町刊　二〇〇二年　一〜二頁
（12）船橋順一前掲註（2）一八頁
（13）同右　二四頁
（14）梅津幸保前掲註（11）二〜三頁
（15）成城大学大学院生大崎智子、宇野田綾子両氏の情報提供による。

(16) 田村芳朗「天台本覚思想概説」『岩波思想大系・天台本覚論』岩波書店　一九七三年　四七七～五四八頁
(17) 栗田勇『最澄と天台本覚思想』作品社　一九九四年　一四一頁
(18) 同右　一五六～一七七頁
(19) 『天台本覚論』のうちの「三十四箇事書」に「草木成仏の事」なる条がある（『岩波思想大系・天台本覚論』前掲書　一六六～一六七頁）。
(20) 鳥山石燕著・田中初夫編『画図百鬼夜行』渡辺書店　一八八頁
(21) 鳥山石燕同右　八～九頁・一〇八頁
(22) 佐野賢治「置賜通い――米沢六郷町周辺――」『あるく　みる　きく』二四七号　日本観光文化研究所　一九八七年　二七～二九頁
(23) 石上　堅『日本民俗語大辞典』桜楓社　九〇一～九〇二頁、木村博前掲註（1）　三八六～二八八頁
(24) 鈴木棠三『日本年中行事辞典』角川書店　一九七七年　五六七～五七四頁
(25) 長沢利明前掲註（7）　四～九頁
(26) 田中宣一によれば、全国的に見ると鶏霊供養塔のほか兎霊供養塔、猪鹿塔、蚕供養塔等が各地に認められるという（田中宣一「現代の『放生会』と魚霊供養」『焚火』六号　一九八九年　八七頁）。
(27) 大崎智子「上野不忍池弁財天堂の供養碑をめぐって――現代社会における供養の諸相――」『常民文化』第一八号　一九九五年　五九～八〇頁
(28) 田中宣一前掲註（26）　八四頁
(29) 同右　八六頁
(30) 同右　八五～八六頁
(31) 海の博物館資料室「三重県下の海の石碑・石塔Ⅰ――大漁碑・魚介類供養碑――」『海と人間』第二二号　一九九四年　一～三五頁
(32) 北見俊夫「対馬の海豚とり」『民間伝承』第一五巻二号　一九五一年　二四頁
(33) 千葉徳爾前掲註（5）　二三六～二四五頁
(34) 民俗学研究所編『改訂総合日本民俗語彙』第一巻　平凡社　一九五五年　四六六頁

(35) 松崎憲三「生産・生業」奈良県教育委員会編刊『天川村民俗資料緊急調査報告書』二　一九七六年　六九頁
(36) 吉原友吉『房南捕鯨』相澤文庫　一九八二年　一～二二七頁
(37) 同右　五〇頁
(38) 多田穂波『山口県捕鯨史の研究』マツノ書店　一九七八年　二四七～二四八頁
(39) 同右　二四四～二四五頁
(40) 同右　二四八～二四九頁
(41) 同右　二四五～二四六頁
(42) 佐賀県立博物館編刊「玄界のくじら捕り――西海捕鯨の歴史と民俗――」一九八〇年　八五頁
(43) 吉原友吉前掲註（36）五〇頁
(44) 長門市史編集委員会『長門市史民俗編』一九七九年　五二九頁

第二節　鯨鯢供養の地域的展開Ⅰ

——寄り鯨地域を中心に——

はじめに

近年鯨あるいは捕鯨に関する書物の刊行が目立つ。樋口英夫著『海の狩人』、秋道智彌著『クジラとヒトの民族誌』、浜口尚著『捕鯨の文化人類学』、森田勝昭著『鯨と捕鯨の文化史』、中園成生『くじら取りの系譜』等々がその主なものである。(1) 商業捕鯨・調査捕鯨のあり方をめぐって国際的に論議が交わされている時だけに関心を呼ぶのだろうが、日本人と鯨とのかかわりがことのほか強かったことも影響していると思われる。すなわちこうしたブームの背後に、鯨への思いを断ち切れないでいる人びとの存在が見え隠れしているのである。本節では寄り鯨に焦点を定め、その処置の仕方、供養のあり方について分析を加えたいと思う。

柳田国男は喜寿を迎えた際、その時点で関心を抱いている事項として、(1)寄物のこと、(2)海豚参詣のこと、(3)子安神と子安貝のこと、(4)みろく船のこと、(5)鼠の島のこと、(6)黒モジという木のこと、(7)小豆を食べる日のこと、(8)霜月祭のこと、以上八つをあげた。(2) このうち(1)～(5)は海と深くかかわるテーマであり、『海上の道』における研究課題の眼目になっていた。本節では(1)寄物のこと、(2)海豚参詣のことの二項目が関連するが、前者についての近年の成果としてあげられるのは谷川健一の『海神の贈物』、石井忠の『海辺の民俗学』である。一方後者については、昭和二十六年（一九五一）の『民間伝承』第一五巻二号で「海豚の参詣」として特集を組まれて以降、断片的な報告はあるもののあまり取りあげられていない(3)。ところで海上か海辺の霊地を参詣する神使としての魚には、海豚のほか鮫、鯨などがいるが、神野善治はアイヌの寄り鯨に対する信仰や芸能などに言及している。神野は日本各地の鯨にまつわる祭り、民俗芸能、口承文芸を紹介した論稿の中で、アイヌの「フンペリムセ」なる芸能と「ペナンペとパナンペ」、「砂形の鯨」なる昔話・伝説を取りあげた(4)。

神野によれば、フンペとはアイヌ語で鯨のことで、浜に打ち上げられた「寄り鯨」をめぐる踊り（リムセ）が「フンペリムセ」であり、「大きな海の幸を得た喜びと、大自然の恵への感謝の気持ちと、さらなる獲物を願う気持ちが、おおらかに表現された踊り」だという。昔話「ペナンペとパナンペ」は、働き者の弟ペナンペと怠け者のパナンペの兄弟のうち、前者が鯨の肉（海からの贈り物）を見事獲得し、後者は失敗するという、やはり寄り鯨を主人公とした内容となっている。一方「砂形の鯨」なる伝説は、砂の寄り鯨を作って相手をだまし、戦闘で勝利するという「トロイの木馬」を彷彿させるものである。我々にとっては意外だが、アイヌの人びともまた鯨を神の使いとしてみなしており、また鯨との交渉も少なからず存在したことが判明した。本土における寄り鯨への対応を考察する上でも興味深い内容といえよう。

さて、鯨は餌である鰯を追って内湾に迷い込んだり、シャチに追われて迷い込み、内湾から出られずに徘徊したり、暴風雨に遭遇して浜に打ち上がることがある。「フンペリムセ」や「砂形の鯨」もこれをモチーフとした芸能、昔話・伝説にほかならない。こうした寄り鯨への対応は、海からの贈り物としてありがたく頂戴し、飢餓から免れた、あるいは諸施設の建造にあてたとする所がある一方、ただ逃がす手助けだけして肉は食べない、また埋葬だけしてやったと言う所もあり、地域によって微妙に異なる。さらに、こうした地域における鯨への対応姿勢は、捕鯨地域のそれとも微妙に相異するのではないかと予想される。その比較も課題としているが、本節では、非捕鯨地域における寄り鯨の処置を中心に考察することにしたい。

前節で取りあげた山口県北浦地方の場合は、寄り鯨地域と捕鯨地域が混在する。両地域の特徴の比較のためには混在地域の事例を見ておくことも必要だろうとの思いから、あえて前節で触れたのである。本節、次節と寄り鯨地域、捕鯨地域の鯨の供養を順次見てゆくことにしたい。ちなみに「寄り鯨」であるが、厳密には狭義の「寄り鯨」、「流れ鯨」ないしは「浮き鯨」と「突鯨」は区別されていたようである。「突鯨」は捕鯨地域で銛を突かれたが逃げうせた後、「流れ鯨」あるいは狭義の「寄り鯨」となったものを言う。「流れ鯨」とはシャチに追われたり暴風雨に見まわれて絶命したものが海上を漂流している状態のものを言い、狭義の「寄り鯨」は、まだ生気はあるが体力を消耗し、逃げ場を失ったり、磯に打ち上げられたものをいう。これらを総称して（広義の）寄り鯨と称している。ここでは、広義の意で用いることにしたい。

一　豊後水道沿岸地域の寄り鯨とその供養

1　九州沿岸地域

豊後水道の九州沿岸地域で鯨塚や供養碑の存在が確認されているのは、福岡県行橋市と宮崎県日南市、そして大分県臼杵市周辺地域である。このうち集中的に分布しているのは臼杵市である。福岡県行橋市には明治三十六年八月建立にかかる「鯨塚　沓尾浦中」と記した石碑が一基ある。『行橋市史』にはこの鯨塚の由来について詳細に記されているが、この中で筆者が興味を覚えたのはつぎのくだりである。(5)「鯨が来たというので、あわてたのは長井沢の漁夫たち。当時モリというものが、この地方にないので、山口県仙崎港に急報、モリ師を雇い駆けつけた。第一発見者の沓尾組も負けてはおられない。長崎にこれも急使をたてたところ、こちらの方が先に間に合った云々」。鯨を捕獲す

表5　豊後水道沿岸地域の鯨供養碑

名　　称	所在地・建立年	備　　考
①鯨　塚	福岡県行橋市沓尾浦 明治36年8月	詳細不明。
②鯨　塔	大分県豊後高田市呉崎石部共同墓地 天保14年卯5月	
③鯨魚塔	大分県南海部郡上浦町浅海井広浦 明治21年旧正月16日	
④鯨魚墓	同上 明治40年12月8日	
⑤大鯨善魚供養塔	大分県臼杵市佐志生字尾本 明治19年戌正月15日	海底で死んでいた。骨と一文銭を埋葬。
⑥鯨神社	大分県臼杵市中津浦、蛭子神社 明治15年9月10日	道境内には諸魚供養墖や魚之墓などがある。
⑦釋尼鯨	大分県臼杵市大浜字破磯 明治27年5月18日	マッコウクジラ。処分したり食べたりしなかった。
⑧鯨之墓	大分県臼杵市大浜字松ケ鼻 明治19年2月27日	マッコウクジラ。肉を食べる人はいなかった。
⑨鯨之墓	同上 昭和63年4月6日	死んで浜に上がっていた鯨を埋葬・供養？。
⑩大鯨魚宝塔	大分県臼杵市大泊 明治4年2月朔日	「鯨一件簿」なる文書あり。
⑪「建碑以慰鯨霊魂」	宮崎県日南市油津港 不明	餓死を免れる。胎児を埋葬。
⑫楠ノ浦鯨の供養碑	愛媛県東宇和郡明浜町俵津 明治3年	
⑬子持ち岩鯨の供養碑	愛媛県東宇和郡明浜町富之浦 明治40年3月13日	
⑭谿ノ手鯨供養塔	愛媛県宇和島郡明浜町高山 天保8年6月21日	飢餓から免れる。過去帳・位牌あり。戒名は「鱗王院殿法界全果大居士」。
⑮（不明）	愛媛県宇和島津の浦港 文化3年か弘化3年？	
⑯飛場鯨之塚	愛媛県南宇和郡西海町内泊 明治？	学校を新築。
⑰鯨之塚	同上 明治子9月20日	

る術を持たない長井浜と沓尾だが、何らかのルートを使って捕鯨地域から人を呼び寄せ、先陣争いの結果、沓尾に軍配が上がったのである。寄り鯨地域と捕鯨地域との連携が容易だったことが、この記載から判明し、地域同士の対立、捕鯨地域との連携の様子が推しはかられる資料として興味深い。後で紹介する、大分県臼杵市の鯨の入札に際しても、熊本その他の商人が参加しており、鯨をめぐっては情報、商人、捕鯨師が流動していた様子がうかがえる。

一方宮崎県日南市油津港のそれは「建碑以慰鯨霊魂」と記されたものだが建立年代は不明である。ただ幸いなことにつぎのような話が伝えられている。大飢饉で農作物が不作の上に暴風雨に見舞われ、村人は餓死寸前の所まで追い込まれた。そんな時油津東海岸の脇浜に一頭の大鯨が乗りあげて動けなくなった。「わしの父親が子供の時だから嘉永年間（一八四八〜五四）の話じゃな。なに伝説なんかじゃありやせんよ。浜に打ち揚がった鯨を、父親ははっきり見とるとじゃもん」、「昔の人に聞いた話だが、鯨を解体するのにはしごをかけて背中に登ったといいますよ」といった話も残っている。鯨肉は二貫匁ずつ分けられ村人を救ったが、解体に夢中になっていた漁師たちもその鯨が身籠もっていることを知って驚き怖れ、「供養してやらにゃ、祟りで不漁が続くことになっど」ということで、胎児を近くの寺の境内に埋葬して、感謝と供養の念から石碑を建立した。以来戦前まで、線香の煙は絶えなかったといわれる(6)。

以上の伝承から、供養碑の建立年代はおそらく幕末と考えられるが、ここで注目されるのは胎児の処置であろう。一人前の霊のこもった存在として対応するという意味では、産婦の死における胎児の扱いと共通する面もある。捕鯨地域においても同様の扱いをすることは言うまでもなく、この点では両地域の相違はない。

さて、大分県臼杵市には海亀供養塔、鮑・栄螺・海鼠供養塔や諸魚供養塔といった類の石碑が一体に多く存在するが、鯨に関するものも六基ある。まず臼杵市佐志生大字尾本の堤防突端にある石碑の銘は、

此魚無垢嶋前ニテ拾得長七丈八尺也

明治十九年

大鯨善魚供養塔
戌正月十五日
當人　萬徳網　中上熊蔵
天網　小坂国松
古網　小坂文治
本網　菅生定吉
並村中

とあり、これについてはつぎのような伝承が伴っている。明治十九年、無垢島の前海に鯨の油の浮いているのを見つけ、漁師たちが海底から網で鯨を引き揚げた。この鯨はすでに死んで腐っていたものの、鯨は海の神の使い、ということで鯨の頭の骨と一文銭五枚を入れて埋葬した、というのである(7)。

また、臼杵市中津浦の天満宮に近接する蛭子神社の入口に「鯨神社」と記された石碑が立っている。明治十九年九月十日、網元ら三名によって建立されたものである。ちなみに臼杵湾内に捕鯨を行う集落はなく、明治期の中津浦も網漁による鰯を捕獲する漁村であった。「たまたま餌である鰯を追って鯨が迷い込み浜に打ちあがったのを捕獲し、大金を得たので、その感謝の意を込めて石碑を建立した」ものという(8)。なお、蛭子神社境内にはこのほか「諸魚供養塔」（文久三年建立）や「亀之墓」（昭和四十三年建立、昭和六十一年建立）などの供養碑が立っている(9)。臼杵市大浜字破磯にはつぎのような銘の石碑がある。

明治廿七年
釋　尼　鯨

五月十八日
平川峯蔵
稲垣雪蔵
小中戸佐治
伊東権次郎

そのいわれについては、「マッコウクジラだったと思うが迷い込んできた。五メートル程の大きさで、二百キロから三百キロの重さはあった。まだ生きていたが処分したり、食べたりはしなかった。死んでしまったのでお経をあげてお墓を建てた」と伝えられている。ふつう「クジラバカ」と呼んでいる。現在は心ある人が花をあげたり掃除をする程度でとくに行事はしていないという(10)。臼杵市大浜字松ヶ鼻にある鯨の墓は、昭和十九年二月二十七日に稲垣松吉、定雄両氏によって建立されたものである。「稲垣松吉、定雄両氏の親戚の子が急病に陥り死亡した。そこで坊さんを呼びに船で臼杵の街に出向いたが、途中マッコウクジラ二匹に遭遇した。そのうちの子鯨が船にぶつかってきたので引っ張って帰り、破磯に引きあげた。そして鯨の肉を欲しい人に配った。しかし、肉が柔らかくて気持悪がってあまり食べた人はいなかったそうで、しばらく破磯に放置しておいたが、その後松ヶ鼻に埋葬し、岩の上に墓を建てた」という。なお、この石碑のそばにもう一基「鯨の墓」と称するものがあり、こちらは昭和六十三年四月六日に、日高勝茂氏によって建立されたものである(11)。

この石碑は近年の建立にかかるものだが、これに関連する記事が昭和六十三年四月七日版大分新聞に掲載されている。

市内の海岸にクジラ?……六日朝、市内津留の的ヶ浜海岸にクジラらしいものがいるのを、近くで草取り作業をしていた地区の老人会員が見つけた。このクジラは浅瀬の岩の上に乗り上げたまま逃げられなくなっていた。

しばらく岩の上で暴れていたが、問もなく息絶えた。体長は二・三メートルほどで背は黒く、腹の型は白っぽい色をしている。暴れた時に岩で切ったらしく体中傷だらけ。この話を聞いた地区の人達が大勢見物に詰めかけ、「これはイルカだろう」「いやクジラの子だろう」といった論議も。しばらくして東臼杵事務所の水産担当者が駆け付けて来たが結論は出ず、写真を水産庁の遠洋水産研究所に送って学名を鑑定してもらう。

この記事から、普段見慣れぬ大型の魚が打ち寄せられた際の庶民の反応が沸々と伝わってくる。好奇心にかられる一方、どう対処したら良いのか戸惑い、少なからず狼狽している地元の人たちの姿が浮かび上がってくる。結局水産事務所の人に助人を仰ぎ、老人会が遺骸を供養することで決着がついた。このあたりには『貝之供養塔』（昭和五十七年建立）、「魚之墓」（同）等々もあり生物への供養習俗が現在でも息づいている。その伝統が新たな「鯨之墓」を建立するに至らしめたと考えることができる。一方、臼杵市大泊の明治四年二月に建立された大鯨魚宝塔については興味深い話が伝えられており、また資・史料の類も多い。

写真12　大鯨魚宝塔（臼杵市大泊）

幕末から明治初頭にかけてのころ、港湾の整備に大金を投資し、ムラが金銭的に困窮していた時に内海に迷い込んできた鯨のお陰で何とかしのぐことかできた。そのため大泊の湾の入口に記念碑が建立された。その後港湾整備でその位置は何メートルか移動したが、傍には「法華石書萬霊供養塔」なるものが合わせ建っている。この記念碑の建立は、鯨が迷い込んだ翌年に建立されたのだが、前年明治三年の鯨騒動については大泊の阿南家所有の「鯨一件簿」に詳しく記載されている。(12)

明治三年二月朔日暁明大波戸之内ニ鯨入込候ニ付村中男女
相参網縄大引等以生捕村内もり所持之者もりを入れかないか
りを以つて大魚の頭に打込かゞそ縄ニ而どふを廻しつなぎ留

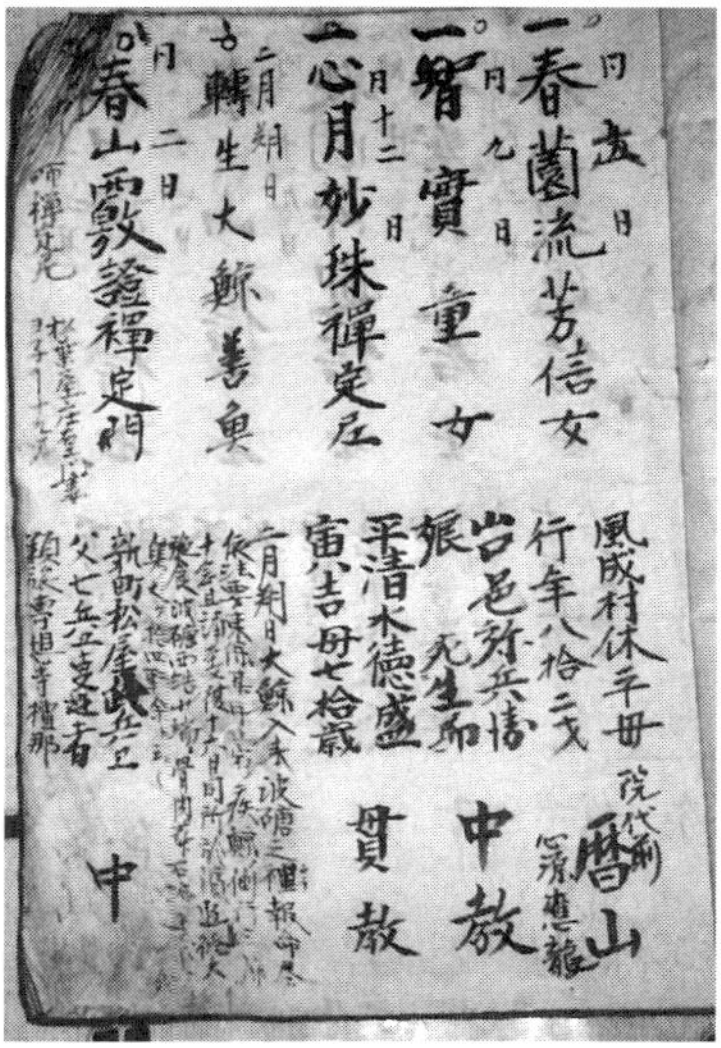

写真13　鯨の過去帳（霊帳・臼杵市平清水大橋寺蔵）

め其内ニ風成よりもりを持参ニ而大泊より加勢相頼無子網漁事故早速海税役所ニ右之趣御注進申上云々

これによれば、明治三年二月朔日暁明、大波戸の内に鯨が入り込んできたので、村中は大騒ぎとなった。お役人（海税役所）に連絡を怠りなくする一方で、村中の男女が網、綱、大引網等で生け捕り、銛持参の物は銛を入れ、かな碇をもって鯨の頭に打ち込み、かがそ縄で胴を廻しつなぎ留めた。その上で翌日商人を呼んで入札したがその日は落札できず、つぎの日になってようやく決着がついた。「鯨一件簿」は、さらにつぎのように記している。

長須鯨壱本　長拾七間三尺回り八間余　入札金高四百七拾壱両壱歩壱朱□両ニ付百五拾六匁替此銭七拾三貫五百弐拾四匁七分五厘

此所落札之所世話人申談ニ而税込方を見込七拾五貫に相成　此買主肥後領一尺屋村松蔵

石鯨捌方並船積夫二御遠出帆（略）

また、同文書には次のような記載もある。

一前日より大橋寺和尚要ニよって村方庄五郎方ニ御止宿ニ付直ニ相頼大鯨ニ回向ヲ被成下候

鯨の回向と関連して、臼杵市平清水の大橋寺（浄土宗）明治三年の「霊簿」には、人間の戒名に混じって鯨の戒名が記されている（写真13）。

二月朔日

転生大鯨善魚

二月朔日大鯨入来波塘之裡報命尽。依法要。疾鯨ノ側行三帰十念且誦経ス復十六日同所於濱追善修ス大施餓鬼。

波塘西詰ノ山端ニ骨肉葬石塔ヲ建ツ　身ノ丈ケ拾四軒余ト云。

鯨の死後法要を営み、また二月十六日には浜辺で鯨の供養を目的に大施餓鬼を行い、骨と肉の一部を埋葬して石塔を建立した。そして人間の過去帳に法名を記し、人間と同列の扱いをすることにより、感謝の意を示すとともに以後も供養につとめることになった。大泊ではこの石塔や、あるいは鯨自体を「クジラサマ」と呼び、毎年供養を行っている。鯨の命日に当たる二月一日、大橋寺の僧侶が大泊に出向き、大施餓鬼が執り行われる。今日では、鯨の追善供養とともに、海の安全を祈願し、また年間を通して捕獲する魚全般の供養も兼ねている(13)。

最後になるが臼杵市板知屋に鯨地蔵と称するものが一基ある。地蔵の立っている前は、幕末あたりは浜だったそうで、その浜に小さな鯨が打ち上がり、その鯨を供養するためにこの地蔵が建立されたとされている(14)。このほか臼杵市周辺では、北海部郡佐賀関町上浦（明治二十一年建立）、南海部郡上浦町浅海広浦（明治二十一年建立）、同（明治四十年建立）、豊後高田市呉崎石部共同墓地（天保十九年建立）の四基がある(15)。

以上紹介した九州沿岸地域の諸事例のうち、寄り鯨を何らかの形で処理し、鯨肉や大金を得たとするものは三例と少なく、「鯨は神の使い」故、食さない、埋葬だけしてやったとするものが四例、他は不明であった。いずれにせよ供養碑を建立することになるが、胎児のみ埋葬が一例、（親鯨の）骨を埋葬するが二例（うち一例は一文銭も添える）、ただ何らかの形で埋葬したとするものが三例で他は不明であった。そうして供養碑の建立年代についてみると、天保十四年（一八四三）という豊後高田市呉崎のもの、幕末期と推定される行橋市沓尾浦のものを除いては明治期から昭和期のものであり、昭和期のものについていえば近年の建立にかかるものか一基認められた。

2　愛媛県沿岸地域

対岸の愛媛県沿岸地域の供養碑建立習俗の分析に移りたい。こちらも現在でこそタイやハマチ、真珠貝等の養殖を行っているが、かつてはほとんど浦々が鰯網その他で生計を営んでいた地域である。『伊予漁業史序説』はこのあたりの鯨漁、海豚《イルカ》漁について、つぎのように記している。(16)

　宇和海域での「くじら」類は、積極的な漁獲の対象になっていなかった。これは五分の一の値段表にも反映し、宝永定に「銀　五分　鯨赤身　壱貫匁直段」とあるのみで、寛永定にも寛文定にも値段など記載されていない。売買された「くじら」は、「いわし」類を追い掛けて海岸に近づいたり、あるいは、暴風などで浅瀬に打ち上げられたりして、漁民に発見され縄をうたれ、浜に引き上げられた「寄り鯨」である。このような鯨は、入札で値段を決め、三分の一は集落に、残りの三分の二は藩に納める規定で、海岸に打ち寄せる漂着物、「寄り物」と同様の扱いを受けていた。

「寄り鯨を漂着物、寄り物と同様に見なしていた」との記載はすこぶる興味深いが、『伊予漁業史序説』を著した熊谷正文は、吉田藩領の事例を引用しながら論じたものである。(17)宇和島藩領規定については不明だが、先の大分県臼杵市大泊の「鯨一件簿」からうかがわれるように、多くの藩では同様の取り決めがあったものと予想される。また海豚について『伊予漁業史序説』はつぎのように記している。(18)

　「いるか」は「くじら」に比べれば、体も小さく、群れをつくって遊泳し、時には沿岸に近接するので、捕獲が行われていたと思われるが、やはり関連する記事は見当たらない。寛永定に「身切拾貫匁　四匁、但　鮪　はつ、ゐい　いるか」とあっていわゆる切り身として売られていた事がわかる。「くじら」の赤身に比べ、二割安いが、その後の宇和島藩、吉田藩の値段表にも見えるので、「いわし」網漁などに、捕獲されたのであろう。

写真14　逧ノ手鯨供養碑（愛媛県明浜町高山）

以上によって宇和島における漁業に占める、鯨漁、海豚漁の近世来の位置がわかる。しかし、鯨漁にせよ海豚漁にせよ、ともに寄り魚として対応しているにもかかわらず、一方の供養碑は存在しても、他方のそれは見当たらない。概して海豚の場合は、海豚漁実施地域に多いように思われるが、まずは鯨の供養碑について検討することにしたい。ここでは東宇和郡明浜町（旧宇和島藩領）と南宇和郡西海町の事例を取り上げてみたい。宇和海に面した南予の沿岸地域には六基の供養碑がある。うち明浜町に三基、宇和島市に一基、西海町に二基である。最初のそれは明浜町俵津の西部、楠の浦の県道沿いにあり「明治三午年　鳴呼大鱗鯨子墓　組中建之」と記されている。その由緒は不明、かつては豊漁をもたらす存在として参詣が絶えなかったという。ついで明浜町宮之浦の子持岩の鯨供養碑であるが、これは岩礁の上に建っており、明治から大正期にかけて、海面埋立のため転々とし現在地に落ちついたもののようである。「吊大魚之霊　明治四十年旧三月十三日」と記されている。また、この供養碑のいわれについては、迷い込んだ鯨をやっとの思いで捕獲し、エビス松の根元にマニヤロープでくくりつけ、入札したこと、またエビスのそばに石碑を建立し、鯨族がお詣りしやすいようにと子持岩近くの小岩の上に安置したことが伝えられている[19]。鯨のエビス参詣といった伝承をベースに供養碑の建立場所が決められた経緯が判明し、すこぶる興味深い。但し、近年はまったくと言って良いほど忘れられた存在となっている。その一方で、隣の集落高山にある逧ノ手の鯨供養碑は今まさに脚光を浴びているものの一つにほかならない。高山の南東大早津と呼ばれる地域の、逧ノ手の小岩の上に祀られている供養碑には、「鱗王院殿法界全果大居士　于時天保八酉六月廿一日」と記されており、今まで紹介してきた地域の銘とはいささか趣を異にする。その理由は、春山公

（宇和島藩七代藩主伊達宗紀）の働きかけで龍華山等覚寺（臨済宗）の大嶽和尚が戒名をつけたことに由来するからである。『明浜こぼれ話』は、つぎのように伝えている。[20]

天保八年六月二十一日、突如大鯨（ゴンドウ鯨）が陸をめがけて突き進んできました。網の連中はあれよあれよと言うのみ、今度はぐるりと沖合へ出ました。「あの鯨がとれたら」と話すものの巨大な姿を見てびっくりするだけで手が出ません。ところがどうしたことでしょう、またくるりと向きを変えたかと思うとみるみるうちに浜辺に近づきそのまま砂浜へ乗り上がりました。ふしぎなことですが事実です。さあ村中大騒ぎとなりました。村君吉右衛門は十二人の網子をつれ六丁櫓を仕立てて城下の役所へ駆けつけました。「どれほどの鯨か」「へい四十尋はありましょうか」「そりゃ少し大きすぎるぞ尾ヒレがついているのではないか……」とすかさず網子の一人が「いえいえ頭からしりっぽまでで、ヒレは入れておりません」一同大笑い。「所中で処分せよ、骨の一部を埋め供養を忘れるな、尚又何分の沙汰は後日……」と申し渡されました（後略）。

巨大な寄り鯨の出現により、漁師が動転仰天した様が生き生きと語り伝えられている。さらには笑い話風に面白おかしく話が仕立て上げられているのが、この伝承の特徴だろうか。宇和島藩の記録にも「寄鯨ある際は入札とし運上差上之事」とあるそうだが、[21]この話では、とりあえず「所中で処分せよ」との命が下されている。『明浜こぼれ話』の伝える所によれば、「村中の者が解体を手伝い、何一つ捨てるものがなかった」という。[22]さらにその翌年「代官が吉右衛門の家を訪ね、春山公の手になる法号の書と詞堂百目と文書を添えて持参し、文書には『詞堂百目年忌の節寺ニ而可致事』としたためてあった」という。[23]高山の金剛寺（臨済宗）にある過去帳には、やはり人間に混ざって天保八年の記載に「隣王院殿法界金果大居士　六月廿一日　詞堂百目　年忌の節寺ニ而可致」とあり、この話の信憑性を裏づけてくれる。同寺には古い繰り出し位牌と、八、九年前百五十回忌に作られた新しい位牌がある（写真15参照）。前者は都家吉右衛門家が所持していたものだが、昭和三十年代神奈川県方面へ転出した際、同寺に預けたものだとい

写真15　鯨の位牌
（愛媛県明浜町高山
金剛寺蔵）

う。後者を作るきっかけは、前住職（十六世宇都宮観洲氏）が、鯨の過去帳や繰り出し位牌の件で二、三回テレビの取材を受けた。「それほどに関心が持たれているのなら、丁度良い機会」というので百五十回忌を挙行し、その時に新しい位牌を作ったのだという。百五十回忌は、前住職と高山近辺の意気投合した人びと二〇名ばかりで実行委員会を組織し企画した。その行事内容は、

（1）鯨の模型を作ってムラ中を練り歩く
（2）漁船七、八艘に大漁旗を立て、港から遳ノ手の供養碑の所までくり出し、沖を何度か回る
（3）寺と役場前間の稚児行列
（4）寺と供養碑前における供養
（5）寺での餅まき
（6）僧堂（吉田の臨済宗修行所）の人の協力を得て、報恩托鉢をする。

というもので、かなりの人気を博したという。マスコミに触発される恰好で、百五十回忌なる供養を一種のイベントとして敢行した訳であるが、その後の行事や儀礼の予定は特にないそうである。ただし、第一七世豊人氏は、本堂の本尊裏手に祀ってある位牌などに対しても、毎朝のお勤めに際して戒名を唱え、供養を怠りなく行っているそうである。[24]他の供養碑についても、潜在的には信仰は生きており、何らかの契機で復活することもないとは言えない。

一方、西海町内泊の東の入口に二基鯨の供養碑が並んでおり右手の「飛揚鯨之塚」の裏には、

我観成校新築の際乗□□□女呂海岸飛揚、其長七間余有元所謂□希有最勝□勢也、顧該浦人民□真敬シ、神明畏敬父兄学志□児能ク教育スルノ深キニ恵ミ之賜

と記されている。供養碑正面の銘「飛揚鯨之塚」からも想像がつくが、陸に打ち上がった寄り鯨の恩恵により、学校の新築が成り、それへの感謝と畏敬の念より建立したと読み取れる。しかし、現在特に行事はしていないという。「先祖の供養もろくにしないご時世に、鯨の供養どころではない」と言う地元の人もいた。この隣にもう一基あって「明治子九月二十日揚　鯨之塚　内泊浦中建之」と記されている。内泊もかつて鰯漁とアジ漁が盛んだったそうだが、現在はタイとハマチの養殖が主だという。ただし「漁だけでは喰っていけない」との声も聞かれ、こうした実情が人びとをして供養碑の存在を忘れさせているのかもしれない。風の強いことから畑や家を石垣で囲い、石垣の村として知られる隣接村外泊でつぎのような話を聞いた。大正末年生れの老婆によれば、外泊では鯨はほとんど口にしないし、ましてや買って来てまでして食べない。昭和三十年代浜が石畳のころ、鯨が流れついた。大部弱っていたので「陸に上げようかどうしようか」「肉を食べて見るか」と皆で思案した挙げ句、結局陸へあげるのは大変だし、鯨の肉を食べるというのも気持よくない、ということで話がまとまり、沖へ流したことがあったという。二間半位の大きさのものと伝えられている[25]。

残る一基は明浜町高山と宇和島湾を挟んで対峙する宇和島市津の浦港にあるが、風化して銘が不鮮明であり、文化三年（一八〇八）か弘化三年（一八四六）建立かはっきりしない[26]。

豊後水道沿岸地域の九州側と愛媛側の供養碑をめぐる習俗を比較した進藤直作は「豊後水道の大分側にも対岸の愛媛側と同様に沢山の鯨の墓がある。但し、明治時代に建てられたものが大部分で、愛媛側のが殆ど明治以前なのと著しい対照をなしている」と指摘している[27]。しかし、今検討した資料を見る限り両地域とも近世の碑、近代の碑があって、建立の年代差がとくに著しいとも思われない。ここではむしろ、大分県を中心とする九州沿岸地域においては、

亀之墓や蟹の墓等も含めて近年に建立されたものが少なくないという点を強調しておきたい。また、鯨の処置という点で言えば、飢饉だったために、あるいは学校建設のために入札したり食した地域がある一方、絶対口にしないという地域もあり、この点では両地域とも共通している。また供養碑建立に際して骨を埋葬する事例が一つあり、この点でも違いはない。

二　太平洋沿岸地域の寄り鯨とその供養

1　三重県沿岸地域

三重県の一、〇〇〇キロにも及ぶ海岸線には、二二〇を超える漁村があり、各漁村には数多くの石碑・石塔の類がある。海の博物館資料室はこれらの実態調査を実施し、機関誌『海と人間』二二号で報告している。その数は(1)大漁碑・魚介類供養塔、(2)津波関係の碑・供養塔、(3)海難および遭難の碑・供養塔、(4)漁業創業記念・漁業功労者の頌徳碑および像、(5)漁港竣工記念碑、(6)その他の海の碑等合計二〇四基にも及び、このうち(1)の大漁碑・魚介類供養塔は二六地区四一基だという(28)。鰤や鮪、蛤、真珠貝、虫の供養塔、大漁記念等多岐にわたる石碑・石塔がある中で、鯨関係のものは六基である。ここでは、海の博物館の報告書によりながら、三重県下の寄り鯨の処置・供養について報告したい。度会郡二見町荘にあるのは、蛇紋岩の自然石のものでその正面に「大海鯢之墓」、背後に「明治三十六年二月七日死去　享年三歳」と記されており、その由来はつぎのごとくだという。荘の漁民が地引網を操業中、鰯を追って浅瀬に上がった鯨を捕獲した。当時伊勢神宮の第五七回目の遷宮のため、御木曳奉仕が始まる時であった。しかし、その費用の捻出が容易でなく、荘の人びとも腐心していたが、折よく鯨を捕獲して勤めを果たすことが出来たので、鯨の恩恵に感謝し、冥福を折るために骨を埋葬し墓を建立した。[29]

一方、度会郡二町江（江地蔵尊境内）にある石碑には、次のような銘が刻まれている。

獲鯢誌

粵明治廿九年十二月廿九日一頭海鱒蕩而游揚吾江村字北條海汀民與捕獲之蓋鯨鯢有数種茲獲者俗稱頭其長六尋頗

有得益因欲其功績於永世勒石且弔祭云

明治三十四年建之　江村中

六尋もある座頭鯨を捕獲したので、その功績を後世に伝え、一方では鯨の慰霊のために石碑を建立した、石碑の銘文にはそう記されている。なお、鯨を売って得た代金については、村寄合で相談の結果、窮民救済金（講金）とすることに決定され、その講帳も近年まで保管されていたそうであるが、行方不明になっているという。[30]また志摩郡大王町波切の波切神社境内には鯨石と称するものが四基あり、中央の一番大きな石の台座には「鯨石　大里　山本氏」と刻まれている。これらの石については、延宝のころ（一六七三〜一六八〇）、波切沖で捕獲した大鯨を大里の浜で解体したところ、その腹の中から出てきたもの、と伝えられている。[31]この鯨石は腹の中から出たとされているが、鯨が化して石となったという話が「鯨山出現観音」なる伝説として鳥羽市相差に伝えられている。相差の浜の平なる人物の夢に観音菩薩が現われ「われは今海上に居る、汝は早くわれを伴って汝の家に祀れ」と告げた。そこで、浜の平は毎日海岸をさまよっていると、ある時一匹の大鯨が近づいて来、その上に光明輝きわたる観音像が一躯乗っていた。浜の平はその像を恭しく取りあげると、鯨はたちまち石と化した。里人はそれを鯨石と呼ぶようになった、というのがそれである。[32]この観音は十一面観音菩薩であり、「鯨山出現観音」なる伝説では、その後これが鳥羽市松尾町青峰山の本尊として祀られるようになったとの話になっている。実際正福寺に伝わる『志州天朗峰福寺縁起』（天保以前の著とされる）の内容も、登場人物こそ異なるものの、同工異曲のものである。[33]鯨に乗って海中より出現したとされるこの正福寺の十一面観音は、漁師や航海者の守護神として今日でも広く信仰されている。

ところで、『志州天朗峰福寺縁起』や「鯨山出現観音」なる伝説では、鯨は観音の使いと位置づけられ、しかも夢枕に立つのは観音そのものであった。しかし、伝説の中には龍宮の使いとして鯨が夢枕に立ち、命乞いをしたにもかかわらず漁師がそれを無視して捕獲したために貧乏になったり不幸になった、あるいは死んでしまったという話があり、九州や山口県長門市に伝えられているという(34)。これらの伝説では、恵みをもたらす存在としての鯨の神聖性よりも、むしろ鯨の持つ祟り的側面が強調されているように思われる。

北牟婁郡海山町白浦のそれはいわゆる孕み鯨の供養碑である。

　　　　鯨船師松清助
宝暦八戊寅十二月八日　突羽指六良太夫
南無大慈大悲観世音菩薩
腹子持鯨菩提之塔

この「腹子持鯨菩提之塔」には、九州や山口県の捕鯨地域に分布する伝説と類似したつぎのような話が伝えられている。

白浦の沖はマウケ（良い漁場）で鯨がよく通っていくのであるが、不漁が続いたある日の事、当時（宝暦年間）の常林寺住職の夢枕に、女に姿を変えた鯨が立ち「私は龍神に仕える鯨で、子を産む場所を捜しに明日白浦の沖を通るが見逃してほしい」と哀願するのである。住職は鯨組の清助に夢の告げを知らせようと翌朝出かけていったが、鯨船はすでに出航した後であった。鯨は夢の告げ通り白浦の沖に姿を現わした。不漁続きの漁師等はこれ幸いに鯨を仕留め解体したところ、鯨は子持ちであった。住職は心中穏やかでない。そうこうしている間に村中に捕った鯨は住職の夢に出て来た鯨であろうという話が広まり、不思議な事が起こったという噂が相次いだ。そして、その年の暮には悪疫が流行し、だんだん村も困窮していった。これはきっと腹子持鯨の祟りにちがいないという事になり、早く鯨の霊を慰めようと宝暦八年十二月八日に腹子持鯨菩提之塔を建て、大供養を行った。

海山町白浦はいうまでもなくかつて捕鯨が盛んに行われていた地域である。山口県長門市もそうであり、九州の場合も捕鯨地域において、鯨の祟り的側面が強調されたこの種の話が伝えられているように思われる。しかも捕獲した鯨が子持ちであることも、この種のモチーフでは不可欠の要素と考えられる。ちなみに、紹介した伝説の採話者である堀口味佐子の調査によれば、常林寺（曹洞宗）の過去帳には、宝暦八、九年の死亡者三六の名が記されており、その中には石塔の建立者の一人六良太夫の子二人が死亡しているという[35]。夢のお告げ（鯨の哀願）を無視して鯨を捕獲した。しかもそれが子持ちであった。そうして捕獲後疫病が流行し、捕獲当事者の周辺で死者が続出した。その結果鯨の祟りとの認識が生まれて供養塔を建立し、その慰撫につとめた。この伝説や過去帳はそうした経過や祟り神信仰の存在を我々に知らしめてくれる。ところがその二〇〇年後の昭和三十二年（一九五七）、再びその鯨の供養と漁業の発展を祈念して祭祀が執行され、記念碑が建立されたのである。海山町白浦の海幸神社に立つ二百年記念碑には、つぎのように記されている[36]。

記念碑　二百年祭

往昔秦の徐福渡来し、捕鯨の術を傳え、本邦の捕鯨は熊野牟婁に発祥す。而して白浦は、その根拠地であり、抑も当浦地名の由来は、網代の義にして、許多の魚族群来せり。中にも鯨は海の王者と云い、古来海洋民が、之を恵比寿神として崇敬した俗習がある。偶ま宝暦八年、常林寺雪門和尚霊夢上に子持鯨の妖精顕われて、身二つになるまで見逃されん事を哀願す。然るに、三十三尋の子持大背美鯨を捕えたり。爾来この怨霊に拠り悪疫流行、不漁続き疲弊その極みに達す。茲に於て浦人挙て供を営み菩提を祭る。以後、再び春風漂う。恰も二百年祭に当り、社殿と供塔を建立、祭祀して斯業の隆昌と當浦の繁栄を祈念する所以である。

昭和三十二年十二月十八日
白浦漁業共同組合長
中川産業KK社長　中川利吉建之

この銘文には、地域の人たちの世界観が端的に示されている。捕鯨は秦の徐福によって伝えられたと考えていること、白浦がその本拠地であると見ていること、鯨をエビスと見なしていること、子持鯨の捕獲によって祟りが発現したと考えていること、供養塔の建立によりその解消が可能と考えていること、などである。ただし、この石碑自身は、子持鯨に対する供養というよりも、過去の事跡を伝えつつむしろ未来の漁業繁栄祈願に力点が置かれているように思われる。この地方における最後の一基、熊野市木本町脇之浜のそれは、「明治十三年庚辰　十二月廿日　鯨魚供養塔　当浦漁夫中」なる銘のあるもので、この石塔については、早朝、シャチに追われた一頭の巨鯨が、脇ノ浜の波打際に跳ね上り、岩屋で野宿していた一人の武士がこれを発見親井戸の漁夫たちに急報ついに捕獲して、木造二階建の木本小学校を新築落成した、と伝えられている(37)。

この他熊野市二木町字相川には、寛永十一年（一六七二）建立にかかる「鯨三十三本供養塔」があるが、これについては捕鯨地域の鯨の処置として次節で取り扱いたい。

以上三重県沿岸地域の寄り鯨の処置について検討を加えて来たが、年号不詳の大王町波切りの鯨石を除き、他はすべて明治期の建立にかかるもので、寄り鯨の恩恵により窮状を脱した、あるいは公共施設を建てたとすこぶる類型的なものだった。そんな中で窮民救済基金とした度会郡二見町江のそれは、庶民の生活の智恵がにじみ出たものとして特筆される。なお、鯨の埋葬については、一例だけ骨を埋めたとの報告が確認できるだけである。

2　東京湾沿岸地域の寄り鯨とその処遇

まず千葉県浦安市当代島三丁目（稲荷神社境内）にある石祠について検討を加えることにしよう。千葉県木更津市富津洲から館山市洲崎に至る内房の海域には黒潮の外洋水が流入しており、かつては鯨やカジキマグロが回遊したこともある。近世には捕鯨も行われており、当初は鋸南町勝山の浮島沖が漁場の中心地だった。勝山には「ヤレ押しこんだ、押し込んだ、つちんぼ（槌鯨）のお金をかますにとりこんで、おどらば拍子面白や、三国一じゃ、つちをとり、ご繁昌にすいまいた、ヤア……」という鯨唄が伝えられており、往時をしのばせる。しかし、天保年間を境に鯨の回遊が減少し、明治時代に入って漁場は外房沖に移って行った。しかし、内湾に迷い込むこともあったようで、浦安市当代島三丁目の稲荷神社境内には「明治八年亥年十一月一日　大鯨　高橋源八・西脇清吉」といった銘のある小さな石祠がある。この石祠建立の経緯について、高橋在久は『東京湾水土記』の中でつぎのように記している。[38]

　戦後のある日、『青べカ物語』の浦安市を訪ねて、長老から江戸前で鯨を毎日のように見たと教えられた。（中略）江戸前で鯨など現代では想像もできないが、同じ浦安市当代島には、単なる伝承ではなく、実証的な記念物があって、明治時代初期のことを物語っている。明治八年のことだが、二人の漁師が葛西沖の三枚洲で、引き潮で行動できなかった鯨を生け獲り、当時の金額で二〇〇円を手にし、一挙に話題の人になってしまった。意外な事態に終止符を打つために、当代島の稲荷神社の境内に「大鯨」と刻んだ石碑を立て、供養し一件落着を図ったという。

一般に「鯨一頭で七浦潤う」といわれている代物を二人で射とめた。それで大騒ぎとなり、石祠を建立することで鎮静化をはかったもので、鯨に感謝し供養しようという気持もないとはいえないだろうが、いささか動機が不純なように思えてならない。大都市江戸・東京に近いことが、少なからず影響しているようにも思われる。浦安では大正期あたりまで、時々鯨の回遊する姿が目撃されているが、近世にはさらにその奥の品川沖でしばしば目撃されている。その際には瓦版が出て、見物人が数多押しかけ、また浮世絵となったり狂歌が歌われたり大騒ぎとなったようである。

『武江年表』には、

①享保十九年（一七三四）二月二十日、行徳高谷村の浜鯨二ツ流れ寄る（五尋二尽）両国橋辺広場に出して看せ物とす

②安永元年（一七七二）四月中旬、鯨の左身なるが神奈川海より上る。肉爛れて臭気甚だしく、見物に出たる人皆熱を煩ひしといふ

③寛政十年（一七九八）五月朔日、品川沖より鯨上る

④文政三年（一八二〇）二月中旬、深川沖へ鯨二喉寄る、六間半程の小魚也

⑤嘉永四年（一八五一）四月十一日朝、荏原郡大井村御林町の海浜へ小鯨一喉寄る

等々の記載がある。(39) この他文政五年（一八二二）五月一日には「江戸品川沖で大鯨を捕らえる」との内容の瓦版も出ているという。(40) 品川区東品川一丁目利田《かがた》神社にある「鯨碑」は、『武江年表』に記載された、③の寛政十年のものであり、「鯨碑」には、つぎのように記されている。(41)

武州荏原郡品川浦天王洲漁人等建之

鯨鯢ハ魚中ノ王　本邦西南ノ海ニ多ク　東北ノ海ニ少ナリ　今年仲夏甲子ノ日　始テ品川天王洲ノ沖ニ寄　漁者船ヲ以テ囲ミ　矛ヲ以テ刺　直ニ庁事ニ訴フ　衆人コレヲ聞テ　コレヲ見ント数日群集ス　諺ニ此魚ヲ獲時ハ七郷富潤フトソ　漁民ニ代ツテ　祭之祠

立池　一陽井（谷）素外

江戸に鳴　冥加やたかし　なつ鯨

寛政十年戊午夏　草湲稲貞隆書

石碑の銘に記されているように、奉行所に届け出た所、時の十一代将軍徳川家斉侯の上覧に供することになり、その後町民の見世物になり、見物の船賃も初日と数日後では格段の差があった模様である。そうしてついには「品川の沖にとまりしせみ鯨　みんなみんみんと飛んでくるなり」との狂歌まで歌われたという(42)。寄り鯨の到来には、上下貴賤地域を問わず、なみなみならぬ関心を示すようであるが、都市部の突出した反応の有様は「衆人コレヲ聞テ、コレヲ見ント数日群集ス」といった銘文からも容易に読み取れる。

三　日本海沿岸地域の寄り鯨とその供養

1　能登半島沿岸地域

日本海側の山口県以東で捕鯨が行われていた地域としては丹後半島の伊根浦等が知られているが、能登半島では鰤漁に用いる台網を転用して、四～五尋の小さい鯨を獲る台網捕鯨が鳳至郡の前波村字宇出津《うしづ》、羽咋郡風無村、風戸村、千浦村（および富山県射水郡氷見灘）で行われていた(43)。したがってこれら周辺地域では当然鯨が流れ寄ることもある訳で、寄り鯨に関する伝説も数多く伝えられている。珠洲市馬緤に伝えられているのは「鯨の恩返し」と題するもので、その内容は、つぎの通りである(44)。

昔馬緤の新畠部落に「新めい」というおばあさんがいました。おばあさんはいつも元気に働いていました。そのおばあさんのある火の不始末から、新畠部落の七軒の家があとかたもなく燃えてしまいました。そのおばあさんの悲しみようは大変なものでした。そこでおばあさんはいつも口ぐせのように「私が死んだら鯨にでもなって在所の人達におわびをしたいものだ」と言っていました。それから何年かあとにおばあさんがなくなりました。その次の年です。八島屋という所の船が嵐にあって馬緤の浜へ流されて来ました。ところがその船に綿を積んでいたので、その綿を夜の間に盗んだので、八島屋の人達が怒って訴えて来ました。そして盗んだ綿の代金六百五十円払えといって来ました。その金額は昔にしてみれば大金でした。それで馬緤の人達は大変困ってしまいました。次の年の事です。鰐崎の沖の方から、かもめがたいへんついた流れものが来たので、在所の人達は船をこぎ出して行って見ると、大きな鯨でした。高屋の方からも船が出て来ましたが、馬緤に元気な人がいて海が荒れているのに海にもぐって鯨に網をつけて高屋の人と争って馬緤の浜へ引きこんだのです。そこでこの鯨を在所の人達は少しずつ分けて、大きなものは買入に売り、その売ったお金で、去年の八島屋の綿のお金を支払ったりしたのです。その後、在所の人達は「あの鯨は『新めい』おばあさんであっただろう」という話をしたそうです。

この伝説は、危機に瀕した村に恩恵をもたらすという寄り鯨の存在を前提に、罪ほろぼしや村人への恩返しに鯨に生まれ変わるといったモチーフのものである。同様の話は能登半島海岸の能都町にも「海蔵院鯨の由来」「庄次兵衛鯨」の話として伝えられている[45]。また、「鯨の恩返し」で語られていたように、寄り鯨の獲得をめぐって村同士の争い、あるいは村人同士の争いも少なくなく、これらについても「波並鯨島の由来」「クジラの恵み」といったこの地域に残る伝説の中で語られている[46]。ところで馬緤町の鰐崎海岸には、昭和六十三年に建立された「巨鯨魚介類慰霊碑」があり、傍の碑文によると、①明治十一年、白長須鯨、体長三五メートル、②昭和二十六年、白長須鯨　体長一〇メートル、③昭和六十二年、鰯鯨、と明治以降都合三度鯨が漂着した旨記されている。「鯨の恩返し」として伝えられている話は、おそらく明治十一年の寄り鯨にかかわるものと推測される。なお、この慰霊碑は、馬緤の人びとの生活の犠牲となった巨鯨ならびに魚介類に感謝し、それらの霊を慰めるために建立されたことは言うまでもない。

2　新潟県下における寄り鯨の処置

(1)　寄り鯨の実態

近年新潟県の佐渡沖で、鯨が相ついで目撃されている。これは日本海セトロジー（鯨学）研究グループの調査や、客船の航海記録などから判明したものである。一九九七年二月二十二日付朝日新聞夕刊「幻のクジラメソプロドン次々漂着」なる記事は、汚れる日本海の犠牲者としての鯨を扱ったもので、つぎのように報じている。メソプロドンとはオウギハクジラ等一三種の総称で、体長五メートルとやや小型のもので、潜る時間が長く見つけにくい。そのため捕獲の対象となっておらず生態も不明の部分が多い。一九八八年に発足した日本海セトロジー研究グループは、北海道から長崎までの沿岸で弱って漂着したり、誤って魚網に入ったりしたクジラを調べた。これまでの八三頭のうち一五パーセントがメソプロドンによって占められているが、漂着は冬から春にかけてが多く、うち半数から石油化学製品の魚網の切れ端やごみ袋などの異物が見つかったという。

ちなみに、漂着した八三頭を地域別にみると、北海道五、青森県四、秋田県一二、山形県五、新潟県三二、石川県一〇、富山県三、福井県一、京都府三、兵庫県一、鳥取県二、福岡県一頭他となっており、新潟県の頭数が際立っている。メソプロドン以外の種類についてみると、日本海には全長二〇メートルのナガスクジラから二メートル前後のカマイルカまで二二種類のクジラ類が生息し、このうち一四種類ぐらいが佐渡沖に回遊してくるとみなされている。これらと関連して一九九五年三月二十五日付朝日新聞夕刊に「佐渡航路『クジラに注意』」と題する記事がある。高速船ジェットフォイルとクジラとの最初の衝突は、高速船の就航の翌年一九七八年九月十七日に起きて以来四度に及び、その衝撃で船首部分のＪ字型水中翼が折れ、十数人が負傷したこともあるという。以来遊船会社は、衝突を避けるため鯨の探知装置の開発に乗り出しているそうである。

かつては日本海でも富山、石川県等の漁村では、小型船を用いてツチクジラ、ミンククジラ等を対象に沿岸捕鯨が行われていた。が、一九六〇年代から水産庁の指導によって北洋や南極海での大型捕鯨へと転換がはかられ、日本海沿岸の捕鯨は終焉を告げた。今日では商業捕鯨も行われなくなり、鯨の頭数は増加していると見られている。先の新聞報道における鯨と高速船との衝突は衝撃的な出来事ではあるがきわめて象徴的であり、メソプロドン以外の鯨類も佐渡沖をはじめとする新潟県下にかなり回遊して来、それに伴って漂着頭数も相当あるものと予想される。

現在の状況は以上の通りであるが、ところで、近世来の寄り鯨に関する記録史料としてそれなりの価値を持つのは、何と言っても『佐渡年代記』であろう(47)。同書は、慶長六年（一六〇一）から嘉永四年（一八五一）までの二五一年の間に、佐渡奉行所管内で起こった出来事を代々書き記したもので、その内容は政治、経済、社会全般に及んでいる。寄り鯨に関しては、寛文元年（一六六一）正月五日相川羽田浜へ小鯨が生きながら高波によって打ち上げられた記録から、嘉永二年（一八四九）三月二十九日の石名村への流れ鯨にいたるまで、都合二六件が記録されている。そうして寄り鯨の漂着場所についていえば、佐渡島の西海岸に多いのに比して、佐渡海峡に面した海岸に少ないこと、また回遊時期は旧暦一月から四月までの間に多く、後者については南の海の越冬場〈分べん・育児場〉から北方の夏季の索餌場へおもむく、いわゆる北上回遊の途上にあった群だったろうと推定されている(48)。漂着時期も当然回遊時期と重なる冬から春にかけてであり、これは今日の状況とまったく変わりがない。

(2)　寄り鯨をめぐる争論

『佐渡年代記』の記録は、「何処そこに鯨流れ寄る」といった程度の簡単な記録だが、寛文元年（一六六一）正月五日の記載には「羽田濱へ長六尋計りの小鯨生ながら高波に打揚らる前々より金銀山の吉兆と申傳へしにより下々へ少々宛切味配分しせり入をなす處印銀七貫目餘に拂ひたる趣留守居より江戸表へ申遣」とあって注意をひく(49)。「金銀山の吉兆と申傳へしにより」云々とあるように、寄り鯨を恵みをもたらす存在と庶民同様に考え、大番振舞をした点に興味が注がれるのである。なお、寄り鯨の数が『佐渡年代記』記載頭数以上であることは明らかであるが、その割には佐渡島における供養塔の類の建立例が少ない。両津市庄野尾には鯨骨が山の斜面に立てられており、近くにある供養塔の銘文ははっきりしないが「奉誦百万遍　慶応卯三」と読めるという。そしてこれらについては、万延元年（一八六〇）十二月晦日早朝、庄野尾の沖に大きなものが浮んでいるのを隣の集落、月布施の漁夫が最初に見つけ、ついで庄野尾の漁夫が鯨と知ってロープで「オンズマ」という場所まで曳航してきた。長さ三〇メートルほどの鯨ですでに死んでいた。鯨は上半身を庄野尾、下半身を月布施で取り、顎骨をそれぞれ一本ずつ立て、鯨の成仏と冥福を祈って盛大な供養を行った。月布施集落が三浦岬に建てたものは大正年間盗難に遭い失なわれたという[50]。庄野尾と月布施の二つの集落間では争いになるに到らず、双方相談の上折半ということに落ち着き、しかも骨をもとに供養を行ったのである。しかも、戒名もつけたようで、庄野尾の地蔵院（真言宗）にあった過去帳には「海王妙応信女」と記されている。

また、両津市大字椎泊にも一基供養塔がある。その銘には「明治廿一年旧二月十三日漂着　釈震聾能度鯨魚　当村講中建之」とある。この供養塔の由来については、「明治二十一年旧二月十三日、椎泊の宇佐美弥三左衛門が沖にタカリ（鰯が大魚に襲われて浮上すると、これを捕らえょうとしてカモメが集まる。これをタカリという）を見つけた。このタカリは鯨群によるものであったが、鯨が去ったあと一頭の大鯨が浮いていた。折柄各地から集まっていた多数の漁船がこの鯨の所有権について争い、椎泊と湊側とがいずれも先取権を争い裁判にまでなったが、結局椎泊側が勝訴した。村ではこの碑を建てて勝訴を祝い、かつ鯨の霊を弔った」と伝えられている[51]。

一方佐渡島に対して本土に目を転じると、こちらも寄り鯨の類は決して少なくなく、たとえば『柏崎市史資料集近世篇下』には、つぎに記すように、寄り鯨関連文書が数多く掲載されている[52]。

①「鯨之様成魚漂着ニ付注進」（文政八年酉十二月廿日）
②「鯨之様成大魚大浪ニ而流出届」（文政八年酉十二月廿一日）
③「鯨之様成魚流通りの噂ニ付申上書」（文政九年戌正月□日）
④「腐鯨御見分書」（嘉永二酉年閏四月十日）

これらはいずれも、旧黒岩組青梅川村役人中から奉行所へ差し出された文書である。①では、長さ三間ほどの鯨のような魚が暴風雨で浜に打ち上げられたので、村役人一同早速検分したが、魚の痛みがひどく「何と申向難見届姿ニ御座候」が、念のため注進したとの旨が記されている。②では一昨日注進した「鯨之様成魚」について、ちゃんと番人をつけておいたが大荒れで流出してしまったと書かれている。③は鯨のような魚が漂流しているとの噂が立っているので確認したが、大風雪で沖合へ行ってしまったようで跡形もないと報告している。④は以上の文政年間のものとは異なるが、奉行所に注進し検分していただいたが、腐りがひどく処分して良いと仰せ付かった旨記されている。なお、腐鯨でも物によっては相当の値段になったようで、岩野組笠島村役人中から差し出された、

⑤「漂流鯨様成もの預かり一札及び取始末願」（安政元寅年十二月廿三日）
⑥「腐鯨落札・上納金ニ付証文」（安政元寅年十二月廿四日）
⑦「腐鯨冥加金上納覚」（安政二卯年正月九日）

などの史料から、頭尾も欠損してなかったが、長さ四間ほどの腐鯨が、入札によって七両二分となり、このうちの三分の一の二両二分を冥加金として納めたことがわかる。腐鯨でも鯨油がとれるほか、肉以外は利用できることから、それなりの価値があったのである。そのため寄り鯨の所有権をめぐって、しばしば隣接する村同士の争論が起こった。

⑧「流鯨引揚場所刈羽村故障ニ付荒浜村口上書」（文化十二亥年二月）
⑨「流鯨取片付願」（文化十二亥年四月）

⑩鯨骨取始末に付請書（文化十二亥年十二月）などの旧荒浜村役人中から提出された文書は、刈羽村と荒浜村の間で起こった争論の経緯を刻明に記している。この争論は発生から一カ年にも及び、結局漁業権のない刈羽村は敗訴となり、⑩の文書のように勝った荒浜側が、一年間放置された「流鯨」の骨を処分するということで決着を見た。ただし、その利益がどの程度のものだったかは不明である。

寄り鯨を売却して得た資金で公共の施設を建設、あるいは改修する例が少なからずある点については、豊後水道沿岸地域の実態報告ですでに触れた。同じような例は新潟県下にもあって、季節風で倒壊した小学校を寄り鯨を売って立て替えたとの伝承が残っている。柿崎町立上下浜小学校がそれである。同校は明治七年（一八七四）第四中学区第二一番小学校上下浜校として、腹子浜、上下浜、三ツ屋浜三村の有志によって開校された。明治四十二年（一九〇九）十二月十四日、上下浜・三ツ屋浜・板田三地区の勤労奉仕によって校舎移転後間もなく、折からの暴風雨で倒壊した。地域の人びとはせっかくの苦労も水泡に帰し、途方にくれていた。しかし、暴風雨は災いをもたらしたばかりではなく、一方では長さ三〇メートルのシロナガスクジラを三ツ屋浜に打ち上げるという形で恵みをもたらした。三ツ屋浜ではその対処方法を相談したが「地域の重立の中から『このクジラをみんなの共有とし、みんなで解体し、肉を売って、その売り上げを学校建築の資金にしよう』という提案がなされ」、それが決定された。そうして男達はノコギリ、包丁、日本刀、トビなどのありとあらゆる道具を持ち出して数日間かけて解体し、女衆を中心に売りさばいた。売り上げ総量九八四貫余、売り上げ金八百六七円（ちなみに明治四十年には白米一〇キロ当り東京で一円五六銭であった）に上り、見事に学校を立て替えた。その学校は、昭和二十九年（一九五四）まで存続したという。[53]三ツ屋浜の滝沢イエ家には「明治四十五年三月十三日　陸揚鯨賣上帳」なる史料が残されているが、それによって売買の苦労の跡が窺える。三ツ屋浜を中心とするこのあたりは半農半漁村であったが、イワシ・トビウオなど塩物の行商も盛んであり、県下のみならず遠く信州へも赴いており（「信州歩き」と称する）、これらの販売ルートがその売り上げに多いに与かったと考えられる。ちなみに同賣上帳の冒頭には「決議録」なるものがあって、つぎのような取り決めがなされていた。

決議録（四十四年
三月十三日）

一、大字ノ共有トシ協力スル事
一、御酒二斗ヲ出シテ特ニ功労アルモノヲネギロウ事
一、見廻人夫ヲ五名以内トシ重立ハ五名宛監督スル事（但シ重立ハ無料トス）
一、諸道具破壊ハ実費弁償スル事
一、大字直海浜ヘハ昨日ノ諸道具修繕料トシテ五円送付ノ事
一、隣両字ヘ捨貫目程賄與スル事
一、鯨肉ノ小賣ハ一口十貫目以上トス
一、大部ノ鯨肉ハ競争入札ス
　白肉百目　五
　赤肉百目　三
　字内ノ者に限り何レモ二割ノ戻リヲ附ス
一、大字鮮魚商ハ賣買ニ極力尽力スル事
一、大字仲買人ニ四分ノ口銭ヲ附與ス
大字区長　滝沢啓次郎

これにより、隣接する村々にも配慮しながら三ツ屋浜の人びとが結集し、解体に励むとともに売買に努めるという決

意のほどが伺える。柏崎市旧青海川村や旧笠島村の文書に記されたような腐鯨、流れ鯨ではなく、狭義の寄り鯨であったことも幸いした。また、三ツ屋浜に打ち上げられた寄り鯨であったが、数カ村共有の小学校建設という大義名分が、三ツ屋浜の人びとのみならず、周辺地域の人びとにも協力を仰がせしめたと考えられる。寄り鯨は、こうした美談を生み出す力、恵みを与えてくれる一方で、時には争論を生ぜしめることもあって、地域の人びとにとって寄り鯨は功罪相半ばする代物といったところだろうか。

ちなみに三ツ屋浜では、クジラに関する伝承がもう一つ存在する(54)。

　ある日の夕暮れ時に、子クジラが捕えられて浜にあげられました。夜になると沖の方で、「クォーッ、クォーッ」という音がするのです。人々は初め「風の音だろう」と思っていたのですが、その音があまりに何日も続くので人々は海に出ました。すると沖の方で母クジラが陸を見やりながら泣いています。風の音だと思っていたのが、実は母クジラの泣き声だったのです。人々はクジラの親子の情愛を知り、子クジラをまた海に戻してやった、ということです。

寄り鯨が現金収入源となって魅力的だからと言って、むやみに捕獲した訳ではない。そのことは、三ツ屋浜同様の非捕鯨地域で何例か確認された。子連れ鯨のみならず孕み鯨への対処も一般の鯨と異なっているようで、この点も寄り鯨の埋葬のあり方から確認されている。

(3)　寄り鯨の供養

明治四十五年(一九一二)、三ッ屋浜に寄り鯨が打ち上げられた年に生まれたという小関スイ家には、鯨の骨が保存されている。昭和三十年代に下の家から今の上の家へ引っ越したが、その時たくさんあった骨のうちの一つだけを持参し、庭の植木に立てかけたものという。とくに供養するとか、祭祀対象にしているという訳ではないらしい。しか

表6　新潟県下の鯨鯢供養碑

墓　碑　銘	所在地・建立年	備　　考
1 鯨　骨	両津市片尾野 万延元年（1860）	隣の月布施にも大正年間まで鯨骨が存在
2 百万遍供養塔	両津市片尾野 慶応3年（1867）	鯨の供養のため建立
3 釋震聲能度鯨魚	両津市椎泊 明治21年（1888）	
4 鯨　骨	寺泊町野積・西生寺金毘羅堂 不明	山王神社にも昭和30年代まで鯨骨があった。
5 鯨骨・供養塔	寺泊町大和田・観音堂境内 明治30年（1897）	
6（鯨塚）	寺泊町松沢町 嘉永2年（1849）	

註(1)　墓碑銘欄数字の□印は、寄り鯨の供養であることを示し、○印は捕獲した鯨の供養であることを示す。
(2)　同じく墓碑銘に（　）印があるのは、銘が無いかもしくは不明のもので、通称名称を記した。
(3)　以上は表7・9についても同様である。

写真16　鯨骨と鯨塚（新潟県寺泊町大和田観音堂）

し、新潟県下では、鯨骨の一部を立てかけてこれを鯨塚とする場合が多かった。ただし骨は風化しやすいために現存するものは少なく、寺泊町野積の中浜・山王神社には昭和三十年代まではあったという[55]。現存するのは同じく野積の西生寺金比羅堂のものである。また、石塔を建立し、その傍に鯨骨を立てるというものもある。同じく寺泊町大和田の観音寺境内にあるのがそれで（表6—5参照）、石塔には明治三十年（一八九七）の銘が刻まれている。佐渡島の供養碑については先に報告したが、両津市庄野尾のものは鯨骨だけのものと、石碑だけのものとがあり、後者は慶応三年銘のものであった。これより古い石碑は寺泊町松沢町のそれで嘉永二年（一八四九）の建立にかかるものであり、新潟県下の石塔としてはもっとも古い。いずれにしても、鯨供養碑・鯨塚の類は、佐渡島と寺泊町のもの以外は目下の所確認されていない。いずれにしても鯨骨を重要視するというのが、この地方の特徴である。他地域では西海地域のほか宮城県牡鹿町網地島に一例見られる（表9—⑯）。

なお、ついでに記すならば、出雲崎町尼瀬の光照寺（曹洞宗）はタコの供養を行う寺院として知られており、一方寺泊町大町の生福寺（浄土宗）はタコの囮となるカニの供養をする寺院として知られ、「水族蠕動類慈愍」と記された位牌がある。これはタコ漁を行う磯見の漁師たちが祀るもので、そのタコ漁に必要なエサとしてのカニを供養するためのものである。昨今は磯見漁師の数も減り、かつては十二月に行事を執行していたが、現在は生福寺に隣接する二面神社の秋祭りの時に（九月半ば）合わせて行事を行うようになっている。

以上日本海沿岸地域の寄り鯨の処置について見て来たが、東京湾沿岸地域、三重県沿岸地域のものも含めて、供養碑建立に伴なう鯨の遺骸の埋葬等について報告例が少なく、両津市庄野尾や月布施、寺泊町で骨を立てた例が知られるのみである。また、その他の地域に比べると寄り鯨をめぐる争奪戦がはなばなしく行われたように思われるが、おそらくは、たとえば福岡県行橋に見られたように他の地域でも時折見受けられた光景だろう。

結びにかえて

非捕鯨地域でも、鰯を追い回しすぎた鯨、あるいは逆にシャチに追われた鯨、暴風雨に見舞われて迷い込んだ鯨が入江を迷走したり果ては陸に乗り上げることさえあった。そうしてこれまで見てきたように、ふだん見慣れぬ巨大な鯨を目のあたりにした人びとが、その処置にあわてふためいた様子が、各地の伝承や伝説、浮世絵や狂歌に生々しく描かれ、うたわれていた。しかも、この寄り鯨を一目見たいとする野次馬根性の旺盛さは、将軍・藩主から庶民に至るまで、貴賤を問わず、老若男女を問わず共通するものだった。しかし、その一方で寄り鯨への実際の処置となると地域によって微妙に異なっていた。寄り鯨を逃がす手助けをしたり、決して肉を食べないとする地域がある一方で、海からの贈り物として入札したり、肉を得て売り大金を入手するという地域があった。しかし、後者についても、ただ金もうけを意図して獲るというより、飢饉の救済のため、財政難の折からやむをえず獲る、公共施設建設の資金とするため、等々何らかの大義名分があって、やむをえずに獲るというのが多かった。そうしてそのいずれもが、供養を目的として（後者の場合、感謝の意も込めて）、石碑・石塔を建立した。その際親鯨ならば骨を埋葬する、というのが一般的習俗だったと考えられる。また、胎児をはらんだ母鯨の場合、とくに胎児の処置に意を払い、丁重に埋葬した。鯨ちょうど産死者の埋葬に際して、胎児を一人前と見なし母体と分けた上で双方を埋葬し供養する儀礼に対応する。鯨は巨体であり解体に際して大量の血を流す。血に染まった海を眺めて思わず「南無阿弥陀仏」と唱える人もいたと言う。さらに解体中母鯨が身ごもっているのに気づき、哀れに思った人びとも少なくないという。このように、人間との死闘の果てに、血煙りをあげて断末魔の咆哮をあげて死にゆく鯨を不憫に思い、かつ人間と同様胎生し、加えて鰯などの大漁をもたらし、自らも巨大な恵みをもたらす神使としての存在であり、これらのことが、鯨を人間と同等の扱いをさせるに到らしめ、人間と並んで過去帳に記し位牌を作成し、年忌供養を行うようになったかと思われる。

ところで、先に述べたように胎児の処置にはとりわけ注意が払われたが、捕鯨地域ではこの「腹子持鯨」と関連して、祟り的側面が強調されたような伝説、縁起の類が存在した。本節ではそれについては十分な分析が出来なかった。捕鯨地域における鯨の処置を扱う際に改めて検討したいと考えている。

註

（1）　樋口英夫『海の狩人』平河出版　一九九二年、秋道智弥『クジラとヒトの民族誌』東大出版会　一九九四年、浜口尚『捕鯨の文化人類学』新風社　一九九四年、森田勝昭『鯨と捕鯨の文化史』名大出版　一九九四年、中園成生『くじら取りの系譜』長崎新聞新書　二〇〇一年など。

(2) 柳田国男「海上の道」『定本柳田國男集』第一巻　筑摩書房　一九六一年　一二〇〜一二三五頁
(3) 近年板橋悦子が「イルカ観の変化についての一考察――静岡県の事例を中心として――」(成城大学大学院文学研究科二〇〇一年度修士論文) なる論稿において、イルカの供養に若干言及している。ただし未発表である。
(4) 神野善治「鯨にまつわる行事・芸能」『海の狩人』平河出版　一九九二年　一七四〜一九九頁
(5) 北原護敏『行橋市史』行橋市刊　一七八四年　二四〇〜二四二頁
(6) 奈須敬二「鯨の墓」『鯨研通信』三七六号　日本鯨類研究所　一九八四年　三頁
(7) 吉井正治「臼杵市内の鯨の墓について」『臼杵史談』七一号　一九八〇年　一二〜一三頁
(8) 同右　一三〜一四頁
(9) 松崎かおり、猿渡土貴両氏の一九九五年二月七日の調査データーによる。
(10) 同右
(11) 吉井正治「臼杵市内の鯨の墓について」前掲論文　一九八〇年　一五頁
(12) 佐野武夫「大鯨魚宝塔」一九六八年 (『臼杵史談』六〇号に「鯨一件簿」が翻刻掲載されている。以下の史料はそれによった。)
(13) 松崎かおり、猿渡土貴両氏の一九九五年二月七日の調査データーによる。
(14) 吉井正治「臼杵市内の鯨の墓について」前掲論文　一九八〇年　一七〜一八頁
(15) 同右　一八〜一九頁
(16) 熊谷正文『伊予漁業史序説』青葉図書　一九九一年　九〇〜九一頁
(17) 吉田郷土史料研究会編『郡鑑』が吉田町教育委員会によって一九七七年に刊行されており、これを活用したものと思われる。
(18) 熊谷正文前掲註 (16) 一九九一年　九一頁
(19) 久保高一『明浜町の鯨塚』明浜町教育委員会　一九八五年　一四〜一五頁
(20) 久保高一『明浜町のこぼれ話』明浜史談会刊　一九八〇年　一〇七〜一〇八頁
(21) 前掲註 (19) 八〜九頁
(22) 前掲註 (20) 一〇八頁
(23) 同右　一〇八頁

(24) 筆者が一九九五年九月十日、金剛寺住職宇都宮正人氏より聞き取りした資料である。
(25) 一九九五年九月九日、吉田トヨカ氏からの聞き取りによる
(26) 吉原友吉『房南捕鯨・附鯨の墓』相沢文庫　一九八二年　四一頁
(27) 進藤直作『瀬戸内海周辺の鯨塚の研究』生田区医師会刊　一九七〇年　二六頁
(28) 海の博物館資料室（平賀大蔵）「三重県下の海の石碑・石塔1――大漁碑・魚介供養塔――」『海と人間』二二号　一九九四年　二頁
(29) 同右　一九九四年　五～六頁
(30) 同右　六～七頁
(31) 同右　一二頁
(32) 渡辺昭吾編『日本伝説大系』九巻・南近畿編　みずうみ書房　一九八四年
(33) 堀口味佐子「鯨の伝説」『海と人間』四号　一九七六年　五八～六〇頁
(34) 同右　五八頁
(35) 同右　六一頁
(36) 海の博物館資料室「三重県下の海の石碑・石塔1」前掲論文　一九九四年　二四～二五頁
(37) 同右　三三頁
(38) 高橋在久『東京湾水土記』未来社　一九八二年　一四二～一四四頁
(39) 斉藤月岑著・金子光晴校訂『武江年表』1・2　平凡社　一九六八年
(40) 久野俊彦氏の一九九五年十二月十七日の西郊民俗説話会発表資料による。
(41) 前掲註（26）三〇頁
(42) 奈須敬二「鯨の墓」前掲論文　一九八四年　二頁
(43) 前掲註（26）四八頁
(44) 広岡万治『馬諜の里』馬緤町観光協会刊　一九八四年　一〇～一二頁
(45) 能登町史編纂委員会編『能登町史』一九八一年　六三九～六四一頁
(46)「波並鯨島の由来」は『能登町史』に掲載されており、後者の「クジラの恵み」は濱塚星一『島の浪漫・ひびけ心に』（自費出

版　一九八五年）に掲載されている。前者は村同士が相談の結果和解し、後者は領主の仲裁により村人同士の争いが決着を見た、という内容となっている。

(47) 佐渡郡教育委員会編刊『佐渡年代記』上・中・下・続篇　一九三五～四〇年
(48) 西村三朗「〝佐渡年代記〟にあらわれた流れ鯨の記録（1）」『採集と飼育』二三巻一二号　一九六一年　三七一～三七五頁
(49) 佐渡郡教育委員会編刊前掲註（47）上巻　一一七頁
(50) 前掲註（26）四七頁
(51) 同右　四八頁
(52) 柏崎市史編さん委員会『柏崎市史資料集・近世篇下』柏崎市　一九八五年　一八一～一八九頁
(53) 竹内彰編『クジラの学校』柏崎市立上下浜小学校刊　一九八九年　一～六〇頁
(54) 同右　一七～一八頁
(55) 寺泊町編刊『寺泊町史資料編4・民俗・文化財』寺泊町　一九八八年　六二〇～六二二頁

第三節　鯨鯢供養の地域的展開Ⅱ
——捕鯨地域を中心に——

はじめに

近年鯨に関する論著が相ついで公刊されている。歴史学的視点、文化人類学・民俗学的視点、あるいは生態学・環境論的視点とそのアプローチの方法は、多様な問題意識に対応してバリエーションに富んでいる。鯨鯢供養の民俗文化史的把握を試みようとする筆者からすれば、このうち歴史学の成果が気になる所である。福本和夫の『日本捕鯨史話』は、日本における捕鯨史の概括的把握を試みた先駆的業績として評価しうるのみならず、近年はやりの絵画の社会史的研究に先立って各種捕鯨図説の歴史的位置づけを試みた、という点でも注目に値する書物といえよう。(1)その捕鯨図説の類は、西日本の捕鯨地域を中心に近世来多々描かれているが、立平進の『西海のくじら捕り』も鯨絵巻を視野に入れながら、西海捕鯨史をコンパクトにまとめたものである。(2)西海捕鯨についてのみならず、土佐や紀州太地の捕鯨についても、各博物館の展示図録、あるいは市町村史において学際的な研究成果がまとめられている。(3)各地区ごとの捕鯨史も一方では整理・刊行されており、(4)資・史料に事欠かないほどである。

本節では、捕鯨地域の鯨鯢供養について検討を加えるつもりである。アプローチの方法は、前節に準じて、供養碑の分析を中心に、文献、絵画、口承文芸、そうして聞き書きを援用しながら、日本人の動物観、生命観について解明を試みたい。

一　西海捕鯨地域の鯨鯢供養

1　供養碑の分布

中園成生は、福本が試みた捕鯨史の時代区分を批判的に検討した上で、つぎの三段階に区分している[5]。

[一、初期捕鯨時代]　捕鯨が専門の集団によって産業化される以前の、臨時に組織・編成された漁師が捕鯨に当たり、捕鯨された鯨肉や鯨油を漁に従事した者を中心に、漁場に近接する地域に重点的に分配流通するような、自給的な消費に対応した捕鯨。縄文時代に開始された可能性があり、弥生～古墳時代にかけては突取捕鯨法の形態が見られた。

[二、古式捕鯨時代]　解体加工を行う陸上の基地（納屋場）を拠点に、そこから主に櫓漕ぎで出漁できる範囲を漁場とし、そこに回遊して来る鯨を対象を主に行っていた時代。元亀年間（一五七〇～七三）以降の三河の捕鯨をその始まりとする。この時代は、突取捕鯨に属する突取捕鯨法、網掛突取捕鯨法を主な捕鯨法とした鯨組による操業が主流を占めたが、その他に網取捕鯨、銃殺捕鯨に属する捕鯨法も時期や地域を限定して行われた。

この時代をさらに前・中・後期に区分している。①前期・上限は元亀年間、突組が行う突取捕鯨法を主な方法とした時期。②中期・紀州や土佐、西海漁場に網掛突取法が導入された延宝三年（一六七五）から貞享元年（一六八四）にかけてを漸移的な上限とする。網掛突取法が大きな役割を占めた時期であり、下限は不漁が深刻となる直前の天保年間（一八三〇～四三）ころまでを一応の目安とする。③後期・上限は弘化年間（一八四四～四七）ごろである。不漁による捕鯨全体の衰退が進行する中で、内外の様々な捕鯨法が同時並行的に行われた、近代捕鯨時代への過渡的時期であ

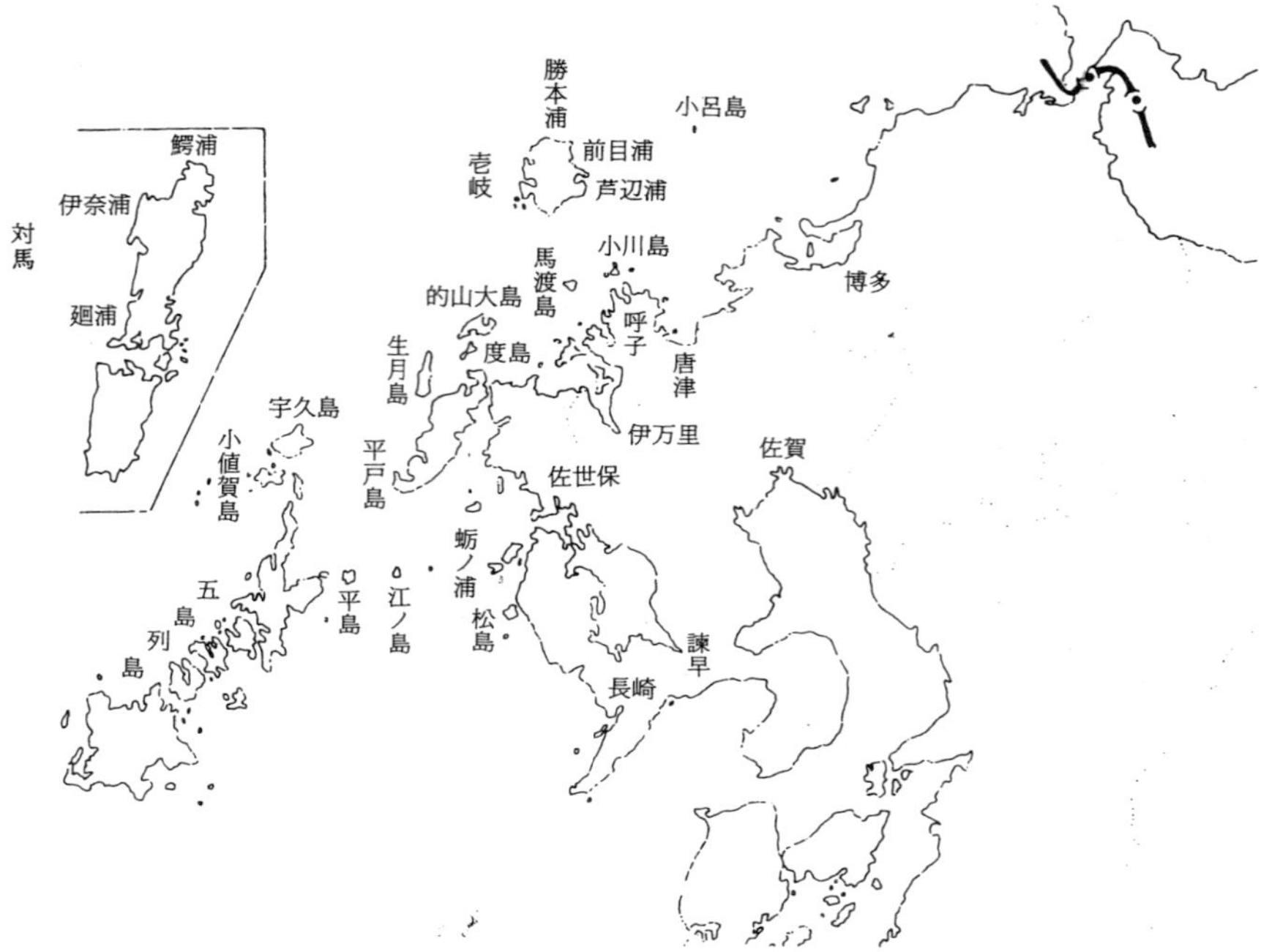

図8　西海捕鯨魚場概略図

る。

［三、近代捕鯨業時代］　欧米捕鯨文化からもたらされたノルウェー式砲殺捕鯨法を主な捕鯨法とし、広範な漁場で機動的な捕鯨が行われた時代。この時代も前・後期の二期に区分されている。①前期・遠洋漁業株式会社が設立されるとともに遠洋捕鯨株式会社が烽火丸で実験操業を始めた明治三十二年（一八九九）から、東洋漁業（日本遠洋漁業株式会社の後身）が国内漁業の本格開拓を開始し、国内漁場においてノルウェー式砲殺捕鯨法の圧倒的な優位を示した明治三十九年（一九〇六）にかけてを漸移的な上限とし、沿岸砲殺捕鯨の導入・発展期と位置づけている。②後期・上限は南氷洋への出漁が開始された昭和九年（一九三四）で、捕鯨全体の中で、極洋における母船砲殺捕鯨の担う役割が大きくなっていった時期・下限は現時点としている。

　これによって捕鯨史の概要を把握することができる。一方西海捕鯨地域の供養碑について見ると、長崎県平戸市・最教寺の昭和十三年建立のものを除いてはすべて近世のもので、第二段階、第三段階の時期のものである。ところで西海地域の捕鯨の展開はどのようなものなのだろうか。享保五年（一七二〇）谷村三右衛門友三著の『西海鯨鯢記』にはつぎのように記されている。(6)「文禄元年（一五九二）紀伊国尾佐津組エ組ヲ居《スエル》」、「慶長元年紀州熊野エ組ヲ居」、「元和二年（一六一六）西国ニ初テ来ル」、「寛永元年（一六二四）共云、紀州藤代の住、藤松半右衛門ト云者、船十艘ニテ多久嶋飯盛ニ居」云々。西海捕鯨発祥の地とされる「多久嶋」は現在「度島」と表記されているが、平戸市の北方に浮かぶ小さな島で、生月島《いきづき》や的山《あづち》大島が度島を取り囲むようにあり、その後はこのあたりから次々と鯨組が置かれるようになっていったという。(7)西渡捕鯨発祥の地とされる度島には残念ながら供養碑は存在しないが、的山大島には元禄五年（一六九二）銘のものが一基ある（表7—⑧）。「元禄五壬申本奥羽□鯨鯢三十三死生六月　川久保平右衛門」なる銘のあるこの供養碑は、真教寺（浄土真宗）の井元家の墓地域に建っている。ちなみに井元家は、寛文四年（一六六四）から享保十一年（一七二六）に至るまで六〇年余にわたって捕鯨業に携わってきた家筋である。なお、的山大島の供養碑は年代的には古いものの一つではあるが、管見の及ぶ範囲で西海地域の最古のものは、長崎県南松浦郡富江町黒瀬にあるもので、「元禄三庚午　為鯨鯢成仏　紀劦　湯浅津　新右衛門」なる銘がある。

この碑について吉原友吉は、「これの建てられたのは元禄三年（一六九〇）で、紀州の人が建てたと書いてあるが、寛永三年（一六二六）に湯浅の庄助が有川村船津で突組を行った記録があり、同郷の人であるから、何か関係があるかもしれない」と述べている。(8)ただし、紀州の供養碑でもっとも古いのは太地の東明寺にあるもので、明和五年（一七六八）のものである。元禄三年以前のものといえば三重県熊野市二木島町にある寛文十一年（一六七一）銘の「鯨三十三本供養塔」で、これが今の所日本で一番古いものといえる。当時、海路によって紀州と西海地域では、我々の想像以上の人的・技術的・文化的交流があったようである。供養碑建立習俗の伝播については何ともいえないが、二木島町のそれを除けば古いものは割と西海地域に分布している。西海地域のうちでも、壱岐、平戸、五島列島（長崎

表7　西海捕鯨地域の鯨鯢供養碑

墓　碑　銘	所在地・建立年	備　　　　考
①鯨鯢供養塔	佐賀県東松浦郡呼子町（龍昌院） 文化10年（1813）	龍昌院は中尾家菩提寺。
②鯨鯢千本供養塔	同上 天保2年（1831）	
③鯨鯢供養	佐賀県東松浦郡呼子町小川嶋 文久3年（1863）	観音堂下、中尾家墓地とともにあり。
④南無阿弥陀仏	佐賀県東松浦郡呼子町（西念寺） 延享5年（1748）	
⑤奉読唱大乗妙典一千部	長崎県壱岐郡芦辺町恵比須浦 享保2年（1717）	
⑥鯨鯢供養塔	長崎県平戸市（最教寺） 元禄8年（1695）	
⑦鯨霊供養塔	同上 昭和13年（1938）	
⑧鯨鯢三十三死生	長崎県北松浦郡大島村（真教寺） 元禄5年（1692）	真教寺は、井元家の菩提寺。
⑨供養墓	長崎県南松浦郡上五島町青方奈摩	昔捕鯨を営んだものが一字一石の供養をしたもの。
⑩鯨鯢千三百拾二本供養塔	長崎県南松浦郡有川村有川 正徳2年（1712）	元禄4年以来捕獲した鯨鯢供養のため建立。
⑪南無阿弥陀仏（百六頭塚）	長崎県南松浦郡新魚目町丸尾 元禄9年（1696）	丸尾の通称供養山に深沢儀太夫の墓とともにある。
⑫鯨百本供養	同上 享保4年（1719）	
⑬供養塔	長崎県南松浦郡富江町小島 不明	
⑭為鯨鯢成仏	長崎県東松浦郡富江町黒瀬 元禄3年（1690）	鯨鯢供養碑としては西海地域では最古のもの。
⑮（三平鯨碑）	長崎県佐世保市相浦（和田津美神社） 昭和初期	

県）に元禄期から享保期、すなわち十七世紀後半から十八世紀半ばころのものが集中している。一方佐賀県呼子町のそれは延享期から文久期（十八世紀半ばから十九世紀半ば）のもので、およそ一世紀のズレがある。呼子町における捕鯨の創始時期は不明とされているが、呼子に居宅を構え、小川島を捕鯨基地として繁栄をきわめた中尾氏は、宝永から正徳年間（一七〇四～一七一五）に突組を始めたと言われており、(9) 長崎県下における近世の捕鯨業の創始、供養碑建立習俗の始まりと、佐賀県下のそれはほぼ対応する形で一世紀前後のズレがあることになる。

また、吉原が言及した南松浦郡有川村有川にも供養碑がある。ただしこれは、有川浦の漁場開拓に尽力した庄屋の江川甚右衛門正利の建立にかかるもので、

鯨　元禄四辛未年分正徳二壬辰年迄
供養　当浦ゟ取揚　鯨鯢千三百拾二本
鯢　壬辰十月立之者也　江川甚右衛門正利

と銘のあるものがそれである（表7―⑩）。一体にこの種の供養碑は、鯨組の組主を中心に建立されたものが多く、江川甚右衛門と争論を起こした大村藩の深沢儀太夫しかり（表7―⑪⑫）、また先に触れた的山大島の井元家の場合もそうであった。建立時期が一世紀遅れた佐賀県呼子の場合も同じである。中尾家の菩提寺龍昌院（曹洞宗）にある供養碑（表7―①、②）を始め、小川嶋観音堂にあるそれも（表7―③）中尾家の墓地内にあるものであった。なお、中尾組では、龍昌院において鯨鯢供養を行っていたようで、そのことは『小川嶋鯨鯢合戦絵巻』に描かれている。ということでつぎに絵巻物を通して、鯨鯢供養の有様を見ることにしたい。

2　『小川嶋鯨鯢合戦絵巻』にみる鯨鯢供養

日本の捕鯨絵巻、捕鯨図説の研究に先鞭をつけたのはやはり福本であり、福本は残存する史料を比較した上でつぎ

の四系統に分類している。(10)

①紀州系（イルカ、マンボウ、シャチ、サメなどをも加えて図説している）――『太地捕鯨猟古図』（慶長五年）、『鯨絵巻』（享保八年）、『古座浦捕鯨絵巻』（享保十年）、『鯨絵巻（松平義堯蔵本）』（元文元年以前）、長谷川光信画『捕鯨図説』（宝暦四年）、『鯨志』（宝暦十年）、『鯨記』（明和初年）

②肥前小川嶋系（郷土物産史的意味合いが強く、実地体験と見聞に基づいで描かれている）――木崎攸々軒の『小川嶋絵巻』（安永二年）、生島仁左衛門の『小川嶋捕鯨絵巻』（寛政八年）

③仙台大槻系（科学的・解剖学的知識を盛り込んで図説したもの）――『捕鯨叢話』（享保元年）、『鯨史稿』（文化五年）

④生月島系（実体験と解剖学的知識とを加味して図説したもの）――『司馬江漢の生月島捕鯨図説』（寛政六年）、『勇魚取絵詞』（文政十二年）

このうち②の肥前小川嶋系のものについては、唐津藩士木崎攸々軒盛標の『小川嶋絵巻』と生島仁左衛門の『小川嶋捕鯨絵巻』とがあるとしているが、前者の原題は『小児の弄鯨一件の巻』、別名『肥前唐津捕鯨図説』という。一方後者は別名『鯨漁鑑笑録』とも称するが、福本は、「わが国捕鯨絵巻中の圧巻と称すべき大傑作」と絶讃しており、それと同時に『小川嶋鯨鯢合戦絵巻』については、これらの系統とは別種の図柄であると指摘し、「捕鯨図説四系統年表」からは外している。(11)

『小川嶋鯨鯢合戦絵巻』は、天保十一年（一八四〇）肥前唐津領呼子浦を本拠地とした鯨組主・中尾家の七代目当主・中尾甚六（雄之助）の小川嶋における捕鯨の実態を描写したものである。『小川嶋捕鯨絵巻』と『小川嶋鯨鯢合戦絵巻』に関する福本の指摘に対して田島佳也はつぎのように述べている。(12)

（前略）『絵巻』の目的がおもに図説におかれているのに対して、『合戦』はむしろ捕鯨事業の展開の説明におかれているからである。『合戦』の図説はあくまで捕鯨の理解を助けるために挿入されたもので、捕鯨の実際と鯨の解体・加工過程を絵解きする『絵巻』とは明らかに目的が異なっている。捕鯨と加工過程に関しては、文政十二（一八二九）年ころ書かれた肥前平戸領生月島の鯨組主・畳屋益富又左衛門の『勇魚取絵詞《いさなとりえことば》』の説明が要領を得ており、鯨の解剖図、漁具・加工具図説も精緻・精彩をきわめている。その点ではこの『勇魚取絵詞』が古式捕鯨の理解に重要であるが、描写が捕鯨業の展開過程にとどまっているきらいがある。それに反し、『合戦』は鯨の供養など、捕鯨に携わった江戸時代の人々の死生観を知りうる点で貴重である。

田島が指摘するように、鯨鯢供養について描写したり、鯨獲の是非論にまで言及した絵巻物、図説は『小川嶋鯨鯢合戦絵巻』以外は見当たらない。同絵巻は、序に始まり、呼子浦と鯨組、波座士と鯨軍船、出陣祝い、小川嶋への出陣、鯨発見と追立て、網張りと銛打ち、鯨の最期、戦勝の報告、鯨の受取りと解体、戦勝祝いと「かんだら」、油とり・骨納屋の仕事、鯨揺りの時期と陣払い等々について生々しく、臨場感あふれるタッチで記述され、挿し絵が彩りを添えている。そして最後の結びの部分で捕鯨の是非論が交わされ、龍昌院における鯨鯢供養の場面が描かれている。

確かに人びとの動物観、生命観を知る上で貴重な絵巻物といえる。たとえば、波座士が鯨の背中にしがみついて手形包丁でとどめをさし、持双船から投げ入れられた網を受け取って切り通した穴へ通すとともに鯨の腹の下をくぐって胴縄を巻きつけ、船に渡してくくりつける、という鯨最期の場面をつぎのように記している。

扨、能時分に持双船に挟み、柱に結付るに、只今息切臨終と覚しく、西の方に向ひて命終る也。其時は、結付たる両艘の船、共に西の方にきりゝと廻りつけるハ、哀にもまた殊勝也

と。鯨が臨終に際して必ずしも西の方を向くとは限らず、持双船のしぐさからの連想で作者にこのような表現をなさしめたものと考えることができる。あるいは作者の、鯨も人間と同様に往生してほしいと願う気持ちが筆にのり移った結果と見ることもできる。いずれにしても海の狩人としての漁師たちは、合戦終了の儀礼として、また鯨の成仏を願って持双船を西に向けることを慣例としていたことが知られる。この部分の記述以上に捕鯨に携わる人びとの生命

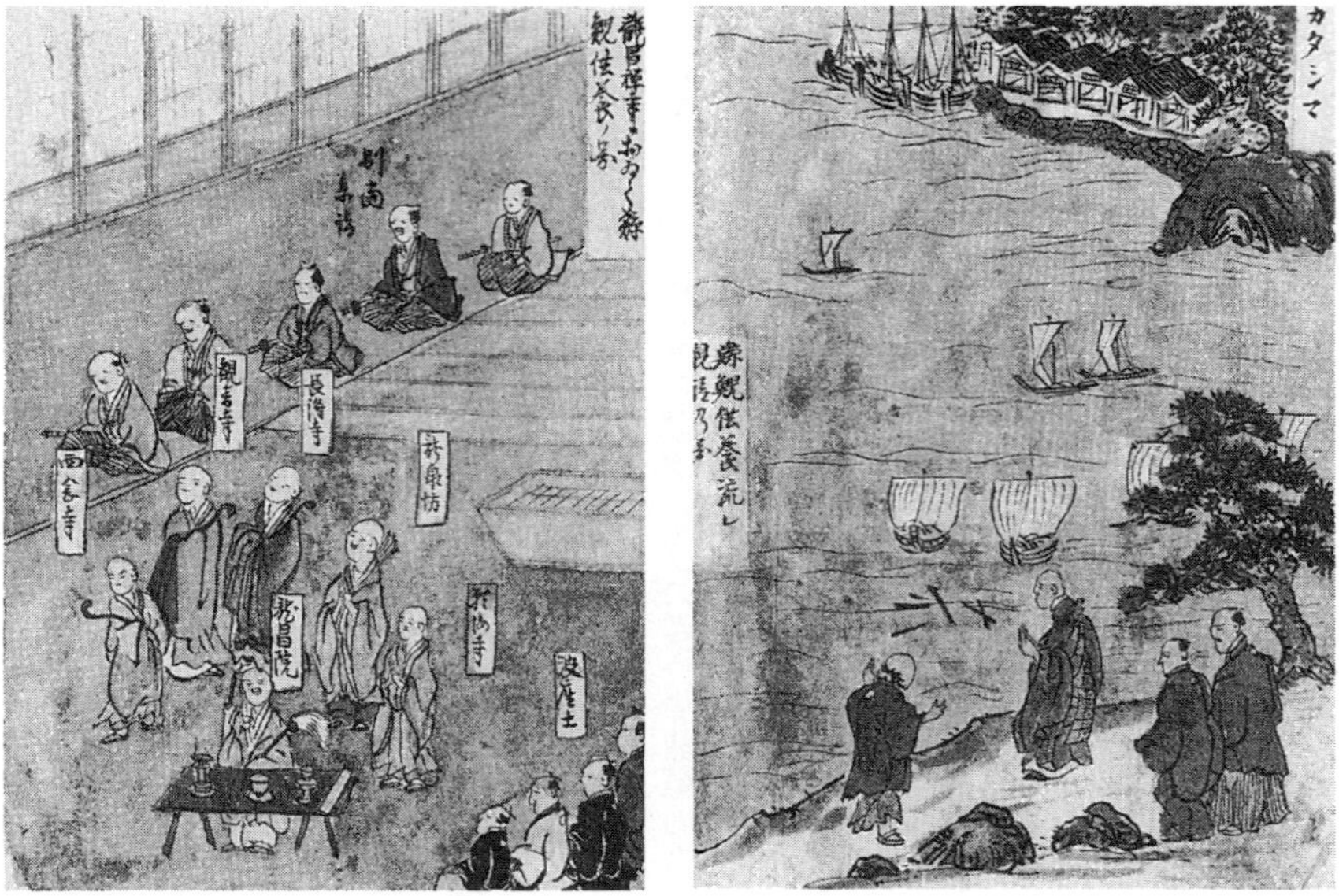

鯨鯢供養流し観(勧)請の図
カタシマ

鯨供養流し勧請の図
片島

龍昌禅寺におゐて
鯨鯢供養ノ図
別当参詣
長得寺
観音寺
龍泉坊
西念寺
願海寺
龍昌院
波座士

図9　龍昌院における鯨鯢供養（田島佳也(註12)より）

観を押し量ることができるのは、やはり最後の結びの部分だろう。少々長くなるが引用することにしたい。

　跋　偖、考ふるに、焼野の雉子・夜の鶴、子を思はぬはなしといへとも、鯨は別して子を愛ずることの甚し。取わけ雑頭の子持等は母、網を破て遠洋中へ逃去つても、子だに殺さゞる時は、五、七里游延ても是を遠しとせず直に跡ニ引返し、子ゆゑに命を終ること数度也。殊に臨終には西を向ひて死する有さま、人間却て恥かしきこと也。

　併、漁して売鬻《ヒサ》く時は誠に金の山なれ共、斯て霊魚を殺してこれを業とし、妻子を養ひ世渡りとし、何の弁へもなく徒に金銭を費す事は恐るへきの第一にして、実に心得すへき事なり。

古人もその声を聞ては、其肉を喰ふにしのびずと言しに、其苦む声ハ谺に響き、西を向ひて死たるを不便《(慣カ)》とせず、納屋場に漕附、切捌と直に其肉を煎焼、鍬焼に舌打して食するハ不仁とや言んと、眉をひそめてこれを語れハ、傍より壱人進ミ出、答曰、高話至極せりといへとも、人に生死あり。万物皆然り。鯨の大なるも白魚の小なるも命にかはることなし。古へより鯨組といふこと諸国にあつて、遠くは紀州熊野、四国に土佐、長州の千崎近くハ壱岐・対馬をはしめ五嶋・大村・平戸・出雲国々に組あり。此所にて捕さら《(ママ)》れバ、また外にて殺さるべし。死生命あり。白魚も釜中に煮るの時あり。是、皆時節なり。無益の殺生にあらされば少しも罪となるべきにあらず。身を捨てゝそ浮む瀬もありと、鯨も死して莫太《(ママ)》の金と成物。鯨の其肉ハ、数千人の口に入てその美味を歓、賞翫し、左ばかりの大魚皮肉一寸捨る所なく、数百人の世わたりを助け、国君へも大造の貢を献せさせしめ、近郷・近在・浦・嶋の子供、女に至る迄、其潤ひとなれるの功徳太《(ママ)》なり。

このゆゑに、組あけにハ年々呼子龍昌禅寺におゐて数多の僧徒を請待し、鯨鯢の供養を営ミ、亡鯨の日を卒都婆に書していろ〳〵法号を記して是を唱へ、読経終へて備物一切海中へ流し、念頃《(懇)》に弔ひあれは、龍神も感応し、其法莚に列なる人も随喜感涙を催し、殺せし波座士の人々も両手を合せ、殊勝に念仏を唱ふれバ、死たる鯨も成仏すべし。

一切衆生悉皆成仏の縁ならん。心恐れ侮るへきにあらずと臂を張て相演ければ、初の人も感心して、是また道理至極なり。煩悩即菩提とかや。水主も波座士も一蓮託《(托)》生悟たり〳〵と、南無阿弥陀仏の称名を唱へて鯨鯢供養の助縁とはなれり。

冒頭で鯨の親子の情愛について触れ、このような情の細やかな鯨を殺すことを生業《なりわい》とすることに疑問を抱いた人物の問に対して、もう一人の人物が進み出て、その正当性をとくとくと述べる、という構成になっている。その論点は以下のごとくである。

○人間にも生死があり、万物みなしかりである。
○鯨組は小川嶋のみならず全国至る所にあって、どこかしらで捕えられ殺される運命にある。
○無益の殺生をしなければ罪とならない。鯨は捨てる所とてなく、多くの人に潤いをもたらしてくれるという功徳を持ち合わせている。
○捕鯨の終了に際しては龍昌院で鯨の供養を営んでいるし、この世に生きとし生けるものはみな、ことごとく成仏する縁《えにし》にある。殊勝に念仏を唱えれば鯨も成仏する筈である。

「万物に霊が宿り、また成仏するものであるからつつしんで念仏を唱え供養せよ」という主張は、仏教の「一切衆生悉皆成仏」「草木国土悉皆成仏」の思想に基づくものであり、「無益な殺生をしない」云々の下りは、一般的な仏教の教えであるが、資源管理の発想も読みとれ、肯けるものである。しかし、「鯨は人々に多大な利益をもたらす功徳を持っており、たとえここで捕獲されなくともどこかで必ずつかまり生命果つ運命にある。だから捕獲してもやむをえない」との主張は、そうした生業に携わっている人びとの身になれば理解できなくはないものの、自己の職業を正当化する、虫の良い論理と言えなくもない。ここで想起されるのは、狩猟者達の間で口伝されてきた、諏訪明神の「四句の偈」と言われるものである。

業尽有情
雖放不生
故宿人天
同証仏果

この「四句の偈」は、安居院が十四世紀半ばに著わした『神道集』の「諏訪縁起の事」に登場するものである(13)。その意味は、宿業尽きて捕えられた野生動物は、どうせ長く生きられないのだから、人間の肉体に取り入れられることで、人間と同化し成仏するのが良い、というものである。「四句の偈」は狩猟者たちが野獣の成仏を願って、狩猟礼儀に際して唱えたものであるが、「捕えられた獣は、人間と同化する＝食べられることによって初めて成仏できる」という主張は身勝手この上なく、自己中心的な論理であってそこに狩猟に携わる人びと独特の世界観が伺われる。前節で触れたように長門市通浦・清月庵の鯨墓にも（元禄五年建立）、「南無阿弥陀仏」と大きく刻まれたその下に、この「四句の偈」が銘記されており、捕鯨に携わる人びとの発想と狩猟者達の発想には、どこか相通ずる所があるのかもしれない。

3　口承文芸にみる生命観

「物言う魚」あるいは「魚王行乞譚」と呼ばれる昔話がある。その概要は、うなぎ、岩魚、鯰といった霊魚が人間に捕えられた際に災害を予知する、あるいは人間に化けて出現し、何らかの警告を与えるというものである。近世の随筆類には、旅僧に化けた大うなぎが出現し、ある種の警告を発した話が多く配されている。一例だけ紹介しよう。

藩主が川へ毒流しをして漁をしようとする前夜、旅僧が川筋の村の宿に来て、川漁を止めさせるように説く。しかし宿の主人は、もはや止める手段がなく申し訳ないとして、粟飯を旅僧に食べさせた。旅僧は残念そうに去る。翌日藩主は毒流しをして、多くの魚が川面に浮上する。その中に大うなぎがあり、その腹があまり太いので、割いてみるとその中に粟の飯があったので、昨夜の旅僧はこの大うなぎであったかと人びとは知る。そしてその年に大地震、山崩れが起こり、川は氾濫して藩内の田は破壊され、さらに翌年に藩主も早死するという結末になる(14)。物言う川の霊魚の場合は、災害を予知するか何らかの警告を発するというのがそのモチーフの中核をなしていた。それに対して海の霊魚ともいうべき鯨の場合は、夢枕に立って、自分を捕獲しないようにとひたすら嘆願するものである。ただ、結果としてはその嘆願を聞き入れてくれなかったばかりに、疫病流行などの災厄が起こるというようなこともあるが、災害を予知する、警告を発するという類のものではない。二、三事例をあげることにしよう。

その一つは「鯨大尽」と題する話である。この話は「鯨大尽」と呼ばれる深沢儀太夫の三代にわたる話として語られている。初代儀太夫は当初大村領の外海の松島、崎戸を根拠地として捕鯨を始め、財をなした。二代目儀太夫は、延宝年間太地の和田覚右衛門が創出した網取法を初めて西海にもたらした人物で、新魚目町丸尾にある元禄七年（一六九四）建立の墓碑には、「魚之目浦鯨網之元祖大老」と書かれている。この伝説は非常に長いことから、以下三代目の部分から引用する。[15]

いつか三代目儀太夫というより、土地の名をとって、松島与五郎と、この鯨大尽の名は呼ばれ、九州一円から遠く京阪地方にまで知られた。

〽沖にドンドン鳴る瀬がござる
大阪芝居の寄せ太鼓

金にまかせて、大阪歌舞伎の一座をはるばる呼び、興行させて、こうした歌まで長く歌われた。それは与五郎の豪勢ぶりの讃歌でもあった。

こうして時が流れた。ある夜、絹ずくめの蒲団《ふとん》にまどろんでいた与五郎は、重いものが胸を圧していた。夢にひろびろとした海原が見え、一頭の鯨が浮かんだ。それが、彼にのしかかったのだ。

「与五郎どの、もし、与五郎どの、わたしは、はらみ鯨です。可愛い子を産むため、明日沖あいを通りますが、どうかこの子のために、わたしをとらないで無事通して下さい。お願いです」

そこで眼がさめた。

「なるほど、子もち鯨をとる手はない。見逃してやるべきだ」

与五郎は、さっそく漁夫納屋にその旨を伝えた。

「なに、夢の告げだから子もち鯨を見逃せだって。鯨とりがそんなことをいちいち気にしていられるかい。親方も年のせいか、気が弱くなったげな」

勢子船は、その日も一斉に沖にこぎ出した。

「それ、あそこに汐ふいているぞ。網をおろせ」

追いつめられた鯨は、網の中に入っていた。

「子もちだ、大きいぞ!」

矢のようにモリは投げられた。のたうちまわる巨鯨、それと戦う漁夫たち――とつぜん暗い雲が洋上を閉ざしだし、烈しい風に山のような浪がおしよせてきた。それは次々に勢子船をくつがえし、海底に呑みこんでいった。

その後、深沢組の漁場には、鯨の群の姿を見せることが、まれになり、さしも栄えた鯨大尽も凋落《ちょうらく》の相をしだいに示しだした。

「ああ、これも子もち鯨が夢にまで現われての願いを、組子が聞かなかったせいにちがいない」

与五郎は大村の長安寺に、千日念仏回向鯨碑をたて、石箱の中に鯨骨をおさめて、千日も参り念仏しつづけた。そして彼も六十歳でこの世を去った。

しかし深沢家の子孫には、不幸がつづいた。その子孫が二百年もすぎた昭和の日、鯨のオバキ(尾)が箱に納めたまま家の押入れにしまわれていたのを発見して、それも長安寺の石箱に納め、千日参りを、夫婦つづけて行った。そのせいか、不吉なことはようやくその家庭から消えたという。

一方、深沢家先祖代々の墓は、大村湾を見下ろす前船津の丘の上にあった。

それを後に明治の末頃、長安寺に移した。その取りこわしの後に残った石垣《いしがき》や、何かはっきりしない碑石などを土地の人たちは、持ち帰った。そして自分の家の石垣にしたり、魚のいけすのかこいにしたりした。

すると、前船津のそうした家々に、次々に不吉なことがおこりだした。ある家は、死にたえた。ある家は破産した。たいした風波でもないのに、いけすがこわれ、そこに泳がした魚が全部逃げだしたのは、軽いほうであった。

「これは儀太夫さまのたたりかも知れんばい」

「やはり、儀太夫さまの魂は、あの丘の上から、大村湾を見下ろしていたかったのだろう」

「あの何か分からん石碑は、ことによったら、鯨の霊のために儀太夫さまが建てたのかも知れん」

あまりの不幸つづきに、土地の人はふるえ上がった。

そこで世話役の音頭とりで、家々に持ち帰った石材、碑などもとに返し、かつての墓地のあとに、慰霊碑を建てることにした。

この話のモチーフは、①孕み鯨が主人公の夢枕に立ち、翌朝沖を通るので見逃して欲しいと助命を嘆願する。②それにもかかわらず捕獲してしまう。③祟りの発現によって凋落し、また不幸が打ち続き、家も途絶える。そうしてついに④祟り克服を目的に供養をするに至る、というもので、すこぶる類型的である。前節、三重県北牟婁郡海山町白浦の「腹子持鯨菩提之塔」を取りあげた時に触れた伝説においては、③の部分は疫病の流行であった。この他長門や土佐などの捕鯨地域にも同じような話が伝えられているが、西海地域ではこのほか長崎県五島列島の小値賀にも、「白長鬚」と題するつぎのような話が伝えられている[16]。

小値賀に小田伝兵衛と云う、鯨長者がおりました。初は鯨突の漁夫でありましたが、非常によく働き苦しみに堪え財産を貯えまして鯨捕の業主となり、小値賀島に根拠を置き附近の海上に漁場を設け、手広く営業を致し巨万の富を為してました。或夜更け伝兵衛の寝所の枕許に貴人が来られまして、明朝夜の明け方三十三尋《ひろ》の白長鬚《ながす》鯨がお前の漁場附近を通るが、彼は龍宮様にお使に行くのだから何卒捕らないでくれ頼む、帰りは致し方ないと申されました。承知致しましたとお答えしようと思うと貴人はきえておられぬ、あゝ今のは夢であったか、然し夢も正夢があるからと兎に角使いを漁場に出しました、然るに使いが着く前に、漁場にて三十三尋の白長鬚鯨が捕れておりました。伝兵衛折角貴人に頼まれながら、遺憾ながら頼まれ甲斐がなくて大層残念に思いました。元来漁業家は大そう縁起を貴ぶものにて伝兵衛も此機会に捕鯨業を止め、海草採集業酒造業等に転業し、紐差村と獅子村との堺に野原があった所を開墾し、針尾島に新田を築いて、共に美田を得まして益々繁昌致しました。

この話では、出産ではなく龍宮への使いに出向くとなっており、捕鯨後ただちに転業した結果災厄を免れ、繁昌するというようにハッピーエンドで終わる点で「鯨大尽」と異なる。熊野地方に伝わる『鯨の熊野詣由来記』と題する話でも、熊野詣でを目指す子連れの親鯨が佐吉なる人物の夢枕に立ったが、約束を守ったその翌年の同日、大漁に恵まれて大金持になる、というようにハッピーエンドで終わっている(17)。同じく親子連れの社寺参詣の話で、佐賀県呼子町に伝えられている内容は以下の通りである(18)。

中尾組のある羽刺が夢で親子連れの鯨から、弁天島にお詣りに行く途中だから、どうか獲らないでくれと哀願された。翌日出漁すると親子連れの鯨がいたので、夢を思い出して獲るのをためらっていたが、仲間から促されて止むを得ず子鯨を獲った。所で夕方家に帰った時、玄関で銛が落ちて来て子供の胸に刺り即死させた。このため羽刺は気が狂って死んだ子を胸に抱いて入水して果てた。

先の「鯨の熊野詣由来記」と比べてみると、約束事を守るか破るかが、結末の大きな分かれ目になっていることがわかる。しかし、「白長鬚」と題する話は、約束を反古にしたが、幸いその相手は親子連れの鯨でも、孕み鯨のどちらでもなかった。約束を反故にしたこと自体は許されるべきことではないが、鯨を哀み、また改心して転業したことで災厄を免れ得たのである。それよりも災厄を免れた最大のポイントは、相手がごく並の鯨だったという点にある。こうしたことから、捕鯨に携わる人びとが、子供への情細やかな子連れ鯨や、人間と同じく胎児を抱えた孕み鯨には、特別の感覚を持って臨んでいたことがうかがわれる。とくに孕み鯨には神経をとがらせ、万一捕獲してしまった際は埋葬に努めるとともに、石碑を建立するなど供養と災厄の除去につとめた。肥前江ノ島では、身持鯨を捕ったときは、その孕み子をハダシ（羽差）の羽織に包んで葬ってやる習慣があり、土佐の室戸では、人間の子供の着物を鯨の孕み子に着せて鯨厭に葬ってやるのだという。壱岐島にも孕み子を葬った墓や捕えた鯨の霊を懇ろに祀った供養塔が残っているとのことである。(19) ただし、親鯨に関しては鼻や皮、骨の一部を埋葬する程度である。一方、鯨鯢の供養碑は各地に分布するが、孕み鯨に供養対象を特定したものもまま見られる。先に触れた三重県海山町白浦の「腹子持鯨菩提塔」（宝暦八年）もそうであったし、この他京都府与謝郡伊根町亀島の「児鯨塔」「在胎鯨子塔」（文化五年）、「鯨胎凶霊追薦」（同）なども同類のものである。子鯨の墓は捕獲された母鯨にまとわりつき、ついには捕えられてしまった鯨を弔うものである。

二　太平洋沿岸捕鯨地域の鯨鯢供養

1　高知県室戸市土佐清水市

寛永初年（一六二四年頃）室戸岬西岸津呂浦（現室戸市）の庄屋多田五郎右衛門が、室戸岬を目ざして遊泳してくる鯨を、銛をもって突取る事業を始めたのが土佐捕鯨の始まりである。その後尾張の尾池義左衛門の時代を経て、天和三年（一六八三）多田吉左衛門より網取り捕鯨が紀州太地から導入された。その多田氏の「津呂組」と宮地氏（後奥宮氏）の「浮津組」（天和三年津呂組より分離）が、津呂浦、浮津浦の両浦をあげての漁業集団として捕鯨と取り組んだ。浮津、津呂の同捕鯨組は、室戸岬漁場と足摺岬漁場（現土佐清水市窪津）を交替で使用した。そのため供養碑およびそれに類するものは、両地域に集中している。なお、幸いなことに近代両組の歴史を綴った書物がそれぞれ刊行されていることから、まずそれらをもとに各組の信仰、行事、供養などについて検討することにしたい。

最初に『津呂捕鯨誌』は、明治三十五年（一九〇二）津呂組捕鯨の伝統をついだ（表8参照）、津呂捕鯨株式会社社長自らによって刊行されたものである。[20]「捕鯨業ノ沿革」「漁具・漁法ノ沿革」について「捕鯨」について詳細に論じ、「捕鯨ノ統計」「捕鯨業ノ収支決算」「捕鯨会社ノ経済」「捕鯨猟船器械」などに及んでいる。まさに、津呂組以来の社史を綴った書物といった趣を持つ。このうち「祭式及祝事」の項は「捕鯨ノ事業ハ一村ノ盛衰ニ関シ軍事ト一般頗ムル元気ノ振作ヲ要スルヲ以テ吉慶吊事ニ係ラス時々豪飲壮食ヲナサシメ以テ役夫ヲ鼓舞奨励スルニ勤ム今左ニ主ナル諸祭式及祝事ヲ挙ケン」とあって、逐次「頭上《かばちあげ》」「網代祭」「魚招」「大直」「金祝」の行事内容が紹介されている。

ここで注目されるのは、やはり「頭上」であろう。「頭上」の説明は以下のごとくなされている。

鯨鯢の捕獲ヲナセバ俗ニ之ヲ初魚ト称シ其種類ノ変更或ハ連レ児若クハ孕ミ児持毎ニ必ス三日又ハ五日目ニ頭上ト称シ網船及勢子船ノ沖配並ニ羽差遠見香魚切ヲ招テ此ノ日勢子船ノ沖配及ヒ羽差ハ先ツ鯨曳着場ノ轆轤元ニ致テ米酒ト一片ノ鯨肉ヲ捧テ祭礼ヲ行ヒ一回ノ鯨歌ヲ唱ヘ終テ会社ノ酒宴席ニ列スルモノトス

初魚と称してその鯨の種類の初物毎に祝うのと同時に、連れ児、孕み鯨については別途それごとに儀礼がなされていることになる。ここでもはやり後二者に特別の配慮がなされていたことがわかる。さらに捕鯨期間中は網代祭と称して、月二、三度は水夫一同をなぐさめ、不漁だと「魚招き」をし、さらに不漁が打ち続くようだと出漁をやめて「大直」をし、大漁になると大番振舞をした。捕鯨がかなり投機的職業だけに、いかにゲンをかつぎ、またゲン直しをしながら自分たちの生業《なりわい》にいそしんでいたかを推しはかることができる。

一方、アティックミューゼアム彙報として刊行された『土佐室戸浮津組捕鯨實録』も、ほぼ明治三十年ころまでの捕鯨について記録したもので、内容的にも『津呂捕鯨誌』に対応する。全二五章のうち、二〇章は供養、二一章は祝

		19C				20C
代		明		治		
商人着目）		（資本主義化）		（藩　営）	（会　社）	（産業革命）
捕		鯨				銃殺捕鯨
辰巳屋	多田氏	奥　宮　氏	藩（県）	佐藤	津呂捕鯨会社（株式）	
氏			藩（県）	他	浮津捕鯨会社（株式）	

㊄　漁　三　津

㊅　漁

土佐漁場急速ニ衰微

一九〇八　明治四十一年　丸三製材捕鯨部設立

一九〇七　明治四十年　大東漁業株式会社、土佐捕鯨合名会社設立（高知県人ニヨルモノ）

一九〇六　明治三十九年　日本遠洋漁業会社甲浦ヲ基地トシテ銃殺捕鯨ヲ始ム

一八八七　明治二十年　以布利ヨリ窪津ニモドス

一八八二　明治十五年　津呂捕鯨会社浮津捕鯨会社トナル

一八七六　明治九年　以布利ニ移ル

一八七五　明治八年　浮津捕鯨社設立

一八七四　明治七年　津呂捕鯨社設立

一八七一　明治四年　佐藤誠一郎（浮津商人）経営者トナル（両組トモ）

一八六六　慶応二年　津呂組藩営トナル

此ノ頃漁具改良シ長須鯨取リ始ム

一八四六　弘化三年　浮津（宮地）組解散藩営トナル

一七九二　寛政四年　津呂組奥宮氏ノ経営トナル

一七八九　寛政元年　漁場ヲ椎名ヨリ三津ニ代エル

一七八七　天明七年　津呂組多田氏ノ経営ニカエル

一七七九　安永八年　津呂組辰巳屋勘之丞（高知ノ商人）ノ経営トナル

表8　土佐捕鯨の変遷（『室戸市史下』より）

時代区分	17C		18C
	江戸時		
	（土佐捕鯨創業の時代）		（網捕鯨成立、規模拡大し頂点へ、
漁法	突取捕鯨		網
営業者	津呂　多田氏	尾池氏他	多田氏
	浮津		地下人共同 / 宮地
漁場（基地）	椎名　三津		(冬)（室戸岬東岸）椎名
	津呂　浮津　（佐賀）		(春)漁（室戸岬西岸）
	窪津（以布利）		(冬)　(春)　漁（足摺岬附近）

主な出来事

一六二五頃	寛永初年	多田五郎右衛門捕鯨ヲ始ム
一六四一	寛永十八年	多田五郎右衛門捕鯨組解散スル
一六五一	慶安四年	尾池四郎衛門尾張ヨリ来テ、捕鯨ヲ始ム
一六五七	明暦三年	尾池組帰国。地元民困窮他国へ逃亡スル者多シ
一六六〇	万治三年	藩ノ援助ニヨリ津呂浮津捕鯨ヲ始ム
一六六一	寛文元年	津呂港成ル
一六七九	延宝七年	宝津港成ル
一六八三	天和三年	多田吉左衛門紀州ヨリ網捕鯨導入、浮津組宮地氏頭元トナル
一六八五	貞享二年	浮津組網捕鯨ヲ始メル

写真17　鯨の位牌
（室戸市浮津東中道寺）

宴であるが、津呂組の儀礼との関係で後者からまず見ることにしよう。[21] それによれば、祝宴は小宴（新造船瓦据、山見番の悉造り、供養）と大宴（船下し、初漁、初詣、一月二日初乗式、孕児持の捕獲、背美鯨の捕獲、大漁祝い）とに分かれている。大漁祝いや大型の背美鯨の捕獲時同様、孕み鯨も大宴と位置づけており、やはり特別視していることがわかる。それに対して「供養」は小宴に含まれているが、いかなる場合にどのような儀礼がなされるかについては記載されていない。一方二〇章の「供養」には、羽差などが、鯨の往生時に「ジョウラク、ジョウラク」と唱えること、および先に紹介した胎児への対処方法に言及したうえで、室戸市浮津中道寺の鯨の位牌、卒塔婆、梵鐘などに触れている。なお、「ジョウラク」とは仏教用語「常楽我浄」の略語で、鯨の極楽往生を願って唱えた文句だという。[22] 生月系の捕鯨絵巻『勇魚取絵詞』（文政十二年刊）には、益富組漁人が鯨が喉をゴロゴロ鳴らして絶命する際、念仏を三回唱え、「三国一や大背美捕すまいた」と唄ったとされている。またそれより早い享保五年刊の『西海鯨鯢記』にも同様の所作の記述あり、臨終に際して成仏を願い、何らかの呪文を唱えることは、捕鯨に携わる人びとの間で古くから伝えられてきた作法のようである。[23] さて宮地山中道寺（日蓮宗）は浮津組・組元宮地家の菩提寺であり、宮地武衛門が寛政十二年（一八〇〇）より捕鯨を始め、天保八年（一八三七）に至って、捕獲した鯨の数が一、〇〇〇頭に及んだことから、同年梵鐘一口を寄進し、同時に鯨の菩提を弔うために塔婆を建立した。その梵鐘は戦時中に供出されてしまい、また塔婆も昭和九年（一九三四）の暴風雨で倒壊してしまって、ともに残ってはいない。しかし梵鐘の銘は、幸いこの二十章「供養」に記されている。[24]

宮地氏は天保十一年（一八四〇）に法華経五〇部を読誦し、鯨の位牌を造立しているが、これは今でも中道寺に現存する。梵鐘、塔婆、位牌は鯨一〇〇〇頭捕獲に伴う一連の供養のためのものである。その位牌の銘文をみると、表には、

南無釈迦牟尼佛　有情非情法界平等
南無妙法蓮華経　鯨魚供養
南無日蓮大菩薩　一乗法雨率土統治

とあり、裏には、

宮地氏捕鯨自寛政庚申至天保丁酉凡及
一千因為鑄鐘寄附中道寺猶託余讀誦妙經五十部以設供養仰願鯨鯢速脱患苦疾證
得菩提乃至法界利益無窮
天保十一年庚子二月涅槃忌神力山日凝稽首欽言

と銘記されている。日凝なる僧は、妙国寺（現高知市潮江）その他の住職を勤めた人物で、梵鐘の銘も（註（24）参照）同一人物によるものである。この他中道寺にはもう一つ鯨の位牌がある。やはり近世のものと思われるが、製作年代は不明である。いずれにしてもこれら諸資料の存在および先に紹介した鯨への対処のあり方から、浮津組の人びとが、鯨に対していかに畏怖と畏敬の念を持って臨んでいたかがわかる。一方、奥宮氏も、多くの供養碑を造立している。

土佐清水市窪津の海蔵院や戎神社に建つ地蔵がそれである。前者は通称鯨供養地蔵と呼ばれるが、道しるべとしての機能も持ち合わせていた。

正面に、

へんろみち

文化九壬申年

為鯨供養也

施主鯨方當本

組　路　津

（ゆびさす手）

奥宮正敬立之

と刻まれている。一方戎神社の通称法界萬霊地蔵には、

（右側面）文化癸酉年十一月吉日

（正　面）法界萬霊

（左側曆）土州安喜郡元村住

施主

奥宮三九郎正敬

と刻まれている。この他奥宮氏は文化四年（一八〇七）には、現室戸市三津に、そして文化六年（一八〇九）には現土佐清水市窪津の一王子神社に「鯨場所中常夜燈」を寄進している。さらに文化十五年（一八一八）にも、現室戸市津呂の金比羅宮に石燈龍を寄進している。鯨の組元（当元）のみならず、鯨の売買に携わる商人達も競って燈籠の類を寄進したようで、これらは文化・文政期に集中している。[25]こうしてみると、供養碑の建立および石燈籠の寄進などは、捕鯨の最盛期の十八世紀前半に多いことが判明する。

2　和歌山県太地浦とその周辺

太地捕鯨の創始については折々に触れてきたが、念のためもう一度確認しておくことにしたい。慶長十一年（一六

○六）和田頼元が泉州堺の伊右衛門と、尾州知多郡師崎の伝次と相談し鯨突きを始めたのが、この地方の捕鯨のおこりと伝えられ、延宝三年（一六七五）には網取り捕鯨が創案され、土佐や西海地域に広がっていった。この網取り捕鯨によって近世初期から中期にかけて、和田氏のもとで太地は最大の捕鯨基地となった。なお、太地捕鯨の歴史については『熊野太地浦捕鯨史』なる大著にまとめられていることから、詳しくはそちらを参照されたい。

和田頼元ゆかりの寺院とされる順心寺（臨済宗）には鯨の位牌があり、盆祭りには本堂正面入口に施餓鬼棚が設けられ、他の供養位牌とともに、この鯨位牌も祀られる。「魚鱗鯨亡各々霊位」と書かれた位牌がいつころのもので、こうした形の行事がいつの時代から始められたかは不明である。この地方にはもう一つ鯨の位牌が東明寺（臨済宗）にあって、それについても同様だという。[26] その東明寺には鯨の墓もある。

（右側面）明和五戊子□春三月十有八日
願以此功徳普及一切　懺摩一會

（正面）亡鯨衆霊塔
我等与衆生皆共成仏道　妙典石経

（左側面）太地浦　願主　濱八兵衛建焉

と刻まれており、その脇には「南無阿弥陀仏」と刻まれた、文政二年（一八一九）銘の供養碑が並置されている。これについては、捕鯨に従事していた太地住人のうちに奇形児が多く生まれることから、そのことを来道中の徳本上人に相談したところ、鯨の怨念に祟られているからであり、鯨の供養をすればそれも鎮まると諭されて、この碑が建立されたとの伝承がある。[27] 鯨の祟りといえば、再三引き合いに出す三重県北牟婁郡

写真18　鯨供養塔（左）
（和歌山県太地町東明寺）

写真19　くじら供養碑（和歌山県太地町梶取崎公園）

海山町白浦・海幸神社の「腹子持鯨菩提塔」（表9―⑩）を想起するが、東明寺の供養塔については、孕み鯨あるいは子連れ鯨もしくは鯨一般の祟りかどうか判然としない部分がある。

この地域には、以上紹介した三基も含め都合八基供養塔があって、もっとも古いのは、先に紹介した三重県熊野二木島町の寛文十一年（一六七一）銘のある「鯨三十三本供養塔」である。それに対して最も新しいのは、太地町梶取崎に昭和五十四年（一九七九）に建立された「くじら供養碑」である。碑文には「わが町の先人たちは古くから捕鯨業を営み更にこれを継承して今日に至っている。ために町は栄えわが国捕鯨発祥の地として観光的にもその名を博している。鯨はまた国民生活をも支え国家の発展にも貢献している。その恩恵は誠に大きい。ここにくじらの供養碑を建立して鯨魂の永く鎮まりますことを祈るものである。建設にあたり町出身の捕鯨関係者有志の御協力に深く感謝し鯨とともに生きる太地町の発展を切に祈念するものである。昭和五十四年三月太地町長脊古芳男」と記されている。このころから自分たちの町や村を見直す運動、町や村の歴史を見据え、自然資源と産業・人的資源を生かした町おこし、村おこしが盛んになっていく。おらく地域活性化の一環として建立されたものと思われる。ちなみに、毎年四月二十九日には、南極捕鯨船のOB会が東明寺住職の司祭の下、供養祭を執行している。

3　千葉県および宮城県

千葉県下の捕鯨史を、小島孝夫の論稿によりながら整理するとつぎの通りである。(28) 房総地方の組織的なツチクジラ漁は、十七世紀の中ころに勝山浦（安房郡鋸南町）で醍醐新兵衛定明（紀州加太浦出身ともいう）が元締となって、周辺の船持漁民を結集して、合計五七隻からなる世襲制の船株組織「突組」を組織したことに始まる。海上乗組員五〇〇余名と陸上の作業を行う出刃組、釜前、人足など七〇余名によって構成された大規模なものであった。十九世紀初頭に入るとアメリカの捕鯨船の日本近海漁場進出の影響からツチクジラの回遊が減り始めた。その後醍醐家や当時の水産行政の中心人物関沢明清らによる近代捕鯨への模索期を経て、明治三十一年（一八九八）には館山町館山（館山市）に房総遠洋漁業会社が設立された。明治三十九年（一九〇六）には社名を東海漁業株式会社と改めた。大正時代初期には、ツチクジラの回遊路にもっとも近い白浜村乙浜（白浜町）に拠点を移した。大正五年ころに建立された鯨墓は、その当時のものである。この東海漁業株式会社は昭和四十四年（一九六九）に操業を中止したが、昭和二十三年（一九四八）に和田浦に外房捕鯨株式会社が設立され、今日に至っている。

ちなみに房総における捕鯨の特色は、房総遠洋漁業株式会社が設立され、外洋での洋式捕鯨への転換が図られるまで、近世以来ずっと突取り法によるものだった。その理由は、対象とするツチクジラの潜水深度が深いために網をかぶせることが困難で、仕留めた際に鯨体が沈まないことから、網を用いる必要がなかったためという(29)。さらに組織面からみた紀州や西海地域との捕鯨の相違について、矢代嘉春は次の三点を指摘している(30)。

①醍醐組は直接捕鯨に関与せず、ただロープの原料麻と飯米一人一日五合を給付するだけである。
②元締（醍醐組）は鯨体の全部を引き取るのではなく脂皮と骨だけであり、肉の方は三分の二を船方に還元し三分の一を陸上作業者達に自家用に配分する。肉を最大の商品とする関西組とは全く対照的である。
③鯨体の解剖はこれを出刃組という下請業者に一切を委託し全く関知しない。

そうして矢代は「つまり醍醐組は鯨油業者とでも言える業態で、船元との関係は現在の企業と下請業者と考えれば理解が早い」と結んでいる。主たる捕鯨対象が、中型のツチクジラであったことが、以上の特徴を生んだものと考え

表9　太平洋沿岸地域の鯨鯢供養碑

墓碑銘	所在地・建立年	備考
①為鯨供養也	高知県土佐清水市窪津（海蔵院） 文化9年（1812）	通称鯨供養地蔵。石灯籠も奉納されている。
②法界万霊地蔵	高知県土佐清水市窪津（戎神社） 文化10年（1813）	石灯籠も奉納されている。
③鯨場所中常夜灯	同上（一王子神社） 文化6年（1809）	鯨納屋場があったとされる場所に立っている。
梵鐘	高知県室戸市浮津東（中道寺）	浮津祖宮地武右衛門が千頭供養に菩提寺に奉納したもの。位牌もある。
④亡鯨衆霊塔	和歌山県東牟婁郡太地町（東明寺） 明和5年（1768）	東明寺には位牌もある。位牌は順心寺にもあって盆には施餓鬼が行われる。
⑤南無阿弥陀仏	和歌山県東牟婁郡太地町梶取崎 文政7年（1824）	鯨の祟りを免れる為、徳本上人の薦めで建立したと伝えられる。
⑥くじら供養碑	同上 昭和54年（1979）	
⑦弔鯨塔	和歌山県串本町大島 昭和15年（1940）	
⑧鯨三十三本供養塔	三重県熊野市二木島町 寛文11年（1671）	
⑨鯨魚供養塔	同上 明治13年（1880）	
⑩腹子持鯨菩提塔	三重県北牟婁郡海山町白浦（海幸神社） 宝暦8年（1758）	疫病流行→鯨の祟りといった認識から建立されたもの。
⑪二百年祭記念碑	同上 昭和32年（1957）	
⑫（鯨墓）	千葉県安房郡鋸南町下佐久間（弁財天社）	境内に小祠多数あり、うち数基は鯨供養のためのもの。
⑬（鯨墓）	千葉県安房郡白浜町乙浜 大正5年（1916）頃	
[14]大鯨	千葉県浦安市当代島（稲荷神社） 明治8年（1875）	
[15]大漁之神	千葉県銚子市（川口神社） 不明	
[16]奉請右鯨大明神	宮城県牡鹿町網地島 享保（1716～）の頃？	鯨骨もかつてあった。
⑰千頭鯨霊供養塔	宮城県牡鹿郡牡川町鮎川（観音寺） 昭和8年（1933）	
[18]鯨供養塔	宮城県本吉郡志津川町戸倉 延享3年（1746）	
[19]鯨塚	宮城県本吉郡唐桑町崎浜（御崎神社） 文化7年（1810）	
[20]鯨塚	同上 天保7年（1836）	
[21]鯨塚	同上 不明	
[22]鯨の霊	宮城県気仙沼市尾崎 明治8年（1875）	

写真20　弁天祠（中央）と鯨墓（千葉県鋸南町下佐久間）

られるが、鯨鯢供養との関係で注目されるのは③の指摘である。実はこの地方の鯨墓は、代々出刃組長を勤めた高梨家の裏山の弁財天社境内に祀られている。主要小祠は三祠あって、山の中腹に掘られた洞窟の中に納められ、中央のものに「天保九年九月願主醍醐新兵衛」と刻まれている。境内には小さな石祠が一〇〇余りある。これらは、海働きしている人が大漁祈願やその感謝に建てることもあれば、体の具合が悪いといって願を掛け、平癒の御礼に石祠を建てる人もいる。必ずしも鯨の供養にだけ建てたものではないという。しかし一方では「解剖して出て来た胎児を哀み、新兵衛夫人が建立した鯨塚」の伝承もあって、[31] 鯨の胎児その他を手厚く葬り弔うという慣習から弁天社境内に鯨墓が建立されるに及んだものと考えることかできる。なお矢代は「この弁財天の管理や祭祀は、今では高梨家を中心に附近の住民によって細々と受けつがれているが、江戸時代は醍醐組が管理し、出刃組が直接の供養を行っていたのであろう」と推測している。[32] 現在は高梨家を中心とする地域の人びとが祀り、漁師や商売人の信仰を仰いでいる。一五年程前までは、高梨家が毎年五月にもお祀りをしていたが、現在は正月に注連飾りをし、榊やお供えを上げるだけになっている。

さて、最後の宮城県牡鹿町鮎川の捕鯨史は『牡鹿町誌上巻』によればつぎの通りである。[33] 鮎川浜が捕鯨の根拠地となったのは、明治三十九年（一九〇六）に東洋漁業（昭和十二年日本水産株式会社となる）が向田に事業所を設けた時点からである。古くから金華山沖は鯨が群遊してくる場所として知られており、天保九年（一八三八）に藩命により鯨取《くじらとり》開方主立《ひらきかたぬしだて》になった平塚雄五郎・阿部源左衛門、あるいは明治三十九年に金華山捕鯨株式会社を創設した寄磯浜の遠藤栄五郎その他の漁業家も、金華山沖の漁場にも強い関心を持っていた。しかし、彼らの根拠地は自分の居住地か、消費地に近い塩釜、石巻等の漁港であった。ところが山口県下関の東洋漁業水産が進出し、成功をおさめると各捕鯨会社は牡鹿半島各地に進出してきた。そんな中で大正十四年（一九二五）には、地元資本による鮎川捕鯨会社が設立された。これは沿岸より一〇〇マイル以遠の外洋で、マッコウクジラだけを捕鯨するのを許された会社であった。昭和十年（一九三五）前後、南氷洋捕鯨に力点が移ると二〇〇トン近い鮎川丸を持つ同社は極洋捕鯨に吸収されてしまった。現在観音寺（真言宗）境内に建つ鯨千頭捕獲記念碑は、この鮎川捕鯨株式会社によって昭和八年十月に建立されたものにほかならない。三三頭、あるいは一〇〇〇頭捕獲すると供養碑を建立する例はしばしばある。それも鯨を対象としたものばかりではなく、鮭や猪、熊といった魚類、野獣類を対象としたものも多い。この碑は「記念碑」と刻まれているが、おそらく供養の意味も含めて建立されたのだろう。

現に今日でも、八月十六日には鯨霊供養が行われ、観音寺護持会の人びとの手で作られた灯籠流しが浜で行われている。ただし鯨に対する供養のみにとどまらず、その他の魚類供養、海難者供養、交通事故者供養の意味も含めて実施しているという。

鮎川における鯨鯢供養は、かつてはイベントとしての「鯨祭」においても行われていた。第一回「鯨祭」は昭和二十八年（一九五三）八月二十二日から二十五日までの四日間にわたって行われた。当時は小型捕鯨の全盛期であり、鮎川の発展を祝い、あわせて捕獲した鯨の霊および海難者の霊をなぐさめるべく消防団が中心となり、青年団や婦人会、町当局の後援を得て実施された。観光の呼び物にしようとの狙いもあったことは言うまでもない。行事の内容は、野球大会、水上競技、大漁唄い込み、模型の鯨を用いて実砲を使った捕鯨の実況、仮装行列、山車の練り歩きなどである。また、夕方からは花火大会、盆踊り大会、万霊供養施餓鬼流灯籠、新作鮎川音頭の発表など盛りたくさんであった。翌年からは鮎川祭協賛会が結成され、祭日も八月十三日からの三日間に変更された。昭和三十五年には中止の浮き目にあったが、昭和三十九年に復活し、鮎川商店会が中心となって、八月十五、十六日の二日間賑やかに鯨祭が開かれた。それ以降年々盛大になり、昭和四十二年（一九六七）の第一〇回からは、お盆を避けて八月三、四日と日程が変更し、今日に至っている。(34)ちなみに、平成九年度（一九九七）の行事内容は、鼓笛隊パレード、くじらみこしパレードといったオープニングパレードに始まり、金華山龍蛇踊り、捕鯨ショー、あなごつかみ大会、牡鹿ウルトラクイズ、金華山黒潮太鼓、牡鹿神楽、歌謡ショーと続く。盆期間に「鯨祭」が行われていた時期は、観音寺を中心に繰り広げられる鯨などの供養も「鯨祭」に組み込まれ、その一環として行われていたのだろうが、現在では独立した行事となっている。

鮎川における小型沿岸捕鯨は昭和八年（一九三三）に始まるとされ、昭和三十二年には小型捕鯨船一三隻を数え、およそ全国の三分の一が鮎川に集中するほどの最盛期を迎えた。その後は大手捕鯨資本の沿岸捕鯨への参画、政府等の規制により衰退を余儀なくされた。(35)現在千葉県和田浦に本拠を構える外房捕鯨株式会社が事務所を設け、二隻の小型船で調査捕鯨に携わっているだけである。外房捕鯨株式会社では、和田浦の場合漁初めに船の乗組員と屠殺解体に携わる人ともどもに威徳院（真言宗）へ赴き、安全操業と大漁を祈願し、合わせて鯨の供養を行っていた。それも昭和四十年代半ばころまでで、昭和四十六年（一九七一）に鮎川に進出すると、金華山に参詣するように変わったという。なお、鯨の胎児については、かつてはやはり埋葬していたようであるが、近年は飼料業者に売却しているとのことである。

結びにかえて

以上、西海および太平洋沿岸捕鯨地域の鯨鯢供養について検討を加えてきた。寄り鯨地域、捕鯨地域を問わず、孕み鯨を捕獲した場合必ずといっていいほど胎児を埋葬し、供養碑を建立するという点では共通していた。また、鯨を海神の神使あるいは海からの贈り物とみなしている点でも一致する。しかし、寄り鯨地域にあっては、村に迷惑をかけたり、村から恩恵を受けて死んで行った人びとが、罪ほろぼしや村への恩返しに鯨に生れ変わり、寄り鯨となってやってくる、といったモチーフの伝説が多く伝えられている。それに対して捕鯨地域にあっては、社寺参詣の子連れ鯨や子の出産にやってくる母鯨が、夢枕に立って助命を嘆願するが、結局翌日命果て、人びとに災厄をもたらすという祟り的側面を強調した伝説が語り継がれてきた。そして祟りの具体的内容は、家の凋落、奇型児の誕生、子供の死、疫病の流行といったものである。しかし話としては、佐賀県呼子浦中尾組の羽刺が、親子連れの鯨のうち子鯨を射止めて家に帰宅すると、玄関で銛が落ちて子供に刺さって死んでしまった、とする伝承に象徴されるように、どちらかと言えば単純な因果応報譚が多い。

ところで、狩猟をめぐる世間話の中に「孕み猿の祟り」と称する一群の話が存在する。孕み猿を撃ったために家に不幸が続き死に絶えたとか、孕み猿を撃つと妻の産が重い、あるいは流産する、猿に似た子が生まれるなどといい、その祟りの多くは妊娠・出産に影響が出るという。この世間話に分析を加えた山田厳子は「『孕み子の祟り』とでも名付けるべき一群の世間話は、因果応報的な印象を我々に与えるが、ここでは、殺される動物が（人間に近い＝別の項の記述を筆者が補足した）猿であったこと、またその猿が身持ちであったことに注目したい」として、つぎのように述べている。[36]

猿の胎児は、「生まれてくるべき（力）エネルギー」を持ったものである。そのエネルギーを完遂させなかったこと、すなわち生まれてくる前に殺害してしまったことに対する不安が、人間の女の妊娠の際に連想を呼び、生まれてくるはずのものが、人間の女を通して（媒介として）生まれてくる、という想像が働いたのではないかと考えられる。このような世間話は孕み猿の殺生に対する潜在的な恐怖心が、具体的な形をとって表現されたとみることができる。

山田の見解はすこぶる興味深いし、寄り鯨地域、捕鯨地域とも確かに孕み鯨への対応は尋常ではない。しかし、孕み鯨の捕獲と妊婦の出産にまつわる伝説は太地のそれを除くと目下のところ採集例がなく、これ以上コメントをつけ加えることは不可能である。しかも連れ子鯨にも繊細な対応姿勢をとっており、発現する祟りの内容も出産に関するものばかりではなく、多様なものに及んでいる。それ故ここでは、単純に殺生に対する罪の意識と因果応報への恐怖心、そして人間同様胎生し、親子の絆が強い鯨、恵みをもたらす鯨への畏怖心が、こうした伝説を生み、語り継がれてきたものとするにとどめておきたい。

捕鯨という殺生に携わる人びとは、漁初めと漁仕舞、そしてその合間にさまざまな祭祀を執行し、三三頭目もしくは一〇〇〇頭目の捕獲時など何らかの契機に石碑を建立し、供養につとめた。また梵鐘や灯籠を寺院に寄進し、その繁栄を誇示する一方で、鯨鯢の霊の慰撫に努めた。こうした殺生人達の心情は『小川嶋鯨鯢合戦絵巻』に端的に示されていた。鯨は人間に多くの利益を持たらすという功徳を持ち、しかも必ず死ぬ運命にあって、自分達に捕獲されずともどこかしらで捕えられる。だから我々が獲ることはやむをえない。ただし無益な殺生をせず、捕獲後は供養に努めよう、と。諏訪明神の「四句の偈」ほど極端ではないが、やや自己中心的で狩猟民の世界観に通ずる所がある。それと関連して、狩猟者たちの間では、猪や熊を一〇〇〇頭（あるいは一〇〇頭）捕獲すると、塚を築いたり供養塔を建立するという習俗が、西日本を中心に広く認められる。それとともに「千匹の獣をとったら狩人をやめる。やめないと怪異にあう」「シシ千匹をとると人一人殺したことになる」などと伝えている。(37) 魚についても「鰤一万尾獲れば、人を一人あやめたことになる」と鹿児島県内之浦町では言われている。(38) 鯨に関する伝承は確認されていないが、ありうるものと予想される。人一人に匹敵する頭数については魚類、獣類で差はあるものの、人間を基準に殺生の是非を推しはかる判断基準が設定されているのであり、こうした発想は狩猟者、漁撈者そしておそらく捕鯨業者の間でも共通している。そう考えれば、狩猟者達の間で口伝されてきた「四句の偈」が、鯨鯢供養に転用され、それが受け入れられたのもさして不思議ではない。

註

（1）福本和夫『日本捕鯨史話』法政大学出版局　一九六〇年　一～二八七頁
（2）立平進『西海のくじら捕り』ろうきんブックレット　一九九五年　一～九二頁
（3）たとえば、佐賀県立博物館編刊『玄海のくじら捕り』一九八〇年　一～一四六頁、高知県歴史民俗資料館編刊『鯨の郷・土佐』一～八七頁など。
（4）熊野太地浦捕鯨史編纂委員会編『熊野太地浦捕鯨史』平凡社　一九六九年　一～六二三頁
（5）中園成生『くじら取りの系譜』長崎新聞新書　二〇〇一年　二一～二五頁
（6）平戸市教育委員会編刊『西海鯨鯢記』一九七八年　六頁
（7）立平進前掲註（2）　二三～二五頁
（8）吉原友吉『房南捕鯨』相澤文庫　一九八二年　六八～六九頁
（9）佐賀県立博物館前掲註（3）　六～七頁
（10）福本和夫前掲註（1）　一六二～一七三頁
（11）同右　一六五頁
（12）田島佳也「小川嶋鯨鯢合戦絵巻・解題」『日本農書全集』第五十八巻　農山漁村文化協会　一九九五年　三八七～八八八頁
（13）貴志正造釈『神道集』平凡社東洋文庫　一九七一年　二八三～二八六頁
（14）宮田登『近世の流行神』評論社　一九七一年　一五六～一七三頁
（15）福田・深江共著『長崎の伝説』角川書店　一九七八年　一六一～一七二頁
（16）志自岐惣四郎『平戸の伝説と逸話』私家版　一九五四年　九三～九四頁
（17）熊野本宮大社編刊「鯨の熊野詣由来記」（パンフレット）
（18）吉原友吉『房南捕鯨』前掲書　七〇頁
（19）熊野太地浦捕鯨史編纂委員会『熊野太地浦捕鯨史』前掲註（4）　五一八頁

(20) 山田猶實『津呂捕鯨誌』津呂捕鯨株式会社　一九〇二年　一～一四二頁

(21) 吉岡高吉「土佐室戸浮津組捕鯨實録」『日本常民生活資料叢書』第二十二巻　三一書房　一九七三年　三九五～四八四頁

(22) 同右　四六〇～四六三頁

(23) 中園成生前掲註（5）一六一～一六二頁

(24) 吉岡高吉前掲（21）四六一～四六三頁。その全文は以下の通りである。

宮地左仲生來謂凝曰餘爲捕鯨長久矣
自寛政庚申至今茲天保丁酉所獲之魚殆將一千矣
今春託中導寺住僧日祥讀誦妙経經數十部
以設供養雖然心猶未安　因思余曾祖父兀貞嘗
有鑄鐘施寺之志未果而没余欲嗣其志可乎
凝嘆曰善哉生之志也　昔有一國王名罽膩吒
以悪業故死而海中作一身千頭魚
劍輪廻注截其首　已死復蘇受苦如始
適有僧爲臂吒揵推　罽王聞之苦痛頓停息
夫法器之威力如此　生今欲修善功德
一杵一響普徹法界奚獨千鯨萬億轟動
同赴覺路面矣
生欣然雇治工鑄之鐘成銘曰
一口華鯨雷霆轟々萬里海鳴千扨山
驚羣蒙聞聾頓脱纏縈嗟宮地兄
　家業世縈雖則殺生側隱眞情鼓鑄出型
　祖志金成余爲題銘永傳梵城
　　天保八年丁酉十月　天高山日凝銘撰
　鐘落成供養主　宮地山中導寺

住持智精日祥

(25) 土佐清水市史編纂委員会『土佐清水市史上巻』土佐清水市　一九八〇年　九六九〜九七四頁
(26) 熊野太地浦捕鯨史編纂委員会編　前掲註（4）　五一八頁
(27) 田上繁「熊野の古式捕鯨組織」『伊勢と熊野の海』平凡社　一九九二年　三七四〜二七五頁
(28) 小島孝夫「安房地方のツチクジラ漁」『歴史と民俗』第四号　神奈川大学常民文化研究所　一九八九年　八八〜九〇頁
(29) 同右　八八頁
(30) 矢代嘉春「鯨史巷談五・勝山鯨碑発見余話」『鯨研通信』三二二号　鯨類研究所　一九七八年　九〜一〇頁
(31) 奈須敬二「鯨の墓」『鯨研通信』三七六号　鯨類研究所　一九八九年二頁
(32) 矢代嘉春前掲註（30）　二頁
(33) 牡鹿町誌編纂委員会『牡鹿町誌上巻』牡鹿町　一九八八年　二一八〜二二九頁
(34) 同右　一八五〜一八六頁
(35) 同右　二二六〜二二七頁
(36) 山田厳子「狩猟・漁撈と異常児誕生」『国文学論考』第二十四号　都留文科大学国文学会　二六〜二七頁
(37) 千葉徳爾『狩猟伝承』法政大学出版局　一九七五年　二四五〜二五三頁
(38) 日高旺『黒潮のフォークロア』未来社　二五九〜二六一頁

第四節　馬の供養をめぐって
――馬頭観音信仰の変遷――

はじめに

神馬・乗馬・駄馬・農馬といった馬の信仰・利用のあり方に留意しつつ、馬をめぐる民俗の概括的把握を試みた竹内利美は、東日本の農馬について西日本の牛の利用に比べてはるかに導入が遅れた点、耕耘や緑肥・刈稲などの運搬といった力役用より厩肥生産に重点がかかっていた点を指摘した上で「ともかく、農民生活と馬のかかわりあいは久しいものがあり、家のもの同様にいとしみ育てる風も自然生じた」と述べている(1)。確かに「馬は半身上」と言われ、財産であるとともに家族についで大切な家の一員であり、馬がいかに人間に近い扱いを受けていたかに驚かされる。その点については、次の「馬の葬法と供養」で改めて触れることにしたい。しかし、今日産業構造の変化および機械化により農馬は姿を消し、交通機関の発達により駄馬も我々とは縁遠いものとなった。こうした現状について竹内はつぎのように指摘している(2)。

さて、現代社会にとって「馬」はいかなる存在であるか、それはあえて答えるまでもなく、伝統久しい馬の役割はほとんど消滅し果てたということであろう。わずかに「競馬」だけが残っていよいよさかんなだけで、スポーツとしての乗馬さえあまりその普及は期待できない。(中略)ただし現代の競馬は馬種改良と良馬の奨励という趣旨を形のうえではうけつぎながら、全く国民的ギャンブルと化し、数万の観衆は賭馬の疾走に、掌中の「馬券」の運を託しつつ、一喜一憂している云々。

昨今の競馬ブームにあきれ果てている竹内の表情がほうふつされるが、競馬が国民的ギャンブル化しているというほど大衆化しているならば、我々民俗学徒にとって競馬は無視できないだろうし、社会状況の変化に伴う人と馬との関係のあり方を、素直に受け容れる必要があろう。それ故小稿では、かつての馬の供養の方法、馬頭観音信仰の変遷をふまえて、今日の競走馬供養の実態を明らかにし、人と馬との関係を問い直してみることにしたい。

さて冒頭で再三引用した竹内論文「馬の民俗」は『馬の文化叢書6民俗・馬の文化史』（岩井宏實編）に収録されたものだが、(3)同書は馬の風俗（馬の民俗）、神馬の奉献、馬と水神、馬と絵馬、馬の俗信、馬とお白神、馬の芸能、馬の民具といった構成であり、人馬交渉史を多様な側面から知らしめてくれる好著といえる。ちなみに、小論との関係では小野重朗論文「供養築き――馬を葬り祀る民俗――」が興味深い。(4)同論文は南九州における馬の葬法、供養のあり方の地域特性について論じたものであるが、これについては後ほど言及することにしたい。

小島瓔禮編『人・他界・馬』は、グローバルな視点から日本の人馬交渉に見る特徴を把握しようとしたものだが、「第2章　馬頭観音以前のこと」において、東日本の葬法と供養について分析を試みている。(5)これについても、改めて触れることにしたい。『馬の文化史』には、馬頭観音関連の論稿が掲載されていなかったが、日本石仏協会編『日本の石仏』一〇号が馬頭観音特集であり、(6)日本の馬頭観音信仰のおおよそを把握することができる。このほか鹿児島地方の馬頭観音信仰を取り扱った森田清美の「馬頭観音像について」、宮城県下をフィールドとした小野寺正人の「馬と馬頭観音信仰」、埼玉県東松山市上岡観音信仰のインテンスィブな分析を試みた三田村佳子の「講帳よりみた絵馬講の推移」、栃木県馬頭町馬頭院の信仰を取り上げた長沢利明の「馬頭観音の寺と町」、静岡県駿東郡小山町・円通寺の馬頭観音信仰を対象とした大島建彦の「円通寺の厩祈禱」が特筆される。(7)

さて、以上は小稿とかかわる先行研究のうち、主だったものを紹介したにすぎないが、これらを参照しつつ馬の葬法と供養、関東、東海地方の信仰圏を三分する馬頭観音に見る信仰の変遷、競走馬の供養の順で分析を試みたい。

一　馬の葬法と供養

近世における馬の主産地は、奥羽地方、中部高地、そして南九州であった。近・現代は北海道も重要な位置を占めるようになるが、ここでは、東北地方と南九州における葬法を見ることにしたい。まず東北地方のそれだが、三崎一夫は宮城県下の馬の供養について、つぎのように報告している(8)。

宮城郡宮城町白木（現仙台市）では、馬が死ぬことをタオスといい、馬をタオスと櫓に積むか人が担いで行って馬捨て場に埋める。そして「馬は半身上」であるという。このように馬は家にとって重要な財産であり、大事な働き手であったため、その屍骸はやや丁寧に葬られ、路傍や辻などにその供養に建てられた馬頭観音碑を多く見ることができる。

加美郡宮崎町西原は古くから馬産地であるが、この地では馬捨て場に埋めると、馬の四本の脚を縛り、その縄を三本の柱を組んで立てて結びつけ、その柱に石を吊り下げる。同郡小野田町漆沢でも馬を埋めると三本の木を組んで立て石を吊り下げる。伊具郡丸森町筆甫でも石は下げないが三本の木を組んで立てる。この葬い方は（前記したように）人間の場合にもみられ、獣魂を鎮圧するための手だてであり、この魂も鎮める必要があった。

この県の南半分では、牛馬や、犬猫の供養のために股木に寺で経文を書いて貰って、馬頭観音碑の前や道の辻に立てる風がある。それを名取市本郷では「畜生塔婆」と呼び、馬の場合苞に五穀を入れたものを馬靴と結びつけて馬頭観音碑の前に立て、角田市佐倉ではミミトウバといって馬捨て場に立てる。

ここに報告されているように、たいてい村はずれに馬捨て場なる空間があり、そこに埋葬するとともに、供養を目的として馬頭観音碑を建立し、また、「畜生塔婆」等々の二股の塔婆を立てるというのが一般的であった。仙台市泉区朴沢の馬頭観音信仰について検討を試みた小野寺によれば、同地方では馬を死なせることを「馬を落とす」といい、その死因には厩で虫に刺される、伝染病にかかる、運搬や農耕作業中に転倒するなど様々で、多くの子馬を取ったり馬齢を重ねた馬などの場合に限って、馬の霊を弔うために馬頭観音碑を建立したという。また建立に際しては、川に行って石拾いと称して適当な石を探し、近所の人に手伝ってもらって石屋に運び、「馬頭観音」や「馬櫪神」の文字、種子の類を書き記してもらい、建立した際には祈祷を頼み、ご神入したという。(9) さしあたってここでは、すべての馬について碑塔の類が建立されたというものでもない、その点にだけ留意しておきたい。

一方小島は、「馬頭観音は死んだ馬を供養するために建てる。しかし、それは馬の墓ではない。埋葬地と供養する場合とが異なっている」とし、人間の葬制における両墓制に言及した上で、「死んだ馬を、馬捨て場に放置したというのはごく一般的な慣習であった。それも畜生なるがゆえの処置ではなく、人間に対する古風な取扱いかたが、死後においても、人も馬も、同じ暮らしかたをしていたことになる」と指摘している。(10) 小島は、馬が死後の供養において人間同様の扱いを受けていることを力説したかったのだろう。人間の四十九日の供養の際、口寄せ巫女を招して、死者の思いを語らせる風が東北地方に根強いが、まれに死んだ馬に対しても同様になされるといった報告例もある。(11) しかし、馬頭観音碑の建立地点について言えば、確かに両墓制的形態を取る場合が多いが、馬捨て場に建立されていることもあり、小野寺もそうした例の報告を行っている。(12) ちなみに建立地点について見ると、馬捨て場、辻や路傍、橋のたもと、寺院境内、屋敷地等々に多い。崖のそば等墜落して死んだ場所などに建立されることもあり、交通事故で死亡した人の供養として事故現場に地蔵像を建立するといった現行習俗に通底する。

また二股塔婆についてみると、やはり辻・三叉路の他、馬捨て場や馬頭観音碑の傍に立てられたようである。その地域的分布について三崎は、先の報告で「県の南半部」と記しているが、宮城県南部から福島県を経て栃木県、茨城県、千葉県といった関東にまで及んでいる。宮城県では「畜生塔婆」、ミミトウバと呼ばれているが、福島県下ではイヌトウバ、北関東ではザグマタと称している。その宗教的意味について次の項で改めて検討を加えるつもりである。ただし、分布についてては、岩手県遠野地方の例も確認されており、地域的に広がる可能性のあることだけつけ加えておきたい。

ついで目を転じて、南九州における特異な習俗、供養築きについて、小野の報告によりながら概観することにしよう。馬捨て場や馬の血出し場、馬頭観音・早馬神・牧神等々の馬の神の傍、村境、岡の上等に半畳ほどの塚を築くことを供養築きといい、その塚の上に小松を植えて信仰対象とする習俗が南九州に広く認められる。小野によれば、鹿児島県の大隅地方を中心にして、一部薩摩地方にも見られ、また熊本県及び宮崎県の諸方地方に及ぶ分布を示すという。供養築きをする時期は、不定期の場合、①馬が死んだ時、②馬牛の病気流行の時、③個人で馬牛安全を祈る時であり、定期的に行う場合は、①牛馬の講の日、②彼岸入りの日、③トキの時、などである[13]。

小野は多くの事例を収集し分析した上でその歴史的変遷についてつぎのように見ている。供養築きおよび供養松は病死した馬の墓標として造られ植えられたもので、やがて御霊的な信仰から馬の病気がはやった時に供養松を植えて馬の病気を防ごうとするようになり、さらに馬の祭りごとに儀礼的に供養築きをするようになった、と。また、供養築きと馬頭観音信仰との関連については「供養築きも馬頭観音の祀りも共に死馬の供養から発しているが、供養築きの方がより古い形であるためもあって、馬の病災防除のための呪術的な儀礼となったのに対して、馬頭観音の方はより新しい形として馬の守護神となった」と指摘している[14]。

南九州における馬頭観音信仰の歴史的展開について触れることなく、重出立証法に基づきこうした結論が述べられているが、森田も鹿児島地方の馬頭観音信仰が十八世紀以降の石像物製作ブームに乗って作られたものが多く、主として牛馬の守り神や死んだ牛馬の供養のために立てられたものが多いとみており[15]、小野の指摘は多分正鵠を得ていると思われる。一方供養築き、供養松に関してであるが、前者同様のものが人間の場合にも築かれる例があって、長野県立科町あたりではツカツキと称している。この地方のみならず広く見られるようであるが、その地域的分布については明確には把握されていない。なお、供養松は墓上植樹の一種であり、人間の場合も広く認められる。さらに三十三回忌に立てられる梢付塔婆や「畜生塔婆」もその延長線上にあり、再生のシンボルであるとともに、ムラへの侵入を防ぎ、また邪霊を他界へと送り出す機能を有しており、供養松との共通点を見出すことができる。

二　関東・東海地方三馬頭観音信仰の変遷

ここでは、冒頭で言及した竹内の指摘について確認することにしたい。すなわち栃木県那須郡馬頭町・馬頭院（真言宗）、静岡県駿東郡小山町・円通寺（曹洞宗）、埼玉県東松山市・妙安寺（曹洞宗・通称上岡観音）といった関東・東海地方の信仰を三分する三カ寺に焦点を当て、近世から近・現代に至る信仰の変遷をトレースし、競馬（競走馬の供養）との関連を明らかにしたい。

まず馬頭院であるが、寺伝によれば開創は建保五年（一二一七）権中納言藤原光雅の子息光宝が武茂荘に一宇を開創、当初武茂山地蔵院十輪寺と称し、将軍地蔵を本尊としていたという。正和年間武茂太守源好綱が金堂を建立し、馬頭観音を安置。その後馬頭観音を奉じ、武茂一八カ村の鎮守とした。江戸期慶安年間に徳川家光より地蔵供養料として朱印一〇石を賜わる。元禄五年（一六九二）には徳川光圀が堂宇を修理し、当地名を馬頭村と改めた。またその際、現院号に改めたという。[16] 現在の栃木県一帯は、元禄期から馬の飼育が盛んで、県内に七カ所馬市の立つ場所があり、馬頭町もその一つになっていた。地名や寺院の改称は、そのこととかかわるのかもしれない。ちなみに馬頭町では馬頭院の門前に市が立ち、春秋二回馬ゼリが行われていた。なお、馬頭院の年中行事は以下の通りである。

正月…………修正会
一月十四日………大般若転読会
三月二十一日……宗祖大師忌御影供
四月八日…………仏誕花祭
四月十七日………馬頭観音大祭礼
七月十五日………施餓鬼大法会
九月二十五日……戦没者慰霊法会
十二月十二日……派祖忌（智山派）報恩講

このうち馬の祭りとして賑わいを見せたのは、正月の修正会と四月十七日の馬頭観音大祭礼であった。修正会では元旦に僧侶が法要を営んだが、馬を引き連れた人びとが参詣するのは三日になってからで、紅白の飾りや五色の布で飾った鞍を背負い、着飾った馬が数多く集まった。また、四月十七日の大祭礼、そして馬市が立つ十八日もともに賑わったという。この時も飾り馬の姿が見られ、観音講の代参者が祈禱札を持ち帰った。信仰圏は県内一円の他、茨城県および福島県の八溝山東麗の村々に至るまでで、一時は北海道や青森県辺りから来ることもあった。しかし、第二次世界大戦中馬が軍馬として徴収されたため馬市も廃れ、戦後一時期復活したものの一九五五年ごろから再び廃れ、信仰も衰退したという(17)。しかしながら旧参道を登り詰めた所に現在でも一八基余りの碑塔が林立している。庚申塔、出羽三山碑各一基の他はすべて馬頭観音関連の碑である。明治四十四年建立にかかる勝善神、大正二年の馬力神以外は馬頭観音銘が刻まれている。多くは建立年代が不明であるが、近年のものでは昭和六十年、六十二年、平成三年、十二年建立のものがある。畜霊供養、軍馬の供養に混ざって、競走馬らしき馬の供養碑もある。馬頭院は今日菩提寺として機能しているが、競走馬や畜産類の供養、安全祈願にやってくる人びとが少なからずいることがわかる。

ついで上岡観音であるが、境内の馬頭観音および寄進碑、あるいは絵馬の図柄の変化等々の分析をもとに、近世から近・現代に至る、信仰の変遷をトレースすることにしたい。

上岡観音は妙安寺持の堂宇であるが、『新編武蔵風土記稿』巻之一九五には「妙安寺　曹洞宗　福田村成安寺の末諏訪山と号す　開山祖真　文禄元年十一月朔日寂す　本尊弥陀を安せり」とあり[18]、馬頭観音堂についてはその隣に一行、ただ「観音堂」と記されているだけである。また明治期に記された『社寺堂庵明細帳』には、「由緒不詳　明治三十三年十月廿三日馬頭観音堂飛地境内トシテ編入ノ件許可」とあり、またその馬頭観音堂については、「由緒不詳、大正二年七月十日（傍点筆者）堂宇改築落成」と記されている[19]。しかし『大岡地区の民俗』によれば「武州上岡妙安寺馬頭観世音縁起」なるものがあって、文治年間（一一八五〜九〇）に瑞慶和尚によって福聚庵として当地に創建されたのが、この観音堂の起こりと伝えている[20]。

しかし、上岡観音堂の名を世に知らしめたのは、妙安寺一七世愚禅和尚（十九世紀後半に活躍）とされている。同和尚は吉見村（現吉見町）出身で書をよくし、庚申塔の碑銘などを書いた。大きなことが大好きで、大根の種子を一年分買っておいて寺にくる人にやり、また余興に来た人を寺に泊めて大盤振舞をし、ゴゼや虚無僧、旅芸人を歓待するなどしてクチコミによって広めた。こうしてしだいに信者が増加し、近在はもちろん関東一円に観音講が結成され、毎年二月十九日の縁日には二、三人の代参を立て、馬頭観音のお姿、馬の守り札、絵馬などを買い求めて帰り、講中に配付した[21]。なお、明治初期再三火災に遭ったが、妙安寺一九世仏光上人の尽力によって浄財を集め、明治三十七年に起工し、大正三年に現在の観音堂が造立され、今日に至っている。

ついで馬頭観音堂境内の石碑の分析に移りたいと思う。それに先立って、表10によりながら、東松山市の石仏建立史を概観しておきたい。表10を見る限り、馬頭観音碑の数が一九三基と、二位の地蔵一九一基、三位の庚申塔一一四基を凌駕している。しかし建立年代についてみると、庚申・地蔵と比べて古さでは遅れをとっている。ただしその分、

表10　東松山市域における石仏など信仰関係石造物の基数年代別一覧

	1649	1650〜99	1700〜49	1750〜99	1800〜49	1850〜67	1868〜99	1900〜45	1946〜	不明	計
地蔵菩薩		5	43	70	22	2	3	10	1	35	191
六地蔵			2	11	6	1	1	1	1	10	33
観音菩薩			1	20	10	1	1			8	41
馬頭観音			3	27	45	22	25	54	3	14	193
（＊上岡観音堂境内）					1	0	1	18	8	4	32
阿弥陀如来		5	2	1						2	10
不動明王				1		1				5	7
弁財天		1	7	8	3	3	1	1	1	6	31
諸仏	(1637) 1	1	2	3		1		2		7	17
読誦・刻経・写経塔		3	12	18	18	4	3			8	66
納経・廻国塔			3	6	24	9	3			2	47
山岳信仰					5	12	5	4		12	38
庚申塔	(1585) 1	29	36	20	8	6	2	2		10	114
道祖神					3	1					4
荒神				1						1	2
疱瘡神・風邪神		2									2
八幡・天神・織姫		2				1					3
奉納石造物			5	7	12	5				1	30
その他信仰関係石造物			1	4	6	1	1	2			15
計	2	48	117	197	162	70	45	76	6	121	844
庚申塔・馬頭観音以外	1	19	78	150	109	42	18	20	3	97	537

（註）東松山市史編さん室編　1981『石佛』による。ただし馬頭観音堂境内の数字は上岡観音堂境内の基数を示す。2000年度松崎調査による。

表11　上岡観音堂境内「馬頭観音碑」一覧

No	碑　　名	建 立 年	建 立 者	法量(碑部分) W×D×Hcm	備　　考
1	馬頭観世音	弘化2年(1845)	田島守八	40×15×73	道しるべか？
2	馬頭観世□	明治22年(1889)	金子利平	65×17×67	
3	レリーフ三面六臂像	明治34年(1901)	不明	22×20×80	
4	馬頭観世音菩薩	明治37年(1904)	小松原弥右衛門	29×18×80	
5	馬頭観世音	明治39年(1906)	飯泉仙次ら21名	65×19×67	
6	馬頭尊	大正9年(1920)	矢島久六	23×13×40	
7	馬頭観□□	大正10年(1921)	不明	17×13×22	
8	馬頭観世□	大正11年(1922)	不明	14×10×44	
9	馬頭観世音	大正14年(1925)	忍町観音講組合	86×12.5×187	奉納碑
10	馬頭観世音	大正15年(1926)	榛　清吉	33×7×52	
11	馬頭観世音 愛馬慰霊之碑	大正15年(1926)	陸軍中佐 松本岩吉	70×5×90	
12	馬頭観世音	昭和6年(1931)	寺田高二	20×5×40	
13	レリーフ　聖観音像	昭和6年(1931)	綿沼何某他7名	21×9×33	
14	馬頭□□□	昭和10年(1935)	不明	21×9×33	右側面に昭和十年八月吉日。左側面に昭和二十六年渡辺□□とある
15	馬頭観世音	昭和12年(1937)	大岡村北部養蚕講組合	139×10×246	奉納碑
16	馬頭観世音	昭和14年(1939)	不明	35×25×67	
17	子安馬頭観世音	昭和15年(1940)	森田氏	17×13×44	
18	馬頭観世音	昭和18年(1943)	大塚定吉	30×5×60	
19	馬頭観□□	昭和19年(1944)	不明	30×5×55	
20	馬頭観世音	昭和20年(1945)	奥原　勝	40×12×70	
21	馬頭観世音	昭和23年(1948)	高橋牛太郎	30×10×103	
22	馬頭観世音	昭和25年(1950)	熊谷市　藤井菊次郎	43×10×85	
23	馬頭観世音	昭和26年(1951)	不明	26×8×43	
24	大山大典 馬頭観世音	昭和26年(1951)	大徳末松	46×14×62	
25	馬頭観世音	昭和29年(1954)	鶴見秀吉	50×7×60	
26	馬頭観世音 モッカンオー号他	昭和53年(1978)	境町トレーニングセンター　加藤徳明	74×20×125	
27	馬頭観世音 愛馬浅岩號之墓	昭和53年(1978)	陸軍砲兵中尉 加藤徳明	74×20×125	
28	馬頭観世音	平成7年(1995)	本所俊一・イマ 子供一同	150×64×97	裏に各地馬事会農水省関係者銘あり
29	馬頭観世音	年代不詳	忍観音講組合	90×160×(　)	
30	馬頭観□□	同上	解読不能	17×13×22	
31	馬頭□□□	同上	峰崎□□□建立	17×14×55	
32	馬頭観世音	同上	不明	63×6×53	

二十世紀以降の造立数で優っている。一九八一年度東松山市刊の『石佛』には、これら一九三基のうち、松山地区四〇、大岡地区三六、唐子地区二七、高坂地区三一、野本地区五九、とあり[22]、大岡地区三六基のうち半数以上の一九基が馬頭観音堂境内にある勘定となる。近年、建立されたものをさし引いても、筆者が作成した表11とは数が異なる。

それはさておき、『石佛』によれば、その造立目的は全体を通して馬の供養や無病息災を祈念して建てられているが、江戸初中期に見られる特色は、「村」「講中」、複数の人たち等集団で建立したものが多く、形も像を刻んであるものを多く数えるという。そうして像容は約八割が三面六臂憤怒相、頭上に一馬を刻んでいる。残りは三面八臂、一面二臂でいずれも頭上に一馬刻んでいる。しかし江戸時代後期（一八〇〇～幕末）に見られる特色は、しだいに個人で造立するものが増えてきて、「村」、「講中」、複数の人たちで造立したものとほぼ同数になってくる。形も像を刻んだものはこの期の前半に集中し、後半になるにしたがって文字塔に変わる傾向を見せるという。また明治中期の十九世紀後半から最終期に見られる特色は、個人で造立したものが九割を占め、特定の馬のためのものになってくるという[23]。

表11によって現在境内にある三二基をみると、造立年代は圧倒的に近代以降のものが多く、明治末～昭和二十年（一九〇〇～一九四五）造立のものが一八基、戦後のもの八基となっている。像容を刻んだものは『石佛』で指摘されているように少なく、No.3、13の二基しか見られない。ほとんどが文字塔である。しかし、三二基中八基の不明のものを除くと、個人造立一六基、講や複数の人たちによる造立八基と、集団の造立によるものの比率が割と高い。また造立目的については、農馬や駄馬の供養、安全祈願と思われるものが多いと考えられるが、軍馬供養が二基（No.11、27）、競走馬供養が二基（No.26、28）見られ、その他養蚕の繁栄を祈念したと思われるもの（No.15）も見受けられる。競走馬関係のものうちNo.26はモッカンオー号、トウショウフジ号等九頭の馬の名が刻まれており、群馬県堺町トレーニングセンターの火事で亡くなった馬たちの供養に造立されたもののようである。No.28は馬主一家の造立にかかるものらしい。

表12　絵馬講の絵柄の変化（三田村佳子による）

寸法＼年代	戦前	昭和21～31年	昭和32年～36年	昭和36年～38年	昭和39年～現在
6寸	馬→	→	→	→	→
		牛→	→	→	→
					豚→
					トラクター→
					兎→
8寸	馬→	→	→	→	→
		牛→	→	→	→
尺	馬→	→	→	→	→
		牛→	→	→	→
尺2	馬（ツナ）→	→	→	→	→
		牛（3頭立）→	→	→	→

（註）６寸とは５寸Ｗ×６寸Ｌ、８寸とは７寸Ｗ×８寸Ｌ、尺とは尺Ｗ×尺Ｌ、尺２とは尺２Ｗ×尺２Ｌの寸法のものである。

ちなみに、碑の造立が二十世紀前半に集中するのは、妙安寺一九世仏光上人による観音堂再建運動が功を奏したからであり、境内裏手のおびただしい寄進碑は、そのことを雄弁に物語っている。なお、東松山市で養蚕が盛んになるのは一九一〇年代後半であり[24]、また米麦俵や荷物を運ぶ馬力の最盛期も大正期から昭和初期のころであり、多分にこれらのことが影響しているといえる。

ついで絵馬の図柄、祈願文をもとに観音信仰の変遷をさぐることにしたい。

まず絵馬講によって製作販売される物を眺めてみよう。戦後の絵馬講帳を分析した三田村によれば、俗に「戸板一〇〇枚」と称されるように、最盛期には二月十九日の絵馬市に一〇〇店ほどが出た。ちなみに昭和三十三年には帳元一名、世話人七名、問屋（製造業者）二〇名、小売五九名の計八七名が絵馬講に所属していたが[25]（一人で複数店を出せる）、この年をピークに減少し、平成十二年の段階で、問屋一名、小売三名にまでなってしまった。絵馬の製作数も、年一万五〇〇〇近くの年もあった（多くは六寸）。現在は数百枚にすぎない。その間の図柄の変化は表12の通りである。

かつては馬の図柄一色であったが、第二次大戦以前から軍馬の徴用が進み農耕馬が減少すると、農家はその代用に牛を求めた。そうした農家の希望もあり、戦後牛の図柄が加わり、また養豚が盛んになり、農業の機械化が進行するに伴い、絵馬講は時代に即応すべく豚の絵馬、トラクターの絵馬を作成し売り出した。これらはすこぶる好評だったという。しかし、盗難除け祈願に考案した兎の絵馬は、あまり芳しい売れゆきではなく、その後姿を消した。(26) このように三田村が報告をまとめた昭和六十年以前は、牛や豚の絵馬もあったろうが、現在は再び馬の図柄だけの時代となり、尺六のタテ馬とハネ馬、それと尺二のツナ馬三種類だけが売られている。これらの絵馬はかつて厩舎の入口に飾られたが、家の入口に飾って家内安全、盗難除け祈願とする場合もあった。

なお、絵馬講が製作販売する絵馬とは異なるが、上岡観音堂では観音堂前に吊り出す願掛けの小絵馬も出している。平成八年七月末の時点では四五枚の小絵馬が吊られていた。数年分が重なるような恰好になっていたが、その祈願内容をみると、身体健全…四枚、家内安全…四枚、学業成就・合格祈願…五枚、競馬関連…一七枚、その他（有言実行、誤解をときたい、子供に離婚の理解を求めるものなど）…五枚、不明…一〇枚であった。競馬関連のものの多さだけが目立つが、競馬ファンが期待する馬の勝利を願うもの、馬主・厩舎・トレーニングセンターの人びとが飼育馬の成長と活躍を願うもの等々であり、競（走）馬がブームの今日の世相を象徴しているといえる。

最後に円通寺であるが、創建年代ははっきりしないものの、小栗判官助重がこの地で死んだ愛馬鬼鹿毛の死を悼み、お堂を起立し、馬頭観音を祀ったことに始まったと伝えられている。東松山市の上岡観音が相模川より東側に信仰圏を広げていたのに対して、円通寺のそれは相模川の西側で、神奈川県足柄上、中、下郡、静岡県駿東郡、田方郡、伊豆郡、山梨県南、北都留郡が中心であった。円通寺の年中行事は、

正月三カ日…………競馬安全の大祈禱

一月八日……………小祭

四月十七、十八日……大祭

八月九日…………………四万八千日縁日

以上である。正月三カ日の行事は、三朝祈禱と称し、昭和二十五年ころ前住職が始めたものである。暮に厩舎に手紙を出して、新年の祈禱の募集を行ってきた。毎年一〇〇頭程の依頼があり、今も数はそう変わらないそうである。関東地方の厩舎が中心で、中には先方から出向いて来る場合もある。北海道その他からの申し込みもあるという。一月八日はいわば初観音であり昭和十二、三年ころまでは大層賑わったそうだが、今では二、三〇人が訪れるだけといった状況のようである。四月十七、十八日が大祭で、馬持ちたちが各々の馬を引いて参詣し、住職のお祓いを受けた。参詣者は農耕馬を飼育する農家をはじめ、馬喰、運送業者、といった人たちであった。今日参詣者に頒布する御札の類には、「競馬安全」「馬体安全」「必勝祈願」「交通安全」「厄除消除」「営業繁昌」「當病平癒」「安産満足」「乳牛息災」「飼育息災」「養豚満足」「心願成就」等々のものが用意されている。こうした御札の種類の豊富さから見ても、従来の職業を何らかの形で継承している人びとに加え、競馬の主催者およびファン、酪農家、養豚業者、食肉業者等々幅広い職業の層に信仰が拡大していることで知られている。競馬関係者についていえば、馬主や調教師たちで講のようなものを組織し、競馬開催時期を外して春秋年二回参詣にやってくる。府中東京競馬場関係の場合は二、三〇人、川崎競馬場の場合は四、五〇人が大挙して訪れるそうである。

なお、縁起伝承にあるように、円通寺は馬頭観音を本尊とする馬と深いかかわりを持つ寺院である。しかし馬の守り神として広く知られるようになったのは、幕末から明治にかけてのことであり、中興の祖柏英和尚が厩祈禱をするために近隣の農村を歩いたことに始まる。その後も歴代住職によって継承されて、「円通寺の厩祈禱」として知られるようになり、円通寺は馬の守護神として信仰され、隆盛を見るに至った。大島によれば、さらに円通寺では草競馬の馬場を浄めるために出向くことがあったという。大島はつぎのように報告している。(27) 神奈川県では松田・平塚・秦野・小田原・戸塚、静岡県では伊東・三島に草競馬場があり、馬場には必ず馬頭観音が祀られていた。住職はその前でお経をあげ、自ら馬に乗り、塩をまいて馬場を浄めた。昭和二十年代末から四十年代初めにかけては府中市や船橋市の競馬場の厩舎を祈禱したという。昭和三十年代以降には、家畜を飼う家も減ったため草競馬も廃れてゆき、厩祈禱も行われなくなった。しかし円通寺には、新たに中央競馬関係者の参拝が多く見られるようになって行った。円通寺に現存する『大祭受付帳』には、昭和十八年に初めて競馬関係者の参詣の記載が見られる。昭和三十三年に至ると府中市・東京競馬場や船橋市・中山競馬場関係者の名も見られるようになり、昭和四十、五十年代にはますます競馬関係者の参詣傾向が強まった。

以上が大島の報告による円通寺と競馬関係者とのかかわり合いの歴史である。同寺のもう一つの動きとして注目されるのは、交通手段が従来の馬に代わって車が新しく登場したことに合わせて、車のお祓いを始めたことである。時代状況を見きわめながら積極的に布教活動を行って来たのが、ほかならぬこの円通寺であり、今日三カ寺の内でももっとも競走馬との関係が深い。

三　競走馬の供養

これまで見て来たように、今や競走馬関係者にとって馬頭観音は欠かせぬ存在となっている。ここでは彼らの馬頭観音信仰を通して、競走馬の供養のあり方を把握することにしたい。

中央競馬会所属の各競馬場には必ずと言ってよいほど馬頭観音が祀られており、各競馬開催（一クール、一カ月）の前週、それぞれが神主や僧侶を招いて行事を執行している。馬の供養と馬場を浄め、馬の安全を祈願するのが目的という。滋賀県の栗東トレーニングセンターにも、昭和五十三年（一九七八）の開設時に馬頭観音が造立され、神主や僧侶を招いてお祀りをしたそうである。トレーニングセンター内で馬が死んだ場合、専門業者に渡して火葬に付すが、関係者が馬頭観音を拝んで供養するという。名馬や馬主の思い入れの深い馬については、生産牧場に供養碑を立てる場合もあり、その際タテガミを埋納し、またタテガミを形見として関係者の間で分けることもある。(28)

昭和五十三年三月十二日付日本経済新聞朝刊「窓」欄に、つぎのような記事がある。

〝悲運の名馬〟テンポイントのたてがみが近く神戸市葺合区神仙寺通一ノ三、天台宗護法山妙光院の供養塔に安置されることになった。妙光院には日本最大の馬頭観音がまつられており、いわば名馬たちの菩提寺。毎年一月と四月には全国から馬主・調教師・ファンが集まって亡き名馬の法要を営むことで知られている。テンポイントの死後「一本でもいいから」とファンからたてがみをねだられた高田久成オーナーは〝分葬〟の考えはないといい、たてがみはまとめて同供養塔で永遠の眠りにつく。

テンポイントは京都競馬場でレース中骨折し、安楽死をとげた悲劇の名馬で、北海道の吉岡牧場にある墓には、今でも花束を持ったファンが訪れるほどである。いずれにしても、人間の遺髪同様タテガミが重要な意味を持つことが、この記事によって理解される。妙光院については調査を手がけるに至っていないが、「名馬たちの菩提寺」なる異名を持つという。逆に言えば、「名馬でなければ……」ということなのかもしれない。なお、長寿記録を打ち立て、三五歳で世を去ったシンザンの告別式、追悼式が平成八年八月五日、北海道浦河町の谷川牧場厩舎前で盛大に行われ、五〇〇席はほぼ満席になったという（一九九六年八月六日付朝日新聞朝刊「名馬シンザンよ天国に駆けよ」）。これも名馬なるが故にと言えるが、テンポイントのように非業の死を遂げた場合はなおさらである。ライスシャワーもテンポイントと同様の運命をたどった馬である。京都競馬場の馬頭観音の傍に供養碑が建立されているが、それについてつぎのように報じられている。(29)

菊花賞と二度の天皇賞を制し、また命を散らした京都競馬場にライスシャワーの石碑が建てられ、（一九九五年）九月九日（土）から一般ファンに公開された。この石碑はパドックの西側にある馬頭観音の横に建てられ、表側には「疾走の馬　青嶺の魂となり」という追悼の句が、裏面にはライスシャワーの略歴が刻まれている。ライスシャワーは公傷によって死に至ったもので、ファンの声に押されて中央競馬会側も折れて、場内への供養碑建立を認めざるをえなかったようである。それはともかく、この石碑の完成で、ライスシャワーのモニュメントは、故郷の北海道登別のユートピア牧場、トレーニングを積んだ千葉県市原市の大東牧場と都合三基になった。名馬であることに加え、非業の死をとげたからにほかならない。

非業の死をとげた馬の供養といえば、東京都府中競馬場のそれを忘れるわけにはいかない。

平成九年（一九九七）八月十八日付朝日新聞東京版に「東京競馬場の『大ケヤキ』、馬群を隠す重苦しい『歴史』」と題するつぎのような記事がある。

「大ケヤキ」と、その木は呼ばれている（実はエノキ＝筆者注）。府中市の東京競馬場の第三コーナーと第四コーナーの間、スタンドから見て、レース終盤の一瞬、馬群を隠すように立っている。勝負どころに、観戦の邪魔になる木立が残されているのは、重苦しい歴史があるからだ。目黒にあった東京競馬場がこの地に移ったのは一九三三年。辺りはもともと田畑の中に数軒の家があるような場所だった。一帯の地名の元になった戦国武将、井田是政の血筋を継ぐ井田家の墓が木々に守られるようにしてあった。工事に伴って墓をほかに移し、木を切り倒すことになった。「何本か切った人が亡くなりましてね。次に切ろうとした人は、高熱が出て死にそうになったらしい」。競馬場に隣接する安養寺の関口住職（七五）は話す。たたりのうわさが立ち、それ以降は手をつけなくなり、レース開催前には安養寺住職が出向いて祈禱するようになった。（中略）。墓地の左には馬頭観音の碑がある。関口住職は「場外にもあるんですが、レース中の事故が多かったので、場主たちが建てたんですよ」と説明する（後略）。

ここに記されているように、場外の正門附近には、稲荷社、妙顕大善神の他、馬霊塔・馬頭観音碑や供養碑の類がひしめき合っている。一方場内には井田家の墓があり、子孫は今でも自由に出入りしているようである。なお、場内の馬頭観音碑については残念ながらまだ確認していない。

目黒にあった東京競馬場が府中市是政の現在地に移転したのは昭和八年（一九三三）のことである。是政なる地名は、井田摂津守是政にちなむと伝承されているが、是政は小田原北條氏の配下で、天正十八年（一五九〇）小田原城落城後、この地に移り村を開いたという[30]。いずれにせよこの地の開拓の祖として人びとにとって象徴的存在である井田是政の墓地が、競馬場のど真中に取り込まれることになってしまったのである。そこで用地買収委員代表の府中町長・多摩村長は、昭和四年（一九二九）十月二十三日、井田是政の子孫及びその一族の人びとにつぎのような条件を提示した。

一、井田家墓地ハ、整理ノ上、東京府指定ノ史蹟トシテ永久保存スルコト。
二、貴殿等ガ祭祀拝礼等ノ為メ右墓地ニ立入ルコトハ、倶楽部ノ事業ニ差支ナキ限リ、何時ニテモ随意タルベキコト。
三、工事着手前貴殿等ト協議ノ上、法要ヲ営ミ、相当ノ記念碑ヲ建立シ、史蹟トシテ正式指定ノ上ハ完全ニ管理スル義務ヲ負フベキコト。
四、貴殿等新墓地トシテ是政宝性院墓地ヲ、井田菊栄・井田力三郎両氏ニ各六坪、伊藤伝蔵・伊藤定吉両氏ニ各四坪ヲ提供スルコト。
五、右実行ニ要スル一切ノ費用ハ当方ニ於テ負担スルコト。右、覚書、仍テ如件。

そうして翌年十一月になると、用地買収委員会側は、改めて墓を是政にある宝性院に移す、墓地の樹木は伐採する等々実行しようとした。しかし井田家側には受け容れられず、「東京府北多摩郡多摩村大字是政字北耕地四百三拾九番地（内一五坪）所在、井田家累代の墓碑。右墓碑ハ従前通永久ニ存置仕リ、門、柵ヲ建テ、貴家御一門ノ法会参詣ハ今後永ク御自由タルコトヲ承諾仕候」なる証書を作成することで決着をみた。[31] 先の新聞記事に記されていた「大ケヤキ」の祟り伝承は、こうしたトラブルの経緯の中で生まれたものと見ることができる。

井田家累代の墓はこうして移転を免れたが、一方小祠のオシャモジさまの場合はそうはいかなかった。北野晃著『武蔵府中の民俗』「オシャモジさま」の項に、つぎのような記載がある。[32]

天地下にも咳の神様といったオシャモジさまがある。天地の坂を下りたハケの斜面に祀られている。馬頭観世音、妙顕大善神の奉納額がかかり、沢山の飯杓子があげてある。競馬場入口の正面で、ここには府中競馬場へ出場した馬たちの墓が並び立ち、馬の神様となっている。もともと馬捨て場だったといわれている。このオシャモジさまはもと競馬場内に、石塚さんといって、小森に祀られていたのを、移してきたものであった。

これによってオシャモジさまの移転先の現在地が、かつては馬捨て場であったことがわかる。また、移転に関連して、オシャモジさまのお堂には「妙顕大善神」なる小祠の他石塔が一基あり、

（正面）　如世尊敕　馬頭観世音菩薩

南無妙法蓮華経　妙顕大善神

當具奉行　妙参霊神

（裏面）　妙顕大善神

堂宇建立寄附者芳名

東京競馬倶楽部

合資会社　清水組

石井組

有志一同

昭和八年五月二十日
発起人　石井組　石井英次郎
仝　　元見元秀

と刻まれている。確かにオシャモジさまは、昭和八年の新東京競馬場建設時に、関係者が建立した堂宇に移祠されたのである。平成十年九月末現在、堂内には約七〇個余りの飯杓子が奉納されており、そのうち数個に「南無妙法蓮華経　何某。ナスノトウニン号」などと書かれたものがあり、北野の指摘するように、もはや咳の神様というより、馬の守護神として信仰されていると見た方が良い。

この妙顕大善神の小祠に隣接して稲荷社があり、またその隣には紅白の幟が立ち並び、背後に馬頭観音が四基祀られている。このうちひときわ目立つ三面六臂の馬頭観音像は、目黒の旧東京競馬場から移祠されたもので、台座の右側に「大正二年一月二十六日東京競馬倶楽部新来ノ二十二頭祝融の災ニ斃ル痛何ソ堪ヘン茲ニ馬頭観世音ヲ祀リ永ニ厥ノ魂ヲ弔フ　大正二年三月　青山　石勝刻」とあり、左側には建設委員中島晋治以下一二名の名が刻まれている。目黒の旧東京競馬場の火災に巻き込まれて命果てた二二頭の供養碑にほかならず、新東京競馬場への移転に伴って移祠され、正門の正面に据えられているのである。

ちなみに、馬は焼死すると馬骨なる妖怪と化し、人びとに災いをもたらしたようである。各地に伝承された民俗や怪奇談などを素材として制作された「土佐お化け草紙」（堀尾忠司氏蔵、『江戸時代絵巻』一巻）には、産女、猫股、鬼女等一七種の化物の一つとして宿守・馬骨が取り上げられている。前者の宿守とはヒキガエルのことでヤモリも呼ばれ、住居の床下に住んでその家運を守る、特に火災から家を守ってくれると信じられたものである。「土佐お化け草紙」に分析を加えた常光徹は、この宿守と馬骨について「宿守が打ち殺された化物と、一方で、焼死を忌み嫌う馬が火災にあい、化物となって現れた馬骨とが、一つの蚊帳の内に描かれている構図は、民俗的な文脈の中において眺めると必ずしも奇妙な組み合わせではないことが理解できます」と述べている。(33) 宿守と馬骨との組合せはともかく、馬の死の中でも焼死がもっとも忌み嫌われる事態であったらしく、『日本俗信辞典』の「馬」の項には、これにもかかわる各地の俗信が記されている。(34)

○牛馬の死の中でも、特に嫌われるのは焼死であり、火事でウマを焼き殺すと、その家は栄えない（山口）、ウマを焼き殺すと三代祟《たた》る（千葉・神奈川・愛知）、七代祟る（山形・福島・群馬・静岡・福井・広島）、といって忌むことはウシと同様である。従って、火事の時は何を出さずともウマと神棚を出さなければいけない（秋田）のであるが、ウマは動物一般の習性として火を恐れ、火事の時、火を見ると小屋から出なくなる（山形・福島・新潟）ので、焼死させることが多かった。

○栃木では、火事の時には仏様を出さないうちはウマが出ない、位牌《いはい》を先に出さないとウマが焼け死ぬという。その時には、ウマをませ木でたたくと逃げ出す（宮城・福島）、ウマの顔に腰巻をかぶらせる（愛知・石川）、赤い腰巻をかぶらせる（ウマに火を見せるな）（福島・群馬）、鍋《なべ》を先にしてだす（秋田）など、火を見せないことを主眼とするらしい呪術《じゅじゅつ》が行われた。

○また、臼《うす》を転がすと、その後について出る（栃木・千葉・新潟）という。千葉県印旛《いんば》郡では、そのために、どこでも厩の入口に臼を置く、という。

馬はかつての農山村では半身上の価値を持つ貴重な存在であるに留まらず、人びとと共生し身近な関係を維持してきた動物だけに、焼死という悲惨な死は飼い主にとっていたたまれぬものであり、それへの対処として数多くの俗信が育まれたといえる。今日の競走馬と馬主・調教師との関係は、農山村の家々と馬との関係とはいささか異なるものの、それでも両者の馬に対す思いには少なからず相通ずるものがあろう。ましてや厩舎で焼死させ、多数の競走馬を一挙に非業の死へと追いやった場合、いたたまれなさ、哀れみの気持ちが一層つのり、供養せずにはいられない心境

表13　東京競馬場正門前供養碑（2000年9月末現在）

	名　　称	建立年号	建立者	備　　考
(1)	サクラメイゲ号之墓	昭和27年9月	新田新作	
(2)	タケノクニオー号	昭和53年1月	―――	競走馬が薨かった日
(3)	愛馬オーミイル号	昭和34年3月	吉屋信子	
(4)	愛馬フェアマンナ号	昭和32年5月	小林左平	競走馬が薨かった日
(5)	レタ号之墓	昭和29年6月	熊谷新太郎	
(6)	フナエ号 クモホウテン号 マツカゼ号 ロウキ号 チョウセイ号	昭和29年3月	岩崎新太郎	
(7)	トキノセット之墓	昭和27年6月	永田雅一	「中山競馬場ニ於テ　障害レース中骨折ニテ死去ス　行年六才」なる銘あり。
(8)	ニューコロンブス号之墓	昭和28年5月	服部　實	
(9)	トキノミノル号	不明	不明	「父母日本ダービー優勝」なる銘あり。
(10)	リード号之墓	昭和27年9月	柴田寛治	
(11)	ミスアスター号之墓	昭和30年9月	加藤幸三郎	
(12)	クリツバメ号之墓	昭和26年6月	柴田恒治郎	
(13)	アカツキ号之墓	昭和25年6月	―――	
(14)	カヴァナー之碑	昭和11年5月	高橋　錬	父母名、生地戦歴が刻まれている。

に至らしめるものと考えられる。

さて、再び東京都府中競馬場の碑塔の分析に戻ると、この三面六臂の馬頭観音の左隣には、明治四十三年建立のものが一基あり、その右側には二基あるが、そのうちの一つは建立年は不明である。残るもう一基は角柱・文字塔のもので、

愛馬キンハク号

昭和参拾四年九月六日東京競馬場に於て第九レースのレース中事故の為め死去す

昭和参拾四年拾月拾日

施主　瀬古清蔵

なる銘もある。先に紹介した新聞記事の「レース中に事故が多かったので……」という安養寺関口住職の言葉が思い出される。

さらにこの四基の馬頭観音の向うに馬霊塔があり、その両脇に一四基の供養碑が立ち並んでいる。供養碑一覧表に示したように（表

13)、カヴァナー号之碑が建立年昭和十一年ともっとも古い。そうして昭和二十年代のものが多く一番新しいのは表13―(2)タケノクニオーの昭和五十三年建立にかかるものである。この中で先ず注目されるのは(7)トキノセット之墓であり、「中山競馬場ニ於テ　障害レース中骨折ニテ死去ス　行年六才」と刻まれている。東京競馬場に限らず、中山競馬場のレースに非業の死をとげた競走馬もここに祀られていることになるが、かつては中山厩舎所属の競走馬も、ここで供養していたとのことである。しかし、ここにある供養碑すべてが、レース中に非業の死を遂げた馬のものではない。そのことは、供養碑一覧表(6)の五頭名を刻んだものからも推測でき、馬主が思い入れのある馬の死を悼み、あるいは名馬を顕彰する意味で建立されたものも少なくない。供養碑の建立時期が昭和二十年代半ばから、昭和三十年代半ばに集中している理由は定かではないが、馬霊塔周辺の敷地が狭く、すでに供養碑で埋め尽くされている点を先ず指摘しておくことにしたい。ちなみに、中山競馬場、東京競馬場にあった厩舎は、昭和五十年（一九七五）には、茨城県稲敷郡の美浦トレーニングセンターに移転している。

一方、馬霊塔は昭和四十三年（一九六八）に竣工したもので、その外形は旧東京競馬場スタンド塔を模したものだという。管理者は東京競馬場だが、名馬が急逝した時などには、ファンが訪れ、お供え物が山のように積まれるそうである。供養碑の建立が、昭和三十年代半ば以降減少するのも、この馬霊塔の建立とかかわりがあるのかもしれない。また馬頭観音の行事は初午と競馬開催前に執行され、東京競馬場関係者や場主が参列し、各厩舎から旗・幟が立てられるそうである。

結びにかえて

「馬の葬法と供養」の項では、ほぼ人間に準じた葬法・供養方法がとられていることを確認した。ついで栃木県馬頭町馬頭院、静岡県小山町円通寺、さらには埼玉県東松山市上岡観音等の馬頭観音信仰の変遷をトレースし、今や競走馬関係者にとって馬頭観音が欠かせぬ信仰対象となっている点を明らかにした。その上で、競走馬の供養について分析を加えたが、各競馬場においては馬の供養と馬場の浄め、競走馬の安全祈願を目的に祭祀が行われている一方、各馬の供養については、基本的に馬主、厩舎ごとに供養されるものであった。したがって畢竟馬主の思い入れのある馬、名馬そして非業の死をとげた馬だけが盛大に祀られる格好になる。それは農馬、駄馬の場合、すべての馬が馬頭観音碑を建立されるわけではないのと同様である。なお競走馬の場合、かつては無名の馬は馬肉として取引される場合もあった。しかし最近では安い輸入肉も出回り、処分した馬を業者に有料で引き取ってもらう例も増えているという（一九九五年六月一日付朝日新聞夕刊「レジャー施設に供養塔、すべての馬を慰霊します」）。

柳田国男は「馬の仕合吉」なる小論の中で、三河下山地方に馬頭観音碑の多いことを記した後で「人は何処までも無意味なことはせぬものだ。馬ほどの大きな物が、今まで何とも無くて卒然として斃れて死ぬ。驚き又怖れざるを得なかったのである」と、人間の側の不安解消のため、人間の身勝手のために、面倒な手続きを経て馬頭観音を建立するに至る、と指摘している[35]。

馬を人間に準じて扱うと言っても、すべての馬を同様に供養しているわけではない。またペットブームの中で人間並み、人間以上に供養儀礼が行われている一方、毎年何万匹というペットが闇に葬られている[36]。こうした事実を知った時、柳田の指摘は身につまされる。

しかし、柳田ほど穿った見方をする必要がないのかもしれない。確かに勝手な思い入れや気まぐれなど人間自身のために供養に及ぶのだろうが、長年生活をともにした馬への思いや弔ってあげたいという心情がないとは決して言えないのである。また、有名、無名を問わず、すべての馬の霊を弔う施設の完成に（一九九五年六月一日付朝日新聞夕刊「レジャー施設に供養塔、すべての馬を慰霊します」）一点の光明を見出すことができる。いずれにしても、馬をはじめとする動物の仕合せは、我々の対応姿勢如何にかかっているといえる。

註

（1）竹内利美「馬の民俗」『馬の文化叢書6民俗・馬の文化史』馬事文化財団　一九九五年　二四〜四二頁
（2）同右　四二頁
（3）岩井宏實編『馬の文化叢書6民俗・馬の文化史』馬事文化財団　一九九五年　一〜五二四頁
（4）小野重朗「供養築き――馬を葬り祀る民俗――」『馬の文化叢書6民俗・馬の文化史』馬事文化財団　一九九五年　三〇二〜三二一頁
（5）小島瓔禮『人・他界・馬』東京美術　一九九一年　二〇〜二九頁
（6）日本石仏協会編刊『日本の石仏』第一〇号特集・馬頭観世音　一九七九年　一〜六六頁
（7）森田清美「馬頭観音像について」『鹿児島民具』第二号　鹿児島民具学会　一九八一年　四〇〜四八頁、小野寺正人「馬と馬頭観音信仰」『東北民俗』第二九輯　一九九五年　三〇〜三九頁、三田村佳子「講帳よりみた絵馬講の推移――上岡観音絵馬講――」『埼玉県立民俗文化センター研究紀要』第二号　同センター刊　一九八五年　五八〜九六頁、長沢利明「馬頭観音の寺と町――栃木県那須郡馬頭町馬頭院――」『西郊民俗』一二二号　西郊民俗談話会　一九八七年　一三〜一九頁、大島建彦「円通寺の厩祈祷――静岡県駿東郡小山町新柴――」『西郊民俗』一七一号　西郊民俗談話会　二〇〇〇年　二五〜一一六頁
（8）三崎一夫「宮城県の葬送・墓制」『東北の葬送・墓制』明玄書房　一九七八年　一四二頁
（9）小野寺正人前掲註（7）三八頁
（10）小島瓔禮編前掲註（5）一九九一年　二八〜二九頁
（11）伊能嘉矩「陸中に於ける馬に就きての諸行事及び行事」『人類学雑誌』三三巻一号　一九一八年　四一五頁
（12）小野寺によれば、仙台市泉区朴沢・山田原にある寛政二年（一七九〇）建立のそれはかつて馬捨場であった所に立てられたもので、「御村中建之」と刻まれているという（小野寺正人「馬と馬頭観音信仰」前掲註（5）三八頁）
（13）小野重朗前掲註（4）三〇二〜三二一頁
（14）同右　三二〇〜三二一頁
（15）森田清美「馬頭観音像について」前掲註（7）四〇頁

(16) 竹内理三監修『角川地名大辞典第9巻・栃木』角川書店　一九八四年　七三五頁
(17) 長沢利明前掲註（7）一三〜一九頁
(18) 蘆田伊人校訂『大日本地誌大系・一六巻　新編武蔵風土記稿・一〇』一九八一年　四七頁
(19) 東松山市史編さん課『新編武蔵風土記稿・寺院堂庵書上』東松山市　一九八一年　一三頁
(20) 東松山市史編さん課『大岡地区の民俗』東松山市　一九七八年　三三一〜三三五頁
(21) 東松山市史編さん課『東松山市史資料編第五巻民俗』東松山市　一九八五年　二七四〜二七五頁
(22) 東松山市史編さん課『石佛』東松山市　一九八一年　一七九頁
(23) 東松山市史編さん課『石佛』掲載書　一七九〜一八〇頁
(24) 上岡観音と養蚕との関係で言えば、四月十九日が春祈禱で、この日マユダマや馬の姿を描いたお札、蚕座紙等が売られ、養蚕農家は講を組んで参詣していたという。
(25) 三田村佳子前掲註（7）六二一〜六二三頁
(26) 同右　七二〜八八頁
(27) 大島建彦前掲註（7）二二五〜二二六頁
(28) 日本中央競馬会栗東トレーニングセンター松岡尚志氏ご教示による。
(29) 『優駿』一九九五年十月号　日本中央競馬会　七二頁
(30) 府中編さん委員会『府中市史』中巻　一九七四年　五九四頁
(31) 同右　五九四〜五九六頁
(32) 北野晃『武蔵府中の民俗』私家版　一九八八年　二三〇頁
(33) 常光徹「妖怪絵巻と民間説話——『土佐お化け草紙』の民俗的な背景——」『異界談義』角川書店　二〇〇二年　二六頁
(34) 鈴木棠三『日本俗信辞典』角川書店　一九八二年　九二頁
(35) 柳田国男男「馬の仕合吉」『秋風帖』一九三二年（『定本柳田國男集』第二巻　筑摩書房　一九六二年）一六八〜一六九頁
(36) 渋谷区に本拠を置く市民団体「動物実験の廃止を求める会」の調査によれば、一九九五年度に全国の自治体に持ち込まれたりしながら引き取り手がなく、屠殺処分になったイヌは約四一万四五〇〇匹、ネコが約三〇万七〇〇〇匹いた。イヌは約七六秒に一匹、ネコは約一〇三秒に一匹殺されていることになるという（一九九六年十一月三十日付朝日新聞夕刊「殺処分　市民団体が自治体調査」による）。

第五節　ペットの供養
――犬・猫を中心に――

はじめに

近年、女性の獣医志望者が増えているといわれる。北海道大学では一九九一年に初めて、教養部から獣医学科へ進む学生のうち女子が半数を越えた（四〇人中二三人）。東京農工大学や岐阜大学などの獣医学科でも、女子学生が新入生の過半数を占めるなど、この分野への女性の進出は全国的な傾向のようである。獣医を目指す学生の生活を描いた『動物のお医者さん』なる少女漫画がベストセラーとなるほどの売れ行きで、この漫画の購読がきっかけになって獣医を目指すケースも多いらしい(1)。いずれにせよ、このような種類の漫画が登場すること自体が、昨今の愛玩小動物ブーム（ペットブーム）を象徴しているかのようである。

実に、昨今のペットブームはすさまじく、連日のようにペット関連の記事が新聞紙上をにぎわしている。表14は一九九一、九二年と二年ほどのあいだに朝日新聞の紙面を飾ったペット関連記事を拾い上げたものである。その内容は、

(a)心ない飼主による捨て猫・捨て犬に関する記事……③⑤⑪
(b)(a)と関連して犬猫の里親制度、去勢手術に関する記事……②⑦⑯
(c)飼い犬・猫をめぐるトラブルに関する記事……⑩⑭⑲
(d)アパートやマンションにおけるペットの飼育に関する記事……⑮⑰⑱

表14　1991・1992年のペット関連記事（朝日新聞）

①	1991年1月17日	「犬が動物をやめる都市」
②	2月23日	「文京区がノラ猫不妊手術作戦」（東京版）
③	4月28日	「我らネコ探検隊　1112匹と遭遇す」（東京版）
④	6月30日	「トラック荷台に小動物、犬・猫17匹が衰弱死」
⑤	7月10日	「捨てられ野生化　人もかむ」
⑥	9月10日	「犬を誤って安楽死…230万円」
⑦	9月27日	「イヌとネコの去勢を格安で」
⑧	11月10日	「ペット　ストレス解消にＡＶ商品」
⑨	11月27日	「そっくりヌイグルミ大人気」
⑩	1992年1月25日	「犬同士ケンカ　飼い主けが　鎖を解いた方に賠償責任」
⑪	3月14日	「ペットブームの末　捨てられた爬虫類」
⑫	3月21日	「アジアを食べる日本のネコ」
⑬	4月8日	「犬や猫もヘルシー時代」
⑭	4月25日	「飼い犬の綱で足すくわれおおケガ」（東京版）
⑮	5月5日	「分譲マンションで『ペットＯＫ』の実績」
⑯	5月28日	「子犬や小猫の里親志望300人」
⑰	7月23日	「ペットの飼育規制づくりを」（東京版）
⑱	7月30日	「マンションでペット」
⑲	9月29日	「ほえる　かみつく“問題犬”飼い主に「しつけ教室」」

(e)ペットそのものに関する記事……①⑬
(f)ペットの医療に関する記事……④⑥
(g)ペットのぬいぐるみ・ロボットに関する記事……⑨
(h)ペット産業に関する記事……⑧⑫
(i)ペットと人間との触れ合いに関する記事……なし

ほぼ以上のように整理できる。このなかでもとくに(e)の①と(h)の⑧は、現代の世相を反映しているものとして注目に値しよう。

動物であるはずのペットが、飼主に家族並み、人間並みに扱われ、過度の愛情を注がれたために心身症に陥る例が増えているというのである。また、そうした現象にいちはやく目をつけて、ペットのストレス解消用品を開発・販売する産業もあらわれた。鳥の映像とさえずる声を収録したＡＶ商品、あるいはハエが飛ぶ音を収録したテープなどなど、その趣向のバラエティーは枚挙に暇がない。これらの商品が、ペットの飼育環境に過敏なアパート・マンション居住の飼主を中心に、順調な売れ行きをみせているらしい。

一方、表15は、一九九九年および二〇〇〇年の朝日新聞ペット関連記事を整理したものである。表14より八、九年経

表15　1999・2000年のペット関連記事（朝日新聞）

①	1999年2月26日	「ブームの陰で消えゆく命」
②	3月5日	「愛する『家族』を失うとき　ペットロスのビデオ発売」
③	3月16日	「『地域猫里親へ』信じた　120匹幸せ？　預けた3匹薬殺に」
④	3月16日	「ペットは入信できる？　精霊信仰が背景にキリスト教の場合は人間と一線」（夕刊）
⑤	4月1日	（青鉛筆）「医療ミスと裁判に関する記事」
⑥	4月18日	（読む）「『全国ペット霊園ガイド』の紹介」
⑦	4月28日	「老犬の痴ほう増加　かなワン」
⑧	5月3日	「えさも豊富で住みよいニャン　東京農工大生学内の野良猫調査」（東京版）
⑨	5月7日	「捨てられた犬猫『最後の肖像』展」
⑩	5月17日	「「捨て猫にエサやる？やらない？賛否分かれて悩む住民　ルール作り地域ぐるみ飼う試みも」
⑪	5月20日	「犬とのお散歩レンタル中　ペット恋しマンション暮らし　子供も大人も列」
⑫	6月2日	「愛犬ロボ即完売　ソニー3000台20分で」
⑬	7月3日	「広がるペット家電市場」（夕刊）
⑭	8月21日	「ペット無免許診療」
⑮	9月8日	「イヌやネコと暮らして人の豊かさ取り戻そう」（夕刊）
⑯	10月22日	「残された時間動物と触れ合いいやす　末期医療の場に犬と猫」
⑰	10月25日	「交通死の野良ネコに祭壇　安らぎくれた　外神田の店員　通勤の会社員」
⑱	11月21日	「動物虐待懲役刑も」
⑲	12月6日	「留守番ペットお世話します　急増中のシッター　上手な利用法は」
⑳	2000年1月19日	「遊んでくれないと寝ちゃうよ　犬型ロボット『プーチ』」
㉑	2月24日	「野良猫ミーコありがとう　街角の子猫はチューリップになった　車にはねられ突然死」（東京版）
㉒	2月24日	「ネコ型ロボット登場　オムロン　鳴き声募集します」
㉓	3月18日	「不況も癒すペットたち　市場規模一兆円時代へ」（夕刊）
㉔	6月6日	「ペット家賃　月千円　公団住宅で飼えます」
㉕	11月18日	「癒しを求めて広がる　ペットロボット」（夕刊）
㉖	11月25日	「ペット解禁の公団住宅は今」
㉗	12月4日	「『砂』が活躍　ネコのおトイレ」（夕刊）

て、ペットをめぐる問題に変化を来たしているのかどうか、その点を確かめるために改めて作成してみたのである。記事の数が増えているとともに、内容もかなり異なっている。「(i)のペットと人間との触れ合いに関する記事」といえば、広義には前回の記事も含めて全てが該当する、ということにもなりかねないが、狭義の意味で直接的に人間の心を癒すペットについて記したものをさすことにしたい。(a)から(i)の分類に沿って整理すると、

(a)……①⑧⑨⑩
(b)……③
(c)……なし
(d)……⑪㉔㉖

(e)……④⑦
(f)……⑤⑭
(g)……⑫⑳㉒㉕
(h)……⑬⑲㉓㉗
(i)……②⑥⑮⑯⑰⑱㉑

となる。(a)の①と⑨は、ペットブームの陰で抹殺される犬・猫に焦点を当てたもので、ようやく闇の部分が照射されるようになった。①の「ブームの陰で消えゆく命」によれば「ペットフード工業の推計では、全国で飼われている犬の数は九八九万五〇〇〇匹、猫は七四六万七〇〇〇匹。総理府によると、全国で年間約五〇万匹の犬・猫が処分されており（民間団体の調整データでは七〇万匹余りとなっている＝筆者注）、また約一万匹が研究実験に供され、別に約一万匹が里親に引き取られている」という。自分の身の回りの野良猫の多さにやりきれなさを覚えていたが、毎年の処分数五〇万匹と聞いただけでも身振るいがする。飼い主のモラルに頼れないとすれば、捨て犬・猫等を規制する法の整備が必要なのかもしれない。(i)の⑱「動物虐待懲役刑も」なる記事は「動物保護管理法」の二六年振りの改正であるが、家畜・犬・猫などを殺すか傷つけることを規制するもので、捨てるといったもっとも悪質な行為はおかまいなしである。また実験動物に関する規定も全くない。一歩前進した法改正とはいえ、問題は積み残されている。

(d)の㉔「ペット家賃月千円、公団住宅で飼えます」や㉖「ペット解禁の公団住宅は今」は、トラブル続きでペットの飼育がしにくい集合住宅の新しい試みについての記事であり、⑪「犬とのお散歩レンタル中　ペット恋しマンション暮らし　子供も大人も列」も類似の記事である。(e)の④「ペットは入信できる？」なる記事は、ペットを人間並みにとはいえ、ここまでといった感がなきにしもあらずである。⑦の「老犬の痴ほう増加　かなワン」は、人間のそれと対照させても切実なものがある。(f)は相変わらず事故が絶えないことを示しており、(g)については、おおげさに言えば癒しとしてのぬいぐるみに取って替わり、犬・猫ロボットがその地位を奪い取りつつあると言っても良いかもしれない。(h)関連記事はペット産業の降盛振りを示しており（(g)も(h)と関連するが一往分けて考えてみた）、その背景には人びとの生活のパートナーとしてペットは不可欠な存在といった認識の定着があり、(i)の記事の多さがそのことを如実に語っている。なお、表15の記事で際立っているのは、地域住民が野良猫を共同で飼育しようという動きがあり、(b)の③「『地域猫里親へ』信じた　一二〇匹幸せ？　預けた三匹薬殺」や(a)の⑩「捨て猫にエサやる？　やらない？賛否分かれて悩む住民　ルール作り地域ぐるみ飼う試みも」が端的な例であろう。(i)の⑰「交通死の野良ネコに祭壇安らぎくれた　外神田の店員、通勤の会社員」、同じく㉑「野良猫ミーコありがとう　街角の子猫はチューリップになった　車にはねられ突然の死」などの記事もこれに近いものである。

柳田国男は、かつてのムラには誰が飼うともなく生きていた「ムラの犬」が存在していたと、つぎのように報告している[2]。

　畜犬税の始まる前までは、田舎の犬は大半は村の犬で、定まった主人といふものを持たず、又彼等の家庭生活には人の干渉が無かつたので、随分と遠くの里に遊び、誰にも知られない落胤を残すものが多かつた。

また、別の書でもつぎのように述べている[3]。

　私などの生れた村では、村の狗といふのが四五匹は常に居たが、狗を飼つて居る家は一軒も無かつた。彼等の食物は不足であり、寝床も自分の癖だけで決めて居た。

つまり、かつては犬は特定の個人が飼うものではなく、ムラ全体で飼うものであった。あるいは、村人たちは犬に干渉もせず、かといってまた排除することもなく、その存在を容認していた、というのである。

今日犬は地域で飼いにくい社会状況にあり、猫に限ってではあるが地域猫として飼う形が芽ばえ始めた点は注目される。しかしながら一般的な犬猫の飼育状況をみると、個人的な愛玩目的の例がほとんどで、柳田の報告とは対照的である。さらに犬と猫の飼われ方にも相違があって、犬は祖父母・息子夫婦・孫が同居するにぎやかな家庭環境で、家族の一員として飼われる傾向が強く、また、猫は独身の女性や子供のいない夫婦など家族員数の少ない静かな家庭でかわいがられる傾向が強いという(4)。どちらにあっても、人間に飼育されることで、犬猫自身にとっての「野生」が無視されることに違いはない。

さてこのように、人間と小動物の関係は昔とはかなり異なるようである。本節では、犬猫の葬法・供養のありかたを通して、人間と小動物の交渉の経緯について考察を加えてみることにしたい。

一　犬・猫供養の研究小史

大型野獣を含む動物、そして植物の供養に関しては木村博の論稿があるが(5)、こと犬猫の供養に限っての分析はさほど活発ではなかった。そのなかで、大木卓は猫の供養についてひとり詳細に論じており、地方色豊かな猫の供養法として、飼い猫が死ぬと村里離れた松林、あるいは阿檀林の中に首を吊って風葬する沖縄の事例と、死んだ猫を三方の辻、あるいは四辻に埋めて杓子を立てる関東の埋葬方法を紹介している。そして、前者については、憑物である家畜の霊力を神聖視・畏怖し、冥界の神に捧げ、また植物の呪力によってその再生を願う意味を持つものとの見解を示し、後者については、憑物・祟る神を三方の辻に送り出すものと捉らえ、ときには、そこに供養のための塚を築く民俗につながる、としている(6)。

一方、犬の供養については、犬供養の行事そのものよりも、その際に立てられる二叉の卒塔婆（犬卒塔婆という）が、早くから注目されてきた。柳田国男は「子安神の話」、「犬そとばの件」、「犬卒塔婆と子安講」等々の論稿のなかで犬卒塔婆に言及し、①犬卒塔婆が関東北部から東北南部の地域においては安産祈願のため女性たちによって立てられること、②犬の霊魂が子安信仰（安産祈願）に関与してきたこと、以上の二点を指摘した。(7)時代をくだって、鎌田久子は、九学会連合の利根川流域共同調査に際して「産育習俗」、「利根川流域の産神について」といった二論文を発表し、後者において、利根川流域の産神信仰が、東の子安信仰と西の産泰信仰に二分していると分析した。さらに、下流地帯では子安信仰が犬供養と結びついており、しかも犬供養にあたって寺院の関与が想定されることを指摘している。(8)

そして、犬をめぐるフォークロアに積極的に取り組んでいる菊池健策の論稿は、日本人の犬に対する認識について述べたもので、以下のように要約できるかと思う。(9)①犬は人間と他界との境界にあって、犬自身その両世界を自由に往来でき、かつそこを通過するものの往来を助け、あるいは妨げる能力を持つというように、両義的存在として認識されている。②犬は穀霊・生命霊・祖霊、そして水の神・歳神などと深く結びついており、それらの象徴として、またはツカワシメとして語られている。③犬は畑作文化との深い結びつきがみられる、と分析した。そうしてさらに、犬供養については安産祈願よりもむしろ、死者供養の意味が濃厚であると強調した上で、先に要約した①と関連したかたちで、「産死者を出したときに、その死が自分達まで及ばないように犬供養をし、ザグマタ（犬卒塔婆）を立てるのではないか。そのザグマタを村はずれに立てることにより、あるいはムラ送りを行うことなどから、産死によってひきおこされた死のけがれを自分達のムラから送り出し、再び戻ってこないようにするのが、ここで供養された犬の役目だったといえるのではなかろうか」と推論している。(10)ただし、年代を越えた多くの事例を挙げて論証を果たそうとしている菊池は、上記の考察について自ら「これら事例の間の時代差を無視するなら」との保留つきで結論を出していることは断っておかねばならない。犬供養はもとは犬の産死に始まるもので、やがて産死に限らず犬の死を弔うものに変わり、それが、安産を願う女人講の十九夜講や二十三夜講と習合したとみる研究者もあることから、(11)今後は犬供養についての歴史的展開を跡づける作業が必要といえよう。

ところで犬供養とはいかなる習俗なのか、二、三の事例を挙げてみよう。

〔事例1〕福島県田村郡滝根町　イヌソトバは馬を第一に、つぎに牛とか猫とか犬に立てられるが、鶏やその他の小鳥のためには立てない。当地では、木の幹から枝が両方に出てY字型を呈したのをマダガリという（これを卒塔婆に用いる＝筆者注）。この塔婆は、人間の忌日に因んで、死後の初七日とか二十一日目とか四十九日とか、または百ヵ日目あたりに立ててやる。また年忌になった時、山で馬が死んだとすればその山に行って、その死んだ場所に立ててやることもある。しかし、畜生法要のことであるから近親者を招待したり、またその家業を休んで供養するわけでなく、唯この畜生塔婆をつくって立てるだけである。ただし、メシを炊いて供えてやることもある。立てる場所は寺の木戸の石碑のある場所とか、または分れ道の付近の一隅とか、普通の道筋なら十字路とか、また庚申塔とか何かの仏堂の傍とか、とにかく人通りの比較的多い路傍に立てる。(12)

〔事例2〕宮城県伊具郡丸森町大内　（人の）トムライアゲには生木の葉づき塔婆を立てたり、あるいは柳や栗の二股の木を立てる習わしがある。股木の供養塔婆は、牛馬供養のためにも立てられている。(13)

〔事例3〕千葉県香取郡山田町長岡　犬が死んだ時、あるいは女の人が産で死んだ時に子安講の人たちが集まって犬供養をする。他所でやらないうちに早くやるものだと言われている。犬が死んだ時には線香をあげる。女の人が死んだ時は流れ灌頂をし、二股塔婆を川のそばに立てる。(14)

以上、三つの事例を挙げたが、犬供養には動物供養を目的とするものと、安産祈願あるいは女性の産死者の供養を目的とするものの、二つの側面があることがわかろう。その分布状況をみると、宮城・福島両県の犬供養は前者の性格を有するものが多く、茨城・栃木・千葉三県のそれは、両者の性格を併せ持っているものの、より後者の性格が強いといえる。ただしいずれにしても、犬供養に際して犬卒塔婆なるものが立てられることでは共通している。犬卒塔婆については先にも簡単に紹介したが、菊池は三叉路や村境に立てられること、および、犬は侵入者や邪霊を祓う役割を負っているとする信仰を前提に、犬卒塔婆もまた、ムラへの邪霊の侵入を防ぎ、ムラから邪霊を他界へ送り出す役割を果たすもの、と位置づけている。ここでは、梢付塔婆、あるいは各地の墓上植樹の習俗を考え併せて、犬卒塔婆の持つ意味を検討してみたい。

真宗地帯の葬送・墓制の分析を試みた佐々木孝正によれば、本願寺教団にあっては、蓮如の時代から本願寺の権威主義が固定化する近世初期まで、墓上植樹の風習は宗主やその一族の墓制として一般的なものであったという。さらに、『餓鬼草子』や『一遍聖絵』などに描かれた墳墓の様子から、中世庶民においても墓上植樹はきわめて普遍的な習俗であったと述べている。そして、石川県・富山県といった北陸の真宗地帯では、「少なくとも、明治の末頃までは、これらの真宗門徒の地域で墓といえば、石塔・石碑や木牌を建立したものではなく、火葬骨を埋めた墓塚上に松や杉、椿などの樹木を植えたものをさしていた」として、北陸の真宗地帯に顕著な習俗であるとした。しかし、そのほかにも福島県伊達郡、新潟県北蒲原郡、千葉県長生郡、滋賀県大津市、兵庫県城崎郡といった地域の例を紹介して、非真宗地域であっても、墓上植樹の習俗が認められることを明らかにした。そのうえで「墓上植樹が本願寺宗主や門徒の墓制として行われてきたのは、平生の信心獲得を重視し、葬送に重きをおかず、また死後における追善供養を説かぬ真宗の説教に支えられたためであることは明らかだと思う。しかし門徒の墓上植樹は、たんに宗主の墓制に倣ったといったものではなく、門徒化以前における中世墓制の継承とみなければならない」という見解を示した(15)。

墓上植樹が中世来の庶民の一般的葬法であったことは、佐々木の論証によって明らかであるが、人間のみならず、犬猫の埋葬についても同様の方法がとられたことが、文献資料によって知ることができる。宮崎安貞の『農業全書』(元禄九年刊)には「俗に橘の机下に猫を埋めばよくさかゆると云ひならわせり」とあり、また、この書を叙した貝原益軒の『大和本草』(宝永五年刊)にも「俗に橘の根下に猫を埋めればさかゆると云ひならわせり」とあって、柑橘類の木の根元に埋める、あるいは埋めた上にそれを植樹する習慣があったようである。このことと関連して、柑橘類の樹木と猫のかかわりを昔話を例にとって祖霊信仰にまで言及した大木卓の説を紹介しておこう。

長崎県島原地方の昔話で、あるとき薪を海に捧げた人がその見返りとして龍宮から黒猫をもらう。その猫は黄金の糞をする猫であった。死んで猫を埋葬した所からは橙が生えてきた。それから橙を正月に飾るようになったと説く花咲爺式の昔話である。このような昔話をもとにして大木は、「柑橘類や瓜類のように、重要な節季の神祭りの時期に顕著な実を結ぶ植物が、猫を埋めた所から生えてきたという伝承と、その種の果実が、また祖霊乃至は山の神の供え物となるが、供犠の代りとも見られる点から、蜜柑として結実することで転生乃至は往生、復活の成就とする考え方があったと見られると共に、これは猫だけの問題ではなかったらしい」と結論している(16)。

墓上植樹と関連してもうひとつ注目されるのは、人の三十三回忌、あるいは五十回忌といったトムライアゲ（弔い上げ）に用いられる卒塔婆に、梢付塔婆・葉付塔婆と呼ばれる生木の塔婆が用いられることである。つまり、先端に枝葉のついたままの常緑樹を卒塔婆の用材とするのであるが、この風習は近畿地方を中心にほぼ全国的にみられ、しかも、この生木が根づくと考えている地域もある。生木を使って塔婆を据えること、また、それが根づくといった考えは墓上植樹と同様の指向を示すものといえよう。佐々木によれば、墓上に植えられた樹木とともに、生木で作られた塔婆は、いわば墓に埋葬された人物の再生を約束するシンボルであろうとしている。そのため石塔・石碑の建立をもって、植樹の必要性を喪失した地域で、生木の卒塔婆を供える習俗が展開していったのではないかとの説が、現在は有効性を持っている。犬を初めとする小動物の供養に用いられる、二股の生木を使用する犬塔婆も、この一種と考えられなくもない。

以上、犬・猫について行われたかつての供養と葬法を概観してきた。犬のみならず猫もまた現世と他界の両界を自由に往来する存在と考えられ、それと関連して、人間に憑きやすく、かつ祟りやすい性格を持つとされてきた。したがって、ことに犬・猫両者の死については慎重な対応が期され、すなわち、沖縄では死亡した動物の首を松や阿檀に吊るして供養するし、日本本土では、猫の死骸を蜜柑の木の下に埋める、あるいは猫を埋めた後の墓上に植樹する、といった方法がとられてきた。あるいは、非業の死を遂げた人間に対するのと同様の葬法を行う地域も少なくない。死んだ猫を三叉路や村境に埋葬して杓子を立てる、犬卒塔婆を立てるといった例が挙げられよう。これは、異常な死に方をした人物を村境に埋葬したり、川に流れ灌頂を設備し、できるだけ多くの人の供養を受けて魂の鎮静を願う思想と共通している。

このような葬法は、招客（依代）・鎮斎の機能を持つとされる杓子や、神霊の依代もしくは再生のシンボルとしての樹木・卒塔婆を用いることで、神聖でありつつ、かつ祟りやすい犬・猫の霊を鎮送する、あるいは、再生を願うといった意味を以て行われてきたと考えられる。そして、鎮送もしくは再生を願う気持ちは、当然、祟りやすいものから受ける災厄を除去したいと願う心意にも通じることになり、その意味で、村境や三叉路を選んで犬卒塔婆が立てられるのであろう。そのとき立てられた犬卒塔婆は境界標識としての機能を持つことになる。犬卒塔婆のように、本来は邪霊を送り出すための呪具が、儀礼的転換によって他の邪霊の侵入をさえぎり防ぐ存在となる例は、東日本に多く見られる人形道祖神の藁人形をはじめとして枚挙に暇がない。また、菊池の指摘した犬の持つ両義性は、猫は勿論のこと、狐、狸といった小動物に共通の属性であり、小稿との関係でいえば、猫―杓子の対応は、犬―犬卒塔婆の対応と同様の属性・機能を持つ存在ととらえられることができる。

二　犬・猫の墓

前項で紹介してきたように、犬・猫の葬送習俗については少なからぬ研究蓄積があるものの、その墓制についての研究は皆無といってもよいであろう。柳田国男の『葬送習俗語彙』には「ネコザンマイ」なる語彙が収録されており、「播磨神崎郡船津村には、猫三昧と謂ふ特別の共有墓地があり、其所は専ら胞衣や早産の嬰児を埋める為めに使はれていた」と記載されている。同書にこのほかに、信州伊那郡でも家畜の屍体捨場をサンマショと呼んでいる村があることを紹介しているが、それ以外には動物の墓地に関する語彙は掲げられていない[17]。ほかの資料に目を向けてみると、中田太造が奈良県の例について若干の報告をしている。大和では子供を埋葬する子墓と、大人を埋葬する大墓とを区別して設ける例が多いことは、周知のことであるが、大和郡山市白土では村はずれに子墓があって、ここは子供の遺体を埋めるだけでなく、湯灌に使ったコモや盆の供物を捨てる場でもあり、また犬・猫などの家畜の死骸を埋葬する場所でもあるという[18]。このように、幼児や死産児の遺体を一般の大人の墓とは別に設け、そこへ胞衣や犬・猫の死骸も埋めるという例は、近畿地方に多くみられる。関東地方の同様の習俗は、管見の及ぶ範囲では一例だけ存在する。栃木県河内郡南河内町薬師寺にある三昧場ラントウがそれである[19]（図10・11参照）。このラントウ（墓場）は、墓地の中央を縦断するかたちで道路が通り、墓がイッケ毎にまとまっている。そうしてセキトウ（石塔）はいずれも中央の道路に面して林立しており、それに対してウメッコ（埋葬地）はセキトウの背後に広がっている。たとえば永井イッケの墓地の場合、四軒でひとつの区画を所有している。四軒のセキトウが並ぶ背後にウメッコが広がる。ウメッコはセキトウに近いほど長生きして往生を遂げた人を埋葬し、東に向かうに従って死亡年齢が若くなる。一番東に埋葬されるのは七歳以下で亡くなった子供であるという。また、これら人間の埋葬地にはサツキ・ナンテン・シキミなどの樹木が墓上植樹される。さらに続いて東には胞衣を埋める所、犬や猫の死骸を埋める所が設けられている。ただしこうした埋葬の方法がいつごろから行われるようになったのかは不明である（ただし、胞衣は古くは家のトボ口に埋められたという）。おそらくは同様の葬法が関東の他地域にも存在するものと予想される。

一方、寺院における犬・猫の墓についてはどうであろうか。富山県氷見市朝日の上日寺には、江戸中期以来の犬・猫の共同墓地があるというが、古文書にに「がきどうの地」と記されている旨、報告されているのみで詳細はわからない[20]。しかし近年、江戸時代遺跡の発掘調査が盛んに行われるようになり、墓地もしばしばその対象とされて興味深いデータが提出されつつある。東京都港区教育委員会が港区芝の伊皿子貝塚遺跡を発掘した折りには、犬・猫の墓石が五点出土したが、その最古のものは明和三年（一七六六）のもので、以下のような銘が刻まれている。[21]

明和三丙戌年

賢猫之塔

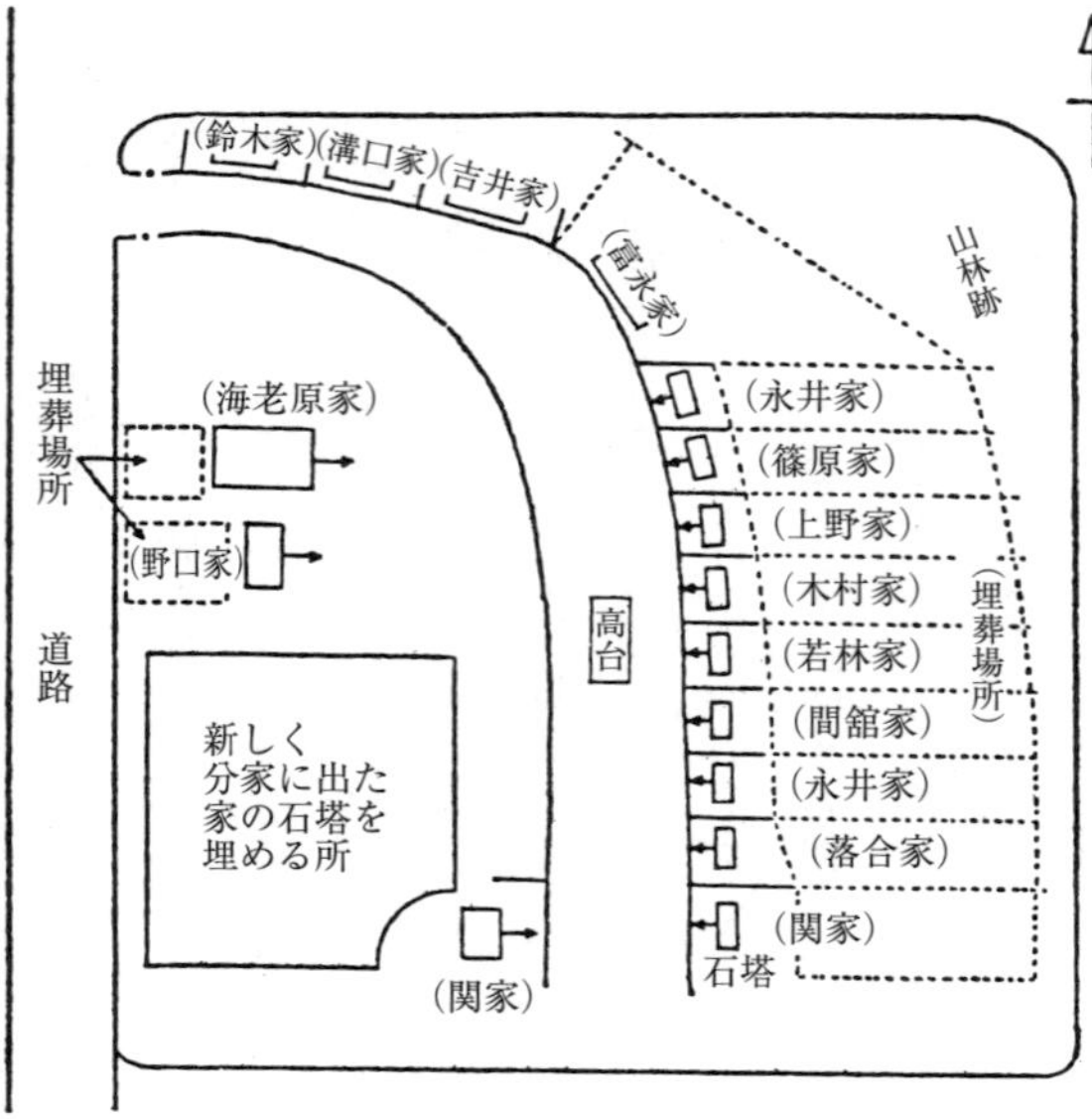

図10　三昧場ラントウ略図（原図：島田芳行）

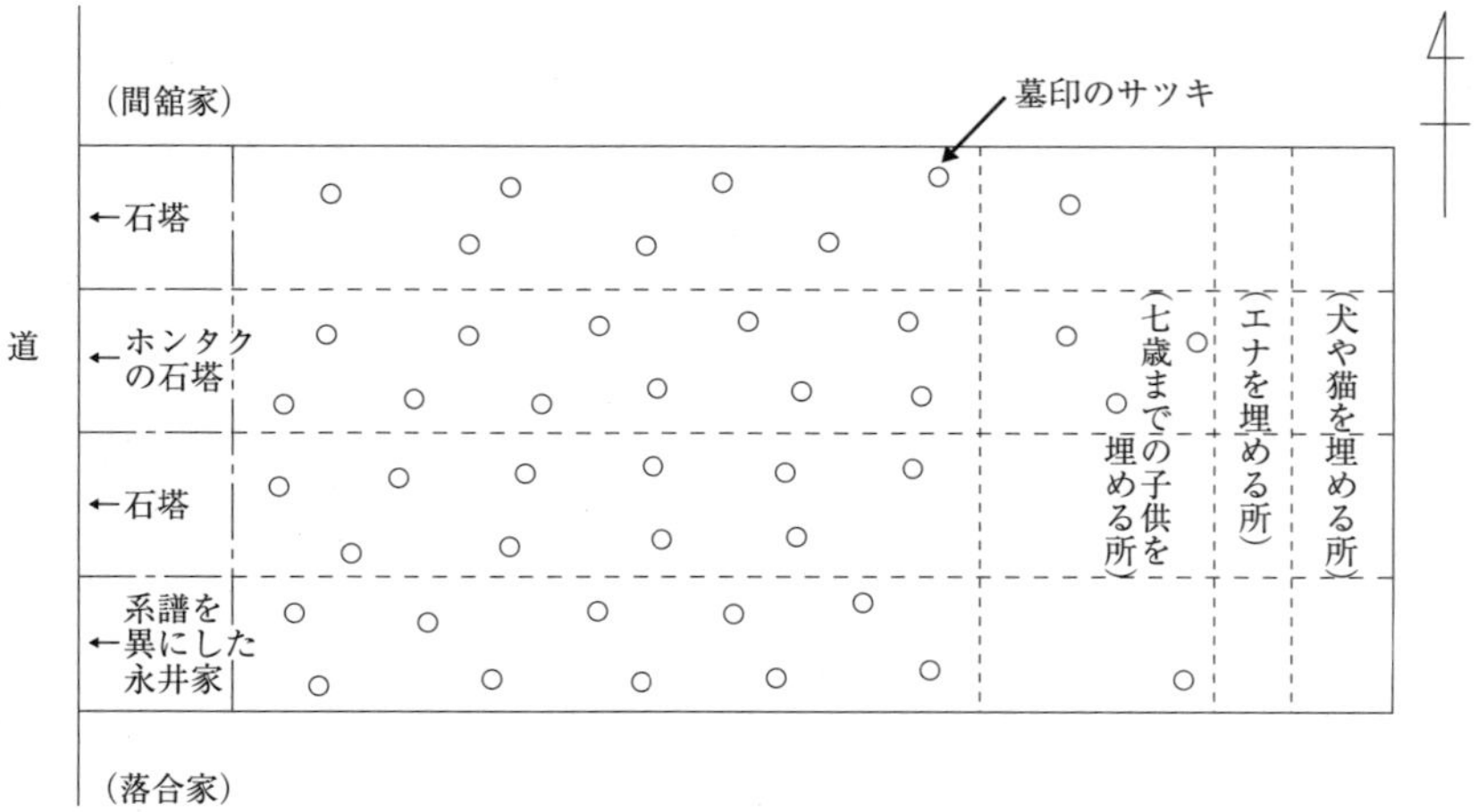

図11　三昧場永井家の場合の石塔と埋葬地の様子（原図：島田芳行）

二十一日

出土したほかの石塔がすべて「〇〇〇〇霊」と記されているのに対し、この石塔だけが「〇〇〇塔」と記されていることから、報告者は、あるいは供養塔のようなもので、不特定の多くの猫を対象としたものかもしれないと推測している。ついで文政年間（一八一八〜一八三〇）のものが三基、もっとも新しいものが天保六年（一八三五）の一基である。天保の一基には、

天保乙未六年九月二日
離染脱毛狗之霊
三田御屋敷舗大奥御狆　名染

との銘がある。「染」という名前から、三田の大名屋敷で飼われていた雌犬の墓と考えられる。出土した五基の石塔のうち最古の一基が猫を供養するもので、ほかはすべて犬の供養を目的とするものであった。

江戸の中期以降になると、鉢物などの植木栽培や愛玩動物であるペットの飼育など多様な趣味娯楽が一般庶民のあいだに広まったとされているが[22]、死んだペットのために寺に石塔の墓を建立して供養するのは、武士や上層の町人に限られていたようである。両国にある回向院（浄土宗）は近世以来、犬・猫の墓所として名高いが、同寺の江戸期の過去帳には一一例の犬・猫

表16　両国回向院の近世の過去帳における犬・猫の供養例

	戒名	年月日	施主名
1	狆福女転生畜門	天保七年四月十七日	岩田市郎右衛門
2	五百狆畜門転生	天保十年九月十四日	松平伊豆守殿奥方より墓相立候事
3	星林婁狗転生	天保十二年六月十三日	一日寺　須藤
4	狆畜門転生	天保十二年六月廿一日	庄田傳蔵
5	猫畜門転生	天保十二年九月廿五日	原房次良
6	善猫畜門転生	天保十二年十月十七日	白梅　取次　金吾
7	善狆畜門転生	天保十二年十一月三日	富田氏
8	遊猫畜門転生	天保十二年十一月八日	大和屋
9	狆畜門転生	弘化三年四月廿二日	横山源吾
10	善狆畜門転生	嘉永二年三月六日	小石川枰木屋鋪内
11	八猫畜門転生	嘉永五年二月十九日	萬屋久蔵

の戒名が記録されている。それを、戒名・年月日・施主名の順に以下に記しておこう。表16に挙げた一一例の建立年代は、天保末年に集中する傾向がみられるが、天保七年～嘉永五年（一八三六～五二）の一六年間に及ぶ記録で、港区伊皿子貝塚遺跡の例より若干新しいものである。「畜門転生」という語句が多用されていることから、前世の行いが悪く畜生道に堕落して生まれたものを、来世には転生して人間として再生して欲しいとの祈願には、仏教的思想がうかがえる。一一例の供養対象の内訳は、狆六例、猫四例、狗一例で、そのうち2と11は複数の動物供養を目的にしたものとみられる。施主には1・2に代表されるような武士階級の墓石建立が見受けられ、さらには、公の場で姓を名乗っていることから、4・5・7・9の事例も武士階級のものであろうと推測できる。同時にまた、8・11のように富裕な商人の名も見受けちれる。(23)

回向院は明暦の大火の犠牲者を弔うために、万治三年（一六六〇）に建立された寺で、爾来「無縁寺」という寺号を持つことからもわかるように、無縁仏の供養に活動の主眼をおいた寺院であった。その後も水死者・刑死者・夭逝者などの回向を行っている。犬・猫の埋葬・供養も、その一環として行われてきたものと思われる。

文化四年（一八〇七）大田南畝によって記された『一話一言』の五月の条には、

　猫疫

今年卯丁五月初より都下にて猫死する事夥し、二十三日病て何の故なく死す。〔頭註〕「猫あはを吐きて死すと云。」本所廻向院にはもとより犬猫を埋る墓あり、犬畜転生門猫畜転生門などいへる墓あるもおかし、ことしは猫六百匹余も葬りしよし。〔頭註〕「翌戊辰のとしにもこの事あり。」されど此寺のならひにて猫といひては葬らず、ゑのころといひて頼めば葬る事也と。〔頭註〕「白山本念寺の物語なり。」又てふ塚といふあり、蝙蝶を葬りしにや、年月も月日もなく、その事をしるさねばしりがたし。五月十七日

と記されている。(24)これによれば、近世の某年、回向院に猫を六〇〇匹余り埋葬した年があったといっている。また

「猫」とはいわず「ゐのころ」との隠語を使っていたことがわかる。さらに回向院は、大正期になっても小動物の埋葬を受け付けていたらしく、「本所の回向院へ猫を埋めに来ること、夏分は一日平均三十疋ぐらゐある　一疋には二十六銭づつの埋葬料を取ると云ふから大きな収入である」という事実を山中共古が報告している[25]。この記述からは、おそらく犬・猫を寺に埋葬する習俗が庶民層にまでかなりの普及・浸透をみていたことがうかがえよう。このように、回向院は近世以来の犬・猫を初めとする諸動物の供養を受け継いできた寺院で、その存在意義は近代まで延長されたものと考えられる。

現在の回向院境内には、一般の人びとの墓地に混じって動物供養塔が散見される。義太夫協会による犬猫供養塔（昭和十年建立）や、飼育獣商協同組合による小鳥供養塔（昭和三十九年建立）などといった、同業者や愛好団体による供養塔の建立が目立っているが、そのほか、昭和三十七年には犬猫諸動物の供養堂として、百万頭回向堂を建立し、ここに馬頭観音を安置した。ペットブームを先取りして、小動物の供養を受け入れる体勢を逸早く整えたのである。

三　ペットの霊園

一九七六年に発足した現代風俗研究会では、毎年「風呂」「弁当」「便所」等、その年その年にテーマを設定し、それについて会員からの短信を募るシステムをとってきた。つまり、会員が普段自分が感じる風俗の変化について短い見聞記を書き、葉書で投稿する。投稿された報告は、同会の年報『現代風俗』に設けられた「はがき報告」なるコーナーで紹介される。当然ながら各報告は論文の形態はとらないものの、啓発を受ける示唆が含まれている。十数年前に同会は一〇周年を記念して、「はがき報告」を集めた『現代風俗通信』を発刊した[26]。そのなかのテーマにははからずも「愛玩動物（ペット）」なる項目があって、多くの人びとが短信を寄せている。ここでは一九八三年に報告されたなかから、ペットの供養・埋葬に関する投稿を引用させていただく。

〔事例1〕　以前犬を屋外で飼っていたので、よく心臓に虫が入り、二、三頭が死んだ。市役所が持って行く制度もなかったころなので、庭の片すみに穴を掘って埋めた。「犬の墓」と書いた札も三、四年たつと朽ちてわからなくなってしまう。植木の移し替えなどの時、犬のシャレコウベなどが出て来ることがある。あわてて穴を深く掘り直して、合掌しながら埋め直したものである。

〔事例2〕　吾が家にとって一番馴染みあるペットは犬である。ペットというより親からみると生活必需品的な番犬という方が当っている。子どものころは犬の死にあうと、それこそ兄弟でも失ったようで、嘆き悲しんだものである。ペットとはそういったものだろう。涙一つ見せずミカン箱に番犬の死骸を入れる親を恨んだりした（略）。

〔事例3〕　私もかつて一〇年程血統書付きのコッカースパニエルを飼った事があります。宝塚から東京に転勤の時、人間どもは新幹線、犬は飛行機で引っこしました。ポリープだ、瞬膜の肥厚だ、ヒラリヤ原虫の除去だと随分お金を使いましたが、九年で死んでしまってからは、もうペットを飼うことを止めました。ロンを葬った後に植えたつつじは毎年美しい花を咲かせます。

〔事例4〕　娘が紀州犬を可愛がっていた。昨年夏突然死んだ。心臓を病んでいたらしい。さて翌朝どう葬るかが問題になった。市役所（京都府城陽市）に聞けば、清掃課が引き取り、燃えるゴミとして処理するという。娘は、それではかわいそうだと、電話帳を頼りにペットの葬儀を扱う業者を見つけて問い合わせると、何でも二万五千円だかで読経をし、丁重に葬るという。その秋、園部町の教伝寺という寺で合同納骨式が行われた。お寺には、ペットのための納骨堂のほか、犬、ネコの小さな墓石がたくさん並んでいた。（略）その後、春・秋には寺から法要の案内が来る。

おそらくは、東京都内でもその周辺でも、昭和四十年前後までは、ここに報告されている〔事例1〕〔事例2〕のように、死んだ犬・猫をミカン箱などに入れて庭に埋葬するというのが一般的であったろう。あるいは〔事例3〕のように墓の上に植樹したり、樹木のかたわらに埋葬する方法も少なくなかった模様である。そのとき、この樹木が花をつける種類のものである場合、地下に犬が埋まっているから、猫が埋まっているから、ほかの木よりも花つきがよいのだとか、美しい花が咲くのだとか説明され、毎年、その花が咲くたびに飼主はペットを思い返すよすがとするといった例がみられる。

そして、〔事例2〕の報告者は少々暗示的な発言をしている。飼犬について「親からみると生活必需品的な番犬という方が当っている」とはいうものの、「親からみると」と断っていることから、親の考える犬の意義と、自分にとっての犬の意味とが明らかに異なることを暗に主張しているものと受け取れるのである。それは、「涙一つ見せずミカン箱に番犬の死骸を入れる親を恨んだりした」と述べているくだりでも見て取れる。同報告者は犬の死を「それこそ兄弟でも失ったようで、嘆き悲しんだものである」と、幼少時代の当時を述懐している。子どもながらに何か大切なものを消失した空虚な思いを感じとっていたのであろう。ここで犬を「番犬の役割」と考える報告者の親と、「まるで兄弟」のように感じる報告者とでは、同じ犬に対する感情にも明白な相違があろう。これが個人的な感受性の差からくるのか、それとも年齢的世代間に動物に対する感じ方に相違が出てきているのか、この違いはどこからくるのであろうか。こうした心情を持つ人びとが増えるとともに、ペット供養を受け付ける寺や霊園が増えつつある。

現在、ペットを埋葬する方法としては、自宅の庭に埋葬するほかに、東京都の場合、区部では有料で都清掃事務所が、市郡部では市町村役場が、連絡すれば引き取ってくれる。こうした制度は昭和四十三年に定められたが、最近では役所に連絡しても、民間のペット霊園への埋葬を勧められるケースが多いという。さてペット霊園としては先に挙げた回向院が古くから有名であるが、残念ながら近年の埋葬・供養に関するデータは得ていない。そこで、近年のペット霊園の動向を把握するために実施したアンケート調査の結果を表17に整理してみた。調査方法は、一九九一年版職業別電話帳に記載された首都圏の四三のペット霊園を対象に、他記式調査票調査によって行ったものである。回

年間供養数（体）	葬法	供養法会	備考
一日に2体ほど	火葬	なし	阿弥陀如来図と地蔵を祀る
昭和62年　3,000 平成3年　3,600	土葬→火葬（昭和36年）	春秋彼岸	聖観音を祀る
昭和62年　1,946 平成3年　3,647	戸田・草加の葬祭場にて火葬	春秋彼岸 盆	春日位牌　750本 白木位牌　50本 阿弥陀如来を祀る
昭和62年　5,000 平成3年　5,500	火葬	初七日・三十五日・四十九日 百カ日・一、三、七回忌	位牌あり 聖観音を祀る
昭和62年　32 平成3年　111	火葬	—	位牌　324体
昭和62年　1,286 平成3年　1,784	火葬	毎月第4土曜日に合同供養式	
昭和62年　1,500 平成3年　2,700	火葬	毎年1回合同供養 個人的に各忌日供養	位牌　1,000体
—	—	春秋に合同慰霊祭 個人的に各忌日供養	座釈迦を祀る
昭和62年　50 平成3年　70	火葬	—	位牌35体。観音・釈迦牟尼を祀る
昭和62年　13 平成3年　673	移動火葬車あり	—	
昭和62年　600 平成3年　800	火葬	—	
昭和62年　350 平成3年　600	火葬	初七日・四十九日 一周忌	位牌　20体 観音を祀る
昭和62年　597 平成3年　1,066	火葬	毎年2回彼岸前後に合同供養	

表17　首都圏のペット霊園一覧

ペット霊園名称	所在地	開園年代	墓地面積（m^2）	墓数（基）	ロッカー式仏壇の個数（体分）
①西信寺	東京都 文京区大塚	昭和６年 （前身M33年）	5,600	120	なし
②東京家畜博愛院	板橋区舟渡	昭和10年	2,000	500	5,600
③東京動物霊園	北区赤羽台	昭和53年	納骨堂 270	なし	3,400
④世界動物友の会	調布市 深大寺元町	昭和37年	2,600	なし	100,000
⑤コッキィーペットメモリーランド	府中市幸町	昭和61年	16	—	あり
⑥高尾霊園 犬猫墓地	八王市初沢町	昭和51年	1,320	1,500	なし
⑦厚木動物 メモリアルパーク	神奈川県 厚木市七沢町	昭和61年	10,000	なし	3,000
⑧湘南ペット メモリーランド	茅ヶ崎市	平成元年	2,000	200	100
⑨大宮動物霊園	埼玉県 大宮市染谷	昭和60年	250	—	50
⑩ノア・メモリアル　サービス	三郷市戸ケ崎	昭和63年	—	—	—
⑪千葉ペット霊園	千葉県 市原市五井	昭和59年	2,000	2,000	なし
⑫潮音寺ペット霊園	印旛郡富里村	昭和58年	230	10	500
⑬赤城　メモリアルパーク	群馬県勢多郡 富士見村	昭和59年	13,300	144	700

収票はわずか一三通で、三〇パーセントの回答率にすぎなかった。またはアンケート用紙が未開封のまま「宛て所に尋ねあたりません」との印を押されて返送されてきたものが一〇通あった。おそらくは、時流に乗って上手く宣伝活動を行い、急速に成長をとげる霊園がある一方で、採算がとれずに閉鎖に追い込まれる霊園も少なくはないのであろう。ペット霊園はベンチャービジネス的な要素も含み持っており、その経営は諸条件がそろっていない場合にはリスクの方が大きくなり、経営難に陥る危険性をはらんでいる。

表17を見てみると、全体的に昭和五十年以降の開設が多く、以来は年間供養件数も着実に伸びているようである。ただし、それは現在の経営が軌道に乗っている霊園に限ったことであって、陰ではいくつもの霊園が起業・廃業を繰り返していることと思われる。現在盛況を誇っている霊園についても、この状況が継続されうるものなのかどうか、今後の観察が必要であろう。たとえば、表17に掲載した霊園も、その経営規模がまちまちで、産業の形態として安定してはいないことがわかる。施設設備の面でみてゆくと、Ⅰ墓地だけを所有するもの、Ⅱロッカー式仏壇だけを所有するもの、Ⅲ墓地とロッカー式仏壇の双方を所有するもの、Ⅳ移動式火葬車によるセレモニーに重点を置き、埋葬は契約をかわした寺や霊園に任せるもの、と以上四つのタイプに分類できる。たとえば、両国回向院についでペット霊園のさきがけ的存在である①文京区西信寺は、墓地のみを持つ。②板橋区東京家畜博愛院も開設当初は墓地を持つのみで、昭和三十六年までは土葬にしていた。しかし、同年から火葬に切り替えたことと、昭和四十年ころに都市部において人間のためのロッカー式仏壇が登場し、以来流行をみているので、それに照応するかたちで、一〇数年前にペット用ロッカー式仏壇を設置したという。昭和三十七年開園の、④調布市世界動物友の会は、ペットブームに逸早く対応して、開園当初からロッカー式仏壇を設備した霊園としてオープンし急成長を遂げた。⑩埼玉県三郷町ノア・メモリアルサービスは、昭和六十三年の開設で、移動式火葬車を導入した企業として名を馳せた。

経営施設の規模に照らし合わせて見てきたが、このなかで、近年のペット供養の両翼を担うかのような印象のある

写真21　ペットの墓（東京都板橋区東京家畜博愛院）

写真22　ロッカー式仏壇（東京都調布市　世界動物友の会）

②板橋区東京家畜博愛院と、④調布市世界動物友の会の例を取りあげて、ペットの供養・埋葬方法などについて以下に詳述・検討を加えたい。

東京家畜博愛院は昭和十年にオープンした。現院長の先々代が無類の動物好きで、暇さえあれば犬の面倒を見ていた。そして昭和五年四月に愛犬を亡くし、その墓を建立した。それを契機として犬・猫の墓地経営へと発展してゆくのである。現在の墓数は約五〇〇〇基弱で、ほぼ満杯状態にある。一方の二〇数年前に完成したロッカー式仏壇五、六〇〇基も、完成後二年で満杯となり、現在は空き待ちの状態である。一年ごとに賃貸契約を結ぶシステムを取っている。昨今は、二日に一度くらいの割合で合同葬を実施しており、毎回扱うのは一〇頭程度であるという。簡単な計算をすれば、月に約一五〇体の供養を行っていることになる。また、合同葬とは別に個別葬もある。これは合同葬より数は少なく約五〇体であるが、合計して月に二〇〇体前後の火葬を行っているという。なお、多くの霊園でもなんらかの本尊を祀っているが、博愛院の本尊は聖観音である。

また、都下調布市にある世界動物友の会は、昭和三十七年三月に現、武蔵野観光開発会長の渡辺日辰氏が、深大寺から土地を借り受けて開園したものである。平成四年に開園三〇周年を迎え、このとき六角三三層の万霊塔を建立し、今も霊園の中心にある。この霊園には、獣医から紹介されてやってくる人が多いとのことであった。また、芸能人の加入者も多く、たとえば歌手の西城秀樹氏が人気絶頂のころ、ペットの犬の遺骨を納めたところ毎日のようにファンの墓参が続いたものであるという。

　ペットのお骨や位牌が祀られている納骨堂の内部は、「霊座」と呼ばれるロッカー式仏壇がズラリと並んでいる。「霊座」はH・S・P・A・Bの五種類に分けられ、価格はロッカーの容積によって二万三〇〇〇円から四〇万八〇〇〇円まで幅がある。さらにロッカーの上下段によっても価格に開きがある。参拝者が自然な姿勢で拝むことのできる、目の高さにある中段の「霊座」が高額となり、上段や下段は比較的安価となる。このロッカー式「霊座」は、その需要の増大に対応して昭和五十二年、さらに六十一年に増改築を行い、現在は約一万体分あるが、うち四〇万円台のものは目算で三二〇座を数えている。「霊座」の賃借料は、遺体の火葬代と「霊座」使用代と管理代を合わせて徴収され、二年更新で、以後も継続して使用を希望する場合には管理代のみを納めればよい。また、ロッカー式「霊座」のほかに、合葬を旨とする「合同墓」もある。「合同墓」の中央には納骨ケースが安置され、「開園以来、現在までの納骨数は一〇万体ではきかない」との言葉通りに、火葬済みの動物の骨が数多納められている。そのケースの周囲を位牌が取り囲み、壁一面におびただしい数のペットの写真が所狭しと貼られている。なお、この位牌の作製を望む人は五〇人に一人の割合という。そのことからも、供養者全般の数の膨大さが推察できる。「合同墓」は「誰かが絶えずお参りしてくれるから」との理由で利用者が多い。なかには個人の「霊座」を所有していたものの、「息子の代になって誰も参らなくなってはかわいそうだから」と、「霊座」から「合同墓」に遺骨を移した人もある。納骨時には「納骨塔婆」を奉納し、春秋の彼岸には「彼岸塔婆」を供えるが、「合同墓」では春秋の「彼岸塔婆」の奉納数が余りに多いため、彼岸を迎えるごとに前年のものをさげることにしている。また彼岸の最中は参拝者のあげる線香の煙で納骨堂内がむせかえるようになるため、換気扇を新たに取り付けたほどである。最近では、ペットの火葬に際して臨席する例が増えているといい、これを「立ち会い」といっている。火葬に立ち会った後、遺骨をすぐさま霊園に委ねてしまう場合のほか、なかには遺骨を自宅に持ち帰る人もいる。これを「返骨」という。あるいは、火葬した後に、自宅に遺骨を届けるサービスも行っている。ペットの死亡時、納骨時には「納骨塔婆」を奉納し、春秋の彼岸には「彼岸塔婆」を供えるが、十月十日の大祭には「大祭用塔婆」も用意される。さらには「祈願花輪」なるミニチュア花輪も販売されている。

最近の動向としては、平成三年五月から「ペット墓碑」なる企画も始められた。「納骨堂が骨を預かる胴体とするならば、墓碑は顔に当たる」とし、希望者に銘文を考えてもらい、その文面の清書を書家に依頼し、石工に黒御影石に刻ませる。縦三〇センチ×横二〇センチ×厚さ二・五センチの墓碑のプレートが、一八万円で霊園の内壁に埋め込まれる。また、世界動物友の会では、会報誌『万霊塔』(毎月二回発行)を通じて、ペットの健康相談、ペットを飼う上でのマナー相談、長寿ペットの表彰、獣医紹介などの企画を行っている。数年前からは、それに加えて「ペットの里親探し」を新たな企画とし、平成三年十月には、「ペット自慢大会」を開催するなど、会員相互のネットワークの形成・充実をはかっている。遺体を預かり、経営困難に陥れば預かったペットの遺体など二の次とするベンチャービジネス的業者の乱立を思えば、多岐にわたってペット飼育に貢献しょうとの姿勢がうかがわれる団体である。

以上、二つのペット霊園を取り上げ、その供養の方法について見てきた。増築しても間に合わないほどの増加をみる、ロッカー式仏壇の利用数、「立ち会い」による火葬、自宅への「返骨」と納骨、春秋彼岸や盆の法会、そして墓碑の作製と、人間並み、家族並み、いやそれ以上に丁寧な供養がペットに対して為されている実態が浮かび上がった。個別のロッカー式仏壇を確保したり、「返骨」を経て自宅で供養する例には、個々人が各ペットを死後も「我がもの」として置いておきたいとの意識がうかがわれる。

その一方で注目されるのは、合同墓利用数の増加であろう。「多くの人がお参りしてくれるから」、あるいは「息子の時代になって誰も参らなくなっては可愛そうだから」などが、個人のロッカー式仏壇よりも合同墓を選択する理由として聞き取れた。しかし、ペットの墓として合同墓を選ばせる理由はそれだけであろうか。ちなみに人間の墓地の場合にも合同墓に類似する形態が案出されている。首都圏の墓地不足を解消する方法として、あるいは無縁墓化を防止する対策として、花や芝生で彩られた大きな花壇のような場所に共同で埋葬する共同参拝墓地構想がそれである。しかし、総理府の世論調査では、この構想を墓地としてはふさわしくないと見る人が四二・六パーセントにも達し、積極的に評価する人は一・六パーセントにしか過ぎなかった。墓地供給のためにはやむをえないとする人も三六パーセントいるものの(27)、まだまだ家族墓や先祖代々の祭祀にこだわる人々は多く、共同墓の普及には時間がかかるであろう。この人間の共同墓（合同墓）に対する評価の厳しさと、ペットの合同墓に対する積極的な評価の落差をどう理解すべきであろうか。人間同様に、あるいは家族の一員として扱いつつ、しかし、人間ではあらざる存在、家族ならざる存在とみなす潜在的ペット観（動物観）が、上記のような合同墓の評価の相違につながってはいまいか。もしも本質的な意味で、ペットを「家族の一員」と認識しているのならば、ペットの死後、家の代々墓に合葬する例が現れてもおかしくはないはずである。けれども、家の墓に動物の骨が合葬されている事例はいまのところ得ていない(28)。

また、そうしたペット観（動物観）が潜在するからこそ、ペットが家族同様になったと言われて久しいにもかかわらず、いまだに、気紛れでペットを飼い、人間の勝手な都合で捨てたり、去勢したり、抹殺する人が跡を絶たないのだと思われる。生前は家族の一員として扱われながらも、潜在的には家族ならざる存在であるペットは、その死後に合同墓がふさわしいと判断されるのである。合同葬や合同墓の需要の大きさは、そのことを雄弁に物語っている。

結びにかえて

家族間の疎遠が問題にされて久しいなかで、ペットを媒介として家族関係が円滑となる効用も報告されている。現代では、家族間の軋轢を緩和したり空白を埋める潤滑油的存在として、ペットが重要な役割を果たしているのである。三匹の犬を飼う家の主婦（東京都在住）は、「散歩には犬三匹を私と高校生の息子が連れて行くことが多いんですが、散歩をしてみて、なかなかいい、と気がつきました。だって、息子も高校生になると、あまり一緒に歩いてくれないでしょ」と語っている[29]。高校生になって親離れした息子が、犬の散歩の時だけは一緒に走ってくれることに、この主婦はひとときの楽しみを見出だしているというのである。「子は鎹（カスガイ）」ならぬ「ペットはカスガイ」である。だからこそ、ペットは一応は〝家族の一員〟とみなされるのであろう。

そして、〝家族の一員〟であるペットにも快適な生活環境を整えてやりたいとの〝親心〟からか、ペット用水洗トイレ、速乾性タオル、ウオーターベッドといった商品が人気の的だという。また、ペット用水洗トイレについては、ペットも人間と同じように水洗トイレが使えれば……との発想から開発され、訓練用のビデオまでが登場した。開発実験に使われたモデルの猫は、八日間の訓練で水洗トイレを使いこなせるようになったという。さらにはペットのエサ用肉の宅配、カット・シャンプーを含むトリミング美容関係の出前サービス、結婚相談所等々、ペット業界のニュービジネスは、つぎつぎに新案を捻出して続々と登場する気配である[30]。しかも、これらの産業が、人間の生活に照らし合わせてペット用商品の開発を進めでいることは明らかである。ペット霊園もそうした潮流のなかで誕生し、一大産業に成長しつつある。

現在、人間の墓地のあり方をめぐって様々に取り沙汰されている。ペット霊園では主流を占めている合同墓といい、ロッカー式仏壇といい、むしろ人間の墓地のあり方を先取りしているかのような観もある。「一貫した『家族』の物語を持てなくなった現在、ペットは人間に消費されながらも、実は一面において彼等はしっかりと『家族』の物語に固執する我々を支配しているのではないだろうか」とは、戸塚ひろみの弁である。(31)

ペット商品にとびつく人の姿、ペットロス症候群に陥る人の多さを思い浮かべただけでも、ペットが家族の物語に固執する人間を支配している、という戸塚の指摘は肯ける。しかし今日では、家族神話を維持するためのみならず現代社会で人間性を回復するためにも、ペットは必要不可欠な存在となっている。地域猫の登場も、都会人が地域社会の再生を願う気持の表われなのかもしれない。

註

（1）「『動物のお医者さん』めざす女子学生」『ＡＥＲＡ』二一号　一九九二年　六三頁
（2）柳田国男「孤猿随筆」『定本柳田國男集』二二巻　筑摩書房一九六二年　四三〇頁
（3）柳田国男「豆の葉と太陽」『定本柳田國男集』二巻　筑摩書房　一九六八年　二九八頁
（4）「ペット市場・高級化志向がバネ」『ＪＯＹＦＵＬ』一三五号　(株)マルコ―企業広報誌　一九九一年
（5）木村博「動物供養の習俗」『仏教民俗学大系４・祖先祭祀と葬墓』名著出版　一九八八年　三七五頁～三九〇頁
（6）大木卓『猫の民俗学』田畑書店　一九七五年　一〇四～一二四頁
（7）柳田國男「子安神の話」『定本柳田國男集』二巻　筑摩書房　一九六八年　五一五～五一九頁、「犬そとばの件」『定本柳田國男集』二二巻　筑摩書房　一九六二年　三三〇～三三四頁、「犬卒塔婆と子安講」『定本柳田國男集』三一巻　筑摩書房　一九六四年　一八七～一八八頁
（8）鎌田久子「産育習俗」『人類科学』20号　九学会連合　一九六八年　八四～八九頁、「利根川流域の産神について」『人類科学』二二号　九学会連合　一九七〇年　一九九～二〇八頁
（9）菊池健策「イヌをめぐる民俗」竹田旦編『民俗学の進展と課題』国書刊行会　一九九〇年　五二九～五四三頁
（10）菊池健策「利根川下流域の犬供養」『日本佛教』50・51合併号　日本佛教研究会　一九八〇年　七八～九五頁
（11）小野泰博「水子供養と仏教」『仏教民俗学大系４・祖先祭祀と葬墓』名著出版　一九八八年　三七五～三九〇頁

(12) 蒲生明「畜生トウバの事」『民間伝承』一三巻一号　一九四九年　一九頁
(13) 竹内利美『日本の民俗・宮城』第一法規　一九七四年　一五六～一五七頁
(14) 菊池健策前掲註(10)八三頁
(15) 佐々木孝正「墓上植樹と真宗」『大谷学報』五九巻三号　一九七九年　五〇～六二頁
(16) 大木卓前掲註(6)一三七～一四一頁
(17) 柳田国男『葬送習俗語彙』国書刊行会　一九七四年　一五六頁
(18) 中田太造「奈良県下の墓制の総合的研究資料一」『近畿民俗』四一号　一九六六年　二七頁
(19) 島田芳行「人生儀礼」『南河内町史資料集5　薬師寺の民俗』一九九二年　八二～九二頁
(20) 大木卓前掲註(6)一二四～一二五頁
(21) 港区伊皿子貝塚遺跡調査団『伊皿子貝塚遺跡』一九八一年　一三二～一三三頁
(22) 吉原健一郎「ペットの種類とブーム」『歴史街道』一〇月号　PHP研究所　一九九二年　一二三頁
(23) 港区伊皿子貝塚遺跡調査団前掲註(21)一三四～一三五頁
(24) 大田南畝『一話一言』一八〇七年『日本随筆大成　別巻2』吉川弘文館　一九七八年　三五四頁
(25) 山中共古「東京市井雑事」『郷土研究』三巻一号　一九一五年　四八頁
(26) 鶴見俊輔編著『現代風俗通信』77～86　学陽書房　一九八七年　五三九～五五四頁
(27) 総理府広報室『墓地に関する世論調査』一九九〇年
(28) ただし、ペットの遺骨を家の墓に合葬することを望んでいる人は少なくないと考えられる。たとえば比叡山延暦寺大霊園(昭和五十二年開園)では、「家墓・個人墓にペットの合葬を望む人もいるが、一切断っている」という聞き取りを得ている。普通の霊園では嫌がられるはずの、無縁者(独身者・子供のいない夫婦など)の入墓を快諾している比叡山にしても、ペットとなると拒否の姿勢を崩さない。おそらくは、人間と畜生とを区別する仏教思想が影響しているのであろう。ペットと人間の合葬の障壁となっているのは、人びとの動物観もさることながら、あるいは寺院側の仏教教理に基づいた拒否の姿勢にあるのかもしれない。しかし二〇〇三年の夏、メモリアルアートの大野屋が愛犬や愛猫と飼主が一緒に入れる墓地「Ｗｉｔｈペット」なるものを売り出した。今後どういう動きを見せるか、興味深い。
(29) 「犬権を大事にしている家」朝日新聞社『朝日家庭便利帳』一九九二年　一一月号

(30)　前掲註(4)

(31)　戸塚ひろみ「ペットと家族の物語」『家族のフォークロア』岩波書店　一九九一年　二七〇頁

第六節　英霊および軍馬・軍犬・軍鳩祭祀
――靖國神社を事例として――

はじめに

一九九七年八月十五日の靖國神社（東京都千代田区九段北三丁目）境内は、例年通り異様な雰囲気が漂っていた。遺族の参詣で賑わう参道に、旭日旗を先頭にラッパを吹きながら軍服姿で行進する一団が割り込み、さらに近くにあるビルからヘルメット姿の学生がヤジを飛ばし、軍服姿の老人達と、双方で罵声を浴びせ合うなど騒然としていたのである。そんな中で、境内の傍にある遊就館では「英霊に捧げられた花嫁人形」なる展示が静かに開催されていた（会期は四月一日～八月三十一日まで）。筆者は、東北地方を中心とする未婚の死者の供養（死霊結婚）に関心を抱いており[1]、早速展示の見学に出向いた（死霊結婚については改めて第三章で取り上げる）。そこには、四四人の戦没者（御柱、英霊）の写真と遺品、家系図などが展示され、彼らに捧げられた文金高島田に角隠し、そして白無垢乃至は緋の打ち掛けといった四四体の花嫁人形が添えられていた。

ちなみに死霊結婚とは、未婚の死者をして結婚せしめるという習俗で、東北地方の例で言えば、花嫁・花婿人形を奉納したり、ムカサリ絵馬を奉納し、慰霊のための儀礼を行うというものである。未婚の戦没者の供養に実施されるものも少なくないが、靖國神社において人形が奉納されるに至った契機はどのようなもので、いつごろから行われているものなのか、これらの解明が本節の目的にほかならない。なお、靖國神社境内には、野戦高射砲、護国海防艦

表18　靖國神社の平成九年の主な祭典および行事

月	日	祭典	行事およびその他
一月	一日	若水奉奠	一月一日　舞囃子奉納（梅若会）
	〃	**新年祭**	一月五日まで特別献華会
	二日	二日祭	一月十五日　成人参拝
	七日	昭和天皇武蔵野陵遙拝式	
	三十日	孝明天皇後月輪東山陵遙拝式	
二月	一日	交通安全祈願講祈願参拝	
	十一日	建國記念祭	
	十七日	**祈年祭**	
	二十二日	熊本籠城記念日霊祭	
三月	十日	全国靖國講講社祭	三月上旬　桃の節句御神楽の儀
	二十日	物故職員春期慰霊祭	四月上旬　さくらまつり
四月	一日	元宮例祭	四月上旬　桜花の季節御神楽の儀
	上旬	神田靖國講講社祭	四月上旬　歌手協会奉納特別公演
			四月十日・十一日　奉納夜桜能
		✽春季例大祭	**✽春季例大祭を中心とした催し**
	二十一日	**清　祓**	大祭期間中
	二十二日	**当日祭（勅使参向）**	特別献華展　芸能大会
	二十三日	**第二日祭**	奉納さくらそう展
	〃	**直　会**	奉納盆栽展
	二十九日	**昭和祭**	四月十九日
			奉納大相撲大会
			（横綱以下出場）
六月	中旬	靖國神社奉賛会奉納奉告祭	五月二十四日　宗偏流献茶式
	十五日	常陸丸殉難者霊祭	五月下旬　奉納さつき展
	十九日	甲子殉難御祭神霊祭	六月中旬　奉納花菖蒲展
	二十九日	**御創立記念日祭**	
	〃	献詠披講式	
	三十日	大祓式	

（模型）、大和・武蔵等の艦砲・砲弾、泰面鉄道蒸気機関車C56—形式31号などの奉納物が、野外展示風に遊就館近くに立ち並んでいる。そんな中で一際目立つのは、馬や犬、鳩の石像である。これらも英霊とともに散った軍馬・軍犬・軍鳩の慰霊碑として建立されたものである。これら諸碑の建立をトレースすること、それが本節の二つ目の目的である。ここでは、これら諸碑と英霊に捧げられた花嫁人形を通して、靖國神社における祭祀のあり方を見ることにしたい。

一　靖國神社の概要

靖國神社は、明治政府が幕末からの内戦における政府軍戦没者を祀るため、明治二年（一八六九）に創建した東京招魂社に起源を持つ。あくまでも政府軍戦没者を祀っ

月	日	祭典
七月	✲みたままつり	
	十三日	**前夜祭**
	〃	**鎮霊社例祭**
	十四日	**第一夜祭**
	十五日	**第二夜祭**
	十六日	**第三夜祭**
	三十日	明治天皇伏見桃山陵遙拝式
九月	一日	関東大震災神恩奉謝祭
	二十三日	物故職員秋季慰霊祭
十月	十七日	神宮神嘗祭遙拝式
	✲秋季例大祭	
	十七日	**清　祓**
	十八日	**当日祭（勅使参向）**
	十九日	**第二日祭**
	〃	**直　会**
	下旬	甲東会醸成祈願祭
十一月	三日	明治祭
	二十三日	**新嘗祭**
	下旬	全國靖國献酒会醸成祈願祭
十二月	上旬	麴町靖國講講社祭
	二十三日	**天皇御誕辰奉祝祭**
	二十五日	煤拂祭
	〃	大正天皇多摩陵遙拝式
	三十一日	大祓式
	〃	除夜祭

✲みたままつりの催し

揮毫懸雪洞五百燈　盆踊り大会
献燈二万燈　みこし振り
全国有名燈籠展　芸能大会
献　句　相撲大会
特別献華展

七月下旬　奉納あさがお展
八月十五日「日本の声――英霊に感謝する集い」放鳩式
九月中旬　仲秋の季節御神楽の儀

✲秋季例大祭を中心とした催し

十月四日　裏千家献茶式
十月十日　草鹿式
十月十六日から十一月五日まで奉納菊花展
大祭期間中
特別献華展　芸能大会

十一月十五日　七五三詣
十二月下旬　大絵馬奉納

（『靖國』四九八号より。ただし祭祀時間については省略した）

たもので、彰義隊士などの幕臣、会津藩士、西郷隆盛ら薩軍将兵などの賊軍は祭祀の対象とはされなかった。明治十年（一八七七）の西南戦役後、政府軍戦没者を祭神として加えた東京招魂社は、明治十二年（一八七九）に靖國神社と改称した。一般の神社が内務省の管轄下に置かれていたのに対して、靖國神社は陸軍省、海軍省および内務省の三省によって管理・運営された特殊な神社であった。当初秋の例祭は、会津藩降伏の日（新暦十一月六日）が当てられていたようで、このことからも靖國神社設置の意図が読みとれるという(2)。

幕末から西南戦役に至る間の戦没者はあくまで内乱によるものであったが、日清・日露戦争以降の対外戦争により、戦没者は急増した。「靖國神社御祭神戦役事変別柱数」によれば、

明治維新…………七、七五一柱

西南戦争……………六、九七一柱
日清戦争……………一三、六一九柱
台湾征討……………一、一三〇柱
北清事変……………一、二五六柱
日露戦争……………八八、四二九柱
第一次世界大戦……四、八五〇柱
済南事変……………一八五柱
満州事変……………一七、一七四柱
支那事変……………一九一、二〇六柱
大東亜戦争…………二、一三三、六八四柱

であり、平成四年（一九九二）十月十日現在総数二四六万六、二五五柱だという。(3) いずれにしても靖國神社は、日清・日露戦争を経て、戦没者が増大するにつれて広く一般に浸透した。そうして大濱徹也がいみじくも指摘するように「氏子を持たない靖國神社は、国家が戦争による死を国家隆昌を担った者として意義づけて、〈靖國の神〉とみなし、死者によせる遺族の心情を、国家に収斂する場」として機能した。(4) その意味では、日本の軍国主義と密接な関係を持った神社であることは否めない。ただし、一方で、「靖國神社は東京市民に招魂社の名で親しまれ、例大祭には多くの人出があったという。かつて競馬場のあった境内東側あたりには、見世物や屋台が出て、明治・大正・昭和前期の東京風物詩となった」との報告もあり、(5) 国家的祭祀、官の祭りの場とは別に、そうした側面を持ち合わせていたことを付記しておく。なお、第二次大戦後は、靖國神社は神社本庁下の一宗教法人として存続しているが、平成九年度（一九九七）における靖國神社の祭典及び行事日程は表18の通りであった。

この他毎月一日、十一日、二十一日午前一〇時から月次祭を実施し、さらには毎日早旦に御饌祭、夕刻に夕御饌祭が行われ、これに合わせて命日祭、永代神楽祭が執り行われている。各戦没者（二五〇万弱の祭神）は、それぞれの命日に祀られているということにほかならず、だからこそ毎日命日祭が朝夕二度にわたって実施されているのである。

二　英霊祭祀

英霊祭祀については田中丸勝彦、岩田重則、川村邦光らのすぐれた業績があり、靖國神社が持つ意味、あるいは地域社会における祭祀の実態や、その後の葬送儀礼に与えた影響、家の先祖との関連などについて分析がなされている。(6)しかし、ここでは靖國神社の「英霊に捧げられた花嫁人形」に限定して論を進めることにしたい。遊就館におけるこの特別展示の開催主旨は次のようなものである。(7)

　靖國神社には多くのご遺族から花嫁人形が奉納されてきました。花嫁を娶ることなく散華された戦没者の神霊に宛てたお手紙や和歌も添えられています。母は愛しきわが子へ、姉はいたいけなわが弟へ、妹は心優しきわが兄に、そのせめてもの気持を花嫁人形に託し、目頭を押さえながら神社に奉納されるのです。この血を分けた戦没者に対する遺族の断ち難き思いとやるせない悲しみ。幽明境を異にしようとも、ご遺族の戦没者に対する優しさと真心と尽きぬ愛情とは、戦後五十有余年経た今もなお、その心の中に脈々と生き続けているのです。ここにご遺族から奉納された花嫁人形を展示し、そのお気持ちを忍ぶと共に、散華されたご祭神のご遺影を掲げて、ご遺族と英霊に通い合う清き心の織り成す綾と、それ故の果敢さを心に深く感得していただきたく、ここに「英霊に捧げられた花嫁人形」展を企画致しました。

四四柱の英霊の出身地は東日本が多いものの、北海道から鹿児島県に至るまで広汎にわたっている。花嫁人形の奉納者は、展示の主旨に示されていたように、母親や兄弟姉妹である。ことのきっかけは、昭和五十七年（一九八二）に北海道出身のS・M（当時八四歳）なる母親が、沖縄戦で玉砕した息子のために奉納し、それを靖國神社到着殿広間に飾っておいた所、それを見た人たちの間に徐々に広がっていったものだという。靖國神社では、毎日遺族の参列を得て、それぞれの祭神の命日にその名を呼び上げ、御神楽を奏して御魂を慰めるという命日祭、永代神楽祭を行っている。この時、参列者の控室となるのが到着殿広間であり、そこに「靖國に捧げられた花嫁人形」が飾られているのである。必然的に多くの遺族の目にとまることになり、それを見た人たちが「自分の身内のためにも」と徐々に広がっていったのである。ちなみに平成三、四年ころから増え出したという。四四の英霊に捧げられた花嫁人形の形態は、白無垢の花嫁人形が圧倒的に多く三〇体、色打掛一一体、親子連れの人形一体、十二単衣姿のもの一体、博多人形一体という内訳である。

先に紹介した展示の主旨には、こうした人形に、遺族のせつない思いを書きしたためた手紙が添えられているケースがままあるという。そうした中から。一例だけ紹介することにしよう。(8) それは、靖國神社におけるこうした風習のきっかけをつくった、北海道八雲町宮園在住のS・N氏が昭和五十七年に花嫁人形を奉納した際、戦没者の御子息に宛てたものである。御子息のS・T氏は歩兵二七聯隊に所属し、昭和二十年四月十日、沖縄にて戦死をとげている。

Tよ、貴男は本当に偉かった。二十三才の若さで家を出て征く時、今度会う時は靖國神社へ来て下さい、と雄々しく笑って征った貴男だった。どんなに厳しい戦いであったろうか。沖縄の激戦で逝ってしまった貴男……。年老いた母には、今も二十三才のままの貴男の面影しかありません。妻も娶らず逝ってしまった貴男を思うと、涙新たに胸つまります。今日ここに日本の美しい花嫁の桜子さんを貴男に捧げます。私も八十四才になりましたので、元気で居りましたならまた会いに来ますよ。どうか安らかに眠って下さい。有がとう。

昭和五十七年三月二十八日

母N
Tの命御前に

「妻も娶らず逝ってしまった貴男を思うと、涙新たに胸つまります」といった母親の心情が、死後三七年経っているにもかかわらず、花嫁人形を添えさせるという行為に走らせたのである。相手は桜子という架空の人物でも一向にかまわず、花嫁人形を奉納することにより結婚した体にし、慰霊につとめるというもので、東北地方の花嫁人形やムカサリ絵馬奉納習俗に通底する。しかし、母親のS・N氏が花嫁人形奉納を思いついた契機については確認すべくもない。あるいは、しばしばマスコミが取り上げることから東北地方の習俗を承知しており、それにならったのかもしれないし、母親の切ない気持が自然にこうした行為をうんだのかもしれない。

次に紹介するものは、鹿児島県出身で北部第七九部隊に所属し、昭和十七年二十六歳で中国にて戦死したS・M氏に、姪のT・R氏が英霊の母親と連絡をとりながら、平成六年に終戦五〇年の贈り物として白無垢人形を奉納し、その際靖國神社の方に話されたエピソードと思われる(9)。

白無垢の花嫁人形というのは余りに店頭に無く、何軒も何軒も御人形屋さんを訪ねて、母と一緒に伯父さんのイメージに合った御人形を探して、「多分こんな御嫁さんだったら、いやあんな御嫁さんだったら」と歩き廻りました。そして遂にこれが良いというのを見付け、母と共に「先祖代々のS家に加わるように」との祈りを込め、「加代」さんと名付けました。また、両親とT家の家族が集って神棚の前で披露宴の真似ごとをもし、「Mさん御嫁さんを探して来ましたよ。気に入って下さいましたか」と語りかけつつ皆で会食を致しました。母は神棚に靖國神社の御札とその御人形の写真を祀って、毎日毎日「加代さん、戦争で亡くなった気の毒な兄さんを慰めてあげてね。二人で仲良くね」と御祈りしています。

この場合も「加代」という架空の人物（花嫁人形）を添えとげさせているが、英霊のイメージに合った人形にこだわり、しかも神前結婚らしきものをあげた上で靖國神社に奉納した、という点で興味深いものがある。「母と共に『先祖代々のS家に加わるように』との祈りを込め、「加代」さんと名付けました」といった下りは、加代さんはもちろんのこと、「S・M氏もこれで先祖の列に……」との気持が遺族の間にあるものと推察される。未婚の死者に死霊結婚を実施し、祖霊化コースにのせることで英霊の浄化をはかり、遺族達も安堵感を得ることができるのである。残る四二体の花嫁人形にも、それぞれに遺族の思いが込められていようが、以上二体にかかわる添え手紙とエピソードとにより、およそを推しはかることができよう。

三　軍馬碑をめぐって

靖国神社の「戦没馬慰霊像」について触れるに先立ち、軍馬碑の全国的動向を概観することにしたい。

馬は脚力もあり、しかも牽引力・負担力にたけているばかりでなく、温順な性格を持つことから農耕、運搬に利用されているほか、古代より軍馬として活用されてきた。日本の陸軍にあっても、「当初は主として騎兵と将校用の乗馬として、また背中に弾薬・糧食・小口径砲を載せて運ぶ駄馬として利用していたが、逐次、野砲・荷車等を牽引する輓馬として利用するようになった」という。(10)軍馬は平時保管馬と徴発馬が併用されてきたが、その大部分は後者の各地から徴発された地方馬によって占められていた。信州馬事研究会のデータによれば、全国の飼育馬頭数は明治から昭和十年代までおよそ一五〇万頭であり、そのうち明治二十七、二十八年（一八九四、一八九五）の日清戦争では約四万五、〇〇〇頭、明治三十七、三十八年（一九〇四、一九〇五）の日露戦争で約一二万七、〇〇〇頭、昭和十二年（一九三七）の日中戦争から太平洋戦争の終結までは五〇万から六〇万頭の馬が徴発されたという。(11)ちなみに、日中戦争から太平洋戦争の終結時まで、中国大陸に限って見ると二四万頭が出征し、終戦時に存在していた頭数はその約半数

の一二万四〇〇〇頭程度という推定もなされている。(12)

『続日本馬政史』によれば、「昭和十二年事変勃発し赫々たる戦果を挙げ北支に中支に皇軍の向う所は頗る曠く、第一線における軍馬の状態は戦役の持続如何により由々敷事態を招来すべきものありとし、軍部当局において馬の生産団体の首脳者に対し親しく軍馬の認識を高めこれが補給と将来の生産方針を理解しむるの要望と、銃後においてこれが補給の任に当り馬事に関与する職責上皇軍将兵並びに軍馬慰問の義熟して中央馬事団体たる帝国馬匹協会は、会員団体代表者と共に北支那及び中支那方面の軍馬考察を行った」という。そしてその調査報告はつぎのような点を指示している。(13)

(1)　戦力は馬力によること

(2)　平時保管馬、徴発馬並びに現地徴用の支那馬につき著しい懸隔のあること、特に徴用馬に欠陥多きこと

(3)　馬の取扱者なる特務兵に馬事知識の涵養を要すること

(4)　馬の疫病は痩削、過労、鞍傷、腰痛等前線に活躍不能の状態に置かれたるもの特に牝馬の徴発馬に多かりしこと

日本における徴発馬か現地の中国における徴用馬かは別として、にわかに軍馬に組み込まれた馬達の悲惨さは、この報告の(2)および(4)からひしひしと伝わってくる。また(1)に示されたように、当時の陸軍にあって軍馬は貴重な戦力にほかならなかったろうが、徴発される側の農家にとっても欠かせぬ存在であった。長野県では、昔から農家にとって馬は「半身上」と称して、農家資産の半分の値うちがあると見なされていた。昭和十二、三年ころの軍馬徴用の値段は一頭につき一九〇から二五、六〇円程度であったが、「二度徴発されもう農業をやる元気も出ない」と当時の思いを語る人もいる。(14) さらに、手塩にかけ家族同様に扱ってきた馬を、やむをえず手離さなければならなかった農家の人々の心情も察せられる。先に引用した『続日本馬政史』の一節に「皇軍兵士並びに軍馬慰問の義熟して云々」と

写真23　戦没馬慰霊像

あったが、農民たちのこうした心情を軍部・国が嗅ぎ取って巧みに吸収していったものと考えることができる。この種の慰問・慰霊は、日中戦争に先立つ昭和六年（一九三一）の満州事変から盛んになったようで、先の『続日本馬政史』には、「満州事変を契機として出征軍人及び軍用動物に対する国民の同情は沛然としておこり、部隊官民団体を通じ、各種の形式をもって無告の戦士に対して憐憫の情濃かなる美挙が展開された」と記されている。[15]確かに昭和六年十二月には、関東学生乗馬協会、日本学生乗馬連盟が中心となり、奉天において盛大な戦没軍馬慰霊祭が挙行された。さらに事変地において、各部隊ごと、師団ごとに慰霊祭を行い、また復帰後には師団学校などにおいて馬魂碑が建立された。それのみならず、愛馬糖、ビスケット、大豆といった馬の好む食物や軍馬安全守護札等の慰問品が徴収せられ、出征部隊等に送られるようになったのも満州事変を契機としてであった。こうした動きに併行する形で昭和五年には愛馬デーが設定され、さらに日中戦争後の昭和十三年（一九三八）から軍馬祭が執行されるようになり、これは昭和十七年（一九四二）まで行われた。そして昭和十四年（一九三九）には愛馬進軍歌が軍部より発表され、レコード発売後約一カ月で五〇万枚売れたという。[16]軍馬に対する素朴な人びとの心情が、こうして戦勝ムードの中であらぬ方向へと誘導されていったのである。

しかし、戦没馬の慰霊碑建立や慰霊祭の執行は、官の祭りとは別に民間では古くから行われていた。長野県下には軍馬碑が少なくとも九九基はあって、銘のはっきりしている碑では、日清戦争一九基、日露戦争一〇基、日中戦争から太平洋戦争にかけて三四基が確認できるという。[17]また、これらの軍馬碑は農民達が建立したもののほか、兵士個人が建立したものもある。日中戦争においては個人の建立にかかるものが目立ち、戦後も大分経て、昭和四十九年（一九七四）、あるいはつい先ごろの平成三年（一九九一）に建立されたものもある。静岡県東部地方も軍馬碑の多い所として知られており、[18] 日清・日露戦争から太平洋戦争に至るまでのものが見られる。また、駿河小山市新柴の円通寺は、近隣の農耕馬や競走馬を供養するだけでなく、軍馬を供養する寺院としても知られており、戦没馬の鬣《たてがみ》を納めて供養する人が多く、位牌を作って奉納した例も見られる。なお、この地方の戦没馬の供養については「民間の供養から（近隣の寺などを利用して）、日清・日露戦争の頃には円通寺を頂点とする供養の流れとなり、日中戦争中には有志たちによる供養に変化していった」との推測がなされている。[19] 長野県下のそれと同様に、日中戦争以降個人や有志による建立と慰霊祭の執行へと変わってきたことになるが、近年の有志による建立の最たるものが、靖國神社の「戦没馬慰霊像」であろう。遊就館前広場にこの像があり、その傍の案内板にはつぎのように記されている。

　この馬像は幾多の事変戦役に、物言わぬ戦士として活躍し、遂に異境に斃れた数十万の馬の霊を慰めるため、戦没馬慰霊像奉献協賛会の人々が中心となって、全国有志の寄金をつのり、その浄財を以って建立し、昭和三十二年四月に奉献されたものであります。

社務所

ここに記された「戦没馬慰霊像奉献協賛会」とは、旧軍馬関係者を中心に組織されたもので、同協会の発足とともに約三〇〇万円を目標として募金を集め始めた。昭和三十三年（一九五八）三月には馬像・台礎とも竣成し、四月七日には三百余名の参列のもと、除幕式および慰霊祭が行われた。以後毎年四月の第二日曜日には、旧騎馬連隊のメンバーを中心に祭祀が行われている。ちなみに靖國神社はこれを私祭と位置づけている。鳩魂塔の場合も同様で、ただ軍犬碑の祭祀は後で述べるような経緯から、神社が主催する恒例祭に準じて執行されている。

四　軍犬碑・鳩魂塔

鳩魂塔は鳩魂塔奉賛会と社団法人日本鳩レース協会、同伝書鳩協会によって建立されたものである。例によって案内板を見ると、

昭和四年三月二十四日、陸軍中野電信隊内に伝書鳩慰霊のため鳩魂塔が設置された。その後上野動物園に移設されたが、一部破損したので撤去保管されていた。今般軍官民の通信連絡に多大の貢献をした伝書鳩の功績を称え、鳩魂を慰めるため全国愛鳩家有志が鳩霊塔奉賛会を結成し、由緒あるこの塔を再建し、昭和五十七年九月十五日靖國神社に奉納されたのである。

と記されている。軍用鳩についていえば、海軍が日清戦争開始前から実用実験を試みたが、成果を見ないまま明治三十八年（一九〇五）に研究を中止した。一方陸軍は明治三十二年（一八九九）から陸軍中野電信大隊で飼育し、対馬等で実験に取り組んだが明治四十二年（一九〇九）研究を中止した。ところが第一次大戦が陣地戦となるや、鳩通信の妙味が確認され、陸軍は大正八年（一九一九）にフランスから鳩一、〇〇〇羽と教官三人を招聘し、普及につとめ、シベリア出兵、関東大震災、満州事変、日中戦争などで成果を上げた。全陸軍で数万羽所有していたと推定されている。[20]昭和四年（一九二九）の中野電信大隊における鳩魂塔の建立は、以上の歴史を背景としたものだが、鳩魂塔奉賛会のメンバーには、一部軍鳩関係者も含まれていたと言われる。鳩魂塔を再建した九月十五日には、今でも毎年慰霊祭が行われている。鳩魂塔奉賛会、日本レース鳩協会、日本伝書鳩協会の役員、関係者をはじめ全国の愛鳩家が参列し、鳩を讃える合唱曲「鳩よ！」を参列者一同全員で合唱し、その後白鳩一〇〇羽を一斉放鳩するなど、「国難で犠牲となった小伝令士を讃え慰める」という。[21]さながら放生会を彷彿させる儀礼が行われているのである。

写真24　鳩魂塔

写真25　軍犬慰霊像

軍用鳩同様に、軍用犬についても伝令・捜索・警戒・運搬などにおいて第一次大戦において活躍したことから、日本でも大正八年（一九一九）から研究を始めた。シェパードとドーベルマンシェールが主体であったが、満州事変において関東軍犬隊が活用したことからその価値が認められ、軍用犬の訓練と普及教育が実施された。昭和十九年（一九四四）一月の軍用犬定数表から、陸軍は約一万匹の軍用犬を所有したものと推定されている。[22] 靖國神社の軍用犬慰霊像については案内板にはつぎのように記されている。

> 軍犬は満州事変以降軍に正式採用され、組織的な訓練を行い、主として伝令・警護・捜索・運搬・格闘等の広汎な任務を遂行し、御祭神の忠実な戦友として輝かしい功績をのこし、その大半は敵弾に斃れあるいは傷病に死し、終戦時に生存していたものも遂に一頭すら故国に還ることがなかった。歳月の流れとともに忘れられようとしている時、その功績を顕彰し、これを後世に伝承するため、軍犬にかかわった戦友のみならず、全国の崇敬者・愛犬家より多額なる御奉賛が寄せられ、平成四年三月二十日（動物愛護の日）に竣工、當神社に奉納された。

この軍犬慰霊像に限っては、広報「靖國」を通じて崇敬者に呼びかけ、神社が中心になって建立したものである。「軍馬慰霊像や鳩魂塔があるのに軍犬のそれがないのはおかしい」との声が高まり、なおかつ犬だけを扱っていた連隊が存在しなかったこともあり、神社が陸軍将校の集まりである偕行社や崇敬者に呼びかけたところ多くの人びとの賛意を得、像の建立にこぎつけた。そうした経緯から、靖國神社の恒例祭並びに、動物愛護の日に慰霊祭が執行されているのである。祭典は修祓に始まり、降神の儀、献饌の儀、斎主祝詞奏上の後、参列者全員（例年三〇人余りという）で献歌「軍用犬行進曲」「軍犬利根」を斉唱して終える。献歌斉唱等私祭と共通する部分はあるものの、準恒例祭とされているだけに（ただし、祭典・行事一覧表には載っていない）、靖國神社の祭式に沿って行われていることが知られる。

結びにかえて

例年の靖國神社における八月十五日の異様な光景については冒頭に述べた通りである。表18によって靖國神社の主な祭典及び行事を見ると、八月十五日は昭和四十年（一九六五）以来政府主催の「全国戦没者追悼式」が行われているが、この日程表にはさりげなく「日本の声――英霊に感謝する集い――」と記されているだけである。主な祭典は春秋の例大祭以下、一月の新年祭、二月の祈年祭、七月のみたままつり、十一月の明治祭、新嘗祭、十二月の天皇御誕辰奉祝祭等々である。これらの祭典内容から靖國神社のおよその性格が読み取れるが、それにしても八月十五日の騒然たる雰囲気は異常といわざるをえない。英霊は御饌祭・命祭日として毎日各人ごとに祭祀が執行されているのであり、まずそのことを銘記すべきであろう。

遺族による花嫁人形の奉納は、その命日祭に合わせる形で昭和五十七年（一九八二）から始まり、平成三、四年（一九九一、一九九二）ころから増え出したという。未婚のまま戦地に散ったわが子（あるいは兄弟、オジ）を慰霊し、ひいては祖霊化コースにのせることにより、遺族自身も安堵感をうるための行為にほかならない。戦後五〇年以上を経過し、英霊と直接的なかかわりを持つ両親、兄弟姉妹も相当の年齢になっている筈である。この時期の花嫁人形奉納ブームは、戦後五〇年といった一つの区切りに向けての行為とも見られるが、遺族の高齢化も背景にあり、自分たちの存命中に英霊の浄化を果たしたいという思いが、一方にはあるものと考えられる。

長崎県壱岐郡の英霊祭祀についてインテンスィッブな調査を試みた田中丸によれば、オイブッサン（先祖の霊）と英霊とは、墓碑や位牌等の形ではっきり区別されているが、その家とは無縁なガキ（餓鬼）とも一線を画して扱われるという[23]。その一方で、地域の念仏講などによって供養される場合は、御霊的（無縁仏的）扱いを受けているようにも見られるという。英霊はたとえ家族・子孫といった祀り手がいたとしても、明らかに異常死をとげた者であり、祟り的側面を持つことは否めない。それ故にこそ家族の扱い方にも微妙な点が見られるのである。しかしながら家族のレベルでは、無縁仏扱いには耐えられず、オイブッサンに準じた扱いをしつつ（一方ではっきり区別しつつ）祀り上げ、それと同時に地域の念仏講によって無縁仏に対する共同祭祀（供養）を執行して合力によって浄化をはかる、という二様の方法がとられているのである。遺族の感情は別として民俗レベルでは、非業の死者の供養とはいえ、この二様の供養が実際に行われていればそれで十分なのだが、さらに靖國神社における英霊祭祀がつけ加えられていることになる。しかも、靖國神社における命日祭は、遺族による英霊個々人の祭祀であるとともに不特定多数による共同祭祀ともいえるのであり、民俗レベルの供養と同様の構成をとっていることがわかる。ちなみに八月十五日についていえば、英霊達の盆まつりもさることながら、無縁仏を供養する寺院の大施餓鬼・惣施餓鬼同様のもの、あるいは海難遭死者同様遺体のみつからない戦没者の祭祀、いつ死んだかも知れない戦没者の祭祀のためのもの、そう位置つけられなくもない。また、靖國神社境内の軍馬碑、軍犬碑、鳩魂塔のうち後二者については、他地域にこの種のものが存在するか否かは未確認である。軍馬碑は長野県、静岡県に広く分布することが知られているが、東日本を中心とする他地域にもあるものと予想される[24]。地域住民による建立から、有志や個人による建立へという変化が大きな流れのようであるが、靖國神社のものも含めて、これらは戦争という極限状況下で生まれた人と動物との心暖まる交流を象徴する記念碑であり、慰霊碑である。しかしそれのみに留まらず、戦争とは何かを問い続ける存在として、その持つ意義は大きい。ましてや靖國神社においてをや、である。

註

(1) 松崎憲三編『東アジアの死霊結婚』岩田書院　一九九三年
(2) 今井昭彦「近代日本における戦死者祭祀――札幌護国神社創建過程の分析を通して――」『近代庶民生活の展開』三一書房　一九九八年
(3) 遊就館展示パネルによる。内戦および対外戦の名称は、パネル記載のものをそのまま用いている。
(4) 大濱徹也「靖國神社」『世界大百科事典』二八巻　一九八八年　四一五頁
(5) 小木新造「靖國神社」『世界大百科事典』二八巻　一九八八年　四一五頁
ただしこれについても「大祭における露店や見世物を通じて祝祭娯楽空間として脚光を浴びながら国家的祭祀空間として浮上する画期となった」と見る論者もいる（川村邦光『民俗空間の近代』情況出版　一九九六年　一一七～一一八頁）。
(6) 田中丸勝彦『さまよえる英霊たち』柏書房　二〇〇二年　一～三〇一頁、岩田重則『戦死者霊魂のゆくへ』吉川弘文館　二〇〇三年　一～二〇八頁、川村邦光『民俗空間の近代』前掲書　一〇八～一五六頁
(7) 靖國神社編刊『靖國』五〇二号　一九九七年
(8) 遊就館における展示パネル記載のもの。ただし文責は筆者にある。
(9) 同右
(10) 原剛・安田昭男編『日本陸海軍事典』新人物往来社　一九九七年　四〇三頁
(11) 信州馬事研究会『信州馬の歴史』信濃毎日新聞社　一九八八年　一六八頁
(12) 市川健夫『日本の馬と牛』東京書籍　一九八一年　二一〇～二一一頁
(13) 財団法人神翁顕彰会編刊『続日本馬政史』一九六三年　七一〇頁
(14) 信州馬事研究会『信州馬の歴史』前掲書　一八六～一八七頁
(15) 財団法人神翁顕彰会編刊前掲註（13）七三三頁
(16) 同右　七三三～七四三頁
(17) 常磐真重「長野県の軍馬碑」『長野』一八三号　長野郷土史研究会　一九九五年　一～四頁

(18) 静岡県編刊『静岡県史別編1・民俗文化史』一九九五年　六七七〜六七八頁
(19) 桜井祥行「戦没馬――静岡県東部の石碑から――」『静岡県近代史研究会報』二一二号　一九九六年　三〜四頁
(20) 原剛・安田昭男編『日本陸海軍事典』前掲書　四〇三頁
(21) 靖國神社編刊『靖國』四三三号　一九九一年　四頁
(22) 原剛・安田昭男編『日本陸海軍事典』前掲書　四〇三頁
(23) 田中丸勝彦「英霊供養――長崎県壱岐郡の事例を中心に――」『日本民俗学・フィールドからの照射』雄山閣　一九九三年　二五七〜二六七頁
(24) たとえば東京都江東区両国の回向院には、かつて陸軍獣医学校内にあった「動物慰霊之碑」が移祠されている。その碑文はつぎの通りである。

動物慰霊之碑

昭和三年三月

陸軍獣醫総監　岡田勝男建之

この碑は世田谷区下代田町旧陸軍獣医学校内にあったもので、同校明治以降の教育研究に犠牲となった動物及び物言えぬ戦死として戦場に散華した軍用動物の霊を慰めるため、当時の学校長の岡田勝男氏により建立され、懇ろに祀られて来たのであるが昭和二十年敗戦の後は全く荒廃に委ねられてきた。幸いに当回向院並びに多数援助者の厚意により、今回この地に移し永く供養し得ることとなったこと、当時それら四千数万に及ぶ軍用動物と生死を共にした旧陸軍獣医学部員五千余名の深く喜びとするところである。

昭和三十八年四月廿九日

紫陽会

会長　渡辺満太郎

第三章　ヒトの供養

第一節　沖縄のグソー・ヌ・ニービチ

――東アジアの死霊結婚――

はじめに

東ヨーロッパのルーマニアでは、未婚の若者や娘が死んだ場合、その葬儀は婚礼の装いをとって執行され、地方によっては樅の木を切り出し、花嫁あるいは花婿に擬して、婚礼の行列であるかのように墓地に向かうという。またクロアチアでも、たとえば未婚の娘の場合は、遺体を花嫁として着飾らせた上で、二人の添い嫁が棺に付き添って進み、この行列のあいだ婚礼の歌が唄われる。このような習俗はオーストリアやドイツにも見られ、中央ヨーロッパを経て、さらに西ヨーロッパに広がっている(1)。一般に未婚の死者は人生を全うしたとは考えられておらず、そうしたわが子をいとおしむ親や遺族の気持ちが、この種の習俗を存続せしめている。その一方で、未婚の死者は放置しておくと人喰鬼になる、その他の形で災厄を及ぼしかねないと考えられており、死者を慰撫することによって災厄を免れるといった意味もある。同様の習俗は洋の東西を問わずに見られ、儀礼的には吉事と凶事、婚姻儀礼と葬送儀礼を融合させた形をとっており、たいへん興味深い。

ここでいう死霊結婚とは、人の死後、遺族ないしは関係者が死者をして結婚せしむる習俗を指す。ヨーロッパ以外では、アフリカと東アジアの例が知られている。アフリカのナイル川上流地域に住む牧畜民、ヌアー族のそれを逸早く紹介したのは文化人類学者のエバンズ・プリチャードであるが(2)、その後、同じスーダンナイル系のティンカ族、アトゥオト族、さらにはタンザニアのイラク族の間でも行われていることが確認されている。これらの地域では、未婚のまま、または子どもがあっても法的な男子後継者を残さずに死んだ若者のために、遺族、親族は結婚の正式な手続きを踏んで嫁を迎える。この妻は実生活では別の男性と過ごしてもかまわないが、二人の間に生まれた子は死んだ若者を法的な父親とし、財産をはじめ各種の権利と義務を引き継ぐ。これは、子孫の確保と父系の出自系統の存続をねらいとした慣習と解釈されている。東アジアの中国や韓国でも、養子を迎える際に死霊結婚を実施するケースがある。しかし、「たとえ死者の弟等がその任に当たるとしても、こうした生殖を目的としたジェニター（生殖者としての夫）をあてがい、仮構の夫婦関係を設定する婚姻習俗は、アジアではとても考えられないことである」と指摘されている[3]。

単なる未婚の死者の慰撫のみならず、以上のように家系の継承を目的とした死霊結婚もあり、さらには既婚者でも、離縁し実家に戻って死んだ女性を対象とするものもある。この特異な例は日本の沖縄の場合で、女性の家族、親族内の地位の問題ともからんでいる。このように死霊結婚の内容は地域によって微妙に相違を見せるが、社会システムや、人びとの家族観、女性観、霊魂観を知る際の恰好の素材となる。ここでは、東アジア諸地域の死霊結婚をまず概観し、ついで日本の事例、すなわち沖縄のグソー・ヌ・ニービチと東北地方の絵馬や花嫁・花婿人形を奉納する習俗について分析を加えることにしたい。

一　アジア諸地域の死霊結婚

東アジアで死霊結婚が実施されているのは、中国、台湾、韓国そして日本である[4]。中国では冥婚のほか、冥契、幽婚、鬼婚、配骨、陰親、陰婚など、いわゆる死霊結婚をさす呼称はきわめて多い。ちなみに、中国の死霊結婚に関する文献上の初出は『周禮』であり、少なくとも漢代には死霊結婚が行われていたとみなされている。以後の各時代の正史、あるいは説話、随筆中には死霊結婚に関する記事が散見され、説話についていえば、「慰霊・解冤型」と「幽婚・立嗣型」との二つの類型化が可能である。前者は死亡した女性が男を求めて怪をなしたため、死霊結婚をして死者の霊を慰めるというものであり、後者は死女が男の所へ来るにしろ、男が死女の世界へ行くにしろ、特別な関係を持つが、短期間で二人は別れることになる。しかし、その時にもらった贈り物が証拠の品となって死女の現世での家が判明するというモティーフものである。特に両家で死霊結婚を行ったとは記されていないが、幽霊との婚姻および二人の間にできた子どもについて語る話もある。(5)この二つの説話は必ずしも習俗の内容がそのまま投影されているわけではないが、竹田旦が試みた死霊結婚の類型（表19参照）における(1)動機・目的の①「慰霊・解冤型」と、③「入養・立嗣型」に対応しており、死霊結婚の実態と説話との関係を知る上で興味深い。

なお、死霊結婚について歴史的に見ると、古くは未婚の夭逝者の霊威を和める具体的方策としてなされたもので、養子を「過継子」として男系の家系維持を目的とした死霊結婚は、明代以降行われるようになった。(6)つまり、「慰霊・解冤型」が先行し、「入養・立嗣型」は後代に発生したものに他ならない。

ちなみに、日本にも中国の説話と共通点を持つ『篁物語』や『怪談牡丹灯籠』などの作品がある。これらについては諏訪春雄によって、

(1)　中国大陸から移入された原型が日本の風土の中で変容を遂げた

(2)　習俗があって説話がその影響下に生まれたとは言えない

(3)　日本の死霊結婚は、中国大陸から朝鮮半島を経て日本にもたらされた

以上のことが指摘されている。(7)その根拠としては、日本の死霊結婚が古くから存在したことが証明できないこと、沖縄も含めて日本のそれが家系の存続を狙いとしておらず（つまり竹田の類型の入養・立嗣型が存在しない）、さらには死霊の慰撫・供養という意図が弱い点をあげ、したがって、日本に死霊結婚が発生しなければならない必然性に欠けてい

るというのである。日本における死霊結婚の発生時期についてはもっともと肯ける部分が多いものの、後者の理由としてあげられている、日本の死霊結婚は死霊に対する慰撫・供養というねらいが弱いとする見解には必ずしも同意するわけにはいかない。この点についてはおいおい検討を加えてゆくことになろう。

ここで、再三引用している竹田の死霊結婚の類型について説明し、その上で再度、中国の死霊結婚に話を戻すことにしたい。竹田は「比較研究の方法が確立されていない現段階では」と、慎重な姿勢を取りつつも、(1)動機・目的、(2)新婚者たる男女両名の関係・状態、(3)儀礼の内容・主宰者、といった三項目をあげて、東アジア諸地域における死霊結婚の位置について考察し、整理したのが表19である。(8) 日本の青森県のそれが、この表から抜け落ちているのは、青森県の習俗が相対的に新しく、研究がさほど進んでいなかったからにほかならない。また、あらかじめ筆者の見解を述べるならば、(1)目的・動機の「慰霊・解冤型」、あるいは「入養・立嗣型」は「祖霊・昇格型」と不可分の関係にあると考えるべきであろう。

(1)目的・動機の、①慰霊・解冤型は、未婚の夭逝者に対する憐憫の情から死霊の慰撫を図ろうとするものである。②祖霊・昇格型は、結婚した成人のみを一人前とみなし、未婚の死者の葬儀を行わないか、略式で済ませてしまうような地域では、死霊結婚を実施することにより祖霊への昇格を図ろうとするもの。③入養・立嗣型については、すでに触れているので説明も不要

表19　死霊結婚一覧（竹田旦による）

様態＼地域			韓国					日本		中国	
			江原	慶尚	忠清	全羅	済州	沖縄	山形	華北	華南台湾
(1)動機・目的	① 慰霊・解冤型		◎	◎	◎	◎	○	◎	◎	○	◎
	② 祖霊・昇格型		△	△	△	○	○	△	×	◎	◎
	③ 入養・立嗣型		×	×	×	△	◎	×	×	◎	△
(2)新婚者	① 有縁者型	(a)▲＝●	△	△	△	△	△	◎	×	◎	◎
		(b)▲＝○	△	△	△	△	△	×	×	○	○
		(c)△＝●	×	×	×	×	×	○	×	◎	○
	② 無縁者型	(d)▲＝●	◎	◎	◎	◎	◎	×	×	◎	×
		(e)▲＝○	×	×	×	×	×	×	◎	×	×
		(f)△＝●	×	×	×	×	×	×	○	○	◎
(3)儀礼	① 遺骨重視型		×	×	×	◎	◎	◎	×	◎	△
	② 位牌重視型		×	×	×	×	×	×	×	△	◎
	③ シャーマン関与型		◎	◎	◎	◎	○	◎	◎	△	◎

註　◎顕著、○あり、△稀少、×なし。新婚者の▲●は死者、△○は生者。

と思われる。(2)新婚者両名の関係・状態のうち、①有縁者型というのは、夫婦、婚約者同士、恋愛関係にあった者をさし、△印は男性、○印は女性をさす。(3)の儀礼内容・主宰者についても、おわかりのことと思う。この表を参照しながら、まず中国の習俗の特徴について触れたい。華北と華南、台湾では、かなり異なった習俗が展開されていることがわかる。華北における死霊結婚の目的が、入養・立嗣型（と祖霊・昇格型）であるのに対して、華南や台湾のそれは慰霊・解冤型（と祖霊・昇格型）であり、また儀礼内容は、前者が遺骨重視型であるのに対し、後者は位牌重視型である。さらにシャーマン（呪術宗教的職能者）の関与の度合いもかなり異なるようである。台湾のそれを例に取ると、ほとんどは未婚の死んだ女性を対象としたもので、女性は結婚によってのみ家系のメンバーシップを得ることができるという認識を前提としている。結婚相手は、媒介者に依頼したり、隣村に通じる道に現金を入れた袋を置き、それを拾った若者を選ぶ場合もあったようだが、近年は姉妹の夫がその役を果たすことが多い。いずれにしてもシャーマンの託宣に基づいて実施され、華北のような遺体を合葬するものではなく、位牌を移動させ併祀する位牌婚に特徴がある[9]。

香港を除く中国本土の報告例は、一九四〇年代のものしかない。従ってこの一覧表はそれ以前のデータに基づくものである。ところが、近年上海市周辺地区では、冬至、清明祭の頃に死霊結婚が盛んに行われるようになった。政治体制の変化と経済発展が復活をもたらしたのである。その内容をみると、男女双方死の場合が多いものの、動機・目的では入養・立嗣型のものも見られる。墓の土や遺骨を男性側に合葬する一方で、位牌だけを移す位牌婚形式のものも見られる[10]。歴史的変化も考慮しなければならないが、華北と華南、台湾の中間地域の習俗として注目する必要があり、今後の調査の進展が期待される。

一方、韓国の場合も死霊結婚は死後結婚、死婚、魂魄婚姻、チュグン・ホンサ（死んだ人の婚礼）など、さまざまな呼称を持ち、また、陸地部（朝鮮半島本土）と島嶼部との間では著しい地域差が見出され、陸地型、済州型と称して類別している。新婚者は死者同士というのが圧倒的に多く、ほぼ共通するが、済州型は入養・立嗣を目的とした遺骨重視型であるのに対して、陸地型は、慰霊・解寃を目的としたものといった相違があり、シャーマンのかかわり方も若干異なるようである。なお、遺骨を重視するという点では、全羅道は陸地部にありながら済州型に近い。

以上、東アジア諸地域の死霊結婚の実態をかいつまんで紹介したが、以下ではこれらをふまえ、日本における死霊結婚の特徴について分析を試みることにしたい。

二　グソー・ヌ・ニービチ

宮古、八重山諸島の調査は十分になされていないものの、この地域も含め、死霊結婚は沖縄のほぼ全域にわたって行われていることが知られている。沖縄本島では、死霊結婚をグソー・ヌ・ニービチ、あるいはトートーメ・ニービチと称している（以下はグソー・ヌ・ニービチなる用語を用いる）。グソー（グショウ）は、「後生」の沖縄方言で、ニービチとは嫁入り、すなわち結婚を意味する。一方、トートーメは、一般に死者を祀る祠堂、転じて死者を指す。ただし、位牌に限定して用いる地域もある。沖縄の死霊結婚は竹田の類型では、有縁者型でしかも遺骨・位牌重視型となっており、位牌を同じ霊堂内に並祀するトートーメ・ウンチケと遺骨の合葬を行うミクチ・ウンチケ、この二つの儀礼によって構成されている。しかし、トートーメを位牌に限定して用いている地域では、トートーメ・ウンチケだけで済ませてしまうことが多い。近年はより広い地域でこのような簡略化が進んでいるといわれる。

ちなみに沖縄のグソー・ヌ・ニービチは、桜井徳太郎によれば以下の三つの動機によってなされるという[11]。

(1)離婚して婚家を離れた女性が、死んでから先夫を慕い、ユタを通じて死後結婚を要求するもの

(2)許嫁関係にある男女両者、および女性が夭逝した場合

⑶恋愛関係にある者が夭逝した場合

そうして、⑵や⑶のケースもわずかながら見られるものの、圧倒的に多いのは⑴のケースである。沖縄社会では、家庭内に何か不審なことや不幸事が起こると、災厄の要因を明らかにするためにユタと呼ばれるシャーマンにハンジ（判断）を求める。那覇市在住のユタからの聞き書きを一例だけ紹介しよう(12)。

子供ができて、別れた場合に行なわれる。特に、自分たちの都合だけではなく、親が強いなどの理由で婚家先と合わなくて仕方なく別れた場合などが多い。だいたいの場合、女性側から「子供ができているから夫のところへ帰りたい」という願いが出る。本人（女性）は死んでいるから、夫の所へ戻りたいという願いを直接伝えられず、それを伝えるために自分（実家＝筆者注）の子孫にかかってくる。何代も前のことだからすぐには受け入れられない場合が多く、相手方を納得させるのに時間がかかるが、夫側にも数人のユタのハンジを買わせて確認させる。一度結婚したら死ぬまで一緒にいるのが建て前であり、結局は長男がいる所に戻ると認識されている。遺骨の納め方は、長男を産んだ人が墓の上（向かって右側）に祀られ、子供が生まれなくとも夫と同じ骨甕に入るのは本妻である。その他の女性は墓の下（向かって左側）に納められる。相手が引き取らない場合には、知らせを入れる儀礼が行われる。女性側の仏壇に「相手は受け取れないと言っているから、向こうに知らせてください」との拝みをする。そうすると、死んだ人が夫の墓に入りたいと言って必ず相手方に知らせが行く。その相手方の家族の中でもサーダカ生まれの人（生まれながらにして霊的資質を備えた人＝筆者注）にかかることが多い。

この報告から多くのことを知ることができる。供養の対象は離縁して出戻ってきた女性であり、厳密には結婚ではなく再婚、あるいは戻り婚である。東アジアの諸地域や後ほど検討を加える東北地方の死霊結婚においては、その執行者は主として両親や兄弟姉妹といった遺族によってなされるのに対して、グソー・ヌ・ニービチはずっと下位世代の子孫や親族（生存している後妻の場合もある）が、その担い手にほかならない。この二つがグソー・ヌ・ニービチの際立った特徴であろう。

また、沖縄社会には門中と呼ばれる父系出自集団が浸透し、これを支える父系の血縁を重視する原理が、ヤ（家）、グァンス（位牌）の継承などに強く作用している。そうして、父系の血縁を維持するために、ヤには長男が残り、次男以下は分家し、女子は家を出て嫁ぐもので、家に留まるべきではないとされている。さらに女子に限ってみると、死後も夫の元にあり、同じ骨甕に入ってグショウ（後生）で永遠に夫婦生活を続けるといった夫婦一体の観念、とりわけ最初の夫とのつながりを重視する観念が底流にあることが見て取れる。加えて、先に紹介した聞き書きの中の、「結局は長男がいる所に戻る云々」といったユタの発言から、男子出産、長男優先の観念に基づくものであることも分かる。つまり、新垣智子が指摘するように夫婦関係という系譜の横のラインを強調する原理と、親子関係という系譜の縦のラインを強調する原理の二つが織り成しあって、グソー・ヌ・ニービチを支えているといえる(13)。なお、グソー・ヌ・ニービチの目的が、離婚して出戻った女性の、死後の正式な帰属権を獲得させ、祖霊化コースに乗せることにあることは言うまでもない。

グソー・ヌ・ニービチはユタのハンジに基づいてなされるものであり、当然のことながら、そこにはユタの世界観が投影されている。しかし彼らの役割は、依頼に応じて災厄の要因を探索し、依頼者が納得するような形で依頼者の世界観の中に位置づけ、それに基づいて除祓や治癒を施すことにある。したがって、ユタと依頼者である一般の人びととは、世界観がまったく異なるというわけではなく、むしろユタが沖縄一般の世界観のある部分を代弁しているといえる。数年前に沖縄のマスコミは、古い女性観、家族観を押しつけ、近代化を妨げるものとして反ユタ・キャンペーンを展開したが、ユタだけがその責任を負わされる筋合いのものではない。

話を元に戻すことにしたい。ユタのハンジが下されると、それに基づいて家族が相手方と交渉する。何世代も前のこともありえるので、相手の戸惑う様子が眼に見えるようだが、もし夫側が位牌や遺骨の引き取りを拒否した場合、相手方に「知らせを入れる」こともあった。そのことは那覇市在住のユタの聞き書きからも確認できる。「知らせを入れる」とは、死んだ女性の霊を使い、夫側のサーダカ生まれの人に憑いて本人の要求を自ら語らせることである。いずれにしても、夫側が納得すればグソー・ヌ・ニービチの実施という段になるが、夫側がそれを免れたい場合は、(a)夫の名義で位牌や遺骨を寺に預ける、(b)ヒヌカン（火の神）を通して当該地域の神役に報告し、許しを乞うなどの対処方法が存在する。

結びにかえて

死霊結婚は死霊を慰撫し、祖霊化コースに乗せることで、彼らが及ぼしかねない災厄から免れようとする点はどの地域でも共通する。また、多くの地域ではシャーマンが介在するものであった。しかし、各地域の社会システムや家族観、女性観、霊魂観の相違によってさまざまなバリエーションが認められる。

沖縄のグソー・ヌ・ニービチには、中国華北や韓国済洲島のように入養・立嗣型のものは存在しないものの、遺骨や位牌を重視するという点では中国華北や韓国南部地方と共通する。一方、有縁者をその対象とする、という意味では韓国の習俗とは著しい相違を見せ、中国・台湾のものと近似する。しかし未婚の死者の供養を主たる目的とするものではなく、出戻った女性をその対象とする、という特異なものであった。しかもかなりの下位世代がグソー・ヌ・ニービチを執行するケースが圧倒的に多い、という点に特徴を見出すことができる。竹田の死霊結婚一覧表に示されたように、次節以下で取り上げる東北地方の死霊結婚ともかなりの相違を見せ、なおかつ儀礼の規模、その持つ社会的意義は東北地方のそれと比べはるかに大きく、そうした面では韓国や台湾、中国の習俗にひけをとらないようである。

註

(1) 森謙二「ヨーロッパの葬送儀礼」『葬儀』第八号　表現社　一九九二年　六七～六八頁
(2) エバンズ・プリチャード（長島信弘・向井元子訳）『ヌアー族の親族と結婚』岩波書店　一九八五年
(3) 和田正平『性と結婚の民族学』同朋舎出版　一九八八年　一五九～一六〇頁
(4) 松崎憲三編『東アジアの死霊結婚』岩田書院　一九九三年　一～五五九頁
(5) 繁原央「冥婚説話の二つの型」『國學院大學中國学会報』第三八輯　一九九二年　一四八～一五五頁
(6) 桜井徳太郎「冥界婚姻の論理――中国の冥婚習俗と死霊観――」『季刊現代宗教』第一巻三号　エヌエス出版　一九七五年　五三〇～五三四頁
(7) 諏訪春雄『日本の幽霊』岩波新書　一九八八年　八五～一二六頁
(8) 竹田旦『祖霊祭祀と死霊結婚』人文書院　一九九〇年　一五六～二〇六頁
(9) 加藤正春「東アジアの死霊結婚――沖縄・中国・台湾――」『生活文化研究所年報』第一〇輯　ノートルダム清心女子大学生活文化研究所　一九九八年　四七～四九頁
(10) 廣田律子「あの世の婚礼にみる中国人の死生観――中国上海の死霊結婚事例を中心に――」『神奈川大学評論叢書九・死のコスモロジー』お茶の水書房　一九九八年　九五～一二〇頁
(11) 桜井徳太郎「沖縄本島の冥界婚姻習俗――ユタの関与するグソー・ヌ・ニービチ――」『沖縄文化研究』第五号　法政大学沖縄文化研究所　一九七八年四～一二頁
(12) 新垣智子「沖縄における冥婚――〈グソー・ヌ・ニービチ〉の構造的原理」『東アジアの死霊結婚』岩田書院　一九九三年　一八一～一八二頁
(13) 同右　二〇〇～二〇二頁

第二節　東北地方の死霊結婚Ⅰ

——山形県村山地方を中心に——

はじめに

今から十数年前の話になるが、東京と埼玉を舞台にして繰り広げられた連続幼女誘拐殺人事件は、衝撃的な事件だっただけに記憶に新しい。かわいい盛りの愛児を理由なく奪われた親の気持は察して余りある。慎んで哀悼の気持を表したい。しかし、それとは別にいやされぬ思いを紛わそうとしてとった両親の行為は、民俗学的にみてきわめて興味深いものであった。一九八九年八月十三日付朝日新聞の「緊急報告・幼女誘拐殺人」なる見出しの記事に、親たちのつぎのような行為が報告されている。(1)

① 昨年十月三日から行方不明になっている飯能市の吉沢正美ちゃん（八つ）は、今年の四月、市立原市場小学校の二年生に進級した。しかし、窓際の一番前の席には本人の姿はなく、花が置かれているだけだ。一学期の終業式のあとの先月下旬、母親のみつ子さん（四〇）は学校に行き、通知表を受け取った。みつ子さんが朝夕欠かさずに続けている陰膳の前に、成績表が空欄のまま置かれている。

② 昨年八月二十二日に誘拐された今野真理ちゃんは、今月二月六日、段ボール箱に入れられた遺骨になって、埼玉県入間市の自宅に帰って来た。父親の茂之さん（四七）は最近、一枚のパステル画を描いた。大きな木が三本、そして小川。淡い緑と青で描かれた涼しげな森の風景が広がる。真ん中に明るい陽光を浴びた二人が寄

り添うように立つ。「大きくなった真理と恋人のイメージです」と茂之さん。想像の中で、美しく成長した真理ちゃんの姿だ。「父親としてできることは、これぐらいしかありませんから」。

前者の母親が行った「陰膳」とは、説明するまでもなかろうが、旅に出るなど家を離れて暫く帰って来ない者の身を祝い、無事を祈ることを目的として、残った家族が念入りに膳を供えるという伝統的な習俗にほかならない。どのような経緯があって母親のみつ子氏がこのような儀礼を行ったのかは、詳しくはわからない。しかし、わが子が無事に生きていて欲しい、何とか帰って来て欲しいというせつない思いが、こうした伝統的な習俗を思いおこさしめたことに疑いはない。また後者の、美しく成長した娘と恋人が仲良く寄り添う場面をパステル画に描いた親の気持ちは、「ムカサリ絵馬」を奉納する親の心意と相通ずる所がある。「ムカサリ絵馬」とは、花婿と花嫁が二人立ち並ぶ場面、あるいは婚礼の行われている場面を描いたもので、水子や未婚の夭死者の供養を目的として寺院・小堂に奉納されるものである。もしこの親が、こうした習俗の存在を知っていたら、あるいはパステル画を奉納するという行為をとっていたかもしれない。山形市の立石寺や天童市の若松寺には、「ムカサリ絵馬」と並んで現にこの種の絵画が何点か奉納されている。

ところで「ムカサリ絵馬」のムカサリとは、『綜合日本民俗語彙』によれば、ムカサレとも言って「迎えられ」の方言で、東北地方では祝言または婚礼を一般にムカサリと呼んでいるという。また嫁に入ることをムカーサルといい、長野県から静岡県の伊豆・駿河地方、そしてずっと飛びはなれて宮崎県の南部にこの語がおよんでいるという(2)。このように「ムカサリ」といった方言の分布は広く認められるが、「ムカサリ絵馬」の奉納習俗は、何故か山形県の村山地方と青森県津軽地方の一部に限定される。しかし、花嫁・花婿人形を奉納するという習俗は、津軽地方に広く認められ、青森県下北半島の一部と村山地方に散見される。青森の人形奉納習俗と山形の「ムカサリ絵馬」奉納習俗といった対比が可能であるが、ともに水子や未婚の夭死者の供養を目的に死者をして結婚せしむるという、所謂死霊結婚の範疇に入る。本節は、青森県の死霊結婚習俗を視野に入れつつ、山形県の「ムカサリ絵馬」に焦点を当ててこの種の習俗の歴史をトレースし、合わせてその今日的意味について検討を加えようとするものである。次項ではまず、所謂死霊結婚の研究史を整理した上で、未婚の夭死者や水子といった無縁仏に対する取り扱いを概観し、その上で両地域の死霊結婚習俗の実態を分析することにしたい。

なお、死者をして結婚せしむるといった習俗のフォークタームは、冥婚のほか、冥界婚姻、死後（結）婚、死霊（結）婚、亡霊（結）婚、幽霊（結）婚などさまざまであり、日本では昭和期に入ってから冥婚が学術用語として用いられてきたものの、近年死霊結婚が学術用語として定着したことからここでは、死霊結婚なるタームを用いることとした。

一　死霊結婚研究小史

十九世紀から二十世紀初頭にかけて宣教師として中国に来住したヨーロッパ人〔E.G.Cauling〕が死霊結婚の観察記録を残したことを契機に、大正から昭和（一九二〇～一九四〇年代）にかけて、井上紅梅、田中賽堂、瀧川政次郎、内田智雄らが中国本土を対象として研究を行った。(3)その後しばらくは研究が途絶えたが、一九七〇年代後半になると、桜井徳太郎が比較民俗学的視点から中国、日本の東北地方、沖縄の死霊結婚に関する研究論文を相ついで公表した。(4)そうして一九八〇年代になると、韓国をフィールドとした調査も行われるようになり、桜井、竹田旦らによって東アジア全体を視野に入れた死霊結婚の研究がなされた。(5)同じ比較民俗学的視点に立つとはいえ、桜井は東アジアにおけるシャーマニズムの展開過程の中で死霊結婚を位置づけようとし、一方竹田は家族関係、社会組織との関連で捉えようとしており、その視点はやや異なっている。いずれにせよ、日本の、特に東北地方の死霊結婚習俗の実態が十分な形で把握されていない現状での比較は少なからず問題が残る。その一つは介在するシャーマンの特定に関してであり、もう一点は竹田が行った死霊結婚の類型の妥当性についてである。この点については東北地方の死霊結婚の実態を報告し、その後で検討を加えるつもりでいる。

ところで、日本の死霊結婚については、桜井論文に先立って、最上孝敬が一九五五年、

立石寺の栄えた頃あった沢山の坊の中、奥の院の近くに残った四つの坊は、それぞれ何々院と号して檀家をもっているが、それらの寺坊には、婚約のままなくなった人が、その婚約者と相ならんで婚約の式にのぞんでいる絵が額になって沢山かかげられている。単に婚約者両人の絵姿や写真を並べてかけてあるのもある。現世ではかなく消えた結婚の夢が、こうしてこの霊地で実を結んだと考え、不幸な若者へのせめてもの慰めとするらしい

と、山形市・立石寺の「ムカサリ絵馬」奉納習俗に言及している。(6) これを受けて木村博は、立石寺のみならず山形県村山地方に広くみられる習俗である点を指摘した上で、「戦時中までは可成り盛んに行われていたようであるが、戦後は激減してしまったし近い将来には失なわれてしまう習俗の一つであろう。その理由と申せば、合理的な考え方の普及ということの外に、巫女の減少ということが、実際上の大きな理由と云えるのであろう」と悲観的に結んでいる。(7) しかし、木村の予想に反して、所謂シャーマンと呼ばれる人々は昨今の占いブームもてつだって隆盛を極める一方であるし、「ムカサリ絵馬」や花嫁・花婿人形の奉納に象徴される死霊結婚習俗は、現在も盛んになりこそすれ衰える気配は見えない。こうして現実の社会に於いて支持され機能している習俗だからこそ、民俗学的に解明すべき課題となり得るのである。しかし、残念ながら日本の、とくに東北地方の死霊結婚に関するインテンスィヴな調査は、真壁仁の業績を除いてはあまり見られなかった。(8) ようやく近年になって瀧澤史が山形県村山地方の「ムカサリ絵馬」を中心とする調査を行い、(9) また、高松敬吉が青森県の死霊結婚に関する調査・分析を行い公表した。(10) 青森の死霊結婚は、一九六〇年代から盛んに見られるようになり、現代に至ってことに流行っている習俗である。そのため前節に示した

竹田の東アジアにおける死霊結婚の対象表には記されていない。おそらくは山形県のそれと同じ形態をとるものと思われるが、現行の習俗を見る限りにおいては、青森・山形両県ともに竹田の整理した結果とは異なって、よりバリエーションを持つものと予想される。

いずれにしても、日本の死霊結婚については東アジアの習俗を視野に入れながらも、実証的な手続きによる家族・親族調査を併行して行い、その結果に基づいて死霊結婚の類型化や比較をしていく必要があろう。ここでの目的はいわばその前段階として、天童市・若松寺所蔵「ムカサリ絵馬」の分析を通してさまざまな問題点を導き出すことにある。

二　無縁仏としての未婚の死者と水子、幼児の霊

日本の民俗宗教の体系は、祖霊の祭祀と祟り神信仰を基本に組み立てられていると言ってもよいであろう。祖霊の祭祀を取り上げてみても、その背後には常に祟り神が見え隠れしている。一般に死者の霊は、子孫の供養を受けて一定の年月が経つと浄化され荒魂から和魂へと転化する。たとえば三十三年というような年忌には遂に家の先祖として祀られるに至る。しかし、にもかかわらず各地の民俗調査を進めていくと、こうした祖霊化のコースから外れた様々な無縁仏によく出会う。無縁仏は一般に、何の供養も祀りも受けないまま放置された霊で、しばしば激しい祟りを及ぼすものと信じられていた。ちなみに御霊や疫神など、恐ろしい災厄をもたらすものも、死霊から祖霊に至るコースから外れたこの無縁仏の部類に属するものといえる。柳田の『先祖の話』は、柳田祖霊神学のバイブルともいえるもので、言うまでもなく祖霊中心に構成されているが、祖霊以外の神霊の存在にも言及している[11]。それによれば、所謂盆行事に祀られる対象は仏、あるいは精霊といった言葉で表わされているが、およそ三類型に分けてとらえられてい

表20　ホトケの呼称と類型

A　本　仏………家代々の先祖 （ショウリョウ・ソンジョ・ホトケ）
B　新　仏………(a)　その家の死後間もない霊 （アラショウリョウ・アラソンジョ・アラボトケ・サラボトケ・シンモウ） (b)　主人主婦の血縁者の死後間もない霊 （キャクボトケ・モライボトケ）
C　無縁仏………正常な人間として生を全うしえなかった霊、祖霊化コースから外れた霊 a　カミの存在に近い霊・仏教の管理から外れた霊………幼児、弔い上げを済ませた先祖の霊 b　祀るべき子孫のいない霊………未婚の男女、出戻り嫁、子のないオジ・オバ、奉公人などの霊。土地や屋敷を譲り受けた時の屋敷地のホトケ（ヤシキボトケ） c　異常死をした霊………行き倒れ（ヒダル神）、漂流死者、水子・産死者、戦死者、被災者など共同墓地その他に祀られた霊（a－c、ホカジョウロウ・ムエンボトケ・ホウカイ・ガキボトケ）

る。一つは家代々の先祖の霊で、これは本仏、あるいは精霊と呼ばれている。二つ目は死後二、三年までの死者の霊で、死後まもないことから不安定で荒々しいが、その家に連なる霊であり、子孫に供養されることによって荒々しさを失い、本仏となっていく。これは新仏、新精霊、あるいはアラソンジョなどと呼ばれている。三番目は無縁仏、餓鬼仏、外精霊、三界万霊、無縁法界など様々な特別の名をもって呼ばれており、全くその家に縁のない亡霊のほか、祀るべき子孫のない霊、異常死した霊など諸々の素姓のものを含んでいる。柳田の見解と各地の調査報告をもとに整理したのが表20である。盆行事といえば、これらの霊の内でも特に本仏を対象としたものと一般に考えられがちであるが、実際は新仏や無縁仏の供養にかなりの力点が置かれている。

ここでは、これらのうち東北地方において死霊結婚の対象となる水子、幼児、未婚の夭死者を取り上げ、一般にどのような存在とみなされ、またどのような形で供養がなされているのかを見ることにしたい。

さて、正常な人間としての生を全うしえなかった霊、祖霊化のコースから外れた霊を無縁仏と規定したが、では正常な人間としての生とは何か。五体満足に生まれて順調に育ち、結婚して子どもを設け、天寿を全うした上で安らかに息をひきとる、これが人びとの描く正常な人間としてのライフサイクルであろう。それから外れた無縁仏は、表20に示したように種々存在する。そのうちの幼児（未婚の男女）からまず取り上げよう。

「七歳まではカミの内」と称して、七歳以下の子どもが死んだ場合、簡単な葬儀、供養で済ませるというのが全国的な傾向である。近畿地方では、大人の墓であるオオバカと子どもの墓であるコバカとを別々に設けて祀る所が多い。子どもとみなされる年齢は様々で、一九歳あるいは一七歳という所から、低い方では七歳、五歳、一歳という所まである。一般に七歳が多いが年齢基準には幅を持ちながらも、幼児の葬儀は僧侶も一人で蓮台にのせて近所の人びとが竹の棒で担いでいって埋葬してしまう、というように葬儀・葬送も大人のそれと違って簡単に行うのが普通である。そうして生後一年も経たないような子どもは屋敷地内に埋め、むしろ、小さな子は丁寧に埋めたら生まれ替わりをしないと言って嫌う傾向がある。

また、青森県津軽地方の幼児の弔いも成人のそれとは異なる。金木町川倉などでは生まれて数日にして亡くなった嬰児には尾頭つきの魚（再生のシンボル）を供え、屋敷地の隅に埋葬したという。また津軽では、間引きの対象となった嬰児を屋敷地内のタゴヤ（堆肥場）に埋めるのが普通であったといい、生後一〇〇日前に亡くなった嬰児については棺に鱈の頭を入れて「早くまれげれよ（生まれ変われよ）」と言って葬ったともいわれる。(12)同脇元では七歳前に亡くなった者の棺にあわせ入れて葬った。そうすればつぎの子どもは丈夫に育つ。しかしもし精進して葬るとつぎの子どももまた死ぬと信じられているという。(13)

新潟県岩船郡山北町脇川と茨城県筑波郡大穂町玉取をフィールドとして大人と幼児の葬法を比較した千葉徳爾・大津忠男は、「僧侶あるいは宗旨にかかわる部分と地域社会の人びとが関係した部分とが、子供の葬法では薄らぐか欠落してしまうのである。従って子供の葬法では仏法における死の観念で処理されておらず、また、その家と地縁関係をもつ社会も子供の死にほとんどかかわらず、もっぱら家族の持つ霊魂観にともなう処理を受けていることになる」と指摘している。(14)こうして見ると、幼児というのは弔い上げを済ませたホトケ同様、仏教の管理から外れた霊ということができる。では、千葉・大津のいう「家族の持つ霊魂観」とはどのようなものか。それは、先に紹介した近畿や津軽の事例にうかがわれたような、幼児の霊魂は大人のそれとは異なり、清く活力に満ちており、容易に生まれ変わることができる、といった霊魂観にほかならない。だからこそ、「この世と全くへだてられた遠い死の世界へ送り出してしまうことを目的とした儀礼、要するに子供の霊魂と全く隔絶してしまうための習俗とみられるものが欠けている」のである(15)。

では、幼児の霊魂の行方とはどこなのだろうか。津軽地方では、幼児やハナッコ（未婚者のこと）の魂は賽の河原へ行くといわれ、親達は幼くして亡くなった子を偲んで、五所川原市や木造町の石工に依頼して、ありし日の容貌に似せた地蔵を造り、賽の河原に納めてこれを供養する。金木町川倉や喜良市では、賽の河原は未成年者の霊魂の行く所とされている。ここでいう未成年者とは土地の人の言葉によると「独り身のうち」ということになり、幼児は勿論、未婚の若者、娘までも含むことになる。結婚をもって「一人前になった」とみなし、それら成人の霊魂の行く所は山であって、賽の河原の大祭の夜など山から降りてくるのが、提灯の明かりのように見えるともいう(16)。つまり、子供、未婚者と成人の霊の行方は明らかに区別されているのであるが、津軽地方のみならず、奥羽各地から参詣者が集まるといわれる山形県鶴岡市の霊地モリノヤマの場合も、子どもの魂は下のモリの優婆堂へ行き、成人の魂は中のモリの勢至堂へ、そして上のモリへは浄化された祖先の魂が赴き、自殺者その他は藤墓という堂のない場所へ行くと言われている(17)。

ところで、津軽地方のように結婚をもって一人前になったとみなし、成人と未婚者の霊の行方が画然と区別して考えられているとすれば、未婚の死者に対して、真っ当な生を送らせてやりたかったと思うのはごく自然の感情だろう。死者を思い出すたびにそうした思いが脳裡をよぎるに違いない。「七歳までは神の内」、「すぐに生まれ代わる」と、そう信ずることによって救われた思いはするものの、そのように観念の上で合理化させるよりも、供養対象を身近に置いて、その上で自己の記憶の中に死者を甦らせ、その成長に基づいて生者と同様の儀礼を行ってやるという実際的な行為によって自己を納得させ、同時に死霊の慰撫をはかろうと思いめぐらすことは、ありえないことではない。そうした意味でも千葉が指摘するように、幼児が死んだ時点では遠い死の世界へ初めから送り出すような儀礼はできえないのである。たとえば西津軽郡深浦町関では次のような習俗の存在が報告されている[18]。

浄安寺の本堂に入るとすぐ手前の右側の隅に一五〇体を越える地蔵様が納められている。このお地蔵様は、村で幼い子を亡くした人の両親が石屋に頼んで、地蔵様を造り、その地蔵様に自分の子の名前と命日を書き込み、和尚に魂を入れてもらう。この地蔵様を浄安寺に納める。また、若くして結婚前に亡くなった人がいる場合、その子の両親が花嫁・花婿どちらかをもう一体つくり、それを適当に花子とか太郎とかの名前を書き、二体を夫婦にして納めることもある。

写真26　未婚の夭死者供養のため地蔵を造像し、もう一体添えたもの（秋田県仙北町板見内）

また、秋田県大曲市内小友字館前では、未婚の夭死者のために地蔵を造立して屋敷入口の小堂に安置する習俗が広く認められる。死者が「もし生きていれば年頃なのに」という頃になると、同じ類の異性の地蔵をもらいうけて並祀することが行われていたという[19]。つまり、並祀することによって結婚させた体にしたものといえる。一見、東北地方の死霊結婚習俗は比較的新しいもののように受けとられやすいが、おそらくこうした地蔵信仰を基盤として成立したもの、あるいはその延長線上にあるものと考えられる。すなわち、未婚の夭死者の供養にまず地蔵を身近な場所に奉納し、その死者の成長年齢に応じてランドセルや洋服などさまざまな品物を奉納し、最後に年頃になった時にもう一躰の配偶者としての地蔵を添えてやる（あるいは地蔵に代わって花嫁・花婿人形を奉納する）。それによって未婚の死者に対する一通りの供養を完了させたのである。言い換えれば、死霊結婚によってようやく死者を一人前となさしめ、以後は一般の死者と同様の供養に切り替えるか、供養を完了させるのである。また後述するように、死霊結婚を実施することによって未婚の夭死者の祟り、障りから免れたとする伝承は、山形県村山地方に多い。位牌を嫁ぎ先へ移動させたり遺骨を移葬する、あるいは埋葬をし直すといった祖霊へ昇格させる目に見えた儀礼は認められないものの、これはまつろわぬ霊を、死霊結婚によって祖霊化コースにのせ、それによって災厄から免れようとしたという風にも考えられるのであり、竹田の類型、慰霊・解冤《かいえん》型と祖霊・昇格型は、別個の類型として分けられないケースも多いのではなかろうか。

つぎに無縁仏としての水子の取り扱いを見ることにしよう。近年水子供養が一種のブームになっている。どの寺院も水子地蔵（あるいは観音）を祀らない所はないほどで、青森県下北半島の恐山では、水子の霊に悩まされている母親が、地蔵堂でイタコにその霊を呼び出してもらい、その霊にわびる姿がテレビで放映されたり、また水子の霊を供養することによって病気を治したというような話も数多く伝えられている。ところで水子の本来の意味は、出産まもない赤子のことで稚子とも呼んだ。出生後一年未満の子を嬰児、二、三歳から一〇歳位までの幼児をみどり児と称していた。また、生まれたばかりでまだ名前もついていないような子供のホトケに対して一般に仏教寺院では童子や童女でなく水子の名を戒名としていた。実は今日のような人工流産によって未熟のままかき捨てられる胎児をさす言葉は元々はなかったとされている。(20) 現在のような水子の用法がいつ頃から使われるようになったかは、実はまだはっきりとわかってはいないようである。

一般に子を孕んだ女性が死ぬと、子を取り出して別々の棺に入れ、女性に対しては流れ灌頂なる特別の供養を施すといわれる。子を産み切れずに死んだ場合、母親の執念が残ると考えられているためであり、また胎児も独立した霊魂と認めていたふしもあり、両者を別々に埋葬する場合もあったようである。流れ灌頂というのは、たとえば和歌山県高野山奥の院を流れる玉川の水辺には塔婆が立っており、その塔婆に渡しかけた二本の縄が樒《しきみ》、と傍花《ほうけ》一〇八個をつけて流水に浸されている。これに道行く人が水を手向けることで、やがて傍花が一個ずつ流される。それによって一〇八の煩悩が消えさるといわれるもので、いわば不特定多数による共同供養の一つなのである。高野山は別として、各地の共同供養としての流れ灌頂は、戦後徐々に見られなくなってきた。しかも、あわただしく時間に追い回されて生活を送っている現代人は、いちいち他人の生き死ににかかずらわっていたのでは身がもたないとばかりに共同行為を避ける傾向にある。その結果、共同供養としての無縁仏の供養も急速に薄れつつあるといわれる。流れ灌頂の実施や無縁仏の供養など、共同で供養することによって死者のケガレは除去され、祟りという不安も解消されてきた（あるいは不安が分散されていた）。ところが共同供養が消滅することにより、それらの不安が個別個人に集中し、それへの対処ということで水子供養が爆発的に流行した、そんな捉え方がなされている[21]。

優生保護法の下、今日年間数十万件の人工妊娠中絶が行われているといわれている。極端な言い方をすれば中絶は一種の殺人行為であり、罪の意識にさいなまれるのはごく自然の感覚といえる。それ故自然な気持からその子の菩提を弔い、また不安を解消していくことは必要なことなのであろう。しかし、現在の水子供養ブームは、占い師や寺院といった宗教者側が一種の経営戦略によってブームをあおり立てているようにも思える。「すべての災いの根源は水子にあり」と、祟り的発想を強く打ち出している宗教者には警戒を禁じえない。そして昨今の死霊結婚習俗の盛況振りは、この水子供養ブームとまったく無関係というわけではないのである。なお、水子供養については別途検討を加えるつもりである。

以上を前提につぎに死霊結婚習俗の実態に迫ることにしよう。

三　青森県津軽地方の死霊結婚

青森県の死霊結婚は、聖地や霊山に花嫁・花婿人形を奉納するというもので、その多くはシャーマンが関与していると言われている。その起源は新しく、一九五〇年を遡るものではない。現在こうした習俗が認められるのは、下北地方では恐山と大畑町正津川の優婆寺、津軽地方では金木町の川倉地蔵、木造町の弘法寺、以上四カ所の寺院その他である。すでに高松がその実態を報告しているが[22]、筆者もこの種の習俗が濃厚な津軽地方について調査を行った。高松の報告も参考にしながら、まずその実態を紹介することにしよう。なお、遺族が死霊結婚を行うに至った動機については、山形県村山地方のそれと大差ないことから、後ほど合わせて検討することにしたい。

1　金木町・川倉地蔵の場合

川倉地蔵堂は、川倉集落の東方丘陵の上にあり、背後に溜池が控えている。お堂横を通る道路が丘を降って溜池に通ずる坂をサイノカワラと呼び、附近の住民が通る時は小石を積むという。この川倉地蔵堂は、大正十四年（一九二五）までは茅葺の小さなお堂で、乞食たちの休む場所ともなっていた。そしてたぶんその乞食たちの火の不始末が原因で消失したが、その年ただちに再建された。その時、川倉の集落だけでは維持できないのではという話が持ち上がり、金木町に譲り渡そうとしたが、結局ムラの総会で、昔からあるものだから自分たちで守っていこうという結論となり、その時「川倉賽の河原地蔵講中」が結成された。現在川倉二二〇戸中二〇戸余りが加入し、地蔵堂を管理・運営している。現在の地蔵堂は昭和五十七年（一九八二）に改築されたもので、過去四度改築された計算になるという。住職には昭和五十八年から常駐してもらっているそうだが、それ以前は春秋彼岸の中日と夏の大祭（旧六月二十三日の地蔵の縁日）の時だけしか本堂を開放していなかった。ところが参詣者が急に多くなり、また彼らが希望するので、春の彼岸から十一月末までの期間は本堂を開放するようにした。本堂の開放と住職の常駐といった処置は、言うまでもなく花嫁・花婿人形の奉納が盛んに行われるようになり、参詣者が急増したことへの対応策としてとられたものである。

　未婚の夭死者の供養を目的に地蔵を造立するこの地方の習俗については先に触れた通りであり、花嫁・花婿人形を奉納することも戦後あたりからたまに見られたという。しかし目立って増え始めたのは昭和五十七、八年あたりからで、今日の流行について講の人たちは、近年の太宰治ブーム・旅行ブームに乗ったマスコミの宣伝によるものとみな

写真27　川倉地蔵堂（上）と地蔵堂に納められた地蔵尊（青森県金木町）

写真28　花嫁・花婿人形（川倉地蔵堂）

している。

川倉地蔵の内部は、正面中央に地蔵尊が据えられ、左右および正面奥の壁には棚がしつらえてあって、水子や幼児の霊を供養するために納められた小さな地蔵像が所狭しと置かれている。さらに死者の年齢に見合った衣類、学用品、遺影写真、花嫁・花婿人形等が飾られ一種異様な雰囲気が漂っている。堂内の地蔵像の約二割を抽出して調査した千葉・大津によれば、その中には明治後期以前の銘のある地蔵は認められないという(23)。一方の花嫁・花婿人形であるが、そのほとんどは本堂横の水子地蔵堂に納められている。この水子地蔵堂は、昭和六十三年、五所川原の某氏の地蔵尊像寄贈を契機に建てられ、それでも収納スペースが足りずに平成二年（一九九〇）に増築されたものである。花嫁・花婿人形の近年の奉納数はつぎの通りである。

昭和六十年――二六体　平成元年――六三体　平成五年――九六体　平成十年――九五体
昭和六十一年――三五体　平成二年――七七体　平成六年――八〇体
昭和六十二年――四二体　平成三年――一一〇体　平成八年――九五体
昭和六十三年――五三体　平成四年――一二六体　平成九年――一一五体

この数字から着実に奉納数は増えていることがわかる。しかし奉納者の分布はほとんどが津軽地方であり、例外的に北海道・秋田・岩手・東京といった地域が見られる。この場合も津軽出身者が多く、マスコミの宣伝にもかかわらず、現在でもその主な信仰圏は津軽地方とその周辺地域に限定されるといってよい。

地蔵が石工に依頼して造ってもらうのに対して、花嫁・花婿人形はデパートで購入するケースが多かった。しかし、なかなか入手しにくいとのことで、平成二年（一九九〇）から川倉地蔵堂で用意している。ちなみにその値段はつぎの通りである。

花嫁・花婿人形（二人立）　――四万円と三万六、〇〇〇円の二種類

写真29　角巻人形（青森県木造町弘法寺）

写真30　昭和30年代前半に流行った絵馬
（青森県木造町弘法寺）

花嫁人形（一人立、色打掛）―
二万二〇〇〇円
花嫁人形（一人立、白無垢）―
一万五八〇〇円

これらの人形を購入の上、死者の男女の遺影写真を添えて奉納するのが普通である。背広、軍服姿、幼児の写真と遺影写真はさまざまだが、花嫁人形がこの種の習俗にとって欠かせぬことから、男子の供養を目的としていたことは明らかである。しかし、女性の遺影写真が添えられたものも少なくない。奉納された人形は川倉地蔵堂では一〇年間保管して供養するそうである。(24)

2　木造町弘法寺の場合

弘法寺は木造町吹原の屏風山砂丘南東部に位置する真言宗の寺院で「西の高野山」とも呼ばれている。東北三十六不動尊霊場の一つともなっているが開基は不明、明治に再建されている。花嫁・花婿人形が奉納されるようになったのは昭和三十年（一九五五）ころで、「戦死者の息子のために」という形でなされたのがきっかけらしい。一般に普及したのは昭和四十五年（一九七〇）以降で、昭和五十二年（一九七七）にＮＨＫ仙台放送局制作の番組が全国に放映されてから急増し、一年に一〇〇体近く奉納されることもあったという。奉納数が増加すると同時に地域的にも広がりを見せ、津軽地方を中心に上北郡、下北郡、三戸郡の各地域の外、県域をこえて東北地方各県や関東の栃木、東京、神奈川の都県にまで及んでいる。しかし、現在約一三〇〇体のうち県外のそれは三パーセント程度と少なく、青森市、弘前市を中心とする津軽地方に濃厚な習俗といえる。そして男性の未婚の死者供養を目的としたものが九割近くを占めている。花嫁人形には名をつけてから奉納し、住職もしばしば命名（俗名）を依頼されるという。弘法寺では一五年間預かった上で、お焚き上げをして処分するという[25]。

なお、花嫁人形についていえば、当初角巻人形、宮人形といった郷土人形の類が多く、それもボール箱に入れられて、そこに写真が添えてあったという。また、昭和五十年（一九七五）前後には絵馬を奉納する風もあって現在六〇枚程が保管されている。すべて絵柄は花嫁・花婿二人姿のもので、明らかに同一の絵師（青森の人という）によって描かれたものと判別できる。花嫁人形自体も豪華なものとなって結構高いし、ましてやシャーマンが介在すればより高価なものとなる。遺族にとってかなりの経済的負担となることから、寺院側の「たとえ絵馬でも、その気持が届けばよいのだから」という教えに従って始められたものという。ただし、絵馬を奉納する形の供養は、数年続いただけで断ち消えになってしまったようである。おそらく、青森の絵師の逝去がその原因と思われる。

3　下北地方の場合

死霊結婚の習俗は津軽地方ほど盛んではない。むつ市田名部の恐山（円通寺・曹洞宗）では、ホトケ供養の一環として執行している。奉納者は、あくまで下寺で供養してもらって、そこに納めるのが多い。しかし、花嫁人形の奉納者の中には、高寺や賽の河原に放置していく人も見られる[26]。一方大畑町正津川の優婆寺（浄土宗）の場合、昭和三十五

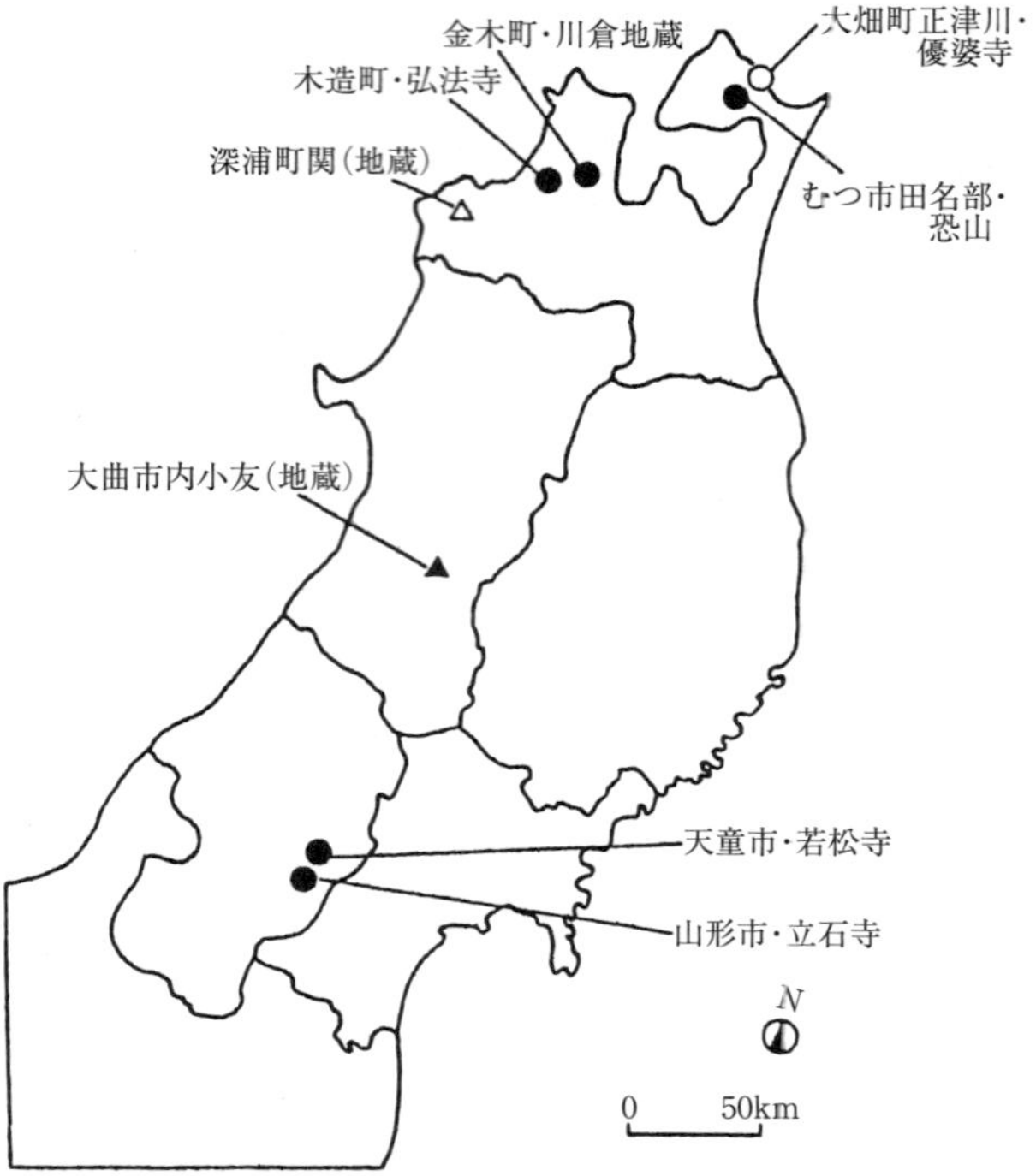

図12　死霊結婚関連調査地

年（一九六〇）を過ぎてから、しだいに見受けられるようになった。花嫁人形を納めるのは、下北郡の人びとには少なく、とくに多いのは津軽地方の人たちである。これらの人形を奉納するのは、シャーマンのカミマサ（ゴミソ＝津軽地方の目に障害のない巫者）にいわれて、正津川の優婆寺か恐山を奉納先として指定された人たちである。この寺院では、相手の命名をして、男女両者の縁結びをさせてから供養儀礼を執行している[27]。

以上から、青森における死霊結婚習俗の特徴はつぎのように要約できる。

第一に、青森県の死霊結婚習俗は津軽地方から広がった習俗であること。第二に人形奉納習俗の歴史は比較的新しく、一九五〇年以前に遡れないこと。第三にシャーマンが介在していることは明らかだが、近年マスコミを通じて数の上で増大し、同時に地域的に拡大していったこと。それと関連して、地域的習俗の範囲を越えて、自分の思いや考えで奉納する人たちが増えていること。第四に元来は男子の夭死者の供養といった色彩が強かったものが、女子や水子の供養にまで広がっていったこと。そして最後に、死霊結婚の相手となる人物は多くは特定されておらず、しかも架空の人物で良しとされていることなどである。

四　山形県村山地方の死霊結婚

1　山形県における「ムカサリ絵馬」奉納習俗の概観

山形県立博物館には現在、山形市内から採集された「ムカサリ絵馬」が四点収蔵されている。そのうち三点は婚礼の場面が描かれたもので、一点だけ裏面に「昭和五年二月吉日」と記されており、奉納年代が判明する。残る一点は花嫁と花婿が並んでいる場面を描いたもので、絵柄から見ても新しく、「昭和三十一年三月廿七日」に奉納されたものである。実は昭和五年（一九三〇）奉納のものについては、国立歴史民俗博物館の『博物館資料調査報告Ⅰ』につぎのように紹介されている。(28)

資料名称　地方名　ムカサリ絵馬
法　量　縦五八・〇センチ　横一〇八・八センチ
主　材　紙
現所在地　山形県立博物館　山形市霞城町一―八
製作地　山形県山形市
製作者　玉雲画
使用地　山形市南原　熊野神社
使用者　梅津源作
製作法　材料　製作者は地元の画家と思われる。ムカサリ絵馬なども奉納者自らが描くこともあるが、多くは

図13　山形県地区別市町村図

使用法　地元の絵師に依頼する場合が多かった。
　　結婚せずに亡くなった人が結婚適齢期に達した時、親族によって納められたものである。山形県村山地方では結婚式のこと、又花嫁のことをムサカリという。絵馬の奉納は亡くなった人が男性、女性どちらの場合もある。この絵馬の場合、女性の菩提を弔うために納めている。奉納者の梅津源作は亡くなった梅津政江（奉納時、二〇歳）の父親であろう。なお描かれる相手の人は特定の人ではない。山形市立石寺、天童市若松寺、東根市黒鳥観音、村山市小松沢観音などに多くのムカサリ絵馬が見られる。

これによって、山形県における「ムカサリ絵馬」奉納習俗のおよその推側がつく、さらに山形県立博物館では、昭和五十九年（一九八四）度の調査研究事業として県内の絵馬所在調査を実施し、『山形県の絵馬――所在目録――』を刊行していることから[29]、それをもとにより詳細に眺めてみることにする。

同館の絵馬に対する調査方針は「寺社に祈願、報謝、供養のために奉納した額とする広義の考え方が一般的で、本館の今回の絵馬調査も、この広義の立場にたって実施した。従って絵が描かれていないことの多い俳額や算額等の文字額や、銭塔額も対象とした。また、年代的には原則として明治時代までとした」という。そして、同書によれば、近世以前で紀年銘の見られるものは一七点で、村山地方を中心とする内陸地方に集中しているのが特徴だという。また、残りのほとんどは近世後期以降のもので、図柄としては「社寺参詣図」が多いという。また、肝心の「ムカサリ絵馬」については、「東南村山地区や北村山地区、西村山地区に限られた場所にのみ見られるものである。天童市山元・若松寺、東根市黒鳥・黒鳥観音、村山市楯岡・小松沢観音などには、今もおびただしい『ムカサリ絵馬』が納められており、絵馬の奉納は現在もなお続いている。『ムカサリ絵馬』の奉納は、オナカマの仏おろしによって始められたとの説もあるが、はっきりしたことはいえない。ただ今日目にするムカサリ絵馬は、せいぜい明治以降であり、そう古い習俗ではないかもしれない」と報告している[30]。

表21　ムカサリ絵馬所在一覧（山形県立博物館編『山形県の絵馬』掲載）

ムカサリ図

奉納年代	奉納先	法量（H×Wcm）	備考
明治28年3月15日	山形市谷柏〔甲箭神社〕	42.0×59.0	
明治36年正月17日	上山市高松〔光明院・高松観音〕	52.0×71.5	
明治36年4月8日	東根市東根〔養源寺〕	83.0×96.0	
明治40年4月17日	東根市六日町〔秀重院・黒鳥観音〕	46.0×62.0	
明治40年旧9月	河北町根際〔子安観音堂〕	38.5×56.5	
明治43年9月24日	上山市片町〔西光寺〕	65.0×81.5	
明治43年10月9日	東根市六日町〔秀重院・黒鳥観音〕	47.0×61.5	
明治43年10月17日	東根市六日町〔秀重院・黒鳥観音〕	60.0×46.0	
明治44年9月11日	山形市千手堂〔吉祥院・千手観音〕	76.0×96.0	
大正元年旧7月15日	中山町柳沢〔御獄神社〕	48.5×61.0	
大正元年8月	河北町岩木〔岩松院〕	40.5×90.0	
大正8年旧2月17日	河北町根際〔子安観音堂〕	50.5×65.5	
大正8年正月4日	山形市山寺〔千手院観音堂〕	54.0×79.0	
大正9年旧2月11日	大江町貫見〔光学院〕	38.5×73.5	
大正12年5月17日	河北町岩木〔慈眼院〕	45.0×50.5	白龍堂泰山筆
大正12年7月15日	山形市下東山〔風立寺〕	51.0×72.5	
――	天童市川原子〔小原寺〕	49.5×136.6	
――	天童市川原子〔小原寺〕	38.5×52.5	

間引き図

明治27年3月	飯豊町萩生〔恩徳寺〕	105.0×181.5	英不白筆
――	飯豊町萩生〔吉祥寺〕	147.0×69.0	英不白筆
――	天童市川原子〔小原寺〕	85.0×136.0	

同書掲載リストの中から「ムカサリ絵馬」を抜き出したのが表21である。総数二、〇八三点のうち一八点と数は少ないが、何故か「ムカサリ絵馬」については大正期のそれも取り上げており、われわれには幸いしている。しかし、その一方では、悉皆調査にもかかわらず、「ムカサリ絵馬」研究の立場からは、調査対象地から外しえない山形市・立石寺（塔頭も含めて）や天童市・若松寺のものが抜けており、問題を残したといえる。いずれにしても、明治、大正期のものが少ないことは確かである。

寒河江市・西村山地区の調査を担当した金山耕三は、「寒河江・西村山地区に意外に少く、寒河江市二面、大江町二面、河北町一〇面、合計一四面で、年代別に見ると明治時代一面、大正時代四面、昭和時代九面となり、比較的新しいもののみである」という[31]。明治、大正期といった古いものはともかく、昭和期のものも相対的に少ないことから、村山地方に顕著な習俗といっても、東側の河北町、東根市、天童市、山形市に濃厚な習俗といえる。このうち、本節では天童市の若松観音に焦点を当てて分析するものであるが、一般にこの類のものは数年供養した後、お焚き上げをして焼かれてしまうものであり、データの収集に難儀する。しかし、同寺の収蔵施設には、寺の方針によって処分を免れた「ムカサリ絵馬」を中心に、約六〇〇点もの関連資料が保存されている。そこでその調査・分析を決意したわけであるが、若松寺所蔵資料の検討に入る前に、山形市・立石寺における「ムカサリ絵馬」奉納習俗についても、若干の調査を試みているので、そちらを先に報告することにしたい。

2　山形市立石寺の「ムカサリ絵馬」

立石寺は平安時代の初め、慈覚大師が開いた山として広く人びとの信仰を集めている。しかし、東北地方における天台宗の名刹としてよりも、むしろ人びとの死後の魂の遺るべき山、先祖供養の山として観念されてきた。この地方では、死者が出るとその縁者が遺骨の一部、とくに歯骨を奥の院に納めて供養して貰う風習がある[32]。

立石寺は凝灰岩に覆われた小高い山全体を寺域とし、その麓に本坊があり、山の頂近くに奥の院がある。また、かつては寺域内に塔頭が林立していたといい、奥の院近くにはその名残りである、華蔵院・中性院・金乗院・性相院の四坊がある。奥の院（如法堂）の運営は、現在これらの四坊が当番制で受け持っている。奥の院（如法堂）は元来僧侶が写経をする修行の場とされている。閏年の十一月二十八日が如法堂の開帳の日で、その日を目指して寺の僧侶は皆写経に励んだという。この日、日頃の修行の成果である写経した経典を、納経堂に納める習わしであったが、最近は精進する僧侶も減って来ているという。さてその奥の院には、銭塔額その他の絵馬に混ざって花嫁の一人立ちや花嫁・花婿の並んだ場面、あるいは婚礼の場面を描いた「ムカサリ絵馬」が、数こそ少ないが数点掲げられている。奥

写真31　ムカサリ絵馬　昭和五十年奉納（山形県立博物館所蔵）

写真32　ムカサリ絵馬
（立石寺の塔頭の一つ中性院）

写真33　ムカサリ絵馬（立石寺如法堂）

の院は明治初期に火災にあっており、そう古いものは残っていない。

如法堂の隣にある新堂は、一九九〇年四月に落慶したもので、主に僧侶が毎日死者供養の読経を行うお堂である。この新堂は、山寺出身の人物が東京で成功して、故郷の寺に功徳を施したいとの意向によって建てられたものである。堂内の阿弥陀如来像は金箔を施されたもので、億単位の代物だという。この新堂に「ムカサリ絵馬」や花嫁人形が数多く納められている。一九九一年四月十八日現在、新堂に掲げられていた絵馬や遺影等の総数は五三枚で、うち「ムカサリ絵馬」の類が二三枚を占めていた。その内訳は、婚礼式図が二枚、新郎新婦の二人立ちが一七枚、花嫁の一人立ちが二枚、現代マンガ風のもの二枚である。また、遺影写真は一九枚が掲げられていた。「ムカサリ絵馬」には昭和六十二～六十三の年号が記され、真室川や東根といった県内の地名に混ざって横浜等の地名も見られ、奉納者の範囲も広いことがうかがえる。また、阿弥陀如来の背後の棚にも、数体の花嫁人形が納められていた。この新堂に奉納された「ムカサリ絵馬」と「花嫁人形」などの奉納物の取り扱いはやや異なっている。額絵は三年を供養期間の更新期限とするのに対して、花嫁人形の方は「人は何度も結婚するものではない（?）」との理由で、一年を目途に毎年末のお焚き上げに際して焼かれる。

また、各塔頭にも絵馬が数多く奉納されている。たとえば中性院に掲げられている絵馬数は全部で三八枚、うち一四枚が「ムカサリ絵馬」で、残りのうち一二枚は「母子参詣図」であった。「ムカサリ絵馬」の古いものは明治三十六年の銘があり、次いで昭和五年、十一年、二十一年、二十七年、四十六年などのものが見られた。また性相院にも二〇枚前後の「ムカサリ絵馬」があったというが、数年前の塔頭の建て替えの折に処分したという。

山寺（立石寺）に「ムカサリ絵馬」その他の品々を奉納しにやってくる人びとに尋ねてみると、オナカマと呼ばれるシャーマンに示唆されて来た人が多いという。家族に良くないことが続けて起こった時などオナカマに見てもらうと、「石（あるいは人形）が家に障るので取り除かなければならない。山寺に納めよ」とか「山寺に故人を祀り、毎年供養に参れ」などと勧められるのだという。また、「ムカサリ絵馬」を奉納するに至った理由についても、「上の姉さんが結婚せずに亡くなっている。その兄弟や妹の結婚がなかなか決まらないのは、その姉さんの供養をしていないせいだ」とオナカマに言われて実行した例も少なくない。

ところで立石寺では、元々花嫁人形を奉納して未婚の夭死者を供養するケースは少なかった。そして近年はさらに減っているという。しかし、新堂に改築される以前の旧堂にはかなりの数の花嫁人形が納められていた。そうした中でひときわ目を引いたのは、満州開拓青少年義勇軍の慰霊のために奉納されていた花嫁人形である。旧堂の左右に四四体ずつ合わせて八八体、すべて高島田に髪を結った和紙人形である。そして人形の前にはつぎのような奉納趣意書が貼ってあった(33)。

爰為満州開拓青少年義勇軍
追分訓練隊笹井中隊四十四英霊菩提也
永代供養英霊過去帳奉納
施主　仙台市葉山　徳江マサ
昭和四七・九・二

奉納者の徳江マサ氏は、満州開拓青少年義勇軍の寮母を務めた人物で、入隊してきた青少年達の身辺の面倒をみる「戦地の母」ともいえる立場にいた。幸い九死に一生を得て帰還した彼女は、敗戦直前ソ連軍と戦って戦死した青年たちの慰霊のために、自ら人形を作って奉納したものである。山形県は国策としての満州移民政策にもっとも早く順応していった県として知られている(34)。それだけに未婚のまま大陸の土と化した若者も多かったろう。この花嫁人形に言及して真壁は、「花嫁絵馬が山形県だけに見られるようになった訳を考えているうち、花婿となるべき若者を全国にさきがけて大陸に送り出した県であったこと、その移民指導者の根拠地も山形県である事実に突きあたった。それだけに理由を結びつけることは、あるいは無理かもしれない。私の思いすごしかもわからない、だからつよくそれに拘泥しようとは思わない」と言いつつも、やはりこだわりのあまり「花嫁絵馬は、じつは戦争の落し子なのだ」とまで言い切っている。[35] 真壁の見解は、戦前の皇国史観に基づく農本思想や戦前の山形県教育のあり方への批判と、その犠牲になった若者への痛切な思いからの主張であり、理解できなくもないが、立石寺や若松寺所蔵の「ムカサリ絵馬」を分析すれば明らかなように、「ムカサリ絵馬」奉納習俗の起源を第二次大戦に求めるのには無理があろう（津軽地方は別として村山地方については）。しかし、戦後五〇年以上経った今も未婚の戦死者の供養に死霊結婚をとり行いにやって来る人の多いことを考えれば、戦争がこうした習俗の維持に一役買って来たことだけは否定できないし、また、戦争が死霊結婚習俗流行の一つの契機となったことも確かであろう。

3　天童市若松寺所蔵の「ムカサリ絵馬」

明治二十八年の「古社寺取調書」は、若松観音堂の事由をつぎのように記している。[36]

該堂者抑モ人皇四十三代元明天皇ノ御宇和銅元戊申年開山行基菩薩ノ草創ニ成レル古刹ナリ。後又貞観年中慈覚大師之ヲ中興ス。尓来法続ノ伝燈世々縷々トシテ今尚昔日ニ異ルコトナシ。尤モ該道場ハ本国著名ノ古梵霊地ニシテ、則チ字若松鈴立山ノ半腹ニ安置シ、森林欝蒼トシテ常ニ煩苦世塵ヲ去リ恰モ仙界知足ノ道場ナリ。殊ニ最上三十三所順礼第一番ノ納経場ナルヲ以テ諸国ノ参拝者多シ。故ニ世上ノ人口膾炙タリ。且ツ該堂寺領二百六十石云々和漢三才図会等ノ史乗ニ散見セリ。該堂ハ慶長十六年当国山形霞ヶ城ノ大守最上出羽守義光之ヲ造献シ、而テ賦ルニ二百卅石ノ黒印ヲ領令メ、住吉山頂ノ堂塔ヲ現今ノ道場ニ遷シ畢。（後略）

鈴立山若松寺（天台宗）、通称若松観音は、天童市の中心部から東北に約五キロ、大字山元から東へ向かう一本道の坂を登りつめた小高い鈴立山の山腹にある。そして若松観音は、この事由に記されているように、最上義光の時代に

写真34　ムカサリ絵馬奉納希望者とそれに対応する若松寺里見等順住職

写真35　霊前結婚のシーン（若松寺如法堂）

設定されたといわれる最上三十三観音霊場の第一番札所となっている。[37]三十三の札所のうち一〇カ所に「ムカサリ絵馬」が奉納されており、最上三十三観音霊場は死霊結婚習俗の存在をアピールする恰好の場となっている。また、この霊場巡りのさ中に出会ったシャーマンや巡礼者はお互いに様々な情報交換を行っており、彼らは口コミによる死霊結婚習俗の伝播に与るところが大きい。その一番札所である若松観音は、古くから縁結びの仏として近隣の若者達の信仰を集めており、盆の十七日の縁日には大勢が夜を徹して参詣に赴いたといわれる。

また一方では、その若松観音は、現世における縁結びは勿論のこと、それと同時に未婚の夭死者の縁をも結ぶ寺、すなわち霊前結婚を行う寺院としても広く知られていたのである。

霊前結婚とは、婚礼の場面や花嫁・花婿姿を描いた絵馬を未婚の死者の霊前に供え、供養する行為をいう。こうして奉納された「ムカサリ絵馬」は、現在では如法堂に一～二年掲げた後、元三大師堂地下の収蔵室に納められる。かつては観音堂に全て奉納されていたが、一九八九年に観音堂が重要文化財に指定されたため、元三大師堂地下に収蔵庫をわざわざ建設し、そちらに保管するようにしたのである。その収蔵庫には「ムカサリ絵馬」のみならず多くの遺影写真が保管されており、その数はおよそ、六〇〇点余りに上る。そうして如法堂や元三大師堂に今でも掲げられているもの（ただし平成二年まで）を含めると、所謂「ムカサリ絵馬」の類は三八二点に及ぶ。ついで多いのが「社寺参詣図絵馬」で一八二点を数える。奉納年代が判明している「ムカサリ絵馬」のうち、もっとも古いのは明治三十一年（一八九八）のものであるのに対して、一方の「社寺参詣図絵馬」は安政四年（一八五七）のもので、しかも明治・大正から昭和三十年ぐらいまでは、後者の「社寺参詣図絵馬」の奉納数の方がはるかに多い（表22参照）。「社寺参詣図絵馬」の奉納目的は、老若男女を問わず死者の供養とするものが多く、中には未婚の死者や産死者のためのものも散見される。しかし、昭和三十年代を境に、今度は「ムカサリ絵馬」の奉納件数の方が「社寺参詣図絵馬」のそれをはるかに凌駕し、昭和五十四年ころからその数が徐々に増え、昭和六十一年以降急増している。そのあおりを受けてか、「社寺参詣図絵馬」の奉納はまれに見られる程度になってしまった。しかし、近年でもわずかであるが水子や未婚の死者の供養に「社寺参詣図絵馬」を奉納する人もいる。

　ではつぎに「ムカサリ絵馬」の図柄の推移をみることにしよう。床の間に鶴亀などの掛軸をかかげ、松の盆栽を置いたような祝言の座敷に花嫁・花婿を挟んで媒酌人が並び、差配人の指図で男蝶と女蝶が酒を注ぐ、差配人はといえば、謡面台を前に据えて、おそらくは高砂あたりを唄っているのであろう。このような婚礼式図がもっとも古い型の図柄で、昭和三十年ころまではほとんどこうした形式のものであった。ところが昭和三十年代に入ると、媒酌人や差配人を省略したものが現われ始め、また花嫁・花婿の二人立ち姿（記念写真風のもの）を描いただけのものが見られるようになった。そうして昭和六十年以後は、簡便な花嫁・花婿姿のものが圧倒的に多くなる。花嫁一人だけを描いたものはわずかで、計四点のうち三点が女性の夭死者の供養のためのものである。昭和六十年以降特に目立つのは、二組あるいは三組の合同結婚式の場面を描いたもので、多くは数人の水子供養を一度に果たそうとして奉納されたものである。童子の供養を目的として奉納されたものは古くからあるが、水子の供養と銘打つものは昭和五十年ころからちらほら見え始め、昭和六十年以降目立つようになってきた。しかし、全体の中に占める割合からいえば、水子のそれはさほどきわだつものではない。

また、軍服姿の婿を描いた「ムカサリ絵馬」は近年のものも含めて散見される程度で目立つほどのものではない。「社寺参詣図絵馬」の中にも軍服姿のものが若干認められる程度であり、戦前から女性の供養を対象としたものが多いことと考え合わせると、戦争やにこれらの絵馬の起源を求めることはできない。

写真36　若松寺如法堂の近年の「ムカサリ絵馬」

写真37　若松寺元三大師堂の「社寺参詣図絵馬」

ついで表23によって、奉納地域の推移を見ることにしよう。「ムカサリ絵馬」、「社寺参詣図絵馬」ともに昭和五十年ころまでは天童市を中心に山形市、東根市、河北町、寒河江市と村山地方の一部に限定されていた。ところが昭和五十年代以降、県内の他地域はいうに及ばず、東北・関東その他の地域へと広がりを見せていった。昭和五十三年に「絵馬秘話」と題してＮＨＫ・ＴＶから全国放映されたことが、少なからず影響を与えたものと思われる。しかし地

表22　若松寺所蔵絵馬の図柄別奉納件数

	ムカサリ絵馬					社寺参詣図絵馬					合計	その他	人形
	婚礼式図		花嫁・花婿										
	婚礼式図	合婚礼式同図	婚礼式図	花嫁・花婿	花嫁	巡礼	家族連れ	母子連れ	男女連れ	その他			
江　戸						1					(1)	6	
明　治	1					3	11	2	2	4	1(22)		
大　正	2					8	7	2	1	2	2(20)		
昭　和 元年～10年	4			1		4	5	1	2	1	5(13)		
11 ～ 20	9		1			11	10	4	1	3	10(29)	4	
21 ～ 30	16					3	13	5	2	2	16(25)	3	
31 ～ 40	14		6	1		6	6	2		1	21(15)	1	
41 ～ 50	11		2	4	1	2	2	1		1	18(　6)	2	1
51	1		2								3	1	
52	3		1								4		
53	1		1	3		1					5(　1)		
54	3		7	1			1	1			11(　2)		
55	3		2	4	1	1					10(　1)		
56	7		4	2			3				13(　3)		1
57	7		3	5							15	1	
58	4			2	1			1			7(　1)		
59	4		2	3		1					9(　1)		
60	3		1	2			1	1			6(　2)	1	
61	4	1	2	24	1					1	32(　1)		
62	3	2	3	27		1					35(　1)	3	
63	5	1	6	20					1		32(　1)		
平成元年	8	3	1	19				1			31(　1)	4	
2	12	15	1	19					1	1	47(　2)		
不　明	23	1	7	15	2	7	17	2		8	48(34)	4	12
合　計	148	23	52	152	6	49	76	23	10	24	381(182)	30	14

註　合計の数字はムカサリ絵馬のもの。(　) 内は参詣図絵馬のものである。

表23　若松寺所蔵「ムカサリ絵馬」の地域別奉納件数

	天童市	山形市	東根市	河北町	寒河江市	その他村山地方	県内	東北地方	関東地方	近畿地方	九州地方	北海道	不明	合計
江戸		(1)												(1)
明治	(5)	1 (3)	(7)	(3)	(2)								(2)	1 (22)
大正	2 (10)	(4)	(4)			(1)	(1)							2 (20)
昭和 元年〜10年	4 (3)	(1)	(3)	(4)		1							(2)	5 (13)
11〜20	5 (18)	(1)	3 (8)	(2)									2	10 (29)
21〜30	8 (15)	(1)	2 (4)	1	(2)				1				4 (3)	16 (25)
31〜40	13 (12)	2	2	2 (1)	1				(1)				1 (1)	21 (15)
41〜50	8 (5)	2	3 (1)	1	2	1							1	18 (6)
51〜60	33 (10)	5	17 (1)	10	1	3		5	3	1	3		2	83 (11)
61〜63	30 (2)	15	14	5	5	5	7	9	6	1		1	1 (1)	99 (3)
平成 元年〜2年	27	16 (1)	5 (1)	1	5	5	8 (1)	1	7		2		1	78 (3)
不明	16 (11)	5 (7)	8 (3)	(1)	2		(1)						17 (11)	48 (34)
合計	146 (91)	46 (19)	54 (32)	20 (11)	16 (4)	15 (1)	15 (3)	15	17 (1)	2	5	1	29 (20)	381 (182)

註　(　)内の数字は参詣図絵馬の奉納件数を示す。

域的広がりを見せているとはいえ、今もって天童市を中心にする村山地方に色濃く認められる習俗であることに相違はない。

なお、人形奉納習俗についていえば、十数点が収蔵庫に保管されているにすぎず、しかも花嫁・花婿人形はその半分にも満たない。青森の習俗とは著しい対比を見せているが、それは「ムカサリ絵馬」奉納習俗が「社寺参詣図絵馬」奉納の伝統を継承する形で、あるいは「社寺参詣図絵馬」に肩代わりする形で流行ってきたことが大きな要因のように思われる。

最後に奉納者についてみることにしたい。桜井義秀の村山黒澤（現山形市黒沢）をフィールドとする一九八〇年代後半の実態調査によれば、父親が奉納する場合は長男であった死者に、母親や兄弟姉妹が奉納する場合は長男以外の傍系兄弟姉妹に奉納する類型が明確に見て取れ、地域の長男子相続の家族制度、家長＝跡取りの構造的結合を反映した供養と、未婚の死者への慰霊的供養の二つの類型があるという(38)。東北地方に限らず、今日でも家の承継者としての長男に対する認識には特異なものが存在しよう。しかし、筆者の絵馬の分析からは、そのような明確な傾向性は確認できなかった。現状の死霊結婚を見る限り、友人が奉納するケースが見られるなど柔軟かつ多様な様相を呈している。

ところで、一九九一年七月の若松寺所蔵絵馬の調査中、偶然霊前結婚に遭遇し、奉納者からその動機をうかがうことができた。

事例Ａ――奉納者は秋田県本荘市在住の佐藤棚夫夫婦（昭和七年生、自営業）と妻方の母荒井貞乃氏（大正元年生）である。供養対象者は生後四十日で亡くなった貞乃氏の長男（昭和十五年生）と、佐藤夫婦の長男（昭和三十五年生、ただし死産）と次男（昭和三十七年生、生まれて間もなく病死）の三人で、三枚の花嫁・花婿姿の「ムカサリ絵馬」、といっても佐藤氏の三男夫婦がクレヨンで描いたものを持参。この三男が農協の観光旅行で若松寺を訪れたことがあり、「ムカサリ絵馬」の存在を知っていた。たまたま貞乃氏長男の五十回忌の時、「嫁さんをもらってやればよかった」という話が出て、奉納を思いついたという。それに便乗する形で佐藤夫婦も自分たちの子の供養もということになり、同行したという。住職はこの三枚の絵馬に死者の生年月日、戒名を書き記した後、霊前に供え、お経をあげて供養をした。これがすなわち霊前結婚ということになる。

事例Aは竹田のいう▲＝〇型で、死亡した男性と無縁者の女性との婚姻ということになる。ここでは三人とも男性の夭死者が対象であったが、先の若松寺所蔵絵馬を見ると、供養対象男女比は、五割強を男性が占めているものの、むしろ女性供養を目的としたものが四割弱に上ることに注意せねばならない。筆者の聞き及んだ事例はこの一つだけであるが、若松寺住職夫人鈴仁氏より聞き及んだものを報告するとつぎの通りである。

事例B――エイズ報道が過熱しているころ、ある女性が「自分はエイズではないか」と悩み、ノイローゼがもとで死亡した。その妹のもとにこの姉が夢枕に立って、妹もノイローゼ気味となってしまった。その身内が若松寺に相談に来たため、姉の霊のために「ムカサリ絵馬」を奉納するようにさせたところ、妹のノイローゼは治癒した（△＝●無縁者型）。

事例C――妙齢の女性がヒブクレのような皮膚病にかかって、いくつもの病院を回ったが治らなかったので、オナカマに言われて若松寺にやって来た。彼女の新築した家は三〇〇年前の城主の姫の霊がついており、その姫は婚礼が決まっていたにもかかわらず、婚礼前に焼死したため、このような障りが現われるのだとオナカマに言われた。お姫様を結婚させてあげようと、若松寺に「ムカサリ絵馬」を奉納しに来た。奉納後五日後に皮膚病が治ったと御礼詣りに来たという（△＝●無縁者型だが、三〇〇年前の霊の障りという例は珍しい）。

事例D――長男が以前に死亡している家で、次男がなかなか縁づかず、何度見合いをしても壊れるため若松寺へやって来た。長男のために「ムカサリ絵馬」を奉納したところ、三〇日ほどして結納するに至るまでの良縁に恵まれたとの知らせがあった（▲＝〇無縁者型）。

事例Ｅ――息子が水死したため、若松寺に「ムカサリ絵馬」を奉納したいと電話依頼があった。奉納を終えて、これで一応の供養はしたと忘れかけていたところ、父親に当たる人の夢にたびたび息子が「会いに来てくれ」と出てくるようになった。その時の夢の中で若松寺に掲げられているはずの絵馬（父親は電話で依頼しただけで絵馬の実物は見ていない）の情景を見た。それは、後で確認したところ、夢のままであったといい、「時々は会いに来てやらなければ」と言って振り返り振り返り帰っていったという（▲＝○無縁者型）。

事例Ｆ――妻と子供を交通事故で亡くした夫が、再婚を期して先妻の遺品を実家に渡した。先妻の実家では、娘の供養として、若松寺に絵馬を奉納した（△＝●無縁者型、死後の娘の再婚？）。

事例Ｇ――新築した家に若夫婦と両親が同居する約束であったところ、花嫁が亡くなったため「ムカサリ絵馬」を奉納した。しかし、新築家屋ができあがった段階でも、「若夫婦と両親が同居しよう」との考えは変わらず、ひとたび奉納した「ムカサリ絵馬」を引き取りに来た人がいた（おそらく△＝●有縁者型ということになるが、既婚者で相手の婿さんは生存しているという特異な事例）。

以上紹介した事例は、「ムカサリ絵馬」の中のわずかの経緯を謳るにすぎない。おそらくは、一枚一枚の「ムカサリ絵馬」の中に様々な事情が込められているはずであるが、ここでは充分にその意を汲み取ることができなかった。

4　絵師、そしてシャーマン

山形県立博物館所蔵の「ムカサリ絵馬」には「玉雲」なる銘のあるものがあり、また、表21あるいは若松寺所蔵のものにも何点かは絵師の銘が書かれていた。絵師や絵心のある者に依頼する形がかつては多かったようである。しかし、近年は身内の者がクレヨンや色鉛筆で画いた素朴なものも目立つようになった。現在若松寺へ奉納される「ムカサリ絵馬」を一手に引き受けて画き続けている伊藤千賀子氏（大正十二年生）も、もとは身内のムカサリ絵馬を供養の気持を込めて描いたのが初めであった。その絵が口コミで評判となり、「ムカサリ絵馬」の絵師的存在になってしまった人物である。ここではまず、伊藤氏の活動を通して死霊結婚習俗の実態にアプローチすることにしたい。

伊藤千賀子氏は天童市久之本在住で、五人兄弟の三女として生まれ家を継いだ。弟二人のうちの上の弟（大正十三年生）がブーゲンビル島で戦死した。齢一九歳、勿論独身であった。戦友が遺骨を日本まで抱いてきてくれたが家まで届かなかったという。そこで母親はオナカマ（天童市上山口在住の白子法印と呼ばれていた人物）に見てもらうと、「息子さんには好きな女性がいた、結婚させてあげよ」と言われた。母親は誰に「ムカサリ絵馬」を画いてもらって良いかわからず、オナカマに相談すると、「姉のチカちゃんが画ける」と答が返ってきた。彼女にはとりわけ絵心はなかったそうであるが、弟がそれを望むならというので仕方なく画いた、二〇歳の時だった。それ以来、その絵が評判になって、画いてくれるように依頼する人が増え、今日に至っている。

写真38　絵馬師的存在の伊藤千賀子氏

弟さんの「ムカサリ絵馬」についてはつぎのような後日談がある。弟の「ムカサリ絵馬」を画いた後、ずっと座敷の仏壇の所に飾っておいたが、数年前彼女が仲人をしてあげたオナカマ（白子法印の後継者）が、「弟さんはデートをしたがっている」と言い出した。言われる通りデートの場面の絵も画いたが「結婚させた筈なのにデートを望むとはおかしい」と質問すると、そのオナカマは「若松観音さんで霊前結婚をあげないと駄目」との返事だったので、「ムカサリ絵馬」を持参して、霊前結婚をしてもらった上で、絵馬を再び持ち帰った。若松寺で霊前結婚と称する儀礼は、他ならぬ死者供養そのものので、ただ「ムカサリ絵馬」を霊前に捧げることからこう呼ばれているにすぎない。しかし、この地域の未婚の死者にとって今日でも若松寺における霊前結婚は欠かせぬ存在となっていることが、この後日談によって推察できる。

伊藤氏は、若い時「松竹ボードビリアン」のメンバーとして陸軍の慰問部隊に所属していたこともあった。そして戦後は生命保険会社に勤めながら、依頼されると「ムカサリ絵馬」を画いていた。彼女はつぎのような幼児体験をしている。小学校二年の時、父親を出迎えに母親と二人で夜提灯をさげて桑畑の中を歩いていると二つの火の玉が見えた。母親はこわがって立ちすくんでしまったが、彼女には火の玉二つ（二人）が楽しく戯れているように見えたという。そして母親が「きっと心中した人の霊で浮かばれないのだよ」と言うので、「こんなに楽しそうにしているなら、たとえ死んでいても結婚させてあげなければ」と、ふと思ったものだという。

彼女は幼いころから信心深く、小学校四年のころ、母親に般若心経を教えられマスターしてしまった。また霊地を歩き回るのが好きで各地に出向いている。羽黒山の三山愛好会に二〇年前から入り、八月十三日の月山山頂の柴燈護摩供養には七〇歳近くまでは必ず参加した。一五年前月山に登った時、観音さんに似た石を見つけて持ち帰り、オナカマに見てもらうと「文殊菩薩さん」だというので御霊入れをしてもらい毎日拝んでいる。さらに昭和五十九年には、庭の梅の木の前に観音様が突然浮かび上がった。息子さんも目撃したという。不思議に思いながら新聞のチラシを見ていると、その日天童市市民会館で仏像を売り出しているとのチラシが目に止まった。さっきの知らせは観音像を購入して祀れとの思しめしに違いないと考え、大きいもの一躰を購入し、以来祀っているそうである。数年前彼女は脳梗塞で倒れた。左の目の上が痛くてたまらなかったそうだがしばらくして完治した。その時よく見ると、観音さんの左目にヒビが入っていた。これはきっと観音が自分の身替わりになって治してくれたのだと思い、感謝しているという。彼女は「守護霊二躰」ついていると人から言われたことがあるそうである。しかし、本人はカミオロシ、ホトケオロシはできない。ただし「ムカサリ絵馬」を画いている時に限って、その死者の霊がやってくる気配を感ずるという。とくに自殺者、事故死といった非業の死をとげた霊の場合は必ずといっていいほど死霊が現れる。戦死した彼女の弟さんの時もやはり霊がやって来たという。霊を離すには九字を切りながら五〇回般若心経を繰り返すと効果があるそうである。

さて、「ムカサリ絵馬」であるが、現在一年に一七、八枚のペースで画いており、花嫁・花婿の二人立ちで一週間、婚礼式図だと一カ月の余裕をもらって受注している。季節的には四月、七月に受注し、五、六月は依頼のないことを祈っているそうである。九月末から十月末にかけても同じだが、その理由は山へ行って良い空気を吸ったり山菜を採るような生活を送りたいからだという。一方冬期は外へ出るのが嫌いで、寝食を忘れて絵画きに没頭する。頼まれると断われない質《たち》で、生命保険会社に勤めていた時も、昼仕事をして夜に画いた。画かないと後髪がひかれるような感じで頭が痛くなったという。

「ムカサリ絵馬」の図柄は、伊藤氏に言わせると、結婚適齢期に亡くなった人の場合は婚礼式図、水子・幼児で亡くなり年ごろになって死霊結婚を実施する場合は花嫁・花婿の二人立ち図が原則である。しかし近年親の意向で賑やかな婚礼式図を希望する人が増えているという。花嫁・花婿の衣裳は和装がほとんどで、洋装の姿は今まで四枚しか描いた経験がないそうである。婚礼式図の図柄は、掛軸を背景に高砂・三宝を中央にし、花嫁・花婿と媒酌人、差配人と男蝶・女蝶を配するのが基本型である。この地方の祝儀では差配人とは三三九度の酒を男蝶・女蝶に渡し、謡を唄う役の人物で、男蝶・女蝶はそれぞれ、花嫁・花嫁に酒を注ぐ役を負い、親戚筋の幼児がなる。昭和三十五年ころまでは板絵で、木目があって描きにくいので白墨で木をならしてから画いていたようである。その後、画用紙を用いるようになり、それによって色彩が鮮やかなものとなっていった。「ムカサリ絵馬」の画き始めは必ず大安の日の朝と決め、しかも般若心経を唱えてから画き始めるとの鉄則を守っている。また、絵馬には必ず般若心経の写しを裏に添えて奉納している。

伊藤氏のもとへやってくるのは、オナカマを通じて依頼するケースがある一方、近年マスコミ情報で、その存在を知った人が個人で依頼してくるものがあり、現在では後者の方が多い。ちなみに、昭和六十二年に二回、平成二年に二回「ムカサリ絵馬」がテレビで取り上げられた。それに伴って、天童市周辺のみならず、三重県や横浜市といった県外からの依頼者もちらほら見られるようになり、しかも依頼者が若松寺で霊前結婚を済ませた後に、若松寺へは奉納せずに自分たちの菩提寺に奉納するケースも少なからずある。伊藤氏のもとへ依頼に来る人の動機はさまざまだが、同氏より聞き及んだ事例はつぎの通りである。

事例H――子どもが縁遠く、三四歳になっても結婚できない。そこでオナカマに見てもらったところ「未婚のまま亡くなった兄弟たちの障りである、彼らを結婚させたら容易に縁づけよう」といわれたのでそれに従って、主人の弟（昭和十五年没）と奥さんの妹（没年不明）を「ムカサリ絵馬」に新郎・新婦として描いてくれと依頼された（▲＝●無縁者型）。

事例I――四人兄弟の姉が評判の美人で縁談話も数多くあった。その姉がある時高熱でうなされ、一向に熱が下がらなかった。やはりオナカマに相談すると「五歳で未婚のまま亡くなった妹がやきもちをやいてとりついている」というので、「ムカサリ絵馬」を至急奉納することになり、依頼にやってきた。伊藤氏自身もこの時風邪でとても画ける状態ではなかったが、一刻の猶予も許されないので、寒中無理して画いて奉納したところ、姉の熱も下がった（△＝●無縁者型）。

事例J――結納を済ませてから死んだ男性の方の両親が、男女の写真を持って依頼にやって来た。「生きている人を嫁さんとして描いてしまうと、あの世へ連れていかれて可哀そう。もし許嫁を本当に愛しているなら、その女性だけは楽しく生きて、素敵な人と結婚させてあげなさい」と死者に言い聞かせ、女性の方はその写真とは似ても似つかない顔を描いた。ただし、名前だけは女性の本名をつけておいた（▲＝○有縁者型）。

事例K――息子の縁談話がなかなかまとまらない親が、水子三人のために「ムカサリ絵馬」を画いてくれとやってきた。言われた通りにして奉納後間もなく、息子の縁談が決まったという連絡が入ってきた（水子故男女不明、無縁者型）。

以上四例だけと数少ない事例だが、未婚の夭死者の障りによって縁づけない、あるいは病に冒されている。そうした時にシャーマンに相談したり、こうした習俗の存在を知っていることから死霊結婚を実施し、その障りの解消をはかるというケースがほとんどのようである。なお、水子を供養対象とした死霊結婚は、伊藤氏によれば、ここ二〇～三〇年前あたりから増えだしたという。いずれにせよ有縁者型・無縁者型を問わず、遺骨や位牌の処置については不明のものが多い。ところで、死霊結婚によって結ばれた家同士の関係はその時限りで終わることが多い。ただし、例外的に死霊結婚を機縁に親戚づき合いをするに至ったケースも見られる。

事例L――上山市大門のS氏は、昭和十八年にニューギニアで戦死した。息子の供養に絵馬奉納を思い立ち、同市牧野の久昌寺の住職に相談した。その折、同じ大門で夭逝した娘がいたという話になり、その家に死霊結婚の相手となってくれるよう頼んだところ、「幼くして死んだ娘には願ってもないこと、喜んで差し上げる」ということになり、昭和六十年「ムカサリ絵馬」を奉納した。それ以後両家は親戚づき合いをしているそうである。ただし、位牌や遺骨の処理については不明とのことである[39]（▲＝●の無縁者型）。

先の事例と合わせて以上A～Lの一二例を竹田の類型に沿って整理すると、

有縁者型▲＝●無し、▲＝○一例、△＝●一例（既婚者、夫の再婚を契機とする）、
無縁者型▲＝●二例、▲＝○三例、△＝●四例（うち既婚一）、
その他一例（水子）

となる。尚、水子を対象とする死霊結婚は近年盛んになったもので、竹田の類型では考慮されていない。

以上、伊藤氏の活動を通して死霊結婚習俗の一端を紹介した。その伊藤氏自身、幼いころから信心深く、また観音の熱烈な信者で霊地へもしばしば修行に赴いており、少なからず霊力を持ち合わせている。この地域一帯は、再三引き合いに出したオナカマに限らず、シャーマンの類が多いのである。そのなかでも、死霊結婚を実施するに当たっては、オナカマと呼ばれるシャーマンの干渉が大きな力となっていることは今まで確認した通りであるが、[40]残念ながら今回は所謂オナカマとの対面調査は実施していない。この地域には、盲目のオナカマと呼ばれる口寄せ巫女以外に、ハヤリガミと呼ばれるシャーマンがいて活躍している。オナカマが、幼い時から修行を積んだ盲目の少女が「カミツケ」なる儀礼を経て巫者となるのに対して、ハヤリガミとは成人後に何らかのきっかけでカミがつき、祈禱や占いをするようになった人たちのことをいう。[41]

筆者が聞き取りを行ったシャーマンは後者のハヤリガミに属する保科幸子氏（昭和十三年生）で、同氏は横浜生まれ、浅草育ち。両親を空襲でなくし、天童市荒谷の親戚に預けられて育った。ごく普通に育ててもらって結婚し、子どもも設けた。そしてある時、人に「サッチャンには色々なホトケが憑いている。月山に行くと救われる」と言われて、中三の息子、中一の娘（ともに霊感が働く）と連れ立って月山詣でに出かけた。以来毎年続けて参拝し、もう二〇回以上の登拝を数える。今から二十数年前、月山三回目の登拝時に、東京から来たという八〇歳位の老人に出会った。その老人は登山者の一団の中から突然近寄って来て、「私は五〇回目の登拝になるが力尽きた、もう帰る力はない。どうか帰る力を与えて欲しい。そうすればネンピン観音（?）の妙力を与えよう、私の功徳すべてをあげよう」と言って去った。それから二年程経って、二日間続けて阿弥陀如来と大日如来が夢枕に立った。人にその仏のことを聞くと、長岡村（現寒河江市）の長念寺にそれと同じものがあるというので早速出向いてみると、果たして夢枕に浮かんだ姿と同じ仏像だったという。ところが、かつては夢枕に仏が現われるだけだったが、今では仏からお呼びがかかる。そうすると、すぐにもその仏のいらっしゃる場に出向かなければならないという気持ちになる。三年かかってやっと自分を招き寄せた仏の祀られている寺院を捜し当てたこともあるという。また、お経を読んでいるうちに龍にとり憑かれたこともあり、不動さんにお詣りに出かけた際に、雲・風が背中から入って来るような気がして家に帰っても震えが止まらず、最上三十三観音霊場の八番札所六椹観音（六山宗福院・天台宗）の住職におろしてもらったこともあった。天台宗（密教）の教本を良く読み、観音、不動、地蔵、弁天さんには気が向くとよくお詣りに出かけ、最上三十三所観音霊場は年二、三回は巡り、四〇歳の時から始めてすでに二五回の巡拝を数えるという。保科氏は自宅に月山の掛軸と最上三十三観音霊場集印掛軸を掲げ、さらにそれぞれロウソクの狐と龍を神体とする小祠を三つ祀っている。後者のそれは、上山市栗川稲荷から買って来た赤いロウソクで灯明をあげた際、ロウソクの溶けたものが下に固まって狐の形状になったものである。ある人が、「きっと稲荷さんが祀って欲しいと言っているんだよ」と言うので台座をつけて祀ったもの。同じように上り龍・下り龍の形になったものをその隣に祀っている。

色々な悩みを抱えた人たちが彼女のもとに相談に来るようになったのは二十数年前からで、最上三十三観音霊場を廻っているうちにさまざまな知り合いができ、その人たちの口コミを通じて彼女の存在を知ってやって来るようになった。相談内容は医者へ通っても治らない病気の治癒、ノイローゼ、蒸発者の探索などであるという。彼女は依頼者の名前、住所、生年月日を聞いた上で手を見る（詳しく言えば親指と人指し指の間の股部分をおさえて瞑想する）と、障りがあるかないかわかるそうである。障りには、先祖によるもの、水子によるもの、生霊によるもの、人形によるもののほか、家相に起因するものとがある。このうち生霊による障りは彼女には対処できず、六椹観音の住職に処置を依頼するという。またオナカマのようなホトケオロシも彼女にはできないが、その他の障りの除去は全て行っている。人形の障りによる場合は、その人形を寺へ奉納させるそうで、現に立石寺や若松寺にはこうした形で奉納された人形が少なくなかった。一方水子には先祖の水子によるものと、本人の水子によるものとの二種類があって、前者の方がより障りの度合は強いという。長いあいだ顧られることなく放り置かれていたからである。そのため、先祖の水子の障りの場合、若松寺さんを紹介してお祓いをしてもらった上で「ムカサリ絵馬」を奉納させる。一方、本人の水子の場合は着物、文具、ランドセル、化粧道具とその成長に応じた物を納めて供養するようにさせ、年ごろになった時に「ムカサリ絵馬」を奉納させるようにしている（つまり未婚の夭死者のために地蔵を造像し、花嫁人形を最後に奉納する津軽の死霊結婚とは、形態はともあれ本質的に異なるものではない）。「ムカサリ絵馬」は山形市在住の某氏に依頼して画いてもらっている。その人は毎日六椹観音へのお詣りを欠かさないほどの観音の信者で、絵馬を画くのを頼まれると引き受けるが、絵馬を画くと必ず身近に不幸事が起こると嘆いているという。

保科氏の場合は、盲目で幼女の時から弟子入りして修行し、口寄せを生業とするオナカマとは異なって、成人してから神に召命され、さらに月山詣でや最上三十三所霊場巡りによって霊力を身につけたシャーマンである。その職能は占い、諸々の霊に起因する障りの除去にあるが、本人の能力を超越した存在への対処はオナカマや天台宗寺院の僧侶にまかせるという形で役割分担がなされている。また彼女は死霊結婚を実施する絵師および若松寺への仲介者としての役割をも演じている。以上から理解できるように、シャーマンとセミプロの絵師、寺院の三者は、相互に依存し、連携しつつ庶民の宗教的欲求に応えて、死霊結婚習俗の維持につとめていると言えそうである。

結びにかえて

山形県村山地方の死霊結婚習俗を見ると、竹田の指摘するように、確かに入養・立嗣型のものは認められないようであるし、新婚者（婚姻の相手）については無縁者型が圧倒的に多い。しかし、現行習俗では有縁者型も少なからず見られ、さらには沖縄に見られるような既婚者を対象としたものも存在した。しかし、遺骨重視型、位牌重視型のものは確認できなかった。青森県の死霊結婚習俗については、高松の報告を見る限り無縁者型がほとんどで、しかも架空の人物が多いようであり、村山地方のそれと同じように入養・立嗣型、遺骨重視型、位牌重視型のものは見られない。

一方、青森県津軽地方の死霊結婚習俗と山形県村山地方の死霊結婚習俗に見られる相違の一つは、青森県津軽地方が人形の奉納にウェイトを置くのに対して、山形県村山地方は「ムカサリ絵馬」の奉納にウエイトを置く点にある。こうした相違の要因は、前者が未婚の夭死者の供養に地蔵尊像を造立して死者の年頃に相応する品々を奉納するという伝統の延長線上に生まれた習俗であり、また後者が絵馬奉納の盛んな地域にあって、「社寺参詣図絵馬」奉納習俗を肩代わりする形で流行って行ったことによるものと考えられる。さらに相違点の二つ目は、青森県津軽地方のそれが弘法寺における戦死者の供養をきっかけに突如広がって行ったことと関連して、当初男性を供養対象とするものが圧倒的に多く、ついで女性供養に広がり、近年は水子のそれにまで及ぶようになったのに対して、山形県村山地方の死霊結婚習俗は、近年の水子供養については同様の傾向を持つものの、「社寺参詣図絵馬」奉納の伝統を受けて当初から女性や幼児をもその供養対象とされていたことである。

ところで、日本における死霊結婚習俗については、未婚者の怨霊への畏怖感はほとんど見当たらないし、怨霊の慰撫供養というねらいも弱いというのが大方の見解であった。これについてはどのように考えるべきであろうか。筆者が知り得た「ムカサリ絵馬」奉納に至る動機に関する数少ない事例を見ても、未婚の夭死者や先祖、水子の障りによって縁づけない、不治の病やノイローゼに陥った、その解消を目的として死霊結婚を実施するという事例がきわめて多かった。また、この「ムカサリ絵馬」の調査中にも、現在進行形の障りに悩む人たちに出会った。若松寺を訪れて住職に身の上を相談する人たちの数は驚くほどに上り、漏れ聞こえてくる話の内容は何らかの障りによって障害をひきおこしていると人に言われたが……」と、その解消方法を問う人びとがほとんどであった。昨今の水子供養ブームによって、障りや祟りが強調されすぎていることを差し引いて考えても、未婚の夭死者に対する畏怖感はかなり強いものといえる。したがって当然その慰撫供養を目的として、「ムカサリ絵馬」の奉納が行われるケースが多いのである。また、ここで言う「人に言われた」の人とは、おそらくシャーマンをさしている。シャーマンの役割は、災厄をもたらす要因を、依頼者が納得するような形で依頼者の世界観の中に位置づけ、それに基づいて治癒を施すことにある。したがって「〇〇の障りが原因である」と言った場合、シャーマンだけがそれを信じているわけではない。依頼者をはじめとする周辺地域の人びとの間でも未婚の夭死者その他による障りの発現がありうると信じられているからこそ、シャーマンが存在しうるのだし、死霊結婚習俗が維持されているのである。つまり、未婚の夭死者の慰撫供養を目的として死霊結婚をとり行い、それによって一人前と見なし、祖霊化コースにのせることによって障りの発現を解消しようとしたに違いない。少なくともシャーマンを介したケースについてはそのように考えられる。

なお、シャーマンについていえば、筆者が聞き取りした保科氏は所謂オナカマではない。筆者は若松寺の方に「オナカマさん一人を紹介して」と依頼し、実際紹介された彼女は所謂オナカマではなかった。というのも、この地域の人びとの間では、オナカマとその他のシャーマンの区別を厳密には設けていないらしいのである。そのことと関連して、瀧澤は、従来オナカマが死霊結婚に関与して来たと言われてきたが、盲目で少女期に師匠について厳しい修行を経て成巫したオナカマとその他ハヤリガミ等のシャーマンとを混同して来たのではないかと、桜井が指摘するような[42]死霊結婚におけるオナカマの介在に否定的見解を述べている[43]。瀧澤は、東村山郡中山町のオナカマの調査に基づいてこうした見解を述べているが、中山町周辺は「ムカサリ絵馬」奉納習俗があまり認められない地域である。そのため、先に述べたように、各地域の宗教的風土に根ざしてシャーマンが機能しているという点を考えれば、中山町のオナカマの調査だけで結論づけることは早急に過ぎるきらいは否めない。しかし一方では、「ムカサリ絵馬」奉納習俗の盛んな山形市や天童市周辺には元々オナカマの存在が希薄だったという報告がある[44]。オナカマの拠点中山町で死霊結婚習俗があまり認められず、死霊結婚習俗の盛んな山形市や天童市では彼等の活躍があまり活発でなかったとすれば、青森県津軽地方においてはイタコではなくカミサン（ゴミソ）が死霊結婚に積極的に関与していたように[45]、山形県村山地方でも、オナカマではなくハヤリガミがかかわっていたと、両地域を対応する形でとらえられる可能性がある。近年の状況を見る限りそのように考えられるが、イタコやオナカマの関与が全く否定されるという訳でもない。すなわち、幼児期から伝統的な巫術を身につけ、口寄せを主な職能とするイタコやオナカマよりも、成人後神に召命されて占いや原因不明の病い・不幸の探索とその除去を職能としているカミサン、ハヤリガミの方が、社会情勢の変化に臨機応変に対応し、社会の要請にも敏感に対処しうると考えられ、したがって一種の流行現象としての死霊結婚にも、積極的に関与していったものと予想されるからである。一方ではイタコやオナカマが減る傾向にあり、結果として、イタコやオナカマの肩代わりの役を果たすに至ったものといえる。

註

（1）一九八九年八月十三日付朝日新聞朝刊「緊急報告・幼児誘拐殺人」による。
（2）民俗学研究所編『改訂綜合日本民俗語彙』第四巻　平凡社　一九五六年　一五四七頁
（3）井上紅梅『支那風俗』上巻　日本堂書店　一九二〇年、田中謇堂「支那婚姻五則」『東洋』第二八巻第一号　東洋協会　一九二五年　五七〜六三頁、瀧川政次郎「冥婚考」『法律から見た支那国民性』　大同印書館　一九三六年、内田智雄「冥婚考—死屍の績婚習俗について—」『支那学』第一一巻第四号　一九四四年（同著『中国農村の家族と信仰』にも収録、　清水弘文堂　一九七〇年）
（4）桜井徳太郎「冥界婚姻の論理——中国の冥婚習俗と死霊観——」『季刊現代宗教』第一巻第三号　エスエス出版　一九七五年　一七八〜一九五頁、桜井徳太郎「冥界婚姻の習俗とシャーマニズム—東北地方民間巫の役割—」『芸能論纂』錦正社　一九七六年　九九〜一一一頁、桜井徳太郎「沖縄本島の冥界婚姻習俗——ユタの関与するグソー・ヌ・ニービチー——」『沖縄文化研究』第五号　一九七八年　一〜五四頁
（5）桜井徳太郎「韓国の巫俗と魂魄婚姻——冥界婚姻習俗の比較民俗学的考察（4）——」『日本民俗風土論』　弘文堂　一九八〇年　四一九〜四四二頁、竹田旦「死後結婚比較民俗学的研究」『月山任東権博士頌寿記念論文集』民俗学篇　集文堂　一九八六年　二四五〜二七三頁、竹田旦「死後結婚の比較民俗学」『三河民俗』第一巻第一号　一九八六年　一〜一九頁、竹田旦「東アジアにおける死霊結婚——韓国の習俗を中心に——」『茨城大学教養部紀要』第一九号　一九八七年　一三〜三九頁、竹田旦「韓国・

珍島における死霊結婚」『民俗学論叢』第七号　一九八八年　一～二三頁
(6) 最上孝敬「祖霊の祭地――ことに山上の祭地について――」『詣り墓』名著出版　一九五五年　二四一頁。ただし、これは『日本民俗学』（第三巻第一号　一九五五年）に掲載されたものの再録
(7) 木村博「死者の婚姻」『佛教と民俗』第五号　大正大学仏教民俗学会　一九五九年　三七～三九頁（同著『死―仏教と民俗』名著出版　一九八九年に大幅に修正の上再録されている）。
(8) 真壁仁「幻の花嫁」『絵馬秘史』日本放送出版協会　一九七九年　一二四～一四三頁
(9) 瀧澤史「死霊結婚の研究――山形県村山地方の習俗について――」昭和六十二年度筑波大学大学院地域研究科修士論文、未発表
(10) 高松敬吉「青森県の冥婚」『豊田短期大学研究紀要』第一号　一九九一年　一～二三頁
(11) 柳田国男「先祖の話」『定本柳田國男集』第一〇巻　筑摩書房　一九六九年　一～一五二頁
(12) 森山泰太郎『日本の民俗・青森』第一法規　一九七二年　二二六頁
(13) 千葉徳爾「津軽民俗の地域性」『津軽の民俗』吉川弘文館　一九七〇年　二三頁
(14) 千葉徳爾・大津忠男『間引きと水子――子育てのフォークロア――』農山漁村文化協会　一九八二年　一六二～一六七頁
(15) 同右
(16) 石川純一郎「霊魂観の一考察――津軽平野における地蔵信仰を中心に――」『日本宗教の複合的構造』弘文堂　一九七八年　七六頁
(17) 露木玉枝「森の山供養――庄内清水三森山における信仰形態について――」『日本民俗学会報』第四九号　一九六七年　三〇～三三頁
(18) 青森県立郷土館編刊『関の民俗――青森県西津軽郡深浦町関――』一九八四年　二三頁
(19) 秋田県立博物館嶋田忠一氏ご教示による。秋田県大曲市、中仙町を中心とする秋田県仙北地方は、未婚の夭死者の供養に地蔵を造立する風習が盛んで、筆者も両地域について若干の調査を実施した。未婚の夭死者の供養に地蔵を造立する習俗は、新潟県から青森県に至る主として日本海沿いの地域に顕著に見られる。
(20) 小野泰博「水子供養と仏教」『仏教民俗学大系４・祖先祭祀と葬墓』名著出版　一九八九年　三九三頁
(21) 同右　三九九～四〇九頁

(22) 高松敬吉前掲註（10）一～一二三頁
(23) 千葉徳爾・大津忠男「過去帳による住民の死亡変動と民俗形成との関連について――津軽北部の事例――」『東北地理』第三二巻第一号　一九八〇年　二一～二五頁
　この地方の過去帳を分析した千葉らによれば、この地方の乳幼児死亡の多い時期が幕末から明治初期にかけてであることから、サイノカワラに地蔵堂が建ち、地蔵像が奉納されるようになったのも、ほぼこの時期と見ている。またその後の信仰の拡大については、イタコ仲間の宣伝によるものと見ている。
(24) 以上、川倉地蔵堂の実態については川倉賽の河原講中、其田舜蔵、泉谷竹彦の両氏と住職佐井川導秀氏にご教示いただいた。尚、聞き取りは一九九一年五月九日行った。
(25) 一九九一年五月九日、弘法寺住職域戸正徳氏のご教示による。
(26) 高松敬吉　前掲註（10）一三一～一八頁
(27) 同右
(28) 国立歴史民俗博物館編刊『博物館資料調査報告Ⅰ』一九八九年　三五二～三五三頁
(29) 山形県立博物館編刊『山形県の絵馬――所在目録――』一九八四年　一～一〇三頁
(30) 山形県立博物館編刊前掲書　二九～三二頁
(31) 金山耕三「寒河江・西村山地区の絵馬――獅子ヶ口諏肪神社を中心に――」『山形県立博物館研究報告』第六号　一九八五年三八頁
(32) 大友義助「羽州山寺の庶民信仰について」『山形県立博物館報告』第四号　一九七六年　七頁
(33) 渡辺信三「まぼろしの花嫁」『やまがたの絵馬』やまがた散歩社　一九八五年　三三七～三四〇頁
(34) 佐藤源治『決戦下の山形県教育史』決戦下の山形県教育史出版協賛会　一九七七年　三三七～三四四頁
(35) 真壁仁前掲註（8）一三八～一四三頁
(36) 天童市史編さん委員会編『天童市史史料編』天童市刊　一九八三年　一七～一九頁
(37) 山形市史編さん委員会編『山形市史上巻』山形市刊　一九八三年　八三七～八四二頁
(38) 桜井義秀「家と祖先崇拝――山形黒澤の事例を中心に――」『社会学評論』一五四号　日本社会学会　一二五～一二九頁
(39) 山形市在住の研究者、渡辺信三氏ご教示による。

（40）　桜井徳太郎「山形地方の民間巫女」『日本のシャーマニズム・上巻』吉川弘文館　一九七四年　五四四～五四八頁
（41）　村山地方のオナカマとは、盲目の少女が幼い時に弟子入りし、師匠について厳しい修行に堪えて「カミツケ」なる儀式によって霊を呼ぶ力を得た者をいう。占いやハライ、あるいは口寄せをするが、口寄せの詩は一対のトドサマ（所謂オシラサマ）を両手に持って行う。一方、カミサマとかハヤリガミサマと呼ばれるのは、成人してから後に何かの拍子に稲荷や龍神等の神が憑いて霊力を身につけた人たちをさす（烏兎沼宏之『村巫女オナカマの研究』藻南文化研究所刊　一九八九年　四～八頁）。
（42）　桜井徳太郎「冥界婚姻の習俗とシャーマニズム―東北地方民間巫の役割―」前掲註（4）論文
（43）　瀧澤史前掲註（9）
（44）　烏兎沼宏之前掲註（41）二六～三六頁
（45）　高松敬吉前掲註（10）一六～二〇頁

第三節　東北地方の死霊結婚Ⅱ

——霊山および新宗教教団の儀礼——

はじめに

東北地方の死霊結婚といえば、特定の聖地・霊山に限って行われているような印象が強かった。すなわち、青森県でいえば下北地方は大畑町の優婆寺、むつ市の恐山、津軽地方は金木町の川倉地蔵、木造町の弘法寺、また、山形県村山地方でいえば山形市内にある立石寺、天童市の若松寺などがつとに知られるところであった。しかし、後者の山形県村山地方では、立石寺・若松寺に限らず地域の小堂や寺院にも所謂「ムカサリ絵馬」が奉納されているし、また本節でこれから報告するように、宮城県下の寺院や新宗教教団のあいだでも同様の習俗が確認された。そのため、死霊結婚は特定の聖地・霊山に限らず、より一般的な習俗として東北地方各地で広く行われているものであろうとの予測を持つに至った。本節ではこのような予測をもとに進めてきた調査の成果の一端を報告しようとするものである。

津軽地方のシンボルとしてそびえ立つ岩木山の北麓赤倉には、地元でカミサマと呼ばれるシャーマン（呪術宗教的職能者）達の修行小屋が立ち並び、なかには死霊結婚の儀式を執り行っている小屋もある。また、弘前市内の寺町として知られるところの茂森町には、禅林三十三カ寺が軒を連ねているが、このうちの数カ寺でも死霊結婚が実施されている。まずはこれら青森県下二カ所の死霊結婚の実態を報告する。またあわせて、かねてよりのフィールドである山形県下の東田川郡羽黒町に鎮座する出羽三山神社の死霊結婚についても報告する。ついで仙台市に本拠を置く神道系の新宗教教団「大和教団」の霊界結婚と宮城県登米郡中田町上沼・弥勒寺におけるアゲモノ習俗について言及したい。

一　弘前市周辺の死霊結婚

岩木山東南麓の百沢に旧国幣小社である岩木山神社がある（明治の神仏分離までは、百沢寺光明院という真言宗の寺院が別当を務めていた）。その岩木山神社は津軽総鎮守として歴代藩主の手厚い保護・崇敬を受けてきた。この百沢を岩木山の表玄関とするならば、ここに述べる赤倉は裏口にあたる。赤倉とは、岩木山北麓を流れる赤倉沢の渓流一帯の総称である。この沢の上流には切り立った岩壁がそびえ立ち、山頂に至るには長く険しい道が続くため、古くから修験の行場として知られてきた。大正末期になるとその赤倉にここを修行の場と定めて、カミサマたちが修行小屋を建てるようになった。現在も二〇軒あまりの堂社が立ち並んでいる。宗教学の立場から赤倉信仰に取り組んでいる池上良正によれば、赤倉信仰は、

A　ゴミソ系カミサマ信仰

B　宿坊・修行堂を拠点に修行・登拝を行うことを中心とする赤倉信仰

C　A・Bをベースに組織・教理・儀礼が整備された赤倉教団

という三つの信仰形態が融合したかたちとして把握しうるという(1)。

池上のいうカミサマとは、ゴミソともあるいはカミサマとも呼ばれ、広く津軽半島各地で活躍しているシャーマンにほかならない。青森県のシャーマンといえばイタコが有名になってしまったが、また違った分野で活躍しているカミサマも存在しているのである。カミサマとイタコが区別される条件には様々あるが、イタコが死者を呼び出す霊媒的機能を果たすのに対して、カミサマは死霊の口寄せを行わず、もっぱら神霊の憑依を受けて祈禱・卜占を行う。彼

らは、病気や家庭不和・経済的困窮などの人生における挫折体験を契機に信仰の道に入り、修行期間を経て霊感力を身につけ、それを素地として神託や卜占・修祓を行い、病気や精神的苦難を持つ人々に対応している。視覚に障害を持った少女が弟子入りし、「カミツケ」「ユルシ」などと呼ばれるカミをつける秘儀を経て、師匠から「霞」や「株」を譲り受けてはじめて一人前となるイタコとは、この点でも異なっている。成巫過程・職能そのほか様々な点で、イタコとカミサマはその資格条件を別にしているといえよう。

ところで、赤倉に堂社を所有するカミサマたちの主要行事には、春から初夏にかけての「山開き」と、夏季に信者を率いて山内の霊地を巡って歩く「集団登拝」、そして秋の「山閉い」がある。また各月ごとに特定の日を決めて簡単な祭事を行っている場合もあるし、初代のカミサマの死後に一定の教団化が進んだ堂社では、初代の祥月命日を祭礼日とする例もみられる。さらには、この世に遺執を持ったまま死んだホトケの「供養」もカミサマ達の重要な仕事であり、そのために作られた施設や儀礼が数多くみいだせる。以下には、池上の報告のなかから二つほど紹介してみよう。(2)

事例(1)　赤倉にある某霊社の境内には「賽野川原地蔵二十四ケ所」なる施設が設けられており、二十四体の地蔵尊が並んでいる。それぞれの場所には「首つり地獄道」「ばくち地獄道」「無理心中地獄道」「水子地獄道」といった名前がつけられている。カミサマは信者の相談に即して異常死者のサワリ（障り）を判断する。信者達は判断が下されたサワリを解くために、それに該当する地蔵尊を礼拝・供養する。

事例(2)　また別の堂社では、未婚のまま死んだホトケのサワリを除くために、花嫁人形を奉納させて供養儀礼を行うカミサマもある。白無垢の花嫁衣装やウエディングドレスを着た人形の脇に死者である独身男性の写真が添えられてガラスケースに納められているのが普通で、一種の死霊結婚を果たすことで、死者の未練を除こうという趣旨である。

このようにカミサマ達は異常な死に方をした者達のサワリを判断し、信者にそれに適した供養の方法を示すといった役割を負っているようである。とくに事例(2)は筆者の研究分野と深くかかわるものであるため興味をひかれた。しかし、ひとくちにカミサマとはいっても、先にも述べたように、各カミサマ、各堂社によって、その祭祀儀礼の内容は異なっており、赤倉のカミサマたちの全員が死霊結婚を扱うわけではない。赤倉に立ち並ぶ堂社のなかには、祭壇に一、二体の花嫁人形、あるいは花婿人形が祀られているところもなくはない。しかし、その堂社のカミサマに尋ねてみると、「自分たちは死霊結婚はやらない。それは僧侶の仕事だからね。お菊のところは別だけど」という答えが返ってきた。彼女のいう「お菊のところ」とは、堂社が林立する本殿周辺地域から離れて、随分と山を下ったところにある「赤倉山菊乃道神道教社」をさしている。

同教社の本殿はプレハブ造りではあるが、祭壇は信者からの奉納物であふれるほどで信仰の盛んなことを示していた。本殿から奥の地蔵堂には、角巻人形、色打ち掛け・白無垢姿の花嫁人形、ロングドレスを着た西洋人形などなど、併わせて六〇体余りの人形が本尊の地蔵を囲むように並んでいた。これは、戦死者や未婚のまま他界した男女、あるいは水子の供養のため奉納されたものという。同教社の初代教祖は須藤芳信なる人物で、出羽三山、木曽御嶽山などで修行し、四〇年ほど前にカミサマになった。その後、教祖は代替わりして現在は二代目の江利山きみ氏が就任している。この堂社は修験道・神道・仏教を融合させた教えと儀礼に基づいて活動しており、春夏秋の主要行事のほか、教祖自らが信者を引率して他県各地の聖地巡りを行っている。さて、問題の死霊結婚はどのように行っているのであろうか。同社の死霊結婚の儀礼は初代教祖が三五年ほど前に始めたものといい、教団側は「志によって拝み、人形に魂入れをするだけ」と簡単に説明するが、人形を奉納した信者達は必ずといってよいほど一年に一回は参拝に訪れるという。「赤倉山菊乃道神道教社」の場合、教組が〈サワリの探索者〉としてのシャーマン役と、〈供養儀礼執行者〉としてのプリースト役の二役を演じており、これは後ほど報告する仙台市の大和教団の事例と同様である。(3)

しかし、岩木山のカミサマたちは、様々な異常死者達の遺執判断やその解消を指示するだけで、「菊乃道神道教社」を除いては、死霊結婚の儀礼にまではかかわらない。死者の供養については、川倉地蔵（金木町）や弘法寺（木造町）などの寺院（僧侶）に一任するというかたちがとられ、役割の分担がなされている。弘前市内の藤先寺（曹洞宗通幻派）もそうした寺院のひとつである。

弘前市の旧市街にあたる区域は、かつての城下町を彷彿とさせる町並みを維持している。城の南西にあたる西茂森町・茂森新町は所謂、寺町と呼ばれる地区で六〇余りの寺院が立ち並んでいる。そのうち曹洞宗は三三カ寺がまとまって禅林を形成し、他宗は主に新寺町に二四カ寺、他町に数カ寺がある。これらの寺はいずれも藩政当初、弘前築城の折に近郷近在から集められたものである(4)。宗派では曹洞宗が圧倒的多数を占めているが、なかでも藤先寺をはじめとする通幻派が主流をなしている。

ところで、この通幻派には死霊結婚研究との兼ね合いから大変興味をひかれる伝説が存在する。それは総持寺五世通幻寂霊（一三三二〜九一）の出生にまつわるもので、二説が伝えられている。一つには、通幻は京都の武家の生まれで、その母が清水観音に祈請して懐妊したものの、出産を間近にして亡くなる。葬送後に墓中から児の泣き声が聞こえてくるので掘り返してみると、子どもが生まれていた。それが通幻であると説くもので、所謂「幽霊出産譚」のかたちで語られている。

もう一つには、因州石井郡浦住の細川氏の子息太郎丸が、京から浦住に帰郷した折に故郷の長者の娘と情をかわす。太郎丸が京へ戻った後に、娘が病にかかって死亡したが、ある日、京にいる太郎丸のもとに娘が訪ねてきて一緒に暮らすようになり、三年のあいだに一子をもうける。故郷の父母に無沙汰を詫びるために親子三人で帰郷することになり、浦住へ向かうのであるが、村に至ると娘は自分と子どもは墓で待っているから両親に事情を話してきて欲しいといって、太郎丸を先に行かせる。太郎丸の話を聞いた長者は勿論驚いたが、太郎丸もまた娘が三年前に亡くなっていたことを知らされる。墓に行ってみると娘を埋めた墓の上で子どもが泣いていた。長者はその子を引き取って育てることにする。この子どもこそが通幻であるという。この場合は所謂「幽婚説話」の形式を踏んでいるといえよう。

通幻誕生譚について分析を加えた花部英雄は、中国の怪談書の影響を考慮に入れながら、近世初期の一種の怪異談ブームの機運のなかで通幻幽霊出産譚が形成されていった可能性があるとし(5)、さらには「近世初期、最大の教団になった曹洞宗が、その組織を通じて民衆教化のために、中国の民衆に愛好されてきた怪異譚を利用しながら降下していった」と、本説話が禅僧たちによって説教・教化の題材として利用されていた可能性をも指摘している(6)。

後者の説話のように、結ばれるべき相愛の男女が、片方のあるいは双方の死によって〝現し身〟としては結ばれえず、死者となってから、または幽霊となって結ばれる説話の型を、通例では「幽婚説話」「幽婚譚」、または「冥婚譚」と呼んでいるが、では、こうした説話と実際の死霊結婚習俗とはどのようなかかわりを持つのであろうか。諏訪春雄は、「日本の冥婚の習俗と説話は、中国大陸から移入された原型が日本の風土の中で変容を受け、共通の傾向を帯びるようになったとみた方が、習俗がまずあって説話はその影響の下に生まれたとみるよりも妥当性がある」と、説話と習俗のかかわりについて発言している(7)。目下のところ「説話」はともかく、「死霊結婚」については近世まで遡源できないのが現状であり、その明確な例証は為し得ない。

また、弘前の死霊結婚の現状を見る限りでは、カミサマ（シャーマン）の働きかけがあってはじめて、曹洞宗系寺院が死霊結婚を執行しているという状況のようである。信者がカミサマに相談に行くと、カミサマは死者のサワリを判断した後に「死者をあの世で結婚させてあげなさい。それには寺に花嫁人形を奉納しなさい」といった供養方法を伝授する。信者は普段から懇意にしている寺にその人形を奉納しにやってくる。藤先寺などでは「寺としては供養したいとの申し出を断るわけにもいかず受け入れているが、寺に奉納供養をしろといったカミサマが誰なのか聞いても定かにできない」と、やや迷惑ぎみな答が返ってきたし、ましてやカミサマと寺院が連携するような態勢はとられていないようであった。つまり、説話のうえでは通幻の「幽霊出産譚」「幽婚説話」を伝承する曹洞宗通幻派も、実際の死霊結婚に関しては、カミサマに先導されてはじめて、やや受け身の姿勢で死霊結婚を執行しているというのが実状であり、必ずしも寺院側が教理に基づいてあるいは説話にちなんで積極的に死霊結婚儀礼に取り組んでいるというわけではないことを明記しておきたい。

さて、まわり道をして後先になってしまったが、つぎに曹洞宗通幻派・長雲山藤先寺の由緒来歴を紹介しておこう[8]。

長雲山藤先寺

藤先寺は、天正中創する所なり、開山中岳納衣綴鉢して藤先村に蟄つす、時に爲信公の婦人兩弟あり慶長年中故有つて同日に死す、婦人其の追薦の爲めに、中岳をして供養すること偏に毘季(ママ)の如し、其の頃爲信公、羽州大山の城主、悪吉氏の爲めに、聊か私通の事有れども、世乱未だ治まらず、所々新關を設け鶏鳴も亦容せず、公以爲らく乱世僧を使すること古猶ほありと、之今豈然らざらんや、乃ち中岳をして私に書を達せしむ、岳固辭するに及ばず、故に難所に入る、住(往か)て還るに及んで、羽州盲鼻の關を過ぐ、關主之を怪み、掎捔して其鼻を劓る、岳僧形を殘《そこな》ふと雖も、書を失せざるを以て幸と爲す、漸く故郷に達す、返翰を捧ぐるに及んで、爲信公欣拝止む事なくして、立所に田數百歩三十石を賜ふ、是に於て岳庵を傳じて寺と爲す、自ら開山の鼻祖と成れり、公亦女あり、津輕左馬を以て一快婿と爲す、慶長八年四月二十一日、忽爾として粧を掩ふ、則ち牌を藤先寺に建て、田七石を増して香花の費を補ふ、時に近衛龍山君、偶々鉉に遷さる、息女の訃を聞て、倭歌六首を詠じて追薦す、其歌今に傳ふ。

藤先寺をはじめとする曹洞宗通幻派は、藩主の厚い庇護を受け発展をみたが、現在の藤先寺の檀家数は一三〇〇戸余りである。藤先寺で死霊結婚がいつ頃から行われるようになったのかは不明であるが、現住職夫人によれば、少なくとも夫人が嫁いできた約三〇年前にはすでに行っていたという。本堂内は本尊に向かって左手から奥に位牌壇が並んでおり、その手前に地蔵尊が祀られている。ここに死霊結婚に関する奉納物が納められている。平成四年九月六日現在には、花嫁・花婿人形の類が九点、「ムカサリ絵馬」一点が供えられていた。前者の人形類についてより具体的にいうと、白無垢の花嫁人形が四点、色打掛の花嫁人形が一点、西洋人形が二点、角巻人形が二点ある。このような奉納をする人達は決まって、家内に病気を患う者が出たり、何か不都合が生じたのでカミサマに見てもらったら、未婚の男女、あるいは水子の供養をすれば障りから免れると言われて藤先寺を訪れたと話す。藤先寺の檀家の人もいればまったく縁のない人でも供養して欲しいとやってくるという。

住職は、以下のように供養を受ける本人の名前と、架空の結婚相手の名前を並べて紙に記し、人形の納められたケースに張り、死霊結婚の儀礼を終えた上で、地蔵尊の御前に奉納する。

昭和六十三年

善男人　斎藤太郎位

寿

善女人　愛子位

九月六日

一定の年月が経つと奉納物は処分される。供養した人びとも数年間はお詣りにやってくるが、やがて気持ちが安定したのか、気持ちが離れたのか、足が遠のいてゆく。供養者がその区切りを迎えるのには、およそ七年かかるといい、寺側はそのころをみはからって処分するケースが多いという。

一方、今回の訪問中に一点だけ確認された「ムカサリ絵馬」は、昭和五十六年三月に奉納されたもので、その図柄や形態は、弘法寺に奉納されていた絵馬と同様であった。これは、両絵馬が同じ絵師の手によって描かれたために起こった現象である。青森市内に在住していた絵師が結婚の記念写真風の画面を描いたところ、その作風が昭和五十四年前後の数年間だけ流行し、すぐに廃れたという。藤先寺に奉納された「ムカサリ絵馬」もこの時期のもので、奉納物の種類からみると例外的存在といえる。一般的には花嫁・花婿人形を奉納することによって、死者を添いとげさせようと祈念するかたちをとる。

そして、藤先寺の死霊結婚はカミサマの託宣に基づいて行われているとはいえ、その目的は「赤倉山菊之道神道教社」のそれと同様に、未婚の男女の死者や水子による障りの解消を目的としていることに変わりはない。しかも結婚の相手は架空の人物でよしとする、これは竹田旦のいうところの無縁者型に属するといえよう。

二　出羽三山神社霊祭殿の花嫁・花婿人形

山形県東田川郡羽黒町の羽黒山頂に鎮座する出羽三山神社は、いうまでもなく羽黒修験の根本道場である。この出羽三山神社の本殿脇にある霊祭殿には、子どもの供養のための様々な種類の人形に混じって、数多くの花嫁・花婿人形が奉納されている。霊祭殿の本来の性格は、①先祖供養を目的とするものであるが、加えて②一、二歳で夭折した子どもの供養、および③水子供養、ほかに④宅地無縁供養も行っている。

殿内の祭壇上に供えられたミッキー・マウスのぬいぐるみや風車は、②③のような夭折した子どもや水子があの世で楽しく遊べるようにと奉納されたものである。③水子供養の依頼は昭和五十年ころから飛躍的に増えてきたといい、現在霊祭殿で執り行われる供養総件数の約十分の一を占めるまでになっている。

「昔ならば水子の供養といえば引け目があって来られないところだが、近年は世間でも黙認されているようなところがあるらしく、若いカツプルがよく供養に訪れる。多少恥ずかしそうな素振りをみせることはあっても、悪びれた様子はない。ただ、供養の読経が始まるとたいていが涙を流す。また、集団登拝の一員として仲間と連れだって来た場

写真39　出羽三山神社霊祭殿(上)と奉納された花嫁人形

合でも、水子供養の奉納者が自分の名前を隠すようなことはない。五〇代、六〇代の年輩の人が今になって過去の水子の供養にやってくる例も多く、以前にも水子はこんなに多くあったのかと思う」とは、霊祭殿の祭儀一切を担当している権禰宜高橋政浩氏の弁である。④宅地無縁供養については神社側では原則として断っているものの、信者側の切なる要請があって仕方なく引き受けているのが実状であるという。「奉供養○○家宅地無縁之霊位」「奉供養○○家土地無縁之霊位」と書かれた卒塔婆が、「奉供養○○家先祖代々之霊位」あるいは「奉供養○○○○の身体に便りし諸佛一切之霊位」などと書かれた卒塔婆に混じって奉納されている。その数は決して少なくない。このほか、茶碗など死者が生前に使用していた生活用具や、ここが神社であることを知ってか知らずか、仏像・地蔵・稲荷などを納めに来る人もある。おそらくは、処分に困った代物、そのままポイと捨ててしまえば何かサワリがあるのでないかと不安に感じた代物を、思いあぐねた末に出羽三山神社に納めに来るのであろう。神社側も供養したいというものを無下には断りかねて、やむを得ず受け入れているようである。

さてつぎに、ここ出羽三山神社における死霊結婚の習俗はどのようなものであろうか。未婚の夭折者の供養のために花嫁・花婿の人形を奉納する習俗は、三十数年前から始まったものという。そのきっかけは、出羽三山を信奉する宗教団体のひとつで宮城県石巻市に本拠を置く「三山大神教教会」内で、信者から夭折者供養の要請があり、それに応えるかたちで、教祖が出羽三山神社に花嫁・花婿人形を奉納するよう指導したのが契機らしい。しかし、それ以降は、出羽三山神社側は勿論のこと「三山大神教教会」側でも、このような供養・奉納を奨励したことはない。現在は年間三〜五体の花嫁・花婿人形が夏山（夏峰。夏季の登拝期間）に奉納される。

ちなみに「三山大神教教会」は保積善一氏（明治四十四年生）を教祖とする山岳信仰系の新宗教団体である。また、教祖の保積善一氏は後述する仙台市「大和教団」を設立した穂積史子氏の弟にあたる人物である。穂積氏は埼玉県に本拠を置く「実行教」で修行をした後に、昭和十五年に石巻市深淵に「湯殿山神修教会」を開き、昭和二十七年には宗教法人「三山大神教教会」として認可を受けている。さらに昭和五十八年に「実行教」の傘下から離れて独立した新宗教教団となった。信徒数は石巻市及び桃生郡内九町の範囲内におよそ一万五、〇〇〇人程という。また、「三山大神教教会」の主要な行事は以下に示す通りである。

一月一日　元旦祭
二月節分　厄除け大祭
三月第一日曜日　入試祈願祭
五月四・五日　春季例大祭（開山記念祭）
六月三十日　大祓
七月中・下旬　出羽三山参拝旅行
十一月十五日　七五三
十二月二十一・二十二日　星祭

十二月三十一日　大祓
毎月十五日　月次祭

このうち出羽三山参拝旅行と星祭をメイン行事としている。とくに前者は、同教会が出羽三山を聖地と位置づけていることから最重要行事であり、夏峰の時季にあわせてバス二〇台を連ねて出羽におもむき、月山登拝を行っている。また、これら定期的な年中行事とは別に、日々教会を訪れる信者の悩みに応えるのも教会の仕事である。「三山大神教教会」を訪れる人は毎日一〇人から二〇人にのぼる。その都度、教祖（現在は教祖が病身のため夫人のタキエ氏）が湯殿山神と交信し、信者達の悩みの原因究明や、解決方法の指示をする。タキエ氏は祭壇にロウソクを灯し、まず太鼓を叩いて神霊にサインを送り、そうして一心に祝詞を唱えているうちにトランスの状態となり、湯殿山神と交信するという。このときに、「未婚の死者の霊がすがっていて、そのために災厄がふりかかっている」との神託が下された場合に、死霊結婚を実施するよう指示する。出羽三山の夏峰近くになると、死者の近親にあたる者が、花嫁・花婿人形にそれぞれ名前をつけて持参してくる。教会ではそれらの奉納物を一時保管するかたちをとり、教会の祈禱所に納める。そうして、出羽三山参拝旅行の際に、集まった奉納物をとりまとめて出羽三山神社霊祭殿に供え、神社側の供養を受けるのである。出羽三山神社では、奉納されたそれらを一括して祝詞供養を行う。したがって、「三山大神教教会」の死霊結婚の場合は、教会教祖は〈災厄の探索者〉としての役割を果たすのみで、死霊結婚儀礼の〈執行者〉には出羽三山神社の禰宜がそれにあたるという形態をとっており、ここには、シャーマンとプリーストの役割分担の関係が見事に成立しているといえよう。

一方、「三山大神教教会」とはかかわりのない出羽三山への一般参詣者が、未婚の死者の供養を依頼してくることも多い。出羽三山神社霊祭殿に参拝した折に、奉納された人形を目にし、その奉納の意味を聞くに及んで共感し、「自分も」といって花嫁人形を持参してくるのである。このような場合の奉納者には両親が多く、死亡した息子、あるいは娘の名前とともに、死者の結婚相手となる人物の名前まで指定してくる例が多いという。しかし、死者や結婚相手の写真を持ってくるようなことはない。

平成四年十一月現在、出羽三山神社の権禰宜である高橋氏は、昭和六十年に霊祭殿担当に着任した。高橋氏は死霊結婚儀礼の執行に際して、「死者に結婚相手のお姿をお届けする」といった気持ちで供養を行うという。その供養に捧げられる祝詞は一般的な祝詞供養の文言であって、婚礼用の祝詞はあげない。なぜなら、「死者の近親者が相手を選んでくるのであって、本当に死者がその相手を望んで結婚するわけではないから、神に対して〈結婚の告げ〉はできないし、ましてやその〈仲とりもち〉の役はできないから」だという。供養のために儀礼を執行するのであり、婚姻儀礼をあげるためのものではないという認識は、山形県天童市若松寺の霊前結婚の場合と同様である。また、高橋氏が霊祭殿担当に赴任する昭和六十年までは、死霊結婚を目的に奉納された花嫁・花婿人形に対する祝詞供養さえなかったといい、オタキアゲ（お焚きあげ）と称して焼いたり、境内の一隅に埋めたりしていたようだという。高橋氏は死霊結婚における花嫁・花婿人形を、「死者の依代にあたるもの」と考えているようで、「人形を焼却するのはどうも……。自分にはできかねるんです」という。

かつて、霊祭殿は出羽三山神社の管轄ではなく、東林坊という宿坊に管理を委託していた。その管理責任が神社側に移管されたのは昭和三十七年ころのことである。こうした霊祭殿自体の歴史の浅さに加えて、にわかにブームを迎えた死霊結婚儀礼にどう対処すべきかが問題となっている。この問題に神社側を代表するかたちで、若い禰宜さんが苦悩しつつ模索している、そんな様子が見受けられた。

ところで、出羽三山神社へ参拝する信者集団には、地元山形県をのぞけば宮城・福島・青森の順に多い。そのなかでもとくに宮城県からの参拝が目だっている。しかも「教会」と呼ばれる新宗教教団が少なからず存在するのである。かつて信者集団受け入れの窓口となっていたのは宿坊であり、それぞれが霞場・檀那場を持ち、勢力範囲が明確に区分されており、その布教にはおのずと制約があった。しかし、「教会」の場合は、地域を固定しない崇敬者の集まりであることから、そうした布教範囲の制約を受けない。また、かつて信者たちを率いた先達が出羽三山での修行経験が必須であったのに対して、「三山大神教教会」をはじめ、これら新宗教団体の教祖は、それをとくに必要とはしていないようである。「かつてオガミヤサンの息子が出羽三山神社の神官養成所にいたことはあるが、それは特異な例であって、オガミヤサンと出羽三山修行者とは直接かかわりはない」という。現在でも出羽三山登拝の修行をつとめた者には、「峰中名」を授けている。それは大先達である宮司が、その人物の本名から一字をとって、○斎・○秀のような形で命名する。たとえば明雄という本名であれば明斎・明秀といったごとくである。ただし、出羽三山の峰中修行を経験しても、この「峰中名」が与えられるのみで免許状を授かるようなことはない。ちなみに「三山大神教教会」の教祖夫人タキエ氏は、「実行教」からの免許は授かっているが、出羽三山の峰中名は持っていない。

出羽三山神社を奉斎する新宗教団体のうち、比較的新しく創設されたものには、①三山大神教教会、②大和教本庁、③大和教団、④光栄親睦会、⑤奉斎教団、⑥大船渡奉斎所、⑦奉斎教団御分社などがある。⑥が岩手県、⑦が福島県に本拠を置くほかは、すべて宮城県内に本拠を置いている。しかも、③は②から独立したもので、④⑤⑥は③から分派独立したもの（あるいは大和教団遥拝所？）、⑦も⑤からの分かれである。また、③大和教団は先にも報告したように、①三山大神教教会と同様に「霊界結婚」の儀式を執り行っている教団である。また、「大和教団」教祖・穂積史子氏、および「三山大神教教会」の教祖・保積善一氏は、両者とも出羽三山を修行の場としていた時期がある。そして、両教団の教祖同士は姉弟の関係でもあり、かつては②大和教本庁で修行をともにしていた間柄である。ここで、両教団の死霊結婚儀礼開始の年代を比較してみると、「三山大神教教会」側が「大和教団」に倣って、死霊結婚を教団の儀礼の中に取り込んだものと思われる。しかし、「大和教団」が教団内で独自の霊界結婚の儀礼を執行しているのに対して、出羽三山を聖地と位置づける「三山大神教教会」は、あくまで出羽三山神社霊祭殿で死霊結婚を実施するといが行う、といった役割分担のかたちが生まれたのである。

三　大和教団の霊界結婚

さてつぎに再三引き合いに出した、「大和教団」は教祖穂積史子（明治四十年生）が一九五七年大国主大神の啓示を受けて立教し、同年三月八日に宗教法人となり、現在、宮城県仙台市青葉区に本部を置く。

穂積史子は福島県双葉郡浪江町室原に生を受けた。若いころから心臓や胃が弱く、胆石を患うなどの持病があり、一八歳まではほとんど寝たきりの状態に近かったという。元来は「神仏を拝むことは大嫌い」といった性格であったため、病気治療を願って神頼みをするというようなこともなかった。しかし、史子が一八歳の夏の日、いつものように部屋に寝て過ごしていたところ、白衣の老人が家を訪れて一杯の水を請うた。史子が応対したところ、老人は、一週間後にもう一度やってくると言って立ち去った。史子は何とはなくその老人の再訪を心待ちにしていたが、とうとうやってはこなかったという。それからまもなくのある朝、いつになく気分がよいので起き上がって家の付近の洗い場で顔を洗っていたところ、東の空、樹間に昇る太陽を見たとき、神聖なものを感じ、思わず太陽を伏し拝んだという。このときをもって史子は宗教的に開眼したのである。その後、神仏嫌いであった史子が、自ら家の近くにあった御嶽教の行者のもとに通い始めた。史子一九歳のときである。すると、約三カ月ほどで史子の持病は治癒したという。ここで約一年間の修行を終えた後、二〇歳のころには上京し、「実行教」に弟子入りして一年弱の間に神道の作法を習得した。また、二、三カ月ではあるが出羽三山の湯殿山での修行経験もあるという。

このような修行を経た後、史子は彼女の宗教的恩師にあたる岩崎ナツから、「今後は海・山両方を兼ね備えた場所で修行を積みなさい」と言われ、昭和四年末から岩手県気仙郡三陸町綾里で三年四カ月に及ぶ修行期間に入る。綾里での修行生活はタテイシ明神に参拝することを日課とするほか、五穀断ちの行、気合の行、歩行、交信の術などの習練を重ねた。当時は神に祈ると、銅板のようなものが頭に浮かび、その上に神の言葉が現れるのが見えたため、それらを残らず書き取って置いたが、すべては昭和八年の三陸津波に呑まれ洗い流されてしまったという。津波災害当時、親元である塩釜に帰っていて難を逃れた史子は、昭和九年二四歳で、宮城県名取市の熊野神社で修行した穂積謙光と結婚する。謙光はその後、「実行教」で修行を重ね、昭和十年、塩釜に「実行教湯殿山神修教会」を夫婦で設立する。昭和二十一年には、実行教より分派独立して、塩釜に「大和教教団」を新設した。しかし、「塩釜にいては駄目だ」「北海道か仙台がよい」「北海道であれば教団は伸びる。仙台でも伸びることは伸びるが、困難がつきまとう」との大国主大神の神示を受けた。候補地は二つあったが、あえて困難であるといわれた仙台を選び、昭和二十七年「大和教仙台教会」を創設する。昭和三十二年「大和教教団」から分かれ、宗教法人「大和教団」と改組独立し現在に至っている。

平成三年現在、「大和教団」の信徒数は五万六〇〇〇人余りで、とくに宮城・福島を初め山形・岩手など東北地方において教勢が強い。各地域には遥拝所と呼ばれる宗教施設が設けられており、現在は三六カ所に散在している。教理では、神界・霊界・現界の三界の調和を説き、感謝・祓い・祈禱・慰霊（供養）・修行などを重視している。三界が調和していると人間の幸福が約束され、この調和が乱れると不幸にみまわれるという。そこで教団では、神託や霊示（口寄せ）によって不幸の原因を解明し、その解決方法を示唆している。教団を訪れる人びとの動機は様々であるが、連れ合いの浮気や離婚相談、子供の家出や盗み癖・登校拒否など、家庭内不和の問題が目立っているそうである。

教団の定例年中行事は以下の通りである。

毎月　一日　例祭

二日　月例祭
十八日　万霊祭
二十八日　修養祭
五月　禊の行（聖地綾里を参拝）
九月　湯殿の行（大和神宮六根の行）
二月　十種（トクサ）の大行
二月二日　前日祭
十二月三日　秋季立教大祭（五年ごと）
十二月七日　教祖誕生祭

なお、同教団では現世における「人救い」を中心に宗教活動を行ってきたが、個々人のみならず、社会全体・万人の幸福を祈念してゆかなければならないとの考えに至り、五年ごとの秋に開かれる立教例大祭では「世界平和万民福禄寿」を唱えて、火祭り祈禱を行っている。そこで集まる浄財は、寄付金として日本ユニセフを通じ世界に向けての援助活動にあてている。

以上、「大和教団」の創設と現在の活動について概略を記してきたが、本報告の望むところはほかでもない「霊界結婚」にある。「大和教団」が実施している「霊界結婚」は、昭和二十九年（一九五四）から始められたもので、その契機は以下のような事情を発端としている。ある信者の息子と娘四人が、三〇代後半から四〇代になるのに、たとえ縁談の話があっても誰一人として結婚までこぎつけることはできなかった。相談を受けた教祖が神にお伺いを立てると、「未婚の死者をただ供養するのみならず、霊界にて結婚させよ」との啓示がくだった。そこで「霊界結婚」の儀式を執り行ったところ、一年以内に四人ともに婚儀がまとまった。以来、未婚の夭逝者の霊が妬んで障っていると判断される場合には、成仏させるべく「霊界結婚」を実施している。結婚の相手は、神にお願いして念じていると教祖の頭のなかに名前が浮かんでくるのだという。「大和教団」の「霊界結婚」は、竹田旦の類型にしたがえば、未婚死者の慰撫・解冤（祖霊昇格型）を目的とし、架空の人物を結婚させる無縁者型の死霊結婚ということになろう。

平成四年現在、「霊界結婚」の依頼は一カ月に二件程度である。「霊界結婚」の儀式には、新郎新婦を描いた額絵が用いられる。以前は教団職員のうちの絵心のある者が描いていたが、二十数年前に、草力（画号）なる日本画家に依頼して絵柄を決め、カラー印刷の額絵を使用するようになった。その絵柄を定めるにあたっては、教祖自らが着物の柄から扇子の持ち方まで細かく注文をつけたため、決定版を出すまでにスタッフは苦労したという。儀式当日、神前には新郎新婦の額絵を据え、塔婆を立て、豪華な供物を並べて、現世の結婚式さながらの盛大なものとなる。教祖は依頼者の前で一時間ほども祝詞をあげる。たいていの依頼者は儀礼が終わると、それに使用した護符や御神酒を大切に持ち帰るという。神仏への何等かの奉納を以て霊界での結婚を果たしたとする習俗が見受けられるなかで、大和教団の「霊界結婚」は、生きている新郎新婦同士があげる本物の祝言と同様に、お膳・引き出物等までを用意して、念入りな婚儀の式典を実施することが特徴といえようか。

四　弥勒寺のアゲモノ習俗

宮城県登米郡中田町上沼の弥勒寺は、正式には長徳山歓喜院弥勒寺と号し、真言宗智山派に属しているが、地誌を総覧しても「創建詳かならず」とある。ただし昭和七年に同寺から檀家信徒に配布された『弥勒菩薩略縁起』には以下のように記されている。

本山は白鳳五年役行者が金華山蔵王権現秘法修行の折、権現の告げによって東夷の霊場紫雲の湧くところに弥勒菩薩を安置し、天下泰平、一切衆生菩提のために一宇を建立した。その後大破したが弘仁年中弘法大師東北巡錫がみぎりに再興して、真言秘密の大法を修したところ、弥勒大菩薩が現れ衆生済度を約した。その後藤原秀衡の祈願所となり、四八坊を建立、大変に賑わい奥州の高野と称した。藤原滅亡後は大崎、葛西の祈願所として二四坊を再建す云々。

この縁起の真偽のほどは別として、同寺の境内には正和二年（一三一三）、文和二年（一三五三）といった十四世紀の板碑が多数残っていることから、少なくとも中世には、このあたりの信仰のひとつの拠点として機能していたことに違いはない。また、弥勒寺には本堂のほかに弥勒堂と称する建物がある。両者は本来別個のものであったが、昭和七年ころ、弥勒堂は弥勒寺の管轄下に組み入れられた(9)。この弥勒堂を中心とする小高い丘を、周辺地域の人々は霊山と意識し、「ミロクさん」「オヤマ」と呼んで親しんでいる。

弥勒寺の檀家は近世の弥勒寺村（現在の南区・北区と寺山）を中心に、現在の中田町内の約四〇〇戸である。この寺の最大の行事である「弥勒尊大祭」の実行委員会メンバーは、一七名の檀家総代とお世話役と呼ばれる寺にゆかりのある人びとで構成されている。「弥勒尊大祭」は昭和四十年ころまでは旧暦の七月に行われていたが、周辺地域の盆祭りが月遅れのそれに移行するのにともなって、八月十五・十六日に行われるようになった。「弥勒尊大祭」行事の中心は献膳と塔婆回向にある。前者は「ごぜんあげ」と称して仏前に様々な料理を献納するもので、先の実行委員会メンバー、すなわち地元の檀徒を中心に実施される行事である。一方の塔婆回向は、周辺市町村からの参加者が多く、岩崎真幸の報告によれば、「オミロクさん」の信仰圏は宮城県内では登米郡、本吉郡、気仙沼市、桃生郡、栗原郡、遠田郡、玉造郡に及び、さらには岩手県東磐井郡、西磐井郡にまで広がっており、祭典中の塔婆回向の件数は昭和五十年代末で五〇〇件近くにのぼったという(10)。しかし、この数は三、四〇年前にはもっと多く、献膳の行列の後、数百メートルに達するような塔婆回向を希望する人が続いたという。かつては、これらの参拝者は山内に泊まり込んだもので、これを「オヨゴモリ」と呼んでいた。ところで、塔婆回向の対象についてであるが、先祖代々、有縁無縁精霊など不特定の霊を対象とする場合のほか、特定の死者や水子精霊を対象とする場合が存在しているものの、後者の例が圧倒的に多い。そして、その過半数は、三回忌までのものの供養で占められている。つまり、新仏でしかも異常死を遂げた者を対象に熱心な供養が実施されていることになる。

弥勒堂内正面には多数の遺影写真が掲げられて、堂内の左右には棚が設置されて、そこには帽子・笠・洋服・和服・ズボン・靴などおびただしい数の奉納物（アゲモノ）が納められている。さらに、堂の外壁上部にもまた、いくつもの遺影写真が掲げられている。塔婆回向やアゲモノをする地域では、死者の霊は必ず「オミロクさん」に立ち寄るから、死者が欲するものをこの寺に持参すれば必ず届けられると信じている。近年までは死者が出ると例外なく口寄せをしたというが、最近では重い不幸を背負って死んだ者（事故死・自殺・夭逝）でないかぎり、口寄せはしなくなりつつある。口寄せを行うのはオカミサマ、あるいはオガミサンと呼ばれるシャーマンたちである。また、アゲモノについても、かつてはごくふつうに天寿を全うした者のゆかりの品々が奉納されることも少なくなかったそうである。しかし最近は、やはり異常死した人物の供養を目的に奉納する例が多くなっており、未婚の女性の死者には花嫁衣裳を、男性には花嫁人形を納めるといった傾向がみられる。一方、夭逝した子どもへの供物には、ランドセルや玩具の類が多い。「弥勒尊大祭」を中心とする「オミロクさん」信仰の実態分析を行った岩崎は、このアゲモノの習俗について つぎのような結論をくだしている。「アゲモノはオカミサマを通じて死者の希望する品物を奉納するといいながら、実は当該の霊魂をより異常な霊魂として祀り上げようとするための供物とみることができる」というのである(11)。

筆者もまた、この岩崎の見解を支持するものである。すなわち、前節で触れたように、とくに未婚の夭逝者を出した家の遺族が、身近な聖地・霊山に遺影や造像した地蔵を奉納し、以後、死者がもし生きていればと想定しての成長年齢に応じて、様々な物品を奉納する習俗は、ここ弥勒寺に限るものではない。たとえば「生きていれば学校にあがる年齢だから」と、ランドセルや文具・玩具、新調の洋服などを寺に納める。そして死者が年ごろの年齢になるころには、花嫁人形・花嫁衣裳・ムカサリ絵馬を、あるいは、既存する夭逝者のための地蔵に、もう一鉢の地蔵を奉納することによって、結婚を果たしたテイにする。それによって、少なくとも遺族の精神的レベルでは、未婚の夭逝者に対するひととおりの供養が完了するのである。言い換えれば、死霊結婚によってようやく死者を一人前となさしめて祖霊化コースに乗せることで、異常死者の障りからも解放されようとするのである。弥勒寺のアゲモノ習俗も、これと同様の心境に基づくものと考え得よう。

そのため、以上のように心情的レベルでの共通性が存在するとするならば、こうした広義の意味での死霊結婚が、特定の聖地・霊山に限って行われるものと限定することは性急であろう。東北地方に、より一般的な習俗として行われてきたものであるのかどうか、その可能性を検討する余地が残っている。あるいは、東北地方に限らず、そのほかの地域の聖地・霊山にも普遍的にみられる習俗かも知れず、今後、注意深く調査研究してゆく必要があるだろう。

結びにかえて

まず、岩木山麓赤倉の「赤倉山菊乃道神道教社」、弘前市藤先寺ならびに山形県羽黒町出羽三山神社霊祭殿における死霊結婚の実態を報告した。これらのなかには、「ムカサリ絵馬」奉納というかたちも例外的には存在したが、ほとんどすべてが花嫁・花婿人形を奉納するものであった。奉納者には死者の親が目立ち、その奉納目的は、未婚のまま夭死した男女、あるいは水子をあの世で結婚させてやりたいとの純粋な親心から奉納にやってくる場合が多いようであるが、同様に、不幸な死をとげた死者が、生存している近親者に及ぼすサワリを解消するためとの目的も看過できない。いずれにしても、死霊の慰撫供養の意味合いが強いといえよう。また、死者の結婚相手については実在性に乏しく、無縁者型に属するものが多い。

現在、イタコ系のシャーマンが減少する一方で、カミサマ系のシャーマンは生活のなかに根強く生き続けている。そして、従来報告されてきた霊山・聖地、寺院・堂社以外でも、彼らカミサマ達の関与による死霊結婚が至るところで実施されていると見てもよさそうな気配なのである。

ところで、川村邦光によれば東北地方のシャーマンはつぎのように整理できるという。青森県におけるイタコ型とカミサマ（ゴミソ）型は、岩手県ではイタコとカミサンに、宮城県ではオガミサマとカミサマ（ハヤリガミサマ）に、山形県の最上・村山地方ではオナカマとカミサマ（ハヤリガミサマ）に、福島県会津地方ではワカとカミサマに対応し、一般の人々にも区別して考えられていたという。[12]しかし、近年では前者のイタコ型の減少が著しく、したがって両者の職能の境界線は曖昧になりつつある。イタコ系のシャーマンは、師弟関係が明確で同業者組合を結成するなど、かなり結束の堅い安定した組織を持ち、しかも早い時期から一定の寺院・堂社などの支配下に組み込まれていた。しかし、医療技術が発展し、盲人教育、社会福祉制度が充実した戦後になると、後継者も少なくなり、堅固さを誇っていた組織や制度も崩壊寸前の危機を迎えることとなった。[13]その一方で、組織や制度と無縁で、自分自身の信心と霊力だけを頼りに生きてゆかなければならないカミサマ系シャーマンたちは、その時々の世間の風潮を巧みに嗅ぎとって、逞しく生き抜いてきた。最近では、積極的に死者の口寄せを行うカミサマも出現しつつあるという。イタコ系シャーマンの専売特許であった職能をカミサマが肩代わりするというこの現象も、そうした彼らのしたたかさを如実に示すものといえよう。このように考えてみると、当節流行をみている水子供養と死霊結婚習俗とを抱き合わせて巧みに取り込んだのも、世相を敏感に読みとって人々の要求に即応する彼らにしてみれば、ごく自然の選択だったのかもしれない。

一方、「大和教団」が「霊界結婚」を始めた契機は、青森県や山形県のシャーマンがそれを行うのと同様の理由である。結婚できない年ごろの若者について相談があったので神にお伺いを立てたところ、未婚の夭逝者の妬みが障っているためだとの託宣がくだり、その解決方法として死霊結婚の実施を促すという、すこぶる類型的なものである。これは、「大和教団」の教祖自身がシャーマンとして出発し、やがて教団を起こしたという経歴を考えれば、自然な成り行きと考え得るかもしれない。しかし、同様の理由からムカサリ絵馬を奉納して死霊結婚を実施している山形県村山地方にみられたような、僧侶（プリースト）とシャーマンと絵師的人物の三者が、それぞれの存在から役割を分担し、それでいて相互に依存しあいながら死霊結婚という習俗を維持している事例とは相違している。[14]「大和教団」のそれは教団が「霊界結婚」のすべてを一手に請け負い、しかも、教祖が〝障りの探索者〟としてのシャーマンと〝儀式執行者〟としてのプリーストの二役を演じているのである。同じ兄弟が創設した新宗教々団はいえ、出羽三山を聖地とする、「三山大神教教会」のそれとも、かなり様相を異にしている。

註

（1）池上良正「修行堂から神社へ――津軽赤倉信仰における『教団化』の事例――」『文経論叢』第二一巻第三号　弘前大学人文学部　一九八六年　一～八頁
（2）池上良正『津軽のカミサマ』どうぶつ社　一九八七年　五〇～六三頁
（3）宮城県仙台市に本拠を置く新宗教教団。
（4）小館衷三「津軽曹洞宗史序説」『国史研究』第五二号　弘前大学国史研究会　一九六八年　一～一四頁
（5）花部英雄「幽霊出産譚」『昔話伝説研究』第一二号　一九八七年　一〇二～一一二頁
（6）花部英雄「幽婚譚の系譜――通幻伝説を中心に――」『昔話伝説研究』第一四号　一九八八年　一七頁
（7）諏訪春雄『日本の幽霊』岩波書店　一九八八年　一〇五頁
（8）中村良之進「弘前寺院縁起志」陸奥史談会　一九三三年　一〇五～一〇六頁
（9）高橋捗「宮城県〝弥勒参り〟の信仰構造」『宮城学院女子大学研究論文集』四八号　一九七八年　三九～六二頁
（10）岩崎真幸「宮城県北部における一仏教寺院の民俗学的考察――中田町・弥勒寺の祭礼を通して――」（『東北学院大学論集』一

九号　一九八八年　八五〜九二頁
(11) 岩崎真幸前掲註 (10) 九七頁
(12) 川村邦光「巫者と憑霊」『東北民俗』第一八輔　一九八四年　二二一〜二二三頁
(13) 池上良正『民俗宗教と救い——津軽・沖縄の民間巫者——』淡交社　一九九二年　二八〜三四頁
(14) 佐々木宏幹はプリーストとシャーマンの性格を下表のように対照させている（佐々木宏幹「都市に息づくシャーマニズム」小松・山折・佐々木ほか『異界が覗く市街図』青弓社　一九八八年）。ただし、あくまで理念型であることに留意しておく必要がある。

	祭司 (priest)	巫者 (shaman)
神人関係	一方的接近	相互交流
意識	平常	トランス (trance)
地位	世襲	獲得
教育	学習	召使
威信	系譜	個人
機能	全体	個別

祭司と巫者の対照表
（佐々木宏幹による）

第四節　間引き絵についての一考察
――「家族葛藤図」をめぐって――

はじめに

柳田国男の自叙伝ともいうべき『故郷七十年』に次の一節がある。(1)

約二年間を過ごした利根川べりの生活を想起する時、私の印象に最も強く残ってゐるのは、あの河畔に地蔵堂があり、誰が奉納したものか堂の正面右手に一枚の彩色された絵馬が掛けてあったことである。その圖柄は、産褥の女が鉢巻きを締めて生まれたばかりの嬰児を抑えつけてゐるといふ悲惨なものであった。障子にその影絵が映り、それには角が生えてゐる。その傍に地蔵様が立って泣いてゐるといふその意味を、私には子供心に理解し、寒いやうな心になったことを今も憶てゐる。

柳田は明治二十年（一八八七）、一三歳の時、長兄松岡鼎に伴われて兵庫県神崎郡から茨城県北相馬郡布川町（現利根川町布川）に移り、この利根川べりの町で多感な少年の日々を過ごした。そうしてこの地で柳田の印象にもっとも強く残ったのが所謂子返しの絵馬であり、それに衝撃を受けて、「何故農民は貧なりや」との問から農政学、民俗学を目ざしたと言われており、神話化されたエピソードとしても知られている。そのため多くの民俗学徒が、徳満寺の地蔵堂に現存するこの絵馬に言及している。(2)

なお、間引き絵の種類には、版本のもの、木版刷の一紙物、掛幅のもの、そして額絵、絵馬等があってその形態は多様であるが、[3] その分布は東日本に偏している。管見の及ぶ限りでは、額絵、絵馬の類は西日本には見当たらない。ただし、かつて岡山県勝田郡勝央町植月東の観音寺（天台宗）にこの種の額絵があったことが、『自伝片山潜』に記されている。[4]

この客殿に一つの一戒言的額が掛かってあったのを今でも覚えている。それは産婦が其の生れた子を殺している所で、その後方に鏡があって、之に映っている顔には二本の角が生えている恐ろしい顔になっている額であった。

影絵が障子に映るか鏡に映るかの違いはあれ、明治十一年に二〇歳の片山潜が西の美作で、一方明治二十年一三、四歳の柳田が東の常陸で、それぞれ同様の図柄の絵を眺め、ともに衝撃を受けたことになる。この観音寺の額絵については岸田定雄が追跡調査を試みたが、[5] 残念ながら現存しないという。柳田や片山に限らず、この種の絵を見れば誰しもが衝撃を受けるだろう。しかもその彩色が鮮明であればあるほどその衝撃度は強く、だからこそ間引きのいましめに効果があったのである。それと関連して山形県飯豊町萩生の恩徳寺では、数年前文殊堂から本堂の正面に額絵を掲げ移そうとした所、「リアルすぎて気持ちが悪い……」と檀家の反対に会い、やむおえず片隅に掲げたとの逸話もある。

筆者は、今日の水子供養を視野に入れながら堕胎（中絶）・間引きの歴史をたどり、日本人の霊魂観、生命観、さらには子ども観や女性観を明らかにしたいと考えている。それとの関係で、本節では東北地方の間引き絵に焦点を当て、その分布や図柄に分析を加えることにしたい。

一　間引き絵研究小史

間引きに関する先行研究は少なくないものの、間引き絵を真正面から取り上げた論著は千葉徳爾・大津忠男の『間引きと水子』、久野俊彦の「間引き図に見る子殺しの方法」ぐらいだろう。(6)なおこのほか個別の間引き絵馬を扱ったものとして、片山幸三「〝まびき〟のいましめ」、篠木弘明の「間引きの絵馬」、高達奈緒美・松岡秀明の「白河常宣寺『受苦図』をめぐって」その他がある。(7)また、県レベルのものを概観したものとしては各県立博物館から刊行されている絵馬図録があり、簡単な解説がほどこされている。(8)坂本英一の「群馬の子返し絵馬」も群馬県下のものを網羅したものだが、その背景となる近世各藩の政策や間引きの伝承にまで言及している点に特徴を見出すことができる。(9)

一方全国レベルの把握を試みたのが先の千葉・大津の著書、そして久野の論稿である。千葉・大津らは、絵馬と木版の刷物とに分けて分布図を作成した上で、その分布の偏りについて言及してる。それによれば白河藩の松平定信や黒羽藩の鈴木武助らが、十八世紀後半に民衆に対する教戒指導を積極的に推進していた。その結果間引き絵の分布が東北地方南部及び北関東に集中しているのだという。そうして木版刷のものと絵馬の分布状況については、「より古い木版画の分布がより広い範囲にひろがり、その範囲の中に絵馬の分布範囲が包みこまれていることがよみとれる」としている(10)(図14参照)。さらに図柄については、先に紹介した柳田や片山が目にしたような、産婦が子を圧殺する構図が圧倒的に多いが、産婦が両手で子を圧殺し、家族が葛藤する構図がまま見られるとして、福島県伊達郡伊達町箱崎・福厳寺、福島市鎌田の某寺、それから山形県天童市山口の小原寺のものを上げている。(11)筆者の調査によれば、確かに彼らが指摘するように、(久野が言う所の)家族葛藤図なるものがあって、宮城県、山形県そして福島県にまたがる地域に集中しているのである。新たな資料を紹介するとともに、その点について考察を試みることにしたい。

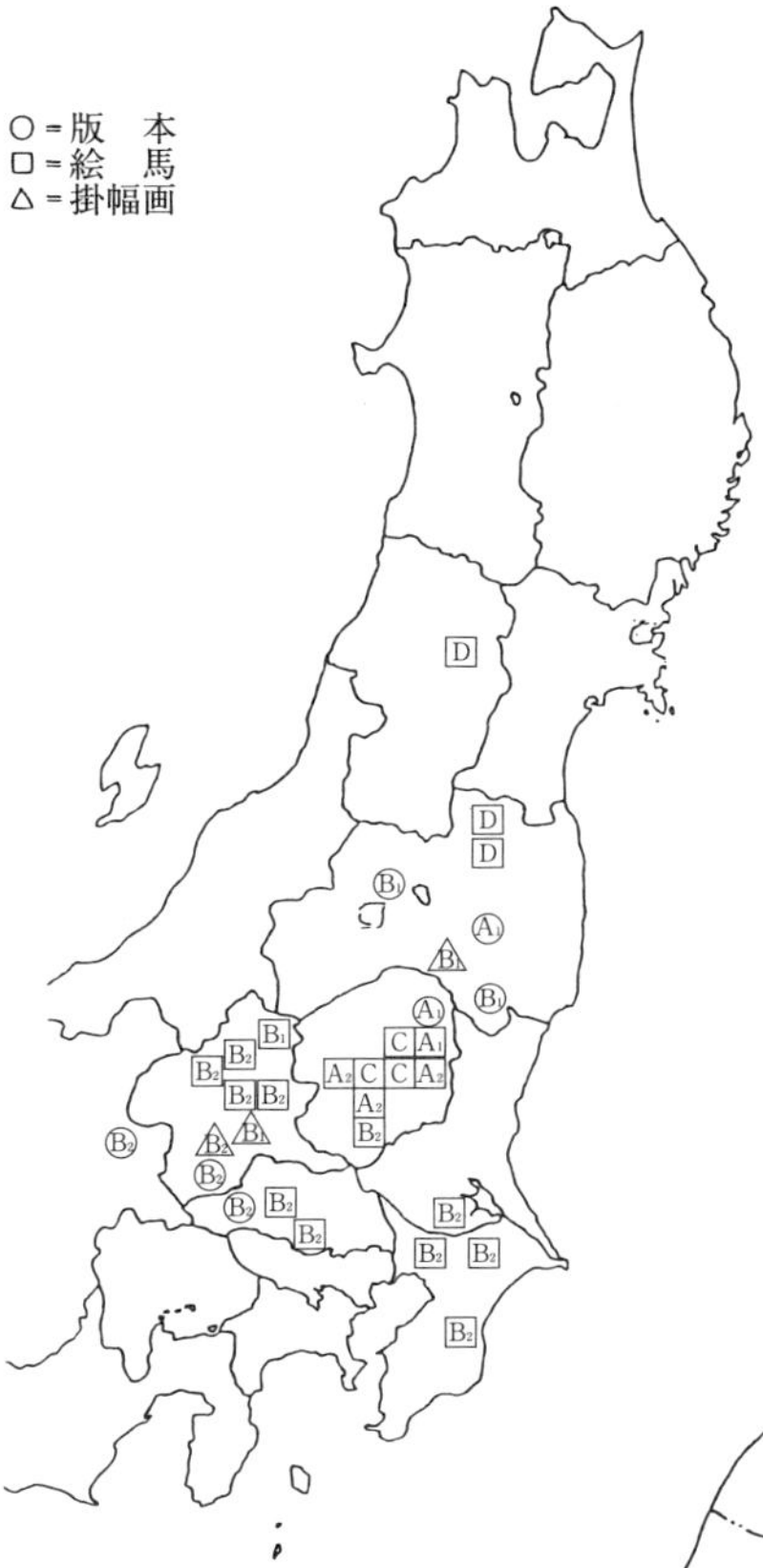

図15　東日本の間引き絵分布図
（久野俊彦による）

図14　東日本の間引き絵分布図（千葉徳爾・大津忠男による）

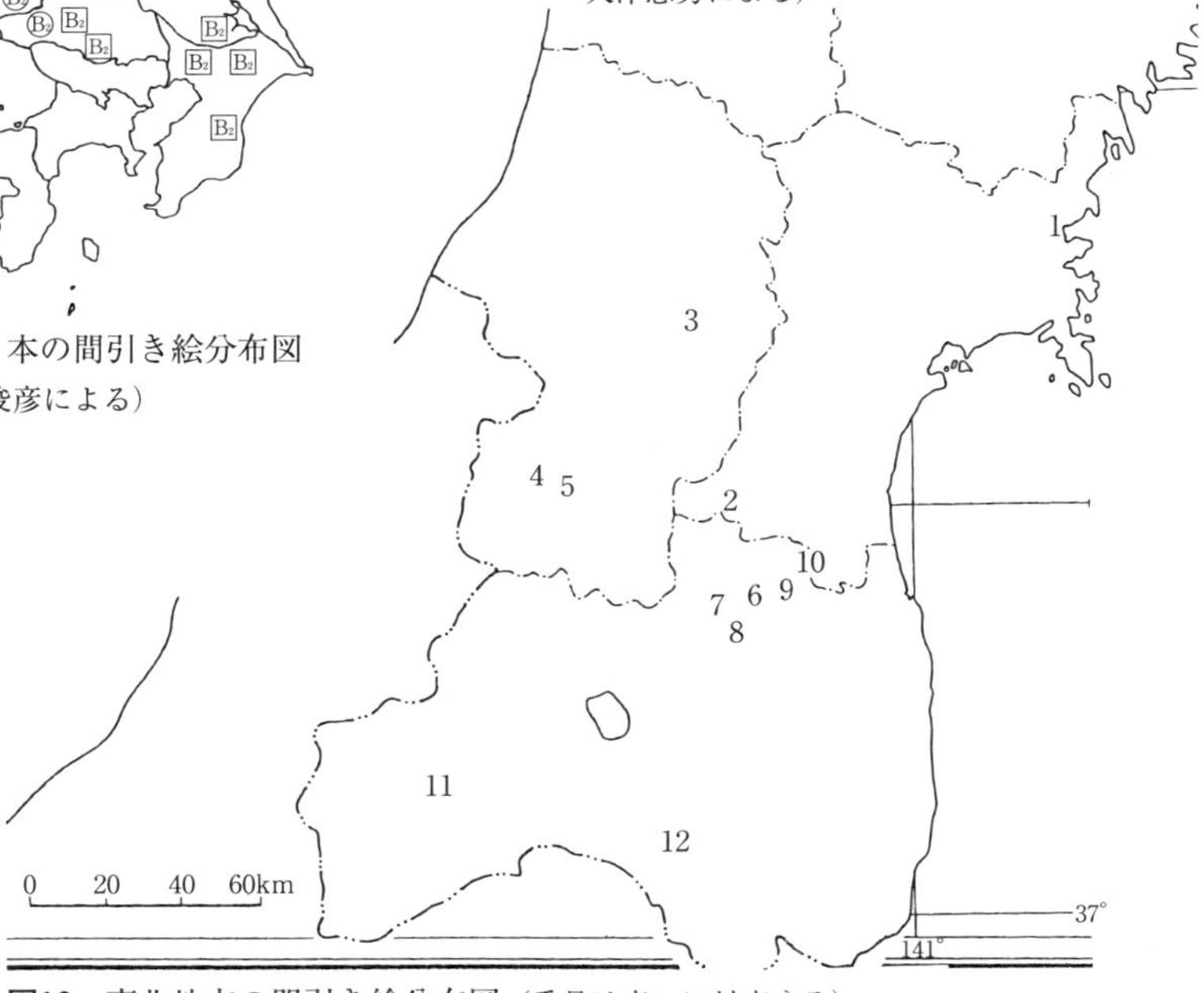

図16　東北地方の間引き絵分布図（番号は表24に対応する）

一方、久野の論稿は、『日本産育習俗資料集成』によって各地の間引き方法を整理しつつ、間引き絵に描かれた間引き方法との関連および出産方法との関連について分析を加えたものである。このうち前者が小稿とかかわるが、久野によれば、間引き絵は子殺しの方法から以下の四つに類型化が可能だという。[12]

一、A型

A1……獣面女が立て膝で圧殺する構図。

A2……獣面女が立て膝で圧殺する構図だが、神仏が伴う。

二、B型

B1……産婆が左手で窒息死させる構図。

B2……産婦が窒息死させる構図だが、その背後に鬼女が描かれている。

三、C型……産婦が子を膝下にして圧している場面を神仏が左上から見下ろしている構図。

四、D型……産婦が両手で子を圧殺し、家族が葛藤している構図。

そうして、このうち圧殺図（A1、A2、C型）は福島から栃木にかけて多く、窒息図型（B1、B2型）は、群馬県から埼玉県の利根川沿いに多いとして、D型の家族葛藤図に関しては特に言及していない。そうしてこれらの構図と間引き習俗との関連については「各県とも同様の数種の子殺しの方法が混在しており、地域差はないようである」、「間引き図が描く子殺しの方法は、その地域の間引き行為をそのまま描いているのではなく、ある類型の構図のみがその地域に伝播され、それを転写して間引き図を描いていったことを意味している」と結論づけている。[13]おそらくこの指摘は正鵠を射ているものと思われるが、残念ながら転写者や伝播ルートに関しては触れられていない。

以上、筆者の関心に即して千葉・大津および久野らの著書、論稿を紹介したが、これによって筆者の意図が明らかになったかと思う。図14は千葉・大津らの作成した分布図であり、図15は久野のそれである。図16は筆者の調査によるものだが、新たに知りえた資料をまず紹介すること、それも本節の一つの目的である。そうして、東北三県にわたって濃密に分布する家族葛藤図について、一人の絵師に焦点を当てながら考察を加える。これが第二の目的にほかならない。

二　さまざまな間引き絵

近世各藩や幕領では、労働人口の維持を目的とした人口政策から、堕胎・間引きを禁止する一方、領民の教諭活動を展開し、一方では赤子養育制を施いた。おそらく今日寺院に残る掛幅は、僧侶が絵解きをしながら教諭するものだったろうし、木版の一紙物は間引きのシーンと訓戒が刷り込まれたもので、所領によっては各戸に配布された。文字を読める者がそれを地域住民に読み聞かせることもあったようだが、真迫力のある絵によってその怖ろしさをアピールするためのものだった。額絵や絵馬にも僧侶がかかわっているものもあるが、多くは支配者層や知識人の意を受けて名主層や篤信者が奉納したものである。

宮城県本吉郡志津川町田畑尻の大雄寺（曹洞宗）本堂に掲げられている間引き絵馬は、縦七二センチ、幅九八センチのもので、いわば木版刷一紙物をそのまま絵馬にしたようなものである。角をはやして鬼と化した産婦が子を絞め殺し、その場面を左上から観音が見下ろしているというものである。なお訓戒の内容は以下の通りである。

それ人は萬物の霊といふ而貴き者也。神も佛も人躰に備ハリて有いる成悪業の無き者也。生るる子ともかえすなとすまし。□□行る殺すもと尋ると、困難にして□□衛□たつれハ親倶に生るのに度々水の泡となするは去らに哀し記事なり。鳥けたもの子を持て喰物のあて那かれ共、のたれ死した例なし。焼野に死する雉子は火のふりか、里遁れんとすれともなきよる子供捨かたく、鬼やせん角やせんと我身を忘れ、子を助けんと思ふ内終に野火の為に親子共に焼鳥と成ぬ。ただただあひ難き人ニ生れ、佛性の備はりたる子を殺す者を之邪けんとやいわん悪鬼とやいわん。子を害するこそ鬼の心を面にあらはして、直に其身は畜生道におち、佛性はなくなく天に帰りたまふそいとあわれなりき。地獄餓鬼畜生道に落ちるをもしらぬ人こそかなしけれ。おのれおのれが不料簡こころへ違いともいふべし。大たんなるひきころししりながら、ころす共天の罰をいかにして遁れんや、其天ばつとおもひて恐れおびえしる。生るる子を殺す事なくそたつべしとこころ得可申事そかし

元治元年子七月

當山十四世　曹宗叟　誌

これは大雄寺十四世曹宗尊師の筆によるものであるが、教諭活動の一端を担った僧侶であろう。その内容は、「それ人は萬物の霊といふ而貴き者也」で始まる前半部分は儒教的人道主義に基づき、後半部分は仏教的因果応報観によるもので、すこぶる類型的である。ちなみに、仙台藩における教諭活動で文献上もっとも早いとされるものは、第八代藩主斎村の命を受けて松音寺住職大底が藩内を廻村したもので、寛政六年（一七九四）とされている。[14]この絵馬が作成されたのは幕末の元治元年（一八六四）であり、それから七〇年を経過していることになるが、さまざまな教諭活動にもかかわらず、堕胎・間引きが絶えることがなかったことが知られる。なお、木版刷一紙物の間引き絵をそのまま絵馬にしたこの種の形態のものは、東北地方で現在まで確認されたものは大雄寺のものだけだが、関東地方には散見される。

東北地方の間引き絵のうち、筆者が知りえた掛幅、額絵、絵馬は表24に示したように一二点であり、うち九点は所謂家族葛藤図である。家族葛藤のものについては次章で取り上げることとし、まず最初にその他の図柄のものについて報告したい。

福島県白河市向新蔵、常宣寺（浄土宗）の掛幅「絹本著色地獄受苦図」は、縦一四四・七センチ、横七〇センチの

表24　東北地方の「間引き絵」所在地

№	寺院・堂宇	所在地	制作年代	備考
1	大雄寺(曹洞宗)	宮城県本郡志津川町田尻畑	元治元年(1864)	産婦左手窒息図。観音。〈板絵〉
2	関泉禅寺(曹洞宗)	宮城県牡鹿郡七ケ宿町関	不明	家族葛藤図。火炎車をひく獄卒と赤子。〈額絵〉
3	小原寺(曹洞宗)	山形県天童市川原	不明	家族葛藤図。〈紙本著色掛幅〉。
4	恩徳寺(真言宗)	山形県西置賜郡飯豊町萩生	明治27年(1894)	産婦両手圧殺・家族葛藤図。観音。英不白画。発起人屋島富太郎他。〈額絵〉
5	吉祥寺(曹洞宗)	山形県西置賜郡飯豊町萩生	不明	産婦両手圧殺・家族葛藤図。観音。〈額絵〉。英不白の修行
6	泉性院(真言宗)	福島県福島市宮代北口	明治28年(1895)	産婦両手圧殺・家族葛藤図。観音。英不白画。奉納者瀬之上村瀬戸榮之助。〈額絵〉
7	山本観音堂	福島県福島市鎌田上台	不明	産婦両手圧殺・家族葛藤図。観音。〈額絵〉
8	成田不動遵	福島県福島市松山町	不明	産婦両手圧殺・家族葛藤図。観音。英不白画。〈額絵〉
9	福厳寺(真言宗)	福島県伊達郡伊達町箱崎	明治27年(1894)	産婦両手圧殺・家族葛藤図。観音。英不白画。奉納者瀬之上金子氏。〈額絵〉
10	洞雲寺(曹洞宗)	福島県伊達郡梁川町新田	不明	産婦両手圧殺・家族葛藤図。観音。英不白画。〈額絵〉
11	子安地蔵	福島県南会津郡南郷村下村	安政5年(1858)	産婦両手圧殺図。観音。〈額絵〉
12	常宣寺(浄土宗)	福島県白河市向新蔵	文化7年(1810)	産婦両手圧殺・閻魔の制裁を受ける。「絹本著色地獄受苦図」。〈掛幅〉

ものである。図柄は天上・現世・地獄の三部分に分かれ、現世の場面は産婦が左膝を赤子の上にのせて首を締め、傍には老女が赤子を包む筵を広げて待機するというものである。堕地獄を象徴するようなこの「受苦図」と類似する掛幅は、この他愛媛県大洲市大洲の曹渓院（臨済宗）、の「冥府図」、兵庫県加東郡社町平木の清水寺（天台宗）所蔵のもの、横浜市鶴見区総持寺（曹洞宗）の「間引きの図」、群馬県前橋市日輪町の日輪寺（真言宗）所蔵の「地獄絵図」が知られているだけである。宮城県牡鹿郡七ケ宿町関の関泉禅寺所蔵のそれも、後ほど触れるように家族葛藤図にほかならないが、左上には仏ではなく、地獄へ赴く（あるいは地獄から迎えに来た）火炎車を獄卒が引き、赤子がその周囲にまとわりつく場面が描かれているものであることを、つけ加えておく。

話を常宣寺のそれに戻そう。この掛幅については、従来白河藩主松平定信が、絵師谷文晁に描かせたものというのが通説であったが、実はこれは過ちだという。高達奈緒美・松岡秀明らは、「受苦図」の裏書からその由来について次のように述べている。(15)

この裏書から、「受苦図」の来歴と「受苦図を用いて間引きの教戒活動の大要を了解することができる。すなわち、江戸深川の霊岸寺（浄土宗）二十三世貞厳が奥州に間引きの多いことを嘆き、その罪の深いことを人々に悟らせるため「受苦図」を「侯家（白河藩主松平定信を指す）」に寄贈した。定信は「受苦図」を常宣寺に下げ渡し、常宣寺二十四世定冏は文化七年（一八一〇）から九年の間、絵を携え巡村教諭を行った（後略）

いずれにせよ、この「受苦図」による教諭は文化八年と九年の二年だけだったが、その後寺社役所が巡村教諭を五年に一度行うよう定められたという。また常宣寺の定冏による教諭活動は、定信の意向を受けたものだったが、寛政五年（一七九三）に著わされた定信の自叙伝「宇下人言」によれば、

(1)　九十已上のものへ一人扶持をあたふ

(2)　子五人もちしものへは米を稱業としてあたふ

(3)　村ごと市女をよびて年に一度ずつ口よせをさせ候事申付る

(4)　この國女少ければ越後よりよびよせて百姓にあたふ

以上四つ人口政策を抜き出すことができるとのことであり、[16] (3)、(4)の政策はとくに興味深いがこうした政策の一環として教諭活動が位置づけられ、「受苦図」が用いられたのである。

つぎのものは、福島県南会津郡南郷村下山の子安地蔵堂に掲げられている額絵で、これは『近世日本マビキ慣行史料集成』の口絵に用いられているものである。縦五一センチ、幅七四センチの大きさで、左下に産婦が立て膝で子を殺す場面が描かれ、右上に髪を振り乱した形相の恐ろしい女性がやはり赤子を殺す場面があって、左上に地蔵尊が描かれている。また文字で「鬼にひとしき云々」とあり「安政五午年六月吉祥日当所芳賀正重謹白」と署名されている。芳賀正重なる人物については不明だが、現在この子安地蔵堂を管理している馬場文夫氏の本家（名主筋）の先祖に、漢方医でもあった馬場順誠なる人物がいて、その人の影響で奉納されたものではないかという。ちなみに『南郷村史五巻・民俗』の人物篇に馬場順誠（文化九年〜明治十九年）に関する以下のような記載がある。[17]

代々医者を開業、名主の家に生まれ、幼少にして若松・日新館に学び、後名医となる。「医は仁術なり」をモットーに、精神医学にも精通、難病に泣く多くの患者の診察に、懇切丁寧身をもってあたり、会津五郡はもとより、関東方面に至るまでその名声を響かせる。当家はもとより親族一族は座敷等を宿舎に開放、山野に自生する薬草を採取及び栽培、医薬の自給に協力。多くの人々の協力を得、寝食を忘れ医学の道に励み、特に月二十八日を周期として女性に巡りくる血の巡りを説き、子供は神様の授かり者とばかりに信じ得た当時代の迷信を打破、避妊の大効果をあげ、村民に深く感謝された。

あるいは馬場順誠は、この絵馬奉納にはまったく関与しなかったかもしれない。しかし、医薬の自給に努め、女性の血の巡りを説き、避妊の成果を上げ、「子供は神様の授かり者」といった俗信を打破して科学的知識を普及させようと活動していた人物がいた風土だからこそ、それに呼応して間引きを戒める額絵を奉納する者も現われたのだろう。その意味では、藩の政策と直結した先の白河市常宣寺の「受苦図」とは多少趣を異にしている。ちなみに、医師がかかわって作られた間引き絵には、岡山県津山市の医師仁木家に伝わる（現在版木は津山郷土博物館に所蔵されている）、天保六年（一八三五）の木版刷一紙物がある。

三　「家族葛藤図」をめぐって

宮城県牡鹿郡七ケ宿関の関泉禅寺（曹洞宗）所蔵の額絵は縦一〇四センチ、幅七四・三センチのもので年代は不明である。その図柄については再三触れたが、家族葛藤図が右下に描かれ、左上には獄卒が引く火炎車に赤子がまとわりつく場面が描かれており、おそらく産婦を地獄へ運ぼうとしているのだろう。子を殺したと見られる産婦は、上半身裸で気も狂わんばかりである。その両脇にたすきがけの男女が描かれているが、多分赤子殺しにかかわったのだろう。産婆、産爺か両親かは判然としない。あるいは男性は夫なのだろうか。さらにもう一組の老夫婦がとなりの部屋にいて、羽織姿で涙をぬぐっている、というものである。先の志津川大雄寺のもの同様赤子殺しに直接手を下しているのは産婦にほかならない。年代の判明している仙台藩領内一二種の教諭書に分析を加えた菊池義昭によれば、教諭の対象は、五人組などの共同体を対象にしたものもあるが、両親とするものが大半で、その両親の概念にも時期によって変化があるという。すなわち、「一七九〇年代は父母、親、父と両親が未分化の親であったり、父という男性側であったりまた祖父も含まれていた。しかし、一八一〇年代になると父母、母と女性へと移り、後半からは女、懐妊婦と子どもを産む側の女性へ移行して行っている」と。[18] 間引きが夫婦の相談による結果なされるものであっても、それは家族ぐるみの行為である。だからこそ家族葛藤図として描かれる場合が少なくないのだが、家族のみならずそ

①宮城県七ケ宿町関泉禅寺蔵（表24―２）

②山形県天童市小原寺蔵（表24―３）

③福島市泉性院蔵（表24―６）

⑤山形県飯豊町吉祥寺蔵（表23―５）

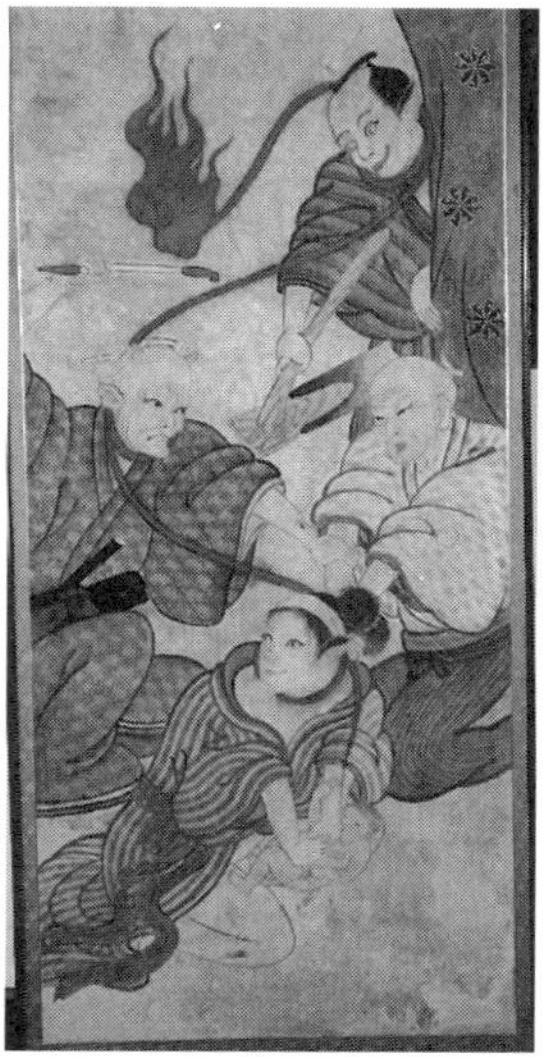

④山形県飯豊町恩徳寺像
（表23―４）

写真40　間引き絵「家族葛藤図」の諸相

れは地域ぐるみの行為であった。しかし、教諭書の歴史を辿る限り、間引きの直接的当事を産婦とし、子どもを産む女性の責任を問う形で、教諭の対象が特定されていくこととなった。大雄寺の間引き絵のように十九世紀以降描かれたものは、こうした流れを投影しているものと考えられる。関泉禅寺のそれもしかりだろう。宮城県の二点のみならず、東北地方の間引き絵は全て幕末から明治にかけてのものであり、間引きの当事者は全て産婦として描かれている。他の地域の教諭書についてははっきりしないが、おおまかな流れは変わらないのではないかと予想される。諸藩・幕領の人口政策は、

(1)女性の懐妊確認と監視、出産の見届け
(2)貧困者への養育米の支給
(3)間引き防止のための教諭活動

この三つに集約される。そうしてとくに(1)の政策に基づく女性への目差しが、教諭書の内容と、教諭活動の一環に位置づけられる間引き絵の図柄となって表われたものと考えることができる。

さて山形県では、家族葛藤図の間引き絵は三点が確認されている。その一つは、天童市大字川原字小原の小原寺（曹洞宗）にある、紙本著色の掛幅で、法量は縦一三六センチ、幅八五センチのものである。図柄は鉢巻をした産婦が子を圧殺しようとしている背後から爺が必死でいさめ、止めようとしている。その爺を前にいる婆が阻もうとしている。そしてもう一人鍬をもった夫が描かれているが、殺した子を埋める用意をしているのだろう。赤子の口からは魂が抜け出、自分を抹殺した産婦、婆、夫の首に巻きついている。年代は不詳であるが、色彩も鮮やかで筆のタッチも秀れ、それなりの絵師が描いたように見られる。そうして興味深いことに、小原寺のものとほぼ同じ図柄のものが飯豊町萩生の吉祥寺（曹洞宗）にある。縦一三七センチ、幅六二センチの額絵で、年代はこれも不詳である。小原寺のそれと異なる点は、婆がキセルで爺を叩き阻もうとしていること、色彩がややブルーを基調にしていること、細かな

筆の運びや顔の表情が異なっていることなどである。さらに、ほぼこれと構図が似たものが、飯豊町萩生の恩徳寺（真言宗）にある。こちらも額絵で、縦一五〇センチ幅一八一センチと横長のもので、昭和六十年には町の文化財に指定されている。その図柄は、吉祥寺の家族葛藤の場面に加え、左上に観音が描かれ、観音から光が放たれ、間引きを止めようとする爺の身体に放たれている。その観音の前では手を合わせて救いを求めている子、そのそばで泣きじゃくる子が添えられている。そうして幸いなことに銘があって、明治二十七年（一八九四）五十五世戸田龍音代に、発起人尾島富太郎、樋口茂七などによって献額され、英不白によって描かれたものであることがわかる。

山形県下の三点の間引き絵を比較し、想像を逞しくして言えば、たぶん吉祥寺のそれは小原寺のものを模したものだろう。ただし、婆がキセルを持つという点でオリジナリティが見出せる。さらにこの吉祥寺のものをベースに観音や拝み、泣きじゃくる子を加えたのが、英不白描くところの恩徳寺の間引き絵と考えられる。吉祥寺は一時英不白が修行した所とも伝えられており、吉祥寺のそれも英不白の手にかかるものかもしれない。おそらく間違いないだろう。しかし、さらに興味深いことに、この英不白が描いた間引き絵が、福島県北部の地域に数点認められるのである。一体英不白とはどのような人物なのであろうか。その点について触れるに先立って、まず福島県下の家族葛藤図の間引き絵を見ておくことにしたい。

福島市宮代北口の泉性院（真言宗）のそれは、横長の額絵であるが（法量は調査漏れだが、伊達町福厳寺のものに近い）、構図は恩徳寺のものと同様である。絵の左に「信夫郡瀬ノ上村　瀬戸榮之助　維明治廿八年陰暦七月十五日」と記されている。瀬戸氏は代々の旧家だという。一方右側には「午南呂下旬應儒　英不白山人」なる銘があり、明らかに英不白が画いたものであることがわかる。また福島市鎌田上台の山本観音の間引き絵は、構図は以上のものとまったく同様であるが、絵そのものはきわめて稚拙である。聞く所によれば、ボロボロになっていたものを、五、六〇年前に古山五郎なる人物が画き直したものという。おそらく以前の絵を忠実に模す形で描かれたものと推測される。ちなみに山本観音堂は現在泉性院が管理している。とすれば、元の絵は英不白が書いた可能性もある。

福島市内にはもう一点、信夫山山麓の成田不動堂に額絵が掲げられている。図柄は今まで述べてきたオーソドックスなものである。この絵にも英不白の銘が記されているが、この不動尊も、実は泉性院と何らかのつながりを持っているのである。明治三十七年四月の「成田不動明王有志金募集趣意書」の連署の欄に「信夫郡福島町大字五十辺　別当　観音寺右寺兼住職同郡余目村大字宮代　泉性院住職橋本龍譲」と記されているのがその証左となろう。この間引き絵には制作年代は記されていないが、多分泉性院を媒介として英不白が画くに至ったものと思われる。

伊達郡伊達町箱崎の福厳寺（真言宗）の間引き絵には「明治二十七年申午　陰暦八月吉祥日」なる銘があって、泉性院のそれより一年前に描かれたものであるが、やはり英不白の手によるもので、大きさといい、図柄といいほとんど類似する。法量は縦四七センチ、幅一三三センチあまりのものである。そして最後の一点は、伊達郡梁川町新田の洞雲寺（曹洞宗）にあるもので、縦、幅ともおよそ九〇センチの方形の額絵である。それ故、他の構図と異なって、拝み、泣く子二人は、観音の前ではなく、家族が葛藤する場面の右隅に描かれている。そうした違いはあるものの、この間引き絵にも英不白の銘が記されているのである。

以上逐一紹介してきたように、山形から福島にかけては、英不白なる人物によって描かれた家族葛藤図の間引き絵が数多く存在する。英不白なる御仁は、長らく僧職を勤め、隠居の後、仏画や肖像画を描きつつ諸国を遊歴したようである。幸い南陽市にその子孫がおられ、ご厚意により過去帳を拝見させていただいた。さすが僧職にあり、また几帳面な性格の持ち主らしく、過去帳は当人が整理・記したものであって、その巻末に「先祖英不白の履歴」なる項目があった。その内容は以下の通りである。[19]

抑當家先祖ヲ尋ヌルニ幼名ヲ主殿ト号シ屋代郷竹森村修験照明院四男ナリ幼少ノ時出家シ歌丸村金鐘寺曹仙和尚ニ付キ剃度シ後越中新川郷中蜷川村最勝寺佛山禅寺ニ附テ弁道修業シ後伊佐澤村大石洞雲寺大禅和尚の徒弟ト

ナリ最上山形東山見滝寺良端和尚ニテ立職後西京ニテ転衣シ直ク高畑町泉性院ニ六ケ年住職後大石ノ本師遷化則師跡故ニ洞雲寺ニ拾六ケ年住職後四十九歳ニテ宮内ニ隠居致画名ハ英不白ト号シ其翌年ヨリ佛画及ヒ肖像諸画ヲ職トシ諸國遊歴シ伊達信夫相馬岩城仙臺磐手南部庄内会津越後ト毎年順回シ折節送金シ本年迄拾二ケ年遊歴シ最早老衰ニ相及シ故ニ一代ノ履歴ヲ記載シ置ヌ妻ハ新町佐々木六四郎ノ二女トクト申シ十九歳ノ時ヨリ娶リ子は十人有リ男子六人女子四人本年迄女子二人他ニ嫁シ長女コウハ高畑町字大町佐藤長吉ノ妻ニ遣シ二女テイハ宮内本町高橋恵助内男子壱人死亡女子二人死亡老年ニ及シカハ後何ケ年遊歴スルカ難シト六拾一歳ニテ記載シ焉ヌ

明治廿九年申年四月吉祥日

竹丸ドウジン

英不白は天保七年（一八三六）に生まれ、明治四十二年（一九〇九）享年七四歳で没している。この略伝によれば、生まれは屋代郷竹森村修験照明院の四男で、幼少の時出家し、各地の寺院で修行し、最後は伊佐沢村大石の洞雲寺住職を一六カ年務め、四九歳で宮内に隠居している。隠居後は画名を英不白と号し、諸国を遊歴しながら各地に仏画、肖像画、絵馬の類を書き残した。英家には諸国遊歴中に模写した仏画の下絵類が数多く残されており興味深いが、小原寺の間引き絵のそれは確認出来なかった。絵馬の類では、山形県白鷹町鮎貝・常光寺（浄土宗）の裁縫絵馬（明治三十二年七月のもの）が英不白の手によるものであることが知らされている。[20]

結びにかえて

間引きえ絵の研究史について簡単に整理した上で、東北地方の間引き絵について分析を試みた。間引き防止策の一翼を担う間引き絵の数は一二点あり、そのうちもっとも古いものは、福島県白河市常宣寺所蔵の、文化七年（一八一

○）に描かれた「受苦図」であった。その他は幕末以降のもので、特に明治二十七、八年に画かれたものが目立つが、これらは所謂「家族葛藤図」にほかならず、しかもその多くが絵師・英不白描く所のものであった。隠居によって僧職を辞し、絵師となって後諸国を遊歴し各地に絵を残した英不白であるが、その足跡は置賜・庄内地方のみならず、越後・会津・相馬・岩城・伊達・信夫・仙台・南部地方にまで及んでいる。このうち、間引き絵・家族葛藤図が分布するのは、村山・置賜・仙台・伊達・信夫地方で、山形・宮城・福島県と三県にまたがるものの、わりと近接した地域に集中している。おそらく不白が、村山地方・天童市小原寺の間引き絵を目のあたりにして感銘を受け、神仏を加え、拝みまた泣く子を添えるなどの工夫を凝らして独自の図柄を創案した。そうしてこのあたりへの遊歴の途次、教諭の意図もあって間引き絵を画き残そうとした。不白の説得（あるいは売り込み）に応じた僧侶や土地土地の有力者たちの協力を得て、各寺院、堂宇に額絵が掲げられるに至った、と考えることができる。なお、白河藩の人口政策に分析を加えた大森志郎は、「この地方で生児圧殺が『昔話トイフ計リ山深キ里迄モ絶エテ止』んだのは明治も年をかさねて後のことであることは議論の余地はない」と見ており[21]、多分この地方も同じ事情であったろうし、だからこそ僧侶や村の有力者たちも、この種の絵画の必要性を痛感して明治の半ばころこの時期、不白に画くことを依頼したものと思われる。いずれにせよ、家族葛藤図の間引き絵の分布は、僧職経験のある絵師・英不白の各地遍歴の結果であることが、以上により明らかとなった。

なお、不白画と特定できる間引き絵は五点であるが（表24―④⑥⑧⑨⑩）、図柄はほぼ同じであり、登場人物は赤子を入れて三代にわたる七人で、左上に描かれている仏は必ず観音である。鉢巻をし青縞の着物に朱の帯といった姿の産婦が子を圧殺し、黒い羽織の爺がそれを止めようとする。その爺を阻もうとする婆はキセルで爺を打とうとしているが、出立はまちまちである。赤子を埋めようと鍬を持つ夫も必ず青縞の上衣を身にまとい、赤子から抜け出した魂が赤子を殺しに加担する三人の首に巻きつき、一方観音から放たれた光が止めようとする爺に及んでいる。いずれも表情はこわばっているが三人の耳は獣のように伸び、目はうつろで異常な精神状態であることを示している。観音の前に座す子は二人で、多分赤子の兄弟姉妹なのだろう。一人は羽織姿で拝み、もう一人泣きじゃくる子でやはり青い縞柄の着物を身につけている。このように図柄は定式化しているが、梁川町新田の洞雲寺のものだけは例外で、他の地域の長方形のものと異なって方形なため、観音から離れて葛藤する四人の右下に二人の子が描かれている。大人のうち、観音の光明を受けて赤子殺しを止める役が何故爺なのかは判然としないが、赤子殺しに直接携わるのは必ず産婦であり、これは東北地方の家族葛藤図以外の間引き絵でも同様である。その理由については前項で触れたが、近世後期における諸藩の人口政策の一つは、いわば懐妊した女性を管理しようとするもので、懐妊以降の自覚を促し、出産と子育ての責任を女性にすべては負わせる類のものだった。そうして教諭する側から見れば、子産み子育ての全責任を担う女性（産婦）に焦点を当てた方がより効率的との考えに基づき教諭書は勿論のこと、間引き絵も赤子殺しの張本人を産婦に仕立てて描くに至ったものといえる。

なお、獣面女、あるいは産婦や産婆が角をはやしたり、鬼と二重写しにして描かれている図は、どちらかといえば「獣だにせぬ行為」「鬼にひとしき行為」を戒める、儒教的倫理観を全面に押し出した絵だった。それに対して不白の描く間引き絵は、観音が書き添えられていることで、やや仏教色が強く出ており、僧職を長らく務めた経歴が絵に反映されたものといえる。そうして、産婦のみならず家族が描かれ、しかも同じ罪の共有者として位置づけられている点で、当時の教諭書の一般的傾向とは異なっており、さらには救済者としての観音が添えられている点に不白の間引き観の特徴を見出すことができる。

註

（1）柳田国男「故郷七十年」『定本柳田國男集』別巻三　筑摩書房　一九六六年　二一一頁
（2）木村博「間引きの地蔵絵馬」『民間伝承』二六九号　一九六五年　八二～八三頁、千葉徳爾・大津忠男『間引きと水子――子育

てのフォークロア――』農山漁村文化協会　一九八四年　六五～六七頁、福田アジオ『柳田国男の民俗学』吉川弘文館　一九九二年　八～九頁など。
(3) ここでは紙本著色、額装のものを額絵とし、薄板に馬その他の図柄を描いたものを絵馬とする、というように絵馬＝板絵として狭義の意で用いる。
(4) 片山潜『自伝片山潜』岩波書店　一九二三年　七五頁
(5) 岸田定雄「子がえしのこと」『近畿民俗』一三一・一三二合併号　一九九二年　八～九頁
(6) 千葉徳爾・大津忠男前掲註(2)　一～二五六頁、久野俊彦「間引き図に見る子殺しの方法」『仏教民俗研究』六号　一九八九年　四～三八頁
(7) 片山幸三「〝まびき〟のいましめ」『岩手の民俗芸能・念仏編』岩手県教育委員会　一九六五年　八四～八五頁、篠木弘明「間引きの絵馬」『群馬歴史散歩』八号　一九七五年　一四～二一頁、高達奈緒美・松岡秀明「白河常宣寺『受苦図』をめぐって」『絵解き研究』五号　一九八七年　六二～八四頁、など。
(8) 山形県立博物館編刊『山形県の絵馬』一九八四年　一～一〇三頁、栃木県立博物館編刊『とちぎの絵馬』一九八五年　一～九〇頁
(9) 坂本英一「群馬の子返し絵馬」『絵馬にみる日本常民生活史の研究』国立歴史民俗博物館　一九八四年　五五～七二頁
(10) 千葉徳爾・大津忠男前掲註(2)　七九～八〇頁
(11) 同右　七八～七九頁
(12) 久野俊彦前掲註(6)　二四～二六頁
(13) 同右　二六頁
(14) 菊池義昭「仙台藩領の赤子養育制度とマビキ教諭書」『東北社会福祉研究』一〇号　一九九〇年　二頁
(15) 高達奈緒美・松岡秀明前掲註(7)　六六～六七頁
(16) 大森志郎「間引き・縁女・水子塚」『東京女子大学論集』三―二　一九五三年　四五～四七頁
(17) 南陽市史編さん委員会編『南郷村史民俗編』南郷村　一九八七年　八三二頁
(18) 菊池義昭前掲註(14)　六五～六六頁
(19) 南陽市宮内・英ハナエ家所蔵

(20) 前掲書（17）四三八頁
(21) 大森志郎前掲註（16）六四〜六五頁

第五節　堕胎（中絶）・間引きに見る生命観と倫理観

はじめに

一九六〇年代以降各地で水子供養が盛んに行われるようになったが、この水子供養は民俗宗教のあり方や、日本人の霊魂観・生命観、女性観、子供観を探る上での恰好のテーマといえる。本節は、水子供養が持つ今日的意味について検討を加えようとするものであるが、近世以降の堕胎（中絶）・間引きの歴史をも視野に入れて考察する必要があることから、やや長いタイムスパンをとってアプローチを試みたいと考える。なお、間引きは広義には堕胎（中絶）を含むこともあるが、狭義には出産以後の嬰児（一歳未満の子）の命を絶つことであり、小稿では狭義の意で用いることにしたい。また、堕胎は第二次大戦前まで使われた用語で、それ以降はもっぱら中絶なる用語が用いられている。

まず、民俗学における研究史を簡単に整理してみると、堕胎・間引き研究の必要性を最初に説いたのは小寺廉吉である(1)。小寺は堕胎や嬰児殺しの慣行や方法を把握しておくことが、人口問題の研究上必要なこと、そして間引きに対する道徳観について検討する必要があること、この二点を課題としてあげた。その後で、「領内の生産力や兵力の充実をはかる為政者が百姓の逓走や出稼を禁止したと同じ旨で間引きを禁じた例も珍らしくない。坊さんや道学者が殊に嬰児殺しを批難した事情も解る。然し村民自身の間では憐憫の情はあったとしても間引が何等反道徳的でなかった場合が多いと筆者は想像するのであるが、果して如何?」との仮説を提示している。小寺は、これ以上には踏み込んだ研究を行っていないが、大井川下流の散居村における実態は報告している。[2]

小寺の問題提起を受ける形で、千葉徳爾・大津忠男が『間引きと水子――子育てのフォークロア――』を著わしたのは、それから四〇年以上を経てからのことである。[3] 千葉・大津は、歴史学や文化人類学による従来の通説、すなわち①貧困が間引きの原因である、②間引きが近世人口停滞をもたらした、③間引きは東日本に偏している、といった見解を批判的に検討した。そうして、間引きはほぼ全国的に行われていたが、災害等異常事態下の困窮時になされるもので常習ではなかったし、人口停滞をもたらしたのは幼児死亡率の高さにほかならない、との結論を導き出した。ただし、常習ではなかったと述べつつ、「間引きと子おろしとは、近世から明治時代にかけて、全国的慣習として存在した」と指摘しており、[4] 矛盾する点も見られる。これはおそらく間引きが人口停滞の主たる要因ではなかったことを強調したいがために、前者のような発言となったのであり、間引き自身は慣行として実際行われていたことは多くの資史料から確認できる。[5] また、千葉・大津らは幼児の葬法に着目しながら生命観・霊魂観についても言及し、間引きに関する為政者や知識人の教諭活動については「武家を中心とする儒学の教育と仏教に発生する生類あわれみの思想が、しだいに常民の間にも浸みこんでゆき、古い農民社会に発達していた生命観・霊魂観を（七歳までは神のうち、子供はすぐ生れ替わるといった観念――筆者註）しだいに変革させていったことがわかる」との見解を示した。[6]

生命観の変化、霊魂観の変化といったテーマとの関連で、近年の成果として注目されるのは、波平恵美子『いのちの文化人類学』、森栗茂一「水子供養はなぜ流行る」、この二つの論著である。波平は、千葉・大津らの見解を検証しつつ、循環的生命観と直線的生命観、いのちの個別化といった枠組で、かつての堕胎・間引きと今日の水子供養との相違を明らかにした。[7] 一方森栗は、血盆経や井原西鶴の『好色一代女』の記述を引用しつつ、これらは「本来は、流れ灌頂による女性の贖罪の仏教民俗であり、その産死した女性の罪の犠牲になった胎児の供養であった。これらは人工中絶による胎児に対する現代の水子供養とは同一視できない」と述べ、現代の水子供養と一線を画している。さらに松平定信が建立した両国回向院の水子塚に言及して、これは政治的なもので、民衆の意志によるものではなく、水子供養は戦後発生したもので、日本の伝統的な意識を受け継いではいないとした。森栗の言う「伝統的な意識」とは何をさすのか判然としないが、その主張は以下の発言で明らかとなろう。すなわち森栗は「男中心の日本の経済社会において、女性を産む性として管理しようとする意図のなかで、水子供養は発生した。これは、女性の身体的弱さをついた政治宣伝が原因であり、現代日本における仏教思想の展開と考えるのは短絡的ではなかろうか」と述べ、自身の論稿の結びとしているのである。(8) この結びの部分との関連では、田間康子の「中絶の社会史」が、戦後における中絶をめぐる政治、マスコミの動向を詳細に論じており、我々の参考となる。(9) しかし、発現形態や流行の契機が異なるからと言って、必ずしも伝統的な意識を受け継いだものではないとは断定できず、もし森栗の言う通りだとしても、伝統的な意識とはどのようなもので、今日の水子供養に対する意識とどこが異なるのかを明確にする必要があろう。実は、このことこそが本節の課題にほかならない。

なお、歴史学の分野では、女性史研究の隆盛と相俟って盛んに研究が行われており、桜井由幾の「間引きと堕胎」は近世の実態を概括的に述べたものである。(10) また太田素子の「少子化と近世社会の子育て」は、土佐における近世初頭と幕末期の実態を比較したもので、後者の段階では（萌芽的な）家族計画に基づいて間引がなされるようになっていた、とすこぶる興味深い指摘を行っている。(11) 沢山美果子の『出産と身体の近世』、樋口政則の『ふしぎの村の子どもたち』（1・2巻）も太田の家族計画に基づく間引き説を継承したものだが、沢山は「自らの手に産育、教育権を掌握しようとし、少産少死を産育、教育にあたっての理想とする小農家族が、なおかつ〝七歳までは神のうち〟という、生命は再生し循環するという生命観、身体観を持ち続けたのだろうか。持ち続けたとしたら、その共存のあり様が解き明かされなければならないだろう」と、問題を提起している。(12) これも我々民俗学徒が応えなければならない課題となる。一方樋口の著書は捨て児を視野に入れながら間引き論を展開したものである。(13) このような近世の女性史研究の傾向に対して、間引きを貧困の結果ではなく、家族計画のもとに主体的に行われた産児制限と考えていいのだろうか、と疑問を呈する論者もいる(14)。確かに間引きに至らしめる理由は多様であり、多角的視点から把える必要があるだろう。

この他、堕胎・間引きに関する意識、あるいは生命観について論じたものには、医書の分析からアプローチした新村拓『出産と生殖観の歴史』、間引き教諭書の分析からアプローチした菊池義昭の「仙台藩の赤子養育制度とマビキ教諭書」がある(15)。

以上は本論と直接的に関連すると思われる論著について、かいつまんで紹介したにすぎないが、これらをふまえて「堕胎の歴史」「間引きの歴史」「産死者の供養にみる親子観」「堕胎・間引きに対する認識」「水子供養をめぐって」の順で検討を加えていきたい。

一　堕胎の歴史

堕胎に関する文献上の初出は、永観二年（九八四）に丹波康頼によって著わされた『医心方』であり、この中に大麦を使った中絶方法が記されている。しかし、同書は唐や朝鮮の医書を参考にして編纂され、しかも宮中に献上されたもので、これがどれほど用いられたものかは不明だという。このほか同じく平安時代のものでは、『今昔物語』巻一二「書寫ノ山ノ性空聖人語第卅四」に高僧の母親が毒を飲んで流産した話があり、また「子おろしける女」の記述が『元輔集』に見られる。さらに平安末から鎌倉期にかけて著わされた故実書である『廉中抄』には、中絶の穢れに関する記述も認められる。それ以降も文学や医書に散見されることから、堕胎は古くから行われたものと考えられている(16)。

ちなみに堕胎は近世に至って急増したとされており（間引きも同様）都心部を中心に、不義・密通の結果の処理として盛んに行われた。井原西鶴の貞享元年（一六八四）版『諸艶大鏡』[17]にも「今時の腥寺《なまぐさてら》と詠行に、にしがわの生壙のうちに、張紙、万葉書にして『屋弥様於路志薬あり』とはおかしく……」と記されている。また川柳には、「中條で度々おろす陰間の子」「中條はむごつたらしい蔵をたて」などと詠まれており、中條流の産科医によって考案された水銀入の膣座薬が「古血おろし」「子腐り薬」と呼ばれて流行した。そして、江戸時代後期には、京都の賀川流産科医が考案した胎児娩出の方法が全国に広まった。こうした中で幕府は私通による子おろし（堕胎）の横行を規制すべく、正保三年（一六四六）に江戸市中に堕胎を生業とすることを禁止し、寛文七年（一六六七）には堕胎の看板を掲げることを禁止した。[18]看板は子持縞に錠を染め出した暖簾を下げるというように、いわば子おろしを暗示するものであり、正保三年の禁令より二一年経ても、相変わらず堕胎業者が横行していたことに対する処置であろう。ちなみにその罰則は、町内追放という軽いものであった。

「堕胎は西国と都市部に多く、間引きは東国と田舎に多い」と言われているが、[19]堕胎は必ずしも西国や都市部に限らず、東国や村落でも広く行われていた。そのことは、『日本産育習俗資料集成』を見れば一目瞭然である。[20]同書は昭和十年（一九三五）の調査をまとめたものであるが、多分七〇前後かそれ以上の年齢に達した人びとが話者であり、本人自身の見聞に加え、親の代からの伝承も含め語った資料と見ることができる。だとすれば、近世末から明治期の実態資料ということになる。同書では各県別に避妊・堕胎・間引きの順に記載されており、実際各県の報告者達は、「明治維新までは……」、「藩政期は……」、「明治初期までは……」と冒頭に書き記しているのである。言外に「近代以降そのようなことは……」といったニュアンスが読みとれるが、「なお、今日でも県南の一部には、生まれたる子を闇に葬ることによって子供の数を制限している村があるとのことである」（栃木県）とか、「堕胎は今も時々行われ、維新前は公然の秘密であったらしい」（奈良県）と報告されている例も稀に見られる。いずれせよ、近世末から明治期（あるいは昭和初期まで）の様相が記されているものと見てさしつかえない。

さて、まず堕胎に至る理由から見てみよう。「寡婦や娘とかが妊娠した場合、多産の家で困っている場合とかに、産婆を頼んで堕胎したらしい」（愛知県）とあり、不義密通の場合、貧乏で子だくさんの場合と二つの理由が上げられているが、都市部同様多くは前者の場合である。「不義密通などにより父なし子など出来た場合に限って堕胎することがある」（新潟県）、「私生児のことをナイショゴといい、堕胎したことをオロシタという」（富山県）などの報告が代表例である。堕胎する理由は、不義密通に限らず「産後間もなく妊娠した時、分娩時が炎暑季となる時」（広島県）、「経済的な関係、母体などの衰弱などによるもの」（長野県）など、女性の体力的・生理的理由に基づく場合もあったようである。神奈川県の事例では「多産の女で経済的生理的に苦悶の多い時には、少し豊かな者は江戸中条流の子おろし薬を用い、一般にあっては水銀を服し、ほおずきの根をさし、または朝顔の種を水で飲み下して子を堕胎するか、または生まれた子を膝下に圧して殺す」と記されている。

堕胎の方法では、神奈川県の報告に見られるような、中條流の子ろし薬を使うことはそう多くはなく、おおむね以下の方法によった。

(1)ほおずきや山ごぼうの根、桑の枝などを挿入する
(2)ほおずきの根や唐辛子、蓬、するめ、猿の頭などを煎じたもの、あるいは水銀を飲む
(3)腹部を圧迫する
(4)飛び下りる

などであるが、いずれも危険きわまりないものであるが、(4)の例では畠山篤が「島役人管理の下に久部良割りというかなりの岩の割れ目をしばしば妊婦に飛ばせて人口調節をした」という与那国島の例を紹介している。[21] 一方『日本産育習俗資料集成』にも一例だけ記載が見られ、長野県西筑摩郡木祖では「五か月過ぎると山へ行って高い所から飛び下りて処理した者もあった」という。胎児のみならず、母体に危害が及んで死に至りかねず、これらの報告に接する

だけで身震いがしてくる。(1)や(3)の方法をとる時は、気丈な産婦本人がすることもあり、代わって夫や按摩、産爺、産婆が手がけることもあった。ことに産婆にはコザシババとかコオロシババと呼ばれる職業的子おろしがいて、中條流を揶揄した川柳顔負けの俗謡が各地に伝えられていた。「黒のババサに三百ほり出しゃおあとのためじゃでもう百おくれよ」「娘若さに一度は孕め黒野のババサが待っている」（岐阜県武儀郡武芸川村）、「あれが萱津か子おろし医者か屋根の上見よ鬼がいる」（愛知県海部郡甚目寺町）などである。職業的子おろしとしての産婆のみならず、トリアゲババなどと呼ばれる経験豊富な婦人が産婆になることも多く、「産婆は出産に際して、置く置かないかを家人に問い、男なら置くとか、いずれでも置かないとか証言を得て間取りする」（秋田県北秋田郡大館町地方）といった報告例もある（ただしこれは間引きに関するものだが）。畠山は、

　産婆はこの異界と現世との時間的境界に立ちあう存在で、異界からこの世に取り上げる力があり、取り上げた赤子とは擬制的な親子関係を結ぶなど名誉ある地位を与えられるが、一方異界へ戻す力もあってこれに力点を置けば賤業化もしやすかった。

と指摘しており[22]、コザシババ、コオロシババなどに対する特異なまなざしが、先に紹介したような俗謡となって表われたものと考えることができる。

なお、湯川洋司は、産婆を取上げ婆と助産婦とに分けて、その技術および機能の対比を行っている。湯川によれば、前者は経験的・呪術的な方法をもって臨み、子どもの生死を握る存在にほかならない。それに対して助産婦は、科学的知識と技術とにより、子供を産ませることを専務とする存在だという[23]。ちなみに、助産婦なる名称は明治二十五年（一八九二）「緒方助産婦研修所」の創立をもって初出するが、制度的には、昭和二十三年（一九四八）の「保健婦・看護婦、助産婦法」の成立をもって社会的に位置づけがなされることとなった。これらに先立って明治元年（一八六八）十二月、明治政府は「産婆ノ売薬世話及堕胎ノ取締方」なる太政官布告を出し、明治十三年（一八八〇）には「堕

胎罪」を規定し、明治三十二年（一八九九）には「産婆取締規則」を公布した。明治政府は、これらの施策を打ち出すことにより、産婆の改革を目ざし、ひいては堕胎（間引き）の撲滅をはかろうとしたのである。(24)

さて、話を再び『日本産育習俗資料集成』の方に戻そう。つぎに取り上げたいのは堕胎を行う時期の問題である。先に触れた長野県の山へ行って高い所から飛び下りるのは五カ月過ぎであったが、この五カ月を境にそれ以前の二〜四か月の間に行うものと、六カ月目から八カ月目に行うものとの二タイプが見られる。岐阜県西加茂郡挙母町地方では、六カ月後に行ったものが多く、岡山市では「五月まではチゴロシといって母体に危険があったから、五月以後とかぐらいでおろした」という。一方広島県比婆郡東庄町では、妊娠二、三カ月目に、おはぐろなどを飲んでおろし、長崎県の対馬厳原では「三、四カ月のころをよしとする」とのことである。堕胎に関する記載は、西日本の方が豊富との印象を持ったが、いずれにしてもその時期は五カ月目を境にその前後と二分され、とくに地域性は認められない。なお、この境界としての五カ月にからみ、沢山が仙台藩の「死胎披露書」の分析から、興味深い見解を打ち出した。それによれば懐妊後「四カ月目の胎児を『人形にも無御座候物』と、人の形になっていないものとして、一方七、八カ月の胎児は、『小胎』、『小子』、『小身』、『小赤子』と、小さいとはいえ、すでに胎をなし、人の形になったものとして」書かれているという。そうして「ほぼ妊娠五カ月を境に『物』から『人』へと線引きする胎児観がみられる」と指摘している。(25)この点は堕胎に対する意識や生命観の問題とも関連することから、ここでは沢山説を紹介するにとどめ、第三項で改めて取り上げることにしたい。

二　間引きの歴史

江戸幕府が間引きを牽制すべく触書を出したのは明和四年（一七六七）のことであり、「関東農村の荒廃」と呼ばれ

る事態が進行していた時である。「出生の子取扱いの儀」なる触書きの内容は、

百姓共大勢子共有之候得は、出生之子を産所にて直に殺候国柄も有之段相聞、不仁之至に候、以来右体の儀無之様、村役人は勿論、百姓共も相互に心を附可申候、常陸、下総辺にては、別て右の取沙汰有之由、若外より相顕におゐては、可為曲事者也

十月

右の通　可被相触候

というもので[26]、薩摩藩・会津藩その他では、これ以前より独自の政策をもって間引き（堕胎）に対処していたが、以後諸藩もそれぞれの対策をとるようになる。いずれにしても、このお触書は堕胎に関するそれと異なり、農村を対象として出されたもので、幕府法令による間引きの禁止は、この明和四年令のみという[27]。一方各藩ではさまざまな対策がとられるが、(1)教諭活動、(2)妊娠と出産の管理、(3)養育料の支給が主たるもので、このうちもっぱら倫理に訴える政策は前期のもので、享保期を境に(2)や(3)の政策が打ち出されるが、そのウェイトの置き方は各藩によって微妙に異なるという[28]。

昼田源四郎は、奥羽守山藩（現郡山市）の諸政策に触れ、安永五年（一七七六）の農民の倫理感に訴え、村役人や五人組に高圧的に申し渡すものから、寛政元年（一七八九）「子供数多く候えば、始めは難儀にも在るべく候えども、成長致し候えば農業に精出し、次第耕作手入れ等迄も行き届き、取実段々に相増え申すべく候。左候えば、始めは父母困窮致すべく候えども、後々には子共に養われ楽に相成り申すべく候」というように、一〇年余りの間に実利をじゅんじゅんと説く形に変わった。そうして寛政十年（一七九八）には守山藩の「赤子養育仕法」が発足するに至るが、倫理感に訴えたり強制のもとに禁止しようとしたところで、どうにもならないほど深刻化していたことを物語っていよう、と述べている[29]。

近年は、各藩の人口政策にかかわる文書の分析、地方文書の分析が盛んに行われ、多面的にその実態が明らかにされつつある。しかし従来は、堕胎・間引きの研究が実証困難なテーマであることから男女の人口のアンバランスが、その存在を暗示するものとして分析の対象に据えられてきた。それらの成果をベースに、性比から見た間引きの地域類型を設定するなどの試みもなされている[30]。しかし、ここでは間引きの性比について、民俗学的な観点から分析することにしたい。『日本産育習俗資料集成』には、堕胎や間引きをテーマとした手毬唄が二曲報告されている。まず、岡山県吉備地方のものはつぎのようなものである。

二階ばばさん縁から見イれば
菊や牡丹や手毬の花や
行けばよう来た上れとやしゃる
上れ茶々飲めうすべり煙草（上って何すりゃ）
茶々も煙草も御無用でござんす
わしが腹にはおろし子がござる
堕胎せ堕胎せと七月八月
出来たその児が女子の子なら
苞に包んで三ところ締めて
向うの小川へザンブリコとはめて
鳶と烏のふまいどにさして
鳶は喜び烏は憎む
今度出来た児が男の子なら

髪を生やいて中剃り剃って
寺へのぼして手習ひさして
寺の小僧さんが無調法のもんで
高い縁から突き落されて
一丈二丈の鼻紙捨てて
誰が拾ふたとしらべて見イれば
京や大阪の屑屋が拾ふて
屑屋何ウすりゃ皮取って投げた
川のまん中で糸くず拾ふて
打って紡《つむ》いでおかせにかけて
キリコバタンコと織り上げて見たら
帯びにゃ短かし襷にゃ長し
これは元吉さんの夏羽織
チョト百ついたまた百ついた

この唄は、堕胎と間引き双方を唄い込んだもので、堕胎は七、八カ月目にすべきことが示され、それでも生まれてしまい、もし女子なら間引きの浮目に合うことが唄われている。実際女子の間引き率が高く、家を継承し、また労働力となる男子とは扱いが異なっていたようである。もう一曲は、島根県仁多郡鳥上村の、やはり手毬唄で、歌詞はつぎのようなものである。

うちの姉さん　なぜママ食わんやら

腹に七月　あの子が出来た
あれがもしもし　男の子なら
寺へ上げらしょ　学問さしょに
これがもしもし　おなごの子なら
こもに包んで　小縄でしめで
前の小川へ　そろりと投げる
上から烏が　つつくやら
下から土生が　つつくやら
つついた烏は　どこへ行た
千国万国　越えて行た

詩人の松永伍一は、伝承童謡は生活意識をもろに反映しており、したたかで痛烈であると指摘しているが、(31)『日本の子守唄』の中で間引き唄に言及している。

ねんねんころりよ　おころりよ
ねんねしないと　背負わんぞ
ねんねんころりよ　おころりよ
ねんねしないと　川流す
ねんねんころりよ　おころりよ
ねんねしないと　墓立てる

と宮崎米良地方の子守唄を紹介し、「この『眠らせ唄』の単調な歌詞のなかで、重要なモチーフとなっているのは子を殺す習慣である。『眠らないとお前を米良川に流すぞ』と言い、『それでも眠らないと墓に埋めてしまうぞ』とうたっているのである。まさにこれは苛酷な行為である」と述べつつ、この唄が生まれた社会的、歴史的背景にメスを入れている。[32]松永はこの他「子を殺す唄」として四曲紹介しているが、三曲が女子を殺す内容のものであるのに対して、一曲だけは「女の子なれば育てましょう」と唄うもので、興味がそそられた。

　ねんねんようおころりよ
　坊やはよい子だ　ねんねしな
　ねんねして起きたら何あげよ
　お寿司か餅か沢庵か
　はらませ間もなく子ができた
　その子は何っ子女の子
　女の子なれば育てましょう
　三つになったらお化粧だて
　お化粧たてたて七つまで
　八つになったら学校へ
　学校々々、十四まで
　十四になったらお仕事へ
　お仕事お仕事　二十まで
　二十になったら嫁にあげよ
　晩の幾時頃　十時頃

明治政府の殖産興業政策による、繊維産業の発達を背景としたこの唄の歌詞を、改めて分析するまでもないだろう。女の子ならば一四歳まで人並みに育て、その上で紡績工場へ送り出し、二〇歳で嫁入りさせると唄うこの歌は、育てる側のささやかな願いが託されているのかもしれないし、女子はそれが定めとあきらめているのだろうが、やり切れなさも残る。松永が言うように「生かして殺す」という、人権上の間引きなのかもしれない(33)。

ここに紹介した四つの童謡は、最後のそれを一応除いて、すべて女子を闇に葬るというものであったが、私生児の場合は男女を問わず堕胎か間引きという処置がとられ、三人も子があればつぎに生まれると膝で圧殺する（岩手県旧南部領内）、「子供の多い者は一人抜きに出来た子を間引いた」（長野県南佐久郡畑八）などの例も男女に差をつけない。このほか厄年生まれ、丙午生まれといった俗信に基づく場合も同様だろう。

つぎに近世の日記によりながら、男女を問わない、俗信に基づく間引き（ただし、校閲者は、これを間引き＝子返しとは区別している）の例を検討してみることにしたい。

この日記は、福島県南会津郡南郷村大橋、角田家に伝わる『萬事覚書帳』、別名『藤左衛門日記』である。著者の角田藤左衛門は、この地方の特産品である麻を江戸や上方方面に商いに出し、富を築いた人物である。この日記は全四冊から成り、藤左衛門誕生の寛文九年（一六六九）から享保二十年（一七三五）までの六六年間にわたる生活の記録である(34)。当時の気象、社会慣行、風俗などが丹念に記されているか、とりあえず間引きにかかわる部分を抜き出してみることにしたい。

・宝永六年己丑　藤左衛門　四拾壱
十二月廿三日夕　女共平産　子押返ス
・正徳六年丙申　藤左衛門　四拾八
同月（二月）廿二日　女共平産　貳年子　女の筈男ニ候間子返ス

とし四十四歳ニて
・享保二年丁酉　藤左衛門　四拾九
同月（正月）廿一日夕　宅右衛門妻おちよ半産　是初テ也　くわいたい七月ニテ落申よし　年廿ノ時
・享保五年庚子　藤左衛門　五拾貳
十二月四日夕ひのへさる　中段なる　義兵衛子生れる　是は拾九の女　壱年子　女の筈男ニ生　たがい子
・享保六辛丑年　藤左衛門　五拾三
二月九日夕　亥ノ刻ニ宅右衛門　五之助出生　夫廿八　婦廿四ニて　此日かのへ中段ひらく　吉日　女の筈男ニ生
五月十六日朝　下女よね子をうむ　貳年子　女ノ筈ニ見候　断なしにころす間　平助方へ不届キ之由吉郎右衛門　孫助を以断りあやまり候由　わび申間　堪忍申候　重テも左様候事有候ハバのゆいごんニさわり可申事
・享保十乙巳年　藤左衛門　五拾七歳
四月七日昼　後妻平産　去ル八月より之くわい人　九月ニテ生年四十二ノ女　男子之筈女子ニ生　たがい子押返ス
・享保十一年丙午　藤左衛門　五十八
同（十二月）十一日朝　夜之内ニ下女よね　子をなしほうばい女共　そばニね居申ニ不為知　様々なし　子をなくし　死て生しといつわり申候　うらない見候ニ当廿七の女　去五月より　はらミ当月へ十ケ月　貳年子男子ノ筈ニ候　隠し押ころし候事現れ候間　平助つるめがつぼねへさんや為拵遣ス此義親子兄第三　四人女共相談存候

享保二年の「宅右衛門の妻おちよ半産」とあるのは、妊娠七ヶ月で流産したということであり、間引きではない。

兵庫県城崎郡地方では、半産とは堕胎のことをさすようだが、多分日記の文脈から見て、流産に間違いないだろう。とすると、ここに紹介した八例中、七例が間引きであり、藤左衛門が四一歳から五八歳に至る一八年の間の事柄である。彼自身の子や下女、村内の知人、親戚などの一件が報告されているのである。そうして七例中宝永六年のそれは、「子押返ス」とあるからごく普通の間引きであろう。その他は、「女の筈男ニ生」とか、「男子之筈女子ニ生」、その結果「返ス」、「たがい子」、「たがい子押返ス」という処置がとられたものである。たがい子六例中、女の子が生まれるものと思い、予想が外れ男の子が生まれた例は四例、逆は二例である。正徳六年の「女の筈男ニ候間子返ス」という記述に関連して校閲者は注で「女の筈の所、男が生まれたのでたがい子として元に返した（間引とは違う）」と解説を加えているが、理由はともあれ、間引きには違いない。いずれにしても、占いによって生まれて来る子の性別を予想し、それが外れた子は違い子として抹殺する、ということがままあったのである。しかも、享保六年および同十一年の一件から、こうした行為は役人などへあらかじめ申し出ておけば、容認されるものだったということも判明する。

では、生まれてくる子の性別をどのような形で占ったのだろうか。広く行われていた方法は、右孕みか左孕みか、お腹のふくらみ方、形、胎動の強弱、妊婦の顔容、先に生まれた子があれば、その子の股のくびれが一つか二つか、などである。もう一つ広く行われていた占い方法は、両親の年と胎児にかかわる数（たとえば一年子か、二年子か、妊娠何か月かなど）を換算して、予測する方法である。『日本産育習俗資料集成』には、北海道、沖縄、近畿地方を除く二五県の報告例が記載されている。(35) 福島県の項にも勿論書かれているが、南郷村の民俗調査（村史編纂）に従事した安藤紫香が老母から教えられた換算方法はつぎのようなものであった。

その占いとは、男三〇歳で女が二六歳の時の子どもは、

(A)妊娠した年内に生まれるとき

男の年（＋）女の年（＋）同年内の時は一を加えて三で割る

(30＋26＋1)÷3＝19

(B)妊娠したつぎの年に生まれる子のとき

男の年（＋）女の年（＋）翌年の時は二を加えて三で割る

(30＋26＋2)÷3＝19余り1

このような計算で割りきれれば女で、割り切れずに余った時は男と判断したものだという。そうして安藤自身も『萬事覚書帳』の記載に疑問を抱いていたようで、この換算法を知るに及び、これが昔から使われていた「女の筈、男の筈」の占いかと、納得するに至ったという。(36)南郷村大橋では、こうした占いに反した子は（算定とその結果から見て）、父母にふさわしくない子で縁起が悪い、育たないとでもいうのだろうかその点ははっきりしないが、（押）返される運命にあったのである。『日本産育習俗資料集成』には一例だけ占いと異なる形で生まれた子への対応が記されている。それは岩手県のもので「夫の年と妊婦の年と孕み月との数を合わせて奇数になるのは男、偶数になるのは女児という。易判断によるものもあって、この易卦の数に反した生児は、逆子といい、出家させて僧侶にする事例などもあるという」のがそれであり、ゲンかつぎによる部分が大きいと思われる。

このほか俗信を理由とするものに、丙午生まれの子、丑年生まれの次男、両親が厄年に生まれた子、多胎児などのケースがある。以上の(1)俗信によるもの以外に間引きに及ぶ理由には、(2)経済的理由、(3)世間体によるもの、(4)人間関係によるもの、(5)家族計画に基づくと思われるもの、(6)私生児や障害児の場合、が考えられる。もちろん、これらの理由が複合した結果、間引きに至ることも多々あることは言うまでもない。『日本産育習俗資料集成』記載の事例のうち、主だったものをそれぞれ例示すると、つぎのごとくである。

(1)俗信によるもの

・丑年に生まれた次男は兄を食うといわれ、間引きされた（秋田県秋田郡大館付近）。

・双子が生まれればそのよい方、あるいは男女両性ならばその欲しい方を残して他は殺し便所の角に埋めたものである（埼玉県浦和地方）。

・双生児の場合は弱い方の子を圧殺したという。この場合、先に生まれる子は後に生まれ出る子に追い除けられた弱者だからといって、先に生まれた子を死なせたという。双子のことをブタゴなどといって獣類に近いもののようにいう。しかし現今ではかえって双子を喜ぶ親もある（鹿児島県大島郡南部地方）。

(2)経済的理由によるもの

・多産で生活難をきたすためと、またあまりにオト（弟、妹）が近ければ養育が困難なためにもスグリたるものであろう（秋田県北秋田郡大館町地方）。

・昔貧家の子福者が生児を圧死させた例は往々あったと聞く（新潟県南魚沼郡塩沢町）。

・貧困者もしくは多産の場合には胎盤とともにこもに包み、ひそかに海に流したものである（福井県大飯郡）。

・困らないが嫁ぎの足手まといになるためにする（和歌山県有田・日高・西牟婁郡）。

(3)世間体によるもの

・四〇歳以上であって外聞を恥じるため（島根県隠岐島後）。

・年寄って出産を恥じる時（広島県福山市）。

(4)人間関係によるもの

・姑がむつかしく、多産を忌むため（広島県福山市）。

(5)家族計画に基づくと思われるもの

・三人も子があればつぎに生まれる子どもを膝で圧殺することを当然と心得ている女も明治初期にはいた（岩手県旧南部領内）。

・間引きはヘイゴ（押児という）といって六〇年前までは行われたという。二男一女を残した後はみな殺したという。主として士族の間で行われ、姑がそれを行ったという（鹿児島県伊作町）。

(6)私生児や障害児の場合

・以前は貧しい人や多産の人、または夫のない人は堕胎・間引きをしたというがあまり多くは行われなかったという（長野県西筑摩郡福島、開田）。

・生児がかたわであったり、出来すぎたりすると首をひねって殺した（群馬県吾妻郡岩島村）。

(2)のうち、「嫁ぎの足手まとい」というのは、育児の手間に関する負担感を表明したものだが、嫁ぎという経済的行為にかかわるため、あえてこの類型に入れておいた。なお経済的理由には、災害などによる困窮による場合もあるのだが、日常生活を研究対象とする民俗学の性格によるものか、そうした例と思しきものは見当たらない。しかし、貧困と子だくさんは、鶏と玉子との関係に類似するからか、二つをセットのものと捉え、「貧乏でありながらたくさん子どもを育てる者、というよりも子だくさんで貧乏し苦労する者は甲斐性なしといって笑われた」（愛媛県松山市）というような記述も見られる。その意味では(3)の世間体ともかかわっているといえる。またこの(4)の理由では、夫婦の高齢時の出産を恥じる傾向か強かった。その後の子育ての負担ともかかわっているだろう。そして(4)の人間関係の広島の例は、子育てをしながら仕事をこなし、姑（舅《しゅうと》）と対応していかなければならない嫁の立場が如実に示された例といえる。いずれにしても、家族間の不和を避けるための処置だろう。

(5)の家族計画に基づくと思われるものの二例は、いずれも三人の子どもを理想としたものである。これと関連して「足らず余らず三人」（群馬県）、「子ども三人以上生んではならぬ」（東京都伊豆御蔵島）、などの諺も全国的に認められ、理想的な家族像を示唆しているものと思われる。また今日でもよく使われる「一姫二太郎なる」諺は、育てやすさとの関連で生まれる順の理想像を唄ったものだが、一方では人数、家族構成の理想もそこに盛り込まれている。太田が土佐の例で実証したように、近世末から近代の間引きの中には、(少子化志向に伴う)家族計画に基づく間引きが、各地に認められたものと推測される。しかし、考えて見れば先に掲げた(1)から(6)のうち、(1)と(6)を除けばすべて、何らかの形の家族計画に基づいてなされたものと考えることもできる。また『日本産育習俗資料集成』の島根県龍東村の報告として「一家に二児以上育てないという習俗の部落があった。五、六十軒の聯担部落に、三、四十歳ぐらい以上の者では、兄弟の多い家はない」とある。その理由は記されていないが、同じく隠岐島後の例としてつぎのように書かれている、

政策上から人口の増殖をはばまれたため、たとえば周吉郡布施村大字飯美という小部落では分家新立がはばまれ、その裏面に堕胎や間引きが奨励されていたらしい。当部落は土地が狭く耕地が乏しく、宅地も少ない土地柄である。かつ旧幕時代には他への移住が困難であったから、堕胎・間引きを禁じては部落が生きられなかったのである。

聯担の場合も、この飯美の事情とあるいは同じだったのかもしれない。これらの地域では、いわば堕胎・間引は常習のもので、地域社会の人びとも黙認するという、家族ぐるみのみならず、地域社会ぐるみのいわば共同正犯だったのである。同じく家族計画に基づく間引きといいながら、こちらのそれは豊かな生活を保つためというよりも、ぎりぎりの生活を維持するための処置であり、地域社会の歴史的、社会的、経済的条件に規定された行為にほかならなかった。家族計画に基づく間引きの中には、このような例もあったことを銘記しておく必要があるだろう。

さて、(6)の理由の障害児は(多胎児も)人並み以上の力を持つ存在として一方ではあがめられ、だからこそ一方では疎まれるのだが、この場合は残念ながら後者の見方が選択されてしまったのである。

太田は近世中期に著わされた『俗説贅辨』や『同続編』と十九世紀後半、明治初期に著わされた『高知慈善沿革史』とを比較し、前者の段階では迷信など非合理的な動機に基づく間引きが多かったが後者に至って、家族計画に基

づく少子化志向の結果間引きをする例も見られるようになったとしている。これについては先にも紹介したが、だからといって非合理的理由による間引きが消滅した、という訳でもないだろう。『日本産育習俗資料集成』を見れば明らかだが、今日でも「丙午生れの女は七人の夫をくう」などと言われ、この年生れの女子を忌避する俗信は生きているのである。そうしてたとえば昭和四十一年（一九六六）の日本の出生数は一三六万人で、前年より二六パーセント減だった。これなども俗信の根強さを如実に物語っている。家族計画といった合理的な発想が芽生え、定着しつつあったことは確かだったとしても、間引きに至らしめる理由は、俗信によるものも含めていつの時代でも多方面にわたるものと考えておく必要があろう。

以上の理由に基づく間引きの方法には、(a)圧殺、(b)窒息死、(c)餓死などがあり、手を下す人物は(a)産婆、産爺など、(b)姑、(c)母親もしくは父親で、何故か舅の例は少ないようである。また、遺体の処理の方法には、(a)苞・叺・莚などに入れて川や海に流す、(b)村外れの野山や畑、塚に埋める、(c)家屋の床下や土間、便所や厩の傍、屋敷地内のどこかに埋める、などの方法がとられた。間引きを表わす民俗語彙も豊富であるが、これについては青柳まちこが四つに分類している。(37)

(ア)外出の意（「かじかとりにやる」「山芋掘りにやる」など）
(イ)不要な授かりものを返却するの意（「戻す」「お返し申す」など）
(ウ)間引くの意（「おろ抜き」など）
(エ)殺児の方法と関連した意（「鯛の餌にする」など）

このうち、我々が普通用いている「間引き」の類、すなわち(ウ)の系統のものはそう多くはない。この点について千葉・大津は「間引くという表現は、関東のごく一部の地方でしか用いられていない」「近世の役人たちあるいは学者など、つまり農民自身でない人びとが主としてこの行為について記す場合に、その大部分が間引きという言葉を用いているのである」との見解を示している[38]。さらに千葉らによれば、間引きに関する呼称の地域的分布はつぎのごとくだという。

本州北端と沖縄県の南端とに子どもは神からのさずかりものという意味の名称が共通して存在する。つまり、霊界からやってきた生命であると考えた結果として、カンダネとかオカエシモウスとかいう表現が用いられているのである。そして、その北端と南端からやや近畿に近づいた位置にある九州と東北から関東にかけての地域では、あの世から来た幼い生命に、もう一度もとの所に帰って貰おうという考え方の、モドスとかカエスという言葉が使われている。それよりもさらに近畿の低地に近づいた中国地方と中部地方とでは、やはりよく似た表現として、家からどこかに出した、現在不在であるという意味の表現が用いられている。そして、その両地方にかこまれた近畿低地帯では、間引きに対する名称がないのである。

そうして、こうした周圏論的分布をもたらした理由について、三都周辺の人びとは儒学や仏教の知識を持つ人が多く、しかも役人たちの監視が厳しいことから、間引きなる行為は悪いことで他人に知られれば決して良い結果にはならないものと認識していた、と述べた上で以下のような結論に至るのである[39]。

このような近世的な道徳教育の普及した地域から遠ざかるにつれて、自分らの家族たちの必要から産児を処分することもやむをえないという考え方がしだいに強くなる。そして間引きを公然とは表現できないがやや教育の浸透している中国地方や中部地方の各地には、家にいないとか他所に送ったといった表現が行われる。そしてさらに、こうした儒学的道徳観や仏教教義が、住民に充分納得されていないような土地、逆に子どもの生命の再生を信じて仏教に対して反発を感じている住民が大半であるような土地では、産児の生命は神霊の世界から送りこまれるものという古い思考に立つために、その生命を奪うことを「お返しする」という意識で行ったわけである。つまり、それを公言しても近隣社会はあやしまず、大きな悪あるいは罪になるとは考えない文化というものが、この地域にはあったということになる。

本人たちも認めているように、やや荒っぽい論ではあるが傾聴には値しよう。さて随分遠回りしてきたが、ようやく堕胎・間引きに対する認識（道徳感、倫理感）について検証する段になった。そこでまず、産死者の葬法や供養を通して、人びとの産死者・胎児に対する認識と対応のあり方を見ることにしたい。

三　産死者の供養

千葉・大津らが分析したように、子どもが死んだ場合、簡単な葬儀・供養で済ませてしまうというのが全国的な傾向である。たとえば近畿地方では、大人の墓であるオオバカと子供の墓であるコバカとを別々に設けて祀る所が多い、子どもとみなされる年齢は様々で、一九歳あるいは一七歳という所から、低い方では七歳、五歳、一歳という所まである。一般には七歳が多いが年齢基準には幅を持ちながらも幼児の葬儀は僧侶も一人で蓮台にのせて近所の人びとが竹の棒で担いで埋葬してしまう。そうして生後一年も経っていないような子どもは屋敷地内に埋め、むしろ、小さな子は丁寧に埋めたら生まれ替わりをしないと言って嫌う傾向さえある。(40) ちなみに九世紀の『令義解』のうち喪葬令には、七歳以下の子どもに対する服喪の規定はなく、実際古代・中世を通して七歳以下の乳幼児に対する葬儀は簡単だったという。(41) この喪葬令と民俗事例とはどう関連するのか、興味深い所である。また、新村拓によれば十世紀の『延喜式』のうち「臨時祭」には、妊娠四カ月以上における流産の場合は三〇日以上の忌、三カ月以下の場合は七日といった産穢規定があり、妊娠四カ月以降に関しては大人の死と同様に扱われ、独立した人格を持った者と見なされており、服喪規定に見る古代の胎児観は中世にも引き継がれているという。(42) 胎児の処置方法については言及されておらず残念だが、古代・中世における服喪規定が、胎児と幼児で何故こうも異なるのか考えさせられる、という新村の見解は興味深い。

話がやや脇道にそれてしまったが、民俗のレベルでは幼児の死は、正常な人間として生を全うしえなかった霊、祖霊化コースから外れた霊で、広義の無縁仏の範疇に入る。産死者も思いをとげずに人生を全うすることなく異常死した、やはり無縁仏といえる。無縁仏に対する葬送、供養のあり方はそれぞれに異なっており、産死者の場合も特異な民俗が見られる。一般に子を孕んだ女性が死ぬと、子を取り出して別の棺に入れ、女性に対しては流れ灌頂なる特別な供養を施す。これらの習俗については、後ほど『日本産育習俗資料集成』を繙きながら分析することにしたい。もう一つ興味深い儀礼を青柳が報告していることから、それを先に見ておくことにしよう。

人間は霊肉から成り、肉体から霊魂が飛び去ってしまうと死に至ると考えられていたため、臨終に際してもう一度魂を呼び戻そうとする招魂儀礼が各地で行われていた。これを魂呼びと称するが、魂呼びには枕許で死者に向かってその名を呼ぶものと、屋根の上から他所に向いて死者の名を呼ぶものと二類型があり、井之口章次は後者を古いものと見ている。(43) 青柳は、「栃木県安蘇郡では、分娩中に気の遠くなった女性を近くで呼んではいけない、屋根に上って呼ばなければいけない」あるいは「隠岐島中村（西郷町）では、産死の場合、屋根の棟をうがち、その穴から細引きを垂れ、細引きの一端を産婦の頭髪に結び、この穴から女性の名を大声で何十回も呼ぶ。そうしてどうしても答えがなければあきらめた」といった事例を引用しつつ、産死の場合、多くの地域で古い屋根型のものであり「魂よびの習俗は、あるいは本来産死に関してのみ行なわれたのかもしれない」との仮説を呈示した。(44) 出産時における死亡は、伝説「産女の幽霊」に端的に示されているように、当人にとって諦め難いものであったろう。また健やかな子の出産を待ち望みつつ、母体を気遣う家族にとっても耐え難いものであり、並の死者以上に甦えることを期待して魂呼びをしたであろうことは想像に難くない。しかし、魂呼びの型の新旧、また本来どのようなものであったかは筆者には判断しかねる。いずれにしても、淡い期待をかけて魂呼びをした効果もなく産褥中に死をとげた場合、死んだ女性は血の池地獄に堕るといわれ、あわれな産死者の救済と供養のために行われた儀礼が流れ灌頂（川施餓鬼）にほかならない。女性の堕地獄とその救済を説いたのは、室町時代に中国から日本に伝来した偽経「血盆経」である。女性の月経による出血を汚れとみなし、血の池地獄へ堕ちると説き、産死した女性は特に罪深い存在とみなしたのである。この血盆経は護符、絵画、和讃など多様な題材に取り入れられながら人びとの間に浸透して行った。『日本産育習俗資料集成』には「産で死にゃまた血の池地獄。後で頼んだよ川施餓鬼」（山梨県北巨摩郡）、「産で死ぬかよ血の池地獄。後で頼んだよ川施餓鬼」（同東山梨郡）などの俗謡が報告されている。[45] また、「妊娠中もしくは分娩後七十五日までに死んだものは血の池地獄で苦しむので千人の力を借りてこのようにすれば（流れ灌頂のこと＝筆者注）成仏する」（福井県大飯郡佐分利村）などとあり、各地の例が記載されている。流れ灌頂の儀礼内容は地域毎にバリエーションがあるものの、一般的には河畔に四本の篠竹を立て、赤い木綿布の四隅を竹の先端に結んで、布の上に塔婆や産死者の櫛などを置く。そうして通りがかりの人に水をかけてもらう。赤い布があせるまでする、一、〇〇〇回かけると成仏する、などと言うもので、不特定多数の人びとによる共同供養の一つなのである。昭和五十年前後までは関東地方でも見られ、近在の女性たちが連れ立って供養する姿が認められた。しかし、今日では高野山奥の院を流れる玉川に見られる程度である。小野泰博は、従来流れ灌頂の実施や無縁仏の供養など、共同で供養することによって死者のケガレは除去され祟りという不安も解消されてきた（あるいは不安が分散されていた）が、共同供養の消滅によって、それらの不安が個人個人に集中する結果となったとし、今日の水子供養の爆発的ブームを「不安の個別化」という文脈で捉えている。[46]

流れ灌頂と並ぶ、もう一つの産死者供養の方法は、「妊婦が死んだ場合は身二つにしてやらなければ成仏できない」（長野県）あるいは「死後でも分娩させないと苦痛だろう」（福島県）などの理由から、死体分娩をし、その後に葬るというものである。個々の事例は省略するが、おおむね以下の四つの型に整理できる。

(A)　実際に開胎・分娩し、身を二つにする。その後は別々に埋葬したり、死児を死母に背負わせて埋葬するなどバリエーションがある。月重くなって、妊娠八カ月以上の場合に開胎と時期を限った例も散見される。

（B）開胎・分娩せずに、死母に人形（あるいは槌）を添えて、子が生まれた体にして棺に入れる。

（C）棺の中に糸取り枠や下駄を入れ、棺の中で出産する形にして埋葬する。

（D）僧侶の力で棺の中、あるいはあの世で出産させてもらう。

いずれにしても、これらの儀礼の目的は女性に思いをとげさせた形にして葬り、成仏をとげさせようとすることにまずあるといえる。なお、そのこととの関連で板橋春夫が興味深い指摘を行っている。板橋によれば「ごく稀に死んだはずの妊産婦が、墓の中で胎児を生んでいる例があった」という(47)。医学的に見ても、妊婦が死んだ場合、腐敗過程でガスの圧力によって胎児が排出されることも実際あるとのことであり、身二つにする儀礼の背景には、このような経験的知識があるとの板橋の見解には説得力がある。

ところで以上のように産死者に対する処置方法が豊富なのに対して、この世に生を成す筈だった子どもへの対応に関する記載はきわめて少ない。「胎児にも別に法名をつけ、位牌を作り葬儀を行う」という福島県の報告と、「妊婦の死亡した時には卒塔婆を二基として施餓鬼を行う。胎児の冥福をともに祈るため」という愛知県海部郡甚目寺地方の報告があるだけである。流れ灌頂といい身二つにして埋葬する供養方法といい、胎児が全く視野に入れられていない訳ではないだろうが、主として産死者を供養対象としたものである。板橋は、胎児生存への期待も身二つにする儀礼が行われる理由の一つと見ており、胎児が周囲の人びとによって意識されていることになる。ただし、供養というレベルでは妊婦に比して胎児の陰が薄い。一方では位牌や卒塔婆を二基用意する、あるいは開胎し別々に葬る、二度葬儀を行うといった報告も少なからずあり、あるいは胎児も独立した霊魂を持つ人格と見なしていたのかもしれない。

四　堕胎・間引きに対する認識

中條流やコオロシババを揶揄した俗謡は以前に紹介したが、堕胎を生業とする者に対しては、人びとはその倫理的感情から批難の対象とし、罪の報いが及ぶもの（あるいは祟る）と考えていたようである。『日本産育習俗資料集成』には、愛知県額田郡の例としてつぎのような話が載っている。「額田郡坂崎に某という医者かあり、その妻は産婆であったが堕胎の術に長じ、近村の依頼を受けて多く堕胎を行った。その悪行の報いか今は家断絶し、その屋敷に移り住む者にはみな不幸が多い」と。また、間引きに関しても、その当事者と周辺の者に報いが及ぶという話が二例報告されている。青森県中津軽郡船沢村のそれは「三人以上間引くと自身の身にまでかかるという迷信かあったため、それ以上は差し控えた」というもので、その人数によってはという限定つきである。つまり、裏を返せば「一人、二人は……」といった意味であり、間引きが頻繁に行われ、ある程度までは許容されうるものと考えられていた節がある。それに対して香川県丸亀地方のものは、「生まれるとすぐござに包み、重しをして息を断ち、海中に捨てた。以上のことをすると後の子は狂人・放蕩者・馬鹿者になる」と、親の因果が子に報い式の仏教的因果観に基づくものにほかならない。

これだけの史資料では何とも言いかねるが、同様のものは近世史料にも散見される。天野信景が著わした『塩尻』巻之六三（享保期刊）に「下胎の薬を売し女医」として次の二つの話が載っている。(48)

過し年東都牛込某の町にありし女医、頓に病にかかり七転八倒其さま隣家をして驚かさしむ、悶乱非声瓔孩の痛叫するに似たり、自云、頭脳くだけ心臓裂と、又云、赤子許多枕上にありと、手して打はらひ打はらひしけるが三日といふ暁狂ひ死にせしとかや。〔割注〕予東都其近き所に住しかば即日聞し。（略）

名医録に、京師の白牡丹〔割注〕女の名也下胎の薬を売て業とし富を得たり、一旦病に臥し脳疼頭腫潰爛いふべからず、大に叫て云、数百の嬰児来て我脳袋を噛、其苦痛しのぶべからず、是我毎に毒をもつて胞胎を破りし其報なり、家人等願はくは我為に所〻蓄の方書を焚て世に伝えず、其罪を謝せよとて終に死せるさまを委しく記せり。（略）

いずれもが堕胎を生業としていた女性の話で「赤子許多枕上にあり」とか「数百の嬰児来て我脳袋を噛」とあり、赤子（嬰児）の幻影に悩まされたあげく、狂い死に、悶絶死をとげている。そして後者では「是我毎に毒をもって胞胎を破りし其報なり」という形で非を認め、「我為に所〻蓄の方書を焚て世に伝えず、謝せよ」と懺悔の上、罪ほろぼしのための遺言を残して果てているのである。これらに先立つ貞享三年（一六八六）に刊行された井原西鶴の『好色一代女』には、あくなき性的遍歴を経た女性が、おそろしい幻想を見る場面が描かれている。[49]

一生の間、さま〴〵の戯れせしを、おもひ出して、観念の窓より覗《のぞ》けば、蓮の葉笠を着たるやうなる子供の面影、腰より下《しも》は血に染《そ》みて、九十五、六程も立ちならび、声のあやぎれもなく、「おはりよ、おはりよ」と泣ぬ。「これかや、聞き伝へし孕女《うぶめ》なるべし」と、気を留《と》めて見しうちに、「むごいかゝさま」と、銘々に恨み申すにぞ、「扨は、昔、血荒をせし親なし子か」とかなし。

ここでは、所謂水子が孕女と書かれているか、「腰より下は血に染みて、九十五、六程も立ち並び」母親を責めているのであり、同書には挿絵まで添えられている（図17参照）。また「聞き伝へし孕女なるべし」とあるからには、相当広く「孕女」の存在が知られていたものと推測できる。この話は森栗も引用したもので、今日の水子供養と無縁の例外的水子供養と見なした話である。

さらに高田衛著『江戸の悪霊祓い師』には（同書は『祐天大僧正利益記』に分析を加えたものだが）、「水子と捨子」と題して「高野新右衛門が下女得脱の事」という話が取り上げられている。この話は、江戸の名主新右衛門がよしという

図17　井原西鶴「孕女の図」（『好色一代女』）

下女を通じて生ませたあげく、堕胎薬を飲ませて死に至らしめてしまう。そして堕胎薬で死んだよしが「母子諸共に命を失ひぬ」と、未生に終った胎児の怨念を重ねて、新右衛門への恨みを告げて泣き叫ぶ、いわば怨霊となって祟るのである。そこに祐天が登場し、新右衛門に「十七日の別時念仏を修せしめ」るとともに、自らよし及び一五の水子の霊に法号（戒名）を与えて、あつく弔い、成仏させるところで話が終わっている。高田は、「この話は当時にあっては前例のない水子の成仏をはかる説話であって、現在のわたしたちにはたやすく信じえる話ではない。しかし元文五年（一七四〇）九月、京都知恩院門前の書肆、沢田吉左衛門の板行した『現証往生伝』が巻頭にとりあげた、祐天大僧正の伝記によるならば、かなり著名な事件であって、全国的に知られていたもののようである」と述べている[50]。「高野新右衛門が下女得脱の事」には水子という言葉は出てこず、「堕胎させたる子供」という表現がなされている。今日いう水子とみてさしつかえなく、十七世紀後半から十八世紀前半には、所謂水子が祟るという認識があり、しかも都市部を中心に庶民層にもそれなりに広がっていたものと考えることができる。以上四話について言えば、前二者はいずれも堕胎を生業とする女性の話であり、また後者二者はあくなき性遍歴のあげく、くり返し堕胎せしめた男女を主人公とするもので一般庶民の所業に言及したものではない。しかしこれによって不義・密通に対する倫理観と重なる形で堕胎が罪深い行為と見なされていたことが知られる。

なお、高田の『江戸の悪霊祓い師』に衝撃を受けた椙山聖子は「『水子』が『たたる』という観念が成立するためには、胎内にいる（いた）モノに対して、生命がある（があった）者という意識がなくてはならないであろう」として、沢山の見解を検討しつつ胎児の生命観について言及している。仙台藩の「死胎披露書」の分析から沢山が、妊娠五カ月を境に「物」から「人」へと線引きする胎児観が見られるとの結論に達したことは第二項で触れた。沢山は、東北では妊娠末期の堕胎が多く、それは胎児の生命より、女性（の生き方）を優先させるための行為であり、東北農村に

図18　『女重宝記』「胎内十月の図」（仏具・仏と対応させる形で胎児の成長を描いている）

広く流布した産育書『甲斐読本』の「間引き」は「不仁の所為」なりとして堕胎をすすめたが、これに従ったとしている。[51] その点をふまえた上で相山は「とすると、ここではむしろ出産前と後で『線引き』していたと言った方がよいのではなかろうか」と沢山説に異議を唱えている。[52]

中世から近世にかけて、胎児の成長過程を説く仏説が図像化され唱導者（熊野比丘尼など）や俗書（例『女重宝記』、図18参照）を通して流布したと見る新村は、「近世の堕胎・間引きの行為からうかがえる胎児観は、それらの行為を戒める立場にある者は概して胎児を独立した人格をもった人間とみなしているのに対し、堕胎・間引きをする側の者は、胎児を流動的な生命体とみなす傾向が強かった」としている。[53] 慎重な表現というべきか、巧みな表現というべきか、たぶん庶民の間にも初期の

段階はいざしらず、懐胎後のおぼろげな胎児の成長過程を認識していた者が多かったろう。五カ月目戌の日の帯解き祝いは、懐胎後初めて社会的承認を得る第一歩にほかならない。この五カ月目の帯解き祝いは、あるいは胎児観を反映しているものなのかもしれない。いずれにせよ、五カ月目が堕胎の一つの区切りとなっていたことは確かである。もう一つの線引きは椙山のいうように堕胎と間引のどちらを選ぶか、間引きをするかしないかという意味から出産後である。なお、間引きの場合一般に生後三日以降にはするものではないと言われている。生後三日間にわたる母と子の接触時間の差がその後の子に対する母親の行動に大きく左右し、子育てする親らしい気持を作りあげてしまう、というのがその理由である。(54)

堕胎を選択するか間引きにするか、堕胎ならば五カ月目を境にその前後どちらを選ぶかは、それぞれの事情によるもので、胎児や嬰児の生命にまして優先させるべき理由があったのだろう。そして感覚的レベルでいえば生まれ出たものよりも胎内のものの方が、また同じ胎内でも形を成したものよりも形のないものの方が処理しやすいといえる。罪の意識の軽重も、あるいは祟りの認識もそれに対応するのかもしれない。しかし、懐妊を自覚して以降は、順調に育ち時間を経過すれば、人格を持った存在として生れ出ずるはずのものであり、一つの生命体が宿ったものと考えるのが普通ではなかろうか。したがってどの段階の行為かにかかわらず多少なりとも罪の意識にさいなまれるのはごく自然といえる。『日本産育習俗資料集成』には、「ある人の話に子供が生まれたと聞いて行って見ると、尻の下に死なして平気でいた」(群馬県吾妻郡嬬恋村)とか、「きわめて以前のことを老人に聞くと、平然として堕胎していたとのことである」(福岡県糸島郡)といった例も確かにある。「神にお返しする」「またすぐ生まれ替わる」、「皆がやっていること」「家族ぐるみ、地域社会ぐるみの行為で黙認されている」等々の理由で正当化し、平然としていた人も確かにいなくはなかったろう。しかし、これらの理由は、何らかの事情で堕胎・間引に及んだ人びとが、罪の意識を軽減するために、安心感を得るために、方便として用いた、といった側面も強いのではなかろうか。

五　水子供養をめぐって

最後に、水子供養を見ながら胎児の生命観および堕胎（中絶）に対する倫理観について検討を加えることにしたい。ちなみに水子は、本来出産後あまり日数を経ていない赤子のことで、必ずしも今日のように人工中絶によって未熟のまま掻き捨てられる胎児をさすものではなかった（民俗語彙として見ると、宮城県七ヶ宿町のように、堕胎することを「ミズゴにする」という例もあり、また、長崎県壱岐島では、生児のその年の内に死んだ者をミズコと称するなど、双方の意で用いられているが……）[55]。

一方仏教寺院では、生れたばかりでまだ名前もつけられていないような子には、童子や童女ではなく、「水子」なる戒名を用いている。そうして西鶴の『好色一代女』における「孕女」、「高野新右衛門が下女得脱の事」における「堕胎させたる子供」といった表現に示されているように、近世半ばころまでは、水子という語が用いられることはなかった。近世を通じて使用例はほとんどないが、椙山によれば「みずこ」と読むかどうかは別として、寛政五年（一七九三）に老中松平定信が建てさせた両国回向院（浄土宗）の水子塚とかかわる形で、『医事小事』及び『田家茶話』に見られる程度のようである[56]。回向院の水子塚は、森栗によれば、江戸の「都市生活を維持できない人びとが、間引いた子を『宅あづかり』として、乞食頭配下の者に預けて両国回向院に持っていってもらった。それで、そうした行為を戒めるために松平定信が建てた」ものだという[57]。高橋梵仙の『堕胎間引』の研究に『医事小事』の「當時女醫師が宅預りと唱へ七月分、一兩二分を申し受ける水子と稱して本所同向院へ二百匁または一朱添え送る」といった記事が引用されており[58]、乞食配下の者のみならず、医師も仲介者として機能し、二百匁ないしは一朱で埋葬が可能だったことがわかる。おそらく人目をはばかって、医師や乞食頭を介して行ったと思われるが、少なくとも埋葬しようという意思に基づく行為だったのであり、その点に留意しておく必要があるだろう。ちなみに回向院の水子塚の銘はつぎの通りである。

（正面）水子塚

（右側）堕胎死胎夭殤之靈埋瘞於此几一萬人寛政五年
発丑五月建修法要薦福幽魂募以百八念珠點窠
之圖使緇素唱寳號隨乎根機十念百念或千萬念
彩填一顆以爲功徳竟以圖勒石墳土日夭亡塚永
世以胎夭亡骸忠窆於此等令幽魂潤乎法澤云爾

（左側）寛政五癸丑年五月廿八日
國豊山回向院十二世
見蓮社在譽巌龍建

（台座）稲葉氏先祖代々一切精靈
本相常源菴主根室貞源大師
川島氏先祖代々一切精靈
昂應淨心有無兩縁諸精靈
村上氏先祖代々一切精靈
覺智道運信士見阿妙鏡信女
稲田氏先祖代々一切精靈
後藤氏先祖代々一切精靈

写真41　水子塚
（東京都墨田区回向院）

法音院樂譽妙全大姉
遠州南嶌村川嶋氏俗名たま
本珠艶光大姉眞法信士
法西九月十四日精靈
島羽村六月初三日精靈
於ガン於イワ於ョキ
俗名　於サン於ユワ万古於トョ
於千代於シナ佐七
釋恵近
水子二人忌

松平定信の人口政策に検討を加え、この水子塚碑文を紹介した大森志郎は、「最後に『水子二人霊』とあるのは、この無縁塚に納めた胎児への供養であろうし、月日を書いただけの名のない精霊、名だけ並んでゐる連名などもこの塚の碑を建てるにあたつての寄進が、どういふ人だちから寄せられたかを語つてゐるものと思はれる」と述べている(59)。水子塚の銘に「堕胎死胎夭殤之霊」とあるからには、胎児のみならず、流産や死産児、あるいは間引かれた子に至るまでの諸々の霊を供養するためのものである。そして大森が言うように「水子二人霊」が胎児をさすものだったとしても、塚の建立に際して寄進した人々の階層に限っていえば、かなり高い筈である。いずれにしても、彼等の心情は碑の銘からひしひしと伝わってくる。堕胎・間引きを戒めるために建立されたものとはいえ、結果的には幕府公認の水子塚として機能し、やや限られた層の人々によってではあるが広義の水子の供養が行われていたと見ることができる。

写真42　水子灯籠
（東京都板橋区常楽院）

水子と銘のつく塚や石塔類では、近世のものはもう一基確認されている。板橋区前野町・常楽院（真言宗）にある、水子灯籠地蔵尊がそれである。灯籠の火袋の部分が六角になっており、各面に一体ずつ合掌地蔵がレリーフされたものだが、建立年代や由来は不明である。近年作成された『常楽院誌』なるパンフレットには「この世に生まれ出ることなく去っていった幼子の成仏をひたすら願う親の心情がひしひしと感じられます」とあるが、広義の意の水子供養のためのものであろう。水子の語義からいえば、近世の水子供養と今日のそれとの間には明らかに断絶が認められる。しかしながらいつごろから水子即胎児と見なされるようになったかははっきりしていない。

さて、近・現代の堕胎（中絶）をめぐる歴史的動向については田間がトレースしているが、その要点を整理するとつぎのようになる[60]。

（1）明治十三年（一八八〇）に刑法において堕胎罪が規定され、明治三十二年（一八九九）産婆規則が制定された。そうして「産めよ殖やせよ」の国家政策により、堕胎の犯罪性は強化され、それとともに人口が急増した。

（2）昭和初年には中絶をめぐるサギ事件もあり、当時も堕胎をめぐるフォークロアのうち、飲み薬、座薬に関するものが生きていた。また中絶は、現実には貧富・階級を問わず生活を守りたい人の最後の手段であったが、他方避妊や中絶は一部の豊かな者が快楽のために行う不道徳な行為と見る傾向にあった。

（3）昭和十六年（一九四一）、政府は二〇年後の人口一億人達成を目標とする「人口政策確立要綱」をまとめたが、敗戦により頓座し、昭和二十三年（一九四八）ようやく優生保護法が成立した。

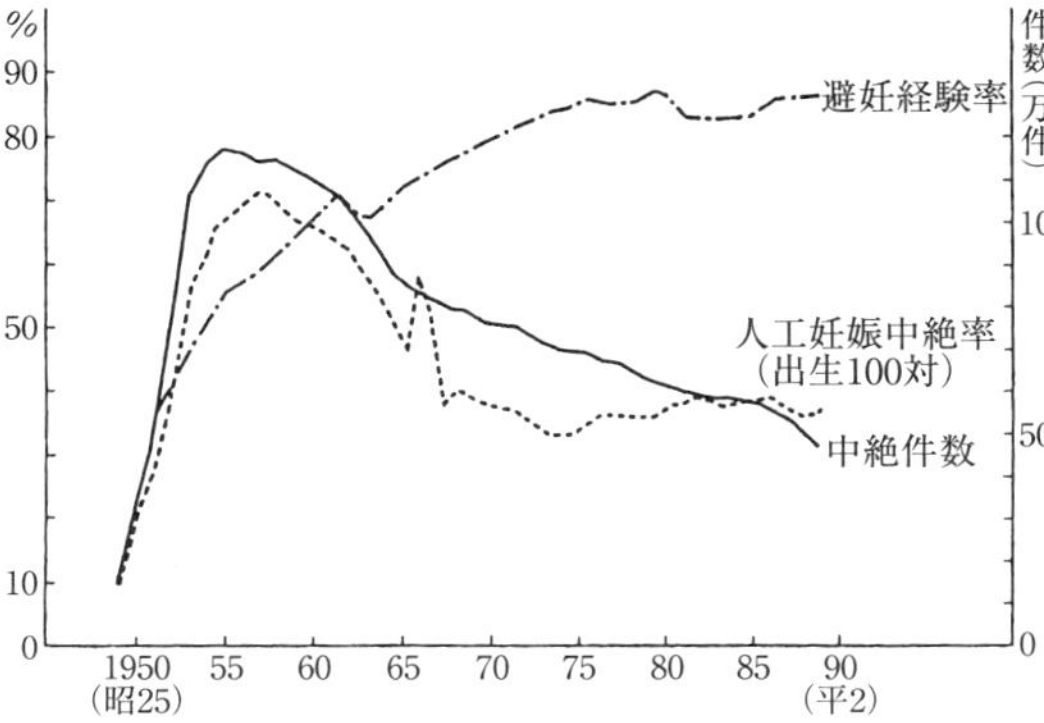

図19　中絶と避妊の変化（田間(註９)による）
『日本の人口・日本の家族』，厚生省『母子衛生の主なる統計』(1990)，厚生省『衛生年報』昭和24年度版（1953）『同』25,26年度版（1954），毎日新聞社人口問題調査会『全国家族計画世論調査』（第１～19回）から作成。

(4) 日本における避妊剤使用の遅れが中絶へと走らせたが、昭和三十年（一九五五）にはその数一一五万に上り、「中絶天国ニッポン」などと言われ、海外からも中絶を目的でやってくる者も多かった。

(5) 一九七〇年七月に組まれた朝日新聞のシリーズ記事「ゆれる優生保護法」は、水子について取り上げたものだが、「供養」の実態と三カ月までの胎児が、汚物として処理される矛盾をつき、「中絶は胎児を抹殺する行為」「母性の喪失」といったキャンペーンがはられた。

そうして田間によれば、中絶は（生まれた子の生命に等しい）胎児の抹殺として、子捨て・子殺しと同一視され、母性を喪失した母親の身勝手な行為として批難の対象にされたという。

こうして見ると冒頭で紹介した森栗の見解も肯けるが、堕胎・間引きの当事者として女性を責めるのは、近世や近代初頭の教諭書、間引き絵にも見られ、戒め、批難する側の常套手段であって、少しも進歩していないのである。

それはともかく、胎児を個別の生命体と認める発想、あるいはその祟りの発現といった認識の、少なくとも萌芽は近世にあったと言って良い。しかし、「生命の個別化」といった認識を促したのは現代医学の発達である。超音波の反射音を画像処理して胎児の動きを映し出し、別の生命体の存在を妊婦その他が容易に確認できるようになったからである。また、森栗や田間が指摘するように、優生保護法とからめた政府やマスコミのキャンペーンの果たした役割も無視できない。こうして胎児の生命が尊重される一方で、環境や住居問題、養育労力や教育経費の問題といったマイナス要因と他方では豊かでなごやかな家庭生活を求めて少子化志向が進み、その結果中絶に及ぶケースがまま見られるようになった。

さてここに、京都府下A寺院参詣者のうち、水子供養実施者に対して行ったアンケート調査と、全国の水子供養実施寺院に対して行ったアンケート調査に関する資料がある。(61)これらによりながら、近年の水子供養の実態をみることにしたい。

前者は、一九八三年から一九八六年にかけて、A寺院と東京工芸大学共同研究班によって実施されたもので、回答者数は一、一二七人に上る。京都・大阪・兵庫を中心とする近畿居住者が圧倒的な数を占めているものの、ほぼ全国に及ぶ。女性が八四・九パーセントを占め、年齢別では二〇代が五二・四パーセント、三〇代が一八・四パーセント、四〇代が一一・四パーセント、五〇代が七・七パーセントと続き、一〇代が四・三パーセントという数字である。「お子さんを失くされたことがありますか」という問に対して、あると答えた人は七九・五パーセント、失くした理由は流産一九・二パーセント、死産三・一パーセント、そして中絶が七六パーセントと最も多く、その他出産後や事故でなくなったケースも少ないながらある。A寺院以外でも供養している割合が二四・三パーセントに上っており、理由はさまざまながら子をなくした人びと思いの深さを伺い知ることができる。またその供養回数は、月に一度とするのが一〇・〇パーセント、年に一度というのが二六・一パーセントを占め、中には毎日というのもあって、四パーセントという割合になっている。その他というのが二七・二パーセントと高い数字を示すが、命日（二一・八パーセント）のほか、春の彼岸（一〇・〇パーセント）、秋の彼岸（一〇・六パーセント）、お盆（一六・一パーセント）などと思い思いに供養を実施しているようである。正月や七夕、雛祭、子どもの日、地蔵盆に際して実施される場合もある、さらに「供養を始めて何年になりますか」といった問いに対しては、一年未満八・二パーセント、一年一二・六パーセント、二年九・〇パーセントと一年をピークにそれ以降徐々にパーセンテージが低くなるものの、一〇年以上になると、急に四・七パーセントと高くなり、さらにそれ以上の年数を供養し続けている人びとの割合は四・七パーセントにも達している。一番長いのは三一年以上で二人（〇・二パーセント）存在した。

何故、一カ所のみならず数カ所で、しかもこれほど長い間供養し続けるのだろうか。それに対しては以下の質問項目とそれに対する回答が、その理由を明らかにしてくれる。まず「あなたは、みずこに対してどのような気持をお持ちですか」という問に対して、罪を感じるという人が七三・三パーセントおり、罪を感じることもある一一・九パーセント、罪に感じることはないが、心の重荷になっている八・〇パーセントと驚くほどの数字を示し、全く罪を感じないは、〇・九パーセントにすぎなかった。そうして供養しないと祟ると思う人三三・一パーセント、思うこともある三九・〇パーセントが、思わない一〇・六パーセントをはるかに凌駕しているのである。また、祟りの認識に関しては、身体の調子にでてくる五・二パーセント、家族が病気・怪我をする三・六パーセント、不幸・災厄を招く三・三パーセント、夢まくらなどにでてくる二・四パーセント、異常現象・金しばり二・三パーセント、子どもがだめになる一・六パーセント、家族の不和・人間関係のもつれ一・五パーセントときわめて多岐にわたっている。

一方、一九九一年一月に高橋三郎、高橋由典が全国の水子地蔵実施寺院に対して行ったアンケート調査の回答数は二八四、回収率八一・四パーセントと高いものであった。

水子供養を始めた時期については、昭和二十年以前というのが一七・六パーセントあり、二十年代二・八パーセント、三十年代四・九パーセント、昭和四十年代一六・九パーセント、昭和五十年代四七・五パーセント、昭和六十年代八・五パーセント、残りは無回答となっている。昭和四十年代以降盛んになったことはしばしば指摘されてきたが、戦前から実施している寺院が多い点は注意しておく必要があろう。なお、ここ数年の実施状況については、以前より減っているとの回答より、増えていると答える寺院が多いものの、以前とあまり変わらないとする（四五・八パーセント）所が多い。ちなみに各寺院が水子供養を始めたきっかけは（複数回答）は、「水子供養」を希望したからというのがもっとも多く、七二・九パーセントを占めている。その他、自分の体験に照らして当然だと思った二四・三パーセント、前住職がしていたから一六・五パーセントと続き、ブーム・評判だから、財政上の理由から、宗門からの指示があったからという例もごくわずかながら存在する。

水子供養の信仰対象は、水子地蔵とする寺院五六・七パーセント、本尊四六・五パーセント、水子観音一三・八パーセント、その他一五・八パーセント、とくに決まっていない三・二パーセントとなっている。数字が一〇〇パーセントを超える理由ははっきりしないが、本尊プラス他の仏という形で答えたケースが多いからではないかと推測される。それはともかく、水子地蔵が半数以上を占めていることがわかる。なお寺院側は、多くの人びとが水子供養を実施する理由について、罪の意識から四九・六パーセント、さまざまな悩み事の解決を求めて二九・九パーセント、将来の幸福のために一六・二パーセント、祟りを恐れて一二・三パーセント、その他との認識を持っている。祟りを恐れてといった回答は意外に少なかったが、その一方で「水子供養に来る人達は、水子の祟りの意識を持っていますか」との問いに対して、大部分の人あるいはかなりの人が持っているとの答えが合わせて六三・四パーセントに上り、否定的な回答一四・八パーセントと比較すると雲泥の差がある。

以上、水子供養実施者と寺院に対するアンケート調査から、今日の水子供養の実態を見てきたが、田間の指摘を踏まえて言うならば、水子供養は、胎児の生命の尊重とその抹殺といった、認識と行為との間のギャップを埋めるべく喧伝され受容されていったものであり、一部宗教者による祟りの強調と母親を取り巻く社会環境の変化、すなわち不安の個別化が一層の拍車をかけ、今日の爆発的な水子ブームになったと考えられる。

結びにかえて

筆者は間引き絵に関心を抱き、東北地方をフィールドとして調査を進めてきたが、堕胎（中絶）・間引きを真正面から取りあげる気などさらさらなかった。しかし、近年隆盛めざましい女性史を中心とする歴史研究に触発されて、重い腰を上げる結果になってしまった。女性史研究による、「堕胎・間引きは家族計画に基づく少子化志向によるもの」で、「七歳までは神のうち、子供はすぐ生れ替わるという伝統心性がいつまでも保持されるとは考えられない」等々の発言に、一方では肯きつつ、他方では「家族計画に基づく堕胎・間引きの正当化」を強調しすぎるきらいに違和感を覚えたからである。近世後期の段階で、少子化志向に基づいて人口調整が行われ始めていたことは確かだろう。しかし、本節で検討を加えたように、堕胎、間引きに至る理由は、俗信によるもの、経済的理由によるもの、世間体を気にして行われるもの、人間関係に基づくもの、母胎を理由とするものなど多々あるのであり、その点を再度強調しておきたい。また、歴史学の人達は、伝統心性を堕胎・間引きを正当化する理由と見ている。確かにそう信じている人が少なからずいる一方、子が甦るから間引きをする訳ではなく、先に述べた通り、むしろ罪の意識を和らげるための手だてとして「子は神からの授かりもの、神にお返しする」、「子はすぐ生れ替わる」といった認識を持ち続けたのではないか、というのが筆者の見解である。樋口の「若い魂の再生を信じるといった意識は、その行為に対する言い訳や慰に用いられたかもしれませんが……」との見解はその意味で首肯できる。しかし樋口は続けて「少子化への意志こそその行為を正当化するものであったように思うのです」と述べ[62]、一面的見方に終始している点が惜しまれる。

堕胎・間引きの方法はさまざまだが、妊娠五カ月目と出生後に一つの線引きがなされていたことが確認できた。母胎の安全というレベルだけで考えれば、堕胎より間引きがより安全であり、堕胎であれば安定期の七、八カ月目が好ましい。しかし、危険な二、三カ月目に行われることもあり、社会慣行や価値観に応じて選択されたものであった。なお、私生児に関しては早い時期の堕胎が圧倒的に多く、また堕胎を生業とする者に対する倫理的批難が俗謡の中に唄い込まれていたことから、こうした行為に対する人々の認識を推しはかることができた。そして最後に妊娠五カ月目を境としてモノから生命あるものと認識する胎児観と関連し、祟りの認識が近世あったか否かといった問題だが、確かに、胎児の生命を個別の存在と見る認識、所謂水子の祟りといった認識の萌芽はあったろう。しかし、基本的には胎内に赤子がうごめいている、といった漠然とした生命観を持つ者が多く、それを抹殺したことに基づく罪悪感があったものと考えられる。決して罪の意識がなかった訳ではない。だからこそ先に掲げた霊魂観や、地域ぐるみの共同正犯といった合理化により、罪意識の軽減に努めたと見るべきだろう。

水子供養についても、両国回向院の水子塚は幕府公認の施設にほかならなかったし、たとえ一部の人びとの間のものであれ憐れな子を葬り祀るという形のものがありえたと考えられる。しかし、今日の水子ブームは、より多様な要因がからんで展開をとげたもので、しかも祟り的側面が強調されており、供養のあり方も多岐にわたる。さらに、今日では人目をはばからずに水子供養を実施することができ、またその数は相当数に上る。したがって、近世のそれとは量的・質的な面でかなりの相違を見出すことができる。

註

(1) 小寺廉吉「間引の實行とそれに関する道徳感」『民間伝承』五―五　一九四〇年　一頁
(2) 小寺廉吉「大井川下流の散居制村落」『地理学評論』一五―一〇　一九三九年　三八～三九頁
(3) 千葉徳爾・大津忠男『間引きと水子』農山漁村文化協会　一九八三年　一～二五六頁
(4) 同右　一三三頁
(5) たとえば恩賜財団母子愛育会『日本産育習俗資料集成』第一法規　一九八五年　一～五八三頁、太田素子編『日本近世マビキ研究資料集成』刀水書房　一九九七年　一～七〇三頁など。

(6) 前褐註（3）　一二三頁
(7) 波平恵美子『いのちの文化人類学』新潮社　一九九六年　九一～一二八頁
(8) 森栗茂一「水子供養はなぜ流行る」『あの世とこの世』小学館　一九九六年　九一～一三二頁
(9) 田間康子「中絶の社会史」『家族の社会史第一巻・変貌する家族』一九九一年　一九九～二二八頁
(10) 桜井由幾「間引きと堕胎」『日本の近世第一五巻・女性の近世』中央公論社　一九九三年　九七～一二八頁
(11) 太田素子「少子化と近世社会の子育て」『家族の社会史第一巻・変貌する家族』前掲書　一九九一年　一六三～一七八頁
(12) 沢山美果子『出産と身体の近世』勁草書房　一九九八年　一二三頁
(13) 樋口正則『不思議の村の子どもたち』1・2巻　名著出版　一九九五年　各一～三二〇・一～二九四頁
(14) 福島県女性史編纂委員会編『福島県女性史』福島県　一九九八年　五七頁
(15) 新村拓『出産と生殖観の歴史』法政大学出版局　一九九六年　七〇～一五四頁、菊池義昭「仙台藩の赤子養育制度とマビキ教論書」『東北社会福祉研究』一〇号　一九九〇年　一～七三頁
(16) 田間康子前掲註（9）　二〇〇頁
(17) 富士昭雄校注「好色二代男（諸艶大鏡）」『新日本古典文学大系』岩波書店　一九九一年　二二八頁
(18) 高橋梵仙『堕胎・間引の研究』第一書房　一九八一年　三九～五〇頁
(19) 畠山篤「間引き論」『犯罪の民俗学』批評社　一九九三年　一五五頁
(20) 恩賜財団母子愛育会編前掲註（5）　一五九～一七二頁
(21) 畠山篤前掲註（19）　一二八頁
(22) 同右　一四二～一四四頁
(23) 湯川洋司「七つ前の子どものいのち」『民俗学の進展と課題』国書刊行会　一九九〇年　二二七～二四七頁
(24) 安田宗生「コゼババから改良産婆へ」『市史研究くまもと』三号　一九九六年　七九～九二頁
(25) 沢山美果子「仙台藩の赤子養育仕法と東山地方における関連資料」『日本近世マビキ研究資料集成』刀水書房　一九九七年　四四頁
(26) 高柳眞三・石井良助編『御触書天明集成』岩波書店　一九三六年　九四七頁
(27) 樋口正則前掲註（13）　2巻　一七二頁

(28) 太田素子前掲註（11）一七三頁
(29) 昼田源四郎『疫病と狐憑き』みすず書房　一九八五年　二五八〜二五九頁
(30) 太田素子前掲註（5）一〇〜一二頁
(31) 松永伍一『底辺の美学』大和書房　一九七一年　二二五〜二四六頁
(32) 松永伍一『日本の子守唄』紀伊國屋書店　一九九四年　五五〜八四頁
(33) 同右　八二頁
(34) 南郷村教育委員会編刊『萬事覚書帳全』一九九二年　一〜五六頁
(35) 恩賜財団母子愛育会編前掲註（5）一四三〜一五八頁
(36) 安藤紫香「間引きについて」『会津民俗』三号　一九七三年　一九頁
(37) 青柳まちこ「忌避された性」『日本民俗文化大系第七巻・家と女性』小学館　一九八五年　四三九頁
(38) 千葉徳爾・大津忠男前掲註（3）三一〜三九頁
(39) 同右　三五〜三七頁
(40) 松崎憲三編『東アジアの死霊結婚』岩田書院　一九九三年　五〇〜五七頁
(41) 圭室諦成『葬式仏教』法輪閣　一九六三年　一七七〜一七八頁
(42) 新村拓前掲註（15）七三〜七八頁。
(43) 井之口章次「葬式」『日本民俗学大系四・社会と民俗』二　平凡社　一九五九年　二九一〜三三〇頁
(44) 青柳まちこ前掲註（37）四二四〜四二九頁
(45) 恩賜財団母子愛育会前掲註（5）三二四〜三三二頁
(46) 小野泰博「水子供養と仏教」『仏教民俗学大系第四巻・祖先祭祀と葬墓』名著出版　一九八八年　三九一〜四〇九頁
(47) 板橋春夫「いのちの個別化」『群馬歴史民俗』21号　二〇〇〇年　一〜二三頁
(48) 村瀬兼太郎編『随筆絵本塩尻』下巻　帝国書院　一九〇七年　二一〇〜二一一頁
(49) 井原西鶴「好色一代女」『日本古典文学大系・西鶴集』上巻　岩波書店　一九五七年　四四五頁
(50) 高田衛『江戸の悪霊祓い師』厚徳社　一九九一年　一五〇〜一六九頁
(51) 沢山美果子前掲註（12）九五〜一二一頁

(52) 椙山聖子「近世『水子』をめぐる問題」『民衆史研究の視点』三一書房　一九九七年　二三四～二五三頁
(53) 新村拓前掲註（15）一〇八頁
(54) 畠山篤前掲註（19）一三八～一四〇頁
(55) 七ヶ宿町史編纂委員会『七ヶ宿町史・歴史編』七ヶ宿町　一九八四年　五二一頁、民俗学研究所編『綜合日本民俗語彙』第四巻　一九五六年　一五二一頁
(56) 椙山聖子前掲註（52）二三五～二三六頁
(57) 森栗茂一前掲註（8）一〇一～一〇二頁
(58) 高橋梵仙前掲註（18）三八～三九頁。
(59) 大森志郎「間引・縁女・水子塚」『東京女子大学論集』三-二　一九五三年　六五～六七頁
(60) 田間康子前掲註（9）二一七～二二一頁
(61) 高橋三郎編『水子供養～現代社会の不安と癒し～』行路社　一九九九年　二四三～二六二、二七六～二八六頁
(62) 樋口正則前掲註（27）二七九～二八〇頁

第六節　死者供養とその変化

——葬送儀礼と墓制の分析を中心に——

はじめに

社会学者の孝本貢は、仏壇・位牌の登場とその普及過程をトレースし、また戦後の家族変動と祭祀の変貌を踏まえた上で、

今日伝統的な祭祀儀礼から自由で、それぞれの個人の生き方としての葬儀の在り方、家に拘束されない墓としての合葬墓建立、散骨をすすめる市民運動などが脚光を浴びマスコミでもしばしば取り上げられている。それは家族組織、地域共同体、さらには民俗宗教から自由になり、新たな祭祀の在り方の模索である。戒名問題に象徴されるように、既存のシステムと社会実態との垂離が抜き差しならない状態まで突き進んでいることを示している。

と指摘している[1]。孝本が言うように、近年先祖祭祀・死者供養のあり方が大きく変わろうとしている。両家墓・合同墓や夫婦別墓が見られるようになり、家墓のあり方が問われているのである。それのみならず、墓そのものを無化する散骨も、徐々にではあるが増えている。一方葬送儀礼も、近代以降の火葬化、都市化の進展と相俟って葬列を中心とするものから告別式にウェイトを置いたものとなり、さらには家における死と儀礼から、病院死がほとんどとなり、しかも葬儀社が介在する形になるに従って儀礼内容も著しく変わった。今日、企業墓や社葬も特異な民俗宗教と

して注目されている。以上のことを踏まえて本節では、死者供養の近代以降の変化について、㈠葬法と葬送儀礼の変化、㈡墓地および墓（石塔）の問題をめぐって、という順で分析を試みる。なお、先祖祭祀や葬制、墓制に関する研究史は厖大な量に及ぶことから、本節と直接的にかかわる論著を中心にかいつまんで紹介するにとどめたい。

一　研究史にかえて

『季刊柳田國男研究』第八号において「柳田学の批判と継承」なる特集が組まれた際、竹田聴洲は「都市化の中の世相解説史学」なる論文を寄稿し、柳田民俗学を現在および将来に関わる現代科学、自己内省・経世済民の学と規定した上で、つぎのような論を展開した。(2)

終戦のしばらく後、彼は「どうしてこう浅ましく国は敗れてしまったか、さてこれからどういう風に進んで行けばよかろうか」という疑問を提出し、その解答を国民的課題として即物の歴史ないし民俗学に大きな期待をつないだのは、決して単なる自惚れではなかった（「現代科学ということ」昭和二十二年、「定本柳田國男集」三十一巻、二頁）。戦後社会の激変の中で、物心二面にわたり我々の生活には当然消え去るものと、変形しつつも日本人なるが故になお消え残るものとがあり、何が消変し何が不変に遺るか、またその区別が生ずるのは何故か、その答をイデオロギーからではなく生活に即して歴史から引き出し、将来を律する資とすべきことを説いたのである。柳田民俗学はその体質から、常民の書かれざる昔によって今を説く世相解説の史学としても一面自ら任じた。『都市と農村』（昭和四年、定本十六巻）、『明治大正史世相篇』（昭和六年、定本二十四巻）、『現代日本文明史第十八巻、世相史』（昭和十七年）など一連の名篇は直接その線で生み出されたのである。しかし、戦前戦後にわたる昭和半世紀の世相史は終に書かれるに至らなかった。

柳田民俗学をこのように位置づけた竹田自身は、旧態依然として村落の調査研究のみを以て能事終れりとする日本民俗学の状況を批判した上で、都市風俗の生活方式の中で特に大きな変化を示している婚葬習俗を取り上げ、嫁入婚における家での儀礼から式場婚への変化、葬祭産業の伸展や霊園墓地における企業の介入、マンション式仏壇の登場などについて言及し(3)、現代的課題に積極的に取り組もうとした。しかし惜しいかな志半ばにして急逝されたため、頓座してしまった。

一方歴史学者の色川大吉も、柳田の「明治大正史世相篇」を批判的に検証し、「昭和史世相篇」を構想する者の一人である。色川は、昭和六十年史を二分する昭和三十年代に分水嶺を求め、昭和前期は柳田の指摘とさほど変化はないとし、後期の高度経済成長期における世相・民俗の変貌に視点を定めた。そうして通過儀礼の変化についてはつぎのように指摘する(4)。

(1)　通過儀礼の多くが出産祝、結婚式、成人式、葬式などに見られるように「家」の外で行われるようになった(通過儀礼の外化現象)。

(2)　地域共同体との結びつきが弱まり、代って営利会社やコマーシャリズムが私的儀礼に参入するようになった。

(3)　祖父母、父母、子供、非血縁者などが同居する三世代複合家族が圧倒的に減少したため、儀礼の伝統的様式の継受が困難になり、礼式の混乱と衰退をもたらした。これにより『冠婚葬祭入門』などがベストセラーとなったり、専門業者への依存度が高まったりした。

(4)　情報化社会の深化によってライフスタイルや時間の均質化が進んだため、通過儀礼も地域差、階層差、職業差などの多様性をいちじるしく喪失した。代って現代の消費社会に合った新しい儀礼が出現した。

(5)　「人生五〇年」から「人生八〇年」に平均寿命が急に伸びたため、在来の儀礼では処理できない空白が生じ、また節目観に変化が生れた。

現在の通過儀礼を取り巻く状況をこう把握した上で、色川は葬祭、墓地に関しては、自宅葬、共同体葬（近隣、会社など）から葬儀社への移行、あるいはロッカー式（マンション式）墓地の出現と墓中他界観の消滅といった点を指摘した。さらに現在これほど合理主義教育による科学的世界観が普及しているにもかかわらず、死者が手厚く葬られるのは、死者のためではなく、後に残され生きてゆかなくてはならぬ人のためであり、それゆえにこそ葬祭の儀礼内容は現代の情況や要請に合わせて変わりゆくのだ、とすこぶる興味深い見解を述べている。

色川の見解については改めて検討することにしたいが、この他近現代の葬送儀礼の変化に言及した論著には、井上章一『霊柩車の誕生』、村上興匡「大正期東京における葬送儀礼の変化と近代化」、山田慎也「葬制の変化と地域社会――和歌山県牟婁郡古座の事例を通して――」、宮田登・新谷尚紀編『往生考』、国立歴史民俗博物館編『葬儀と墓の現在』などがある。(5) 一方、都市が抱える墓地問題や散骨について触れた論著も少なくなく、藤井正雄『骨のフォークロア』、「散骨と環境問題」、森謙二『墓と葬送の現在』、野沢謙二「霊園のフォークロア」、井上治代『現代お墓事情』、葬送の自由をすすめる会編『〈墓〉からの自由』がある。(6) これらについては、おいおいコメントを加えたり、引用させていただくことになる。

二　葬法と葬送儀礼の変化

葬法とは、霊魂が遊離した肉体の処理法のことであり、(a)死体遺棄、(b)風葬（曝葬、洞窟葬、樹葬）、(c)水葬、(d)土葬、(e)火葬、(f)死体保存（ミイラ化）と多様なものが存在する。このうちもっとも簡単な死体処理法は、居住地から遠く離れた所に死体を捨てることであり、古代京都にあっては、鳥辺野、化野が死体遺棄の場所に他ならなかった。死体遺棄の対極をなすのが死体をそのままの形で保存するというものであるが、日本では一般の人びとの間ではミイラをつくる試みはまったくと言ってよい程見られなかった。わずかに奥州平泉の中尊寺にある藤原氏三代のミイラや、山形県出羽三山の湯殿山系のミイラなどが認められるのみである。このうち藤原氏のそれは、極楽往生を果たしたいという個人的願望に基づくものであり、一方湯殿山系のそれは釈迦が入滅し弥勒菩薩が出世する五六億七、〇〇〇万年後、現在と同じような姿で現われて、弥勒とともに人びとを救済したいという世界観に基づき、木食行の後ミイラ化したものである。この(f)は例外的存在として歴史的には(a)から(e)が見られたものの、(d)(e)がポピュラーな葬法であり、今日ではほとんどが(e)となっている。ここでは近代以降の土葬から火葬への移行を辿りながら、葬送儀礼の変化を索ってみることにしたい。ちなみに葬送儀礼と言った場合、死の前後から死が完了する弔い上げまでを葬送儀礼とする広義の捉え方と、死の前後から埋葬までといった狭義の捉え方とがあるが、ここでは便宜的に後者の立場を取る。

明治政府は、明治六年（一八七三）七月六日の太政官布告第二五三号「火葬ノ儀自今禁止候此旨布告候事」をもって火葬を禁止した。火葬禁止は排仏の一つの手段であったが、都市部の土地不足から各界の批判を浴び、二年も経たない明治八年（一八七五）五月二十三日、太政官布告第八十九号でそれを解除した。朝令暮改の極地をいくものであったがそれはともかく、明治六年に火葬が禁止されるまで本州、四国、九州を中心とする地域では、土葬と火葬が併用されていた。幕末期日本に滞在したスイスの遣日使節団長アンベールは、明治三年（一八七〇）に刊行された『幕末日本図絵』下の中で、江戸の隅田川左岸地区における慣行についてつぎのように報告している。[7]

金持は、埋葬を立派な陶器の大きな甕で行なってもらいたがるので、細い入口から胴、胸、とりわけ両肩を順に入れるには、力の強い男の何人もの力が必要である。小市民や下層階級では、棺はタガをはめた簡単な形の樽を用いる。この樽で土葬にするにしても、火葬にするにしても、この狭い中に胴体を屈曲させ、頭を垂れ、両足を折り、胸の上で両手を組み合わせて死体を納める。これは墓碑よりも素晴らしい象徴である。日本人が死体に、母の胎内にあった赤ん坊の姿をさせるのは偶然ではない。ヨーロッパでは寝棺を用いた伸展葬であり、アンベールにとって屈葬はよほど珍しかったのだろう。また、屈葬については死者の再帰迷奔を防ぐとの説もあるが、アンベールが指摘するように、胎児の姿勢をとらせて再生を願うという捉え方も興味深い。いずれにしても明治以降寝棺は徐々に増えていく。明治初頭までは、座棺を駕籠に入れて運んでいた庶民も、上層だけが使用していた輿を用いるようになる。すなわち寝棺の葬送を取り入れ出し、葬送儀礼はしだいに派手なものになって行ったという。(8) 旧幕時代の規範が身分制の崩壊とともに衰え、華美への欲望から、庶民も上層の習俗を模倣し始めたからである。しかしながら、第二次世界大戦直後までは、土葬・火葬の別なく座棺が圧倒的に多かったようである。(9)

さて、アンベールの引用文中金持の使用する甕が土葬用であることは言うまでもないが、問題は小市民や下層民が使用した樽（たぶん桶であろう——筆者註）である。アンベールは「この樽で土葬するにせよ、火葬するにせよ」とさりげなく叙述しているが当時の江戸・江東方面では、どちらの葬法を選ぶかはさしたる問題ではなかったようである。しかし、明治八年の火葬禁止令解除後、市街区域では土葬が禁止され、各地に火葬場が建設されていった（当初火葬炉はほとんどが座棺用だったようである）。ちなみに、明治初頭の火葬率は不明であるが全国的な動向を見ると、明治三十三年（一九〇〇）の段階ではすでに二九・二パーセント（東京府五九・八パーセント）を占めていた。大正十四年（一九二五）には四三・二パーセント、昭和五十年（一九七五）八五・七パーセント、平成五年（一九九三）九七・九パーセント、と年々に上昇して行った。(10)

土地（墓地）不足や法的規制、疫病の流行による衛生観念の浸透が火葬化を推進したと言えるが、堀一郎は庶民の火葬受容要因と火葬の葬法上の特徴についてつぎのように指摘している。(11)

（1）民間の中に火葬を支持する習俗があった。

（2）火葬支持には、遺骸尊重の観念が薄く、死穢恐怖の観念が強いということがその背景にある。
（3）火葬は元来人工を加えて短期間に風化させる目的を持つものと解されるから、死骸焼却が第一次葬であり、火葬の翌日の骨拾いは改葬又は洗骨の中間葬に相当し、骨壺に納めた遺骨の埋葬は第二次葬にあたる。
（4）「両墓制」が風葬と土葬の合体した習俗であるとすれば、火葬は風葬と土葬の中間に合体した形式といえる。火葬は遺骸を焼却し短期間に骨化させた上で拾骨（全部拾骨であれ、一部拾骨であれ）、それを墓に埋葬するという葬法で、遺骨尊重観念がその背景にある。火葬の普及が都市部のみならず、近畿地方の死穢を嫌う両墓制地帯でも浸透が早かったとする森謙二は、堀の指摘を受けて、死穢忌避観念との妥協の産物が、火葬の普及にほかならないとの見解を示した。[12]森が言うように、あるいは両墓制地域では、火葬が死穢忌避観念とフィットするだけに受容が早かったのかもしれない。しかし幕末の江戸市街地や近郊では、墓地不足といった切迫した事情が火葬を受容せしめたのであり、火葬受容の要因は、地域によって微妙に異なるものと考えるべきであろう。いずれにしても火葬骨は、死者（遺骸）のエッセンスであり、生者と死者との断ち切れそうな関係を維持し、死後の目に見えない霊的存在を見える存在へと媒介する装置にほかならない。

また、火葬の普及がケガレの意識の変化を推進する一つの要素であったとして、森は「葬送の近代化は、いつも、死者と近親者（喪に服する人びと）との間で『穢れ』意識を払拭させる方向をもっていた。『野焼き』から近代的な火葬場の建設、陰惨なイメージを伴う墓地から公園墓地への展開、死に対しての医学（病院）の関与など、近代的な公衆衛生の観念の展開とともに、『穢れ』観念は衰退していく」と指摘している。[13]一方、ケガレといった非合理的な枠組みを解除しようとする試みは、法制の中でも展開された。明治政府は明治五年（一八七二）二月、太政官布告五六号をもって産穢を解除し、ついで同年六月太政官布告一七七号「神社参詣死葬ニ預ル者当日ノミ憚ラシム」を出し、明治六年（一八七三）には太政官布告第六一号「自今混穢ノ制被廃止候事」を決定した。明治政府は、こうした政策を打ち出す一方で、明治七年（一八七四）に「服忌令」を定めた。これは元禄期（一六八八～一七〇四）の武家服忌令（元文年間に増補）をそのまま踏襲したものである。続柄に応じて忌（自宅での謹慎期間）、服（文字通り喪服を着用する期間）の日数を定めたもので、たとえば父、母の場合それぞれ忌五〇日・服一三カ月、忌二〇日・服九〇日となっている。上流階層の中にはこれに従う者もいたようであるが、明治末期には有名無実となっていたという(14)。

「喪がかかる」「忌がかかる」といった表現で示されるように、ケガレは家族・親族のみならず、地域社会の人びとまで及ぶとされ、死者との社会的距離、すなわちケガレの度合に応じた一定の期間、さまざまな行動規制が課せられていた。「服忌令」の影響がどの程度あったのかは判然としないが、近年の民俗調査報告書によって、少し前まではそれなりに守られてきたことが知られる(15)。「忌がかっている」という言葉は、死者を出した関係者が「死」の影響化にあり、死者とともに新しい社会関係に移行する途中の段階に留まっていることを示すものである(16)。なお「忌がかかる」というケガレの状態は、死の発生からの時間的経過や死者の儀礼を積み重ねることによって弱まると考えられていた。いずれにしても「忌がかっている」期間は、遺族の衝撃からの回復の期間、家族や地域社会に生じた役割分担の再調整のための期間でもあった。しかし社会生活の面で、家族・親族・地域社会の持つ意味が薄れ、同時に葬送儀礼における世俗化が進むにつれて「忌みがかり」の期間は雑事処理の休暇と見なされ、かろうじて「年賀欠礼」にその名残りを留めているのにすぎなくなってしまった(17)。

こうした葬法、ケガレ意識の変化は当然のことながら葬送儀礼そのものに変化を及ぼす。村上によれば、東京における葬送儀礼の一つの転換期は大正期であり、(1)葬列の廃止、(2)葬儀の告別式化、(3)半通夜化、(4)近親者および近隣の葬儀関与の減少と葬儀屋業務の拡大(18)、と主たる変化はこの四つに集約できるという(19)。(1)、(2)は都市化による墓地や火葬場の郊外化、交通の発達等により、所謂「野辺送り」はしにくい状況となり、葬儀は告別式にウエイトが置かれるようになった。それによって祭壇に意匠が凝らされるようになり「別れ」をモチーフとする儀礼を経て、やがて死者が浄土に行き着いたこと（他界への再生）を視覚的に演出する儀礼へと変質していく。[20]（3）の「半通夜化」とは、近親者および親しい者だけが死者と一夜を共にする「丸通夜」から、会葬者が喪家を会葬する儀礼としての性格を強めたもので、これも葬儀の告別式化と無縁ではない。（4）は文字通りであり、家族・親族、地域社会の紐帯の弛緩や家屋構造の変化等を要因として、家庭機能の外化が進行し、葬儀社が儀礼空間や労力を提供する形に変化して行った。まず、本来身内の者が担うべき湯灌や死装束の準備、世俗的な意味で重要な、役所への死亡届等も葬儀社が肩代わりし、地域社会の人びとによってなされていた棺の導入、葬儀の準備、棺担ぎ、料理の手配に至るまですべてを葬儀社が代行する形となった。

村上が掲げた四つの変化は東京では大正期ころから徐々に進行し、今日に至ったと考えられるが、地方における変化は、昭和三十年代以降顕著になったと言って良い。さてここで、やや唐突ながら葬送儀礼の変化と婚姻儀礼のそれを比較して見ることにしたい。今日後者の多くがホテルや総合結婚式場を会場として行われているのに対して、前者はまだ家で執行されるケースも少なくない。しかし、出席者、会葬者数が近年著しく増加している、という点では共通し、ともに家と家とのつながりから、個人個人のネットワークに基づく関係者の出席、会葬へと移行している。そうして、社会関係や産業構造の変化によって、婚姻が一定集団内の人的資源（労働力）の増加に直接かかわるという意味を失ない、家制度の消滅によって嫁入り、婿入りといった社会的移動の意味をも失ない、婚姻はあくまで一個人の地位的変化にとどまり、親族集団や地域社会への影響はほとんどなくなった。葬送儀礼の場合も、家連合体の公人の死から一私人として死ぬ形となり、家や親族、地域社会を超えた、大きな社会の一つの家の私的儀礼として執行されるものとなり、従来の葬送儀礼とその意味づけがかなり異なるものとなった。

以上のような変化は東京をはじめとする都市部では大正期以降徐々に進行し、近代化・都市化の広がりとともに地方にも及んだが、地域によってかなり年代差や変化の度合の差があることは言うまでもない。年代差について見ると、先に触れたように昭和三十年代、四十年代に転換期を迎えた地域が多い。葬儀社がセレモニーホールを建て、空間を提供するようになったのも、このころ以降である。またこの時期以降都市部を中心に石塔の形態、墓地のあり方、ひいては先祖祭祀・死者供養の有様をめぐるさまざまな問題がクローズ・アップされ始めた。次項では、これらについて分析を加えるつもりであるが、ここではもう一つ、第二次大戦中の英霊供養が、各地の葬送儀礼に与えた影響について簡単に言及しておきたい。

田中丸勝彦は、長崎県壱岐郡の英霊供養の様子をつぎのように報告している(21)。

戦況がわが国に有利であったころの英霊のオクリ(葬式)は、凱旋のように盛大であった。それまで午後、それも夕方近くに行なわれていたオクリは、まだ陽の高い正午ごろ、小学校の校庭や触の広場で行なわれ、モーニングに喪章を巻いた村長が弔辞を読み上げた。参列者は親族のほか、在郷軍人会・村の役職者・役場の職員・教員・学童・国防婦人会などで、「猫の端までひとり残らず」出席し、喪章をつけた。「英霊の家」の者は誇らしげに、しかしわざとのように不自然に深く頭を垂れて歩いた。遺骨が届かないときには、遺品や遺髪を抱いた。(中略)美辞麗句の連ねられた弔辞や、大きく引き伸ばされた遺影の写真は人気があった。

こう報告した田中丸は、続いて英霊供養のオクリとそれまでの葬式の違いについて述べている。この引用文からもおよそ推察されようが、田中丸の指摘を整理すると次のようになる。

(1)　オクリの場所が、個人の家の庭先から公共の場所に移動したこと
(2)　オクリの時間が、夕方から正午頃へと早くなったこと
(3)　参加者が増え、地縁・血縁者に加え、教員や生徒、役場の職員、婦人会員などの他人までが参加するようになったこと
(4)　逆縁でありながら父母や祖父母なども参列したこと

(5)　遺影を持つこと
(6)　喪章をつける範囲が一般の人にも広がったこと
(7)　弔辞や弔電が多くなったこと
(8)　「軍国の母は泣きを見するな」といって、「泣き女」の風が改められたこと

(1)は今日の葬送儀礼の状況と共通する部分もあるが、(3)と関連してクニの政策に従がって参加者が増加したことによる変化であり、今日の社会関係の変化、広がりによるものとはやや異質な面を持っている。(8)の「泣き女」の習俗は、既に消滅していた地域も多かった。しかし、(2)、(4)、(5)、(6)、(7)などは今日まで引き継がれており、クニが推進した英霊供養の影響によるものと見て良いだろう。

三　墓地および墓（石塔）問題をめぐって

1　現代都市における墓地の実態

一九九〇年九月六日付『朝日新聞』（朝刊）に「派手なお墓ご法度」と題するつぎのような記事が掲載された。

謙信、信長ら戦国大名から現代の企業まで数万塔の供養塔が立ち並ぶ和歌山県高野町の高野山真言宗金剛峯寺で、銅像を添えた墓や、奇抜な碑が目立ってきた。「聖地が企業や個人のＰＲの場に」との声が強まり、宗務所は九月から墓地管理規定をつくり、墓のデザインなどの規制を始めた。高野山千年の歴史で初めてのこと。

そうして同紙の伝える所によれば、その管理規定は、永代使用権の譲渡禁止、墓地面積の制約（六平方メートル以内）、墓石・植木の高さの制約（二メートル以内）から、納骨堂・仏舎利塔の設置禁止にまで及んでいる。[22] 高野山は死者の霊

の赴く聖地としてあまねく知られており、納骨習俗が今なおさかんに行われている。またこの高野山奥の院の飛地は、大名供養塔や家墓がひしめく場所としても知られているが、それらに混ざってロケット・イカリ・テトラポット・キリンなど様々な意匠をこらした企業墓が林立している。この企業墓は、昭和初期に建立された松下電器産業のそれがはしりだとされており、戦後の時点では数基存在するのみであったが、それ以後徐々にふえ、高度経済成長とともにますます拍車がかかって行った。昭和四十四年（一九六九）に奥の院に隣接して高野山大霊園が開設されると、企業墓はそのメインストリートをほぼ独占し、現在その数は一〇〇基以上に及ぶといわれる。(23) その中の一つ、新明和工業のロケット型の建立誌には、

当社創立二十周年に当り地を千古
の浄域に相し茲に慰霊塔を建立
して永く在職物故者の冥福を祈る
併せて社運の繁栄を希念する
恰も人類月着陸の偉業達成の歳航空宇宙産業に連な
る当社は、アポロ十一号を模しこの碑を制作した
　昭和四十四年十一月五日
　新明和工業株式会社
　　社長伊藤俊雄

と記されている。この文面から推察されるように、企業墓は記念事業の一環として建立されるケースが多く、在職物故者や社長、役員の冥福を祈り、あわせて会社の繁栄を願うべく建立されるのである。そうして参道に構えられた企業墓は、一方では広告塔としても機能しており、それ故に様々な意匠が凝らされる。その結果が今回のような寺側の

写真43　高野山大霊園の企業墓（右：新明和工業　　左：ヤクルト）

対応となって現われたのである。この種の企業墓は比叡山にもあってすでに二〇基をこえているともいわれるが、いずれにせよ関西の聖地に集中している。

企業墓問題をはじめとして、平成二年（一九九〇）の夏は、首都圏における墓地の絶対数の不足とそれに伴う様々な問題、すなわちロッカー式（マンション式）納骨仏壇や壁式墓地といった墓の形態、祀る子孫のいない墓に関する問題、夫婦が同じ墓に入ることを嫌う風潮が出て来たことなどの問題がクローズアップされたのである。柳田国男がすでに、「都会の墓地が狭小を告げるようになり、都市問題がやかましくなると、火葬を以て正式の葬法と見做すことになった云々」と指摘しているように、墓地をどうするかは都市生活上の古くからの大きな悩みであった。それが戦後、とくに高度経済成長以後の人口過密によって、一層増幅してこの問題を引きつがざるをえなかったのである。そうして平成二年（一九九〇）の春、厚生省の「墓地問題研究会」と東京都の「新霊園等構想委員会」がこの問題に関する報告書をほぼ同時期に提出した。そのことが引き金となってマスコミがお盆に焦点を定めて特集を組むに至った。墓地不足は遺骨を手許に抱え込んだ人のみならず、都市に居住する我々にとっても切実な悩みであり、また日本人の霊魂観・他界観とその推移を見定めていく上で重要な課題である。そうした点に留意しつつ、ここでは都市部を中心とする墓や墓地の問題に取り組んでみたい。

一九八九年一月二十六日付『朝日新聞』に「お墓が足りない首都圏」なる夕

イトルの記事が掲載された。その内容は、全日本墓園協会の試算では毎年首都圏一都三県で四万五、〇〇〇から五万区画の墓地が必要になるのに供給は限られ、五年後には新しい墓地がなくなってしまうというのである。墓園協会事務局長談として「高度経済成長期に地方から首都圏に出て来たサラリーマンや労働者が年ごろになり、新規の墓地需要が高まってきた。それに核家族化が進み、先祖伝来の墓に入ることを嫌う人も多くなり、需要に弾みをつけている」というコメントが加えられている。(24)

同協会が一ヘクタール以上の霊園を対象に昭和六十二年（一九八七）にまとめた調査によると、東京都―三万七、〇〇〇、神奈川県―三万二、〇〇〇、千葉県―二万四、〇〇〇、埼玉県―六万一、〇〇〇区画のほか、調査対象から外れた寺院のそれを含めて計二五万区画、これが計画中のものを含む今後の供給能力だという。(25)平成二年（一九九〇）の九月、葛飾区宝町の西光寺が墓地を無料提供するという広告を出した所、何と二五〇区画に三、二〇〇人もの人がどっと押し寄せてきた。無料といっても基礎工事費七〇万円は自己負担、墓石も自前でしかも天台宗に改宗するという条件つきであった。つまり一区画〇・五四平方メートルの土地を無料で提供するというものだった。同寺院では、「墓地不足に悩む都民のために」と昭和五十一年（一九七六）にも一五〇区画を提供している。また、一カ月前の平成二年八月二十八日から都営霊園の空き墓地の申し込みが都庁で始まったが、多摩・小平・八王子・八柱の四霊園七五〇区画に一万四、〇〇〇人余が応募し、平均倍率は二〇倍近くに達した。(26)「住宅並みの都内の深刻な墓地不足の中で、朝から詰め掛ける長蛇の列に『宝くじを買うようなもの』と早くもあきらめムードの人もいた」と初日の様子を新聞は報じている。(27)住宅地なら分譲価格に当たる永代使用料が、民営墓地一平方メートル当たり平均約二〇万円が都営だと三万九、〇〇〇円と格安なのが人気を呼ぶのである。

さて、墓地問題が高度経済成長以降深刻になったことについては先にも触れたが、昭和四十年代になると「お墓のイメージが変わりました」「花と緑に囲まれた明るく静寂な公園墓地」などの謳い文句による墓地の宣伝がマスコミに目立ち出した。ここに至って墓地も投資の対象となり、企業も多く参画するようになったのである。と同時に「お墓の仏さんもマンション住まい。土地高騰反映分譲式増える。将来は主流にも」、「霊園ブーム。ゴルフ場も転身、十階ビルの納骨堂」といった記事も見られるようになり、住宅地の団地化、アパート・マンション化と対応する形で、墓地の霊園化、さらに進んでアパート・マンション化し、ロッカー式（マンション式）納骨仏壇なるものも登場した。[28][29]

霊園やマンション式納骨堂は現在各所に見られる。目黒区の五百羅漢寺は三〇年ほど前から地上三階地下二階のビルに二メートル近い仏壇のような廟を並べて納骨する「霊廟」を売り出している。またフジタ工業は、骨組みだけのビルを建て、まん中にエレベーターを備えた「大地接続重層墓苑ビル」を開発し、都内を中心とする寺院に売り込んでおり、「都心墓地の立体化は避けられない。手ごたえは十分だ」という。[30]また、鹿島建設は地下に霊園を建設する地下式霊園の構想を発表した。この地下式霊園は「アーバン・メモリアル・ヴィレッジ」と呼ばれ、地上一階、地下七階からなり、建物全体が吹き抜け構造になっており、最下部には植栽や池も設けられている。光や緑、水といった自然の要素も採り入れられ、霊園としての心的配慮も見られる。[31]

しかし、こうした霊園、マンション式納骨堂は企業などと異なって所謂名刹が開発したものも多い。先に引き合いに出したロケット型その他の企業墓が林立する高野山大霊園は、大名等の五輪塔が並ぶ奥之院墓原の別区画に、高野山金剛峯寺が戦後開発したものである。一方マンション式納骨堂では西本願寺の無量寿堂、東本願寺の東山浄苑、東京都増上寺の霊廟などが規模の上でも代表格となっている。京都西大谷の旧墓地に昭和四十四年（一九六九）に完成した無量寿堂は地上・地下合わせて一〇階建のビルに一万五、〇〇〇基のロッカー式納骨仏壇を納めるというもので、さらに一九九〇年二月二十三日付『朝日新聞』によれば「このほど新無量寿堂が完成した。七階建、延べ七、八〇〇平方メートル、仏壇付納骨棚が四、七〇〇基（使用料普通区画三〇〇万円、特別区画六〇〇万円、大型区画一、二〇〇万円）。第一期分二、八〇〇基のうち、二、六〇〇基が申し込み済み」という。[32]同じく京都六条山山頂に昭和四十八年（一九

写真44　増上寺のロッカー式納骨仏壇（左）と上部位牌部（東京都港区）

七三）に完成した東山浄苑は、地上一〇階、地下二階の納骨堂に普通サイズ、大型サイズ合わせて二万基の納骨仏壇を収容し、完成後一年足らずで一万基が売れた。全部売れれば七〇億円という規模のもので、この納骨堂内は冷暖房設備が完備し、朝夕読経の声がスピーカーで流れるという。浄土宗大本山東京都港区芝の増上寺の霊廟は昭和四十九年（一九七四）に完成した。大本堂の地下に設けられ、二、〇〇〇基の納骨仏壇を収めるが、絨緞敷きの室内にシャンデリアが輝き、整列するスチール製納骨仏壇は、扉を開くと自動的に灯明・香炉が点火する近代的装置が導入されている。戦前から大谷祖廟への納骨で知られた東西両本願寺と異なり、徳川家の廟所として知られ、一般信徒の墓を設けさせなかった増上寺が、他の寺院と歩調を合わせるに至ったことはきわめて象徴的な出来事といえよう。尚、増上寺は昭和六十二年（一九八七）春から、さらに寺院内に位牌壇を設け、遺骨は茨城県水海道市の別院墓地に納める方式を始めた。永代使用料一八〇万円平均を払い「別荘」でゆったりという訳である。同寺では墓地が足らず、ずっと断ってきた。もし新たに都心で造成しても高くて檀家に迷惑をかける、との理由でこうした形にした。四〇人ほどに現在使用して頂いているという。これらの名刹のそれぞれが昭和四十年代の建築物に加え、新たに建設するほどであるから、いかに需要が多いかは推して知るべしであり、つまりは都市部でどれほど墓地不足が深刻かを物語っているといえよう。

　墓地に関する高度経済成長期を挟む流れを前提として、つぎに東京都を例にその実態を分析することにしたい。

全国の墓地数は官民合わせて八八万カ所強とここ数年あまり変わらないが、一ヘクタール以上ある大規模霊園は平成元年（一九八九）春時点で一、〇五三カ所あり、昭和六十年（一九八五）春に比べて一七パーセントふえたという。[33]ただし、霊園開発に対する自治体の許す基準は大都市圏ほど厳しくなる傾向にある。墓地には公営霊園と寺院が管理する寺院墓地、そして民間企業などが財団を作って大規模開発する民営霊園と三種類あるが、民営霊園の開発に対する規制が厳しくなり、寺院墓地の永代使用料が都区内で一平方メートル当たり三〇〇万を超える所もある状況であれば、いきおい公営墓地、霊園の人気は高まるばかりである。

昭和六十二年（一九八七）の『東京都霊園問題調査会報告書付属資料』によりながら[34]都民のお墓、墓地・霊園に対するイメージや墓地の実態を見ることにしたい。この調査は東京都全域の二〇歳以上の世帯主三、〇〇〇人を対象に、戸別訪問面接調査法により、昭和六十二年七月に行われたものである。回収率は八一・四パーセントであった。墓地は死者をしのぶ所という多くの人の共通する考えの上に立って、厳粛な所であると同時に公園のような所を相当数の人びとが望んでおり、自然に恵まれた所を望むという人が五八・七パーセントともっとも多い。ついで居住している地域の近くが二二・一パーセント、市街地の緑地に隣接した所が一八・三パーセントとなっている。お墓の所在地としては東京都内が五一・六パーセント、ついで神奈川・埼玉・千葉県といった隣接三県が二〇パーセントを占め、時間的には二時間以内に行ける所を希望する者が八三パーセントと多い。現在保有する墓地の種類が、寺院墓地五九・七パーセント、民営霊園二八・三パーセント、都営霊園一二・六パーセント、その他の公営墓地八・六パーセントであるのに対して、「仮にお墓を求めるとすれば、その墓地の種類は」という質問に対して、三九パーセントの人たちが都営霊園を希望しており、それ以外の公営墓地六パーセントを含めると四五パーセントという多数が公営墓地を希望していることになる。その他、寺院墓地希望者三二・六パーセント、民営霊園五・七パーセント、わからない三六・四パーセントとなっている。

昭和六十一年（一九八六）十二月末現在、都内には墓地が一万三四五施設、納骨堂が一八三施設あった。墓地のうち個人専用のものが六、九三七施設、六七パーセントと多数を占めており、つぎが法人経営（ほとんどが宗教法人）の二、七七四施設、二七パーセント、共用が六〇一施設、六パーセントであって、公営は三三施設、〇・三パーセントである。いずれにせよ公営墓地の数は少ないが墓地面積は三三四ヘクタールで墓地面積の四〇パーセントになる。墓地区画数では総数九六万七、二〇四のうち公営墓地の区画数はその一九パーセントの一八万二、五八〇である。都内の公営霊園三三のうち七は都営霊園（都営霊園八のうち一つは千葉県松戸市にある）、その他は区営が一、市営七、町営一二、村営六である。区部においては大都市行政として都が霊園行政を施行していた経緯もあって、現在ある区営霊園は新宿区内にある史跡としての墓地のみである。一方多摩地区は古くは近世からあったムラの共有墓地や個人墓地が多く（現在市街地化の進展とともに減少する傾向にある）、それによって需要は十分まかなわれていた。昭和十八年（一九四三）に都政が施行されると、都営霊園が都全体の墓地需要に対応するようになり、昭和三十年代までに公営霊園を開設したのは八王子市・武蔵村山市・日野市だけであった。やがて多摩地区への人口流入に伴って青梅市は昭和四十三年（一九六八）に、羽村町では昭和四十六年（一九七一）に墓地を独自に設置した。また多摩ニュータウン開発に伴い、八王子市・町田市・稲城市・多摩市は昭和五十一年（一九七六）に南多摩霊園を開設し、新住民の墓地需要に対応している。一方宗教法人墓地は二、七七四あって、都内の墓地数の二七パーセント、墓地面積の五九パーセントを占める。区部では宗教法人墓地（大部分は寺院墓地）が圧倒的に多く、区都総墓地数の八

表25　全国墓地の推移

	墓地数	墓地面積	火葬率
大正８年（1919）	1,015,682	21,198町	38.98%
昭和５年（1930）	981,933	22,141ha	47.24
16年（1941）	962,881	25,414	56.91
28年（1953）	899,210	87,618	56.23
34年（1959）	926,762	—	91.44
48年（1973）	886,828	110,732	99.33
60年（1985）	885,059	—	—

（『東京都新霊園等構想委員報告書付属資料』による）

状　態		火葬・改葬の別			申込者の住所		
郷里の墓地に埋葬してある	計	火　葬	改　葬	計	区　内	三多摩	計
23.3%	100.0%	61.8%	38.2%	100.0%	60.8%	39.2%	100.0%
26.8	100.0	34.9	65.1	100.0	59.3	40.7	100.0
19.8	100.0	44.4	55.6	100.0	57.8	42.2	100.0
21.6	100.0	43.1	56.9	100.0	54.2	45.8	100.0
27.9	100.0	29.9	70.1	100.0	51.8	48.2	100.0
18.7	100.0	44.0	56.0	100.0	52.6	47.4	100.0
20.6	100.0	39.6	60.4	100.0	55.3	44.7	100.0
22.7	100.0	42.5	57.5	100.0	56.0	44.0	100.0

（『東京都新霊園構想委員会報告書付属資料』による）

八パーセントを占めている。一方寺院墓地以外の宗教法人墓地では、昭和四十年代から五十年代にかけて多摩地域に民営霊園が誕生した。これらは寺院墓地と違って宗派に関係ない墓地である。一ヘクタール以上の民営霊園は都内に五〇あり、総面積は一八〇ヘクタールに達し、これは都内墓地面積の二一パーセントにもなる。多摩地区でも八王子市には一ヘクタール以上の民営霊園だけで一八カ所、六六九ヘクタールが存在する。納骨堂は都内に公営七、民営が一七三、そのほか個人が三ある。地域的には多摩地区には少なく、全体の約八〇パーセントが区部にある。公営納骨堂の一施設当りの区画数は二、五四九と大規模で、総区画数で七一パーセントを占め、その利用率も九八パーセントと高い。

ついでやはり同報告書付属資料によりながら、都営霊園の現況を見ることにしたい。

現在、都営霊園は八カ所ある。区都には青山・雑司ケ谷・染井・谷中の四霊園があり、それ以外に多摩・小平・八王子の各霊園があり、千葉県松戸市に八柱霊園がある。都内における公営墓地は明治七年（一八七四）に当時の東京府が青山墓地・雑司ケ谷墓地など九墓地を神葬祭墓地として供用開始したのが始まりである。これらの墓地は大正の初めには新たな市民の墓地需要に応えられなくなった。

表26　都営霊園申込者の遺骨の状態（八王子霊園申込者の遺骨の状態等）

年度	公募数	申込者数	倍率	納骨の			
				自宅においてある	都営納骨堂に預けてある	寺院等に預けてある	親戚などの墓地に埋葬してある
昭和56	1,086	8,850	8.15	16.1%	29.8%	15.9%	14.9%
57	1,126	8,255	7.33	13.7	11.8	27.6	20.1
58	1,058	10,787	10.20	16.3	18.2	29.9	15.8
59	1,000	10,905	10.91	14.5	18.6	32.6	12.7
60	1,000	9,119	9.12	10.0	13.2	30.2	18.7
61	1,000	12,638	12.64	14.2	18.9	35.3	12.9
62	750	14,842	19.79	14.7	21.2	30.0	13.5
平均	1,003	10,771	10.74	14.2	18.8	28.8	15.5

註　各年度の当選者（公募数）について、アンケート調査を行なったものである。

大正八年（一九一九）に都市計画法が制定され、都市計画施設として墓地が造成された。東京市はこれについで東京の西部・東部・北部に墓地の建設を計画し、多摩墓地（昭和十五年以降霊園と改称）が大正十二年（一九二三）に、昭和十年（一九三五）には八柱霊園が開園された。ついで郊外霊園が昭和二十三年（一九四八）に、最後の八王子霊園は昭和四十六年（一九七一）に開園した。そうして区部の四霊園のうち昭和三十二年（一九五七）に青山・谷中の二霊園が都市計画公園として計画決定され、昭和三十五年（一九六〇）八月以降空き墓地の再貸付は行われなくなり、雑司ケ谷・染井霊園も昭和三十七年（一九六二）以降同様の処置がとられた。

残る多摩・八柱・小平・八王子霊園の申込み状況についてはすでに報告した通りであるが、八王子霊園の申込状況と、当選者の納骨状態を見ることにしよう（表26参照）。八王子霊園の場合毎年造成区画数に応じて公募されるが、公募区画数は横ばいもしくは減少気味である。応募資格は都内に五年以上居住し、焼骨をすでに所持している者に限られているが、昭和五十八年（一九八三）から一〇倍を越え、それ以降抽選者倍率は上がるばかりで、昭和六十二年（一九八七）以後二〇倍近くに達している。表26によってそれまで焼骨をどうしていたかがわかる。自宅に安置することを余儀なくされたり、一時的つなぎとして都営や寺院などの納骨堂に骨つぼを預け、ようやく二〇倍近い倍率をくぐりぬけて都営霊園に納めることが可能となるのである。都市部における墓地不足から、長期間何らかの形で焼骨を保管しなければならない。そうした状況だからこそ、深川えんま堂として知られる法乗院（真言宗）のお骨仏のようなものも生み出されるといえる。

法乗院のお骨仏は諸事情によって今すぐ墓をつくることのできない人のため、それまでの期間焼骨を預かるという考えで設けられた。その申し込みに当たっては宗派不問、入棺料一〇万円、御布施は年間一万二〇〇〇円、手続きとしては住民票と印鑑証明が必要だという。お骨仏とはどのようなものかというと、お骨仏と呼ばれる釈迦如来像が室内に安定され、背中部分が開くようになっており、焼骨を真空パックし、体中に納められるようになっている。焼骨のすべてを個々に真空パックするのは、後に墓を建てる時に取り出せるようにしておくためである。真空パックをする利点は、遺骨を微生物やカビ、水分から守れるということにある。コンピューターには利用者の命日、戒名、俗名、住所等がインプットされ、日々同寺の住職によって回向、供養されるというものである。(35)

2　墓地および墓（石塔）のあり方をめぐって

高野山と並んで企業墓のもう一つの拠点として知られる比叡山は、開創一、二〇〇年記念企画の一つとして比叡山の山麓を切り開き、延暦寺大霊園を造成、昭和六十年（一九八五）から分譲を開始した。後継ぎのない夫婦や単身者のための墓を永代供養墓地（久遠墓）として売り出したが、四年間ですでに二、〇〇〇基が売約済だという。(36)延暦寺大霊園のみならず、最近この種の墓地を売り出す霊園が目立つようになった。近年子供を持たない、あるいはいない夫婦が増えている。また結婚しない男女も多い。こうした後継ぎのいない人びとのための「もやいの会」なるものもできている。元東洋大学長の磯村英一氏の呼びかけで発足したものである。この会に加入すれば、一定額を払うと誰もが墓地に入れる。墓地の敷地は豊島区の霊園が善意で提供してくれたものだという[37]。こうした動きはあれ、後継ぎのない人たちにとって墓地さがしは容易ではない。井上治代はつぎのように報告している[38]。

墓石に刻まれた「○○家の墓」という文字に象徴されるように、墓は消えたはずの「家」制度の残滓を慣習のなかに色濃く引きずっている。しかも、その後ろには「承継者は慣習に従って定めよ」という規定（民法八九七条）が見え隠れしている。この「慣習」とはまだまだ家制度時代からくる長男相続。したがって結婚して姓を変える女子は実家の墓を継ぐのは困難。さらに「家」を作らないシングルや、結婚はしても子どものいない夫婦、離婚した単身者などは、後継ぎがないということで墓の承継者になれないばかりか、自分の墓すら売ってもらえないことが多い。

民法八九七条は系譜・祭具・墳墓の承継に関する条項でその内容はつぎのようなものである。

系譜、祭具及び墳墓の所有権は、前条の規定にかかわらず、慣習に従って祖先の祭祀を主宰すべき者がこれを承継する。但し、被相続人の指定に従って祖先の祭祀を主宰すべきものがあるときは、その者がこれを承継する。

②前項本文の場合において慣習が明らかでないときは、前項の権利を承継すべき者は家庭裁判所がこれを定める。

この条項から、被相続人の指定がない限り慣習によって承継者が決定されるということになるが、では慣習とは何なのだろうか。都営霊園の規定には「六親等内の血族・配偶者、三親等以内の姻族に限る」とあって、他の霊園等もこれにならっている。民法八九七条には被相続人が承継者を指定すればそれが優先されると規定されているにもかかわらず、こうした規定を楯に、親族以外の知人に継いでもらうことは困難だと、井上は指摘している[39]。核家族化が進行し、長男一人、あるいは長女一人といった関係同士が結婚する、さらには血縁関係が薄れている現代の社会状況を見れば、都営霊園その他の規定のように親族ばかりにこだわるのは少なからず問題があろう。また、シングルや所謂ディンクスが増えつつある昨今、このままの墓地制度では無縁墓や墓に入れぬ人たちがふえるばかりである。ともかく柔軟な制度の体系化が望まれよう。

お墓をめぐる問題でもう一つ興味深いのは、「死んでまで姑と一緒はいや」というように先祖の墓に入るのを嫌ったり「死んだら一人がいい」と死後の離婚を望む女性が出てきたことである。たとえば『朝日新聞』につぎのような投書が寄せられている。[40]

十五年以上も前から、夫一家の墓地にだけは入りたくないと思いました。そこは一族郎党の墓が並んでいます。死後も彼等の流儀に従うのは真平ご免と思い、七年前に墓地を求めてこのことを宣言しました。夫婦は「カイロウドウケツ」などいっぱい言われ、私も自分の行き先は自分で決めますと言い、けんかになりました。それ以来、夫は優しくなりましたが、どちらの墓に入るかはまだ決めかねている様子です。（神戸市・たか子　六五歳）

先の『東京都霊園問題調査会報告書付属資料』のアンケートによれば、[41]「一つのお墓に入る人の範囲は」という問に対して、家族あるいは一族と答えた人が合わせて八七パーセント、本人だけは一パーセント、親しい人同士が〇・七パーセントという数字である。これは世帯主が調査対象だから少ないパーセンテージとなっている。いずれにせよこうした発言は、女性を中心に「家」や「先祖祭祀」に対する考え方が、少しずつ変わってきたことの現われと見ることができる。たとえば、墓は祖先を祀る場ではなく、死後の自分の住いととらえる人が徐々にふえているのである。モニュメントまがいの墓、あるいはお墓のショーの盛況ぶりがそのことを雄弁に物語っている。

このように、お墓あるいは墓地をめぐる問題には家、先祖祭祀、性、過密といった現代都市社会が抱える課題が凝縮されているのである。こうした問題に行政はどう対応しようとしているのだろうか。

都市における墓地不足への対応策を検討してきた厚生省の墓地問題研究会は、平成二年（一九九〇）春中間報告書を提出した。[42]その内容は、「土地難の都市では墓石を大きな壁の中に埋め込んでいわばアパートのようにした壁墓地の規格を作る」「広大な山野を利用した開発では、通路幅やそれぞれの広さなどについて定める」「管理面では利用料金を基金として、金融機関に預けて運用し、将来にわたって確実に管理できるようにしている米国のやり方を見習ったお墓基金制度を導入すべき」といったもので、都市の過密に伴う墓不足のハード面における提言を行っている。

一方同じころ、東京都が『東京都新霊園等構想委員会報告書』を提出した。(43) 同報告書も厚生省と同じ、墓地の形態といったハード面と管理に関する提言が中心となっている。まず前者については「都民の間では平面墓地形式に対する志向が強いので、納骨堂形式に移行していく間の中間的墓地形式として、壁面を利用して集約化を計る壁墓地や、敷きつめた芝生の中に比較的小さなプレートを置く芝生プレート墓地などの開発が必要である。新霊園では日本式平面墓地は採用せず、大規模納骨堂を組み合わせて必要な供給量（二〇年間に一二万六、〇〇〇基）を確保する」としている。またソフト面については「日本において墓は永代使用という考えが強いが、新霊園においては家墓についても有限化を図るべきである。祭祀を行なってくれる人のいない一人暮らしの人々などの墓地需要にも対応していく予定だが、これも使用期間を区切って循環使用を図っていく必要があり、期限到来後に祀る人のいない墓地は合祀の対象となり、使用権を失う」システムを考えるべきだとしている。前者については墓地の有効利用としての立体的な墓の活用を骨子とし、後者についてはやや管理面が強調されすぎてはいるものの、一人暮らしや無縁墓といった問題に言及しているのは一歩前進といえる。

厚生省も東京都も省スペース型の墓地を志向していることは明らかだが、こうした新形式の墓地について国民の反応を探る目的で総理府が『墓地に関する世論調査』を実施した。(44) 調査は平成二年（一九九〇）七月五日から十五日まで、全国の人口三〇万人以上の都市に住む二〇歳以上の男女三、〇〇〇人を対象に行われた。回収率は六五・八パーセントであった。それによると、大都市住民の六五・八パーセントが墓地不足を認識している。また新形式の墓地について、

（1）墓石をつなげて連続した壁面を形成する壁墓地
（2）芝生の上に墓石を配し、個々の墓石の境界が不明確な芝生墓地
（3）花や芝生で形作られた大きな花壇のようなところに共同で埋葬する共同参拝墓地
（4）ロッカー式（マンション式）墓地

以上四種類の図を見せた上でその評価を確認したところ、壁墓地・芝生墓地については「墓地の供給のためやむをえない」という人も含めて肯定派が過半数だった。それに対して共同参拝墓地は四割以上、ロッカー式墓地では過半数の人が「墓地としてふさわしくない」と答えている。また、骨を粉にして墓地の一定区画や山林・河川・海・谷などに散布する散骨を認めるかどうかを聞いたところ、葬法として認めるべきでないと思うと答えた者の割合が五六・七パーセント、葬法として認めても良いと思うと答えた者の割合が二一・九パーセント、どちらともいえないが一六・一パーセントだった。また年齢別に見ると肯定派は二〇、三〇歳代で高く、否定派は五〇歳代以上で高くなっている。

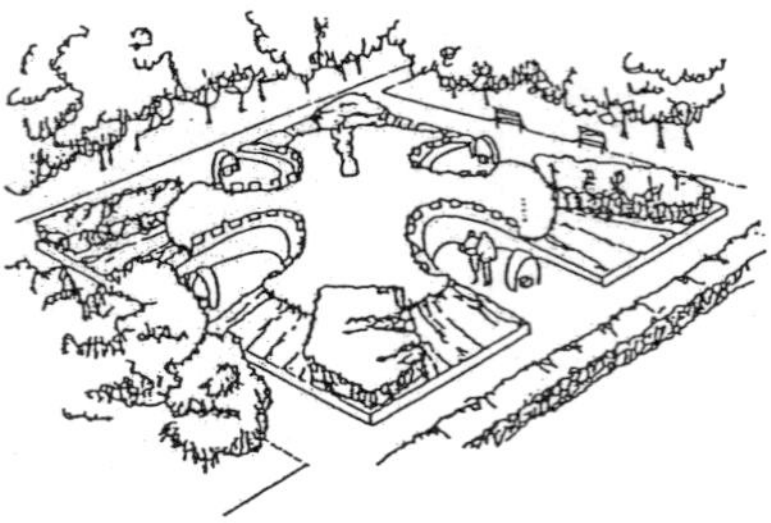

図20　共同参拝墓地

なお、森らは一九九〇年のこの調査との比較を目的として一九九八年に「墓地に関する意識調査」を実施している[45]。全国一三三カ所で二〇歳以上の男女二、〇〇〇人に対して、個人面接調査法で行ったものであり、回収率は七六・二パーセントであった。新墓地に対する認識および散骨に関する意見、この二つのデータを全国と東京都区内の差に留意しながら見ることにしたい。「㋐壁墓地、㋑芝生墓地、㋒ロッカー式の墓地を知っているか」との問に対して、㋐壁墓地は「知っている」「聞いたことがある」と答えたのは合わせて四一・九パーセント、知らないと答えた人は五六・一パーセントで半数以上の人が知らなかった。また㋑芝生墓地については、知らないと答え

たのは四〇・四パーセント、㋒のロッカー式墓地は二二・三パーセントとなっており、とくにロッカー式墓地の周知度は高い。しかしながら、これらの新墓地を「利用したい」「条件合えば利用したい」と答えた人はそれぞれ一九・五パーセント、二二・三パーセントと低い。さらに肯定派に対して「新形式どの墓地を利用したいですか」といった設問に対しては、壁墓地一〇・四パーセント、芝生墓地七一・一パーセント、ロッカー式墓地二五・五パーセントという数を示した。東京都区部の正確な数字は示されていないが、図21を見る限り壁墓地が二〇パーセントと全国平均に比べて倍近い率となっている。都内の墓地不足を承知しているため、やむをえないと思っている人が少なくないのだろう。しかし、希望としては「ゆったりとした芝生墓地を」と答えた人は、一九九〇年の調査と変わらずにもっとも多く、七一・一パーセントとなっている。東京都区部も、ややそれよりパーセンテージが高いものの、そう変わりがない。それに対してロッカー式墓地は、周知度の割に希望者が少なく、全国で二五・五パーセント、東京都区部に至っては、一〇パーセント強と低い数字を示している。「まだ壁墓地の方がまし」という認識のようである。

写真45　壁式墓地

一方散骨に対しては、積極的に認めるべき五・六パーセント、本人の希望六九・〇パーセントに対して認めるべきではない一九・四パーセントとなっており、否定的意見についていえば、一九九〇年の調査と一概に比べられないものの容認派がかなり増えたことは確かだろう。ただし、その容認派も「あなたは散骨によって葬られることを希望しますか」との問に対して、希望するは一二・八パーセントに留まり、希望しないが五〇・七パーセントと高く、しかも散骨反対者が二五・四パーセント存在する。

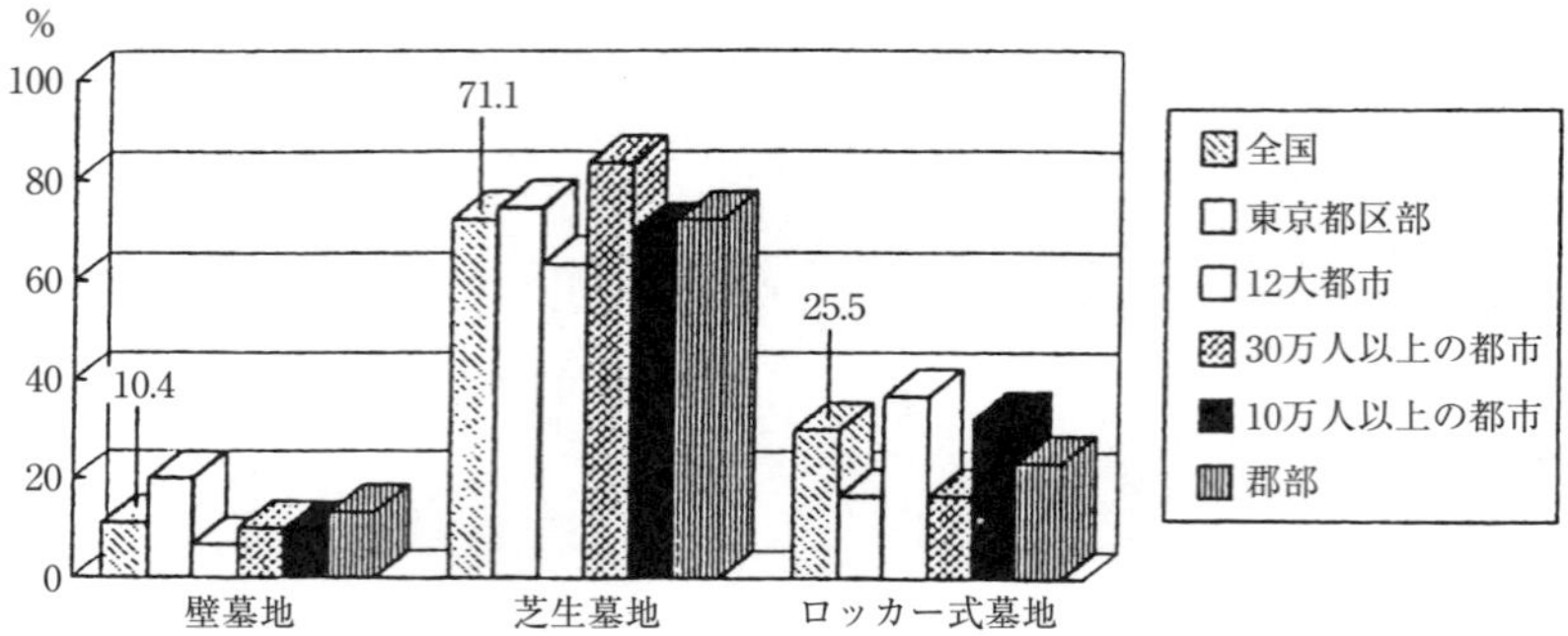

図21　新形式の墓地の利用希望（森謙二による）

ちなみに散骨とは、焼骨を墳墓に埋めるのではなく墓地内の一定の区画や、海あるいは山中にまく葬法をいう。万葉集には散骨を想起させるものが挽歌に二首見られるが、文献上は淳和天皇の散骨の例が初見である（『続日本後紀』承和七年〈八四〇〉九月辛巳の遺詔に「骨を砕きて粉と為し、之を山中に散らしめよ」とある）。斎藤忠は奈良、平安時代には散骨が広く行われていたと見ており、淳和帝の散骨についても「仏教思想の影響はあったとしても、すでに国民の間に広く行なわれていたものが仏教思想と結合したものとみることができる」と述べている。[46] 斎藤説は魅力的ではあるが、史料的裏づけは必ずしも十分とはいえない。中・近世の史料は今の所確認されておらず、ようやく昭和の初期に至って何例かあったことが知られる。[47] こうした歴史の流れから見ると現代においても散骨の希望が出てきても不思議ではない。実際一四、五年前の俳優石原裕次郎の死に際し、兄の石原慎太郎代議士が、海好きだった弟の骨を太平洋に戻してやりたいと希望したが、「墓地、埋葬等に関する法律」を根拠とする当局の判断によって断念した。安田勝彦によれば、「『墓地、埋葬等に関する法律』でいう焼骨の埋蔵は都道府県知事の認めた墓地、収蔵は知事の認めた納骨堂以外では許されないとされているが、埋蔵でも収蔵でもなく遺灰をまく行為は同法の対象にならない」という。また刑法一九〇条の「死体遺棄罪」との絡みが指摘されることもあるが、これも同条でいう遺骨が土葬を前提とした生の遺骨を想定していることから、焼骨のそれは同条に触れることもなく、海洋汚染防止法に対する違反も、高熱処理された遺灰は全く無害でその恐れはないという。そうして「わが国は火葬先進国。古来から遺灰をまく伝統があり、墓も必需品ではなかったのに、誤った先入観で自らの葬法の自由を失っているのは残念である」と結んでいる(48)。

こうした論議がおこる中、一九九一年十月五日に「葬送の自由をすすめる会」が相模灘で散骨を実施し、マスコミが一斉に取り上げた。その後法務省は『死体遺棄罪』を構成しない」、厚生省は「墓地及び埋葬等に関する法律に抵触しない」との見解を示した。そうして一九九四年二月には散骨を請け負う業者が出現し、「葬送の自由をすすめる会」も、ある葬儀社と自然葬実施委託契約を取り交わし、自然葬を推進して行った。近年都市住民の水源地である琵琶湖や山梨県小菅村で実施した例もあり、少なからぬ人びとの反発を買った。そのことと関連して藤井は、「散骨を希望する人がいる以上、欧米において施行されているように、散骨を否定し禁ずることでなく、かつ誰にも迷惑をかけることなく現代人のニーズに応えるためには、法改正して散骨場を墳墓の一形態に加えることを提唱したい」と力説している(49)。

結びにかえて

墓地不足にからむ明治八年（一八七五）の太政官布告による火葬禁止令の解除、同十七年（一八八四）の内務省達による新墓地の開発禁止、さらには同三十年（一八九七）の伝染病防止法の施行によって火葬の普及が進むと、それまで多かった個人墓から家墓へと変わり、以後一般化した。そうして家墓は、田畑や家屋敷と並ぶ家産の一つであり、子孫が承継し、祀るべき対象であった。自分を生み育ててくれた、父母の葬式や年忌供養を盛大に行い、墓や仏壇を守りさらに立派なものにする、あるは父母伝来の家業を繁栄させ、家格を上げることが子孫の生きがいであった。

ところが産業構造の変化にともなってサラリーマン層が増え、価値観が多様化するにつれて人びとの生きがいもさまざまなものとなっていった。一方核家族化が進行し、家という枠組のタガが外れ、個人個人をベースにした生活スタイルが定着していく。それとともに家観念や先祖観にも変化を来たし、そうした傾向の兆を先取りして共同墓という新形墓の構想も打ち出された。また先祖伝来の墓に入ることを嫌う人も増え始めた。核家族時代の長男長女の結婚に対応できる両家墓も生まれた。さらには、先祖を祀る墓に代わり、自分自身の顕彰や生の証しとして、モニュメント風の墓を建立する人も目立つようになった。自己の死後の棲み家として、採光や蛇除けに配慮した墓地を造成する人もいるようである。宗教離れの一つの現象と見て良いかもしれない。以上のような宗教離れ、家族構造の変化や、自己の死後のことは自分で考えるといった風潮の中で葬送儀礼を問い直す動きが表われ、散骨もそうした流れの中で登場した。散骨については否定派が多いものの、若者層を中心に徐々にではあるが支持層が増えつつある。しかし他方では藤井が指摘するように遺骨に対する日本人のメンタリティーは無視できないし、法的な問題も残されている。(50)さらには「撒く者」「撒かれる者」「撒く場所の周囲にいる者」、最小限この三者の合意が必要という森の主張にも耳を傾けなければならない。(51)

一方葬送儀礼は、(a)死者の霊魂の安寧のため、(b)遺族の衝撃からの回復のため、(c)家族や地域社会に生じた役割分担の再調整のため、といった機能を合わせ持っていた。(52)ところが地域社会の持つ意味が薄れ、葬送儀礼がその家だけの私的儀礼となり、(c)の後半部分、地域社会に生じた役割分担の再調整機能は不必要なものとなった。(a)の機能についても、合理的思考の浸透、宗教離れ等々から後退気味で、死者個人に対する追慕といった色彩が濃くなっている。しかしながら、霊魂の安寧を思う気持や遺骸・遺骨に対する執着心は全く消えてしまった訳でなく、非業の死者、異常死者を出した場合、それが突出した形で表われる。そのことは、本章の一〜三節を読めばおよそ推測がつくし、群馬県御巣鷹山への日航機墜落事故、愛媛丸遭難事故後の人びとの対応を見れば明らかだろう。

註

（1）孝本貢「仏壇と位牌祭祀」『講座日本の民俗学7・神と霊魂の民俗』雄山閣　一九九七年　一一七頁
（2）竹田聴洲「都市化の中の世相解説史学」『季刊柳田國男研究』八号　白鯨社　一九七五年　一三九頁
（3）竹田聴洲「結婚式場と霊園墓地――都市民俗学ことはじめ覚書――」『日本史論叢』横田健一先生還暦記念会　一九七六年　九九三～一〇〇八頁
（4）色川大吉『昭和史世相篇』小学館　一九九〇年　二六～二七頁
（5）井上章一『霊柩車の誕生』朝日新聞社　一九八四年　一～二一一頁、村上興匡「大正期東京における葬送儀礼の変化と近代化」『宗教研究』六四―一　一九九〇年　三七～六一頁、山田慎也「葬制の変化と地域社会――和歌山県牟婁郡古座の事例を通して――」『日本民俗学』二〇三号　一九九五、宮田登・新谷尚紀編『往生考』小学館　二〇〇〇年　一～三五〇頁。国立歴史民俗博物館編『葬儀と墓の現在』吉川弘文館　二〇〇二年　一～二六四頁。
（6）藤井正雄『骨のフォークロア』弘文堂　一九八八年　一～二二四頁、同「散骨と環境問題」『生存科学』五―一　一九九四年四五一～四五七頁、森謙二『墓と葬送の現在』東京堂出版　二〇〇〇年　一～二八七頁、野沢謙二「霊園のフォークロア――福島県郡山市東山霊園――」『東北民俗』二二輯　一九八八年　一四～二九頁、井上治代『現代お墓事情――ゆれる家族の中で――』、創元社　一九九〇年、葬送の自由をすすめる会編『〈墓〉からの自由』社会評論社　一九九一年　一～二〇三頁
（7）アンベール（高橋邦太郎訳）『幕末日本図絵・下巻』新諸国叢書　一五巻所収　雄松堂出版　一九七〇年　二一八～二二九頁
（8）井上章一前掲註（5）七四～八〇頁
（9）鯖江豊之『火葬の文化』新潮選書　一九九〇年　一五頁
（10）森謙二前掲註（6）一七五～一七六頁
（11）堀一郎「我国に於ける火葬の民間受容について」『宗教研究』一二七号　一九五一年　一四〇～一四三頁
（12）森謙二前掲註（6）一七八頁
（13）森謙二前掲註（6）一八一頁
（14）井上章一前掲註（5）一六五～一七二頁
（15）昭和五十九年から平成四年にわたって、東京都教育委員会から発行された『東京の民俗』一～八を見ると、都内、都下を問わず、死後三五日あるいは四九日が忌み明けであり（中には一〇〇日というのもある）。その間「ブクがかかる」と称して謹慎生活

を送っていたほか、神棚に半紙を貼っておき、忌み明けに神主を呼んでお祓いをすることも行われていたことがわかる。また、忌み明けまで、あるいは一年間は神事にかかわらない、鳥居をくぐらないとする報告例も多い。島嶼部の神津島では別火の風があり、かつては四九日間だったものが七日、三日と減り、今日では一日だけになっている。

(16) 村上興匡「都市化・近代化と葬送儀礼の変容——地域の都市化と葬送業務——」『葬儀』一—六　一九九一年　九六頁

(17) 井上章一前掲註（5）一七一頁

(18) 今日では葬儀社・葬祭業者と呼んでいる。江戸後期には棺を製作する業者が見られたが、本格的な登場は明治に入ってからである。葬具製作者、葬列手配者、食品・雑貨など葬儀必需品の販売業者から転じたものが多く、葬列の人足の手配と葬具の提供が中心であった。第二次大戦後に至り、納棺や死亡届の代行、料理・引き出物の受注、司会などサービスも提供する総合業者へと発展した（山田慎也「葬儀屋」『日本民俗大辞典』上巻　吉川弘文館　一九九九年　九六七頁）。

(19) 村上興匡前掲註（5）四三〜四六頁

(20) 山田慎也「葬儀と祭壇」『人生の装飾法』ちくま新書　一九九九年　五六〜八六頁

(21) 田中丸勝彦『さまよえる英霊』柏書房　二〇〇二年　五七頁

(22) 一九九〇年九月六日付朝日新聞「派手なお墓ご法度」による。

(23) 中牧弘充『むかし大名いま会社』淡交社　一九九二年　三五頁

(24) 一九八九年一月二十六日付朝日新聞朝刊「お墓が足りない首都圏——あの世でもマンション住いか——」

(25) 同右

(26) 一九九〇年九月十八日付朝日新聞朝刊「都営四霊園の当選者決まる」

(27) 一九九〇年八月二十九日付朝日新聞「初日だけで一五〇〇人殺到。都営霊園七五カ所の募集」

(28) 仏壇と骨壺を永代収容しうる骨棚が上下セットになったもの。一面では納牌、一面では納骨の旧習を持ちつつ両者が結びつき、かつ戸別使用を目的としている所にユニークさがある。

(29) 竹田聴洲「結婚式場と霊園墓地——都市民俗学ことはじめ覚書——」前掲註（3）一〇〇四頁

(30) 一九八九年一月二十六日付朝日新聞朝刊前掲註（24）記事による。

(31) 『霊園ガイド、90秋季彼岸号』六月書房　一九九〇年　一一四頁

(32) 一九九〇年二月二十三日付朝日新聞朝刊「京の納骨マンション」

(33) 一九九〇年八月二十五日付朝日新聞朝刊「安息なお遠いお墓の世界――不足している大都市圏――」
(34) 東京都霊園問題調査会『東京都霊園問題調査会報告書付属資料』東京都建設局公園緑地部　一九八七年。
(35) 前掲註(31)一〇四頁
(36) 井上治代『現代お墓事情――ゆれる家族の中で――』創元社　一九九〇年　一二～一三頁
(37) 一九九〇年六月六日付朝日新聞「りあるたいむ東京人・ニューヨーカー　旅の終わりには」
(38) 前掲註(36)一四頁
(39) 同右　六八～七八頁。
(40) 一九九〇年十二月九日付朝日新聞日曜日版「私は・・・特集」
(41) 前掲註(34)
(42) 一九九〇年四月二十九日付朝日新聞朝刊「お墓づくりも〝規格〟の時代」
(43) 東京都建築局緑地部『東京都新霊園等構想委員会報告書』一九九〇年
(44) 総理府広報室『墓地に関する世論調査』一九九〇年
(45) 森謙二編『墓地に関する意識調査』厚生省衛生局企画課　二〇〇〇年　九～一一頁および一六～一七頁
(46) 斎藤忠「『大蔵』考」『日本歴史』三四五号　一九七七年　一～九頁
(47) 藤井正雄『骨のフォークロア』弘文堂　一九八八年　二六～三三頁
(48) 安田勝彦「『遺灰を海や山に』は違法か」一九九〇年九月二十四日付朝日新聞「論壇」
(49) 藤井正雄前掲註(47)四五七頁
(50) 藤井正雄前掲註(47)四五一～四五七頁
(51) 森謙二前掲註(45)一一～一三頁
(52) 波平恵美子「儀礼と家族」『家族のフォークロア』岩波書店　一九九一年　一三三～四〇頁

第四章　塚をめぐるフォークロア

第一節　行人塚再考

――修行者の死と供養・祭祀――

はじめに

民俗学でいう「塚」とは、一般的には人為的に土を盛って丘状に築き上げたものをさすが、石積により方形に築かれたものも塚と称している。またその築造目的からは、墓として造られたものと、祭壇・修法壇あるいは信仰対象の縮小版としてつくられたもの（たとえば富士塚）との二通りが存在する。一方考古学では「塚」とは、高塚古墳以外の「人工の土盛りによって形成された高まりの遺構（高さ二～三メートルから五メートル）」をさし、その性格は「墓以外の目的をもって造られたもの」と理解されている。また、平安時代以降の経典を書写して埋納した遺構である「経塚」についても、「塚」より除外されている。従って、「古墳墓」と「経塚」以外の「人工の土盛りによって形成された高まり」が「塚」ということになる。(1)

考古学におけるこの種の「塚」は日本各地に分布するが、その多くは遺構としての具体的要因が欠除するために研究者の関心の埒外に置かれていた。しかし、古墳と見なされて発掘が実施され結果的に中世、あるいは近世の「塚」と判明した例もなくはなく、それらをまとめて「塚」研究の重要性を提起したのは大場磐雄である。(2)大場の提言が研究者の注目を浴びる一方で、昭和四十年代以降の高度経済成長による地域開発の余波を受けて、広汎な発掘調査が実施されるようになった。それに伴って、これまで消極的であった「塚」にも影響が及び、従来に比して多くの報告例や研究が見られるようになり、(3)それらは我々に多くの示唆を与えてくれる。

それに対して民俗学における「塚」の研究は、古くは柳田国男、南方熊楠、堀一郎等によって、「十三塚」その他の研究がなされている。(4)また、「行人塚」の研究では、今井善一郎の先駆的業績を忘れることは出来ない。(5)近年では考古学の動向に触発される恰好で、神奈川大学常民文化研究所より『十三塚　実測調査・考察編』『富士講と富士塚――東京・神奈川――』などが相ついで刊行された。(6)

ところで、「塚」造立の時代的上限は古代末から中世と考えられており、とくに中世末から近世にかけて多く造られている。そしてこの時期は、日本人の信仰の展開という観点では、種々の点においてきわめて変化に富んだ時代だったとされている。(7)したがって、この時期に造営された「塚」には、多種多様なものが存在する。さらには、造立以後本来の目的と異なる意味が付与され祀られる、といったケースも少なくない。こうした点から、民俗宗教の軌跡を辿る上で、「塚」は恰好の分析対象といえるのである。本節では、さまざまな「塚」のうち、とくに「行人塚」(中でも入定系行人塚、「入定塚」とも言う)に焦点を当てて考察を加えてみたい。この種の研究においては、心意を具現する信仰用具、施設などの有形的側面の考察が不可欠なことから、考古学や物質文化研究の成果も積極的に援用したいと考えている。

所謂「行人塚」にはさまざまなタイプのものが存在する。入定系行人塚はその代表的なものの一つであるが、この他「行人墓」「供養塚」なども存在する。これらは、言うまでもなく出羽三山信仰(とくに湯殿山信仰)とかかわるものである。そこでまず、湯殿山信仰の近世以後の概略を辿りながら、「行人」とは何か、ひいては「行人塚」「行人墓」「供養塚」とは何かを整理し、しかる後に本論に入ることにしたい。

一　行人塚および行人墓、供養塚

湯殿山の伝承では、淳和帝の天長年中（八二四〜八三四）弘法大師が諸国巡歴の砌、庄内平野を流れる赤川の上流で、大日如来の五字真言の浮かび来るを見、その川上を訪ねて湯殿山の霊域を発見し、伝流興隆の聖地を定めたという。したがって近世初期、羽里山第五〇代執行別当天祐が出羽三山の統一を画策した時、湯殿山の登山口に位置する注蓮寺・大日坊・本道寺・大日寺の四カ寺は、古来羽黒山の末寺であった事実はないと主張した。そうして明治維新の神仏分離、修験宗の廃止まで、ついに真言宗当山派の修験に属し、天台系の羽黒派とは二派に分裂したまま合流しなかったのである（ただし、明治以降、神仏分離令により、羽黒山の出羽三山神社の下に統合された）。なお、湯殿山の四カ寺のうち、庄内側の注蓮寺・大日坊は表口別当と称し、山形側の順路にある本道寺・大日寺を裏口別当と称していた。なお、文化元年（一八〇四）の記録による湯殿山別当の山内構造はつぎの通りである。

表口では、本坊とこれに直属する修験衆徒寺院（注蓮寺一〇カ院、大日坊一二カ院）と湯殿山を案内する先達（両寺各一五人）がおり、裏口では寺の境内に清僧の塔頭（本道寺・大日坊各六カ寺）とこれに属する湯殿山案内の先達（両寺各七〇人）がいた。このほか湯殿山には、「一世行人」と呼ばれる修行専門の行者が存在した。彼らは、まず湯殿山で誓いを立て、別当四カ所の寺のいずれかに入門し、得度した後に「海号」の免許を受けて「一世行人」と名乗るのである。彼らは修行の後各地に分散して行人寺を建立し、民衆の教化につとめた。湯殿山の別当寺は各地に触頭を置いて、この種の行人の統制を行ったのである。(8) また、死後即身仏となって人びとに崇められたのは、この系統の行者たちにほかならない。「一世行人」は、一生の間肉食妻帯を断って、表口では仙人沢、裏口では玄海にある行屋に籠もり、千日、三千日あるいは五千日もの長い間、木食行をしながら毎日垢離をとり、一日三度の宝前参拝の苦修練行を続けた。

木食行とは、五穀、十穀断ちをし、カヤの実、栃の実などの木の実、草の根を食することである。想像を絶する苦行であるが、自ら罪、穢れを取り除くとともに、他人の苦しみを代わって受けようとする代受苦の精神に基づいているといわれる（この木食行によって、しだいに体内の脂肪分が落ち、いわば骨と皮ばかりになって、死後も腐敗せずに乾燥してミイラとなりうる）。最終的には衆生救済を祈念して入定する。そして入定後の遺体を崇拝の対象とする。これが湯殿山の即身仏信仰である。この信仰は行者たちの、生身のまま入定してミイラ化した肉体をこの世に止め、霊魂は兜卒天に往生して弘法大師とともに弥勒菩薩に親近し、弥勒が仏としてこの世に下生する日に、ミイラとして残したおのが肉体に魂魄を還して再生し、弥勒菩薩や弘法大師とともに衆生済度を果たすという思想に支えられていた(9)。行人の多くは、そのような堅い決心を持ち合わせており、したがって対社会的にもきわめて積極的で、呪術的な祈禱や医療を施し、河川や道路の改修などの事業を手がけた。そのため活動拠点として、多くの行人寺を各地に建立している。世間の人はこうした行人が入定でもすれば、何らかの期待感をこめてその行人塚を信仰対象とした。かくして各地に救世主型もしくは救済志向型の霊神信仰を生み(10)、また行人塚伝説が流布するに至った。

さらには「一世行人」の布教活動により、湯殿山信仰は、東北・関東一円に広まり（とくに近世中期以降）講を組んで登拝する道者の数はおびただしかった。この諸国から夏に参詣にやってくる道者を、「上り下りの行人」といった。彼らは各々の農村にある行屋で五日ないしは七日間別火で精進潔斎して、白装束に身をやつして訪れてくる人びとである。千葉県下では、こうした行人は地域社会で一目置かれており、墓地でも一段高い位置に埋葬されたり、彼らだけの所謂「行人墓」に埋葬される。しかも、行人となりうるのは男子に限定されていることが、男女別墓制を現出させることにもなった。また、出羽三山参詣後、行人となった者達が地元に湯殿山供養塚を立て、三山の祭祀儀礼や供養の行事を行った。さらに初山の際に新行人達は、宿坊より各自一本の「剣梵天」（腰梵天・木剣ともいう）を、道者（行人）の証として与えられるが、これを持ち帰って多くの人びとのものがたまると、「供養塚（梵天塚ともいう）」に埋納する行事を行っていた。こうして現在でも、各地に多くの「供養塚」を見出すことができるのである。
以上を前提に、次項以下では、考古学のデーターを援用しながら「行人塚伝説」や今井説の検証を通して塚の築造目的について検討を加える。ついで、具体的に千葉県安房地方の行人塚を取りあげ、「行人塚」の祭祀の展開をトレースすることにしたい。

二　行人塚伝説

今井は行人塚伝説には、行き倒れの行人が葬られるもの（他埋型＝筆者注）と、自ら入定したと伝えられるもの（自埋型＝筆者注）と二種類が存在するとした上で、後者に関する史・資料を収集し、入定前後における生死観を基準につぎのような分類を試みた(11)。

㈠　仏教の諦観に基づき、死を目的とする入定
　a　寿命の終末を達観した入定
　b　自己の本務完了の満足感から、余生の不安に基づく入定
　c　絶望感に基づく入定
㈡　再生を予期した入定
　a　この世に生まれかわりたいもの
　b　往生思想により、あの世に再生することを願うもの
㈢　生命の飛躍のための入定
　a　古代仏教の思想に基づき、一種の冬眠状態を続ける

b　神格を獲得し霊的再生をとげょうとするもの

このうち、㈢のbを基本的なものと位置づけている。㈠の仏教の諦観に基づいて入定するにしても、おそらく極楽往生をとげたいとの願望も一方にはあるものと予想され、今井の類型㈠と㈡のbを合わせて、(A)自己救済型の入定と仮にしておきたい。また、即身仏信仰については先に触れた通りであるが、㈡のaと㈢のa、bとを合わせて、(B)他者救済型の入定とし、論を進めたい。ところで今井のこの類型に対して井之口章次は「死者の霊が清まって祖霊になるという祖霊信仰の中に、土中入定の話を位置づけ、霊が清まる過程に土中入定が結びついたものと考えたい」とし(12)て、あくまで祖霊信仰の枠内でとらえようとしている。湯殿山の「一世行人」の間で実際入定行為が行われ、それによって入定のいわれを持つ塚や墓所（入定墓）を行人塚と呼ぶに到ったのであり、「一世行人」の世界観、霊魂観などを考慮に入れた上で、捉える必要があるように思われる。

ところで行人塚伝説の一般的モチーフは、行人と呼ばれる宗教者が、様々な理由から生きたまま土中に入り、木食をし、念仏を唱えながら数日後に往生をとげる（この行為を入定という）というもので、その埋葬地が行人塚、あるいは入定塚と呼ばれる。そしてやがて、入定者の遺言に対応する形で、塚に祈願すると病気治し、災害除け等の願いがかなうという現世利益信仰が生じていく。ただし、土中入定したとされる人物は必ずしも行人とは限らず、六十六部、山伏、寺の僧、巡礼者と伝説の上ではかなりバリエーションがある。今井は他埋型の行人伝説については分析を加えなかったが、北村敏は「入定行為を行人塚の主要素とする立場からすれば、亜流に属するものである。しかし、塚に埋葬される人物を基軸とし、その後の塚伝説から信仰への展開過程には、入定系行人塚との間に見逃せない共通性がある」として、他埋型や行人以外の土中入定を含めて行人塚伝説を広い視野から把握し、その分類を試みている。

北村によれば、自埋型伝説の伴うものが本来の行人塚（入定塚）と考えて良いもので、入定の目的について見ると、他者を救済するものと自己を救済するものが相半ばし、（表27参照）、このほか自発的な入定行為の伝説はあるものの、

表27　行人塚伝説の類型（北村敏による）

自埋型	他者救済の入定伝説	42	90
	自己救済の入定伝説	48	
	目的不明の入定伝説		125
他埋型	殺害埋葬型の伝説		44
	無縁仏型の伝説		17
宗教的名称の塚（地名のみ）			198

数字は採集事例数

入定目的の部分が欠落した伝説も多数あるという。そうして他者救済の具体的内容は、頭痛、歯痛といった病気を未然に防ぐもの、洪水、旱魃、飢饉、火災といった災害から人びとを守ろうとするもの、以上に集約されるという。[13] 一方、焼身、火定と土中入定とを対比させ考察を試みた内藤正敏は前者は浄土教の阿弥陀往生思想の影響を受け、自己救済を目的としたものであるのに対して、後者は民俗儀礼に根ざし、他者救済が認められる、と指摘している。[14] 民俗儀礼としての土中入定が、いつ、どのような理由で生まれ、弥勒信仰とどのような契機で結びついてその後の展開をとげたか、といった問題には言及されていないが、内藤の指摘する通り、土中入定伝説に他者救済観が認められるのは確かである。しかし、北村の整理した「行人塚伝説の類型」表を見ても、ことのほか自己救済を目的として入定したものが多い。

さて、北村のいう他埋型伝説のうち殺害型は、罪科を犯したり問われたりしたための罪科処刑型で、秩序破壊型と、所持品を狙われての遭難死型、さらには争論などで敗れたための敗北処刑型に分かれるという。そして無縁仏型は、病気のほかに天災・人災にあって無縁仏として祀られるものだが、無縁仏型に限らず、行人塚の被葬者の多くは村外の人であったと北村は指摘している。[15] この北村の論に照応する形で小松和彦は、民俗社会は外部の存在たる異人を社会の生命を維持するために一旦受け入れ、彼の富や幸を吸収した後、社会の外に吐き出すか、時として暴力と排除の犠牲にすると、興味深い異人論を展開している。[16] しかし、小稿の目的は、伝説のモチーフを口承文芸研究の観点から分析するものでもないし、小松のように認識論的観点から分析するものでもない。入定系行人塚の民俗学的考察を試みようとするものである。まずその手始めに、考古学による行人塚発掘調査の成果を見ることにしたい。

三　行人塚の発掘調査から

先に触れたように、大場が「塚」研究の重要性を力説して以来、多くの塚の発掘例があるが、このうち管見の及ぶ五例について紹介することにしたい。

事例1　山形県白鷹町黒鴨・伝光明海上人入定墳

黒鴨地区のうち、日影集落の北方約一〇〇メートルの小高い場所に墳墓地がある。墓碑は六五センチ程度の土盛りした上にあり、塔の高さは八五センチで南面し、つぎの銘がある。

正面「光徳実明上座」

裏面「嘉永七寅年正月廿日一世行人光明海」

基壇のある地点は海抜五七〇メートル、基壇の外観は方形で外周地表に花崗岩の縁石を巡らし、その内側も石積みで三段に階段状に造り上げている。外周の石積みは一辺で、三、四メートル前後の方形の基壇となっており、高さは六五センチある。基壇最上段の台石下二～三メートルの深さから寛永通宝二枚が出土した。さらに第三段、第二段の石組を解体し、基壇を掘り下げた所、基壇表面より一五センチ下から陶製の香炉片が出土した。こうしたことから、行人の入定後、石室上に土まんじゅうのような土盛りがなされ、そのころ供養のために香炉が置かれたり、賽銭があげられたりし、その後まんじゅう状の盛土が壊され、基壇が造られたと考えることができる。なお、石室は自然石の石積みによる方形の竪穴石室である。平面が六〇×六〇センチ、深さが一一〇センチである。石室内の遺物の出土状況は、石室内壁に寄りかかった状態で堆積している山土の面に露出している。遺物は、木棺の木片、頭骸骨、左大腿

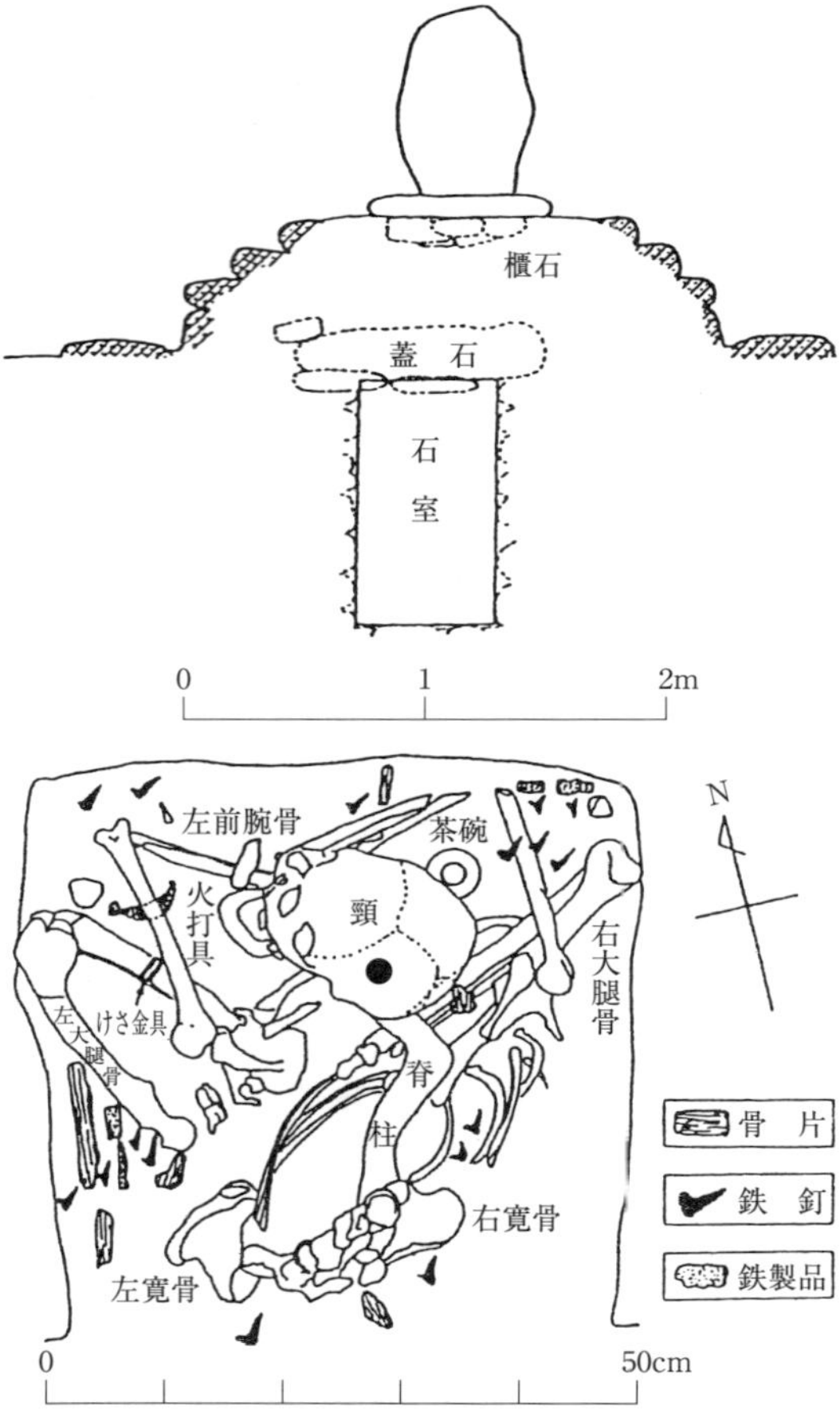

図22　伝光明海上人入定墳

骨、茶碗、キセルであった。その他火打石、結袈裟、櫛、笄、針などの遺物が薄い山土層の下にあった(17)。出土状況は以上であるが、調査担当者は「入定であるが、発掘結果から推定される状況は、むしろ死後入定の色合いが濃厚であった」と結論づけている。その理由として、石室空間が生身のままの生前入定には狭すぎること、また遺骨の散乱状況がこの地方における近代期の坐棺の屈葬法の形態と類似していること、さらに手は合掌の状態であったと予想されるが、入滅に際して姿態に変化をきたすものと考えられ、不自然であること等々をあげている(18)。

事例2　東京都稲城市平尾・入定塚

この塚は一辺一三～一五メートルの方形を呈する封土をもち、高さは二メートル。主体部は塚の方向と一致する一・八メートル四方の四隅に礎石を配した部屋で、外部を粘土で封じ、さらに積土したことが判明した。主体部の下はローム層を平たくならされており、その区画内に河原石を置き、部屋の南側に一段高い（三〇センチ）土壇を作る

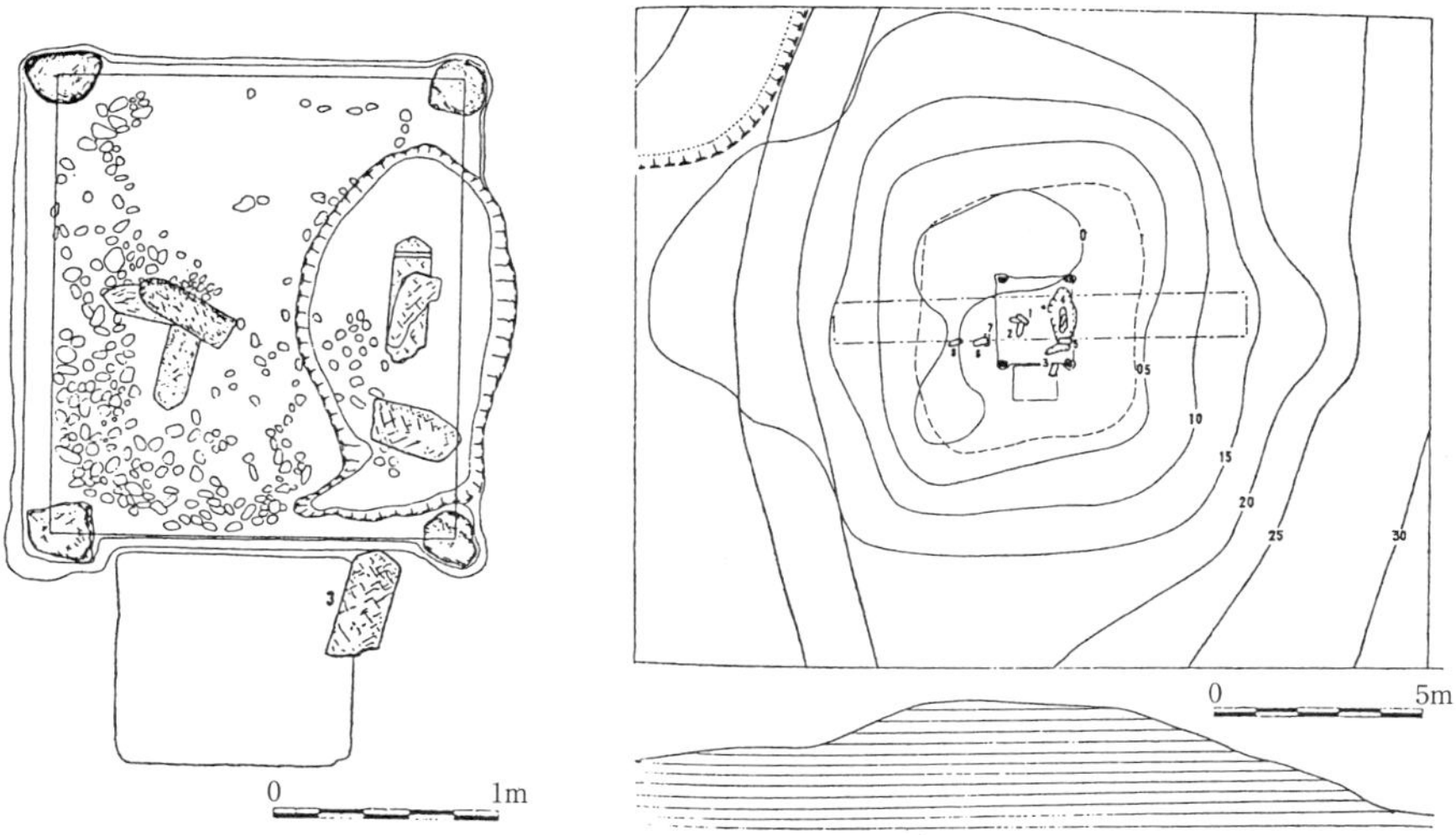

図23　入定塚墳丘測量図（右）・主体部板碑出土状態（左）（梅沢重昭原図）

（一・二×〇・九メートル）。この部分から多くの古銭を出土した。つぎに遺物として部屋内から七枚、外側の積土中から五枚の板碑が発見された。それらは部屋の中央に置かれたものを中心に銘のあるものが四枚、後者では四枚で、主体となる板碑は両面を重ねた状態で、中央部に南を向いて立っていたらしい。また、主体部部屋の東側壁に、後に穿たれた深さ三〇～四〇センチ、幅一・五～〇・五メートルのピットがあり、その中から二枚の板碑が出土した。これは板碑を主としたものでなく、人体を埋葬したものと推定された。ことにおもしろいのは、ピットの中の板碑に「天文五丙申八月十五日　長信法印入定上人」の銘が刻されていることから、この穴が長信上人の入定所であったことがわかる。なお、他の板碑は応安八年（一三七五）とあり、さらに封土中から至徳元年（一三八四）銘のものが出土しているから、その間かなりの年代差を示しており、この塚は当初一種の供養墓であったものが天文五年（一五三六）長信上人が入定したことから、入定塚の名称が使われるにいたったのであろう(19)。

事例3　東京都稲城市矢野口・明楽院塚

二基のうち一基は直径三メートル、高さ一、二メートルの円墳状を呈し、封土中から腐朽した古鉄板若干が出たのみであるが、中央部の下部ローム層を穿って径一メートル位の竪穴があり、その中から銅製錫杖頭部と銅銭六枚、さらにその下から人骨一体が掘り出された。錫杖は江戸初期のものと推定され、銅銭は文字不明、人骨は鈴木尚氏の鑑定により、三五歳位の男性であるという。第二の塚もほぼ同大であるが、発掘の結果は封土状から鉄板と刀子一口が出土した。『新編武蔵風土記稿』巻之九五、多摩郡矢野口村の条に「古塚明楽院塚小名中峯にあり、其間十間ほどへだてて二つあり、その由来を知らず」とある。(20)

事例4　世田谷区砧緑地内・大塚

昭和三十四年、東京都の委託によって発掘したもの。その名のごとく付近には珍しく円墳状を呈すもので、最初は古墳として発掘にかかった。塚の直径は東西一二メートル、南北二四メートル、高さ四メートルを有する。まず頂上中央部から東西にトレンチを入れ、葺石や埴輪の存在を検したが確認できず、また周湟も認められなかった。中央部を深く掘り下げると封土は全部黒色腐植土壌のみで、地上から九〇センチ～一メートルの所で銅銭四枚（銭文不明）を得た。さらに深く二～五メートルの地点に大小の土師質皿破片がまとまって発見され、多くは伏せた状態を示しており、後復原の結果一二枚となった。またその付近から全く腐った植物質遺品の薄い層があり、大観通宝一枚を得た。その下部さらに四・二メートルに至るとローム層に達したが、依然として黒土のみに終わり、ほかに何らの遺品を見なかった。以上の結果を総合すると、この塚は考古学上の「古墳」ではないこと、築造年代は中世（室町か）のある時で、築造の目的は修法の壇として築かれたものであろうとの結論を得た。『新編武蔵風土記稿』巻之四八、荏原郡用賀村の条に「上人塚村の南畑中にあり、由来を伝えず。ヒジリ塚村の東にあり、是も由来を伝えず」と記されている中の、上人塚がそれに相当すると推定された。(21)

事例5　静岡県掛川市高御所・行人塚

本塚は直径四メートル、高さ一・二メートルの小墳丘で、上に山桃その他の大木が生えている。また頂部と西方の二カ所に五輪塔が二基存在する。いずれも一石五輪塔で、その中墳頂の地輪には「湯殿山正月十六日……」の文字が陰刻されている。なお、他に自然石の碑が立っており、そこに「南無大日如来・正月十六日忌也　行人塚　文政十亥九月改再建之・当邑世話人善右衛門　孫次郎下又□□□作之」と刻してある。発掘の結果は遺品としては鉦鼓、火打具箱の三種五点でもいずれも墳頂下五〇センチの中央より南方に埋納されている。これとともに少量の骨片が伴出した。中鉦鼓は青銅製で、上面径二五・五センチ、下面径一七・八センチ、高さ四・八センチで左右に雲型把手がつき、孔を穿ち吊して使用したものである。火打具は鉄製長方形を呈し、石は二個存し、箱は木製長方形で九センチと五・八センチを有する。蓋か身か不明であるが、おそらく「ほくち」を収めたものであろう。以上の遺物はいずれも本塚の性格を知る上で重要な資料であって、頂に立つ碑文より文政年間から行人塚と呼ばれて来たことに疑いない。なお、鉦鼓の形式からみて、あるいは頂きに立つ一石五輪塔の年代とも考え合わせて、江戸時代初期のものと考えられる。すなわち、本塚は某行人の行場であり、彼の死後その遺物を埋めて供養のために造立したものであろう。(22)

以上のうち事例4を除いては、入定行為が伴うか、行人の埋葬が確認された。事例1は海号を持つ一世行人の幕末の入定塚であるが、死後埋葬にかかるものであった。事例2の稲城市平尾の入定塚は十四世紀の板碑が発見されており、当初供養墓であったが、十六世紀の板碑から、後に長信上人の入定所となったものと推定される。人骨については本ピット中より骨粉が出土したと報告されている。他に古銭が出土している。事例3の、稲城市矢野口の明楽院塚二基のうち、一基はおそらく行人を埋葬した塚と推定される。人骨の他錫杖や銅銭が発見されている。残る一基は、鉄片と刀子一口だけが出土しており、何らかの祭場もしくは行場と見られる。事例5の掛川市高御所の行人塚は、江戸初期の某行人の行場で、死後埋葬されたものと思われる。人骨片、鉦鼓、火打具が発見されている。事例4の、世田谷区砧緑地の大塚からは銅銭、土師質皿の破片が発見されており、中世に築造された何らかの祭壇と考えられる。

ちなみに、現存する湯殿山系即身仏のうち、土中入定したのは真如海上人ただ一人とされている。[23] ただしこれも伝承によるもので、文献および物的証拠に欠けている。他は岩窟もしくは岩上、堂宇等で木食行に入り、死後埋葬されたりそのまま即身仏として保存されたりしたものである。彼らのうち死後埋葬された入定墓についての発掘例はあるが、[24] 石室の形状と即身仏の人類学的分析に関する報告が主である。

ところで、これら考古学による成果と、民俗学による成果とは整合するのだろうか。北村の研究は伝説レベルの分析であり、行人塚の築造目的、宗教的意味については言及していない。一方、今井は行人塚の成因を次の四つに類型化している。

(1)祭祀跡……行人が何らかの儀式に使った跡である
(2)行　場……一種の行場の跡である。行人が塚穴などに入って行をした跡
(3)入定跡……行人が生きながら埋められた所である
(4)墓　地……行人の死骸を埋めた所である

その上で「この四つの成因は時間的に縦に並べる事は困難ではあるが、不可能ではないように思われる」として、(1)→(2)→(3)→(4)への変遷を想定している。[25] 四つの類型設定はともかくとして、これらを一元的に変化したものと見なす必然性は全くないと考えられるが、今井は「最も原始的あるいは基本的成因はおそらく祭祀跡のもの」だとして、その祭祀跡の残習として、千葉県下の供養塚を位置づけている。また(2)と関連させて「塚あるいは壇が、このような

行人修法（祭壇）の場であったとすれば、それがしばしば修行の行場となった事も当然であろう」とし、「殊にその土壇が古墳を利用した場合神を拝する祭儀は塚の上部で行ない、斎戒・修行のオコモリの如きは、古墳の塚穴をそのまま使用した場合もおそらく多かったと思われる」と述べている。もし、今井が言うように古墳を祭場もしくは行場として利用していたこともあるとするならば（その可能性は少なくない）行人と古墳の遺骨は全く関係ない場合はありうる。しかし人骨が出土した先の発掘例（山形県白鷹町黒鴨・伝光明海上人入定墳、稲城市平尾の入定塚、同市矢野口の明楽院塚、掛川市高御所の行人塚）についてみれば、遺物や発掘状況から、行人自身の遺骨であることはほぼ間違いない。さらに今井は行場として築造された塚の存在を前提に「その行の極致に自埋死による復活祈願というものが若し認められれば、又当然成因第三に入定塚としてのものが考えられる可きものと思う」としている。そして最後に、「また、その行の極致に自埋死の実例もあり、それが行人塚の特色として伝説的に広がった。そして行人を神聖視するところから、行人の墓地を特別に扱い、それが行人塚と呼ばれるようになった」と結んでいる。

今井説は、伝説の発生という視点からみるとすこぶる魅力的であるが、数少ない考古学的成果とつき合わせて、宗教施設としての行人塚に関して言えることは、つぎのことだけである。行人塚は、行人の祭祀乃至は修行の施設として築かれたこと、また行人の中には、古墳や既存の塚をそうした施設として利用するケースもあったこと、さらにそうした塚が入定塚（窟）となったり、あるいは行人の埋葬地となる場合もあること、中には当初から入定塚・埋葬地として築かれたものもありえなくはないこと。以上である。

四　千葉県安房地方の行人塚

考古学者による千葉県下の塚の研究は、近年盛んに行われており、野村幸希、佐藤武雄、鈴木文雄の業績がある。(26)

しかし、庚申塚、富士塚や出羽三山供養塚などの発掘例を対象としたものが多く、行人塚そのものの発掘例の紹介、分析は意外と少ない。ただ、安房地方に限って言えば、山岡俊明のレポートがあり、八基の行人塚について詳細に報告されている。山岡のレポートは昭和三十八年にまとめられたものだが、千葉県教育委員会の進める遺跡台帳作成作業の一環として山岡がかかわった安房郡の埋蔵文化財調査の折、たまたま行人塚を発見し、それをまとめたものだという。[27] 発掘調査が一つも行われていないという難点はあるものの、入定者名、入定年月日、入定理由、塚の形状、口碑、現在の信仰の有無、関連文献の有無とその所在等について整理されていることから、これをもとに、安房地方の行人塚の特徴について検討してみることにしよう。

表28　安房地方の入定塚（山岡俊明による）

(1)　**西春法師入定塚**

所在地	安房郡白浜町大字横渚小字上塚		
地目	墓地	所有者	横渚区有地
入定者	西春法師		
入定年月日	寛文七年（一六六七）三月十八日		
遺跡の概要	横渚の不動堂付近の墓地の一角に、石垣を組んで築いた方形の塚がある。塚の上には「西春法師、寛文七丁未三月十八日」と刻んだ位牌形石碑が建っている。		
碑	土地伝承によると、西春法師は安房郡白浜町青木の出生で、一六歳のころは土地で漁業に従事していた。ところがこの少年漁夫には天性非凡な力が備わっていて、時としては空中を飛行したり、海上を歩行して仲間を驚かせたという。 その後一九歳のとき仏門に入り、西春と号し、回国行脚の雲水となった。そして数年間を他国で修行ののち、帰国すると、上塚の本橋与惣左衛門宅（現白浜町大字横渚小字上塚）に止宿して木食行に入った。 そして、木食行三百日を終えた西春は、あらかじめ準備させてあった土中の石室（塚内に横穴式に造ったと伝えられる）に入り、禅定三昧の境に入ったという。 また、一説によると西春法師は入定する前に「鉦の音が聞こえなくなったら三年後に掘り出して、堂内に移し安置してもらいたい」と土		

口碑	文献	備考
人に言い残したが、塚に手を触れることを恐れた村人は、三年を過ぎても西春を土中のままに放置しておいた。そのため、西春の魂は肉体を離れて空に昇り、星となったと伝えられている。この星は二月ころ布良《めら》（白浜の隣接海岸集落）沖に輝いて見えるので人びとは、布良星と名づけたという。 　この布良星については、いつのころからか土地の漁師たちの間に「時化を予告してくれる」という信仰が生じ、今日も布良星信仰がそのまま残っている（布良星と呼ばれるのは老人星のことである）。	西春に関する資料は出生地の縁者小原長次郎宅に保管されていたが、終戦直後、一切を紛失してしまったとのことである。	(1) 西春入定塚は、今日もきわめて厚い信仰対象となっている。例年、旧暦三月十八日には土地で盛大な供養が催され、当日は市《いち》までたつほどである。 　この市は「入定市」と呼ばれ、本業の農具屋、植木屋、籠屋などにまじって近郷の農家の主婦たちが手製の農産物を大道にならべ、即売して大変盛大なものである。なお市は移動市で千倉町の朝市に始まり、白間津の昼市に移り、入定塚の付近につくのは夕方になる。 (2) 未調査ではあるが、白浜付近には「星山」（旧長尾村）「星祭り」（旧神戸村）などの地名が現存している。

(2) 向西坊入定窟

所在地	安房郡和田町大字花園小字黒滝
地目	山林
所有者	未調査
入定者	向西坊
入定年月日	享保十六年（一七三一）九月十七日
遺跡の概要	未調査 　安房志（著作斉藤東湾、明治四十一年発行）に「向西坊入定窟は、和田村字花園の黒滝と云へるところに在り。石州浜田の住人向西坊と云へる沙門久く此に住せしが、享保十六年辛亥九月十七日、此岩窟にて入定座化せし所なりと。其の庵室の遺址、方六〇坪許。岩腹を穿ち、石蓋を以て掩蔽す」と記載されている。
口碑	安房志に「赤穂義士片岡源五右衛門の義僕元助は義士自裁の後四十九日の間泉岳寺の墓前に詣拝、香花を供し悲悼の情いと深かりしと。其の頃元助の忠義を聞き及び武家方に於て召抱へんと欲すれども辞して仕へず。終に髪を剃て道心となり自ら向西坊と称し跡を都下に削ると云。斯て向西坊は忠義の心全く貫徹し、今は聊世に残る事なければ当国に渡り幽寂の境を占めて安然趺座脱化せしものなり。近年までは其遺骸生るが如く洞中に存せしを近辺の愚僧一領民の請によって何れの地にか取棄たりと。向西坊和歌を善くし詠せし歌数多あり。士人の口碑にのこる中にも（折々に濁りもやせむ黒滝の水も浮世の中を流れて）と是れ其一なり」と記載されている。

文献	未調査
備考	なし

(3) 延命寺老仏心入定窟

所在地	安房郡三芳村大字本織、延命寺裏山		
地目	山林	所有者	本織、延命寺
入定者	老仏心		
入定年月日	明和七年（一七七〇）六月二日		
遺跡の概要	延命寺裏山に奥行約三メートル五〇、横幅最長約三メートルの横穴が略南西方に開口している。横穴は凝灰質砂岩層を穿ったもので、内部に「浄土窟辞世入定、明和二乙酉六月二日、現住長谷十九世老仏心大教六十二才之誌」と刻んだ石碑（高さ一メートル、幅五八センチ、厚さ二一センチ）がある。なお石碑の下は直径約一メートル六〇センチの円形の石蓋になっている。		
口碑	延命寺の寺伝によると、「石蓋の下は岩盤を穿った竪穴になっており、老仏心大教が大甕に入って入定している」といわれている。		
文献	なし		
備考	現在は特別な信仰対象ともならず、付近の一部古老が聞き知っている程度である。なお延命寺現住職および檀家総代などから発掘調査方の希望がでている。		

(4) 慈眼法師入定塚

所在地	安房郡江見町大字岡波太小字波太谷		
地目	山林	所有者	近波太一五六ノ二 磯崎文治郎氏私有
入定者	慈眼法師		

入定年月日	安永七年（一七七八）四月十七日
遺跡の概要	房総西線太海駅から南方へ約一〇〇〇メートルの地点に小丘陵がある。その北麓に縦七四センチ、横五〇センチ程の玄武岩の片面だけを平にして造った石碑が西方に向って建っている。碑の表面には「安永七戌四月十七日、慈眼法師」側面に「本願主、千原勘兵衛、磯崎治兵衛」と刻まれており、村人は「ノージョウ様」と呼んでいる。
口碑	岡波太延正院の慈眼供養碑ならびに土地伝承によると慈眼法師は下野の国河内郡日光山御神領田菊村（延正院慈眼法師供養塔碑文による）の出身で幼い弟二人を連れて諸国を放浪し、安永六年に房州に至り、旧太海村にたどりついた。 村人は放浪の兄弟に同情して長兄（慈眼）を名主治兵衛（浜波太磯崎家）、弟二人は勘兵衛（千原家）が引取って衣食の面倒をみてやったという。長兄慈眼はその恩に感じて「この村は人家が密集しているので火災が起ると大事になる。御恩報じに私が入定して火災を防ぎましょう」といって土中に入り、鉦を打ち念仏を唱え続けた。その間村人は竹筒から水だけを入れてやり、二一日目に鉦の音がきこえなくなったという。 その後、村には二軒と燃える火災はなく、現在でも「火除の仏様」として信仰されているとのことである。
文献	岡波太、延正院の慈眼法師供養塔に生国ならび入定年月日が記されているだけである。
備考	今日もきわめて厚い信仰対象となっている。毎年二月十七日には村人による供養が行われ、その際磯崎家が塚に赤飯を供える慣習になっている。赤飯を供える理由は慈眼法師が入定の際に「年一度は村人にアワジャノコ（赤飯）を馳走してやってくれ」といい残したことから磯崎家が振舞役として村中に配って歩いたそうである。この習慣は昭和の戦時中まで続き、食糧難のため中止されたそうで、現在では慈眼法師だけに供えている。

(5) 増間入定窟

所在地	安房郡三芳村増間大日山山頂		
地目	山林	所有者	増間区有地
入定者	不明		
入定年月日	文化年間（年月日不詳）		
遺跡の概要	三芳村の最北の奥部に位置する増間集落の東北方に標高三四三メートルの大日山がある。その大日山山頂に高さ八八センチ、幅三二センチ四方の石塔が建っている。塔の前面には、「文化（年月日不明）」裏面には「一切求心秘密全身舎利宝篋印陀羅尼」と刻まれている。		

	石塔の下は高さ八三センチ、幅八四センチ程の方形の石組みになっており、中は空になっている。
口碑	土地伝承として「昔、坊主を生埋めにしたところ」と伝えられている。
文献	なし
備　考	本入定窟は、昭和三十七年三月一日、増間の日枝神社に伝わる御備射の祭事を県文化財係において調査された折に、安房郷土研究会顧問安田高次先生の発意とお骨折で平野元三郎先生が実地調査された結果確認されたものである。 その後、三月二十五日に増間区民の総意によって区主催の供養が盛大に挙行された。

(6)　**真応入定墳**

所在地	安房郡三芳村大字谷向		
地目	山林	所有者	谷向区有地
入定者	阿闍梨真応		
入定年月日	文化八年（一八一一）月・日未詳		
遺跡の概要	谷向の人磨神社裏山に「文化八年辛未、大阿闍梨真応自証」と刻した塔身八〇センチ、請花一七センチ、基礎二〇センチの無縫塔がある。塔の刻文に真応の入定月日、および生国などの一部も認められるが磨滅していて詳かでない。 なお無縫塔の前面およそ一坪程に若干の陥没が認められ、内部の石室等に異状のあることが予想される。		
口　碑	土地の古老の話によると「旅僧（生国不明）が入定の場所を探してこの土地をおとずれ、数カ月の木食行の後、土中に入り、七日目に鉦の音が絶えた」と伝えられているという。		
文献	なし		
備考	現在信仰対象になっていない。なお三芳村教育委員会より調査方の希望が出ている。		

(7) **実浄入定墳**

所在地	安房郡白浜町大字原
地目	宅地
所有者	原区有地
入定者	実浄
入定年月日	安政四年（一八五七）四月八日
遺跡の概要	原区集会所の入口に石垣を組んだ高さ一メートル三〇センチ、幅一メートル四〇センチの方形の塚がある。塚の上は「実浄入定墳」と刻んだ高さ一メートル二五センチ程の石碑が建っており、石碑の基壇側面に「安政四丁己四月六日遊夢上意同月八日、天津鍋屋船頭又四郎、水主五人、セハ人十七人、施司方村中、乙浜石工金蔵」（遊の字不詳）と記してある。
口碑	一説に「名僧（生国不明）が回国修行の途中入定した」とも、また「天津の回船問屋鍋屋の乗子が一念発起して修行の後、入定したところ」とも伝えられている。
文献	実浄の書名のある「弘法大師法楽」と記した書が現存している。その他実浄関係の文献若干が保管されているといわれているが未調査である。
備考	特別な信仰はない。なお原区より本入定墳の発掘調査希望が出ている。

(8) **日鑑上人入定窟跡**

所在地	安房郡丸山町賀茂日蓮寺
地目	境内
所有者	賀茂日蓮寺
入定者	日鑑上人
入定年月日	天明五年（一七八五）月日不詳
遺跡の概要	入定窟は現存しない。 勝栄山日蓮寺の旧本堂は、大正大震災に倒壊焼失したため、昭和十七年ころに本堂裏山を崩して平地とし、現本堂を再建したという。日鑑上人入定窟は、旧本堂裏山、すなわち現本堂附近に在ったと伝えられている。

口碑	伝承によると、日鑑上人は岩窟内に常住坐臥し、世人との面会を一切絶って長年月にわたる木食行をおこなっていたという。ところが天明五年夏に大旱魃があり、困窮した村人の願いを入れた上人は岩窟を出て雨請の祈願をすることとなった。賀茂坂下の堰へ出向いた上人は小高い丘の上に大薪を積上げさせ、その上に坐して「もし、満願の日になっても雨が降らなかったら薪に火を放って自分もろとも燃すように」と村人に命じて行に入った。 かくして、日鑑上人が薪上に坐したまま慈雨を願って二一日目のこと俄に雨が降り出して、大地も人も蘇生することが出来たという。感泣する村民に抱かれて日蓮寺にもどった上人は、入定の日の近づいたことを村民に告げて、そのままもとの岩窟に入り旬日を経ずして肉身仏となったと伝えられている。 なお、上人の入定後、例年入定祭が催され、明治四十五年ごろまで続いたということである。この入定祭は、日蓮寺信徒が多数参集して団扇太鼓にお題目を合わせて、日蓮寺から賀茂坂下の雨請塚まで行進したという。 また、入定祭の際は、雨請塚の附近に市が立ちならび、村人は「入定市《にゅうじょういち》」と呼んで楽しんだとも伝えられている。
文献	日蓮寺は大正十二年に焼失したため、日鑑上人に関する文書資料は現存しない。ただ賀茂坂堰の入口に、通称「雨請塚」と呼ばれる場所があり、そこに塔身一メートル四五センチ、厚さ二七センチ、基礎二段の「請雨塔」が建っている。 塔表面は「南無妙法蓮華経請雨塔」、右側面に「房州朝夷郡賀茂村請雨塔者往昔明和辛卯夏勝栄山主日敬祈雨之地其後天明乙巳夏日鑑又祈雨……（省略）」と記した由来記が刻まれ、左側面に「天保十一歳舎庚子七月中旬五日起立勝栄山二三世日禎」と記されている。
備考	雨請塚は土地の信仰対象となっているが、日蓮寺の入定窟跡は現存しないためか、まったく除外されている。土地の人が一般に入定様と呼んでいるのは雨請塚を指してである。

山岡が報告している八例は、一基を除いていずれも入定塚もしくは入定窟が存在し、しかも入定者が特定でき、入定年もはっきりしているものである。もっとも古いのは、寛文七年（一六六七）の西春法師の入定塚で、十七世紀のものはこれだけである。ついで、享保十六年（一七三一）、明和二年（一七六五）、安永七年（一七七八）、天明五年（一七八五）と十八世紀のものが四基ある。もっとも新しいのは安政四年（一八五七）の実浄入定墳で、十九世紀のものはこのほか文化年間（一八〇四〜一八）の二基となっている。

入定地の名称については、入定塚二基、入定墳二基、入定窟（入定窟跡も含む）四基となっている。(1)の西春法師入定塚と(7)の実浄入定墳は、呼称は異なるがいずれも石積みの方形の塚である。その上に石碑が立っていることでも共通する。四基の入定窟についていえば、その名称にふさわしい形態を持つのは(2)の向西坊入定窟と(3)の延命寺入定窟

図24　安房地方における入定塚の分布

である。(2)の向西坊入定窟に関して『安房志』に「岩腹を穿ち掩蔽す」と記されており、入定窟をそのまま埋葬地にしたものと推定される。しかし、生きている内に蔽いをしたのか死後蔽ったのかは不明である。一方(3)の延命寺入定窟の方は、窟の中に竪穴を設けて埋葬し、上に石碑が立てられている。(4)の慈眼法師入定塚については小丘陵の麓に石碑が立っていると報告されているだけで、その形状については判明しない。しかし、(5)の増間入定窟が、小丘の上に石塔の類があり、その下に方形の石組、石室があるとされていることから、むしろ入定窟の窟は、そうした石組の空間をさすとも考えられ、もしそうだとすれば、(1)の西春法師入定塚、(6)の真応入定墳、(7)の実浄入定墳ともつながり、両者の違いは平地に石積みした塚か、小丘を利用したものかの違いだけとなる。なお、このうち土中入定と伝えられるものは(4)の慈眼法師入定塚と(6)の真応入定墳だけである。(1)の西春法師入定塚については後ほど触れる。また、入定目的が判明するのはこのうち四基で、(2)の向西坊の場合は(A)の自己救済型で、今井のい

②側面

①正面

写真46　西春法師入定塚

③塚上の石碑

う、「仏教の諦観に基づき、死を目的とする入定」のうち、「自己の本務完了の満足感から、余生の不要に基づく入定」に当たる。また、(4)の慈眼法師の場合は火災除け、(8)の日鑑上人の場合は雨乞いを目的とした入定で、(B)の他者救済型のものである。(1)の西春法師のそれも一応他者救済思想に基づくものといえるが、後ほど触れることにしたい。また、現在でも信仰対象となっているのは、奇しくもこの他者救済を目的とした三基であり、このうち(1)の西春法師および(8)の日鑑上人の二基については盛大に入定祭として祀られ、また入定市なるものが伴なっているのが特徴といえよう。

そこでつぎに、西春法師の入定塚について検討を加えてみることにしたい。また入定祭、入定市の実態についても言及したい。

西春法師の入定塚は、白浜町横渚の不動堂の境内にある。石垣を築いた方形の塚で、その上に「西春法師位、寛文七丁未三月十八日」と刻まれた所謂板碑型の石塔が建てられている。西春は現白浜町青木の武田九左衛門家を生家とするが、武田家は昭和になって絶え、縁者が西春についての資料を保管していたが、第二次大戦直後の混乱期に一切を散逸させてしまったとされている。しかし、不動堂に西春法師の事績を記した巻子本が保管されている。これには明治二十九年に修復された旨記されていると言われるが、残念ながら著者は目にすることが出来なかった。幸い平野馨が翻刻していることから、それを引用することにしたい(28)。

原ルニ夫レ当庵開基照哲西春法師ハ当国朝夷郡白浜之郷原田ノ産ニシテ姓ハ武田俗名ヲ長治ト云フ。其ノ性質実直、温順ニシテ父母ニ孝躾ノ志シ深ク常ニ正業ヲ励ミ安穏ニ光陰ヲ送ル処、然ルニ計ラザリキ月ニムラ雲花ニ風トヤラ茲ニ無二ノ親友黄泉ニ先達シテ如何シテカ天之ヲ奪フ。今ヤ則チ凶シ是ニ墓無キ世ノ中ヤ嗚呼哀哉。古歌ニ昨日フ見シ人ハト問ヱハ今日ハナシ明日又誰カ我ヲ問フラント云ヘリ。実ニ浮世ハ夢幻ノ如ク人命ハ草葉ニ宿ル露ノ如ク風前ノ灯ニ似タリ。厭フテモ厭フ可キハ娑婆ナリ。生者必滅会者定離ハ浮世ノ習ヒ執レノ輩カ豈ニ之ヲ免レンヤト思考ノ折柄ラ、抑モ如何ナル宿世ノ善縁ニヤ諸国修行ノ尊僧博識ヲ宿シテ仏門深頌ノ法説ヲ開キ感涙ヲ垂レテ心ヲ決シ俄ニ出離ノ要路ヲ求ント欲シテ速ニ菩提ノ道心ヲ発シテ、時ニ寛文元年自カラ名師ヲ尋テ清澄山ニ登リ阿闍梨勢誉ニ随テ剃落授戒シテ郁後師僧三宝ニ孝順シ仏教ニ役シテ般若婆羅蜜哉ハ金胎不二ノ法門哉ハ戒定慧ノ三学等ノ修行日夜ノ勉強怠ラズ丹精抽ンズト雖モ悲イ哉魯鈍ノ晩学ナルヲヤ真如法性理智冥合ノ詮体且ツ三密ノ深密ヲ開悟スルコト能ハズ然ルニ幸ナル哉師ノ坊ノ片辺リニ山居ノ念仏ノ行者専称和上ノ室ニ至リ晩年相応ノ法門ヲ乞シニ易行易修ノ他力本願欣求浄土ノ教ヘ阿弥陀如来ノ本願尤モ頼母シイ哉。乃チ有智無智ノ差別ナク善悪貴賤ノ隔ナク平等一子ノ誓願誰カ之ヲ信セザランヤ。故ニ光明大師ノ釈ニ一心専念弥陀名号ノ明文仰クベシ一心ニ専称スレバ罪障消滅シテ必ス浄土ニ生スルコトヲ得ン。故ニ恵心僧都モ高野ノ明遍モ行往坐臥ニ念仏シ玉フ。況ヤ晩年ノ徒一向専修ノ念仏ハ往生ノ正因ナリト示シ玉フ。西春歓喜シテ昼夜六時ノ課号ヲ唱フルコト間断無シ。後チ諸国行脚シ到ル処坂東ノ霊地仏閣ヲ拝礼シ陸奥ヲ廻ツテ此地ニ来ル。有縁ノ仏地ナルヤ錫ヲ留テ草庵ヲ結ヒ念仏道場ト成シ集会ノ信男信女等ニ念仏為先ノ法話ヲ為シ一蓮托生ノ勧喩シテ一心ニ西方浄土ノ荘厳ヲ拝セント口称正行シテ他念ナシ。既ニ齢ヒ三十三歳ニ至ル。然リト雖モ煩悩具足ノ身ナレハ社界ノ塵ニ染ミ易ク、情ヲ考フレバ仏名会礼儀ニハ無明ニ盲ヒラレテ久ク本覚ノ路ニ迷ヒ妄想ニ封ゼラレテ永ク出離ノ謀コトヲ忘ルト言ヘリ。然ラハ輪廻苦因ノ里ヲ離テ速ニ入定セント思惟セリ。斯ニ於テ泰クモ如来ノ霊告ヲ蒙リ弥ヨ決心シテ入定ス。良ヤ静ニ念仏ノ巧ヲ積ミ臨終ノ時至ラバ阿弥陀ノ尊容ヲ拝シ五々ノ薩埵ノ音楽ヲ聞カント心ヲ励マシ高声ノ念仏十有余日間断無シ。最モ殊勝ナリ。夫レ三世ノ諸仏スラ弥陀仏ヲ念シテ三昧ニ依テ成仏シ玉フト、念仏三昧経ニ明カナリ。浄飯大王及ヒ七万ノ釈種モ皆ナ念仏ヲ唱ヘテ往生ヲ遂ルト、宝積経ニ見ヘタリ。今ヤ西春法師入定シ水食ヲ断シ一心ニ弥陀ノ誓願ニ依ルコト至極セリ。故ニ仏願虚カラズ不思議ナル哉此時寛文七年三月十七日ノ夕ベヨリ朝ニ至ルマデ異香芬々トシテ其辺リニ薫ス。村人驚テ入定ノ地ニ群参シ空ヲ仰ケハ紫雲ムラ、、ト雲キ四時ノ華ヲ降シテ音楽ノ響キ頻ナリ。然ルニ西春法師入定ノ砌リ遺言有リシニ少モ違ハス。誠ナル哉、如来ノ来迎ヲ蒙リシ上ハ円満ノ菩薩ト成ツテ同行ヲ安襲界ヘ導カン、及ビ村内安全ヲ護ラント有リシモ直ニ現認ヲ見テ群集ノ諸人感涙ヲ流シテ仏力不思議ナルヲ伏シ拝ミ弥ヨ心身肝ニ徹シタリ矣。昔時ノ老輩是ヲ記シ伝ヘテ以テ二百三十有余年ノ春秋ヲ経ルト雖モ年々其ノ忌辰ニ当テ七日七夜ノ念仏集会ヲ営ミ聊カ報恩ヲ謝ス。及ビ十万檀信一銭一草喜捨ノ功徳モ虚カラズ、各家ノ霊魂三塗ノ苦悩ヲ脱シ速ニ金蓮台ニ登ラン事ヲ、又願クハ村内安全ナラシメン事ヲ祈ルノミ。

七十二翁　　沙門就誉徳阿

謹書

五十八翁　沙門流誉大方

（別に、「修覆明治二十九年旧九月下旬大日堂」の記載がある）

西春の入定目的は極楽往生をとげようとする自己救済（今井のいう「再生を予期した入定」）にあるが、一方では「円満ノ菩薩ト成ツテ同行ヲ安穏界へ導カン、及ビ村内安全ヲ護ラン」との遺言を残しているように、他者救済志向もない訳ではない。他者救済を目的として入定するといっても、「自らの往生と合わせて」というのがおそらく本音であり、この文面はそのことを巧みに綴っている。他者救済と自己救済は不即不離の関係にあると見るべきであろう。ところで入定の際のこうした遺言に対する村人の期待感は大きく、そのことは現行の様々な習俗の中にもうかがえる。というより、むしろ村人の入定者・西春に対する多大な期待感が様々な習俗を生み出したと言った方が良いかもしれない。たとえば、通夜の時念仏講仲間が枕念仏をあげるが、この念仏の中に西春を讃える内容の「西春法」なるものがあり、また葬式当日葬家における儀式が終わると、西横渚では入定塚の前でお棺を左に三回まわしてから埋葬するのも通例としている。さらには家の仏壇に安置する位牌ができると、それまでの仮の位牌を野位牌として入定塚の前に置く。それを「ミロクの膝元に置いてもらうため」と言っている。これらが西春の「同行ヲ安穏界へ導カン」といった遺言に基づく信仰的行為とすれば、つぎに掲げる入定塚にまつわる民間療法は、広い意味で「村内ノ安全ヲ護ラン」との遺言に対する期待感から生まれたものといえる。その民間療法とは、入定塚にあげた線香の灰をイボ・オデキにつけると治る、寝小便をする子の股につけると止まる、妊娠した女性が線香の灰や墓の石にさわると安産がえられる、といったごときものである。

他者救済と関達してつぎのような伝承もある。西春は「石室の中から鉦を叩く音が聞こえなくなったら、三年後に掘り出してお堂に安置して欲しい」と言い残して入定した。ところが村人は三年経ってもその塚を掘り返すことを恐れてそのままにしておいたので、西春法師の魂は肉体を離れて天に昇り「入定星」という星になったという。この星は毎年冬の季節になると、西浜の西隣（館山市布良）の沖にわずかに見えることがあるので「布良星」とも呼ばれている。この辺の漁師はその星が見えると海が荒れてくるといい、時化を予告し村人を守ってくれる星とみなしている。さらには異説があって、入定する前に「自分が入定したら星になって現れるが、それが出たらきっと時化になるから船を出すな」と言い残したとも伝えられている。

　西春法師の入定塚と関連してもう一つ注目されるのは「入定マチ」あるいは「三月マチ」と称して入定日にちなんで祭りが盛大に執行されていることである。しかもこの日市が立つのである。元来「入定マチ」は旧暦三月十八日に行われてきたが、市の担い手である露店商組合から「旧暦でやると日がわからなくなって困る」との申し出があり、二十数年前から新暦の四月十五日に行われるようになった。まず四月十四日西横渚全戸（約八五戸）の者が参列し、紫雲寺（真言宗、白浜町滝口）の住職によって塔婆が立てられ、法要が営まれる。この入定祭には各戸から米・薪を集めて（現在は百円）炊き出しを行い、不動堂で会食したり参詣者にふるまった。現在も十四、十五日と不動堂が開放される。一方の市は

写真47　入定市　上：千倉町牧田　　下：白浜町西横渚

移動市であり、十五日にまず隣の千倉町牧田に朝市が立ち、ついで七浦や白間津へ移動して昼市を開き、やがて西春法師入定塚の夕市へと移動する。出店は農具、家庭用品、種苗、植木等を売る店で数十軒に及ぶ。かつては大八車や馬車で、牧田から入定塚までの間一二キロ余りを移動した。昭和三十八年ころからようやく車になったそうである。千倉町牧田が移動市の出発点となることの信仰上の意味は不明であるが、臼・杵・桶・籠等の農具職人が牧田周辺に多かったことと関連するものと推定されている(29)。この入定祭は、一般に見られる社寺の祭礼や縁日と異なり、西春という特定の入定者を中心とするもので、しかも移動市が伴なっており、この地域の暮らしと密着した祭りとして現在でも息づいている点に特徴が見出せる。

なお、かつてさる大学から入定塚の発掘の申し出があり、その時村の人達は「とんでもない」と即座に断った経緯があるそうで、このエピソードは、西春法師・入定塚に対する信仰がいかに根強いかを雄弁に物語っている。

結びにかえて

今井以来の行人塚研究の再検討を試みるのが本節の目的であり、近年の考古学の塚に関するデーターを視野に入れながら考察を加えて来た。その結果、行人塚の築造目的について言えることは、

(イ) 行人塚は、行人の祭祀乃至は修行の施設として築かれた

(ロ) また、行人の中には古墳や既存の塚をそうした施設として利用するケースもあった

(ハ) そうした塚が、入定塚（入定窟）となったり、あるいは行人の埋葬地となる場合もあった

(ニ) 中には当初から入定塚・埋葬地として築かれたものもありうる

以上である。こうした見解をふまえて、再度千葉県安房地方の行人塚を位置づけるとつぎのようになる。

(1)の西春法師の入定塚は、西春法師の事績を記した巻子本の存在によって、当初から入定を目的として築造されたものと推定される。ただし、発掘調査は行われておらず、考古学的な裏づけはない。なお、山岡の報告で遺体について言及しているのは、(2)の向西坊の入定窟と(3)の延命寺老仏心入定窟で、前者については「近年までは其遺骸生るが如く洞中に存せしを近辺の愚僧一領民の請によつて何山の地にか取棄たり」との伝承を、後者についても「石蓋の下は岩盤を穿った竪穴になっており老仏心大教が大甕に入って入定している」との伝承を紹介している。さらに(6)の真応入定墳について「無縫塔の前面およそ一坪程に若干の陥没が認められ、内部の石室等に異状のあることが予想される」と報告しており、遺体の存在も想定される。(5)の増間入定窟については「石塔の下は方形の石組みで中は空になっている」と報告されており、あるいは修行場として使われていた岩窟の中に入滅後石室、石塔を設けて埋葬し、入定墓をしつらえたものとも考えられる。いずれにしても、これらの塚、窟の発掘調査が待望されるところである。(2)の向西坊入定窟は、修行場がそのまま入定窟になったと推定されるものである。(8)の日鑑上人入定窟について言えば、雨乞いの修法を行った修法壇（雨乞塚）が「入定様」と称して信仰対象となり、実際の入定窟は別に存在したものである。

先に現存する湯殿山系即身仏の入定の有様について触れたが、安房地方の入定塚についても、遺跡の概要から察する限り、土中で息づき竹を頼りに念仏を唱え、鉦を叩き、木食行のうちに果てる、といった所謂行人塚伝説で語られる入定のイメージとはいささか異なるようである。自然の岩窟の中で木食行に入り、入滅後そこに設けられた入定墓に埋葬されるケース、あるいは小丘や丘陵の頂に入定墓を設けて埋葬されるケースが目立つように思われる。しかし、中には木食行に入るとともに塚や岩窟を塞いだケースがあったかも知れず、全く否定されるというものでもない。

ついで、行人塚の信仰の展開といった観点から整理すると次のようになる。これらの行人塚のうち、他埋型と伝承されているのは(5)の増間入定窟だけで（したがって入定系行人塚ではない）、他は自埋型と想像される。一般に行人塚が信仰対象、祭祀対象となりやすいのは、少なくとも伝承の上では自埋型のもので、行人が死に際して衆生救済を意味する遺言を残したケースが多いが、(5)の増間入定窟の場合は、研究者の調査を機に区民の総意によって供養が盛大に行われた（昭和三十八年三月二十五日）という特異なものである。「昔、坊主を生き埋めにしたところ」と伝えられていたものだけに、研究者によってその存在がクローズアップされた際の地元住民の心情は容易に想像できる。生き埋めにされたと伝えられる坊主に対する同情や、いくばくかの後ろめたさ、あるいは祟りに対する恐怖心の混ざった複雑な思いに揺れ動いたことだろう。そうでなくとも「何となく気が落ちつかない、気が安まらない」と感じていた人は少なくなかったろう。その結果が、区民の総意による供養の敢行という形になって表われたものである。他埋型の信仰のあり方を象徴しているといえよう。

この増間入定窟を例外として、信仰や祭祀の対象となっている（あるいはなっていた）のは、(1)の西春法師入定塚、(4)の慈眼法師入定塚、(8)の日鑑上人入定窟（雨乞塚）である。いずれも文献や伝承による限り自埋型と想定され、衆生救済の請願の後入定したものである。このうち(1)の西春法師の入定は、明らかに弥勒が現世に現れて庶民を救済してくれる、という仏教的メシアニズムに基づく行動である。位牌を入定塚の前に置いて、それを「ミクロの膝元に置いてもらうため」と称している西春法師入定塚にまつわる俗信の存在がその証左となろう。しかし、庶民にとっては入定を一種の行と受けとめるより、それによってもたらされる奇蹟への期待感の方がより強い[30]。すなわち、入定する際に残す行者の言葉が何らかの恩恵をもたらすであろうと予測し、それに基づいて祭祀を執行したり、信仰対象とするに至るのである。しかもその期待感をつぎつぎとふくらまし、多くの俗信を産み出していった。その点は西春法師の入定祭を通して確認してきた通りである。一方入定をとげる行者からすれば、衆生救済を宣言することによって入定の際の精神的支えとし、合わせて往生をとげるという自己救済の大義名分とした、というように考えることができる。

註

（1）坂詰秀一「『塚』の考古学的調査・研究」『月刊考古学ジャーナル』第二七四号　一九八七年　二頁
（2）大場磐雄「歴史時代における『塚』の考古学的考察」『末永先生古稀記念古代学論叢』末永先生古稀記念会　一九六七年　一六一～一七六頁
（3）たとえば、野村幸希「下総における『塚』の類型」『立正史学』第四六号　一九六〇年　五一頁
（4）柳田国男「十三塚」『考古界』第八篇　第二号　一九一〇年、南方熊楠「十三塚の事」『考古学雑誌』第三巻　四号　一九一二年、柳田国男・堀一郎「十三塚考」三省堂　一九四八年、堀一郎「十三塚」『神道考古学講座・第五巻　祭祀遺跡特説』雄山閣　一九七二年など。なお、柳田のその他の塚に関する論考は『定本柳田國男集』第一二巻を参照の事。
（5）今井善一郎「行人塚考」『民俗学研究』第二号　一九四九年、『今井善一郎著作集～民俗篇～』に収録（煥乎堂　一九七七年　二～二七頁）
（6）神奈川大学常民文化研究所編『十三塚――現況調査編――』平凡社　一九八四年、同『十三塚――実測調査・考察編――』平凡社　一九八五年、同『富士講と富士塚――東京・神奈川――』平凡社　一九七八年、他多数。
（7）坂詰秀一前掲註（1）三頁
（8）堀一郎「湯殿山系の即身仏（ミイラ）とその背景」『東北文化研究室紀要』第三集　東北大学　一九六一年　一三～四三頁
（9）戸川安章「出羽三山の修験道」『現代宗教』第二号　春秋社　一九八〇年　三八頁
（10）宮田登は『生き神信仰』（塙新書　一九七〇年）の中で、入定行者と霊神信仰との関連について論じ、入定行者が入定の直前に諸人救済を宣言して人々の信望を集め、神に祀られる場合を、救世主型霊神信仰と名づけた。また、生前受けた難病の苦しみを、遺言で逆に同病に苦しむ者を救済すると述べて神に祀られる場合多くは機能神的病気治しの救済だけに限られ、これを救済志向型霊神信仰と命名した（三三～三九頁）。
（11）今井善一郎前掲註（5）二～一三頁
（12）井之口章次『日本の葬式』筑摩書房　一九七七年　一九一～一九九頁
（13）北村敏「行人塚伝説について」『十三塚――実測調査・考察編――』平凡社　一九八五年　九二～九六頁
（14）内藤正敏「焼身・火定と土中入定」『仏教民俗学体系・第二巻　聖と民衆』名著出版　一九八六年　一二九～一五三頁
（15）北村敏前掲註（13）九六～九八頁

(16) 小松和彦『異人論』青土社　一九八五年　二一～九〇頁
(17) 白鷹町教育委員会編刊『湯殿山行者入定窟発掘調査報告書』一九九三年　一八～三一頁
(18) 同右　四二～四三頁
(19) 梅沢重昭「南多摩郡入定塚と出土の板碑」『武蔵野』第四二巻三号　武蔵野文化協会　一九六三年　三五～三八頁
(20) 大場磐雄前掲註（2）一六九～一七一頁
(21) 同右　一六二頁～一六四頁
(22) 文化財保護委員会編刊『東海道新幹線増設に伴う埋蔵文化財発掘調査報告書』一九六五年
(23) 日本ミイラ研究グループ編『日本・中国ミイラ信仰の研究』平凡社　一九九三年　六五頁
(24) 日本ミイラ研究グループ編『日本ミイラの研究』平凡社　一九六九年、および同前掲註（23）。木食行による入滅後、遺体が墓所の石室に安置されたものを入定墓と称するが、湯殿山系の仏海上人や、柏崎市延命寺真珠院の秀快上人の発掘例がある。
(25) 今井善一郎前掲註（5）一五～一七頁
(26) 野村幸希、佐藤武雄「鎌ケ谷市と周辺地域の塚の諸相」『鎌ヶ谷市史研究』創刊号　一九八八年、鈴木文雄「出羽三山信仰の他界観と空間構造――成田市畑ケ田地蔵前遺跡の発掘調査から――」『東北民俗学研究』第二号　東北学院大学民俗学ＯＢ会　一九九一年」
(27) 山岡俊明氏の『安房の入定塚について』なる調査報告による。なお、同書は平野馨氏のご教示によりその存在を知った。
(28) 平野馨「房総の仏教民俗行事――入定祭り・ゴイワイなど――」『伝承を考える上房総の民俗を起点として』大和美術印刷出版部　一九八二年　一八七～一九七頁）。平野によれば、用字・送り仮名等適当を欠くものも少なくないが、原文のまま転載したという。したがってここに収録したものも当然そのままの型で使用させていただいている。
(29) 近山雅人「千倉・白浜の入定市」『あるく・みる・きく』第二四五号　日本観光文化研究所　一九八七年　三〇～三五頁
(30) 宮田登前掲註（10）三三～三九頁

第二節　将門塚・道灌塚をめぐって

――御霊の供養・祭祀――

はじめに

柳田国男は明治末から大正初期にかけて「十三塚」「塚と森の話」「七塚考」「耳塚の由来に就て」などの「塚」に関する論稿を数多く著わしているが、(1)大正七年の「民俗學上における塚の價値」なる論稿で以下のように主張している。(2)「一部學者中には、古墳と塚とは明白に區別の出来る様に考へて安心して居るものがある、是が第一に誤りであらう」、また「古物に熱心な人の眼から見ると、何物も埋藏されてゐない事は軽蔑の種であるかも知らず、意味不明なのは即ち無意味なものでまされるかも知れないが、自分等は之と反對に、それだから一層考へて見なければならぬと思ふ事を感ずる」と述べ、さらに「見様によつては、古墳の方が築造の目的が明白であつて、研究の餘地もそれほと多くはないと言へる」とまで極論している。いずれにせよ、地名として残ってはいるものの、平にならされてしまった塚も少なくない現状からの危機感と、先祖の信仰の有様を知る手がかりとして「塚」研究の重要性を主張したのである、一方近年では、平野榮次が『月刊考古学ジャーナル』に「塚の信仰」なる小論を寄稿し、民俗宗教研究の観点から「塚」の持つ多面的性格と研究課題について論じている。(3)

民俗学でいう「塚」とは、一般に人為的に土を盛って、丘状に築き上げたものをさすが、石積により方形に築かれたものも塚と称している。その築造目的からは、墓としてつくられたもの、祭壇あるいは信仰対象の縮小版としてつくられたもの（たとえば富士塚）、信仰以外（九十九塚—野火止、もしくは境界を示す、典型は一里塚）の目的でつくられたものとがある。

前節では行人塚をめぐって考察を試みたが、本稿では将門塚、道灌塚に焦点をあて、近・現代における信仰の実態をトレースしたいと思う。

一　首塚と屍体分葬伝説

首塚とは、戦乱あるいは処刑によって斬首された者の首を埋めて祀ったと伝えられる塚で、家臣や身内の者が晒されていた首を奪い返して埋葬し供養したとする伝承や、夜な夜な白馬に跨った首のない武者が駆けていくのが見える、といった首なし武者の伝承が伴なっている場合も少なくない。また、その多くは祟りなどの俗信が伴っている一方、中には首から上の病に効験があるとされ、祟りが克服されて機能神として祀られるに至ったものもある。ところで『日本の首塚』を著わした遠藤秀男によれば、その所在を確認した首塚一〇六例はつぎのように分類できるという。(4)

(1)合戦による戦死者首塚
　A　姓名の判明する個人塚……三七例
　B　多数合葬（群集）塚……四九例
(2)暗殺や要人の処刑首塚……一二例
(3)罪人（一般人）の首塚……五例
(4)人間以外の首塚……三例

このうち(4)人間以外の首塚とは鬼のそれをさすが、それはともかくこの遠藤のデータによれば一〇六例中八一パーセントまでが合戦による戦死者の首塚ということになる。また遠藤は、『軍用記』『越後軍記』『三河後風土記』などの多数の文献を繙きながら、中世の合戦における首のとり方、首付け帳の記し方、首実検の方法、首の処理方法などについて詳細に論じている。そうして「首の怨霊信仰に発した鎮魂と祭祀も、その首に対する武人の思想や地元民の考え方によって、かなりの差異が見うけられる。その扱い方によって大別してみるとつぎのような種々相があらわれている」としている。(5)

㈠個人の場合

(1)首送り（相手遺族に送り返してやる例）

平敦盛・楠木正成・今川義元・香西宗心・龍造寺隆信・天草四郎など

(2)敵方による祭祀例

清水宗治・三宅弥野・陶晴賢・木村重成・世良修蔵など

(3)盗み首（縁者によって盗まれ祭祀された例）

源頼政・木曽義仲・源実朝・新田義貞・鳥居元忠・由比正雪・小栗忠順など

㈡群衆塚の場合

(1)地元民の協力による祭祀や築塚

堂宇の建立や万灯による供養その他

(2)討ちとった本人による祭祀供養

首供養（三十三の首をとった場合）

この遠藤の類型表には記されていないが、将門伝説も各地に種々伝えられており、その中には㈠の(3)、盗み首とするものもあることをつけ加えておく。

遠藤の『日本の首塚』は、我々に多くの示唆を与え貴重な書物であることは間違いないが、歴史的視点からの分析は必ずしも十分とはいえない。その欠点を補完してくれるのが黒田日出男の論稿「首を懸ける」である。黒田は『前九年合戦絵詞』『後三年合戦絵詞』『平治物語絵詞』といった中世絵画資料やさまざまな文献に分析を加え、戦場で見られる掻き首、処刑としての斬首、そして首の大路渡しと獄門に懸ける慣行の初見時機についてつぎのように整理している。

黒田によれば、掻き首は既に『続日本紀』天応元年（七八一）六月一日の条、『日本記略』延暦十三年（七九四）一月二十八日の条にあり、八世紀には戦闘状況下で行われていたという。また斬首は、律令の刑罰に「斬」とあり、『日本書紀』崇神天皇十年の記載に見られるという。そして生首の大路渡しと獄門懸けは中世成立期に登場するとしている。尚、承平・天慶の乱における、平将門や藤原純友の首の処理にも言及し、「『将門記』や関連諸史料によれば平将門の首は、①藤原秀郷の使者によって運ばれ、②首は『東市』の『外樹』に懸けて群衆の目にさらされたのである」と述べた上で、市での処刑は人びとの群集する所で見せしめのためになされたと説明されているが、そうではなく市神へ捧げる生贄の側面があるのではないかとすこぶる興味深い指摘をしている。[6] その後で黒田は同論文「軍神と生贄」なる項で『平家物語』や『宇都宮大明神奇瑞記』を援用しながら「中世武士達は、たんに自己の軍功を証明するためにだけ首を掻いたのではなく、八幡・鹿島・香取・諏訪を始めとする諸『軍神』を祝い、武運と戦勝を祈願・報賽するために『生贄』としての敵の『生首』を求めたのであるといえよう」と結んでいる。[7] 生贄・生首と軍神との関係については根拠となる史料を用いて論じているが、市神との関係は論証が不十分この上ない。しかし黒田説の検証は小稿の目的とする所でもないし、また筆者の力量を超えるため、ここでは黒田説を紹介するにとどめたい。

ところで首塚のように死者の体の一部を埋めたと伝える塚には胴塚、手塚・腕塚、足塚などがある。このことと関連して柳田は「一目小僧その他」の中で「死屍を分割して三つ、七つの塚に埋めたといふ口碑は、大抵は山と平野、もしくは二つの盆地の境などに発生する。密教の方にはこれを説明する教理も出来てゐるらしいが、要するに無類の惨劇を標榜して、外より来り侵す者を折伏《しゃくふく》する趣旨に出たものらしく云々」と述べ、屍体を分割して埋葬する習俗を境塚との関連で論じている。(8) また「七人塚考」においても殺戮された七人の御霊を（あるいは人間を四肢と首・胸・腹の七段を分割して）もって境に祭る神なりとするのが上古からの思想で、七星の剣先をもって害敵を征服しようという北斗の信仰に基づいているとし、七人塚についても境塚との関連で論を展開している。(9)

これに対して中山太郎は『補遺日本民俗学辞典』「屍体分葬伝説」の項で各地の伝説や『日本書紀』「崇峻紀」記載の捕鳥部萬の顚末を引き合いに出しながら「我國の古代では、反逆人又は獰猛なる人物の屍骸を、其まゝに葬ると怨霊となり祟りをなすものと信じ、之を支解して幾ケ所かに分葬する習俗があつた」と結論し、柳田と異なり、御霊の慰撫に力点を置いた見解を述べている。(10)

将門塚、道灌塚ともに屍体が分葬されていると見なされているものであり、中山説に留意しながら分析を進めることにしたい、では、まず将門塚の検討に入ろう。

二　将門塚の信仰とその祭祀

1　将門伝説

本項の目的は、千代田区大手町の将門塚をめぐる信仰とその祭祀を分析することにある。将門伝説についての歴史的解釈、あるいは地域的特徴については、梶原正昭・矢代和夫共著の『将門伝説』に詳しく論じられている。(11) ここでは同書によりながら将門伝説の概要を紹介し、その上で千代田区大手町の将門塚関連の伝説のみ取り上げることにし

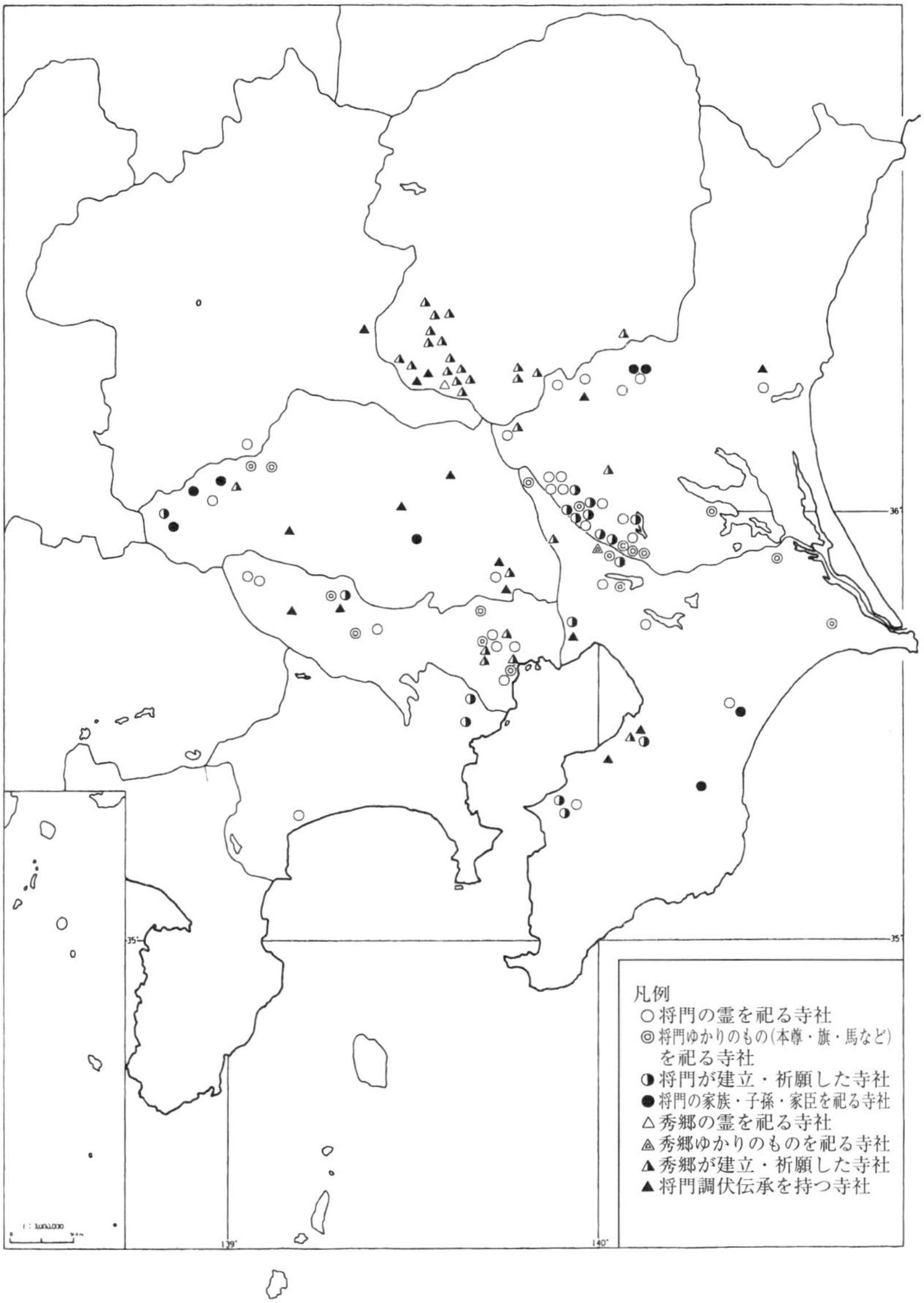

図25　将門を祀る寺社の分布　関東地方のみ（『将門伝説』より作成）

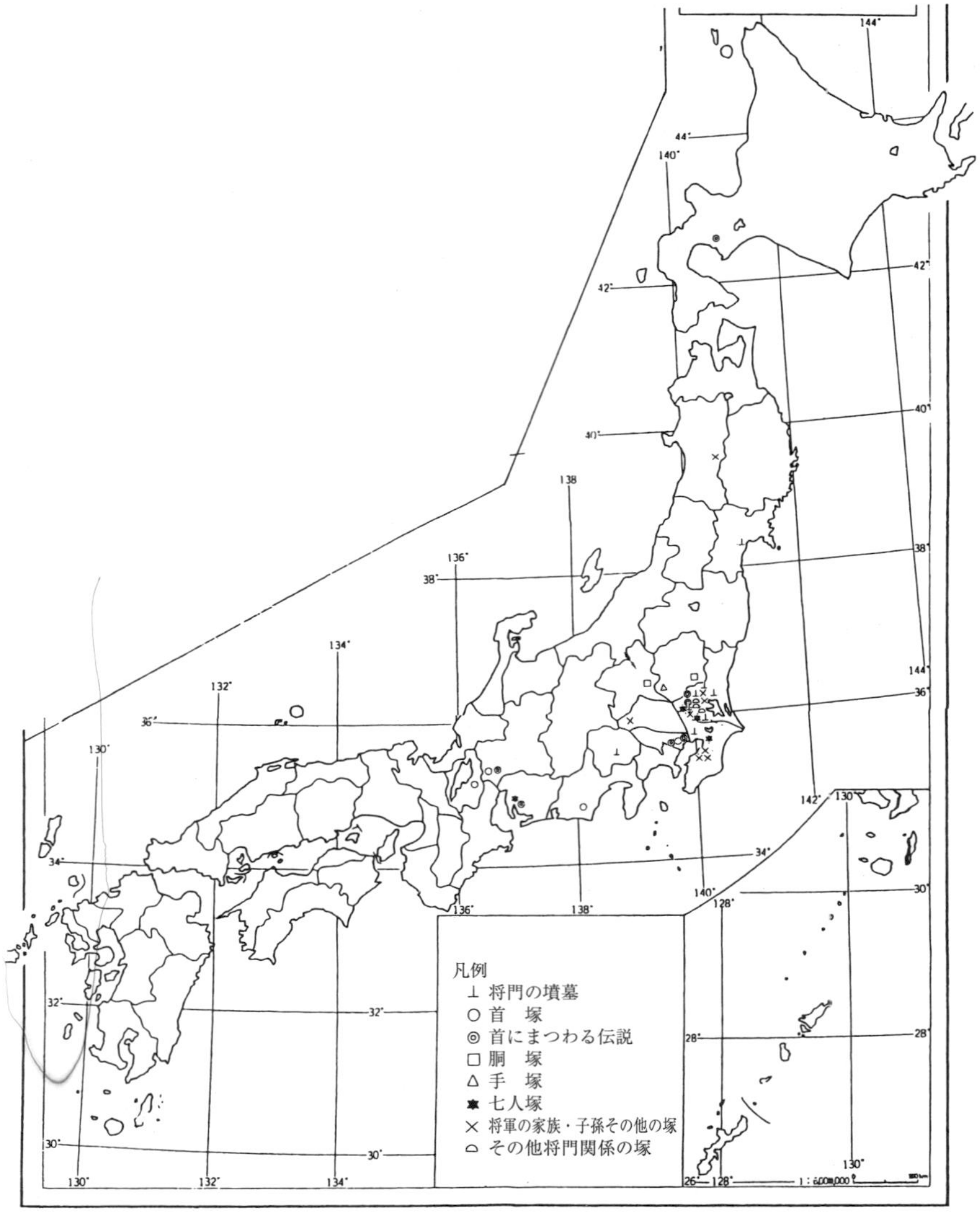

図26　将門塚関連伝説の分布（『将門塚伝説』より作成）

たい。

将門伝説は北は青森県津軽郡五所河原市から西は広島県高田郡丹治比村までできわめて広い範囲にわたって分布しているが、将門伝説は大きく二つの系統に整理することができるという。一つは将門調伏の霊異を語るもので、神仏霊験譚や高僧達の法威譚として、主に京都を中心に語り伝えられてきた。しかし関東でも成田不動や足利市の鶏足寺のように調伏伝説を持つ寺社がある。もう一つは、将門の超人性を強調するもので、鋼鉄身の巨人伝説や妙見信仰と結びついた「七人将門」の伝承など東国各地に広められ、やがて将門は御霊神として神に祀られるようになった。ただし、藤原秀郷が下野南部に根をはる富豪（私営田領主、つわもの）だっただけに、栃木県南部地方においては、将門よりも秀郷に関する伝説が圧倒的に多い。この点については、同書をもとに分布図を作成した結果明らかとなった（図25参照）。また奥多摩や秩父などの東京・埼玉の山間部から東北地方にかけては、将門の妻子・兄弟にかかわる落人伝説が多く残されているという。

ところで、福田豊彦によれば、志半ばにして倒れ、非業の死をとげた英雄ほど伝説が多く、しかもその伝説はしだいに拡大されるのが常であり、その最後の場面からまず伝説化が進められるという(12)。その意味でまず『太平記』の記す将門最後のシーンを見ることにしたい(13)。

朱雀院ノ御宇、承平五年ニ、将門ト云ケル者東国ニ下テ相馬郡ニ都ヲ立、百官ヲ召仕テ、自ラ平親王ト号ス。官軍挙テ是ヲ討タントセシカドモ、其身鉄身ニテ、矢石ニモ傷ラレズ、剣戟ニモ痛マザリシカバ、諸卿衆議有テ、俄ニ鉄ノ四天ヲ鋳奉テ、比叡山ニ安置シ、四天合行ノ法ヲ行セラル。故天ヨリ白羽ノ矢一筋降テ、将門ガ眉間ニ立ケレバ、遂ニ俵藤太秀郷ニ首ヲ捕ラレテケリ。其首獄門ニ懸ケテ曝スニ、三月マデ色不レ変、其眼ヲモ不レ塞。常ニ牙ヲ嚼テ、「斬ラレシ我五体、何レノ処ニカ有ラン。此ニ来レ、頭続デ今一軍セン」ト、夜ナ夜ナ呼リケル間、聞人是ヲ不レ恐事云事ナシ。時ニ道過ル人是ヲ聞テ、

将門ハ米カミヨリゾ斬ラレケル俵藤太ガ謀ニテ
ト読タリケレバ、此頭カラカラト笑ヒケルガ、眼忽ニ塞テ其尸遂ニ枯ニケリ

将門の身体は不死身の「鉄身」で唯一の弱点は米噛みだけでそこに矢が当たったとされており、これが将門伝説の一つの基調となっている。同様の表現は『平治物語』にも見られるが、十三世紀以前のものには将門の米噛みに矢が当たったという記述は見当らず、この狂歌は将門唯一の弱点である米噛みと討手の俵藤太の名前をかけて創作されたものと見なされている(14)。天慶の乱は歴史的にも類例の少ない衝撃的事件であり、それだけに多くの人たちの関心を呼び、さまざまな伝承が産み出されていったが、そうした中で将門の超人ぶりを示すもう一つの話は、その首をめぐる怪異譚である。その一端は先に紹介した『太平記』の一節にも記されていたが、そのほかたとえばその首の入洛に際して、将門の軍勢が攻め上って来たというデマがとび、都中が大騒ぎになったと伝えられている。また梟首された将門の首はいつまでも目を閉じず、見る者を怖れさせたといわれ、また獄門をぬけ、骸を求めて東国に飛び帰り、力尽きて、あるいは矢で射落とされて落ちたというように、さまざまな伝承がつくり出されている。東京都台東区鳥越二丁目の鳥越神社はその首が飛び超えた所、現千代田区九段一丁目の津久戸明神は矢を射立てられた首が力尽きて落下した所、千代田区大手町の将門塚がその首を葬った所などと言い伝えられている。首塚はこの他にもあり、岐阜県不破郡矢通村は東国に飛び帰る将門の首を射通した場所で御頭神社はこの首を祭ったところという。滋賀県愛知郡の将軍塚も落ちた首を葬った所と伝えている。首が胴体を求めればそれに対応する手や腹を葬ったとする神社もあり、栃木県足利郡の大手神社、大原神社がそれである。

将門の屍体分葬伝説に対応する形で、将門の鎧・冑を埋納したとする神社が東京にある。新宿区北新宿三丁目の鎧神社と中央区日本橋兜町の兜神社がそれにほかならない。

『江戸名所図会』巻の四に、

鎧明神祠　円照寺の艮の方にあり。円照寺の持なり。相伝ふ、藤原秀郷将門を誅戮し凱陣の後、将門の鎧をこの地に埋蔵し、上に禿倉を建てて鎧明神と称すといふ。社前に兜松と称ふる古松あり。これもその兜を埋めたる印と云ふ。

とある。(15) ここに記された円照寺（真言宗）は、秀郷ゆかりの寺院である。また織田完之の『平将門故蹟考』には、

兜神社は日本橋兜町にあり、地名起これるは元此の地甲山と称し、田原藤太が平将門の兜をここに埋めたりと伝え、今兜神社と唱え、渋沢敬三男爵邸の東、楓川に沿って小祠あり。

と記されている。(16)

都内には兜神社、兜塚と称するものが少なからず存在するが、日本武尊あるいは八幡太郎義家が納めたとする伝承が伴なっていても、将門との関連をつけられているのは日本橋兜町のそれだけである。

なお、次項以降で検討を加えようとする千代田区大手町の将門塚および千代田区外神田の神田明神の由緒について『江戸名所図会』はつぎのように記している。(17)

神田大明神の旧地　神田橋の内、一橋御館の中にありて、御手洗など今なほ存すとなり（隔年九月十五日、祭礼の時は神輿をここに渡し奉りて、奉幣の式あり）。この辺、旧名を芝崎村と云ふ（小田原北条家の古文書に、太田大膳亮所領の中、江戸芝崎一跡と云ふ名を註せり）。その昔は浅草の日輪寺も芝崎道場といひてこの地にありしなり。また神田と号くる事は、伝へ云ふ、往古諸国、伊勢大神宮へ新稲を奉るゆゑに、国中その稲を植うるの地ありて、これを神田あるいは神田・御田と唱へしとなり。この地は当国の神田なりしゆゑ、大己貴命は五穀の神なればとて、ここに斎りて神田明神と号け奉りしとぞ。

神田大明神社　聖堂の北にあり、唯一にして江戸総鎮守と称す。

祭神　大己貴命・平親王将門の霊　二坐

社伝に曰く、人皇四十五代聖武天皇の御宇、天平二年の鎮座にして、そのはじめ柴崎村に（その旧地神田橋御門の内にあり）ありし頃、中古荒廃し既に神燈絶えなんとせしを、遊行上人第二世真教坊、東国遊化の砌ここに至り、将門の霊を合はせて二座とし、社の傍に一字の草庵をむすび、芝崎道場と号す（今の浅草日輪寺これなり）。その後慶長八年当社を駿河台にうつされ（その頃日輪寺は柳原にて地をたまふ）、元和二年また今の湯島にうつさせらる。そのまま旧号を用ひて神田大明神と称す（神主は代々柴崎氏なり）。

近世の諸文献に同工異曲の内容が記されているが、これにより地名としての神田の命名の由来と遊行上人二世真教坊が荒廃していた神社を再興し、また当時祟りをなし村民を苦しめていた将門の霊を祀り込め、傍に草庵を結び、これが現在浅草にある日輪寺の前身であることがわかる。いずれにせよこの由緒に沿って、現在九月の彼岸中に行われる塚前祭には、日輪寺の住職が招待されるし、神田明神の祭礼に際しては隔年に宮神輿が将門塚まで赴くことになっている。

2　将門霊神の復座

中山太郎の「将門の首塚」なる論稿に、つぎのような記載がある。(18)

明治四年に、教部省から、神田明神の氏子に對して、神田明神は從来平將門を祭るとあるが、將門は叛臣であるから、神として崇敬すべきものでない。爾来祭神を、大己貴命・少彦名命の兩神と改めるから、左様承知すべしといふ沙汰があつた。然るに、血の気の多い神田ッ兒は、此の沙汰を奉ぜず、叛臣か逆徒か、そんな事は知らぬ。先祖代々氏神様として、拝禮して来たものが、明治になつてから、崇敬出来ぬといふ理窟はない。教部省でそんな理窟を言ふのなら、神田ッ兒は別に神田明神（將門を祭神とした）を拵へると言ひ出して、面倒な事態を惹き起した。そこで、當時の松田東京府知事が仲裁に入り、（一）神田明神の祭神は教部省の言ふ如く改めること、

(二)その代り新に將門神社を攝社として設くることの条件で、手打になり、大正十二年の震災までは、本社に並んで攝社の將門神社が存在してゐたものである。

大変興味深い一件であるがさりげなく記され、しかも何の資・史料も示されていない。『神田明神史考』によれば、明治五年に教部省から神田明神の祭神（二の宮）平将門霊神に対して異議が伝えられたという。中山の明治四年とは一年ずれるが、いずれにせよ明治の初期教部省から将門霊神の祭神廃止論が一方的に申し渡された。これに対して神社側は明治六年十二月十七日、東京府知事大久保一に対してつぎのような願書を提出した(19)。

本社合殿平将門霊神は、旧地芝崎村鎮座之頃別殿なりしことは、神社啓蒙に将門霊神之祠本殿を去ること百歩と見えたるにて判然たり。全く慶長年中、神田台に遷座の時より合祀の趣、社記にも相伝有之候。其後徳川二代・四代等の節、追々当社信仰に付寛永中朝庭に奏請して勅使参向勅勘を被免たりと云事、或書に相見候。未だ正確なる拠は不存候得共、然る事可有之與。何様程々衆庶の信仰も有之、神験も有之、数百年来崇敬之儀に候えば、今更廃置等を可論には無之候え共、素々別殿なりし上、大穴牟遅大神と相並べ合祭仕候事如何にも所憚有之候儀と奉存候間、断然今般旧儀に復し、本社の側へ別殿を造営遷座奉り、須賀八雲三社同様摂社として、神饌奉撤等は尚従前の通り日々奉仕可致に付ては、本社御迹へは更に少彦名命を合祭仕度奉存候。此両神は相並びて天下経営医道迄定置給える神代古伝も有之候儀に付、旁右之通奉斎仕度と奉存候。右両条御差支之儀も無之候えば、御許可有之度奉願候也。

明治六年十二月十七日

神田神社祠官　本居豊穎　印

一方、教部省は、翌七年二月八日『新聞雑誌』に「府下神田神社、平将門ノ霊位除却ニ付、教部官員某議案」と題する反論を寄せた(20)。

本朝上古ヨリ叛名ヲ蒙ル者ナキニシモ非ズ。童稚ノ駭心ヨリ起リテ大逆ヲ成ス者アリ（眉輪ノ如キ是ナリ）。或ハ一己ノ憤怨ヨリ出デ、其ノ跡朝敵ニ当タル者アリ（広嗣等ノ如キ是ナリ）。是全ク叛逆ノ臣ト称スベカラズ。惟非望神器ヲ覬覦スル者ハ、天地ヲ窮メ古今ニ亘リ賊臣平将門一人而已（道鏡ノ逆志猶神勅ヲ奪ウ事能ワズ）。輦轂ノ下、将門ノ霊ヲ祭祀シ、衆庶信仰シテ敢テ怪マザル者独リ何ゾヤ。一時里人異霊ヲ恐レ、堂内ニ安置スルモ、今日文明ノ時ニシテ此ノ如キ逆祀アルベカラズ。条理明晳ニシテ処分スルハ教部ノ任ナリ。衆庶ノ蠱惑ヲ氷解シ、循々トシテ能ク教化スルハ教導ノ職ナリ。本居氏出願ノ如ク摂社ニ造立シ、須賀・八雲ノ社ニ列ス。……是ニ由リテ之ヲ観レバ、断然除却ノ処分可然歟。…況ンヤ大逆無道九百年前ノ朽骨其ノ霊魂已ニ散ズ。……因循苟且之ヲ社域ニ置クベケンヤ。若シ陰忍シテ之ヲ置カバ、四海万国本朝ヲ何トカ云ワン。天下後世教部ニ人ナシト云ワン。決シテ諸神ニ列スベカラズ云々。

こうした教部省の強硬姿勢にもかかわらず、東京府知事は五日後の明治七年二月十三日、神社側の意向を認め、将門霊神を摂社に下すことが認められた。神社側は早速将門神社の建築に着手し、明治十一年にようやく竣工し遷座祭が盛大に行われた。こうした顚末に対する庶民の反応はどのようなものだったのだろうか。明治七年九月十四日の『郵便報知新聞』は次のように伝えている。(21)

神田明神社は先頃祀典を正され、旧来の祀神を逐斥し、新たに大己貴（少彦名命の誤り――筆者註）を移して、本社祀神と改定ありしより、氏子一同人心渙散し、例祭期日既に近づくと雖も、誰ありて事を挙行する者無く、剰え神主柴崎を始め氏子中、千百年来衣食豊贍安楽富有せしは、全く氏神の恩恵なるを忘却し、朝廷に諂諛して神徳に負きし事の人非人なりとして怨み誹り、一文銭を投ずるも快しとせず、却つて旧神の新社別構の為に醵金既に千円に近しと聞きあり。

将門霊神が移祀されてしまった本社の祭りに目もくれず、新たに建設予定の将門神社のためにのみ寄進する、という行為の中に人びとの心情が如実に表われている。ところで、神社側の妥協案の提示と東京府知事の仲裁により教部省との対立は一件落着したかのように見えたが、社殿に掲げてある「神田大明神」の神号額をめぐってトラブルがおき、結局、時の太政大臣三条実美の染筆による「神田明神」の額を掲げ直すことで決着し、双方の修復をはかるためか、新政府に対する感情の悪化を恐れたか、明治天皇の神田明神行幸が急遽実行された[22]。しかし、この問題のため以後一〇年間九月の祭礼は中止の浮き目にあうこととなった。

そうして、明治十七年に祭礼はようやく一〇年振りに復活した。一〇年振りの祭礼ということで、山車も四六台が勢揃し、盛大に祭が敢行される筈であった。しかし台風の襲来により山車の大半が破損し使いものにならなくなってしまった。明治十七年九月十六日付『時事新報』は、人びとの活気に満ちた祭の準備状況と台風による惨劇を伝えた後、つぎのように論じている[23]。

明治初年朝敵論の喧しき際、ヨセバよいのに神田明神の神体にまで難癖をくっ付け、将門様は末社に御牢舎、其の代わりの神体には遥々常陸国鹿嶋郡礒浜村大洗の浜辺より大己貴命（少彦名命の誤り＝筆者注）を迎え来たりて、相替わらず神田明神を勧請し奉りたり。ソコデ先主人将門様は大立腹、己れ左捻じの素町人めら、我三百年鎮守の旧恩を忘れ、将門は朝敵ゆえに神殿に上ぼすべからずなどとて末社に追い退けたるこそ奇怪なれ、ヨシ〳〵今にもあれ目に物見せて呉んずと時節を待つ甲斐もなく、隔年の祭礼は申訳計りの子供だまし、神力を費やすほどの値打ちもなかりしに、今日という今日こそは大江戸の昔に劣らぬ大祭礼、待ち設けたる将門様は、時こそ来たれりとて日本八十余州より数多の雨師風伯を駆り催し、大事の〳〵十四日の宵宮よりして八百八町を荒れ廻わりて折角の御祭りメチヤ〳〵に致されたるなり。一寸の虫に五分の魂あり、況んや将門大明神様をウカ〳〵朝敵呼ばわりして跡で後悔し玉うな……

庶民の将門霊神へ寄せる思いと教部省（政府）の対応への憤懣やるかたなさが、筆に乗り移ったかのようなタッチで、しかも軽妙に描かれている。庶民の気持が見事に代弁された記事といえる。

問題の別殿の将門神社は、中山が記したように大正十二年ころまでは存在した。関東大震災によって消失したのだろうか、その点ははっきりしないが以後は本殿内の一隅に祀られていたらしい。そうして、将門霊神が本殿の主祭神として元通り祀られるに至ったのは、明治七年から一一〇年余り経過した昭和五十九年のことである。氏子総代の一人である遠藤達蔵氏によれば、「戦前までは何となく将門は朝敵という意識があった。戦後新しい世の中になって、そうそうほとぼりもさめた。そう思って遷座に踏み切った」という。満を持してというべきか、長い間伏流していた氏子たちの願いがようやくかなった訳であるが、明治初期の教部省とのやりとりから一世紀以上を経過している。こうした氏子に象徴される庶民の忍耐強さには頭の下がる思いがするし、彼らの時間認識のはかりしれなさにはただあきれるばかりである。また、都内の将門伝説関連神社では新宿区北新宿の鎧神社、千代田区九段の築土明神等も明治七年に将門霊神を末社に遷している。他の関連神社もおそらく同様の処置がとられたものと思われる。ただ鎧神社の方は戦後宗教法人令の施行とともに逸早く復座を果たしている。築土明神については不明である。

朝敵将門の位置づけは歴史学者達の間でも時代とともに揺れ動いてきた。その点に関しては佐伯有清他編の『研究史・将門の乱』に詳しい[24]。以上見てきたように為政者側には政治的状況如何により将門を祀る神田明神への対応に変化が見られた。そうした為政者と庶民との対立・葛藤、庶民の信仰の実態を知る上で、将門霊神遷座問題は恰好のテーマを提供してくれたといえよう。

3　千代田区大手町の将門塚

明治維新以降、旧来の武家屋敷は新政府の庁舎となるものが多かった。将門塚のある酒井雅楽頭の屋敷跡に、明治二年大蔵省が設置されたが、当時の将門塚の様子について織田完之の『平将門故蹟考』はつぎのように伝えている[25]。

> 大蔵省玄関の前に古蓮池あり、由来是を神田明神の手洗池なりと伝ふ。池の南少し西に当たり将門の古墳あり、高さ凡そ二十尺、廻り十五間許、（中略）塚前の東二間許に礎石あり。幅七尺長九尺許、中心に今は古石燈籠を置く此物は首塚前の常夜燈にてありしならん。此礎石は真教上人の蓮阿弥陀仏の屋号を刻せし板碑を此の上に立たりし事は疑ふべくもあらず云々。

しかしながら、現存するのは塚の傍にあった礎石と石燈籠にすぎず、大正十二年の関東大震災によって大蔵省庁舎ともども灰燼に帰してしまった。大蔵省は焼跡の整理に際して、蓮池を埋め立て、崩れた塚も平らに整地してしまうのだか、その時工学博士大熊喜邦に依頼し発掘を試みた。その結果古い石室と近世のものと思しき瓦・陶器の破片が出土したという。またかつて盗掘された痕跡のあることも確認されたが、これといった遺物はなかった。発掘調査後、塚は再び整地され、そこに仮庁舎が建てられた。しかし間もなくこの庁舎を中心に執務する役人の中から病人や怪我人が続出し、幹部に死人が出るに至った。そうしていつしか首塚の祟りとの噂が広がり、庁舎を取り壊すのみならず、盛大な鎮魂祭を執行することになった。

昭和三年三月二十七日付『東京朝日新聞』「将門の霊よこの通り謝まる大蔵省のお役人連がおぢ氣ふるつて鎮魂祭」と題する記事によれば、その様子はつぎのごとくであった(26)。

> 帝都の真ん中、しかもいかめしいお役所で、昔ながらの怨霊鎮めの祭が行はれる、その話はかうだ、震災後大蔵省では、どういふものか病人が続出して、早速蔵相、矢橋營繕管財局公務課長その他十數人が現職のまゝでなくなつて行

図27　明治期の将門塚（『平将門故蹟考』より）

く、数字には冷静で遠慮なく各省豫算を天引する役人も、生命だけには神經過敏になつて、算盤をはじいた結果、どうも是は將門の怨靈のせいらしいと衆議が一致した、今の大蔵省敷地は、元神田明神と浅草日輪寺のあつた所で、震災前までは、その中庭に平將門の首級を祭つてゐたが、震災後バラックを建てる時に、首塚を今の主計局の縁の下にたゝき込んで、毎日靴でキウ〳〵踏みつけて居た、これには怒るのももつとも、二十七日午後四時省内第二食堂を祭場とし、神田明神社司祭の下におごそかな鎮魂祭を行ふことになり、更に来月十四日には、藤澤遊行寺の高野管長を招いて、日輪寺で法要を營み、大蔵省役人一同『今後どうぞよろしく』と参拝のはずである。

昭和三年三月十五日付『報知新聞』も「怖気づいた将門の亡霊大法會」と題する記事を掲載し、「大蔵省が国費を投じてお門違ひの法事をやらうといふには奇々怪々昭和怪談『将門のたゝり』がある、役人の首を切る事大根を切る如き大蔵省のお役人も将門の話になると首をすぼめておびえきつて居る」といささか揶揄気味に報じている。[27] いずれにしても、以後慰霊祭は例年の行事として大蔵省で続けられた。ところが、さらに昭和十五年六月二十日、大蔵省本庁に落雷し、主要な建物はことごとく炎上してしまった。しかも落雷の場所が将門塚付近であったことから、将門霊神の祟りということになり、この時は河田烈大蔵大臣の指示で慰霊祭が盛大に挙行された。奇しくもその年はちょうど将門没後一〇〇〇年目に当たっていたという。

また、戦後アメリカ軍が進駐しモータープールの建設を進めていた際、ブルドーザーの運転手と作業員二人が突然の事故で死亡した。原因を糾明していくと、そこが将門の首塚であることが判明し、米軍と地元の人びととの折衝の結果保存されることになった。[28]

以上のように、明治の祭礼復活時、関東大震災後、昭和十五年の落雷時、戦後のモータープールの建設時と、将門霊神の排斥、あるいは将門塚崩壊の危機に際して、必ずといって良いほど天変地異あるいは災禍が発生し、しかもその災禍が将門の怨霊の祟りと認識され、盛大な供養祭を執行することにより祟りの解消がはかられてきた。また昭和三十五年には史蹟将門塚保存会が結成され、昭和四十六年には都の文化財に指定された。こうして見ると、宮本袈裟雄が指摘するように、将門の霊が祟る、という祟り観念こそが、首塚の保存・維持に大きな役割を果たしてきたと思われる(29)。

　ところで、「史蹟将門塚保存会」の構成メンバーには会長渡辺武次郎（三菱地所株式会社社会長）、副会長遠藤達蔵（神田明神氏子総代）、会員、神田明神氏子および一般崇敬者三〇〇人余りの他、平成六年時点では日本長期信用銀行、三井生命保険相互会社、三井物産株式会社、物産不動産株式会社、株式会社三和銀行、大洋漁業株式会社、株式会社あさひ銀行、竹中不動産、そして三菱地所の九社が参与法人として名を連ね、将門塚の管理保存に重要な役割を果たしていた。近代合理主義のシンボルとしての企業が、神社や墓を所有し祭祀を執行したり、地域神社の祭礼に積極的にかかわるなど一方では非合理的な側面を持つことはしばしば指摘されているが、都市の祭礼や現代の信仰の維持に企業はもはや欠かせぬ存在になっているといえよう。

写真48　将門塚（東京都千代田区大手町）

写真49　将門祭における巫女舞（旧三井銀行講堂にて1994年９月）

　将門塚周辺の土地は、大蔵省から東京都に払い下げられ、さらに、先にあげた各企業に払い下げられた。そうして塚の周りに巨大なビルが建設される都度に、ここでも将門の祟り伝説がつぎつぎと生まれていった。企業がビルを建設するに当たっては必ず着工前と竣工時に慰霊祭を行っているという。およそ四〇年ばかり前に三井物産ビルの設計に当たって都に将門塚買収の申請書を提出した。しかし、社内から「祟りがあるといけない」との反対意見が出、半年後に取り下げられた。

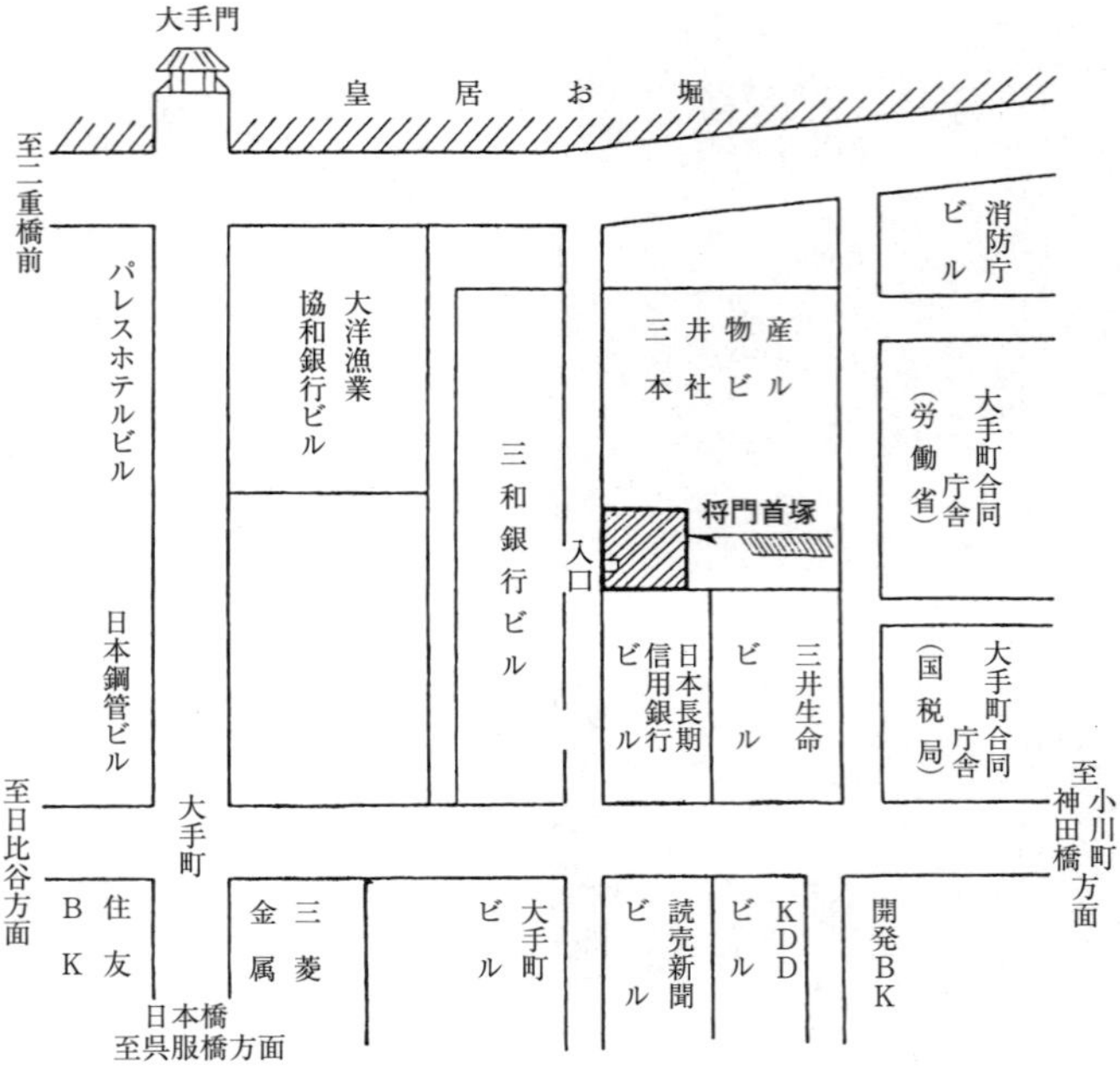

図28　将門塚付近略図（1994年９月当時）

またビル建設工事が二年半で完了する予定だったが、法規に接触するなどで一時工事が中断され、大幅に遅れた。それについても、「将門塚を買い取ろうなどとしたせいだ」と噂になり、法的不手際に帰因することが明らかなのにもかかわらず、将門の祟りと結びつけて解釈しようとする傾向が強かった。この辺では三井物産ビルが最後に建設されたが、そんな経緯もあって、「以来三井物産は将門塚、神田明神の一番の信者になった」と言われている程である。十数年前、三井物産の若王子氏がフィリッピンでゲリラに誘拐された時には、神田明神へ救出の願掛けをし、また将門塚に石像のガマガエル（若王子氏が帰るように祈って）が奉納された。こうした行為に、その一端がうかがえる。なお、三井物産社員によるガマガエル像奉納後、行方不明の人捜しや紛失物の帰還を願って、ガマガエル像を供える風が定着化しつつある。ところで、一時期将門塚周辺ビルの会社員がつぎつぎと発熱して倒れるという事態もおこっている。この時も将門塚にお尻を向けてすわっているからだということになり、窓際の人間は机の向きを変えるという処置をまず日本長期信用銀行がとり、三和銀行、ついで三井物産もそれにならって同様の処置をとった。

昭和六十二年五月十九日付『朝日新聞』夕刊に、「将門復権」と題する記事があり、昭和五十九年に主祭神として復座を果たした将門霊神（三の宮）の神殿が完成したのを報じるとともに「おシリを向けてシツレイ、大手町の首塚、それでも企業手厚い扱い」と題するつぎのような内容の記事が掲載されている(30)。

平将門の「首塚」はビル街の真ん中、千代田区大手町一丁目一番一号に鎮座している。西と北側が三井物産、東側が日本長期信用銀行、道路を隔てて南側に三和銀行。「将門塚保存会」には、これらの企業が名を連ね、手厚い扱いを続けている。

四年ほど前までは、周辺の会社で「首塚にしりや背を向けて座るとたたりで病気になったり、左遷されたりする」といった話も伝えられ、窓に向かうように机を置いた会社もあったほど。だが、近年は、さすがに、そうした話は消えた。「高価な土地に、限られたビル面積。社員も増えたので、そう都合よく机の配置はできません」（日本長期信用銀行）。「個室の幹部や、会議室で座る場合などに気にする人はいるようですが、会社としてはありません」（三井物産）、「ビルの構造上、どうしても、幹部が窓を背にするようになります」（三和銀行）云々。

この記事によれば、将門塚に対する意識は十数年前ほど強くないという。しかしながら、日本長期信用銀行のように、毎月一日はお祭りは欠かさず執行する、という所もあり、また出勤時や昼休みなどに参拝するサラリーマンやOLが多く、お賽銭や生花は跡を断たない。事あるたびに祟りを発現させてきただけに、その与える心理的影響力は今もって衰える気配はないといえよう。なお、現在秋の彼岸期間中に塚前祭が行われ、日本長期信用銀行（あるいは三和銀行）の講堂にて例祭がとり行われる。この時は「七人武者」の掛幅が掲げられ、塚周辺にある企業の法人参与は必ず参加し、また毎年およそ一〇〇人余りの崇敬者が参列しているのである。

三　道灌塚の信仰とその祭祀

1　伊勢原市の首塚・胴塚

太田道灌（一四三二～八六）は室町時代の武将、江戸城築城で有名であり、また鎌倉五山無双の学者としても知られている。文明十八年七月二十六日、主君の扇谷上杉定正の相模糟屋館（神奈川県伊勢原市）で誘殺された[31]。享年五五歳。墓は上糟屋の洞昌院にあって胴塚と呼ばれている。一方、下糟屋の大慈寺には首塚といわれるものがある。太田道灌の墓と称されるものには、このほか伊豆玉沢の妙法寺、東京平河町の法恩寺、日暮里の本行寺、鎌倉扇ヶ谷英勝寺裏の源氏山、埼玉県越生町の龍隠寺など数カ所にあると言われるが[32]、未調査である。ここでは伊勢原市上糟屋の胴塚と、下糟屋の首塚について報告したい。

『新編相模國風土記稿巻四四、村里部、大住郡巻之三』に、

○洞昌院　幡龍山公所寺公所は、寺邊の字なりと號す、曹洞宗、津久井縣根小屋村、功雲寺末、開山崇旭、長禄二年三月十五日卒中興陽室照寅、天文八年七月二日卒、開基は、太田左衛門大夫持資入道道灌文明十八年七月二十六日法名洞昌院心圓道灌なり、

釋迦を本尊とす、

とあって、洞昌院が道灌の開基であることが知られる。ついで通称胴塚について、

△太田道灌墓　大輪塔、高三尺五寸許、傍に古株二株一は圍一丈六尺、一は一丈あり、按ずるに、石塔の様常時の物にあらず、後世建し物と見ゆ、下村間社別當大慈寺にも、道灌の墳墓あれど、常院に埋葬せし事基證〔寛永系

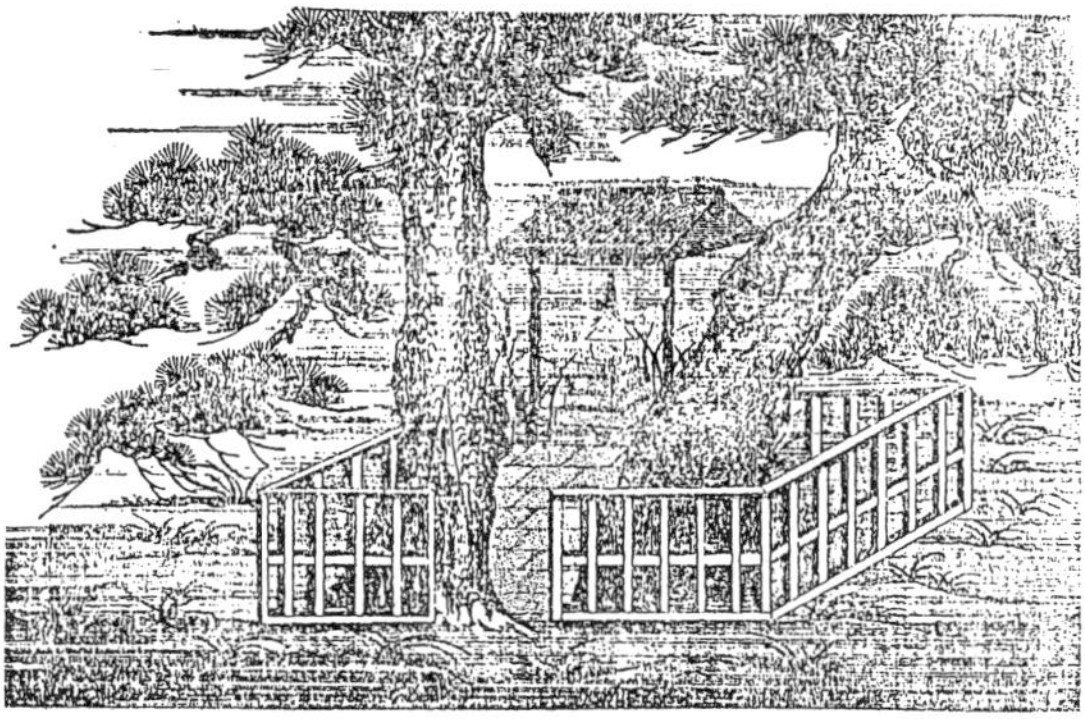

図29　太田道灌の墓（胴塚・伊勢原市上糟屋『新編相模國風土記稿』より）

譜〕其文下に註す、あり

と記した後で、その凄惨な死についてつぎのように伝えている。[33]

文明十八年七月、讒言に依て、當所定正の館館蹟の事下條にあり、にして誅せられ、當院に葬す、〔寛永譜〕日、七月廿六日、相州糟屋定正が館に入て卒す、五十五歳、秋山上糟屋洞昌院荼毘す、〔小田原記〕日、七月廿六日、扇谷殿定正相州糟屋へ御馬を被立、道灌を對治し給ふ、去程に道灌入道打て出たりしを、鎗にて突落し、首をとらんとしければ、道灌鎗の柄に取付て、かゝる時さこそ命の惜からめ、兼てなき身と思ひしらずば、唯忠のみ有ながら、道灌の一朝に讒言せられて、百年の命を失ふ云々、按ずるに、此歌は康正元年冬、藤澤の役に、道灌敵の首級に手向し歌なり、〔慕景集〕に見ゆ、（中略）、今も毎年太田氏より禮奠あり、

一方、下糟屋の大慈寺と首塚についての記載はつぎの通りである。[34]

○大慈寺　法雨山と號す、本寺前に同じ開山覺智、貞治五年六月十三日卒、中興開山東勝、中興開基太田道灌文明十八年七月廿六日卒、法名大慈寺心圓道灌、按ずるに、此寺號を稱ふるは當寺のみにて、上村洞昌院及系譜等、皆洞昌院を號とす、なり、按ずるに、先住東陽寛政十年三月六日卒、が詩文遺稿中に、當寺小鐘の序銘あり、是に據れば、古は鎌倉に在しを、道灌此地に移して再興し、其叔父周嚴天文四年七月十三日、武州足立郡藤波村密厳院に卒、叙悦禪師と謚す、を講じて、中興開祖とせしなり。云々

○太田道灌墓　村西白田中に在、五輪塔三基中央一基は、長四尺、左右の二基は、少く低し並ぶ、中央の一基、即ち道灌の印なり、左右二基は詳ならず、傍に榎の大樹圍八尺六寸、立り、毎年七月、太田氏より禮奠あり、道灌墳墓の事、上村洞昌院條に掲載す、大慈寺持、

上糟屋の胴塚は一段高い土壇に木製の祠があり、その中に石塔が立っている。墓の前には大きな松の切り株が二つあって、周囲の景観を除けば『新編相模國風土記稿』「太田道灌墳墓図」とさしたる変わりはない。さて、胴塚の祭祀はどのように行われているのだろうか。昭和十一年に高部屋村・糟屋村協力のもと、四五〇年祭が行われた。その内容は不明であるが、この四五〇年祭前後までは、学校行事として小学校の生徒が七月二十六日の命日に墓前にお参りしていたという。現在太田道灌公顕彰奉賛会（三五年ほど前に結成された。会員一〇〇名）主催で、命日前後の日曜日に道灌忌を開催している。太田道灌の末裔、家臣の子孫、道灌研究者、郷土史家が参列し、尺八を奏上した上でご焼香をし、研究会を開くというのがその内容である。なお、道灌忌の会はおよそ二五年前から本堂ではなく三徳殿で行われるようになった。

この三徳殿の命名は、北條早雲が明応三年（一四九四）に相模國御霊社に道灌公を太田三徳命（智・仁・勇の三徳）として合祀したことに由来するといわれている。なお、この三徳殿には、表に「當院開基洞昌院殿心圓道灌大居士不退位」、裏に「文明十八年丙午年七月廿六日廿二世代再興」と銘打った大きな位牌が安置されている。洞昌院の二二世は明治二十二年没とのことであり、近世末から明治にかけて新しく作られたものと考えられる（寛永、天保期に火災に遭っている）。

また、洞昌院の北方に上糟屋の鎮守社山王社があり、文明十八年に道灌が暗殺された時、七人の従者もこのあたりで討死にしたとされており、社地の一隅にある七人塚が彼等を葬ったものだという。今でもその子孫たちが七人塚を祀り、道灌忌にも参加している。

一方、下糟屋の首塚は大慈寺の門前を流れる渋田川の傍にある。「塚」としての痕跡はまったくなく、整地された公園の一角に祠があり、その中に顕彰碑と並んで五輪塔があるだけである。しかも五輪塔よりも、道灌の功績をたたえる顕彰碑の方が目立ち、主客転倒した感じさえする。上糟屋の胴塚同様、昭和十一年の四五〇年祭は盛大に行った

写真50　道灌の胴塚（伊勢原市上糟屋・洞昌院）

写真51　道灌の首塚（伊勢原市下糟屋・大慈寺）

ようであるが、それ以外に何か行事をしていた様子は伺われなかった。近年は桜の名所として知られ、しかも老人会が清掃していてきれいなため、お花見のシーズンには近在の人々が夕方からグループごとにやってきて賑やかしていくようである。芝居を演じたり、どこの主催かはっきりしないが講演会を行うこともある。一応道灌公をお祭りするという意識もなくはないが、どちらかといえば心ある人が個人で花を手向けたり手を合わせたりする程度で、娯楽的色彩が濃い。従って祟りといった認識も無いように見受けられる。

ところで、大慈寺の檀徒が中心となってまとめた『太田道灌の遺跡について』なる小冊子があり、その中に昭和十六年に八六歳でなくなった鈴木春吉氏からの聴き書きが掲載されている。それは明治初年頃の太田家と大慈寺（首塚）、洞昌院（胴塚）との関係を物語るもので大変興味深いものである。

私が十三、四才の時分でした。丁度大慈寺に手習いに通って居った頃です。毎年の例として江戸の太田家から七月十五日に道灌公のお墓に代参がこられました。士一人、それに文持一人。代参の士というのは大抵出世前の方で二本ざし、両掛の文持に桔梗の紋の合羽が打ちかけてありました。江戸からずっと草畦がけで青山街道を歩いて来られた。代参は先ず大慈寺へ入られます。お着は午前十一時頃で直ぐ霊前に参拝せられました。つづいて読経があげられ太田家からのつけ届け金子三〇〇匹が白木の三宝にのせて供えられました。入浴がすんでお昼にはまずお酒が出て次本膳、お平つぎ精進料理、その時私一人お給仕を言付けられました。しばらく休憩後、上粕屋の洞昌院の方にお立ちになります。洞昌院の方では金子を一〇〇匹あげられ、夏の暑い時分なので西瓜を一つわられてお休みになるだけなのが例となっていました。その足ですぐ大山へ参詣なされて其の日は伊勢原泊り、次の日が藤沢から江の島、鎌倉の御見物、それから江戸の方へお帰りになったものです。

これによれば、江戸の太田家から少なくとも明治の始めまでは、命日に近いころ両寺院に使いの者がやってきていたことが判明する。また、同文の後続の記載によれば少なくとも明治九年までは太田家から何がしかのつけ届けが贈られてきたとのことであるが、その後はさる事情で途絶えてしまったようである(35)。いずれにせよ『新編相模国風土記稿』の洞昌院・太田道灌の墓、あるいは大慈寺・太田道灌の墓の条に「今も毎年太田氏より禮奠あり」「毎年七月、太田氏より禮奠あり」といった慣例が、明治の初期まで続いていたことがわかる。それも途絶えたのだが、昭和三十一年より伊勢原町が地域おこしの一環として「道灌祭」を開催するようになった。伊勢原市の歴史的シンボルとして当地ゆかりの太田道灌を前面に押し出し、しかも首塚、胴塚への墓参・墓前祭がイベントの一つとして組み込まれた。そして、このイベントにやがて、お役所の重立ちとともに、慣例にならって（？）太田氏一族も参加するようになったのである。

2　伊勢原市の観光道灌まつり

『広報いせはら縮刷版第一巻・二巻』によりながら、道灌祭発足の経過をたどってみたい(36)。

昭和三十一年七月に、伊勢原町と太田道灌公遺跡保存奉賛会主催のもと洞昌院にて道灌四七〇回忌墓前祭が行われた。その内容は読経・追悼文の朗読、大山阿夫利神社楽士四人による雅楽演奏の他、大慈寺等道灌公関連霊地巡拝を行う、といったものだった。またこの日は江戸城築城五〇〇年墓前祭も合わせて行われた。記念式典、大和舞・巫女舞奉納の他、駅伝大会その他のイベントも催された。そして昭和三十三年には、商工祭、七福神祭、道灌祭と別々に行われていたものが「七福神祭」として一本化されることになった。十二月一日から三日まで、大慈寺と洞昌院での墓前祭、観光物産会、七福神踊りパレード等々のイベントが繰り広げられた。

昭和四十三年には「七福神祭」から「観光・農業まつり」と名称が変更され、さらには昭和四十六年には市政施行を記念して「伊勢原観光道灌まつり」として装いを新たにし、日程も十月の第一土・日曜に繰り上げられた。平成六年で第二七回を迎えたが、この時行われたイベントは主につぎのようなもので、太田道灌公鷹狩り行列、北条政子日向薬師参詣行列をはじめ、子供から大人まで各年齢層毎のパレード、そして内容も鼓笛隊から囃子のパレードに至るまでと盛りだくさんである。さらに諸武道大会、特産品の販売など、道灌公の供養や遺徳を偲ぶ墓参、墓前祭りは陰に隠れ、観光面での宣伝効果をねらったイベント、娯楽的イベントが圧倒的な数を占めるようになった。

なお、道灌公の墓参、墓前祭は、当初洞昌院だけで行われていたが、「胴の供養をするなら、肝心の首の供養を」という大慈寺側の申し出により、途中から両方で行うようになった。片方へまず墓参と称して出向き、ついでもう片方では墓前祭を行う、これを隔年毎に交替するというもので、墓参と墓前祭の内容は略式かていねいに儀礼を行うかの違いしかない。いずれにしても結果的には、胴は首を求め、首は胴を求めるという恰好で双方でセレモニーが行われることに落ちついた訳である。

結びにかえて

伊勢原市上糟屋の洞昌院は道灌開基とされ、下糟屋の大慈寺は道灌を中興の祖としていることから、両寺院に道灌を祀る石塔があっても何ら不思議はない。しかし、片方を胴塚と称し、もう一方を首塚と称するに至った経緯は不明である、地元の人はいつからかそう呼び分けているが、それに関する伝承はない。またその祭祀だが、近世から近代初期にかけては江戸（東京）の太田家から使いが両寺に出向き、祭祀を行っていたようである。しかし、明治初年にそれも途絶えた。それ以後の祀り方はわからないが、戦前の四五〇回忌あたりまでは、かなり政治的意図のもとに祭祀が執行されてきた。戦後になると一変し、個人的に花を手向けたり、手を合わせる人がいた程度であるが、首塚周辺が公園として整備され花見の恰好の場所になるに及んで、四月には多くの人びとで賑わうようになり、回向と娯楽を兼ねて芝居をここで上演するようになったという。そうしてやがて、行政主催のイベントの中で洞昌院にて墓前祭が行われるようになると、大慈寺側も積極的に働きかけ、その効あって墓参と墓前祭が交互に隔年で行われるようになり、現在に至っている。

胴塚の方も四五〇回忌云々については首塚と同様であるが、こちらは道灌公霊跡保存奉賛会（あるいは道灌公顕彰奉賛会）を結成し、その保存につとめるとともに、遺徳をしのぶ行事を積極的に行ってきた。いずれにせよ両塚とも戦後はそれぞれに地元の人の手によって保持され、祀られてきたのである。ところが、昭和三十年代以降、伊勢原町から伊勢原市へと発展する中で、上糟屋・下糟屋同地域のシンボルにしかすぎなかったものが、行政の手によって伊勢原市全体のシンボルとして担ぎ出され、地域活性化と住民のアイデンティティ獲得の手だてとして重要な役割を負わされるようになった。こうした経緯を見ると、首塚・胴塚の主である道灌は、その時々の政治的条件の下で、そのつど新しい目的に役立つようにアレンジされながら、行政・政治に利用されてきたといえよう。一方、神田明神の主祭神、将門についても同様なことがいえる。近世における幕府あるいは朝廷の対応、近代初期の教部省の姿勢などがそのことを端的に示していよう。

一方、千代田区大手町の将門塚は中世来祟りの発現がしばしばあったとされ、そのつど祭祀が行われてきた。天慶の乱が古来稀に見る、まだショッキングな事件だっただけにつぎつぎと伝説を生み、またそれらが文芸作品となりさらには芝居となって上演され続けてきた。また錦絵としても描かれ人びとにその存在をアピールしてきた。その結果将門に対する強烈なイメージが、人びとの脳裏に植えつけられ、祟りの認識を育んできたといえよう。とくに近代以降の将門塚は大都市のド真中にあり、常に開発の波にあらわれてきた。そうして崩壊の危機に際しては、必ずといって良いほど祟りが発現した。すなわち人びとは開発と称して幾度ともなく塚の切り崩しにかかったが、そのつど天変地異がもたらされ災厄がふりかかってきた。それをタブーの侵犯によるものと判断し、その慰霊にやっきとなった。この祟りの認識こそが、合理主義の象徴としての高層ビル群の真中に、摩訶不思議な塚を維持する原動力となったと考えられる。

なお、屍体分葬伝説との関係でいえば、伝説が各地で生成・発展していく過程で、特定の偉人の腹・足・首などの身体の各部位を埋めた塚と想定されていったものがほとんどと考えられ、御霊信仰が大きな影響を与えていることは確かなものの、中山が主張するように、築塚当初から御霊の祟りを恐れて実際に分葬されたと確定することは難しい。ただし、首とその他の部所との二つの分葬は当然ありえることである。しかも「歌い骸骨」の伝説や、将門、捕鳥部萬などの伝説から、首は生命力の象徴と見なされていることは確かであり、したがってそれを切り落として身柄と分離することにより、その復活を阻止したとの考えは全く否定されるものでもない。

註

(1) 柳田国男「十三塚」『考古学雑誌』一―四　一九一一年、同「塚と森の話」『斯民』六―一〇・一一・一二　一九一二年、同「七塚考」『郷土研究』三―四、三―五　一九一六年
(2) 柳田国男「民俗学上に於ける塚の価値」『中外』二―八　一九一九年
(3) 平野栄次「塚の信仰」『考古学ジャーナル』第二七四号　一九八七年　四～七頁
(4) 遠藤秀男『日本の首塚』雄山閣　一九七三年　一～三四五頁
(5) 同右　二一～二六頁
(6) 黒田日出男「首を懸ける」『月刊百科』三一〇号　平凡社　一九八八年　一三～一八頁
(7) 同右　一八～二一頁
(8) 柳田国男「一目小僧その他」『定本柳田國男集』第一二巻　筑摩書房　一九六八年　二〇一～二〇三頁
(9) 柳田国男前掲註（1）「七塚考」一～一〇頁
(10) 中山太郎『補遺日本民俗学辞典』梧桐書院　一九三五年　七九～八一頁
(11) 梶原正昭・矢代和夫『将門伝説――民衆の心に生きる英雄――』新読書社　一九六六年　一～二六七頁
(12) 福田豊彦『平将門の乱』岩波新書　一九八一年　二〇八頁
(13) 後藤丹治・釜田喜三郎校注『岩波古典文学大系　太平記　二』巻一六「日本朝敵ノ事」岩波書店　一九六一年　一六八頁
(14) 福田豊彦『平将門の乱』前掲書　二〇八～二一四頁
(15) 朝倉治彦編『日本名所風俗図会四・江戸の巻Ⅱ』角川書店　一九八〇年　三一〇頁
(16) 織田完之『平将門故蹟考』碑文協会　一九〇七年　二三～二四頁
(17) 朝倉治彦編『日本名所風俗図会四・江戸の巻Ⅱ』前掲書二六頁、四〇二～四〇三頁
(18) 中山太郎「将門の首塚」中山太郎『日本民俗学・随筆篇』大和書房　一九七七年　六頁
(19) 『神田神社史考』神田神社史考刊行会　一九九二年　一四四頁
(20) 『新聞雑誌』第一九八号　一八七四年
(21) 『郵便報知新聞』第四五五号　一八七四年
(22) 神田明本殿前に明治天皇臨行記念碑がある。但し昭和十五年に建立されたものである。

(23)『時事新報』一九八四年九月十六日付記事
(24)佐伯有清・坂口勉・関口明・追塩千壽『研究史・将門の乱』吉川弘文館　一九七六年　一～二二三頁
(25)織田完之『平将門故蹟考』前掲註（16）二一～三頁
(26)『東京朝日新聞』一九二八年三月二十七日付記事
(27)『報知新聞』一九二八年三月十五日付記事
(28)遠藤達蔵氏ご教示による。
(29)宮本袈裟雄「民俗観念としての『祟り』覚え書」『下野民俗論纂』下野民俗学会　一九九三年　二一五～二一八頁
(30)『朝日新聞』一九八七年五月十九日付夕刊記事。
(31)『国史大辞典』第二巻　吉川弘文館　一九八〇年　六三〇～六三一頁
(32)伊勢原市教育委員会『史蹟と文化財のこのまちを語る』一九七一年　二七頁
(33)『大日本地誌大系一五・新編相模国風土記稿』第二巻　雄山閣　一九六二年　三六九～三七一頁
(34)同右　三七四～三七五頁
(35)高橋明編『太田道潅公の遺跡について』私家版　一九八六年
(36)『広報いせはら縮刷版』第一巻・二巻　伊勢原市役所　一九八三年

終章　まとめと今後の課題

村落の伝統を受け継いできた民俗や、都市生活の中で培われてきた民俗が、どのような形で維持され、また新しい生活文化との接合がどのようになされているのか。あるいはいかなる経緯で消滅しようとしているのか。さらには、新しい民俗がどのように生成しようとしているのか。筆者の課題は、これらの把握を通して人々の心の動きとその力学を解明することにある。そうした作業の一環として、「供養」といった行為の分析を一つの切り口にアプローチを試みたのが本書にほかならない。

一 まとめ

第一章「モノ（道具）の供養」においては、靴や人形、筆、理容道具のそれを取り扱った。台東区上野寛永寺・弁天堂境内の諸碑の分析から明らかなように、昭和三十年代後半から四十年代が一つの転機であった。それ以前は芸能関係者の顕彰碑や、芸能集団のシンボルとしての道具を供養したものが多かった。ところが昭和三十年代半ば以降は、さまざまな同業者集団が、関連する道具や魚類・鳥類への感謝と供養、あるいは業界の発展祈願を目的に、碑塔類を建立し、供養行事を執行するようになった。概して各地のモノ（道具）の供養は、このころ以降始められたものが多い。人形の供養しかりであり、靴の供養、ハサミの供養等も例に漏れない。また、台東区・浅草寺、あるいは新宿区・正受院の針供養は、近世来の伝統を持っていたものの、同業者集団の参画によってやはりこのころに再編され活況を呈するようになったものである。様々な同業者集団は、高度経済成長の好景気を背景に碑塔類を建立し、ＰＲを図るとともに同業者集団の結集に努めたのである。

その後のバブル経済の崩壊により、これら供養行事の縮小傾向は否めないが、一方では好景気の再来を祈念して、近年新たに碑塔類を建立するケースも見られた。江東区亀戸天神や台東区湯島天神の「文具至宝の碑」、あるいは下関市の「床屋発祥の地記念碑」がそれである。好景気ならば好景気なりに、不景気ならば不景気なりに心の拠り所を求めて、また結集の象徴として碑塔類の建立に走るように見受けられる。碑塔類のみならず、「靴のめぐみ祭り市」のように、「足守神社」の造営や神輿の建造に思いを馳せる同業者集団さえ存在した。

なお、針供養のドラスティックな変化については再三触れているが、それに対して同じく近世来の伝統を持つとはいえ、筆供養の方は相対的に変化の乏しいものであった。しかしながら、近年は、京都市・東福寺正覚庵の筆供養や鎌倉市・荏柄天神社の筆供養のように、鉛筆や近代的文具一般にまで敷衍されて供養が実施される例も見られた。さらには鉛筆を対象に新たに供養行事を開始するところが大和郡山市・西方寺、宮城県丸森町筆甫等に存在した。寺社の住職や神主・氏子総代、もしくは地域社会の人びとと行事の中心的担い手は異なるものの、時代状況に対応する形で主体的に従来のものを取捨選択し、あるいは新たな要素を付加し、新らしい民俗（らしきもの）を築き上げようとする姿勢がうかがえた。こうしてみると、住職であれ、神主・氏子総代か地域社会の人びとかを問わず、個々人はさまざまな集団に属し、伝承を体現・表出しながらも、それぞれ個人的な理解において変化させ、能動的に集団なり、社会に働きかけていく存在といえる。蛇足ながら、今日民俗学にとって、個々人の動向を視野に入れて、調査・分析することも必要だろう。

さて、昨今は所謂民具の類から近代的器具・機器の類に至るまでが供養の対象になっていたが、もっとも広く行われているのが人形供養に他ならなかった。長い間使いこなしたモノには愛着があり、容易には捨てがたい。モノ余りの今日であるからこそ、そうした思いが募る。とくに人という生命体を象った人形に対しては、特異な心情を抱いているように感じられた。今日におけるモノの供養は、単なるゴミとして捨てることへの抵抗感と、感謝の意味からなされるものが多い。ただし、使い古した道具に霊が宿るといった付喪神以来の発想が全くないとはいえず、そのことは、少女たちの呪いに使われる呪具への認識から推測できる。近年建立された諸碑の銘文からもそのことが読みとれる。一方、打ち捨てられた道具の霊による祟りの発動は、モノそのものの遺執（遺執的原因）もしくはモノを介した旧使用者の遺執（他律的原因）と、時効的原因とが織り成して引き起こされるものであった。このような祟りの認識は、昔話「化物寺」にうかがえるばかりではなく、民具の宝庫といえる博物館の世間話「足音」その他から、今日なお根強いことが判明した。こうした点から人形をはじめとする種々の供養に走る人びとの間にも、祟りの認識が潜在しているものと読みとることも出来よう。

第二章「動植物の供養」では、草木鳥魚のそれについて触れた後、鯨、馬、ペットの供養を中心に分析を試みた。草木供養碑は天台本覚思想をベースにしたものであり、十八世紀後半から今日に至るまで時代的にはコンスタントに建立されているものの、その分布は山形県の米沢地方に集中していた。それは安永年間に起こった再三の大火の復興と宗教者の布教によるものであった。近世当初は草木を供養する点にウェイトが置かれていたが、時代が下るとともに草木への感謝という意味合いが強くなる。これが一般的傾向であることは確かであるが、近年も慰霊を目的として建立される場合が少なからずあることに留意しておきたい。なお、草木供養の建立主体は、当初集落単位や講集団によってなされていたものが、同業者集団や企業、個人建立にかかるものへと変化していったことが指摘されている。この点は、六項で扱った馬頭観音碑の建立経過と軌を一にする。その他の碑塔類についても、ほぼ同様と見て良い。一方鳥魚の供養といえば放生会であるが、長い歴史を持つものの明治初頭の神仏分離令を契機に大幅な改変を余儀なくされ、近代以降も紆余曲折を経て今日に至っている。そうした中で興味深いのは、新宿区高田放生寺のように、従来の人間の食糧となった生き物に対する感謝と供養を目的としたものから、ペットの供養行事へと変わりつつあることだった。

そのペットの供養については五節で言及した。ペットの供養は、江戸では武家層や商人層を中心に、近世中期以降行われていた。それが徐々に一般層に広がり、昭和三十年代あたりから開園するペット霊園もあった。しかし、雨後の筍のように増加したのは昭和五十年代以降である。家族の崩壊とか地域の崩壊が取りざたされている時期と重なる。今やペットは家族のカスガイとして不可欠なばかりではなく、地域のカスガイとして必要な存在といった認識も芽生えつつある。ペットは家族の一員として、人間並みに扱われ、死後の供養も人間並み、いや人間以上にていねいになされている。しかしその一方で、人間にあらざる存在、家族にあらざる存在と見なす潜在的ペット観も見え隠れしていた。人間と区別するという点では、獣や鯨、魚類の供養を行っている狩猟者、捕鯨者、漁業者達のほうがより明確である。

千葉が報告しているように、鳥は大型のものしか供養対象になりえず、野獣の場合も同様で、熊・猪・鹿等大型野獣だけがその対象であった。そうして熊は一〇〇頭、猪は一、〇〇〇頭獲れば人間一人殺したことに相当するとし、その一頭手前で猟をやめ、獲物を供養するといった伝承が広く認められた。こうした人間中心の考え方は、狩猟者たちがかつて唱えていた呪文「諏訪明神の四句の偈」に端的に示されていた。「諏訪明神の四句の偈」は鯨鯢供養碑にも刻まれており、その発想は狩猟者、捕鯨者（あるいは漁労者）の間に相通ずるものがあると推測されたが、はたして『小川嶋鯨鯢合戦絵巻』の中で克明に説かれていた。

二、三節では「鯨鯢供養の地域展開Ⅰ・Ⅱ」として、寄り鯨地域、捕鯨地域の供養のあり方の比較を試みた。鯨鯢供養碑の建立年代を見ると後者のそれがより古くしかも西海地域に集中しており、延宝三年〜天保年間（一六七五〜一八四二）の古式捕鯨中期の銘のものが多い。両地域とも孕み鯨、胎児の供養にことの外配慮を怠らなかったという点で共通していた。しかしながら、祟り伝承は捕鯨地域に限って広く伝えられており、著しい相違を示している。ちなみにこうした祟り伝承は、仏教的因果応報観に基づくものであることが判明した。

四節「馬の供養をめぐって」においては、馬頭観音信仰の変遷を辿った後、かつての農耕馬や駄馬の供養を概観し、その上で今日の競走馬の供養に焦点を当てた。農耕馬や駄馬の供養を目的とする馬頭観音碑の建立は、必ずしもすべての馬に対してなされるわけではなく、多くの子を産んだ馬や飼い主にとって愛着のある馬に対してなされるもので、競走馬でも名馬や愛馬のみを対象として供養がなされることでは一致していることが判明した。また前者では、崖から落ちたとか焼死した馬も供養の対象になっているが、競走馬の場合もレース中の事故死、厩舎の大火によって死んだ馬、つまり非業の死を遂げた馬を丁重に弔っており、その点でも共通する。しかし、焼死した馬が妖怪化するなどの俗信を、今日どの程度の人びとが承知し、意識しているかは不明である。

六節の「英霊及び軍馬・軍犬・軍鳩祭祀」は、靖國神社境内にある、戦地にかり出された動物や鳥たちの供養碑建立の経緯を明らかにし、また悲惨な戦争を告発する碑塔類の存在意義について述べたものである。英霊供養に関しては、次章で展開する死霊結婚の補足といった意味合いを持っている。

第三章「ヒトの供養」では、冒頭で述べたように主として異常死者の供養を中心に論じた。一〜三節は死霊結婚を扱ったものであり、四、五節は間引きや中絶・水子供養を扱ったものである。

一節「沖縄のグソー・ヌ・ニービチ」は、主として東アジアにおける東北地方の死霊結婚の特徴を述べようとしたもので、とくに沖縄のそれとの違いに留意し、供養対象、儀礼内容、その背景となる家族観、女性観について整理した。二節では、東北地方の青森と山形とを分析対象として、その起源、儀礼内容の比較を行った。その結果、青森のそれは戦後、主として男性の戦死者の供養を目的に始められたもので、花嫁・花婿人形を奉納するというものである。そうしてこの習俗は、地蔵を造像して幼児の供養に供え、その子が年ごろになったときもう一体異性の地蔵を添えて祀る、という習俗の延長線上にあることが判明した。一方山形県村山地方の死霊結婚は、社寺参詣図絵馬奉納習俗に取って代わり、しかも未婚の死者の供養に特化した「ムカサリ絵馬」奉納を中心としたもので、明治期から存在し、元々女性の供養を対象とするものも見られたことが明らかになった。いずれにしても、両地域とも、昭和五十年代以降水子供養も加わり、この種の儀礼も多様化しまた数も増加傾向にある。また三節では、前節を受けて各地霊山や新宗教教団における死霊結婚の実態を報告した。

四節「間引き絵についての一考察」は一人の絵師に注目しながら「家族葛藤図」なる特異な絵馬が、特定地域に分布する理由を明らかにしたものである。五節「堕胎（中絶）・間引きに見る生命観と倫理観」では、まず現在の水子供養を考察する前提として近世の実態にメスを入れた。その後『日本産育資料集成』の分析を中心に近代以降の実態と生命観に検討を加えた。その結果、胎児の生命を個別の存在と見る認識、所謂水子の祟りといった認識の萌芽はすでに近世中期以降に存在しえたこと、堕胎や間引きに対する罪の意識は当然あり得たことが明らかになった。また、今日の水子供養はより多様な要因が絡んで展開を遂げたもので、近世のそれとは確かに質・量において相違があるものの、アンケート調査から祟りの認識の根強さがうかがえた。

最後の六節「死者供養とその変化」では、まず近代以降の葬送儀礼の変化を概観した上で、主として最近における墓地および墓（石塔）問題に検討を加えた。都市における墓地不足から、様々な形の墓が提案されているが、人々の反応が必ずしも芳しくないこと、また家墓の存在意義が薄れ、個人に対する追慕、顕彰という意味合いが強調されるようになったこと、墓を無化する散骨が若年層を中心にわずかながら支持されつつあることがクローズアップされた。この散骨については、法的な問題の他、死者や散骨に対する感情も絡み、解決されなければならない事柄が多々残されている。なお、散骨の支持者も少なくないとはいえ、遺骨や遺骸に対する執着心が全くなくなったというわけではないし、死者個人への追慕・顕彰化傾向が強くなったとはいえ、霊魂の安寧を祈る気持ちが消え失せたわけではない。そのことは近年の交通事故や船の遭難による異常死者への対応姿勢を見れば明らかだろう。

なお、第四章の「塚をめぐるフォークロア」一節「行人塚再考」では、考古学の成果を参照しつつ今井説を検証した。その結果、土中に入定し、木食行の果てに往生するといった例は一世行人のそれを含めてほとんど認められないことが判明した。しかし、だからといって伝説に託された、あるいは行人塚に寄せる人びとの心情を無視して良いというものでもない。そのこととの関連で、千葉県安房地方の行人塚について分析を行い、他者救済型の行人塚が信仰面で多様な展開を遂げ、今日でも多くの人びとの崇拝を仰いでいることがわかった。二節「将門塚・道灌塚をめぐって」においては、二つの塚の近世以降の変遷をたどってみたが、供養・祭祀の有様がその時々の為政者の思惑に翻弄されてきた実態がクローズアップされた。また将門塚に関しては、崩壊の危機にさらされる都度天変地異が起こり、将門の霊のなせる業とみなされてきた。こうした祟りの認識こそが、大都市のど真ん中にある塚を今日に至るまで存続せしめたとの結論が得られた。

以上、本書の構成に沿って論点を要約してきたが、それぞれの供養は歴史的経緯が異なるものの、昭和三十年代から四十年代にかけて、一つの転機を迎えた。供養対象が広がったことは再三指摘した通りであるが、実施主体にも変化をきたしその目的も多様化した。供養を実施する主体について言えば、それ以前から地域社会や講集団中心のものから個人や有志によるものへと移行しつつあったが、それに拍車がかかった。さらに同業者集団や企業主催のものが増え、寺社も積極的にかかわるようになった。ユーザーや信者の要請に応えざるを得なかった、という事情も背景にある。なお供養儀礼実施の目的は、ヒト・モノ・動植物の霊を慰め、鎮める慰霊、あるいはそれらへの感謝、さらには顕彰、何らかの記念、地域社会や仲間の結集をはかる、繁栄祈願や業界のPR等々多種多様であり、時代状況や実施主体によってウェイトの置き方は異なる。それ故にこそ多様な供養の様相を垣間見せてくれるのである。しかも、近代的合理思考が浸透したとはいえ、非合理的なものに対する潜在的志向は根強く、両者が違和感のないまま同居しているように思われる。そのバランスが崩れるのは、不安心理や祟りの認識と絡む、異常事態や災厄の発生時においてである。確かに小松和彦が主張するように、「哀れみと後ろめたさ」に基づく慰霊といった側面も否定できない(1)。しかし、だからといって祟りや障りの解消を目的とするものが過去のものだとは言い切れない。祟りが発現する、障りが発現するといった発想は、少なからぬ人びとに内在化されているのであり、だからこそ異常時や災厄の発生時に突出した形で顕在化するのである。いわば伝統的な心性のある部分は、環境の変化や合理的思考、理性的認識の浸透にもかかわらず、容易に消え去るものではなく、何らかを契機に表出し、取り巻く状況に対応してさまざまな発現形態をとるものといえる。

二　今後の課題

今日各地で繰り広げられているヒト・モノ・動植物に対する多様な供養のうち、本書はわずかなものを取り上げたに過ぎない。とくにモノの供養は、筆・鉛筆・人形の供養を中心に論じただけで終わってしまったが、所謂民具に対してのみならず、近代的な器具・機器に至るまでが供養の対象になっていた。しかしその起源は比較的新しく、全て取り上げたとしてもおそらく同じ結果が得られるだけで、深い分析は出来ないだろうとの判断から、とりあえず現段階でのまとめをしてみた。ただし、これらが今後どのように展開していくかは興味をひかれるところであり、じっくり見定めていきたいと考えている。

また動植物の供養についていえば、鯨だけを扱ってなぜ海豚のそれを分析対象としなかったのか。あるいは東日本の馬を取り上げたのに、どうして西日本を中心とする牛の供養を無視したのか、とお叱りを受けそうである。海豚はハクジラ類に属し、クジラとの区別は地域、国によって微妙に異なるようであるが、管見の及ぶ限り、海豚の供養に関する報告は地域的に限られているように思われた。そのため全国的視点から把握するためにはまずクジラを対象にと考えたのである。それに対し牛の供養の方は言われればその通りであるが、現代人とのかかわりから言えばまず馬を取り上げるべきと判断した。牛の供養に関しても若干手元に資料があるものの不十分この上なく、今後に残された課題である。

なお、本書でみてきたように、高度経済成長に伴う、社会の変化はすさまじいものであった。そうした中で消滅した民俗も多いが、反面激動期をくぐり抜けて存続したもの、再編されて現在に至っているものも少なくない。また今日低経済成長期を迎え、生活の再編に向けての様々な試みがなされている。民俗を再評価、再認識したイベントを企画したり、地域の再編・活性化を目指そうとする各地の試みがその一例といえる。そうした動きと連動するかのように、忘れ去られようとした民俗が再生する、あるいは新しい民俗らしきものが芽生えるといったケースも少なくない。たとえば岩井宏實は、みなり（狭義の風俗）に言及したあと、以下のように述べている(2)。

> しかし、こうしたなかで、日本人の伝統的に持っていた麻と木綿はいろいろのかたちで再生している。かつてはナイロン、テトロンなどの化学合成繊維が幅をきかせたのであったが、男性・女性とも近年は麻・木綿地の洋服が好まれ、今日普段着・仕事着として最もよく着用されるジーパンも木綿である。日本の気候と風土に合い、また肌ざわりがよく、ここに息を吹き返したのである。和服についても、第二次世界大戦中の〝筍生活〟によって戦後はその影も失せたが、徐々に再生の兆《きざし》をみせた。そのはじめは〝特需景気〟のあとの昭和二十七年の茶羽織の流行である。これは普段着としては、和服ともいえない上ッパリとモンペでしかなかったものが、長着物を着用し、ちょっとした外出にも和服を着用する端緒ともなったのである。以来順調に和服が復活し、今日ハレの衣裳としては和服が主座を占めるようになる。それは女性の成人式・大学卒業式に象徴される。

ここに指摘されているように、成人式・卒業式における女性の和服姿が近年目立つ。年が明けると卒業生をターゲットにデパートや美容院がパンフレット、ポスターなどを通じて大々的にＰＲに努めているようである。みなりにかかわらず、住生活、食生活、信仰生活などに目を見やっても、みなり同様多少姿を変えながら民俗が再生し、生活の再編に少なからず役立っているものが多い。いみじくも岩井が指摘するように(3)、

> かたちの上では伝統的な民俗文化はまったく消滅したかにみえる。それは趨勢としてはやむをえないことであ

るが、子細にまたその座にある意識をみると、やはりそのなかに伝承文化が生きつづけているし、新しい時代に即応して生み出されている点も見逃せない。むしろそうした点を積極的に見きわめ、研究の俎上に乗せていかなければならないのだろう。

なお、いささか唐突であるが、たとえばコックリさんを例にとると、その起源については中世に由来を求める説など諸説があるものの、井上円了は明治十七年（一八八四）に伊豆下田近くで破損したアメリカ帆船の船員によってもたらされたと見ており[4]、明治二十年前後に流行をみたとしている。また筆者の聞き取りでは、大正生まれの老人が子どものころよくこれで占いをしていたという。近年では一九七〇年代前半に「キューピットさん」、「エンゼルさん」と名を改めて大流行した。

一九八〇年代半ばにも、小中学生が学校の教室でこの遊びに興じ、狐の霊がとりついて離れず子どもたちがパニックに陥るという報道記事が何例かみられた（一九八五年十月二十日付朝日新聞「せんさま」他）。それだけこの時期もはやっていたということを物語っている。このように、霊が憑くといった心性に基づく伝承が、新しい装いのもとに息づき、また鎮静化する、その連続であった。

一方昭和五十四年ころ全国的に流行した「口裂け女」の怪異譚であるが、マスコミが二、三年で報道を断ち切ったあと、野村純一が大学の新入生を対象に追跡調査を行った。それによれば「口裂け女」の伝承は、廃れるどころか昔話に特徴的な「三の構成」を取り込み、口裂け女を三人姉妹の末娘としたり、「三枚の護符」類似のモチーフが加わるなど、フォークロアとしての定型を整えつつあると指摘している[5]。

以上二つの事例を踏まえた上で、筆者の関心に即して言えば、過去に連なる現世相を分析対象として現代的課題と取り組む一方で、風俗と民俗との交関を視野に入れつつ広く現世相の行方を見極めていくという息の長い研究姿勢が今後の民俗学研究にとって必要と考えられる。

註

（1）小松和彦『神なき時代の民俗』せりか書房　二〇〇二年　一一〇～一二八頁
（2）岩井宏實「変転する日常生活」『日本民俗文化大系12・現代と民俗』小学館　一九八六年　四二六頁
（3）岩井宏實前掲註（2）　四二六頁
（4）井上円了「妖怪学講義」『井上円了選集』一七巻　東洋大学　一九九九年　五四六～五六八頁
（5）野村純一「話の行方――『口裂け女』その他――」『口承伝承の比較研究（1）』弘文堂　一九八四年　二一～二九頁

初出一覧

第一章　モノ（道具）の供養

第一節　モノ（道具）の妖怪化と供養（原題「器物の供養研究序説〜靴の供養を中心に〜」『民具研究』一一二号　一九九六年十一月刊をベースに加筆・修正したものである）

第二節　モノ（道具）の供養の諸相――筆・鉛筆の供養を中心に――（原題「現代に見る道具の供養――筆及び鉛筆の供養――」『民俗のかたちとこころ』岩田書院　二〇〇二年三月）

第三節　理容業者の信仰と道具観――職祖の祭祀と道具――（原題「理容業者の信仰と道具観――仙台理容まつりを中心に――」『西郊民俗』一六五号一九九八年一一月刊と原題「采女亮の石塔及び石碑――理容業者の信仰と道具観――」『西郊民俗』一六七号　一九九九年六月刊、この両報告を再構成したものである）

第二章　動植物の供養

第一節　草木鳥魚の供養（原題「動植物の供養覚書――供養碑建立習俗をめぐって――」『民俗的世界の探究』慶友社　一九九六年三月刊をベースに加筆・修正してものである）

第二節　鯨鯢供養の地域的展開Ⅰ――寄り鯨地域を中心に――（原題「寄り鯨の処理をめぐって」『日本常民文化紀要』一九号　成城大學大學院文學研究科　一九九六年三月）

第三節　鯨鯢供養の地域的展開Ⅱ――捕鯨地域を中心に――（『日本常民文化紀要』二〇号　成城大學大學院文學研究科　一九九八年三月）

第四節　馬の供養をめぐって――馬頭観音信仰の変遷――（原題「馬頭観音信仰の変遷――馬の供養をめぐって――」『も

の・モノ・物の世界――新たな日本文化論――』雄山閣　二〇〇二年四月刊と、原題「競走馬の供養――東京競馬場正面の諸碑・諸碑をめぐって――」『西郊民俗』一八〇号　二〇〇二年九月刊、この両報告を再構成したものである）

第五節　ペットの供養――犬・猫を中心に――（『信濃』第四五巻一号　一九九三年一月刊に加筆したものである）

第六節　英霊および軍馬・軍犬・軍鳩祭祀――靖國神社を事例として――（『民俗学研究所紀要』第二一集　成城大学民俗学研究所　一九九七年三月）

第三章　ヒトの供養

第一節　沖縄のグソー・ヌ・ニービチ――東アジアの死霊結婚――（原題「東アジアの死霊結婚」『いくつもの日本Ⅶ・神々のいる風景』岩波書店　二〇〇三年三月刊　の一部である）

第二節　東北地方の死霊結婚Ⅰ――山形県村山地方を中心に――（原題「東北地方の冥婚に関する一考察――山形県村山地方を中心として――」『民俗学研究所紀要』第一六集　成城大学民俗学研究所　一九九二年三月刊に一部加筆したものである）

第三節　東北地方の死霊結婚Ⅱ――霊山および新宗教教団の儀礼――（原題「東北地方の冥婚に関する一考察（二）――宮城県の事例を中心として――」『西郊民俗』一四〇号　一九九二年九月刊と、原題「東北地方の冥婚に関する一考察（三）――青森県弘前市・山形県羽黒町の事例を中心として――」『東アジアの死霊結婚』岩田書院　一九九三年一二月刊、その両報告書を再構成したものである）

第四節　間引き絵についての一考察――「家族葛藤図」をめぐって――（原題「東北地方の間引き絵――家族葛藤図を中心に――」『民具研究』一二二号　二〇〇二年二月）

第五節　堕胎（中絶）・間引きに見る生命観と倫理観（『日本常民文化紀要』第二一号　成城大學大學院文學研究科　二〇〇〇年三月刊に一部加筆したものである）

第六節　死者供養とその変化――葬送儀礼と墓制の分析を中心に――（原題「現代都市における墓地の問題をめぐって」『成城文芸』一三四号　一九九一年三月をベースに大幅に加筆・修正したものである）

第四章　塚をめぐるフォークロア

第一節　行人塚再考――修行者の死と供養・祭祀――（『日本常民文化紀要』第一七号　成城大學大學院文學研究科　一九九四年三月）

第二節　将門塚・道灌塚をめぐって――御霊の供養・祭祀――（原題「塚をめぐるフォークロア――将門塚・道灌塚を中心に――」（『日本常民文化紀要』第一八号成城大學大學院文學研究科　一九九五年三月）

あとがき

『巡りのフォークロア』（名著出版　一九八五年）、『現代社会と民俗』（名著出版　一九九一年）を著わして以来、『食の昭和文化史』（おうふう　一九九五年）、『近代庶民生活の展開』（三一書房　一九九八年）、『同郷者集団の民俗学的研究』（岩田書院　二〇〇二年）など編著書の刊行が相次いだ。いずれも成城大学民俗学研究所の共同研究の成果で、メンバーと議論を重ねながらまとめ上げたものであり、それなりに充実した内容のものと自負している。しかし一方では「他人の褌で相撲を取っているのではないか」と、幾分の後ろめたさは正直言ってあった。そうしたモヤ〳〵を払拭すべく、一二年ぶりに刊行された単著が本書である。

筆者は民俗宗教論、現代民俗論専攻を標榜してはいるものの、かなり幅広いテーマを扱ってきた。地蔵と閻魔信仰、地方都市の祭礼、生活リズムの変化、食文化の変化、地域の活性化、都市と農村との交流等々が主だったテーマである。その一方で、本書とかかわるテーマを手がけてきた。そのうち最初に取り組んだのが「東北地方の死霊結婚」である。山形県村山地方のムカサリ絵馬や青森県津軽地方の花嫁・花婿人形奉納習俗を、まるで何かに取り憑かれたようにガムシャラに調査した。それがまとまりかけると、当世流行りの「ペットの供養」に触手が動いていた。無節操きわまりない話であるが、しかし、関心の赴くままにといった姿勢を崩す気などさらさらなかった。したがって、一貫したテーマで大著をまとめ上げる、といった芸当など当然ながらできなかったのである。

その後、ペットの供養研究の延長で動植物の供養に関心を持ち、またモノ（道具）の供養に関する小論も物し、こうして、「ヒト・モノ・動植物」の三分野にまたがる、供養をキーワードとした研究が、徐々にではあるが開けていった。とはいえ、この段階でも自覚的にテーマを選定しているという訳ではなかった。そうした折、大学から二〇〇二年度、一年間の国内研修の機会を頂戴した。一一年ぶりであったが、このようなチャンスはめったにない。こうして一念発起し、大著をまとめるべく決心した。一年間の研修期間とはいえ、前半の半年は積み残した仕事の消化に精を出し、ようやく後半になって研修のテーマである「ヒト・モノ・動植物の供養」の研究に着手することができた。書物の刊行を想定して構成を考え、それに沿って小論をまとめ、それらを研究成果として大学に提出した。

しかし、関連する小論の数が一冊に足る分量になったからといって、それが即刊行物になりえるという訳ではない。その後の苦労はたとえようがないほどであった。パソコンへの入力データがほとんど飛んでしまい無に帰したというハプニングを別にしても、まがりなりにも「現代民俗論」を標榜している以上、新しいデータを盛り込まなければならず、既発表論文を大幅に書き変えなければならなかったからである。いずれにしても、そうした措置の後、ようやく刊行の運びとなった。ホッとしている、というのが現在の心境である。

本書をまとめるに当たっては、先輩諸氏や多くの研究仲間からさまざまなご教示を得、時には叱咤激励をいただいた。こうしたご助力がなければ、ここまで漕ぎ着けなかったろう。また、私の許にやって来る院生の中には、鮭の供養や針供養、行人墓の研究をテーマとする者も現れた。研究・教育活動の賜物として喜ばしい限りである。彼らが本書の欠をいつしか補ってくれることを期待し、筆を置くことにしたい。

ちなみに本書は、成城大学の出版助成を得て刊行されたものである。大学及び学園当局の方々には、末尾ながら記して深謝申し上げます。また、本書の刊行を快諾され、最後まで煩わしい仕事にお付きあいいただいた慶友社の伊藤ゆり、原木加都子の両氏には、心より感謝致します。

二〇〇四年一月吉日

松崎憲三

著者略歴

松崎憲三（まつざき　けんぞう）
一九四七年　長野県生まれ
東京教育大学理学部地学科地理学専攻卒業
日本民俗学専攻（民俗宗教論、現代民俗論）
現在成城大学文芸学部教授（大学院文学研究科併任教授）

〔主要論著〕

『巡りのフォークロア』名著出版　一九八五年
『現代社会と民俗』名著出版　一九九一年
『東アジアの死霊結婚』（編著）岩田書院　一九九三年
『近代庶民生活の展開』（編著）三一書房　一九九八年
『人生の装飾法』（編著）ちくま新書　一九九九年
『同郷者集団の民俗学的研究』（編著）岩田書院　二〇〇二年

考古民俗叢書

現代供養論考
――ヒト・モノ・動植物の慰霊――

二〇〇四年三月九日　第一刷発行

著　者　松崎憲三
発行者　慶友社
〒一〇一―〇〇五一
東京都千代田区神田神保町二―四八
電　話〇三―三二六一―一三六一
ＦＡＸ〇三―三二六一―一三六九
印刷＝亜細亜印刷・製本＝協栄製本

©ISBN 4-87449-132-4　C3039

索　　引

あ　行

青柳まちこ　376
赤　倉　313,315,332
赤倉山菊乃道神道教社　315,320,332
赤子塚　12
赤田光男　8
秋道智彌　107
アゲモノ　331
足　塚　469
あなご供養　93
穴八幡神社　89
アニミズム信仰　23,83,88
天野信景　382
網掛突取捕鯨法　145
鮎　川　171
新垣智子　261
新精霊　269
新　仏　269
鮟鱇塚　91,92
安産祈願　212
家　墓　400,411,423,427,503
活魚塚　91
池上良正　313
「勇魚取絵詞」　151
石井忠　107
異常死者　11
異人論　440
泉鏡花　26
イタコ　273,307,313,314,333
板橋春夫　381
一里塚　467
一切衆生悉皆成仏　154
一世行人　436,437,439,503
「壹銭職分由緒之事」　59
壱銭職　60,63
伊藤千賀子　297
犬供養　212,213
犬卒塔婆　211,212,213,216
犬塔婆　215
犬猫供養塔　90,221
犬・猫の戒名　220
犬猫の供養　211
犬・猫の墓　217
犬の産死　212
井上円了　507
井上章一　403
井上治代　403
稲生武太夫　25,26
『稲生物怪録絵巻』　25,26
井之口章次　379,439
猪鹿供養塔　90
井原西鶴　357,360,383
今井善一郎　435
海豚の供養　94
海豚漁　94,95,117,118
慰　霊　95,123,235,241,244,248
色川大吉　402
岩井宏實　180,506
岩木山　312
岩崎真幸　330
石清水八幡宮　89
岩田重則　239
巌谷小波　26
上野寛永寺・弁天堂　17
魚　塚　91
魚招き　161
浮き鯨　109
浮田一恵　25
宇佐八幡宮　89
『宇治拾遺物語』　24
歌川国芳　25
腕　塚　469
優婆寺　275,312
生形加寿子　60
孕　女　383,387
「産女の幽霊」　379
馬　市　184

馬捨て場　182, 197
馬の供養　180
馬の葬法と供養　180
厩祈祷　192
海山町白浦　124, 125
梅津幸保　85
采女講　65, 66, 73
占　い　16, 44
梢付塔婆　184, 214, 215
永代神楽祭　239, 240
英　霊　236, 288
英霊供養　409, 410, 502
英霊祭祀　239
荏柄天神社　45, 48, 49, 50, 499
回向院　90, 219, 220, 223, 358, 387, 388, 396
絵　師　297, 305, 319, 341, 503
「画図百鬼夜行」　88
絵解き　341
エバンズ・プリチャード　254
海老塚　91, 92
絵　馬　10, 47, 54, 180, 186, 190, 279
絵巻物　10
絵馬講　190, 191
江馬務　22
沿岸砲殺捕鯨　146
沿岸捕鯨　131
円通寺　184, 191, 202, 245
遠藤秀男　467
鉛筆供養　38, 50, 56
延暦寺大霊園　420
大型捕鯨　131
大木卓　211
大崎智子　20, 58
大島建彦　180
大施餓鬼　116, 249
太田道灌　486, 488
大田南畝　220
太田素子　358
大塚英志　16
大津忠雄　270
大津忠男　338, 357
大　直　161
大場磐雄　434
大濱徹也　238
大原三千院　87
大森志郎　352, 389
オガミサマ　333
オガミサン　331
オカルト　44
『小川嶋鯨鯢合戦絵巻』　149, 150, 151, 175, 501
オシャモジさま　197, 198
恐　山　273, 275, 312
織田完之　475, 480
お焚き上げ　18, 44, 49, 50, 279, 285, 287
オタキアゲ（お焚きあげ）　324
オナカマ　283, 287, 296, 298, 299, 301, 303, 304, 305, 307, 308
小野重朗　180
小野寺正人　180
小野泰博　380

か　行

海上の道　107
『怪談牡丹灯籠』　256
賀川流　360
餓鬼仏　269
陰　膳　264, 265
梶原正昭　470
火　葬　403, 405, 406, 427
家族葛藤図　338, 340, 342, 344, 346, 348, 349, 350, 352, 353, 503
片山幸三　338
片山潜　337
金山耕三　284
頭　上　161
壁式墓地　412
壁墓地　423, 424, 424
鎌田久子　212
鎌田幸男　85
カ　ミ　21
上岡観音　186, 202
上岡観音堂　191
カミサマ　312, 314, 315, 317, 318, 319, 333
カミサン（ゴミソ）　307
神野善治　21, 108
髪結職　58, 59, 60
「髪結職分由緒書」　11, 59, 69, 72, 77
亀戸天神　498
亀戸天満宮　45, 47, 48, 48, 49
亀田八幡宮　18

亀山八幡宮　67,69
川倉地蔵　275,275,277,312,316
河鍋暁斉　25
川村邦光　239,333
寛永寺・弁天堂　498
『冠婚葬祭入門』　402
神田明神　475,476,479,480,482,484,493
観音講　185,186
聞き取り　9
企業墓　400,411,414
菊池健策　212
菊池義昭　346,359
岸田定雄　337
「木地屋文書」　77
北小路采女亮　11,60,64
北小路采女助　66,74,76
北野晃　197
北見俊夫　94
北村敏　439
喜多村信節　59
吉田寺　89
器　物　10,16,22,25,26,29
器物の妖怪　16
木守り　95
木村博　211,267
鳩魂塔　245,246,247,249
競走馬　11,181,185,199,245
競走馬供養　180,189
競走馬の供養　193,202
経　塚　434
共同参拝墓地　230,424
共同墓　428
京都競馬場　194
「郷土生活の研究法」　4
「郷土誌編纂者の用意」　3
行人塚　12,435,437,438,439,440,445,446,447,448,461,463,503
行人墓　435,437
共有墓地　417
「魚王行乞譚」　155
巨鯨魚介類慰霊碑　130
清　め　2
魚類供養塔　93
魚霊祭　93,102
『近世日本マビキ慣行史料集成』　345
区営霊園　417
腐　鯨　136
櫛供養　58
鯨　石　123
鯨　唄　101
鯨回向法要　101,101,101
鯨　組　149
鯨供養地蔵　165
鯨供養塔　99
鯨供養碑　118,138
鯨地蔵　116
鯨神社　112
鯨千頭捕獲記念碑　172
「鯨大尽」　156
鯨　塚　97,109,137,138
鯨の位牌　101,164,167
「鯨の恩返し」　129
鯨の過去帳　120
「鯨の熊野詣由来記」　159
鯨の供養　97,167
鯨の墓　113,121,167
鯨　墓　97,99,155,169,169
鯨　碑　128
鯨　祭　172
「鯨山出現観音」　123,124
鯨　漁　117,118
グソー・ヌ・ニービチ　255,259,260,261,262
口寄せ　305,308,313,331
口よせ　345
口寄せ巫女　182
屈　葬　405
靴のめぐみ祭り市　17,31,32
靴みこし　34
首　塚　467,468,481,483,485,486,488,490,492
熊谷正文　117
供　養　2,11,12,17,45,103,498
供養塚　435,437,438,446,448
供養築き　183,184
供養塔　86
供養碑　149,160
供養松　183,184
倉石忠彦　5
黒田日出男　469
黒鳥観音　283

軍　鳩　236,502
軍　犬　236,502
軍犬碑　249
軍　馬　236,502
軍馬慰霊像　247
軍馬供養　189
軍馬の供養　185
軍馬碑　242,244,245,249
軍用犬慰霊像　247
ケ　7
鯨鯢過去帳　101
鯨鯢供養　11,149,151,171,172
鯨鯢供養碑　501
鶏卵供養　93
鶏霊供養　90
鯨霊供養　172
ケガレ　2,274,406,407
血盆経　380
言語芸術　4
言語伝承資料　10
現世相　6,507
献　膳　330
『現代日本文明史一八巻　世相史』　6
行為伝承資料　10
公営墓地　416
公営霊園　416,417
向岸寺　101
考現学　6
『好色一代女』　357,383,387
庚申塚　448
高達奈緒美　338,344
合同葬　227,230
合同墓　228,229,230,231,400
弘法寺　275,278,306,312,316,319
弘法大師　436,437
孝本貢　400
高野山　420
高野山大霊園　411,414
恒例祭　248
小絵馬　191
子おろし　360
コオロシババ　382
子返し　369
子返しの絵馬　336
『故郷七十年』　336
国立歴史民俗博物館　403
告別式　407
極楽寺　90,102
護国寺　18
小島孝夫　168
小島瓔禮　180
個人墓　427
個人墓地　417
子連れ鯨　159,168,174
小寺廉吉　356
子供観　356
小鳥供養塔　90,221
小林稔　17
古墳墓　434
個別葬　227
小松和彦　22,440
小松沢観音　283
ゴミソ　313
子持鯨　126
子安信仰　212
御　霊　470,493
惟喬親王　77
婚姻儀礼　254,408
金剛寺　119
金剛峯寺　410,414
コンコン靴市　34
『今昔百鬼拾遺』　25
『今昔物語』　22
近藤雅樹　29
今和次郎　6

さ　行

西海捕鯨地域　146
雑賀貞次郎　59
採集資料　9
西信寺　64,65,66,67,69,226
斉藤月岑　31
斎藤忠　426
西方寺　50,56
佐伯有清　480
坂口茂樹　59
魚の供養　85
坂本英一　338
座　棺　405
坐　棺　442

ザグマタ　183,212
桜井徳太郎　7,259,266
桜井由幾　358
桜井義秀　295
桜田勝徳　6
佐々木孝正　214
佐々木（榎）美佳　60
佐藤武雄　447
『佐渡年代記』　132
佐野賢治　88
沢山美果子　358
三界万霊　269
散　骨　424,427,503
三山大神教教会　322,323,325,334
産　爺　362,376
産死者　140,378,379,380,381
産死者の供養　213
山川草木悉皆成仏　87
産　婆　362,363,376
サンマショ　217
参与観察　9
寺院墓地　416,416,418
『塩尻』　382
四句の偈　154,175
私　祭　32,245,248
『志州天朗峰福寺縁起』　123,124
自然観　2
自然葬　427
死体遺棄　403
屍体分葬伝説　470,474,493
死体保存　403
死装束　408
篠木弘明　338
不忍池弁財天堂　91,93
芝生プレート墓地　423
芝生墓地　424,424
シャーマン　258,259,260,262,267,275,279,287,290,302,303,305,307,312,313,323,333,334
社会史　3,4
杓　子　211,216
「社寺参詣図」　283
社寺参詣図絵馬　291,292,295,306,502
社　葬　400
ジャック・ルゴフ　4
周圏論　4
十三塚　12,435,466
重出立証法　4,183
ジュウラク　164
呪　具　16
正覚庵　46,48,50,56
商業捕鯨　131
正受院　498
常宣寺　342,344,346,351
乗　馬　179
常　民　4
将門塚　12,467,470,475,480,482,483,485,493,504,504
常楽院　390
精　霊　269
職　祖　74,78
職祖神　62
助産婦　362
女性観　356
『諸艶大鏡』　360
徐　福　126
死霊結婚　11,235,254,255,255,256,258,259,262,266,267,268,269,273,275,289,295,300,302,305,307,307,312,314,315,317,318,319,320,321,323,324,325,326,332,334,502
「白長鬚」　158
心意現象　4
信仰民具　21
新谷尚紀　403
伸展葬　405
『神道集』　154
進藤直作　121
新聞記事　10
新村拓　359,378
神　馬　179,180
水　葬　403
椙山聖子　384
すし塚　91,92
鈴木文雄　447
鈴木正崇　8
スッポン感謝之塔　91
砂形の鯨　108
諏訪春雄　317
諏訪明神　154,175
諏訪明神の四句の偈　99,501

生活道具　16
生命観　12,144,151,356,357,387
世界動物友の会　226
石碑（石塔）　103
世間話　26,29,34
世相史　402
仙　崎　101,109
浅草寺　498
浅草寺淡嶋堂　20
『先祖の話』　268
仙台理容まつり　74,75,78
千匹供養塔　95
千匹塚　83
戦没馬慰霊像　242,245
千本供養塔　85,90
葬儀社　400,403,408,409,427
増上寺　18,58,414
葬送儀礼　254,401,403,404,405,407,407,408,428
葬　法　401,407
草木供養　11
草木供養塔　82,85,86,87,88,103
草木供養碑　500
草木国土悉皆成仏　88,154
草木成仏　83
草木塔　85,88
争　論　134,136
即身仏　436,446,462

た　行

太地捕鯨　166
大名供養塔　411
平将(將)門　469,475,476,478,482
大和教団　313,315,322,325,326,327,328,329,333
他界観　412
違い子　371
高田放生寺　89,90
高田衛　383
高塚古墳　434
高橋在久　127
高橋梵仙　387
高松敬吉　267
『篁物語』　256
宝化物　27
瀧澤史　267
竹内利美　179
竹田旦　256,266,320,329
武田朱美　53
竹田聴州　6,401
田島佳也　150
堕　胎　341,342,356,359,360,361,363,364,365,366,369,371,374,375,378,382,384,385,386,387,389,390,395,396,503
奪衣婆信仰　20
立平進　144
田中宣一　17
田中貴子　22
田中丸勝彦　239,409
谷川健一　26,107
谷文晁　344
駄　馬　11,179
タ　マ　21
玉子塚　91,93
玉姫稲荷　31
田間康子　358
魂呼び　379
為永春水　7
地域猫　210,232
畜生塔婆　183,213
畜生法要　213
畜霊供養　185
千葉徳爾　83,270,338,357
チマツリ　94,95
中秋祭　89
中條流　360,361,362,382
中　絶　274,390,391,392,395,502,503
中尊寺　404
鳥魚供養　11
鳥類・魚類の供養　89
通過儀礼　402,403
通常死者　11
塚　434,441,442,444,446,447,461,466,467,481,488
ツカツキ　184
突　鯨　109
突取捕鯨法　145
付喪神　11,21,30,88
『付喪神絵巻』　24,82,83
『付喪神記』　23

付喪神信仰　83
九十九塚　467
通　幻　316, 317, 318
ツチクジラ漁　168
常光徹　198
連れ児　161
連れ子鯨　175
『津呂捕鯨誌』　161
手　塚　469
出羽三山信仰　12, 435
出羽三山神社　312, 320, 321, 322, 323, 324, 325, 326, 332, 436
伝　承　8
伝承資料　10
伝　説　10, 108
天台本覚思想　11, 87
伝　播　8
道灌塚　12, 467, 470, 504
東京家畜博愛院　226
東京競馬場　195, 196, 201
同業者集団　35, 49, 55, 58, 62, 63, 86, 87, 498, 500
東京招魂社　236
道具観　2, 17, 58
道具の供養　58
道具の年取り　72, 78
桐樹供養塔　86, 87
動植物供養　83
藤先寺　316, 317, 318, 320
胴　塚　469, 486, 488, 490, 492
道徳感　378
『東都歳時記』　31
塔婆回向　330, 331
東福寺内正覚庵　45
動物慰霊之碑　90
動物観　144, 151
都営霊園　413, 416, 417, 421
トートーメ・ニービチ　259
徳川家康　11, 60, 64, 66
徳丸亜木　21
徳満寺　336
「土佐お化け草紙」　198
土佐捕鯨　160
『土佐室戸浮津組捕鯨實録』　161
土　葬　403, 405, 406
戸塚ひろみ　232
トラクターの絵馬　191
トリアゲババ　362
鳥　塚　90
鳥の供養　103
鳥山石燕　25, 88

な　行

内藤正敏　440
長沢利明　20, 180
中園成生　107, 145
長門市通浦　97, 155
中山競馬場　201
中山太郎　470, 476
流れ灌頂　273, 380, 380, 381
流れ鯨　109, 136
波平恵美子　357
波除稲荷神社　91, 93
西本願寺　414
日輪寺　476, 482
『日本産育習俗資料集成』　340, 360, 361, 363, 365, 371, 372, 375, 376, 379, 380, 382, 386, 503
『日本人』　6
日本民俗学会　5
入定塚　435, 439, 443, 447, 456, 459, 460, 461, 462, 463
人形供養　20, 21, 39, 44, 45, 55, 499
寝　棺　405
猫三昧　216
農耕馬　11
農　馬　179
残し木　95
野沢謙二　403
野辺送り　407
野村幸希　447
野村純一　507
野本高美　59
ノルウェー式砲殺捕鯨法　146

は　行

履　物　31
化物寺　26, 500
化物問答　27
馬　骨　198
ハサミ供養　58

畠山篤　361
八幡信仰　89
初　魚　161
馬頭院　184,202
馬頭観音　193,194,198,200,221
馬頭観音信仰　11,180,183,193,202,501
馬頭観音碑　195,196
鳩逃がし　89
英不白　349,350,351
花部英雄　317
花嫁・花婿人形　255,265,267,273,275,276,277,278,295,319,320,322,323,324,332,502
花嫁人形　239,240,241,242,248
浜口尚　107
蛤　塚　91
ハヤリガミ　303,307,308
ハヤリガミサマ　333
祓　い　2
腹子持鯨菩提塔　167
腹子持鯨菩提之塔　124,158
孕み鯨　137,158,159,161,164,168,173,175
「孕み猿の祟り」　174
針供養　20,38,63,498,499
ハ　レ　7
馬霊塔　195,201
磐司磐三郎　77
半　産　371
比叡山　420
東本願寺　414
樋口英夫　107
樋口政則　358
久野俊彦　338
碑塔類　10
ヒヌカン　262
『百器徒然袋』　25
『百鬼夜行絵巻』　24,26
『百鬼夜行図屛風』　25
飛揚鯨之塚　120,121
漂泊的職業者集団　59
平田篤胤　26
平野榮次　466
昼田源四郎　364
風　葬　403,406
風　俗　6,7,8,78,507
夫婦別墓　400
ふぐ供養碑　91
福田豊彦　473
フクマル祭　95
福本和夫　144
『武江年表』　128
藤井正雄　403
富士塚　12,434,435,448,467
藤原純友　469
藤原秀郷　469,473,475
豚の絵馬　191
二股塔婆　182,213
物質資料　9
筆供養　11,21,38,45,46,48,49,50,56,499
筆神社　53,54,56
筆　塚　45,46,47,48,56
筆まつり　51,53,54
プリースト　323,334
文献資料　9
フンペリムセ　108
ペットの供養　64,90,500
ペットブーム　206,221
ペット墓碑　229
ペット霊園　90,223,226,500
ペットロス症候群　232
ペナンペとパナンペ　108
法界萬霊地蔵　166
放生会　11,84,89,91,93,103,246,500
放生寺　500
包丁塚　93
外精霊　269
捕　鯨　125,127,129
捕鯨絵巻　150
捕鯨供養塔　98,99,102
捕鯨史　145
捕鯨図説　144,150
捕鯨地域　109,111,173,175
保科幸子　303
墓上植樹　184,214,214,215,217
母船砲殺捕鯨　146
ホトケオロシ　299,304
堀一郎　405,435
堀口味佐子　125
本　仏　269,269

ま　行

真壁仁　267
まじない　16
松岡秀明　338,344
松平定信　344,358,389
松永伍一　367
間引き　270,337,340,341,342,344,346,348,351,356,357,359,360,363,364,365,366,369,370,371,372,374,375,376,377,378,382,385,386,389,395,502,503
間引き絵　337
間引き絵馬　341
マンション式仏壇　402
ミイラ　404,437
三崎一夫　181
水口千里　21
水　子　265,269,273,277,291,292,300,302,304,306,315,319,320,321,383,384,389,390,391
水子供養　273,274,291,306,320,333,337,356,357,358,380,387,390,392,393,394,396,502,503
水子塚　358,387,388,389,396
水子灯籠地蔵尊　390
三田村佳子　180
南方熊楠　435
ミミトウバ　183
宮川蓬生　59
宮田登　21,403
宮本袈裟雄　10,483
宮本常一　6
妙安寺　184
妙顕大善神　195,197,198
妙光院　194
『三次実録物語』　25
弥勒寺　313,329,330,331,332
弥勒信仰　440
弥勒尊大祭　330,331
弥勒堂　330
弥勒菩薩　437
民営霊園　416,416,418
『民間伝承』　107
民間伝承の会　5
民　具　17,39,499,505
民　俗　7,8,78,507
民俗学　3,5,7,9
民俗資料　9
無縁墓　422,423
無縁法界　269
無縁仏　90,220,249,268,269,273,274,379,440
ムカサリ絵馬　235,241,265,266,267,281,283,283,285,287,289,290,291,292,295,295,296,298,299,301,302,305,306,312,319,332,334,502
昔　話　10,26,29,34,108
村上興匡　403
門　中　261
冥婚譚　317
『明治大正史世相篇』　6,401
『明治文化史一三巻　風俗』　6
命日祭　239,240
毛髪祭　64
最上孝敬　267
木食行　404,436,437,446,462,503
モノ（道具）の供養　38,55
「物言う魚」　155
森栗茂一　357
森謙二　403,406
森田勝昭　107
森田清美　180
モリノヤマ　271

や　行

矢代和夫　470
矢代嘉春　169
安井金比羅宮　58
靖國神社　11,235,236,238,239,240,241,245,247,248,249,502
安田勝彦　426
柳田国男　3,6,107,202,210,211,336,412,435,466
矢野憲一　85
山岡俊明　448
山田慎也　403
「山達根本巻」　77
大和教団　334
山中共古　221
有形文化　4
幽婚説話　317

幽婚譚　317
優生保護法　390,391
幽霊出産譚　316,318
湯川洋司　362
湯　灌　408
湯島天神　498
湯島天神社　18,48
ユ　タ　259,260,261
湯殿山　404
湯殿山信仰　435
妖　怪　22,25,26,29,31,34,198
吉原友吉　97,147
寄り鯨　108,109,116,117,121,122,129,130,
132,133,135,136,137,139,174
寄り鯨地域　109,111,173,175
寄り物　117
『萬事覚書帳』　369,372

ら　行

立石寺　267,283,284,285,289,312
栗東トレーニングセンター　193
理髪業者　59
流　産　371
龍昌院　149,151
柳亭種彦　7
理容業者　58,59
理容業発祥の記念碑　67
両家墓　400,428
両墓制　182,406
倫理感　378
霊園墓地　402
霊界結婚　313,325,328,329,333,334
霊魂観　2,11,356,357,396,412
霊前結婚　290,295,296,298,301,324
ロッカー式（マンション式）納骨仏檀　412,414
ロッカー式（マンション式）墓地　424
ロッカー式仏壇　226,227,228,229,232

わ　行

若松寺　268,283,284,289,289,295,296,297,
298,301,305,312,324
和歌森太郎　7
和田浦　173